智能化指挥控制理论与技术

曹 雷　陈希亮　汤 伟　赖 俊　徐志雄　著

国防工业出版社

·北京·

内 容 简 介

本书是一本全面介绍与研究智能化指挥控制理论与技术的专著,聚焦指挥控制理论、机器学习技术,以及两者之间相互融合的场景应用。全书共分四篇16章,围绕指挥控制理论、机器学习基础、知识驱动的强化学习及智能化指挥控制技术及实践4个专题,主要阐述了指挥控制基本理论、指挥控制作战理论、经典机器学习方法、强化学习基础理论与方法、多智能体强化学习、基于知识的强化学习、逆向强化学习、元强化学习、迁移强化学习、强化学习训练平台、即时策略游戏智能技术分析、智能博弈对抗、智能作战筹划以及智能化指挥控制所面临的挑战与应对策略。

本书可作为相关领域国防科技科研人员参考用书,也可作为相关专业研究生的教材或参考书籍。

图书在版编目(CIP)数据

智能化指挥控制理论与技术/曹雷等著 . —北京:
国防工业出版社,2025.7重印
ISBN 978-7-118-13268-7

Ⅰ.①智… Ⅱ.①曹… Ⅲ.①作战指挥系统—智能系统—研究 Ⅳ.①E072

中国国家版本馆 CIP 数据核字(2024)第 064289 号

※

国防工业出版社出版发行
(北京市海淀区紫竹院南路 23 号 邮政编码 100048)
北京虎彩文化传播有限公司印刷
新华书店经售

*

开本 710×1000 1/16 印张 33 字数 602 千字
2025 年 7 月第 1 版第 2 次印刷 印数 1501—2500 册 定价 148.00 元

(本书如有印装错误,我社负责调换)

国防书店:(010)88540777 书店传真:(010)88540776
发行业务:(010)88540717 发行传真:(010)88540762

序

在智能化技术突破并进入一个飞速发展阶段的时机,世界军事与技术交融的步伐越来越快。尤其在指挥控制领域,人工智能技术与指挥控制理论及过程的不断碰撞,催生出新的作战概念,重塑新的指挥控制体系,如美军"马赛克"战和联合全域作战概念的出现,以及美军正在全力打造的联合全域作战指挥控制系统(JADC2)。可以说,军事领域的智能化首先聚焦于指挥控制领域,这是由指挥控制的决策属性所决定的。

可以说,智能化时代决定了指挥控制的三大发展趋势,即敏捷化、全域化和智能化。"马赛克"战的核心要义就是敏捷化,所以提出人的指挥与机器控制须有效结合,高效地应对战场的快速变化;联合全域作战指挥控制系统则采用人工智能技术应对全域作战不同作战节奏、不同颗粒度资源在复杂多域环境下的高效控制与配置。无论是敏捷化还是全域化,靠人工指挥控制已经无法应对快速、复杂变化的作战方式与作战环境。而智能化指挥控制则对从态势感知到指挥筹划、行动控制的指挥控制全过程全要素的智能化改造,以加速OODA周期、大幅提高决策质量,实现以快制慢战斗力的生成模式,取得决策优势。

因此,指挥控制的敏捷化、全域化和智能化均离不开人工智能技术的支撑,同时指挥控制与人工智能技术的不断交融,又对指挥控制理论发展提出了更高的要求。

军事理论创新是全面推进军事理论现代化的必然要求。指挥控制本身就是指挥艺术与控制科学的结合体,具有理技结合的本质属性。指挥控制理论应该是我军军事理论的重要组成部分。但迄今为止,我军指挥控制的概念内涵与西方发达国家不尽相同,也还未形成完整、公认的理论体系。"指挥控制"作为一个整体使用,还是应该将"指挥"与"控制"分别作为具有一定意义的客体组合使用?如果是这样的话,"指挥"与"控制"之间到底是什么关系?西方国家将"指挥控制"看成是"指挥"的进一步发展,从指挥艺术与控制科学,到人的指挥与机器控制,指挥与控制的关系随着技术的进步和军事概念的发展而不断进化,这里面好像揭示着一些规律性的东西。指挥的规律,或者指挥控制规律,具有内在的、本质的必然性,不会因为军队所属国家的不同、文化的不同而不同。这里面蕴含的问题需要我们严肃认真的思考和对待。本书作者在这些方面做出了一些有益的思考和初步的探索。在信息化和智能化双轮驱动下,指挥控制理论必然会在理论的艺术性和技术的科学性融合发展中碰撞出创新的火花,也希望作者在未来的研究和探索中,为创新出具有中国特色指挥控制理论体系做出自己的贡献。

回到智能化指挥控制技术这个话题。智能化指控的核心在于人工智能技术在指控各过程中的落地运用。近几年人工智能技术由于深度神经网络的引入,迈上了新的台阶。本质上,是由于深度神经网络强大的拟合表达能力。20世纪70年代就出现的强化学习方法在深度神经网络的加持下,理论上可以表达任何复杂状态空间下的值函数,使得深度强化学习方法开始落地解决一些实际中的问题。由于强化学习本身就用来解决序贯决策问题,与指挥控制的决策属性天然契合,因此智能化指挥控制离不开强化学习技术的支撑。作者深耕强化学习技术多年,在学科研究和科研工作中积累了大量的经验和成果,并在本书中深入浅出的介绍了深度强化学习的相关知识,以及在指挥控制领域的运用,是智能化指挥控制领域较为全面深入的学术专著,具有较好的参考价值。

智能化战争正迈着前所未有步伐向我们走来。空谈智能化战争没有任何价值和意义,必须踏踏实实深研国际前沿人工智能技术,并将之与指挥控制需求深度结合,破解指挥控制过程中的智能化难题,以快制慢,以智制胜,牢牢占据智能化战争的制高点。

中国工程院院士
中国指控学会理事长　　费爱国
2023 年 12 月

前　言

当今世界正从信息化时代向智能化时代跨越,而人工智能技术也总是以超越人们预料的节奏快速向前迈进。回顾历史,人类社会每一次的技术革命都毫不犹豫的拉动战斗力生成模式的巨变,推动战争时代变革的步伐。而本次的技术革命推动战斗力生成从物理域、信息域跨域至认知域,直击作战指挥的核心。信息化战争时代逐渐成为信息化核心的指挥控制,将再次成为智能化建设的核心,智能化指挥控制将成为智能化战争时代战斗力生成的核心地带。

美军第三次"抵消战略"从武器装备的硬抵消到"以快制慢"的软抵消,正是精准的预判了这种战斗力生成模式的革命性变化。近几年美军层出不穷的作战概念,如"联合全域作战""马赛克战",无不依赖智能化指挥控制的支撑。

因此,智能化指挥控制将是未来智能化战争关键核心领域。智能化指挥控制是指挥控制理论与人工智能技术交叉融合的领域,本书作者长期深耕于指挥控制理论、技术与机器学习技术领域,研究完成了多项智能化指挥控制相关的武器装备预研与科技委专项项目,并在研究生教学中积累了大量的研究资料与学术成果,为本书的撰写奠定了丰富的学术基础。

本专著按照指控理论、机器学习技术以及机器学习在指挥控制中的运用的逻辑组织撰写,分四篇共 16 章。第 1 篇为指挥控制理论,在作者刚出版的《指挥信息系统》(第 3 版)相关章节的基础上,结合本书的特点,加以完善、调整与充实,比较系统的建立起指挥控制的理论框架,并对一些有争议的问题进行了辨析。第 2 篇为机器学习基础,重点论述了强化学习和多智能体强化学习的基本理论与方法,这是智能化指挥控制的关键技术基础。第 3 篇为知识驱动的强化学习,重点阐述了作者近几年在科研和教学中与智能化指挥控制紧密相关的部分学术成果,包括逆向强化学习、元强化学习及强化学习中的知识迁移等。第 4 篇为智能化指挥控制技术与实践,论述了机器学习技术在指挥控制中的应用与实践,从平台环境、即时战略游戏中的强化学习、博弈对抗到这些技术在智能作战筹划中的应用。

第一篇共分 4 章,由曹雷负责撰写。第二篇共分 3 章,其中,第 5 章由汤伟撰写,第 6 章由曹雷撰写,第 7 章由陈希亮撰写。第三篇共分 4 章,其中,第 8 章、第 9

章、第 11 章由陈希亮撰写,第 10 章由徐志雄撰写。第四篇共分 4 章,其中,第 12、13 章由赖俊撰写,第 14 章由陈希亮撰写,第 15 章由汤伟、陈希亮撰写,第 16 章由曹雷撰写。

本书可作为本领域科研人员与工程技术人员参考用书,也可作为院校研究生教材。

由于作者水平有限,书中难免有错误之处,欢迎广大读者提出宝贵意见。

作者
于陆军工程大学
2023 年 6 月

目　录

第一篇　指挥控制理论

第四篇　智能化指挥控制技术与实践

第一篇 指挥控制理论

　　指挥控制相对于指挥而言,出现的历史较短,在基本概念上还存在着不同的认识,在基本理论上还未形成体系化的理论基础。我们认为,指挥控制是军队指挥在信息时代发展阶段的产物。随着控制手段的不断丰富,控制从指挥的后台正逐渐走向前台,成为一个事物辩证统一的两个方面,军队指挥从指挥走向指挥控制是历史发展的必然。

　　正像指挥理论是军事理论的重要而又基础的组成部分一样,指挥控制理论也是军事理论重要的基础理论,是军队信息化建设的重要理论支撑,是信息化作战的理论基础。指挥控制的艺术性与科学性相结合的属性,决定了其是理技结合的重要领域,是军事理论创新的前沿高地。由于我军对指挥控制概念与西方国家不尽相同,我们在此采用西方指挥控制概念体系,并对西方指挥控制理论体系进行深入剖析,以期对我军指挥控制理论的发展提供借鉴。

　　本篇由四章组成。第1章主要阐述军队指挥与指挥控制的关系、指挥与控制的关系,以及指挥控制理论体系。第2章阐述指挥控制理论体系中最基础的指挥控制基本理论,包括指挥控制科学基础、指挥控制模型、指挥控制方法,以及指挥控制敏捷性。第3章阐述指挥控制理论体系中的最高层指挥控制作战理论,介绍了美军典型的指挥控制作战理论,即网络中心战、赛博战、多域战,以及马赛克战。第4章阐述指挥控制发展规律,指出智能化战争时代变革将会首先发生并聚焦在指挥控制领域,论述了智能化指挥控制的应用场景。并针对任务规划和兵棋推演这两个指挥控制领域的焦点,进行了深入的分析。

第1章　从指挥到指挥控制

自从有了战争,有了军队,就有了军队指挥,因此指挥的历史伴随着人类战争的历史而前行。但指挥控制自20世纪50年代美军"赛琪"系统(半自动防空系统)的出现才被提出,距今不过半个多世纪的历史。

显然,指挥控制与指挥有着天然的联系,但由于发展历史较短,我军对指挥控制的认识在学术上还存在较大的争议,与外军对指挥控制的理解也存在差异。我们认为,指挥控制是传统军队指挥在信息化时代的进一步发展,是指挥艺术与指挥科学、指挥艺术与控制科学有机结合、相互促进、共生发展的辩证统一的整体,是军队指挥发展的必由之路和客观规律。

因此,指挥控制理论是军队信息化建设、信息化战争、指挥信息系统建设的基本理论与依据,是军队指挥理论与现代科学高度融合的产物。

1.1　指　　挥①

"指挥"一词,在我国最早出现于战国时期。在《荀子·议兵》中就有"拱揖指麾,而强暴之国莫不趋使"的记述。所谓"指麾"就是一种调度活动,这里的"麾"就是发令的小旗,即用小旗来调度作战行动,可以说这是最早的指挥活动[1]。随着战争的发展,军队指挥经历了从以口头命令和视听信号直接指挥作战的集中式指挥方式,到隋唐时期以谋士群体辅助指挥的将军幕府,再到19世纪普鲁士参谋部的各个阶段,逐渐形成了现代作战指挥机构的雏形。

指挥在我军通常被称为军队指挥,一般定义军队指挥为:军队各级指挥员及其指挥机关对所属部队的作战和其他行动进行组织领导的活动,包括对行动的计划、组织、控制、协调等。

这一定义包含了三层含义:

一是指挥的主体不仅是军队指挥人员,还包括指挥机关。

二是指挥的客体是指挥主体所属力量的作战行动和其他行动。其他行动指应急救援、维稳反恐等非战争军事行动,如果军队指挥客体是作战行动,则此时军队

---

① 本节内容参考了文献[1]的相关内容。

指挥特指作战指挥。

三是给出了军队指挥的主要活动,即对行动的计划、组织、控制、协调等。

1.1.1 指挥属性

指挥具有如下几个重要的属性。

1. 指挥任务

指挥最根本的目的就是要最有效地使用所属部队完成所赋予的任务。指挥任务可以大致概括为:获取情况、定下决心和控制行动,其核心是正确、及时地定下决心。

获取情况是正确完成指挥任务的基础和首要任务。获取情况主要包括敌情、我情和战场环境,其中战场环境包括战场地理环境、气象水文环境、电磁环境和社会环境等。获取情况历来就是战争制胜的重要因素,孙子的"知己知彼,百战不殆"实际上就是说明获取战场情况的极端重要性。进入信息化战争时代,首先改变战争制胜机理的重要因素就是获取情况手段的革命性变化:空天地一体的战场传感器及其信息处理能力极大地提高了敌情获取的准确性、及时性;卫星定位、对地测量和观测技术也极大地提升了我情和战场环境的获取手段。这些获取情况的信息化手段,有效破解了"战场迷雾"的历史性难题,为"信息主导"的信息化战争制胜机理奠定了基础。

定下决心是指挥的主要任务,是作战筹划的核心内容。通常是在理解上级意图、分析判断情况、进行作战构想的基础上,制定若干作战方案,从中优选作战方案,定下作战决心,并制定作战计划,组织作战协同以及信息保障、勤务保障等综合保障。

控制行动是指挥中最复杂、最困难的任务。克服"战争阻力"之所以与拨开"战争迷雾"并列为两大世界战争难题,是因为实际上面对复杂、不确定的战场情况下,难以有效获取部队行动的信息,使得精确、有效控制部队行动变得尤为困难。控制行动就是督导任务部队按照预定作战目标和作战计划完成作战任务,是将决心和计划转化为部队行动的桥梁和纽带。控制部队行动通常包括如下环节:下达行动命令、掌握战场情况、进行态势评估、定下调控决心和督导部队行动。要注意的是,在控制行动中往往嵌入了作战筹划的内容,是一个不断获取情况、不断进行评估、不断进行决心调整或决策、不断督导部队行动的循环过程。

2. 指挥特点

指挥的特点是指挥本质的外在形式,存在于指挥活动过程中,表现在指挥活动的各个方面。指挥具有如下四个基本特点。

(1)强制性。强制性是指挥最本质的特征,也是区别于其他组织领导活动的显著标志。这种强制性主要表现在:军队行动多是以命令、指示的形式下达,具有绝对的权威性和强制性,指挥者与被指挥者之间是命令与服从的关系。这是战争的残酷性和军队行动的高度统一性对军队指挥的要求,否则,有令不行,有禁不止,就无法形成协调一致的行动,指挥员的决心就不能得以贯彻,军事目的就不能顺利地达成。

(2)时效性。时效性是指指挥活动是有严格的时间限定。一方面,作战的激烈性和任务的紧迫性不可能留给指挥员充足的时间去指挥;同时,指挥依据层级具有时间上的次序性,上级的指挥决策超过允许的时间,将挤占下级指挥以及部队准备的时间,有可能造成部队行动的被动。另一方面,战机稍纵即逝,如果不能抓住有利时机果断决策,则有可能贻误战机。再者,作战命令下达时间也是有限度的,不能随意提前与推后。

(3)对抗性。战争的对抗性首先表现在指挥的对抗性上。指挥活动是决定战争胜负最核心的因素:一方面,指挥机构是敌我双方摧毁与反摧毁的重点目标,尤其在信息化战争条件下,体系作战成为战争的主要作战样式,指挥机构作为作战体系的重心,更成为火力打击的硬摧毁与网络攻击的软打击的双重攻击目标;另一方面,以态势对抗、指挥谋略对抗与心理对抗为主要内容的认知对抗也是指挥对抗的无形对抗,在未来智能化时代,这种无形的对抗将更为激烈、更为普遍。

(4)风险性。战争系统是个复杂系统①,充满了不确定性,尤其在激烈对抗的战场环境下,这种不确定性被极大地放大,加之"战场迷雾"及敌对一方隐真示假的诡诈性,指挥面临极大的风险性。所谓风险性是指挥决策失误造成的部队伤亡、贻误战机以及未达成作战目标等后果。

3. 指挥要素

要素是构成事物的必要因素,是事物存在的客观基础。指挥要素是构成指挥这一事物的必要的、本质的成分,只有对指挥活动起决定性作用、不可或缺、产生根本性影响的成分才能称为军队指挥的要素。根据这个标准,指挥的构成要素由指挥者、被指挥者、指挥手段、指挥信息和指挥环境五要素构成。

(1)指挥者。指挥者既包括指挥员、指挥机关,也包括由指挥员、指挥机关组成的指挥群体。指挥员是这个指挥群体的核心,指挥员的经验、素质和能力在很大程度上决定着指挥的水平。随着信息技术的发展,指挥手段日新月异,但指挥员的指挥艺术是亘古不变的战争制胜法宝。

(2)被指挥者。被指挥者包括下级指挥员、指挥机关及其所属部(分)队,是命令、指示的接受者和执行者。指挥者和被指挥者相互依存、相互作用,两者构成军队指挥活动两个最基本的方面。指挥者和被指挥者是相对的,一般而言,任何一级指挥群体都有上下级,既是指挥者,同时也是被指挥者,具有指挥者和被指挥者

---

① 复杂系统见2.1.2节。

的双重属性。

（3）指挥手段。指挥手段是指实施指挥所采用的工具与方法的统称,包括各种指挥作业工具、信息传递与处理工具、各种通信手段等等。信息化时代,这些工具与方法经过信息化改造,基本都纳入到指挥信息系统中,如原来的手工标图都变为电子标图,原来的电报都变成电子邮件、指挥代码、数据信息等。指挥手段有两层含义:一是指挥工具;二是使用这些指挥工具的方法。例如,指挥信息系统组织运用,就是指如何更好地使用指挥信息系统,最大限度发挥指挥效能。

（4）指挥信息。指挥信息是指与指挥相关的各种情况和资料,包括敌情我情、社情、战场环境、命令指示等。指挥信息根据对时间敏感程度、指挥员关注程度等区分不同的优先等级,如时敏信息、指挥官关键信息等,优先等级高的信息将优先占用资源进行传输与处理。指挥信息是指挥活动启动和运行的必要条件,是指挥群体能拨开"战争迷雾"、克服"战争阻力",实施正确指挥决策的关键。信息化战争时代,追求信息优势是军队信息化建设的核心。

（5）指挥环境。指挥环境是指指挥员及其指挥机关在遂行指挥任务时所处的周围情况和条件的总和。指挥环境主要包括自然环境、人文环境、电磁环境、网络环境和作战对象五个方面,其中自然环境包括地理环境、气象环境和水文环境。全面了解指挥环境,善于适应、利用、塑造指挥环境,对于信息化条件下的指挥具有十分重要的意义。

指挥活动的五个要素不是孤立存在,而是相互依赖、相互制约的整体,指挥活动是五个要素紧密联系、相互配合而实现的。

1.1.2 指挥理论

指挥理论是探讨指挥问题系统化理性认识的活动。指挥理论根据指挥活动的范围可以分为军队指挥理论、作战指挥理论、军兵种作战指挥理论、联合作战指挥理论等。军队指挥学则是研究指挥规律和方法的一门学科,是军事理论的重要组成部分。

我军军队指挥学学科是将作战规律与指挥规律的研究区分开来。如战略学、战役学、战术学研究的是战争、战役、战斗规律,而军队指挥学则将军队指挥要素之间相互影响、相互作用的指挥活动规律作为研究对象。

军队指挥学既研究指挥活动的客观方面,又研究指挥活动的主观方面,并探讨它们之间的相互关系,探索其内在规律。根据军队指挥学研究对象,其研究内容主要包括以下几个方面。

（1）军队指挥规律。军队指挥规律指军队指挥活动内在的、本质的联系,包括军队指挥各要素之间的联系、军队指挥活动过程各环节之间的联系,以及军队指挥各要素与军队指挥活动过程各环节之间的联系等。军队指挥规律是客观存在的,人们在几千年的战争实践中认识和总结了许多关于军队指挥的规律。例如,军队指挥效能主要取决于有效信息的获取与使用、军队指挥体制必须与军队的体制编制和指挥手段相适应、军队指挥占用时间必须小于军队指挥允许时间、军队指挥的协调性直接影响军队行动的有序性、军队指挥要素的关联互动影响军队指挥系统质量等。

对军队指挥规律的认识是不断发展的,不是一层不变的,随着战争发展,会有新的军队指挥规律被认识,或有新的指挥规律产生。

(2)军队指挥原则。军队指挥原则是军队指挥者在指挥军队行动时必须遵循的准则,是军队指挥规律与军队实际相结合的产物,反映着人们对军队指挥规律的认识水平和把握程度,是军队指挥规律与军队指挥实践的中介。与指挥规律相比,指挥原则具有一定的主观性和可操作性。各个国家的军队对指挥规律的认识是趋同的,但对指挥原则的认识和规范则各不相同。我军指挥原则是在长期军事实践中摸索出来的,如知己知彼、统一指挥、主官决断、把握重心、高效灵活等。

(3)军队指挥体制。军队指挥体制是军队遂行指挥活动的组织体系和行为规范的规定及制度。军队指挥体制由军队指挥的组织体系、机构设置及职能划分、指挥关系和法规制度等要素构成。军队指挥体制可分为两大类型,即军令政令分离型和军令政令合一型。所谓军令政令分离型是指将作战指挥和行政领导分成两大系统,前者只负责对军队作战实施指挥,而后者负责军队的建设、训练、后勤装备保障和行政管理,无军队调动和指挥权。军令政令合一型则指作战指挥和行政领导同属一个系统,统领军队的建设、训练与指挥作战。目前,美国及西方的指挥体制基本都是采用军令政令分离型。我军及俄罗斯军队近几年开展了领导指挥体制的改革,逐渐从军令合一型指挥体制向军令分离型指挥体制转变。我军于 2016 年 1 月发布了《中央军委关于深化国防和军队改革的意见》,提出了"军委管总、战区主战、军种主建"的军队领导指挥体制改革指导原则,推动中国军队的领导管理体制和联合作战指挥体制的改革。领导管理体制着眼加强军委集中统一领导,强化军委机关的战略谋划、战略指挥管理职能,优化军委机关职能配置和机构设置,完善军种和新型作战力量领导管理体制,形成决策权、执行权、监督权三权既相互制约又相互协调的运行体系。联合作战指挥体制建立军委和战区两级联合作战指挥体制,构建平战一体、常态运行、专司主营、精干高效的战略战役指挥体系。

(4)军队指挥活动。军队指挥活动是指挥员及其指挥机关对所属部队实施指挥的思维及行动,是军队指挥规律、原则在实践中的具体运用。按照指挥的一般程序,指挥活动可分为掌握判断情况、定下行动决心、计划组织作战、协调控制行动和评估战场态势五个主要环节,如图 1-1 所示。这些主要指挥活动在不同时代、不同场景下可能有不同的表述。例如:"掌握判断情况"有可能会分解为"理解上级意图"与"分析判断情况";"定下行动决心"可能会分解为"作战构想""拟制方案"

"方案推演""定下决心""协调控制行动"可能会表述为"行动控制"等。

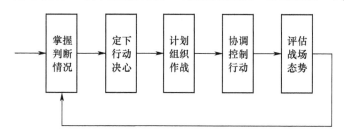

图 1-1　军队指挥活动流程

　　（5）军队指挥方式。军队指挥方式是指挥者在实施指挥时进行职权分配的方法和形式。我军基本指挥方式包括集中指挥、分散指挥、按级指挥和越级指挥四种。集中指挥是指指挥者对指挥对象集中掌握和运用指挥职权的一种指挥方式，又称统一指挥、命令式指挥或集权式指挥。集中指挥方式的特点是指挥者不仅给指挥对象明确任务，而且还规定完成任务的具体方式和步骤；分散指挥是指指挥者将大部分指挥职权下放给指挥对象的指挥方式，又称训令式、指导式、委托式指挥。分散指挥是在上级明确基本任务的前提下，由下级独立自主地计划和指挥本级部队的作战行动，美军称为任务式指挥（Mission Command），任务式指挥已成为美军主要的指挥方式；按级指挥是按照隶属关系逐级实施的指挥；越级指挥是指指挥者在紧急情况下或对执行特殊任务的部队，超越一级或数级对指挥对象行使指挥职权的一种指挥方式。

　　（6）军队指挥手段。军队指挥手段是军队实施指挥时所采用的工具和方法的统称。军队指挥手段经历了手工式、机械化和信息化指挥手段的历程，目前正向智能化指挥手段发展。指挥信息系统就是军队指挥手段发展到信息化时期的主要指挥手段。随着科学技术的发展，军队指挥手段的地位与作用越来越突出。

　　（7）军队指挥保障。军队指挥保障是为保证指挥员及指挥机关顺利遂行军队指挥任务而采取的各种措施和行为的统称。军队指挥保障按照保障的目的和性质可以分为两类：一类用于保障指挥活动的顺利实施，主要包括侦察情报保障和信息保障。侦察情报保障主要是对敌情信息的搜集与处理，信息保障主要是提供我情及战场环境信息保障，包括指挥筹划、信息通信、数据信息、信息服务、测绘导航、气象水文、机要密码和信息安全防护等方面的信息保障。另一类用于保障指挥系统的安全稳定，主要包括警戒防卫保障和工程防护保障。

　　（8）军队指挥艺术。军队指挥艺术是指指挥员实施灵活巧妙和富有创造性指挥的方式和方法。军队指挥艺术主要表现在精于察情、善于谋划、敢于决断、妙于用法、巧于调控、长于用人等方面，是指挥员针对客观实际，充分发挥主观能动性和高超指挥才能的表现。随着科学技术的发展，指挥手段不断丰富，指挥效率不断提

7

高,但指挥艺术始终是指挥决策正确性的根本保证。

其他研究内容还包括军队指挥历史、军队指挥环境、军队指挥评估等。

1.2　指　挥　控　制

1.2.1　指挥控制概念辨析

"指挥控制"名词来源于美军。20 世纪 50 年代,美军研制了半自动化防空系统,即"赛琪"系统,这是美军 C4ISR 系统的开端。这个系统当时就称为指挥控制(Command and Control, C^2)系统,"指挥控制"一词由此广为传播。

指挥控制的概念内涵从其诞生起就充满了争议,时至今日,我军和美军对指挥控制的认识和理解差别还是比较大的。

1. 美军指挥控制概念

指挥控制对于军队的重要性在美军得到高度的认可,即便如此,美军内部对于指挥控制的定义也是存在不少的争论,不同领域对于指挥控制的定义都不尽相同。

美国国防部对指挥控制的定义为[2]:"在完成使命的过程中,由一个指定的指挥官对所属或配属部队行使的权力和指导。"

很显然,美国国防部是将指挥控制看成一个整体来定义的。这种定义相对比较宏观,没有给出指挥控制的具体的职能和过程,也未对指挥与控制的内涵做出明确的规定。

"Command and Control"从英文直译过来应该是"指挥与控制"系统,这表明在英文的语境中,"指挥"与"控制"是两个独立且相互关联的名词。

事实上,美军一直到 1984 年才在美国国防部军语词典中增加"指挥"的单独词条。在 2016 修订版美军军语中这样定义"指挥"[2]:"负责有效地使用可用资源、规划、组织、指导、协调和控制军事力量,完成赋予的使命。还包括对所属人员的健康、福利、士气和纪律的职责。"

这个定义比"指挥控制"的定义更加具体,规定了指挥具体的职责。在这个定义里似乎包含了控制的内涵。

阿尔伯特在其《理解指挥控制》[3]的专著中认为:"指挥控制本身不是目的,而是一种战斗力生成的方法。指挥控制是尽可能集中大量实体(一些个体和组织)和资源(包括信息)来完成任务、达成目的或目标。"

阿尔伯特并没有对指挥控制给出一个明确的定义,他认为如果没有一种方法来评估指挥控制的现状或质量,那么指挥控制的定义就是不完善的,甚至没有什么意义。而评估指挥控制的质量,可以通过直接评估指挥控制功能(C2 Functions)完成的情况来进行。

在给定任务下指挥控制功能包括以下几个方面。

（1）建立意图。没有任务或目标，指挥控制就没有任何意义，而建立意图就是清晰表达任务及其目标，以及在完成任务的同时可以接受的风险。评价意图建立的质量通常包括：意图是否存在、意图表达的质量、下级理解和分享意图的程度以及意图的一致性。

（2）确定角色、责任与关系。指控通常面对多个实体，而不同的实体充当不同的角色，对应特定的行为。而确定角色、责任和关系就是将角色或特定类型的行为与实体对应起来。这些行为本质上就是实体之间的交互关系。美军把整个系统看成是一个复杂系统①，而实体的行为及其之间的关系是复杂系统最关键的组成要素。因此，可以把此项功能看成是复杂系统运行的初始条件设置，并且角色、责任和关系可能不是一层不变的，会随着时间和环境的变化而自组织的发生变化。对该项功能质量的评估包括角色分配的完整性、所需的协作关系是否存在、分配者是否明晰角色分配的需求以及角色之间是否重叠等。

（3）建立规则与约束。主要对行为建立规则和约束。这些规则和约束也是随着情况的变化而变化的。对该项功能质量的评估包括规则和约束是否被理解和接受、是否合理和必要等。

（4）监控、评估态势与进度。意图一旦开始贯彻执行，在动态的战场环境中，行动执行与任务规划之间必然会存在偏差，监控、评估态势与进度就是介于任务规划和执行之间的过程，以识别这种变化并及时进行调整。这种识别变化并及时调整的能力和所谓的指挥控制敏捷性相关②。对该项功能质量的评估包括是否发现变化、多快发现变化以及反应的及时性和恰当性。

（5）鼓励、激发和产生信任。这三个相互关联的功能和领导力密切相关，它决定了个体参与者原意奉献的程度，以及发生交互的质量。尤其是信任，包括上下级之间、对等个体之间、不同实体之间，决定了你愿不愿意接受别人提供的信息，愿不愿意依赖别人的支援等。

（6）训练与教育。教育与训练，一个是长期的、全面的教育，一个是短期的、有针对性的训练，对形成一致性的理解、合作与信任，达到最终行动的自同步都至关重要。

（7）提供资源。资源对于完成任务而言非常关键。资源保障可以是针对组织的，也可以是针对任务的，可以是长期的，也可以是短期的。有很多方法在实体间分配资源，也有很多方法来匹配任务和完成任务所需资源。对该功能质量的评估显然需要包括这些资源分配方法的有效性。

---

① 见2.1.2节的相关内容。
② 见2.4节的相关内容。

将抽象的指挥控制概念转化为具体的指挥控制功能,不仅有助于人们更加精确地理解指挥控制的概念内涵,在理论上也能有助于引入自然科学的手段定量地研究指挥控制,从而为评估指挥控制质量提供科学的依据。

2. 我军指挥控制概念

"指挥控制"一词很早就在我军流行了,更多的是在系统或装备层面使用,例如,"指挥控制系统""指挥控制装备",但在我军正式的军语体系中,很长一段时期内都没有其一席之地。直到2011版的《中国人民解放军军语》才将"指挥控制"纳入军语条目,其释义为:"指挥员及其指挥机关对部队作战或其他行动进行掌握和制约的活动。"

按照《辞海》对"控制"的解释,"控制"是:"掌握或制约被控对象,使被控对象的活动不超出规定的范围;或使被控对象按照控制者的意愿进行活动。"

很显然,2011版《中国人民解放军军语》对"指挥控制"的定义是偏向"控制"的内涵。前面我们介绍了"军队指挥"的定义,从定义中我们可以看出,"军队指挥"的定义中,既包含了"指挥"的内涵,又包含了"控制"的内容,是更加宽泛的概念。这点与美军在"指挥"的定义中包含"控制"的内容是一致的。

在我军,军队指挥包括作战指挥与非战争军事行动指挥两个方面。针对作战指挥,又包含作战筹划和指挥控制两个相辅相成的有机组成部分。所谓作战筹划是指指挥员及其指挥机构依据上级作战意图和敌情、我情、战场环境等情况,对作战进行的运筹谋划、构想设计及制定方案计划等活动。因此,作战筹划对应于上面所述的指挥活动中的分析判断情况、定下行动决心和计划组织作战。

根据《中国人民解放军军语》中的定义,指挥控制显然是一种以掌握和制约作战行动为重点的组织协调活动,反映的是指挥机构与所属(配属)部队之间的互动关系。指挥控制对应于指挥活动中的协调控制行动和评估战场态势。

作战筹划与指挥控制是作战指挥的主体活动,是相互联系、相辅相成、不可分割但又有区别的一个整体。作战筹划体现的是指挥员运筹帷幄的思维活动,而指挥控制更多的是指挥机构对部队作战行动的掌控活动。作战筹划与指挥控制贯穿于作战准备和作战实施中:作战准备阶段以作战筹划为主,指挥控制体现在对于部队平战转换、展开开进等的组织指挥;作战实施阶段以指挥控制为主,战中作战筹划体现在调整作战计划、临机决策等指挥活动中。

由此可见,我军指挥控制的概念可以理解为对部队行动的指挥与掌控活动,与作战筹划一起构成军队指挥的整体概念。

3. 对指挥控制概念的进一步探讨

现阶段我军将指挥问题分解为作战筹划与指挥控制两个方面。从严格意义上,在此语境下就存在"指挥"是什么的问题。显然,这里并没有回答"指挥"是什么,或者我们可以理解为指挥就是作战筹划,那么指挥控制中的"指挥"又是什么呢？因为在作战实施阶段，除了指挥控制外，还有战中作战筹划。

有人说，我军的指挥控制与美军的指挥控制是不一样的。此问题的实质就是指挥与指挥控制的关系问题。我们可以从下面几个方面来探讨指挥与指挥控制之间的关系问题。

第一，从历史发展的角度看指挥与指挥控制的关系问题。

前面我们说过，指挥是伴随着人类战争的历史而产生与发展的，具有数千年的历史。指挥的根本目的就是使其部队完成预定的目标。这里面包含两件事情：一是制定为达成预定目标的策略与计划；二是控制部队按照既定的策略与计划以及战场实际情况实现预定目标。前者就是传统意义上的指挥，后者就是现代意义上的控制。因此，我们不难理解，无论我军还是美军，对于指挥的定义实际上都包含了控制的内容。在信息化战争时代之前，由于无法破解"战争迷雾"与"战争阻力"，对部队的控制几乎没有有效的手段。指挥的天平偏向了指挥的一方，指挥理论大都聚焦于指挥方法、指挥程序、指挥组织、指挥规律、指挥艺术等方面，控制则几乎被忽略。

20世纪50年代，"指挥控制"一词伴随着指挥控制系统的出现而展现在人们面前。随着指挥控制系统的不断发展，"指挥控制"从指挥控制系统中抽象演变成与指挥理论相结合而形成的新的理论概念，指挥理论逐渐向指挥控制理论演变。原来在指挥概念中隐含的控制概念，在信息系统的支撑下，逐渐从水下浮出水面，从幕后走向前台，其重要性不断被认识，成为与指挥相提并论的重要方面。

第二，从指挥发展规律角度看军队指挥与指挥控制问题。

指挥有其固有的发展规律，而且这种规律性不会因为国家、地区的不同而有所不同。军队指挥从指挥发展到指挥控制也是军队指挥发展的必然规律。我们不能死守老观念，把指挥控制与指挥割裂开来，总觉得我们所说的指挥控制与美军所说的指挥控制不一样。美军对指挥控制的认知一开始也有不同的看法，这很正常，毕竟指挥控制的历史不过才半个世纪多。因此，指挥控制中蕴含着非常深刻的现代军事核心理论问题，是指挥发展到信息化、智能化时代的必然结果。

第三，从指挥控制系统角度看指挥与控制问题。

我军指挥控制系统的核心功能模块包括指挥筹划和行动控制两大模块。指挥筹划一般包括情况分析判断、作战构想、作战方案拟制与优选、作战计划生成等功能，显然这些功能支撑的就是作战筹划或者说是指挥过程。行动控制包括对部队的定位、任务完成进度的监控、指令下达等功能，支撑控制过程。

显然，在指挥控制系统设计中，作战筹划功能支撑指挥过程，行动控制功能支撑控制过程。作战筹划与行动控制功能构成了指挥控制系统的核心功能。

因此，可以说，在指挥控制系统设计中，是将指挥与控制作为相辅相成的两个方面来设计的。换句话说，在实践层面，可以清晰的看出，指挥与控制是两种不同的功能:指挥功能是要利用信息化和智能化的手段支撑指挥员利用其指挥艺术与指挥经验实现其作战意图的快速、精确、科学的表达;控制功能则利用信息化、智能化手段支撑指挥员控制部队、无人平台或武器装备完成指挥员的作战意图。

这时,我们可以看出理论与系统之间出现了相互矛盾的地方。而我们认为系统层面的认知是正确的,正确之处在于:正确的理解了指挥与控制之间的关系,正确的把握了指挥与控制之间辩证统一、部分与整体之间的关系。

基于上述讨论,我们可以得出关于指挥控制的以下几个结论。

(1)指挥控制是军队指挥在新的战争时代的进一步发展,是不以人的意志为转移的必然规律。

(2)指挥控制继承了军队指挥的全部内涵,并将本来就蕴含在指挥概念中的"控制"内容丰富壮大,成为军队指挥中两个辩证又统一的要素。我们可以继续沿用"军队指挥"这个名词,但其内涵已经从"指挥"扩展到"指挥"与"控制"。

(3)用"作战筹划"与"指挥控制"来指代指挥的两个方面,其根本原因在于2011版《中国人民解放军军语》对指挥控制理解与释义。

(4)我们对"指挥控制"概念的定义如下:指挥员及其指挥机关对所属部队作战或其他行动进行筹划以及掌握制约的活动。

上述关于指挥控制概念的理解和认知,无论在美军战争实践,还是在近几年出现的新作战概念的发展中得到了检验与验证,如指挥艺术与控制科学、人的指挥与机器控制这类指挥控制概念的体现。

1.2.2　指挥艺术与控制科学

美军对指挥控制的理解,在把握整体性的基础上,注重对指挥和控制不同功能属性的区分和运用。"他山之石,可以攻玉",我们不妨看看美军对指挥控制的理解与运用,对我们如何更加科学理解指挥控制具有一定的借鉴意义。

与我军把"指挥控制"作为一个整体词汇不一样的是,美军"Command and Control"直译过来是"指挥与控制",是把"指挥"与"控制"看成两个既相对独立又相互联系的两个部分。

阿尔伯特认为,指挥功能为控制功能建立指导和重心,所以每一个指挥功能至少部分是控制要素的输入指令。这里,指挥功能(the Function of Command)和控制功能(the Function of Control),是采用自然科学的定义法,即将指挥和控制功能当成具有输入和输出的函数,这样有利于对指挥和控制进行定量化研究。

前面我们给出了指挥控制功能,其中"监控、评估态势与进度"属于控制功能,其余都属于指挥的功能。指挥与控制具有不同的属性。指挥更偏向人的主观能动性,控制更依赖指挥手段的使用。

美军在联合条令中明确指出,指挥包括控制,控制是指挥所固有的内容。指挥突出强调指挥的思考、决策和指导,是一种指挥艺术的体现。控制是为了贯彻指挥官的意图而对部队和职能进行监督、调整,包括了参谋人员在权限内的活动,强调程序、方法、技能等科学性,是美军实施指挥的一个重要内容和手段。因此,美军又将控制作为一个与指挥相提并论[4]的重要方面。

基于此,美军在条令中明确规定了"要平衡指挥艺术与控制科学,来实现任务式指挥。"

这是信息化时代指挥艺术与控制科学辩证统一关系发展的必然要求。我们可以用图1-2来说明。该图表示战场迷雾覆盖情况,即战场透明度。图的左端表示战场完全被战场迷雾覆盖,即战场透明度为零的情况。此时,指挥艺术占据主导地位,指挥员主要靠指挥艺术取得战场主动权。图的右端表示战场透明度为100%,即指挥员可以完全看清战场。此时,控制科学占据主导地位,用精确制导武器即可消灭敌人。正如乔良将军所言:"如果有一天,交战的一方面对另一方时,如同面对一只在玻璃缸中游动的金鱼,那么,战争的胜负还有什么悬念!"

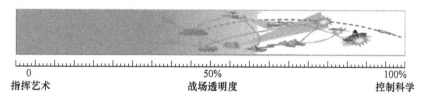

图1-2　指挥艺术与控制科学

当然,现代战争条件下,尤其是对称作战的条件下,战场不可能完全透明,此时,我们就要将指挥艺术和控制科学相结合,发挥出最佳作战效能。

伊拉克战争中美军第5军实施的卡尔巴拉谷地战役就是指挥艺术与控制科学完美结合的典型战例,如图1-3所示。

本战例发生在2003年3月31日~4月1日期间第5军在巴格达附近卡尔巴拉谷地的作战行动[5]。卡尔巴拉谷地宽度1.5km,进攻机动空间有限,是伊军天然的防御屏障。而从塞马沃沿8号公路向北则便于组织机动突击行动。美军判断幼发拉底河东侧应有伊军主力部署,特别是装备精良的共和国卫队麦地那师。因此,第5军决心避开其锋芒,出其不意地从卡尔巴拉谷地主攻。从拉尔巴拉谷地进攻面临的问题包括:伊军有可能在谷地周围部署火炮、坦克、反坦克导弹;如伊军有化武的话,这是最后使用的机会。因此,侦察力量的使用非常关键。

3月25日—29日,第5军停止向北推进,就地休整准备穿过卡尔巴拉谷地,并制定佯攻的作战计划。同时调101空降师接防纳杰夫附近第3机步师剩余部队,并请求联合部队地面部队的后备部队82空降师接防第3旅战斗队在泰利尔空军基地至塞马沃的防区。

图1-3 "五个同时攻击"

3月29日,第82和101空降师控制了交通线。

3月30日,第3机步师第7骑兵团第3中队向前推进,并在卡尔巴拉谷地以南的调整线上建立起一道屏障。

3月31日,当地时间6时,进攻开始。由于进攻行动由5支部队同时展开,美军将此次行动称为"五个同时攻击"行动。

(1)第3机步师第2旅战斗队对"目标墨累"实施了火力侦察,以迫使敌调整位置,加强第5军佯攻效果。

(2)第101空降师第2航空团对米尔湖以西的敌雷达阵地和其他目标实施了武装侦察。

(3)第101空降师第1旅战斗队攻占了伊拉克军事训练基地和纳杰夫附近的一个机场,以扰乱其准军事部队的作战部署。

(4)第101空降师第2旅战斗队对希拉实施了佯攻以支援主攻。

(5)第82空降师第2旅战斗队攻占了塞马沃幼发拉底河大桥,并沿8号公路以北对迪瓦尼耶实施佯攻,以切断敌交通线。

在此期间,情报搜集的重点是监视敌方反应。第5军使用"猎人"无人机搜集情报,还得到联合部队"捕食者"无人机的支援。分析与控制分队(情报中心)负责识别目标,并将信息传送给火力效果协调中心,由该中心决定是使用火炮还是飞机来打击这些目标。

14

上述行动使得伊军指挥官认为美军要越过幼发拉底河并沿 8 号公路发动进攻,于是在 8 号公路一端调整防御阵地,共和国卫队麦地那师大规模的调防活动终于首次暴露在美军面前。

第 5 军分析与控制分队开始确定目标,并通过"自动纵深作战协调系统"迅速将这些目标信息传送给火力效果协调中心。火力效果协调中心呼叫空军第 4 空中支援作战大队的战斗轰炸机对伊军目标发动连续攻击。第 5 军调集了该地区所有无人机跟踪伊军目标,进行毁伤评估,然后再继续实施打击。

4 月 1 日,麦地那师大多被歼灭。根据伊军的反应,第 5 军判断出在卡尔巴拉谷地一带没有敌军主力。美军第 3 机步师在第 3 旅战斗队的带领下开始攻入卡尔巴拉谷地,这是整个战役的转折点。

分析美军的整个战斗行动,可以看出:在看不清战场的时候,即战场透明度为零时,利用传统的佯攻战术引蛇出洞,此时指挥艺术成了战争制胜的法宝;在敌上钩后,利用先进的传感技术使得战场透明度向美方倾斜,再利用信息系统控制协调空中打击力量对敌实施精确打击,此时,控制科学又成了定海神针。所以,我们说此次行动完美诠释了指挥艺术与控制科学相结合的重要性。

事实上,"指挥艺术性和控制科学性"的提法在工业时代就已形成,但控制的科学性在工业时代和信息时代的内涵是不一样的。阿尔伯特指出,工业时代"控制科学"更多指的是控制理论,而信息时代"控制科学"更多指的是复杂性理论。这也是美军信息时代指挥控制理论研究的一个重要基础。

指挥艺术与控制科学的结合也在不断的进化。下面介绍的美军最新的作战概念"马赛克战"中进一步提出了"人类指挥与机器控制相结合"的指挥控制新理念。

1.2.3　指挥控制与指挥控制系统

从上面分析可以看出,指挥控制是一个抽象的概念,但指挥控制系统则是一个指挥控制功能具体实现的载体及涉及的人员、程序、法规条令等。

美军"军语"中对指挥控制系统的定义:"是指挥人员根据赋予的使命任务,对所属和配属部队进行计划、指导和控制活动所必须的设施、设备、通信、程序和人员。"

《中国人民解放军军语》对指挥控制系统的定义:"保障指挥员和指挥机关对作战人员和武器系统实施指挥和控制的信息系统,是指挥信息系统的核心。"

由此可见,指挥控制是一套指挥和控制部队及武器平台的程序、方法、规则,而指挥控制系统则是在信息化条件下指挥控制必须依托的指挥手段。从广义上说,支持指挥控制功能的信息系统就是指挥控制系统。例如,美军的全球指挥控制系统(Global Command and Control System, GCCS)实际上就是指美国战略级的 C4ISR

系统。在实际应用中,指挥控制系统,简称指控系统,常常指与指挥控制功能直接相关的那部分系统,我们称之为狭义的指挥控制系统。即,狭义指挥控制系统指辅助指挥或作战人员进行信息处理、信息利用并实施指挥或控制的系统,是指挥信息系统的核心组成部分,是指挥信息系统的龙头。

这里要特别指出的是,从《中国人民解放军军语》对指挥控制系统定义中可以看出,这里的指挥与控制显然分别对应于作战筹划和行动控制的相关职能,或者说与美军定义的指挥和控制的功能相类似。实际上,从我军指挥控制系统软件的应用功能上也可以看出,是覆盖了作战筹划和行动控制的相关功能。

1.3　指挥控制理论

指挥控制理论研究在我国并未形成成熟的理论体系,指挥控制领域的研究大都局限于技术层面。因此,本节内容主要介绍美军在指挥控制理论研究方面的总体情况,具体内容则在本章后续章节中展开。

随着技术的发展,美军的 C2 系统逐渐发展成 C4ISR 系统,但围绕指挥控制功能这个核心却一直没有变。指挥控制逐渐从一个系统的名称演变成一个表征指挥控制领域理论层次的专有名词,即指挥控制理论(Theory of C2)。

通过对美军指挥控制理论的研究,我们可以把美军指挥控制理论分成三个层次。

第一个层次是指挥控制的基本理论层次。这个层次是研究指挥控制的基本规律和基本方法。指挥控制的基本理论反映的是指挥控制最本质、最基础的规律。美军研究指挥控制基本理论的方法更多的是建立在现代科学基础理论,例如系统科学、信息科学、控制科学、复杂性理论等基础上,通过建立模型、实验分析等手段,获得对指挥控制模型定量的结果,从而更加科学地理解和掌握指挥控制的一般规律。美军认为,理论既可以是科学方面的理论,也可以是艺术方面的理论,而既然指挥控制兼具科学与艺术的特性,那么理论同样适应于指挥艺术与控制科学。显然,美军是把具有艺术性的传统指挥理论纳入到现代指挥控制理论体系中。

第二个层次则是作战理论层次。信息化战争时代,科学技术的发展比任何一个时代对作战理论的影响都更频繁、深远。原因就在于指挥控制对作战方式的影响,除了指挥艺术,更有控制科学的因素在发生作用。而科学技术的飞速发展对控制科学的影响不断加大。本质上就是指挥手段的不断变革使得作战理论高频度地发展变化。美军自从提出网络中心战的作战理论后,不断有新的作战理论诞生,如空海一体战、基于效果作战、赛博战、多域战、马赛克战等。这些作战理论都被冠以指挥控制理论的标签,也从一个侧面表明了美军作战理论基于指挥艺术与控制科学相结合的指挥控制基本理论的发展方向。同时,不断发展的美军作战理论也在不断丰富指挥控制基本理论的内涵。

第三个层次是条令法规层次。美军很多有关指挥的法规条令都是在指挥控制基本理论及作战理论的指导下编写的,如《任务式指挥》(ADP6-0)。美军认为条令就是在特定的作战条件、作战环境下,规定的行为动作的集合。很显然,这些行为规范必须符合指挥控制的基本规律与方法,必须符合相应的作战理论。

这三个理论层次之间的关系如图1-4所示。

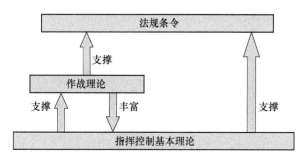

图1-4　指挥控制理论层次间的关系

美军高度重视指挥控制理论的研究工作,在助理国防部长办公室下设研究部门,设置指挥与控制研究计划(Command and Control Research Program, CCRP)这样一个研究机构,专门从事指挥控制理论与技术的研究工作,负责人为阿尔伯特(David S. Alberts)[①]。CCRP每年组织一次“国际指挥控制研究与技术论坛(International Command and Control Research and Technology Symposium, ICCRTS)”,轮流在北约国家召开,在指挥控制领域具有较大的影响力。

CCRP出版的指挥控制理论著作,如《网络中心战》《理解指挥控制》《理解信息化战争》《权力前移》《敏捷性优势》等,对指挥控制基本理论、信息化作战理论等方面进行了系统、深入地阐述,奠定了美军指挥控制理论基础,并深刻影响美军信息化建设、军队转型的进程。

美军信息化建设走在世界的前列。总结美军信息化建设高效、成功的一个重要原因是,美军十分注重信息时代指挥控制理论的研究,及时总结和吸取信息化建设过程中的经验和教训,并将研究成果用以指导美军的信息化系统建设,避免了信息化建设的盲目性和无序性,建设目标明确且具备很强的可操作性。

指挥控制理论在我军的研究始于20世纪80年代的指挥自动化理论研究。“C3I理论与技术”学术年会是指挥自动化理论与技术研究的盛会。2012年成立的中国指挥与控制学会是指挥控制理论与技术研究的国家一级学会,一年一度的

-----

①　阿尔伯特是一名国际知名的指挥控制理论专家,著有《网络中心战》《理解指挥与控制》《理解信息时代战争》《敏捷性优势》等指挥控制理论著作。

"中国指挥与控制大会"云集国内、军内指控领域著名学者,其学术影响力在本领域广泛而又深远。

综上所述,指挥控制理论的研究具有十分重要的意义,是指挥信息系统建设的根本依据与指导。

信息化条件下军事理论在很大程度上集中于指挥控制理论的研究上。原因在于:一方面,对部队的指挥控制从来都是军事理论研究的重心;另一方面,信息技术引发新军事革命的根本就在于极大地改善了指挥控制手段,从而在很大程度上改变了指挥控制方式,甚至改变了传统的作战方式,出现了如"非线式作战""非接触作战""非对称作战"等信息化作战理论。

信息化指挥控制理论是关于军队指挥人员认知活动信息化的理论,主要研究信息化条件下指挥控制的活动规律,揭示信息、指挥体系、武器装备、作战人员等战场要素的相互关系,是信息化条件下军事理论的重要组成部分。

指挥信息系统是信息化战争的物质基础,是信息化条件下联合作战指挥人员对所属部队实施指挥控制的一体化指挥平台。指挥信息系统的设计必须遵循信息化战争的规律,必须以信息化指挥控制理论为支撑。通俗地说,信息化战争怎么打,指挥信息系统就该怎么设计。因此,我们要特别重视信息化指挥控制理论的研究,用理论研究的成果指导指挥信息系统的建设,处理好指挥控制理论与指挥信息系统的关系。要避免只重视系统建设而忽视理论研究的现象,防止将其建设为独立于信息化指挥控制理论的系统。否则,建设的系统将不能适应信息化战争的本质要求。

参 考 文 献

[1] 任海泉. 军队指挥学[M]. 北京:国防大学出版社,2007.

[2] DOD. Department of defense dictionary of military and associated terms[R]. Joint Publication 1-02,2016.

[3] ALVERTS D S. Understanding command and control[R]. CCRP Publication Series, 2006.

[4] JOINT CHIEFS OF STAFF. Joint operation planning process[R]. Joint Publication 5-0, 2011.

[5] 戴维·卡门斯. 美军网络中心战案例研究[M]. 北京:航空工业出版社, 2016.

第 2 章　指挥控制基本理论

2.1　指挥控制科学基础

指挥控制研究既包括理论层面的研究,也包括技术层面的研究;既包括指挥艺术的研究,也包括控制科学的研究。那么,它们共性的科学研究基础是什么呢?我们说指挥控制是军队指挥学的重要内容,是军队指挥学在信息化时代理论创新的核心所在,其艺术性与科学性的核心特征,要求其研究的科学基础必然是军事科学与自然科学的相互渗透与融合。

实现指挥控制的指挥控制系统,显然其研究基础是系统论、控制论与信息论,即我们常说的"老三论",属于自然科学的范畴。军事科学属于基于实证研究的社会科学,其方法主要是强调经验与客观准确描述,从研究现象出发,进行系统逻辑分析,从中归纳得到科学定律。复杂系统科学从系统科学发展而来,这种对非线性、不确定性的社会科学研究方法,已成为社会科学和自然科学共同的新基础科学。

下面我们分别介绍这些科学的理论,为后续章节的讨论奠定理论基础。

2.1.1　"老三论"[①]

系统论、控制论与信息论俗称"老三论",是我们研究信息化条件下指挥控制理论的自然科学基础。

1. 系统论

系统论的奠基人是美籍奥地利人路德维希·冯·贝塔朗菲(Ludwig Von Bertalanffy)。一般把系统定义为:由若干要素以一定结构形式联接构成的具有某种功能的有机整体。系统论的核心思想是系统的整体观念。系统论认为,任何系统都是一个有机整体,它不是各个部分的机械组合或简单相加,或者说要素组成系统时,"1+1≠2"。贝塔朗菲把这种规律称为"非加和定律"。其一种情况是"整体大于部分之和",称为系统整体功能放大效应;另一种情况是"整体小于部分之和",

---

[①]　本节内容部分参考了百度百科的相关条目。

称为系统整体缩小效应。总而言之,系统整体的功能并不等于各组成部分的功能之和,这一特性称为系统的整体性。

系统论的基本思想方法就是把研究的对象当作一个系统,分析系统的结构和功能,研究系统、要素、环境三者的相互关系和演化的规律性。

系统论的任务不仅在于认识系统的特点和规律,更重要的还在于利用这些特点和规律去控制、管理、改造系统,使之调整结构、协调各要素关系,最终达到优化的目的。

军事系统首先是系统,遵循系统的一般发展规律。军队指挥理论或指挥控制理论的终极目标就是研究军事系统的优化问题,使得军事系统的运行达到预定的目标。因此,系统论是指挥控制理论研究的科学基础之一。

2. 控制论

控制论的奠基人是美国数学家诺伯特·维纳(Norbert Wiener)。1948年,维纳的著作《控制论》出版,这成为控制论诞生的标志。维纳把这本书的副标题定为"关于在动物和机器中控制与通信的科学",实际上也是为控制论在当时的研究条件下提供了一个科学的定义。

所谓控制,就是为了使某个系统达到预定的目标,需要获得并使用信息,即信息反馈,这种信息反馈对系统的作用就叫控制。控制论就是研究生命体、机器和组织内部或彼此之间的控制和通信的科学。控制论的建立是20世纪的伟大科学成就之一,现代社会的许多新概念和新技术几乎都与控制论有着密切关系。控制论的应用范围覆盖了工程、生物、经济、社会等领域,成为研究各类系统中共同的控制规律的一门科学。

控制论的研究对象是系统,是从定量的角度,研究如何通过信息反馈、通信和控制来影响和改变系统的运行规律、系统的结构和功能,从而使系统达到人们预期的目标。

控制论的核心问题是从一般意义上研究信息产生、传输、处理、存储和利用等问题,用抽象的方式揭示包括生命系统、工程系统、经济系统和社会系统等在内的一切控制系统的信息传输和信息处理的特性和规律,研究用不同的控制方式达到不同控制目的的可能性和途经。

控制论通过信息和反馈建立了工程技术于生命科学之间的联系。这种跨学科性质不仅可使一个科学领域中已经发展得比较成熟的概念和方法直接作用于另一个科学领域,避免不必要的重复研究,而且提供了采用类比的方法产生新设计思想和新控制方法的可能性。生物控制论与工程控制论、经济控制论和社会控制论之间就存在着类比关系。自适应、自学习、自组织等系统通过与生物系统的类比研究可提供解决某些实际问题的途经。

控制是指挥控制中重要的组成部分。将指挥控制活动抽象到一定程度,可以发现,与一般系统的控制活动是类似的。显然,控制论对指挥控制活动具有非常重要的指导意义。

3. 信息论

1948 年,克劳德 香农(Claude Shannon)发表了论文"通信的数学理论",奠定了信息论的基础。

信息论是一门用数理统计方法来研究信息的度量、传递和变换规律的科学,主要研究通信和控制系统中普遍存在着信息传递的共同规律,以及信息获取、传递、存储、变换和度量问题的基础理论。

信息论的研究范围较广,一般分为三种不同类型。

(1)狭义信息论。运用数理统计方法研究通信系统中信息处理和信息传递的规律,以及如何提高信息传输系统有效性和可靠性,是一切通信系统的基础理论。

(2)一般信息论。主要研究通信问题,包括噪声理论、信息滤波与预测和调制与信息处理等问题。

(3)广义信息论。研究问题包括狭义信息论和一般信息论,并且包括所有与信息相关的领域,如心理学、语言学、神经心理学、语义学等。

信息论问世以后,不仅应用领域日益广泛,而且与其他科学相互影响和渗透,既为其他领域在信息化时代的发展提供了科学依据,也为自身的发展吸取了营养。信息论提供的研究方法已成为领导决策、经济管理、社会管理以及军事活动的重要理论。尤其在军队指挥活动方面,信息论已成为信息化条件下认识军队指挥的本质、认识指挥活动与指挥环境的关系、设计指挥信息系统等重要的理论基础,有着其他学科无法替代的重要作用。

2.1.2 复杂性科学①

复杂系统科学是 20 世纪产生的新的科学,为社会科学和军事科学的研究提供了新的思维方式和科学手段。

1. 笛卡儿-牛顿科学体系

笛卡儿-牛顿科学体系,也称笛卡儿-牛顿科学范式,或简称牛顿科学范式,是300 多年以来经典的科学研究方法,至今仍是指导人们进行科学研究的基础方法。

牛顿提出的力学三大定律、微积分方法和万有引力定律,分别奠定了经典力学、现代高等数学和现代天文学的基础。

笛卡儿建立了解析几何,打通了几何学与代数之间的关系,也是牛顿天体运行数学规律的基础。牛顿那句站在巨人肩膀上的名言,巨人就是指笛卡儿。笛卡儿在其《方法论》中系统阐述了科学的研究方法,其中的"分解问题、先易后难、再次

---

① 本节部分内容参考了文献[2]的有关内容,书中不再标注。

综合"，就是"还原论"方法的基本思想。

我们常说近代科学体系为笛卡儿-牛顿科学体系，就是因为笛卡儿和牛顿所做出的巨大贡献。笛卡儿-牛顿科学体系的出现，在认识论、方法论上形成了被广泛认可的科学思维的基本范式，即牛顿科学范式，其主要内容包括还原论、绝对时空观和因果对应观。

1）还原论

还原论的基本思想是：世界的组成是确定性的，任何事物都是确定性的组成，因此可以通过分解和还原来认识事物。任何复杂的事物都可以通过不断的分解，直到分解的部分足够简单，可以容易地加以分析、理解和认识；当所有分解的部分都可以认识时，再逐层还原回去，形成更高层次的认识，直到整个事物被完整地认识。

还原论一直是我们分析问题、解决问题的方法。

工程论实际上就是一种还原论方法，建筑工程就是将建筑的建造分解成多个组成部分，每个组成建造好了，整个建筑就建好了。

面向过程的软件模块化设计也是还原论原理，复杂的软件系统可以逐渐分解成软件功能子模块，子模块还可以不断分解，一直分解到功能足够单一、简单，此时的模块就是构成软件系统最底层的过程（Procedure）或函数（Function），当过程和函数全部编写、调试完毕，整个软件系统也就基本完成了。

传统的作战仿真建模也是采用还原论的思想，如将陆战作战模型分解成侦察、火力、机动、防护、保障、指控等模型体系，再将这些模型体系逐层分解，直到分解得到的模型足够简单，可以进行建模。当所有模型都建模完毕，则整个模型体系就构建完毕。

2）绝对时空观

既然在牛顿科学范式下世界是确定的，那么空间和时间就是绝对的，相互之间绝对独立，不存在任何联系，这就是绝对时空观。

3）因果对应观

牛顿科学范式认为，任何事物的原因和结果必须一一对应。因果对应观必然得出两个推论：一是只要满足一定的条件，结果就一定是精确的；二是结果必然是可重复的，因而是可以预知的。这就蕴含着世界是确定性的，在一定的条件下，必然精确地导致相应的结果；或者，从结果可以精确地回溯到起点，整个世界就像一个复杂的机械装置在精确地运行。所以，有人把牛顿科学范式称为机械思维模式，也是非常形象的。

牛顿科学范式长期以来一直指导着人类自然科学领域研究活动，甚至缺乏有效科学研究手段的社会科学、经济学和军事科学等非自然科学领域，如上面所述作战模型的构建。那么，牛顿科学范式真能有效解决非自然科学领域的问题吗？

2. 复杂性与复杂系统

进入 21 世纪,爱因斯坦的相对论打破了绝对时空观,普朗克量子力学的波粒二象性和量子纠缠打破了因果对应观,事物确定性组成的定论被打破,还原论的局限性显现出来。人们发现,无论宏观、微观物理世界,还是生物世界、人类社会,并不都像我们所观察到的世界那样遵从牛顿物理定律,应该有更合适的理论加以解释。300 多年以来一直指导人们进行科学研究的牛顿科学范式受到了前所未有的挑战。

这个理论就是复杂性(Complexity)理论,具有复杂性的系统就叫复杂系统(Complex System),由此产生的新科学就叫复杂系统科学或复杂性科学。复杂性概念是贝塔朗菲于 1928 年提出的。从上面的内容可以知道,他也是系统论的提出者。

所谓复杂系统是相对于简单系统而言的。简单系统就是"1+1＝2"的系统,也就是可以用还原论来认识的系统。如机械系统,再"复杂"也是简单系统,"复杂"可能是规模大、结构"复杂"、制造工艺"复杂"等,但总可以用还原论方法将之分解为简单的模块,在性质上具有线性特征。在中文中,"复杂"意义比较多,所以才会使用"复杂性"这个词。而英文则非常清晰,用 Complicated 表示"复杂"的简单系统,用 Complex 表示"复杂系统"。显然,牛顿科学范式就是适用于简单系统的科学研究方法。

复杂系统就是"1+1≠2"的系统。复杂系统具有适应性、不确定性和涌现性的性质,具有非线性,具有因果关系不简单、结果不可重复等特点,无法用还原论方法进行研究。如人类社会、经济系统、战争系统等都属于复杂系统。

1)适应性

美国圣达菲研究所霍兰教授在其《隐秩序》一书中提出了复杂适应性系统(Complex Adaptive System,CAS)的概念。系统的结构,即系统之间的关系,能够根据环境的变化而不断调整的系统,即为复杂适应性系统。他认为正是这种适应性造就了复杂性。CAS 把系统中的成员称为具有适应性的智能体(Adaptive Agent),简称智能体,如图 2-1 所示。所谓具有适应性,就是指它能与环境及其他智能体进行交互,智能体在这种持续不断的交互作用过程中,不断学习和积累经验,并根据学到的经验改变自身的结构或行为。整个系统宏观层面的演变和进化,包括新层次的产生,分化和多样性的出现,新的、聚合而成的、更大的智能体的出现等,都是在这个基础上逐步派生出来的。后面章节中有关强化学习的智能体就是在 CAS 基础上的进一步拓展。

2)不确定性

牛顿科学体系的本质是确定性的。但实际上,确定性只是错觉,世界其实是一个不确定的世界,确定性只是其中的特例。

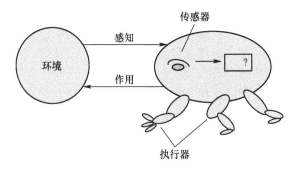

图 2-1　智能体

不确定性种类一般而言主要分为四类。

（1）随机不确定性，即事件本身确定，但是否发生不确定。例如天气预报常说明天下雨的概率是 70%，就是一种随机不确定性。

（2）模糊不确定性，即事件本身是模糊的，但发生却是确定的。如什么叫"漂亮"，显然不同的人有不同的标准，同一个人在一个人眼里是漂亮的，在另一个人眼里也许就是不漂亮的，这也是一种不确定性。

（3）灰色不确定性，即由于信息缺乏导致的不确定性。如，我们常说的"战争迷雾"，就是由于对敌情信息的缺乏而导致的不确定性。

（4）认知的不确定性，即由于认知不足带来的不确定性。对于战争复杂系统而言，不确定性是其主要特征。

克劳塞维茨说，"战争是不确定性王国，充满了战争迷雾"，"迷雾"里既有随机不确定事件，也有模糊不确定的认知，更有灰色不确定的敌情和认知上的不确定性。正是存在这种广泛的不确定性，战争艺术才有了广阔的舞台。不确定性不能消除，只能管理。下文介绍的指挥控制敏捷性就是一种管理不确定性的方法。

3）涌现性

所谓涌现（Emergence）就是系统内每个个体（智能体）都遵循局部交互规则，不断相互交互，适应性地产生出整体性质的过程。涌现对于复杂系统而言，既是其重要特色，也是其追求的主要目标。

自然界很多群体行为都具有涌现现象，如蚂蚁王国，研究证实，蚂蚁的神经系统非常简单，每个蚂蚁只遵循简单的规则交互，大量的蚂蚁就形成能够聪明觅食、筑巢、分工的涌现现象。

利用涌现性是我们研究复杂系统的重要、本质的手段。与自上而下不断分解、再自下而上逐级还原的还原论方法不一样，复杂系统的建模方法是自底向上的。通常首先要识别构成复杂系统的智能体，然后对智能体之间以及智能体与环境之间的交互规则以及智能体内部简单的决策机制进行建模，在仿真运行的过程中，智能体通过交互作用,从无序逐渐涌现出某种规律性的演化结果。

例如,曾经有人在计算机中对仿真鸟智能体只设置了三条彼此之间位置关系的规则,就能涌现出和真实鸟类群体飞行几乎一模一样的飞行行为。美国海军陆战队也用基于智能体的仿真方法,在仿真运行中涌现出两翼包抄、以优势兵力围歼敌方兵力的作战行为。这里要特别注意复杂系统涌现结果的非线性,即小的输入不一定造成小的输出,大的输入也不一定造成大的输入。这就是著名的"蝴蝶效应"所描述的非线性现象,具体表述为:南美的蝴蝶扇一下翅膀,在亚洲引起了一场风暴。扇一下翅膀,造成了空气的一个微小的扰动,然而就是这么一个小的扰动,经过不断的传播、作用,造成了远方的大风暴。之所以称为"蝴蝶效应",还源于发现非线性现象并创立混沌学理论的爱德华 洛伦兹提出的蝴蝶状吸引子模型,如图 2-2 所示。

图 2-2　洛伦兹吸引子

3. 复杂系统科学方法

复杂系统科学思维解决了我们认识和理解复杂系统问题,但要在实践上去解决复杂系统现实问题,需要有科学的方法和手段。这些科学的方法包括多智能体系统、复杂网络、大数据和机器学习等。

1)多智能体系统

多智能体系统(Multi-Agent System, MAS)是研究复杂系统的重要手段,采用自底向上的建模方法,识别出系统中底层的实体,建模成智能体,包括智能体之间和与环境之间的交互规则,以及智能体内部的决策机制。多个智能体以及智能体之间的关系、智能体与环境之间的关系组成多智能体系统。多智能体系统可根据需要设计为多层次多智能体系统,最高层次多智能体系统由若干多智能体子系统组成。多智能体系统中的智能体在交互规则、决策机制以及通信机制的作用下,在适应环境的过程中,就有可能在宏观层次涌现出规律性的涌现现象,为复杂系统性质和规律的研究提供了科学、定量的分析手段。

随着复杂系统研究热度的上升,世界上出现了多个多智能体系统平台工具,如SWORM、NetLogo 等多智能体平台。这些平台实现了智能体运行的机制,为用户提供了可以描述多智能体的宏语言,用户根据自身的研究需求,使用宏语言去描述特定的智能体,就能运行、分析特定的多智能体系统。用多智能体系统研究军事复杂系统也是近年来在作战仿真、指控分析等领域的热点。

上面所说美国海军陆战队所做的 EINSTein(Enhanced ISAAC Neural Simulation Toolkit)陆战实验,即增强的 ISSAC 神经仿真工具,其中,ISAAC(Irreducible Semi-Autonomous Adaptive Combat)为最简半自治适应性作战。该作战实验采用复杂系统多智能体建模的方式,针对一个简化的红蓝对抗实验,通过个体智能体作战单元之间的相互作用,来研究作战的整体效果,如图 2-3 所示,红、蓝双方分别占据战场空间的两端,为各个智能体设计了交战规则,智能体的目标是占领敌方阵地并夺取敌方旗帜。

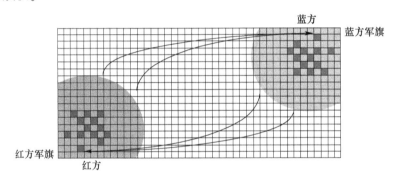

图 2-3　EINSTein 陆战实验场景

红、蓝双方智能体作战单元依据规则进行机动及作战行动,在宏观了涌现出了如两翼包抄、以优势兵力歼灭敌孤立作战单元等作战结果。图 2-4 所示为红、蓝双方从接敌到展开的涌现过程,这种涌现现象不是事先设计的,而是智能体作战单元根据底层交互规则在运行中涌现出来的。

另外,指挥控制成熟度模型和指挥控制敏捷性分别由北约 SAS-65 和 SAS-85 研究小组采用多智能体系统的实验方法进行了科学的实验研究与分析[①]。

2) 复杂网络

复杂网络不是仅仅指计算机网络,而是一切相互有联接关系的实体组成的复杂网络,是复杂系统的一种抽象。这种联接关系包括人际关系、计算机的网络联接、军事系统各作战要素之间的指挥关系等。复杂网络的发现源于 20 世纪末在《自然》和《科学》杂志上分别发表的关于小世界模型和无尺度网络的论文。所谓

---

① 见 2.3.1 节及 2.3.2 节的相关内容。

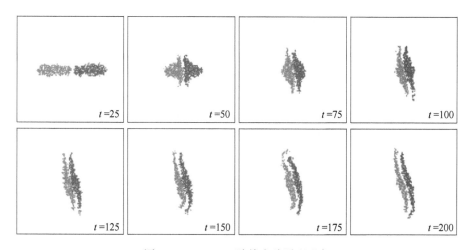

图2-4　EINSTein 陆战实验涌现现象

小世界模型是指在复杂网络中,从一个节点到任意一个节点之间的间隔,或者称为"跳",平均为6,也就是说,从一个节点到另一个节点,平均6跳就能到达,这就是所谓的"六度分隔"。如人际关系网络,某人想与世界任意角落的人认识,平均只需要5个人介绍,即6跳,就能完成。这个世界是不是很小?所以称为小世界模型。所谓无尺度(Scale Free)网络是指网络中的链接数不是随机的正态分布,而是符合"二八律",即少部分节点占据大量链接,而剩下的节点只占据少量链接,这就是所谓的幂律(Power Law)特征,如图2-5所示。图中20%的"头部"区域占据了大部分空间,而80%的"长尾"部分只占据了很小一部分空间。具有幂律特征的网络就叫无尺度网络。例如,互联网中只有新浪、网易等少数几个网站占有大多数的链接,大量的网站只占有少量的链接数。小世界模型和无尺度网络是复杂网络的重要特征,也是一种规律性的体现。复杂网络研究内容主要包括网络的几何性质、网络的形成机制、网络演化的统计规律、网络模型性质、网络结构稳定性、网络演化

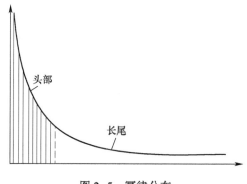

图2-5　幂律分布

动力学机制等问题。研究复杂网络是为理解、预测和控制复杂系统提供的科学方法和工具。

3）机器学习

复杂系统科学往往采用自底向上的方法去研究宏观的涌现现象,如上述多智能体系统的方法。但上述方法在智能体之间和智能体与环境交互的规则建模上仍然采用的是传统确定性的建模方法。智能体的建模涉及两类:一是智能体对环境的观察,即感知建模;二是智能体与环境和其他智能体的交互,即行为建模。这两者本质上都是智能体知识建模。机器学习是人工智能重要组成部分,是知识表示与获取的关键途经[1]。机器学习包括深度学习,即从大数据中学习知识,以及强化学习,即从与环境的交互中学习知识。显然,深度学习通常用于智能体感知智能的建模,而强化学习用于智能体行为智能的建模,对应于因果关系之梯下两个层次的智能水平[2]。由于深度神经网络对不确定性表示的强拟合能力,使得智能体对环境的适应能力和稳健性大幅提高,相比较传统确定性建模方法,更加接近对真实世界的表达。因此,传统多智能体系统的建模方法已逐渐被以机器学习为基础的多智能体系统所取代。

2.1.3 "新三论"[3]

"新三论"是相对于"老三论"而言的。如果说,"老三论"是牛顿科学体系下的方法论的话,那么,"新三论"就是在复杂系统科学体系下三个重要的方法论,是复杂系统科学自组织理论的重要组成部分。

自组织现象是复杂系统中重要的研究内容,是复杂系统适应性的重要体现。组织是指系统内的有序结构或这种有序结构的形成过程。如果一个系统靠外部指令而形成组织,就是他组织;否则,系统按某种规则,各尽其责而又相互协调、相互作用,在相互适应和与环境的适应中,自动形成有序结构,就是自组织。

自组织理论主要研究系统怎样从混沌无序的初态向稳定有序的终态演化的过程和规律,主要有三个部分组成:耗散结构、协同学和突变论,这就是我们所说的"新三论"。

1. 耗散结构论

耗散结构理论(Dissipative Structure Theory)的创始人是比利时俄裔科学家伊里亚·普里戈金。

耗散结构理论就是研究耗散结构的性质及其形成、稳定和演变规律的科学。

---

① 见 4.1.2 节的相关内容。

② 见 4.1.2 节的相关内容。

③ 本节部分内容参考了百度百科相关内容。

其基本理论可以概括为：一个远离平衡态的非线性开放系统，通过不断地与外界交换物质和能量，在系统内部某个参量的变化达到一定阈值时，通过涨落，系统可能发生突变，即非平衡相变，由原来混沌无序状态变为一种在时间上、空间上或功能上的有序状态。这种远离平衡的非线性区形成的新的稳定的宏观有序结构，由于需要不断与外界交换物质或能量才能维持，因此称为耗散结构。

所谓远离平衡态是指系统内可测物理性质极不均匀的状态。非线性开放系统中的非线性是指非线性作用，即如果系统内子系统之间存在着并非一一对应，而是随机进行的相互作用，那么这些子系统之间存在着非线性相互作用。涨落是指系统实际运行状态与理论统计状态之间的偏差。在正常情况下，涨落相对于平均值是很小的，即便有大的涨落也会被立刻耗散掉。但在阈值的临界点，涨落可能不是自生自灭，而是被不稳定的系统放大，最后使系统达到新的宏观态。突变则是在系统临界点附近控制参数的微小改变导致系统状态明显大幅度变化的现象。从开放系统的角度看，突变是使系统从无序混乱走向有序的关键。

耗散结构理论提出后，在自然科学和社会科学的很多领域，如物理学、天文学、生物学、社会学、经济学、哲学等领域都产生了巨大影响。

2. 协同论

协同论(Synergistics)是20世纪70年代初德国理论物理学家赫尔曼·哈肯创立的。

协同论主要研究远离平衡态的开放系统在与外界有物质或能量交换的情况下，如何通过内部协同作用，自发地出现时间、空间和功能上的有序结构。协同论以现代科学的最新成果——系统论、信息论、控制论、突变论，尤其是耗散结构理论为基础，采用统计学和动力学相结合的方法，提出了多维相空间理论以及协同效应、伺服原理和自组织原理等，建立了一整套的数学模型和处理方案，在微观到宏观的过渡上，描述了各种系统和现象从无序到有序转变的共同规律。

客观世界存在着各种各样的系统：社会的或自然的，有生命的或无生命的，经济的或军事的，微观的或宏观的等，这些看起来完全不同的系统却具有深刻的相似性。协同论就是研究这些不同事物共同特征及其协同机理，也是具有广泛应用性的新兴综合性学科，它着重探讨各种系统从无序变为有序时的相似性。哈肯说过，他之所以把这个学科称为协同论，一方面是因为所研究的对象是许多子系统联合作用以产生宏观尺度上的结构和功能；另一方面是因为它是许多不同的学科进行合作来发现自组织系统的一般原理。

哈肯在阐述协同论时的一段话非常形象和深刻："我们现在好像在大山脚下从不同的两边挖一条隧道，这个大山至今把不同的学科分隔开，尤其是把'软科学'和'硬科学'分隔开"。

其实，哈肯的这段话正是复杂性科学着力解决地打通自然科学和社会科学的

"隧道",让社会科学有更多像自然科学一样深厚的理论基础和定量化科学计算的工具,从而迎来军事科学与自然科学相互融合的科学的春天。

3. 突变论

突变论(Catastrophe Theory)最初由荷兰植物学家和遗传学家德弗里斯提出,后由法国数学家雷内·托姆系统阐述和创立。英文 Catastrophe 一词意为突然来临的灾祸,有时也译为灾变论。

突变论是研究自然界和人类社会中连续渐变如何引起突变或飞跃,并力求以统一的数学模型来描述、预测并控制这些突变或飞跃的一门学科。它把人们关于质变的经验总结成数学模型,表明质变既可通过飞跃的方式,也可通过渐变的方式来实现,并给出了两种质变方式的判别方法;还表明,在一定情况下,只要改变控制条件,一个飞跃过程就可以转化为渐变,而一个渐变过程又可转化为飞跃。突变论认为,事物结构的稳定性是突变论的基础,事物的不同质态从根本上说就是一些具有稳定性的状态,这就是为什么有的事物不变、有的渐变、有的则突变的内在原因。在严格控制条件的情况下,如果质变经历的中间过渡状态是不稳定的,它就是一个飞跃过程,如果中间状态是稳定的,它就是一个渐变过程。

在自然界和人类社会活动中,除了渐变和连续光滑的变化现象,还存在大量突然变化和跃迁现象,如水的沸腾、岩石破裂、桥梁坍塌、地震、细胞分裂、情绪波动、战争爆发、经济危机等。突变论方法正是试图用数学方程描述这种过程。通过突变论能有效理解物质状态变化的相变过程,对自然界生物形态的形成作出解释,深化理解哲学上量变到质变的规律,建立有效的经济危机模型、社会舆论模型、战争爆发模型等,在数学、化学、生物学、工程技术、社会科学、军事科学等方面有着广阔的应用前景。

突变论与耗散结构论、协同论一起,在有序无序转化机制上,把系统的形成、结构和发展联系起来,成为推动复杂系统科学发展的重要理论基础。

2.2　指挥控制模型

建立模型通常是我们研究一个事物、得出其性质与规律的一种方法与途经。我们要想更好地理解指挥控制,那么可以通过建立指挥控制模型,刻画其运行过程、产生的结果等,使我们有一个统一的平台和统一的语言来理解、研究指挥控制的规律和特性。本节我们讨论指挥控制的过程模型和概念模型。

2.2.1　指挥控制过程模型

指挥控制过程模型是人们对指挥控制的实际进行过程进行抽象,形成的能够反映指挥控制内在、本质联系的模型。本节我们介绍几个经典的指挥控制过程模型。

1. OODA 模型

OODA(Observe Orient Decide Act)模型是由美国空军上校 John R. Boyd 于 1987 年提出的一个非常经典的作战过程模型,该模型以指挥控制为核心描述了"观察–判断–决策–行动"的作战过程环路,如图 2-6 所示。

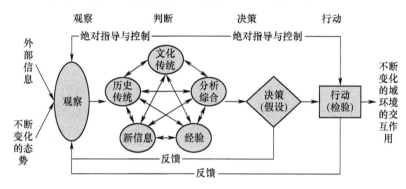

图 2-6   OODA 模型

观察是从所在的战场环境搜集信息和数据;判断是对当前战场环境的相关数据进行处理与评估,形成战场态势;决策是在对战场态势正确理解的基础上,定下决心,制定并选择一个作战方案;行动是实施选中的作战方案。OODA 模型的循环过程是在一种动态和复杂的环境中进行的,通过观察、判断、决策和行动四个过程,能够对己方和敌方的指挥控制过程周期进行简单和有效的阐述,同时该模型强调影响指挥官决策能力的两个重要因素为不确定性和时间压力。

受当时各方面条件的制约,OODA 模型存在以下不足。

(1) 观察、判断、决策和行动等作战活动没有进一步分析和解释说明。

(2) 严格的时序性和单一的过程使其很难适应现实战场中存在的多任务环境。

鉴于 OODA 模型存在的诸多问题,先后有许多研究者提出了很多的改进模型。但所提出的模型描述起来较为复杂,直到 Breton 和 Rousseau 于 2004 年提出了模块型 OODA 模型才克服了描述复杂的毛病。模块型 OODA 模型通过对经典 OODA 模型的修改,为更好地描述指挥控制过程动态复杂的本质提供了一种更好的方法。随后,Breton 又先后提出了认知型 OODA 模型和团队型 OODA 模型,对 OODA 模型从认知层面和团队决策层面进行了改进。

2. Lawson 模型

劳森–摩斯环是 1981 年 Joel S. Lawson 提出的一种基于控制过程的指挥控制模型。该模型认为,指挥人员会对环境进行"感知"和"比较",然后将解决方案转换成所期望的状态并影响战场环境,Lawson 模型如图 2-7 所示。

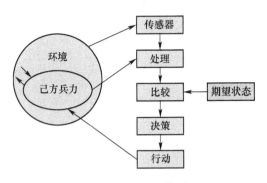

图 2-7　Lawson 模型

劳森-摩斯环由感知、处理、比较、决策和行动五个步骤组成,去除了一些单纯大脑产生的想法,可将多传感器数据处理为可行的知识。劳森-摩斯环另一个特征是"期望状态",包括指挥官的意图、基本任务、任务陈述和作战命令等。"比较"就是参照期望状态检查当前环境状况,使指挥官做出决策,指定适当的行动过程,以改变战场环境状况,夺取决策优势,实现指挥人员影响环境的愿望。劳森-摩斯环存在的主要问题是在应用中不是很广泛。

Lawson 模型和 OODA 模型之间存在差异可通过下表进行对比分析,如表 2-1所列。

表 2-1　OODA 模型与 Lawson 模型的比较

OODA 模型	Lawson 模型
观察	感知
	处理
判断	比较(当前环境状况与期望状态的比较)
决策	决策
行动	行动

Lawson 模型将 OODA 模型中的观察阶段拆分为感知和处理两个阶段,通过传感器等设备和手段进行感知和处理,与 OODA 模型单纯的观察相比,去除了一些单纯由肉眼观察产生的一些相对模糊的信息。Lawson 模型的比较阶段较 OODA模型的判断(定位)阶段的内涵相对丰富,Lawson 模型引入了一个期望状态的概念,不仅要求指挥官做出判断,而且要求指挥官在比较当前环境状况与期望状态的情形后做出判断。这在 OODA 模型中显然没有涉及。OODA 模型强调的重点是如何比对手更迅速地做出决策,以实现对敌方 OODA 环的影响;而 Lawson 模型的重点是如何维持或改变战场环境,夺取战场优势。

3. Wohl's SHOR 模型

Wohl's SHOR 过程模型是1981年 J. G. Wohl 提出的一种基于认知科学的指挥控制模型。该模型使用了当时在心理学领域较为流行的"刺激—反应"框架,最早应用于美国空军战术的指挥控制,包括四个步骤:刺激(数据)、假设(感知获取)、选择(反应选取)和反应(做出行动),如图2-8所示。

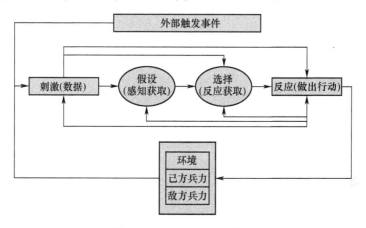

图2-8 Wohl's SHOR 模型

战场环境下,指挥控制过程随时处于高强度压力和严格时间限制的条件下;同时,随着战场环境的不断变化,从外部环境获取的信息也随之不断的变化与增加。这就要求指挥官具备随时随地做出适时决策的能力,以达到对所属部队实施精确、高效指挥控制的目的。Wohl's SHOR 过程模型从指挥官感受到外在的情况变化(刺激)出发,获取新信息,首先针对新信息(刺激)和可选的认识提出假设(感知获取);然后从可选的反应中产生出若干个针对处理假设的可行的行动选择(反应选取);最后对以上选择做出反应,即采取行动。

Wohl's SHOR 模型和 OODA 模型之间存在差异可通过表2-2进行对比分析。

表2-2 OODA 模型与 Wohl's SHOR 模型的比较

OODA 模型	Wohl's SHOR 模型	
观察	收集/侦察	刺激(数据)
判断(定位)	过滤/查找相关性	
判断(定位)	统计/显示	
无	存储/回收	
判断(定位)	根据态势提出假设	假设(感知获取)
判断(定位)	评价假设	
判断(定位)	选择假设	

OODA 模型	Wohl's SHOR 模型	
决策	创建可供处理假设的选择	选择（反应选取）
决策	评价选择	
决策	做出选择	
无	计划	反应（做出行动）
无	组织	
行动	行动	

通过比较可以发现,OODA 模型缺少存储记忆功能,即对于数据的存储和回收功能。在未来的网络中心战的环境下,存储有用数据是非常基本的一项功能,Wohl's SHOR 模型恰好弥补了 OODA 模型的这一不足。OODA 模型中的判断(定位)阶段被 Wohl's SHOR 模型应用到刺激和假设两个阶段中,显然,适时判断数据的有用性是必须的。OODA 模型缺少在反应行动前的计划和组织的子阶段,上述两个子阶段的存在有利于上级对下级准确和完整地下达命令,有利于下级执行命令和行动的正规性和预见性。OODA 模型强调决策速度,通过快速决策影响敌人,而 Wohl's SHOR 模型对决策速度没有特别的强调。

4. RPD 模型

指挥控制过程是一个相当复杂的过程,受到许多因素的影响。研究表明,指挥控制过程中,指挥决策者在困难环境中和有时间压力的情况下,往往不会使用传统的方法进行决策。根据这一发现,Klein 于 1998 年提出了识别启动决策方法(Recognition Primed Decision,RPD)模型,如图 2-9 所示。

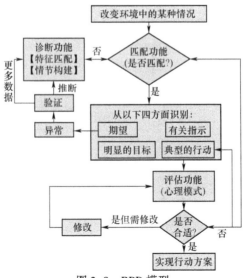

图 2-9　RPD 模型

RPD 模型指出,指挥过程中:指挥决策者首先将当前遇到的问题环境与记忆中的某个情况相匹配;然后从记忆存储中获取一个解决方案;最后在对该方案的适合性进行评估,如果合适,则采取这一方案,如果不合适,则进行改进或重新选择另一个存储的方案,然后再进行评估。

识别决定模型具有匹配功能、诊断功能和评估功能。匹配功能就是对当前的情境与记忆和经验存储中的某个情境进行简单直接的匹配,并做出反应。诊断功能多用于对当前本质难以确定时,包括特征匹配和情节构建两种诊断策略。评估功能是通过心里模拟对行为过程进行有意识的评估。评估结果要么采用这一过程,要么选择一个新的过程。

表 2-3 OODA 模型与 RPD 模型的比较

OODA 模型	RPD 模型
观察	观察态势信息 将现有态势与记忆中的某种情况匹配
判断	获取匹配某种情况的原型解决方案 标出无法匹配的态势和难以确定性质的情况 诊断以上标出的难以确定性质的情况
无	通过模拟,评估行动方案
无	修改行动方案
决策	决定采用行动方案还是重新选择
行动	执行修改过并确定的行动方案
无	将此次军事行动总结为新情况原型

通过比较表 2-3 可以发现,OODA 模型较 RPD 模型缺少学习和适应新的战场环境的能力,而这点正是增强战场灵活性的重要方面。RPD 模型强调现有态势与已知情况的匹配,是指挥员能够快速正确做出决策的一种有效手段,而 OODA 模型只强调新获取的态势信息,忽视了以往战斗经验的重要性。OODA 模型缺少对行动方案的有效模拟和评估,不能实时修订行动方案,因此降低了行动成功的概率。

5. HEAT 模型

HEAT(Headquarters Effectiveness Assessment Tool)指挥控制模型由 Richard E. Hayes 博士提出,该模型以五个步骤的循环为基础:监视、理解、计划准备(包括提出备选方案以及对其可行性进行预测)、决策和指导,如图 2-10 所示。

该模型提出的指挥控制过程被看作是一个自适应的系统,在该系统下,指挥官对所输入的信息做出反应,将系统转变成期望的状态,以达到控制战场环境的目

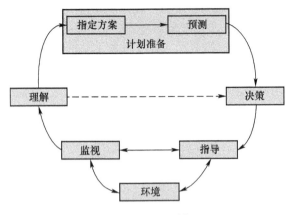

图 2-10　HEAT 模型

的。该系统负责监视战场环境,理解态势,提出行动方案并制定计划,预测方案的可行性,评估其是否具有达到期望状态和控制战场环境的可能性,从由司令部参谋评估过的可选行动方案中做出决策选择并形成作战计划和指示下发下级部门,然后为下级提供指导并监视下级的执行情况。如遇战场环境的动态改变,该自适应系统将重新进行监视并循环上述过程。

HEAT 指挥控制过程模型的可用性在海陆空三军的联合作战中已经成功得到了印证,但其在信息时代的作战中仍显得相对脆弱,最主要的问题就是信息和指示命令的相对滞后性,这使得信息时代的指挥控制的灵活性不能得到很好的保证。

通过比较表 2-4 可以发现,OODA 模型与 HEAT 模型有如下不同。

表 2-4　OODA 模型与 HEAT 模型的比较

OODA 模型	HEAT 模型	
观察	监视	—
判断(定位)	理解	
决策	提出备选方案	计划准备
无	预测结果	
决策	决策	
行动(不含指导)	指导行动	

(1) HEAT 模型的监视阶段较 OODA 模型的观察阶段更具隐蔽性、主动性和时效性,对战场中及时掌握第一手资料具有相当积极的意义。

(2) HEAT 模型比 OODA 模型多了预测结果的阶段,加入此阶段,增加了行动成功的概率和预见性,对下一步军事行动的制定也有一定的指导意义。

(3) HEAT 模型的行动是在上级的监督指导下完成的,如此可使下级规避潜在的风险,并使上级能够实时掌握最新的战争动态,依据具体的情况及时调整行动方案。当然,此种情况下,下级行动的灵活性会受到一定的限制。

2.2.2 指挥控制概念模型①

指挥控制概念模型是科学理解并把握指挥控制基本概念、基本原理的基础。

1. 概念模型

概念模型,简单而言就是我们如何理解事物的一种表达方法,是不同专业人员研究同一事物的共同基础。通常用无二义性的语言配合框图来表达概念模型。框图一般用方框表示概念,用箭头表示概念之间的关系。概念模型在表达真实世界事物时,一般本着最小化原则,即是对事物本质的抽象,抽取出的概念以及概念之间的关系恰好能准确表达事物的本质,通俗而言就是,多一点嫌多,少一点不够。

概念模型通常是我们用科学方法研究事物的起点。研究过程一般为:建立概念模型、建立数学模型、建立仿真模型、建立仿真程序、实施仿真实验和进行仿真分析,是一个不断迭代循环的过程,直到完成研究任务,如图 2-11 所示。

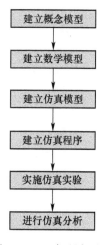

图 2-11 一般研究过程

上述研究过程其实可以概括成三个步骤:一是观察事实,二是从中得出概念模型,三是实验验证模型的合理性和正确性。

我们可以通过一个空调调节房间温度的例子来说明概念模型的建立。

图 2-12 是利用空调调节房间温度的概念模型,该模型表达了为了将房间温度控制在某个合适的温度范围,所包括的最基本的几个概念元素,这些概念实际上就是一个或多个变量。这些基本概念元素包括:指挥、控制、行为、目标、环境和传

---

① 本节内容参考了文献[1,3]的相关内容。

感器。指挥表达的是想要的温度范围;控制的功能就是把想要的温度转化为控制房间温度的一系列动作,行为就是加热或制冷、提高或降低温度等动作或能力;目标就是房间的温度;环境就是房间所处的环境;传感器就是温度计。这个简单的概念模型实际上与最基本的指挥控制概念模型非常类似。

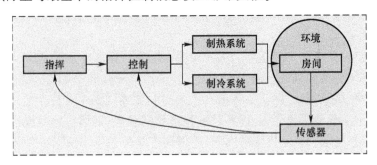

图 2-12　调节房间温度的概念模型

如果要评估上述概念模型是否成功,我们需要测量要求的温度和实际温度的差异。从图 2-12 可以看出,指挥的输出就是控制的输入,另一个控制的输入是传感器(房间温度计)。很显然,这里我们把指挥和控制,包括调节温度的行为,看成过程。图 2-12 实际上是从过程的角度来描述概念模型。

除了是否满足指挥的意图,完成任务的效率、质量和费效比也是需要评估的,这样的话,只是描述过程是不够的,还需要从过程的度量值视角来描述概念模型,如图 2-13 所示。

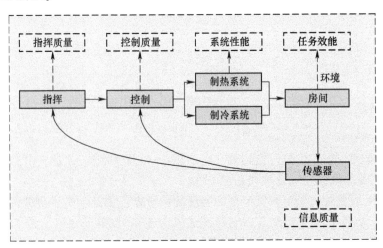

图 2-13　度量值概念模型

2. 指挥控制概念模型

指挥控制概念模型就是对指挥控制本质的抽象,建立指挥控制概念模型是研究指挥控制基本理论的重要组成部分,也是深入理解指挥控制基本原理的重要基础。

与上述概念模型相类似,指挥控制最基本的概念模型如图 2-14 所示。

概念模型的建立可以自顶向下,也可以自底向上进行。该指挥控制基本概念模型就属于自顶向下建立的顶层模型。顶层模型中包含三个功能模块,即指挥、控制与行为。

前面我们介绍了指挥控制的功能,即建立意图,确定角色、责任与关系,建立规则与约束,监控、评估态势与进度等。在这顶层模型中将指挥与控制的功能分开,这样比把指挥控制看成一个整体更具灵活性。

模型中指挥功能主要包括指挥控制功能中的前四个功能,即建立指挥意图、初始条件的设置、对态势持续地评估以及意图的改变。建立指挥意图确立了任务目标,为指挥控制过程的控制提供了依据;初始条件的设置主要包括一些可用资源,尤其是与信息相关的有关资源分配;对态势的持续评估是持续监控和评估态势与任务目标的偏差程度,是实施控制的重要依据;改变意图意味着任务目标的改变,为控制指明了调控方向。由此可见,指挥为指挥控制的实现设定了条件,或者说描述了指挥控制过程。

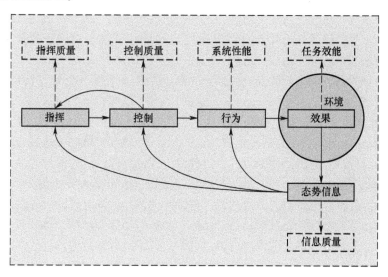

图 2-14　指挥控制基本概念模型

控制功能就是确定当前的行动状态是否符合预定的计划要求,如果需要调整的话,在指挥确定的范围内由控制功能实施调整。

行为功能包括三类:一是个体与组织之间为完成指挥控制功能而实施的行动或交互,如建立和传递意图;二是态势感知、理解以及做出相应的反应;三是作战行动,如机动与打击。很显然,前两类行为构成了指挥控制,其中第二类行为称为情况判定(Sensemaking)。第三类行为称为执行(Execution)。

第一类行为是指挥控制功能的核心,我们只把行为功能扩展为情况判定和执行两个功能,如图2-15所示。

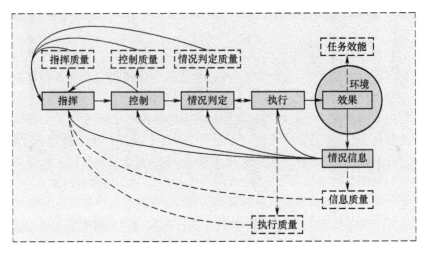

图2-15　指挥控制概念模型

(1)情况判定(Sensemaking)。情况判定的动作从信息域的信息进入认知域开始,一直持续到采取行动为止。

图2-16表示了情况判定的全过程。在信息域,从"意图表示"(Expressions of Intent)到"可用信息"(Information available)再到"获取信息"(Access to Information),实际上是一个从信息需求到信息利用的过程。图2-16中的"获取信息"处于信息域与认知域的边界,在此处进入认知域。军事人员通过"察觉"(Perceptions)感知到信息,再通过"心智模型"(Mental Models)形成个人对信息的感知、理解、预测与决策。这里所谓的心智模型是指由军事人员相关知识与经验所形成的对事物理解的模式。决策决定了物理域相应的"行动"(Actions)。这实际上就是一个完整的OODA过程。图2-16中还描述了社会域中个体之间通过交互而形成的共享感知、理解、预测与决策,这种交互受到信息域协作能力的影响。个体与共享的感知、理解、预测与决策共同决定了物理域的行动。

(2)执行(Execution)。在"执行"功能中的行动可以发生在任何域中,并且其行动效果直接或间接影响到多个域。一个特定行动产生的效果与以下四个因素有关:①行动自身;②行动执行的时间和条件;③行动执行的质量;④其他相关的行动。

我们在概念模型的每一个功能模块都标出了衡量该功能的度量指标,如"指挥"功能的度量指标是"指挥质量""情况判定"功能的度量指标为"情况判定质

40

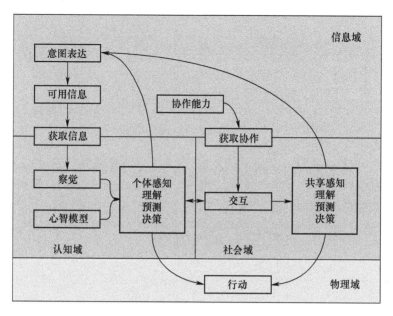

图 2-16 情况判定（Sensemaking）

量"。对于"执行"效果度量指标相对比较复杂。通常"执行"功能中的作战行动效果的度量与作战行动达到的效果紧密相关,然而本模型主要讨论的是和指挥控制相关功能执行的效果,而好的指挥控制功能执行效果并不一定导致好的作战行动效果。所以在评估"执行"效果时必须关注指挥控制自身功能的执行效果。

因此,"执行"功能的质量与采用的指挥控制方法①、信息质量、感知质量、共享感知质量、协同与同步质量相关。

3. 指挥控制过程概念模型和度量值概念模型

我们在建立空调概念模型时,从过程和度量值两个角度描述了空调的概念模型。同样,指挥控制概念模型也包括过程模型和度量值模型。指挥控制过程概念模型就是从指挥控制功能或过程概念的视角去描述概念模型,而指挥控制度量值概念模型则从概念度量值的角度去描述概念模型。图 2-17 为通用指挥控制过程概念模型。

我们前面介绍的指挥控制过程模型如 OODA 模型、HEAT 模型等实际上就是指挥控制过程概念模型。

对于每一个功能或过程概念都对应于一个值概念。在概念模型中,存在着三种关系:第一种关系是功能或过程概念之间的关系,如图 2-15 中实线所示;第二种关系是功能或过程概念和值之间的关系,如图 2-15 中虚线所示;第三种关系则

---

① 见 2.3 节。

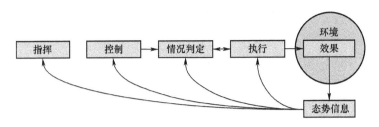

图 2-17　指挥控制过程概念模型

是值概念之间的关系,这些关系总的来看,定义了一种价值链(Value Chain),或者说是从度量值视角来看的概念模型,如图 2-18 所示。图中的价值链包含了过程中或功能概念所对应的 6 种度量值。

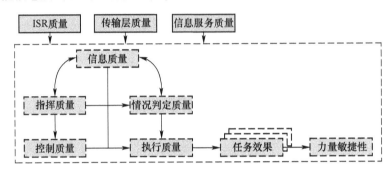

图 2-18　指挥控制度量值概念模型

指挥控制概念模型是我们深入研究指挥控制关键问题的起点和基础。指挥控制概念模型可依据不同的问题、不同的目的、不同的角度进行实例化。

另外还要特别提醒读者注意的是,上述指挥控制概念模型将情况判定从指挥功能中剥离出来,与我们传统意义上对指挥控制的理解不一致,也与美军有关条令对指挥控制的实际定义不一致。我们的理解是阿尔伯特对指挥控制在信息化条件下一种理想化建模,与实际情况有所差异。

2.3　指挥控制方法[①]

2.3.1　指挥控制方法空间

前面介绍了指挥控制功能,那么实现指挥控制功能的方法就是指挥控制方法(Command and control Approaches)。特别重要的是,实现指挥控制功能的方法不是唯一的,而是多种多样的。不同的指挥控制方法适应不同的目标、环境和实体;

---

① 本节内容参考了文献[1,3,5]的相关内容。

而且同一实体采用的指挥控制方法可能随着时间的变化而变化。

指挥控制方法由三个关键因素决定,或者说,这三个关键因素是指挥控制方法的三个维度,构成了指挥控制方法空间,如图2-19所示。

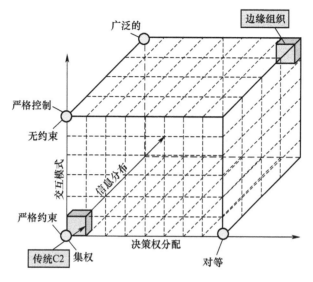

图 2-19　指挥控制方法空间

这三个关键因素是:①决策权分配;②交互模式;③信息分布。

1. 决策权分配

决策权分配(Allocation of Decision Rights)是指决策权在组织中各层级的拥有情况,如图2-19 X 坐标轴所示。X 轴坐标原点为传统集权式军队决策权分配方式,即最高层级拥有绝对决策权,越往下层决策权越少,最底层即层级边缘(Edge)则无决策权。X 轴坐标另一端则为完全对等(Peer to Peer, P2P)的决策权分配方式,即在组织中任意实体和人员之间的决策权是完全对等的,没有实体和人在决策权方面享有特殊性。这种实体和人员完全对等的组织称为边缘化组织(Edge Organization)。显然,位于 X 坐标轴中某点位置所对应的决策权分配方式介于集权式和完全对等之间。沿 X 轴越往坐标原点靠近,其决策权分配方式越倾向于集权式或集中式;越往坐标另一端靠近,其决策权分配方式越倾向于对等方式。

2. 交互模式

交互模式(Patterns of Interaction)是指组织中实体或人员之间交互的模式,通俗而言就是,谁能获得什么样的信息,如图2-19 Y 轴坐标轴所示。Y 轴坐标原点为传统严格限制模式,Y 轴坐标另一端则为自由交互模式。交互模式受以下几个因素的影响。

(1) 组织中的指挥架构。一般而言,指挥架构决定了谁可以和谁进行交互,决定了信息的流向,指挥流决定了信息流。在传统层级式指挥架构中,主要的交互模式是依照指挥层级纵向交互,包括直接上下级之间,以及越级之间的交互。平级之间交互相对比较少。而在网络中心化条件下,组织中各个实体之间相互联接,特别是边缘组织中各个对等实体之间拥有相同的决策权和信息权,信息在各实体之间的流向是均衡的,因此实体之间的交互没有限制,各实体之间可以自由交互。所以,组织中的指挥架构本质上决定了实体之间的连接关系。在传统层级式指挥架构下,实体之间的连接关系主要是树状连接;在网络中心化条件下则是网状连接。连接关系在一定程度上决定了实体间的交互模式。

(2) 信息通信技术的支撑。实体之间的连接需通过信息通信技术手段加以实现,包含两个方面的支撑。①信道通方面,即实体之间通过何种通信手段进行连接,如短波、超短波、微波、卫星等无线通信手段,或光纤等有线通信手段,也或是战术互联网和数据链;②信息通方面,即通信的内容是话音、视频还是数据信息。前者解决物理上的通联问题,后者是解决逻辑上的通联问题,两者共同决定了交互的质量。在信息化时代,数据信息的交互占据主导地位,是态势形成、决策支持、数据指挥等的基础;话音是保底手段,视频在通信资源允许的情况下能够提升指挥员对战场情况的现场感受。

(3) 交互的层次。多媒体通信、信息共享是交互的基本形式,交互的更高层次应该是建立在信息交互基础上的协作性交互,即为了一个共同的目标,在不同的实体间展开的分析判断情况、协同制订计划、同步执行作战任务等活动。

3. 信息分布

信息分布(Distribution of Information)是指信息,包括数据、信息、知识,在组织中各实体间的分布情况,如图 2-19 Z 轴坐标所示。Z 轴坐标原点信息分布方式属于工业时代那种受到严格限制的信息分布方式,其主要表现:一是越高的层级拥有越多的信息,如侦察情报信息一般都是按照指挥层级从底层向高层汇聚,越到高层情报信息覆盖的范围越广、内容越丰富,而底层则拥有自己侦察到的信息;二是专业分工分明,各专业信息之间一般不交互,如侦察情报专业、后勤保障专业等都在各自的专业领域内发送、接受信息;三是信息的获取一般采用预先规划的方式,即各层级需要什么信息需要预先规划、定制,事先预知需要什么样的信息,然后由系统推送。Y 轴坐标另一端则为无限制信息分布方式,这种方式实际对应的是网络化、对等实体间自由决策与交互的方式,全网各实体之间拥有完全对等的信息拥有权,一点获取,全网共享。

从以上描述中我们可以发现,信息分布方式实际上是与决策权分配、交互模式密切相关,三个维度之间具有很强的相关性。造成这种相关性的重要因素实际上就是组织中各实体之间的连接关系,也就是网络化的程度,网络化程度越高,决策权分配、交互模式和信息分布将越向对等的方向发展。这就是下面要介绍的网络中心化指挥控制成熟度模型。

　　指挥控制方法的概念对于深入理解指挥控制的内涵非常重要,在实际运用中,对于提高指挥效率也具有非常重要的现实意义。我的一个同事在部队代职时,运用指挥控制方法的概念有效提高了部队的指挥效率。他代职的部队是一个防空营,在历年与陆航的对抗演习中都处于下风。他在详细了解了该部队指挥控制的方法后,找到了症结。原来该营采用的是传统的层级式集权指挥控制方法:一是各连雷达在发现敌目标后向营发送目标信息,自身不具备决策权,无法自己做出打击目标的决策;二是各连之间不进行交流和信息交互;三是各连在等营综合完情报信息后才能接受到目标信息。显然,问题出在指挥控制方法上,最先发现目标的单元没有打击的决策权,各打击单元相互之间没有连接关系,不能协同进行作战活动,当各单元接受到目标信息并赋予打击任务时,敌方目标早已远去,丧失了最佳打击时机。他找到问题后立刻向营长提出改进指挥控制的方法,不过营长对下放决策权犹豫不决,于是他建议在下放决策权的同时,制定打击规则,用规则制约决策权。最终,营长接受了全新的指挥控制方法。在新的指挥控制方法下,全营终于与陆航打成平手。在后续工作中,在他的建议下,营长修改了信息系统,使得各作战单元能够互联互通,互相交互和协作,最终在与陆航的对抗演习中取得了胜利。

2.3.2　指挥控制成熟度

　　指挥控制方法空间从三个维度定义了指挥控制方法的属性,而从本质上看,这三个维度所定义的指挥控制方法的属性,是对网络中心化程度的一种度量,也是指挥控制方法适应网络中心化程度的一种度量。如果某一种指挥控制方法落在空间的左下角,则该指挥控制方法基本不依托网络,或者说网络中心化程度很低;如果落在空间的右上角,则指挥控制方法完全依托网络,每一个实体在网络中基本处于对等地位,可以与其他实体自由交互、按需获取信息、具有充分的决策权,这就是阿尔伯特所说的边缘化组织(Edge Organization)。从空间的左下角到右上角,指挥控制方法呈现一种逐渐向网络中心化发展的趋势。

　　阿尔伯特最先提出指挥控制网络中心化成熟度的概念,借用软件成熟度模型来定义并度量指挥控制方法适应网络中心化的程度。北约(NATO)研究小组SAS-65[①]定义了北约网络赋能的指挥控制成熟度模型(NATO Network Enabled Capability C2 Maturity Model, N2C2M2)。这个模型针对的是集团行动(Collective Endeavors)的指挥控制,即具有不同文化背景的组织共同完成任务时的指挥控制

---

　　① 　System and Analysis Studies(SAS)是北约科学技术组织(Science and Technology Organization,STO)下设的研究小组,研究指挥领域相关问题,如SAS-50研究指控模型问题,SAS-65研究指控成熟度问题,SAS-85研究指控敏捷性问题等。

方法,如多国部队、军队与地方机构共同执行人道主义救援等。

N2C2M2 定义了五种级别的指挥控制成熟度,如图 2-20 所示。图中的实体指集团行动中不同文化背景的组织。

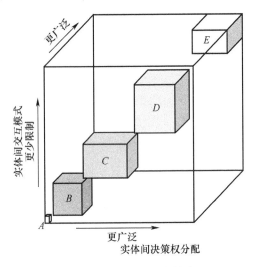

图 2-20 指挥控制成熟度

(1)1 级:冲突的指挥控制(Conflicted C2)。各实体之间没有共同的目标。指挥控制只存在于各实体内部。很显然,各实体之间由于没有共同的目标,没有任何协调、协作的机制,总体的指挥控制上必然存在冲突。

(2)2 级:冲突消解的指挥控制(De-Conflicted C2)。实体之间通过修改意图、计划和行动,只进行最低程度的交互、信息共享及决策权分配,以避免实体之间的相互影响和冲突。

(3)3 级:协调的指挥控制(Coordinated C2)。各实体会制订共同的意图和协定将行动和所有实体制定的各种计划关联起来。具体而言,实体会寻求对各自意图的相互支持,在各自计划和行动之间达成关联关系来相互支援或加强行动效果,共享更多信息以提高整体信息质量等。

(4)4 级:合作的指挥控制(Collaborative C2)。实体已不再满足一个共享的意图,而是寻求合作制订单一的共享计划。具体而言,实体会协商建立一个共同意图和一个共享计划,建立或重新分配角色,协调行动,共享资源,提高相互之间的交流以强化共享感知等。

(5)5 级:末端指挥控制(Edge C2)。此时整个集团成为一个可靠互联的整体,易于存取、共享信息,任意、连续的交互,以及广泛分布决策权,此时的实体之间能达成自同步。

虽然 N2C2M2 针对的是集团行动,但仍然具有普遍意义。指挥控制成熟度模型可以用来评价某个指挥控制方法对网络中心战的适应程度。成熟度较高的指挥控制方法，能够更好地利用网络赋予的能力，能够更好地获得信息优势，也能够更好地获得下面介绍的敏捷性。这也是为何指控成熟度的科学实验是由研究指控敏捷性的 SAS-85 完成的原因。

2.4　指挥控制敏捷性[①]

2.4.1　基本概念

指挥控制的核心就是决策，而战场条件下的决策问题非常困难，如图 2-21 所示。这种困难性包括三个维度，即不确定性（环境、任务和要解决的问题）、时间压力和风险。而这三个维度都与复杂性相关。复杂系统的非线性、不确定性、涌现性的特征使得这三个维度的问题更加复杂。

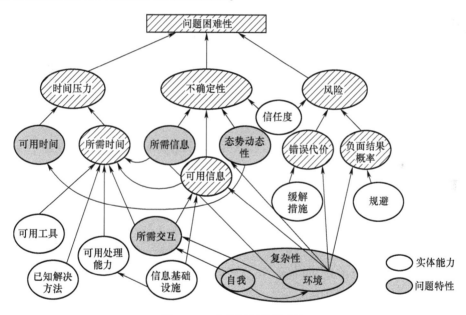

图 2-21　决策问题的困难性

不确定性是战争复杂性的最根本体现，包括战场环境的随机不确定性、由于信息缺乏而造成的对敌情我情的灰色不确定性，以及由于认知不足带来的认知不确定性。"战争迷雾"与"战争阻力"都属于不确定性的具体表现。

时间压力是由于战争激烈程度不允许指挥员有充分的时间去决策，而问题的

复杂性更加剧了时间压力。

风险是决策失误可能带来的作战失利、人员伤亡等后果，问题的复杂性同样也加剧了风险。

阿尔伯特指出，"如果不存在复杂性，那么从长远来看，至少可通过研究、教育、训练、信息收集、处理、以及分发系统等方面的适当投资，将问题的难度降到可管理的水平上。然而，鉴于目前的知识、工具和经验，面对大量存在的复杂性，想通过使用个人和组织目前所采用的解决问题的方法，把问题的难度降低到可管理的水平是不可能的。"

"显然，需要有一种新方法，而这个新方法就是敏捷性。"

因此，敏捷性（Agility）不是降低问题难度的方法，而是一种处理复杂性和问题难度两者综合效应的方法。按照阿尔伯特给出的定义，敏捷性是成功地影响、应对和利用环境变化的能力。

2.4.2 指挥控制敏捷性组成要素

敏捷性组成要素包括：响应性、多能性、灵活性、弹性、创新性和适应性。

（1）响应性（Responsiveness）。响应性是及时应对环境变化的能力，例如说突然出现的威胁，或稍纵即逝的机会。应对措施包括监控、决策等。这里重要的指标是响应的积极性和及时性，要做到敏捷性还需与以下敏捷性要素配合。

（2）多能性（Versatility）。多能性是可以在一定范围的任务、态势和条件下都维持有效性的能力。多能性面对的环境变化是使命或任务发生较大变化时，实体能够以可以接受的水平完成已经变化了的使命或任务的能力。

（3）灵活性（Flexibility）。灵活性是采用多种办法并能在其中无缝切换完成任务的能力。灵活性面对的环境变化是事先准备的方案无法很好地应对环境发生的变化，这时实体能够迅速切换到其他次优的方案来完成任务。

（4）弹性（Resilience）。弹性所面对的环境变化是实体能力的摧毁、干扰或降级。弹性为实体提供修复、替换、修补或重组丧失的能力或性能的能力。

（5）创新性（Innovativeness）。创新性所面对的环境变化是实体没有现成的方法去响应变化的情况。创新性是指实体生成或开发新的战术或用新的途经和方法完成任务的能力。

（6）适应性（Adaptability）。适应性所面对的环境变化是实体自身的性质、组织或过程，已不足以完成使命任务。适应性就是实体更改工作程序和实体结构或者组成实体间关系的能力。

指挥控制敏捷性各组成要素之间是相互关联、相互作用的，尤其是响应性直接影响敏捷性的其他几个组成要素。

响应性的核心指标就是从感知环境变化到做出决策的时间，所需时间越短，其响应性越强。响应性越强,则留给实体决策的时间越多,对于灵活性而言,其留给实体选择指控方法的时间越多;对于弹性而言,留给实体恢复或重组的时间越长;对于创新性而言,留给实体寻找新的方法的时间越长;对于适应性而言,留给实体改变自身组织结构或改变工作流程的时间就越充裕。所有这些显然会对其他组成要素产生积极影响。另外,其他组成要素对响应性在决策时的质量产生重要影响。例如,如果实体缺乏灵活性,则即便响应的时间很短,但由于找不到合适的方法应对环境的变化,最终还会影响响应性。再如,创新性强的实体,能在备选方案不起作用时,创新出新的方法,反过来使得实体的灵活性更强。

针对上述指挥控制敏捷性要求,北约 SAS-85 利用 ELICIT① 对其进行了科学实验与分析,得出了一些有益的量化分析指标。

指挥控制方法空间从另一个角度看就是为一定战场环境准备的备选指挥控制方法集合。战场环境的变化必将导致所要求的指挥控制方法随之发生变化以适应环境的变化。从某种角度看,指挥控制的敏捷性就是战场环境到指挥控制方法空间的映射。

参 考 文 献

[1] ALBERTS D S. Understanding command and control[R]. CCRP Publication Series, 2006.

[2] 胡晓峰,战争科学论[M]. 北京:科学出版社,2018.

[3] ALBERTS D S. Understanding information age warfare[R]. CCRP Publication Series,2001.

[4] ALBERTS D S. Agility advantage[R]. CCRP Publication Series,2010.

[5] ALBERTS D S. Power to the age[R]. CCRP Publication Series,2003.

---

① Experimental Laboratory for Investigating Collaboration, Information-sharing, and Trust,这是一个基于多智能体的实验平台。

第 3 章　指挥控制作战理论

现代作战理论与指挥控制理论日益融合交错,从某种程度上看,指挥控制的方式与支撑技术成为作战理论创新的核心,成为一个新的作战理论和概念必须首先关切的问题,成为一个新的作战理论能否付诸实际的关键问题。因此,我们在前面章节中把作战理论作为指挥控制理论体系的第二个层次,本章标题"指挥控制典型作战理论"的含义就是在指挥控制基础理论支撑下的典型作战理论。

3.1　网络中心战

网络中心战是美军从 20 世纪末提出的信息化作战理论,指导了美军进入 21世纪以来的军队改革、编制体制改革、信息系统建设等,是美军 21 世纪最重要的作战理论之一。所谓网络中心战是相对于平台中心战的,我们可以从平台中心战说起。

3.1.1　平台中心战

所谓平台中心战①是指主要依靠武器平台自身的探测装备和武器形成战斗力的战斗力生成模式。在网络中心战出现之前,传感器、作战平台、指挥机构等各作战单元、实体或要素之间缺少网络的有效连接,各武器平台之间没有信息流动机会,战斗力生成模式主要靠各武器平台各自战斗力的线性叠加。例如,战斗机武器平台的战斗力主要取决于其机载雷达、机载火炮或导弹、机载指控系统等的性能。一支军队的空战能力取决于其所拥有的战斗机的战斗力水平及数量。

图 3-1 描述了平台中心战中单个作战人员作战的功能模块以及相互间关系,单个作战人员包括地面战斗人员、坦克战斗人员、飞行员、水面舰艇指挥员等。

为成功实施对特定目标的打击,下列动作必须在一定的时间内完成:侦测目标、识别目标、对目标打击的决策、决策结果向武器平台的传送、武器平台瞄准目标并射击。而传感器探测距离、武器平台杀伤半径、通信及处理信息的时间和决策时间既决定了从传感器到射手的时间,又决定了单射手的战斗力水平。很显然,在平

---

① 本节内容参考了文献[1]的相关内容。

台中心战下。战斗力生成模式是由武器平台自身的传感器和火力所决定的。

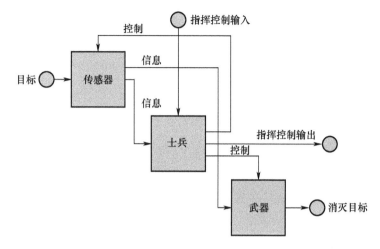

图 3-1 平台中心射手

当然,在平台中心战下,射手也可以与指挥控制中心相连,产生更好的作战效能,如图 3-2 所示。图中,C2 中心连接两个射手,进行指挥控制,射手之间没有连接。由于连接手段主要是通过语音通信,信息不能融合处理、共享,从传感器到射手的时间并不能得到有效的缩短,各射手的战斗力水平主要还是由各自武器平台的传感器和火力来决定。

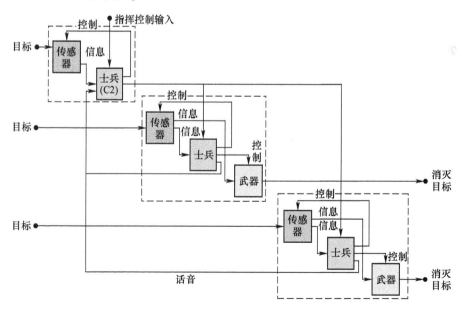

图 3-2 C2 和平台中心射手

3.1.2 CEC系统

1987年5月17日晨,美国军舰"斯塔克"号在波斯湾巡逻遭伊拉克战机袭击,造成37人死亡,21人受伤。这一事件使美国海军认识到必须为舰队尤其是单舰提供更强的防空能力。

协同作战能力(Cooperative Engagement Capability,CEC)指为了能够更加有效地抵御威胁而设计的一种作战能力,它能够协同结合分布于两个或者更多作战单位中的资源。

CEC系统是利用相控阵天线将海军编队舰只链接在一起,把各舰只协同单元上的目标探测系统、指挥控制系统和武器系统等联成网络,实现作战信息共享,统一作战行动,从而大大提升了美海军的防空反导能力。CEC系统的整体作战能力已不取决于单个平台的作战能力,而取决于整个协同网络的作战能力。这个思路的产生实际上孕育了从平台中心向网络中心转换的网络中心战思想,这也不难理解美军网络中心战思想是由海军首先提出。当美海军提出网络中心思想时,其原型已经存在,就是CEC系统。

CEC是一个由硬件和软件组成的系统,是一个坚固的宽带通信网和强大的融合处理器组成的动态分布式网络。组成CEC网络的节点被称为协同单元(Cooperative Unit, CU),其主要由协同作战处理器(Cooperative Engagement Processor,CEP)和数据分发系统(Data Distribute System, DDS)两部分组成[4],如图3-3所示。

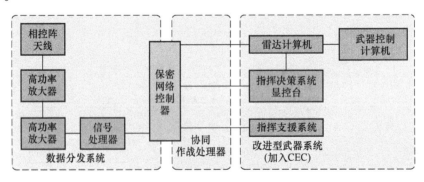

图3-3　CEC系统构成

CEC系统形成了三种协同能力。

(1)战场感知协同。战场空间探测/侦察手段的统一协同控制与管理。CEC系统协调和整合编队中各个作战系统中所有的传感器信息,将其合成一个单一的、实时的综合航迹,并用于武器级防空作战的信息支持,如图3-4所示。

(2)作战指挥协同。战场感知协同能力将所有编队作战单元传感器、岸基和

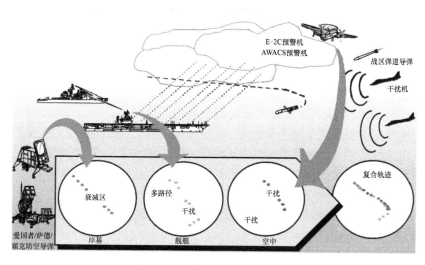

图 3-4　多传感器探测信息共享

空中支援的雷达信息融合成综合、单一的战场态势,使得各舰船指挥官能够面对同一张态势图,共享态势感知,进行协同决策与指挥,极大地提高了整体指挥效率。

（3）火力打击控制协同。能够对所有主战兵器、武器平台实施统一协同运用。图 3-5 为远程数据作战的概念,军舰 2 不具备对其上空敌机的打击能力,但军舰 2 可以将敌机目标数据传递给军舰 1,使用军舰 1 的武器对敌机实施打击。

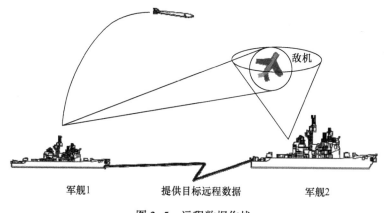

图 3-5　远程数据作战

从 CEC 系统所承载的作战思想可以看出,用网络将战场各类作战资源有机链接在一起综合使用,将产生巨大的战斗力。这种战斗力生成模式就是网络中心战。

3.1.3　网络中心战概念

1997 年 4 月 23 日,美国海军作战部长约翰逊在海军学会的第 123 次年会上称:"从平台中心战转向网络中心战是一个根本性的转变",提出的"网络中心战"理论,成为美军信息化作战的基本理论。

美军网络中心战概念的提出,得到了美国国防部、参联会、各军种的热烈相应,基于以下两个原因。一是信息化发展到一定时期的必然要求。信息技术在那个时期飞速发展,摩尔定律下芯片发展呈指数量级,计算能力大幅提高,尤其是计算机网络技术的成熟,互联网应用正在开始颠覆整个人类社会经济发展模式。虽然信息通信技术在军事领域中使态势感知、指挥控制、精确打击等能力大幅提高,但整个军事体系仍然处于机械化战争时代的架构模式,向信息化时代转型正处于蓄势待发的状态。二是美国海军的 CEC 系统已经从原型系统的角度验证了网络中心战概念的巨大优势。

所谓网络中心战指通过具有信息优势的、连接地理上分散兵力(平台)的强大网络而形成战斗力的作战方式。

网络中心战的核心要义就是用网络连接战场空间的各类实体,形成一体化的作战体系,从而倍增由信息优势主导下的战斗力。网络中心战中的"网络"不是"计算机网络"中的具体"网络",而是抽象意义上的"网络",和我们前面讲的"社会网络""复杂网络"中的"网络"相同。在实现层次,"网络"可能是战术互联网,也有可能是物联网。

图 3-6 显示的是网络中心作战条件下各单元的连接情况。此时,传感器之间、作战人员之间都有信息链路相连接,近乎实时的信息在网络的各个节点之间快速流动,大幅提高了共享感知的能力,从而促进了各作战单元的协同与自同步,大幅提高整个作战体系的战斗力。

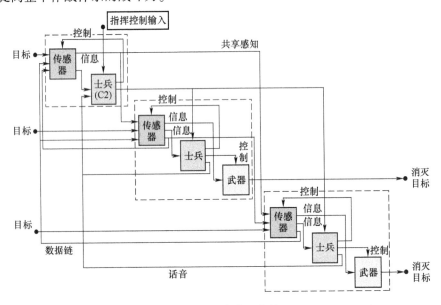

图 3-6　网络中心作战

54

关于共享态势感知最典型的例子就是飞行座舱的态势显示,如图3-7所示。图(a)是平台中心战的座舱态势显示,只能看到平台自身探测器探测到的两架敌方飞机,看不到友邻的情况。右图是网络中心战的态势显示,由于己方战斗机机群已经联网,可能还和预警机(空中指挥控制中心)联网,那么友邻探测器、预警机探测器探测目标及友邻位置信息将同时显示在本机座舱态势显示器上,这使得战斗机飞行员具有更大空域范围内的态势感知能力,并且所有战斗机群的飞行员能在统一态势感知下实施空中作战,大幅度提高了协同作战能力和自同步能力。

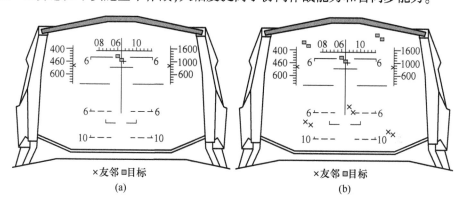

图3-7 飞行座舱态势显示
(a)平台中心战座舱态势显示;(b)网络中心战座舱态势显示。

综上所述,我们可以看出,网络中心战是一种以网络为中心的新思维方式,这种思维方式以实体之间的联系来看待军事作战问题,本质上是唯物主义的发展观在信息化条件下作用于军事领域而导致的军事变革。这种战场空间各作战单元实体之间的联系,由于信息通信技术的发展得到加强,更加聚焦于信息的流通与利用,使得个体与组织之间的关系与行为发生了重大的变化,从而导致了体系层面的宏观规律发生根本性的变化,也就是复杂系统所说的涌现现象。从复杂系统理论来看网络中心战,就是将实体之间的关系看成复杂网络,其演变和涌现的规律符合复杂系统的理论。

我军提出的网络信息体系的概念与网络中心战思想类似,强调以网络连接各作战实体,以信息为主导,形成一体化联合作战体系。

3.2 赛 博 战

3.2.1 赛博空间

赛博空间(Cyberspace)是加拿大作家威廉·吉布森(William Gibson)于1984

年在其科幻小说《神经症漫游者》(Neuromancer)中创造的一个词语。他用赛博空间来描述一个虚拟世界,现实世界中的一切物质、精神等都能以某种形式存在于赛博空间中。

20世纪90年代,学术界对赛博空间概念进行了不断的探讨,当时形成的看法是,赛博空间基本等同于计算机网络空间,如国际互联网空间。

进入21世纪后,赛博空间逐渐得到美国政府和军方的广泛重视,并随着对其认识的不断深入而多次对其定义进行修订。

(1)2003年2月,布什政府公布《保护赛博空间国家战略》中,将赛博空间定义为"由成千上万互联的计算机、服务器、路由器、转换器、光纤组成,并使美国的关键基础设施能够工作的网络,其正常运行对美国经济和国家安全至关重要。"

(2)2006年12月,美国参联会发布的《赛博空间行动国家军事战略》指出:"赛博空间是指利用电子学和电磁频谱,经由网络化系统和相关物理基础设施进行数据存储、处理和交换的域"。

(3)2008年3月,美国空军发布的《美国空军赛博空间战略司令部战略构想》指出:"赛博空间是一个物理域,该域通过网络系统和相关的物理性基础设施,使用电子和电磁频谱来存储、修改或交换数据。赛博空间主要由电磁频谱、电子系统以及网络化基础设施三个部分组成。"如图3-8所示。

(4)2010年2月,美国陆军发布的《赛博空间作战概念能力计划2016—2028》指出"赛博空间是地球空间中除陆、海、空、天以外的空间,并与其构成五个相互独立的域。美国陆军认为赛博空间包含物理层、逻辑层和社会层三个层次,其中社会层包含了有关人自身及认知方面信息。"

(5)根据《美国国防部军事词汇辞典》(JP1-02)[2],赛博空间是信息环境内的全球领域,它由独立的信息技术基础设施网络组成,包括因特网、电信网、计算机系统、嵌入式处理器以及控制器。

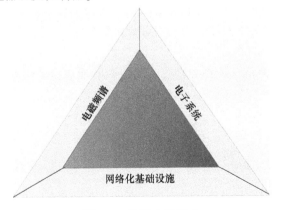

图3-8 赛博空间组成

综合上述观点,我们认为要准确把握赛博空间的概念内涵,必须理解以下几个方面。

一是赛博空间主体是一个虚拟的空间。就像美国陆军的报告所说的那样,赛博空间是除陆、海、空、天以外的空间。也就是说,相对于陆海空天这样的物理空间,赛博空间是看不见、摸不着,但又是实实在在存在的虚拟空间。

二是赛博空间的存在依托于电子系统、计算机系统、网络系统等物理性基础设施,这些物理设施属于赛博空间,存在于陆海空天物理域中。因此,这里有个重要的结论,即赛博空间不完全是虚拟的空间,其存在的基础是物理基础设施,但其主体是虚拟的空间。

三是其物理性基础设施的有界性和赛博主体空间无界性。关于这点,美国陆军对赛博空间三层五组件的空间划分,很好地阐述了赛博空间的有界性与无界性[3]。如图3-9所示,赛博空间分为物理层、逻辑层和社会层三层。

(1)物理层。物理层包括地理组件和物理网络组件。地理组件是网络各要素的物理接地点,物理网络组件包括支撑该网络的所有硬件和基础设施(有线、无线和光学基础设施)以及物理连接器(线缆、电缆、射频电路、路由器、服务器和计算机)。

(2)逻辑层。逻辑层包含逻辑网络组件,该组件在本质上是技术性的,由网络节点间的逻辑连接组成。节点是连接计算机网络的任意装置,包括计算机、PDA、蜂窝电话或其他网络设备。在IP网络中,节点是分配有IP地址的某种装置。

(3)社会层。社会层由人和认知要素组成,包括角色组件和赛博角色组件。角色组件由网络上的实际人员或实体组成。赛博角色组件对应于角色组件的各类账号,如电子邮件地址、社交账号、计算机IP地址、手机号码、银行账号等。现实生活中,一人可以有多个账号,如可以有多个邮件账号、多个银行账号、多个微信账号等,角色组件里的一个角色可以对应于赛博角色组件里的多个赛博角色。

很显然,赛博空间所依存的物理性基础设施存在于物理层,具有地理上的有界性。而赛博主体空间所在的社会层不存在地理的边界性。

四是电磁频谱是否属于赛博空间。电子频谱或者说电磁信号虽然看不见、摸不着,但确是一种存在于物理域的物理信号,而赛博空间主体是建立在物理基础设施上的内容数据,即赛博角色,这两者之间不是一个层次的。因此,我们可以在陆军的报告里经常看到“赛博空间和电磁频谱”这样的并列提法。但是,如果从赛博空间包括物理性基础设施,即包含物理层的角度来看,电磁频谱也属于赛博空间。

五是赛博空间的内容特性。赛博空间主体是虚拟空间,主要指建立在电子系统或电磁频谱之上的信息,即赛博空间的社会层是现实世界实体及相互关系在虚拟空间的映射。如网上的朋友圈、聊天室、棋牌室、政府机构的网上政务大厅、金融机构的网上银行、网上证券交易大厅、军队网络化指挥信息系统等,原本在物理空

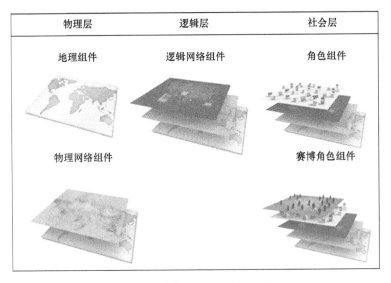

物理层	逻辑层	社会层
地理组件	逻辑网络组件	角色组件
物理网络组件		赛博角色组件

图 3-9　赛博空间的三层五组件

间进行的活动,现在可以在赛博空间进行,超越了地理空间的约束,导致整个社会经济、军事体系的运行发生了重大的变化。人们越来越依赖赛博空间的身份,并通过赛博空间完成各项社会、行政、经济以及军事活动。

六是赛博空间、物理空间与认知空间。图 3-10(a)描述了赛博空间与我们前面所说的物理域、信息域、认知域与社会域之间的关系,赛博空间包含了信息域与社会域,以及电磁频谱、物理性基础设施所占据的物理域部分。这样,我们从另一个视角可以把战争空间的四域划分为赛博空间、物理空间和认知空间,如图 3-10(b)所示,显然,赛博空间与物理空间是有部分重叠的。人类通过赛博空间更好地观察、认知、操作物理世界,同时物理世界的各种实体以及之间的关系、各类社会、经济、军事活动又深深映射到赛博空间,这三个空间的互动,随着信息技术、智能技术的发展而更加紧密。

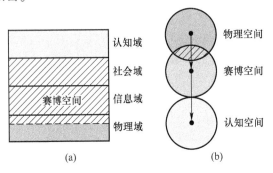

图 3-10　赛博空间、物理空间与认知空间

国内常常用网络电磁空间或者网电空间来对应赛博空间,这是不准确的,原因有两个:一是赛博空间包括了网络空间和电磁空间,但还包括了社会空间,或者说是现实世界在虚拟空间的映射,所以网电空间不能概括赛博空间;二是赛博空间概念的提出,更加关注的是无界的虚拟空间如何像有界的地理边界一样得到有效的保卫,而网电空间的概念只是传统网络战和电子战的叠加,在理念上与赛博空间不是一个层次。

国内也有用网络空间来代替赛博空间的称谓,这时的网络空间包括了物理域的电磁空间、信息域和社会域,我们将其称为广义的网络空间,而侠义的网络空间等同于信息域。

3.2.2 赛博战

随着信息技术的高速发展,人类的社会活动、经济活动、政府管理、市政服务以及军事活动等越来越依赖赛博空间,物理空间与赛博空间的交互越来越频繁、依存度越来越紧密。未来一旦敌对国侵入并控制了国家赛博空间,那么就等于控制了这个国家的命脉,不战而屈人之兵将可能成为现实。由此可见,赛博空间对于国家安全的极端重要性。

在此背景下,2009 年 6 月 23 日,美国宣布成立赛博战司令部,首任赛博战司令为四星上将 Keith Alexander。后赛博战司令部升格为美军第十个联合作战司令部。

关于赛博战的定义,我们先看美军的相关定义。

(1)《美国国防部军事词汇辞典》对赛博空间作战(Cyberspace Operations)进行了如下定义:"赛博空间作战是赛博能力的运用,其主要目的是在赛博空间内或通过赛博空间实现军事目标[2]"。

(2)美国陆军《赛博空间作战概念能力计划 2016—2028》对赛博作战(CyberOps)的定义[3]:"赛博空间作战是赛博能力的运用,其主要目的是在赛博空间内或通过赛博空间实现军事目标。这种作战包括网络战以及防护和运行全球信息栅格(GIG)而进行的活动"。

可以看出,美国陆军和美国军语对赛博作战的定义是类似的,美国陆军在军语的基础上还强调了对 GIG 的防护。另外,两者的定义都强调了对赛博能力的运用。

美国陆军将赛博作战能力按照赛博作战的四个组成部分分成四类。美国陆军认为赛博作战由赛博态势感知(CyberSA)、赛博网络运行(CyNetOps)、赛博战(CyberWar)和赛博支持(CyberSpt)组成,如图 3-11 所示。

(1)赛博态势感知

赛博态势感知是指在整个赛博空间内遂行的己方、敌方以及其他相关行动信

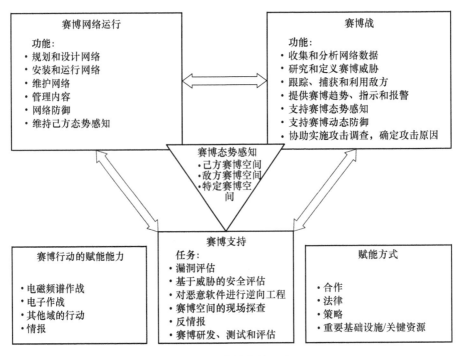

图 3-11　赛博作战组成

息的即时理解。赛博态势感知既源于赛博网络运维、赛博战和赛博支持,又能对这三者提供支持。赛博态势感知主要内容包括:①理解在整个赛博空间内遂行的己方、敌方和其他相关行动;②评估己方的赛博能力;③评估敌方的赛博能力;④评估己方和敌方的赛博漏洞;⑤理解网络上的信息流,确定其目的和危险程度;⑥理解己方和敌方赛博空间能力降级所产生的效果和对任务的影响;⑦有效规划和遂行赛博空间行动所必需的赛博能力的可用性。

(2) 赛博网络运行

赛博网络运行是赛博行动的组件之一,主要涉及构建、运行、管理、保护、防护、指挥控制、重要基础设施、关键资源,以及其他特定的赛博空间。赛博网络运维由赛博企业管理、赛博内容管理和赛博防御三部分核心内容组成。赛博防御又包括信息保障、计算机网络防御、以及重要基础设施的保护。赛博网络运维利用这三个核心要素与赛博战和赛博支持之间形成相互支持关系。

赛博企业管理是指有效运行计算机和网络所需要的技术、过程和策略。赛博内容管理是指提供相关的、准确的信息感知所需要的技术、过程和策略,能自动访问新发现的或重现的信息,能及时有效地以适当的形式可靠地交付信息。赛博防御措施将信息保障、计算机网络防御和重要基础设施保护与各种赋能能力相结合,对敌方操纵信息和基础设施的能力进行预防、探测并最终做出响应。

（3）赛博战

赛博战是赛博行动的组成部分,它将赛博力量扩展到全球信息栅格的防御边界以外,以探测、威慑、拒绝和战胜敌方。赛博战的能力主要以计算机网络、通信网络中的设备、系统以及基础设施的嵌入式处理器和控制器为目标。赛博战包括赛博探查、赛博攻击和动态赛博防御,他们与赛博网络运维和赛博支持是支持和被支持的关系。

赛博攻击将计算机网络攻击与赋能能力(如电子攻击、物理攻击及其他)相结合,对信息和信息基础设施实施拒绝或操纵攻击。赛博探查将计算机网络探查与赋能能力(如电子战支持、信号情报及其他)相结合,实施情报收集和其他工作。动态赛博防御将策略、情报、传感器与高度自动化过程相结合,识别和分析恶意行为,同时暗示、提示并执行预先批准的相应措施,在造成破坏前挫败敌方攻击。动态赛博防御与赛博网络运维防御行动协同提供纵横防御措施。

（4）赛博支持

赛博支持是专门用于赛博网络行动和赛博战赋能的各种支持活动的集合。这些活动具有成本昂贵、高技术性、低密度、时敏/密集等特征,需要专门的训练、程序和策略。与赛博战和赛博网络运维不同,赛博支持是由多个利益方实施的。赛博支持活动的实例包括:漏洞评估、基于威胁的安全评估以及修复、对恶意软件进行逆向工程、赛博空间的现场探查、反情报、赛博研发、测试和评估等。

赛博能力根据赛博作战的组成分为赛博态势感知能力、赛博网络运行能力、赛博战能力和赛博支持能力等,共计62种能力。能力需求的描述由4个基本元素组成,即谁来完成、完成什么、什么时间、在什么地点完成、为什么要这样做。因此,每类能力用两张表描述:一张表描述了具体的能力需求及其编号,另一张表描述了每一种能力应该由谁来完成,即指挥层次结构与能力编号的对应关系,也即指挥机构应该具备哪些能力。

四类能力数量分布如下:赛博态势感知能力10种、赛博网络运行能力25种,赛博战能力17种和赛博支持能力10种。在对每种能力的描述上,采用简单文字描述的形式,没有严格的量化指标。例如,赛博态势感知能力中编号为1的能力描述为:"为通用作战视图提供连续更新的友方、敌方和其他特定赛博空间的作战相关的赛博战信息,以更加全面地支撑指挥官的全局态势感知和决策处理。"

从以上美军对赛博作战的定义与描述中可以看出,美军赛博作战遵循物理空间作战的OODA指挥控制过程模型,以网络战、电子战为主要作战手段,对己方赛博空间进行防护、管理、保障与运维,同时对敌方赛博空间进行攻击。

所以,我们认为赛博战基于网络战、电子战手段,着眼国家网络边界安全和虚拟空间中国家、军队和公民的信息安全,是未来战争的重要作战样式。

我们在看待赛博战这个概念时,不能停留在其作战手段上,应关注其作战行动的目标,对于军队的赛博作战,除了防护军队作战体系,还要保护整个国家赛博空间的安全,宣示国家赛博空间的主权。

3.2.3 赛博战特点

赛博空间作战具有与物理空间作战不同的特点,主要包括以下几个方面。

(1) 技术创新性。赛博空间是唯一能够动态配置基础设施和满足设备操作要求的领域,将随着技术的创新而发展,从而产生新的能力和作战概念,便于作战效果应用在整个赛博作战中。

(2) 不稳定性。赛博空间是不断变化的,某些目标仅在短暂时间内存在,这对进攻和防御作战是一项挑战。敌方可在毫无预兆的情况下,将先前易受攻击的目标进行替换或采取新的防御措施,这将降低己方赛博作战的效果。同时,对己方赛博空间基础设施的调整或改变也可能会暴露或带来新的薄弱环节。

(3) 无界性。由于电磁频谱缺乏地理界限和自然界限,这使得赛博空间作战几乎能够在任何地方发生,可以超越通常规定的组织和地理界限,可以跨越陆、海、空、天全域作战。

(4) 高速性。信息在赛博空间内的移动速度接近光速。作战速度是战斗力的一种来源,充分利用这种近光速的高质量信息移动速度,就会产生倍增的作战效力和速率。赛博空间能够提供快速决策、指导作战和实现预期作战效果的能力。此外,提高制定政策和决策的速度将有可能产生更大的赛博作战能力。

总体上来看,赛博战揭示了与常规战争截然不同的特点:①时间上平战不分;②地理上远近不分;③目标上军民不分;④参与人员不受限制。非职业军人都能给对方带来重大威胁,给不对称作战提供良好发挥机遇。

3.2.4 赛博战与信息战

信息战是信息化战争中的一种重要的作战样式,是相对于传统硬摧毁作战方式的软摧毁作战样式,包括电子战、网络战与心理战,分别对应于物理域、信息域与认知域,如图3-12所示。

信息战概念的提出早于赛博战,同样是针对虚拟空间的一种作战样式。赛博战概念主要是针对电子系统和电磁频谱产生的虚拟空间,注定与信息战概念有所交叉。

赛博战跨赛博空间与物理空间,但不包括认知空间,尽管认知空间的心理战、舆论战与认知战会影响赛博战。信息战跨赛博空间、物理空间和认知空间,信息战中的电子战、网络战是赛博战主要的作战手段,而赛博战更注重作战能力和作战效果的整体性。

如果说网电作战主要存在于军事领域的物理域和信息域,那么赛博战则是在

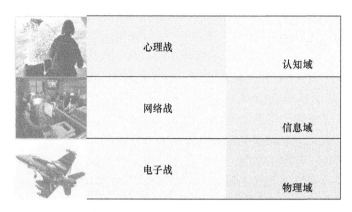

	心理战	认知域
	网络战	信息域
	电子战	物理域

图 3-12　信息战与战争空间的关系

纵向和横向两个方向对网电作战的扩展：在纵向上，赛博战从物理域、信息域向社会域扩展；在横向上，赛博战从军事领域扩展到民用和工业领域，特别是关系到国家命脉与民生的关键领域，如政府部门、银行、电力、电信等。

3.3　多　域　战

3.3.1　多域战：多域战斗与多域作战

1. 多域战提出背景

美军认为，近几年来中俄军事实力显著增强，尤其在态势感知、远程精确打击、电子战等领域，美军原有的优势正在被削弱，特别是美军空海作战优势将被抵消，对太空、网络空间、电磁频谱等作战域的利用将被限制，在各个作战域均面临竞争和对抗的压力，难以在有争议地区对抗所谓的"反介入/区域拒止(Anti-Access/Area Denial，A2/AD)"能力。

在此背景下，2016年10月4日，美军高层在陆军协会年会期间，以"多域战：确保联合部队未来战争行动自由"为主题展开研讨。美国国防部常务副部长罗伯特·沃克、陆军训练与条令司令部司令帕金斯、太平洋司令部司令哈里斯等高官力推"多域战"构想，提出美军需从"空地一体战""空海一体战"作战概念转向采纳"多域战"构想，增强军种之间、作战域之间的融合，多域战首次被提出。帕金斯在会议上的发言实际上很好地诠释了美军发展多域战概念的必要性。他说，对手一直在研究美军的条令。从对美军及其条令的研究中，对手得到三条经验教训：一是要通过作战域割裂美军；二是要使美军及其盟军远离作战地域；三是要阻止美军机动。实施"多域战"的目的就是要以新的方式应对这些挑战。

2. 多域战概念

那么什么是多域战呢？

很显然,所谓"多域"指的是多个作战域,即陆、海、空、天、网络、电磁频谱、认知等空间,也即我们上一章介绍的物理域、信息域和认知域。

至于"战",经历了两个概念发展阶段。2017年提出多域战概念时,"战"指的是战斗(Battle),后来演变为作战(Operations)。这种演进不是文字游戏,美军认为,以"战斗"定义该概念限制了各军种之间的相互配合与支撑,单纯的"战斗"胜利难以赢得日趋复杂的军事竞争,必须通过开展整体"作战"才能实现。

可以从以下几个方面理解多域战概念。

(1)从军种联合向多域融合转型。多域战的本质就是将多个作战域看成一个整体,打破军种、领域之间的界限,把各种力量要素融合起来,特别是要从"领域独占"转变为"跨域融合"。例如,以往当危机在陆地上发生时,陆军或陆战队会被视为该领域的所有者,一般会用传统的诸如迫击炮或榴弹炮等打击方式来应对;当危机在海上发生,海军则被视为该领域的拥有者,会用军舰或潜艇来应对。根据多域战概念,所有作战空间视为一个整体,所有作战能力,从潜艇到卫星,从坦克到飞机,从驱逐舰到无人机,包括网络黑客等,无缝连接,实现同步跨域火力和全域机动,形成跨军种高度整合的跨域作战局面,夺取物理域、信息域、认知域以及时间域的优势。

(2)促进战役战术融合。在战术层面,战斗能赢得局部胜利,但难以赢得整个战役。美军致力于通过跨多作战域的集成来融合作战力量,将多域战概念打造成战术和战役之间的桥梁,把战役和战术的行动以及目标融合在一起,摆脱战术层面的限制,突出力量状态校准、多域组织编组以及跨时间、空间领域的融合,大力提升联合战役作战的能力水平,激发美国军事思想的发展和大幅提升战斗力。

(3)灵活机动的作战模式。一般情况下,战役战术级指挥官将运用跨域火力、合成兵种机动和信息战,连续或同时在纵深开辟窗口,使部队能够机动至相对优势的位置。当对手同联合部队在一个区域争夺激烈时,联合部队可以战斗到底,也可以绕过当面之敌,迅速移动至另一个区域,该区域暂时性的优势窗口已经建立。因此,"多域战"提供了灵活的手段,给敌人造成多重困境,创造暂时性局部控制的窗口,以便夺取、保持和利用主动权。

(4)多域战体现的联合作战的原则。一是同时行动,在陆海空天网多个地点、多个领域同时行动,给予敌军多重打击,从物理上和心理上压倒敌人;二是纵深行动,打敌预备队,打指控节点,打后勤,使敌难以恢复;三是持久行动,连续作战,不给敌以喘息之机;四是协同行动,同时在不同地点遂行多个相关和相互支持的任务,从而在决定性的地点和时间生成最大战斗力;五是灵活行动,灵活运用多种能力、编队和装备。通过这种多领域全纵深协同行动,就能给敌造成多重困境,削弱敌行动自由,降低敌灵活性和持久力,打乱敌计划和协调,从而确保联合部队在多个领域的机动和行动自由。

多域战是美国陆军首先提出,这一次却能打破军种藩篱的顽疾,得到了美军其他各军种的积极响应,原因在于这一概念符合美国新版《国家安全战略》《国防战略》的精神,符合现代多军种联合作战的基本原则,在维护军种利益的同时又体现出很强的包容性和先进性。美国陆军在跨域融合思想的主导下,提出了多任务的建设方向,即:陆军除了进行地面作战,还必须能够打军舰,打卫星,打导弹,以及进行网络攻击,削弱敌军的指控能力。例如,假设在西太平洋地区,配备水雷、鱼雷和导弹的敌舰正在追击美方战舰。敌人知道可能前来援助美方战舰的军舰行踪。但敌舰可能并未意识到,该地区岛屿上驻扎着美国陆军的榴弹炮连或导弹连,它们配备了反舰精确火力。现在对敌人来说,不仅可能遭到美国海军的打击,还可能遭到美国陆军的打击,陆军可以把火炮配置在陆地上难以发现的地方。这样,就会给作战指挥官提供多种选择,而给敌人造成多种困境。

综上所述,多域战是对"空地一体战""空海一体战"的继承和发展,是美国陆军超越传统地面战的作战新模式,是美军联合作战理论的重大转变,是从"军种联合"向"多域融合"的转型,是深度联合作战,是用来对付所谓"反进入/区域拒止"挑战的又一次理论创新。其核心思想是跨域协同,基本内涵是在所有作战域协同运用跨域火力和机动,以达成物理、时间、位置和心理上的优势。

3. 多域战指挥控制

美国陆军训练与条令司令部在《2028 多域战中的美国陆军》[5]文件中这样描述多域战指挥控制:

"在服务、跨部门和多国伙伴之间的互操作性是实施多域战的关键要素。多域指挥控制是联合资源、过程、权威和任务式指挥的组合,前者奠定了融合和多域编队的基础,后者设计为支撑和强化互操作性。有效的多域指挥控制需要一个弹性的技术架构、灵活的指挥关系和多域控制方法。弹性的技术架构在作战的关键时刻为司令部、作战单元、飞机和舰船提供互联性来传递关键信息。灵活的指挥关系允许跨职能部门和指挥层级进行快速的多域能力重新分配以达成融合性。灵活指挥关系还可以通过在指挥层级内快速加强火力与能力的任务组织与重组,允许所需要的力量按比例创建。多域控制方法通过允许作战单元在意图内的最大可能距离的跨域机动,为任务式指挥建立框架。多域控制方法还可以促进指挥层级、相邻单元及联合伙伴之间的协调。当技术架构陷入混乱的时候,灵活的指挥关系和多域控制方法是任务式指挥仍然起作用的因素。"

由于多域战跨军种跨作战域的特点,如何在军种之间、作战域之间实施一体化、敏捷有机的指挥控制尤其关键。美陆军提出的多域战指挥控制的三个要素,即弹性的技术架构、灵活的指挥关系和多域控制方法。可以说从技术和指挥两个层面切中了多域指挥控制的关键核心。我们在第 2 章中说到指挥信息系统是联合作战的粘合剂,实际上就是指利用指挥信息系统将各作战域的各个作战实体和作战要素连接在一起,形成一个作战体系,也就是我们所说的网络信息体系。那么,弹性的技术架构就是对信息系统的要求,能够适应多域战条件下复杂多变的信息环境要求,保证多军种之间、多域之间的"三互"性,从而使得关键信息能在指挥机构、各域和各作战单元之间的传递,为多域指挥控制奠定物质基础。灵活指挥强调在多军种、多域之间以及军种指挥层级内力量、能力、资源等的统一调度、统一分配和动态重组。多域控制方法则强调对跨域行动的控制与协调。

很显然,美军提出的多域指挥控制是原则性的、框架性的,距离多域战实施层面还有较大的距离。尤其是支撑多域战的多域指挥控制系统面临诸多理论与技术上的不确定性。

3.3.2 联合全域作战:联合全域作战指挥控制系统

1. 从多域战到联合全域作战

2020 年 3 月初,美国空军参谋长大卫·戈德费恩上将签署一份《美国空军在联合全域作战中的任务》的作战条令,阐述了美国空军遂行联合全域作战的关键能力需求。至此,一个新词"联合全域作战"进入人们的视线。

虽然美国陆军首先提出多域战的概念,但美国空军很早就认识到天域、网域对于空军常规作战的重要性,认为"如果没有太空和网络空间,联合部队在作战中就无法如此快捷有效地完成使命"。美国空军不仅是太空部队的"孕育者"、庞大军事太空资产的唯一"掌门人",同时还掌握着雄厚的网络战力量。美国空军总共编制 20 支航空队,其中第 14 航空队实际上是一支太空部队,负责导弹预警、航天监视、空间发射与试验(包括导弹、卫星与航天飞机)、卫星控制等活动;第 24 航空队则是一支网络战部队,担负美国空军网络攻防作战、重要信息系统维护与防护和确保网络空间的空军部分安全可用等任务。

事实上,美国空军是最早提出"跨域作战"概念的军种。2014 年,美国空军部在未来规划指南《美国空军:响应未来召唤》中明确提出,"要以多域跨域方式执行空军的五项核心使命。空、天、网充分融合,是空军下一轮飞跃性发展的重点方向。未来空军官兵要习惯以跨域思维处理问题。"美国空军认为,实现空、天、网域深度融合、深度跨域协同,是保证未来美国空军继续保持世界领先地位的关键所在。

由此可见,美国空军一直在实践跨域作战的理念,也是多域战坚定支持者和实践者,这次提出的联合全域作战概念与多域战概念一脉相承,更加强调联合和全域融合,同时将联合全域作战概念聚焦在联合全域作战指挥控制系统的设计与实现上,认为这是实现联合全域作战的关键所在。

2. 联合全域作战指挥控制系统

美国空军清醒地认识到要推动联合全域作战从概念到实践,实现向联合全域作战的全面转型,必须靠信息系统的支撑,这就是美国空军全力打造的联合全域作战指挥控制系统(Joint All-Domain Command and Control，JADC2)。

过去的指挥控制系统存在两大问题，已经不能满足联合全域作战的需要。一是军种之间、作战域之间"三互"问题。由于跨域深度融合较过去联合作战对军种之间、各作战域之间对数据一致性、信息系统兼容性有着更加严苛的要求，以往设计的指挥控制系统已无法满足跨域深度融合的需要。二是敏捷性问题。以往的指挥控制系统一般是按照传统军种作战、联合作战的程序化设计，缺少联合全域作战所必需的能够应对复杂多变战场环境的敏捷性。

为从根本上解决这两个问题，美国空军开始以开发中的"先进战斗管理系统(Advanced Battle Manage System，ABMS)"为基础，采用统一网络和云服务实现全域数据共享和全域资源聚优，谋求打造全新的 JADC2。

美国空军的 JADC2 开发计划得到了美国国防部的高度关注和全力支持，事实上联合全域作战以及 JADC2 已成为美军多域战最新的概念和标准。2020 年，美国联合参谋部组建的联合跨职能团队将积极确保并推进所有军种的 JADC2 能力建设工作朝着同一个方向努力。美国空军将继续在联合参谋部下属的联合需求监督委员会的授权下牵头在内华达州内利斯空军基地的影子作战中心开展与 JADC2 相关的联合技术测试。2020 年，JADC2 有望从概念进展到政策制定层面。

我们可以从 MITRE 技术与国家安全中心于 2019 年 12 月发布的研究报告《一种新的多域战指挥控制体系结构》中管窥 JADC2 设计的思想。

第一，以任务为中心。联合全域作战要求打破传统的军种之间的界限，面向战场任务，从所有作战域中精选可用作战要素进行快速组合或重组，追求作战效果最优化。在未来复杂多变的战场环境下，兵力组合结构及支援-受援关系可能在不同部队、作战域之间迅速切换，传统上的那种提前规划、相对静态的兵力结构可能不再适用。这必然对 JADC2 提出非常高的要求。

第二，以作战云为基础。联合全域作战要求战场指挥员及时掌握战场上各作战域的情报信息，保持持续的全域态势感知。美国空军于 2013 年提出的"作战云"概念为实现这一点提供了无限可能：在大数据、云计算、云服务技术支撑下，不同兵种、不同作战域产生的情报信息都可以在虚拟的"云端"共享，战场指挥员根据按需分配原则获取所需全源情报信息，并依托虚拟算力高效融合为可裁剪的全域战场态势图。

第三，以智能化决策为中枢。联合全域作战要求指挥员决策速度不慢于战场态势的快速演化，必然需要将人工智能引入决策程序，而这将改变传统的指挥控制模式。按照美国空军设想，未来战场就如同"市场"：指挥员依据作战任务作为"买方"，各作战能力作为"卖方"，买方可以向众多卖方提出能力"竞标""交易物"为作战能力，"交易平台"就是指控平台，而操作"交易平台"的任务交由人工智能。这一构想同马赛克战有关思想类似。

第四,以分布式智能作战为目标。联合全域作战的表现形式将是分布式智能化作战:在 JADC2 的智能化决策下,各有人、无人作战平台(编队)根据战场任务快速组合与重组,整个作战体系表现出极强的战场适应性、韧存性和杀伤力。

智能化是 JADC2 中的重要技术支撑。兰德公司 2020 年发布《现代战争联合全域指挥控制:识别和开发人工智能应用的分析框架》[6]的研究报告,论证了人工智能在未来多域作战中的角色和作用。美国国防部联合人工智能中心已在全力支持 JADC2 的开发工作。

3.4　马赛克战

3.4.1　马赛克战提出背景

中国和俄罗斯军事力量的大幅提升使得美军固有高科技武器形成的不对称优势逐步减少。近几年来美军不断提出新的作战概念和理论,试图抵消中国与俄罗斯不断增长的军事实力,在竞争中继续保持领先优势。多域战也是在这个背景下提出的,另一个作战概念就是马赛克战。

美军认为,长期以来赖以领先世界的军事能力增长方式发生了变化,正在技术上、作战上逐渐失去优势。一方面是隐身飞机、精确武器、远程通信网络等装备技术已扩散至他国军队,美国的潜在敌人也已了解美军的作战方式,并相应调整了自身军队的作战概念;另一方面,美军通过改进当前能力和战术来维持优势的成本越来越高。因此,美军仅通过战术上的调整无法保持其长期优势,而是应寻求新的国防战略和作战概念,并据此重塑国防态势,更好地整合陆海空天网等作战域的行动。

在此背景下,美国国防高级计划研究局(Defense Advanced Research Projects Agency, DARPA)于 2017 年 8 月提出了马赛克作战概念。此后,这一概念被广泛接受,并不断在概念内涵和技术支撑上演进。2018 年,在 DARPA 成立 60 周年研讨会上,美军强调要将作战方式由传统样式向马赛克战转变;2019 年 9 月,美军发布《马赛克战:恢复美国的军事竞争力》报告;2020 年 2 月,美国战略预算评估中心(Center for Strategic and Budgetary Assessments, CSBA)发布了《马赛克战:利用人工智能和自主系统实现决策中心战》[7]报告。这些指导性文件的相继发布,标志着美军对马赛克战的研究正在逐步从概念走向现实,从理论走向实战。

3.4.2　马赛克战概念

1. 基本概念及演进

马赛克原指建筑物外表面用于拼接各类装饰图案的小瓷砖碎片,也可指拼图游戏中用来拼图的碎片。

所谓马赛克战就是指借用马赛克拼图的概念,将传感器单元、指控单元、火力单元、兵力单元等战场各类实体要素作为"马赛克碎片",用类似拼图的方式,通过动态通信网络将"马赛克碎片"链接形成一个地理上和功能上高度分散、灵活机动、动态协同组合的弹性作战体系而进行的作战方式。

如果把美军现有作战体系比作拼图的话,那么组成这些作战体系大图的感知系统、指控系统、武器系统、兵力系统等构件都是为了特定图形的特定组成部分而精心设计的,显然,这些大图的组成部分体积大、功能多、内部自成体系,组成部分之间通过事先设计好的接口、规范可以拼接成有限种样式的图案。但这种大构件存在适应环境变化的敏捷性差的弱点,即其多能性、抗毁性、弹性等方面存在天然的弱点。

马赛克战的基本思想就是将这些大构件分解成小碎片,可以根据需要拼接成更多、更符合需求的大图形来。这种高度碎片化的小构件,可以根据环境的变化和使命任务灵活组合成能完成一定任务的作战单元,在获得极大灵活性和适应性的同时,给对手造成很大的困境和混乱。

传统上,从感知、决策到行动的杀伤链是预先规划、部署的,呈线性顺序方式。在马赛克中,将 OODA 环中各节点功能分拆,打破其线性、捆绑式的排列,传感器节点可以和决策节点或行动节点按需组合,破链成网,形成地理上、功能上分散配置的杀伤网。这种功能排列组合多样性,使得敌方需与各种攻击组合对抗,在给对手造成复杂性的同时,也使得己方的杀伤网更具弹性。由此可见,马赛克战从传统线性的、捆绑式的杀伤链(Kill Chain)转向弹性、适应性的杀伤网(Kill Web),如图 3-13 所示。

2. 决策中心战

在马赛克战思想提出后,其内涵也一直在演进中。在 2019 年发布的一系列文件中提出了"决策中心战"的思想。美军认为现在美军军事单元设计反应的是消耗中心战的观点,即作战的目标是摧毁足够多的敌人使其无法战斗。其实,这就是我们上一章介绍的机械化战争时代的制胜机理。也就是说,机械化战争时代消耗战的观点仍然是美军在战争体系设计中的重要因素。然而,面对大国之间的竞争,需要一种聚焦更快、更好先于对手决策而不是消耗对手的全新的致胜理论与作战概念。

因此,决策中心战方法(Decision-Centric Approach to Warfare)将多种困境施加于敌人,阻止其达成目标,而不是摧毁对手的力量,使其无法战斗或成功。

马赛克战中的决策中心战与网络中心战中的决策中心战是不一样的。马赛克战的决策中心战是聚焦于敌我双方的决策制定,即促使美军指挥官快速、高效的决策,同时降低对手的决策质量与速度;而网络中心战则强调通过集中化来提高决策

图 3-13　从杀伤链到杀伤网

质量,即依赖战役指挥官不受限制的大范围态势感知能力和对所属部队的通信能力。

　　然而,这种集中化决策方法在未来高竞争环境下既不现实也不必要。一是对手不断提高的电子战能力、指挥控制对抗能力、反情报侦察监视能力将大大削弱美军态势感知能力和对部队的大范围控制能力;二是与网络中心战所希望的战场环境的高度清晰和对部队高度控制相反,决策中心战则拥抱战争所固有的迷雾与阻力。决策中心战通过分布式编队、动态组合与重组以及反电子战、反指控情报侦察监视战来增加对手试图通过美方作战行动获取信息的复杂性和不确定性、降低敌方指挥员决策能力,从而提高适应性和生存能力。

　　要实现这种决策中心战,自主系统和人工智能技术至关重要。自主系统指无人机或无人装备等,利用这些自主系统能够降解那些传统的多任务、昂贵的平台和单元,形成大量廉价、单任务的编队,使得分布式编队和任务式指挥变得更加可行。而人工智能技术使得这种大量分布式编队之间的动态协调、控制与决策变得可行。

　　显然,传统指挥控制方法不再适应决策中心战。决策中心战需要一种人类指挥与人工智能加持下的人类指挥和机器控制相结合的新指挥控制方法。人类指挥和机器控制分别利用人类和机器的优长,即人类提供灵活性,并运用创造性的洞察力;而机器则提供速度与规模来提高美军向对手多施加困境的能力。

　　在这种概念演进中,2020 年 2 月在 CSBA 发布的《马赛克战:利用人工智能和自主系统实现决策中心战》报告中明确指出,马赛克战提供了一种实现决策中心战的方法,其中心思想是:用人类指挥和机器控制对更解聚化的美军力量进行快速组合和重组,藉此为美军创造一种适应性,以及为敌人创造复杂性和不确定性。

同时指出,要实现马赛克战或其他形式的决策中心战,必须对美军的兵力设计和指挥控制过程进行重大的变革。

3.4.3 兵力设计与指挥控制过程

1. 兵力设计

决策中心战条件下兵力设计的总体思想是将当今自成一体、多任务的单元解构成大量具备更少功能、更小规模并且可以更容易重组的要素,其优点如下。

(1)更易集成新技术和战术。马赛克力量要素由于具有更少的功能,当新的功能需要集成进来的时候,相对于多任务单元需要更少的修改。

(2)对美军指挥官具有更大的适应性。相对于传统的一体化平台或部队编成,解聚的兵力可以以更广泛的方式组合,产生打击效果。

(3)给对手造成更大的复杂性。敌方更难评估分布、解聚的兵力来确定美军的意图。

(4)效率的提高。指挥官能够更好地调整解聚单元的组合以匹配作战及相应风险等级所需的能力和职责。

(5)更宽的行动跨度。解聚兵力能够更好地校准至作战要求的这种能力,可以减少过分匹配的要求,从而能够适应更多的任务。

(6)战略实现效果的提高。解聚兵力中大量同时的任务、能力,以及职责调整能力的提高、更大比例的无人系统,能使部队更好地实施佯攻、同时的进攻和防御行动、高风险/高回报的任务。这样,指挥官就能够更好的追求战略效果。

2. 指挥控制过程

决策中心战最具颠覆性的元素或许就是如何改变美军指挥控制过程。为了充分探索解聚和更可组合兵力的价值,马赛克战应依靠人类指挥和机器控制的结合。如果兵力设计在具体实现时未考虑指挥控制过程的改变及关联,指挥官及其参谋机构将很难管理这种解聚兵力中的大量要素。如果没有自动控制系统,指挥员很难利用决策中心战中兵力组合给对手造成复杂性以及兵力重组应对敌方反制措施带来的优势。

马赛克指挥控制过程与所谓的"情境中心 C3"相关。在决策中心战背景下的指挥控制与通信(C3)称为"情境中心 C3"(Context-Centric C3)。所谓的"情境中心 C3"指的是能保持通信状态从而实施指挥控制的一种情境状态;在这种情境下,指挥官只对在通信链路上的兵力实施控制,也即指挥官只对那些与他们保持通信联络的部队实施指挥控制。自主的网络管理程序在网络带宽和指挥官的需求之间保持平衡,维持一个合适的控制跨度,避免指挥官因控制的兵力过多而无法管理。

那些无法通信的兵力和与任务关系不大的兵力将被剔除出去。这点非常重要,是马赛克战的一大重要特征。这与网络中心战条件下的思路不一样,网络中心战要求网络必须满足指控的需求,必须尽力将任务部队链接进网络,但在复杂多变的实战环境下,这往往是不现实的。而马赛克战没有回避这种现实的困境,而提出"情境中心 C3"的观点,这种观点将导致未来战场信息通信网的设计发生革命性变化。事实上美军已发布马赛克战背景下的通信项目标书。

图 3-14 为典型"情境中心 C3"方法。人类指挥官根据作战的的策略和上级指挥官的意图定下作战方法,然后通过计算机接口指导机器控制系统,分配需要完成的任务,输入估算的敌方兵力规模等。机器控制系统在将指挥官控制跨度保持在可管理规模水平的同时,识别出在线可分配任务的兵力,通过这种方式来实现"情境中心 C3"方法。

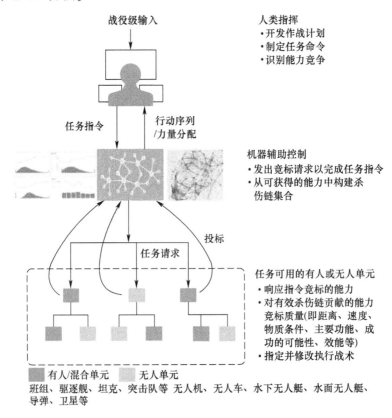

图 3-14 典型"情境中心 C3"

在"情境中心 C3"方法中,指挥关系的建立依赖可获得的通信资源,而不需要建立能指挥控制所有下属部队的通信网络。图 3-15 为"情境中心 C3"下指挥关系示意图。图中左侧为红方传统部队,包括战机、地导、潜艇等作战装备;右侧为蓝方马赛克部队,包括陆、海、空、天、网等多维作战力量。战场的每个作战节点按照其作战任务和自身性质,具备决策(Decide)、感知(Sense)、行动(Act)、指挥官(Commander)四种作战要素中的一种或多种,这些作战节点基于规则和自身能力,相互链接成为一个分布式的马赛克网状作战体系。图 3-15(a)为红蓝双方交战的初始状态。蓝方指挥官建立了能指挥控制所有下级作战单元的通信网络。图 3-15(b)为交战过程的中间状态。随着战斗的进行,通信网络在受到攻击后降级,马赛克部队指挥官无法指挥控制所有所属作战单元。下级指挥官则根据当前通信能力对能通信上的作战单元实施任务式指挥,来完成赋予的作战任务,而对作战单元的任务规划及控制则由机器辅助完成。

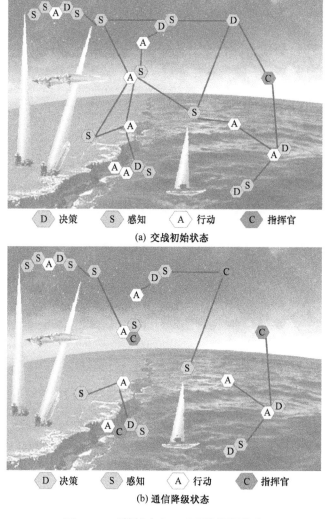

图 3-15 "情境中心 C3"下的指挥关系

总之,美军马赛克战的核心思想是:在任务执行期间资源可以重新组合、系统可以裁剪,以及对动态威胁和环境具有高适应性,这是美军长期以来对战争复杂系统研究与实践的又一次理论升华。

参 考 文 献

[1] ALBERTS D S. Network centric warfare[R]. CCRP Publication Series,1999.
[2] Department of defense dictionary of military and associated terms[R]. Joint Publication 1-02,2016.
[3] The United States Army's cyberspace operations concept capability plan 2016-2028[R]. TRADOC Pamphlet 525-7-8,2010.
[4] 邱千钧,等. 美海军舰艇编队协同作战能力 CEC 系统研究综述[J]. 现代导航,2017, 6:458.
[5] The U.S. Army in multi-domain operations 2028[R]. TRADOC,2018.
[6] LINGEL S. Joint all-domain command and control for modern warfare:An analytic framework for identifying and developing artificial intelligence applications[R]. RAND,2020.
[7] CLARK B,et al. Mosaic warfare-exploiting artificial intelligence and autonomous system to implement decision-centric operation[R]. CSBA,2020.

第4章　智能化指挥控制

随着人工智能技术的突破和快速发展,人类社会正从信息化时代跨入到智能化时代。军事理论与军事技术的变革正以人们难以预料的速度进行着。而这种变革从某种程度上看首先发生并聚焦在指挥控制领域。近几年,无论是美军提出的"第三次抵消战略",还是"联合全域作战""马赛克战",其核心支撑都是智能化指挥控制。智能化指挥控制已成为军事变革的核心推动力,是军事理论与科学技术融合的核心领域,体现了指挥控制发展的必然规律。

4.1　指挥控制的智能化发展

4.1.1　指挥控制发展规律

我们通常讲指挥控制系统发展规律的时候①,都是从指挥控制装备发展的角度,例如,讲到美军指控系统的发展,通常会从赛琪系统到 C4ISR 系统,接着到武士 C4ISR,再到全球信息栅格(Global Information Grid,GIG)这样的发展阶段。然而这种从装备发展的角度看指挥控制系统的发展,揭示不出指挥控制系统发展内在的必然规律。

我们可以从时间和空间两个维度去观察指挥控制系统发展的本质规律。

从时间维度上看,主要是从指挥控制系统的形态上看其发展规律。

从空间维度上看,主是从指挥控制系统适应战斗力生成模式变化上看其发展规律。

1. 指挥控制系统发展"三段论"

指挥控制系统发展规律从时间维度上看,是其形态发生变化的规律。我们认为指挥控制系统发展分为三个阶段,即电子化阶段、网络化阶段和智能化阶段,我们称之为指挥控制系统发展的"三段论",如图 4-1 所示。

1)电子化阶段

电子化阶段,又称为数字化阶段,是指挥控制信息化的初始阶段。在这个阶段

---

① 这里所说的指挥控制系统指广义的指挥控制系统,即指挥信息系统。

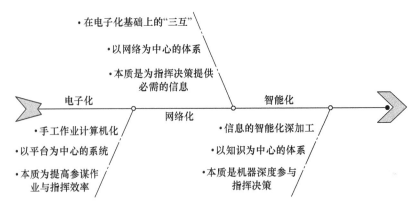

图 4-1　指挥控制系统发展的三个阶段

的主要表象是指挥和参谋作业从手工作业转向计算机化的作业,如纸质地图转化为数字地图,手工标图转化为计算机标图,文书拟制由手工变为计算机处理等。手工作业的电子化和自动化处理,大大加快了指挥和参谋业务的工作效率。

这个阶段的信息化工作,类似办公自动化(Office Automation, OA),即由于引入计算机处理技术,办公文档可以由计算机自动化地处理诸如文档格式编排、打印、印刷等原本由人工完成的工作,从而使得办公效率大幅度提高。因此,此阶段的指挥控制系统当时被称为指挥自动化系统。此处的自动化并不是有人认为的机械自动化,也不是不需要人介入的自动化,而是指电子化的一种演变过程。

在这个阶段,包括传感器、武器控制、通信等技术的发展也非常快,使得单个武器平台或作战单元的指挥控制系统(C4ISR)[①]逐渐形成。所以,以平台为中心是这个发展阶段的主要特征。

本质上,指控系统的电子化阶段主要解决的是指挥和参谋作业的效率问题,提高武器平台或作战单元内部从信息获取到处理和运用的效率,从而提高武器平台或作战单元的整体作战效能。这是任何一支军队在信息化建设初期必须要解决的问题。

美军各军种 C4I 建设发展阶段就属于指控系统的电子化阶段,各军兵种在各自管辖范围内研制与集成 C4I 系统,使得各军兵种内部态势感知、指挥作业、武器平台控制等系统形成一个有机的整体,大幅提高了军兵种内部的作战效能。

2）网络化阶段

网络化阶段是指挥控制信息化的成熟阶段。在这个阶段的主要表象是将战场

[①]　美军 C4ISR 原文为 Command, Control, Communication, Computer, Intelligence, Surterillance, Reconnaissance,可译为指挥、控制、通信、计算、情报、监视、侦察系统,由于本系统在本书中多次提及,直译名过于烦琐,故本书中 C4ISR 译为指挥控制系统。而下文中的 C4I 系统为与之区分不取中译名。

空间的各类实体和各类作战单元联成互联互通互操作的网络,信息在网络中、在各个作战单元之间有序流动,全网共享,由共享态势到共享感知,达成作战自同步。

网络化阶段,强调战场空间各作战实体、作战单元在信息主导下网聚效能,以网络为中心是这个阶段的主要特征。

本质上,网络化阶段是通过将战场各个要素的互联,以信息主导信息优势,再由信息优势主导决策优势,从而获得行动优势。网络化阶段,在"梅特卡夫"定律作用下,将获得更大的作战效能。因而,网络化阶段的本质和根本目标是为了获取信息优势。

海湾战争是美军实践信息化战争的开端,各军兵种在电子化阶段集成的 C4I 系统在战争中发挥了巨大的作用。但由于此阶段平台中心的特征并不支持不同军兵种之间的信息交互,虽然"武士 C4I"计划试图通过建造所谓"信息球"来解决各军兵种的烟囱问题,但缺乏系统的军事理论与技术体系的支撑,效果并不明显。

网络中心战理论的提出以及 GIG 的建设,使得美军进入了网络化建设阶段。整个指挥体系从传统集权式向扁平化、网络化发展,作战理论与作战方法发生了重大的变革。

我军同样也是顺应网络化发展的规律,提出了网络信息体系的概念,以网络为中心,以信息为主导,形成一体化联合作战体系。

3)智能化阶段

智能化阶段是信息化阶段发展的新阶段,也有人称之为后信息化阶段,更有可能成为战争发展的新时代,即智能化战争时代。在这个阶段的主要表象是信息的智能化深加工,机器将深度参与人类指挥员的决策过程,甚至代替部分人类指挥的决策与对部队的自动控制。

下面介绍知识是人工智能重要的基础,没有知识,机器将无法做出正确的决策。在智能化阶段的指挥控制系统中,知识将和信息一样,成为主导信息优势到决策优势再到行动优势的关键因素。因此,以知识为中心成为智能化阶段的一个重要特征。

本质上,在智能化阶段,人工智能将助力指挥控制系统直接参与人类指挥员的决策,而不是像信息化阶段一样,主要是为指挥员提供关键信息,间接支撑指挥员的决策,由信息优势去主导决策优势。在智能化阶段,指挥控制系统将直接主导决策优势。因而,智能化阶段的本质与根本目标是为了直接获取决策优势。

2. 指挥控制系统发展"三域论"

指挥控制系统的发展规律与战争时代的战斗力生成模式密切相关。

在机械化战争时代,战斗力生成模式主要靠机械能的释放,从空间角度看,其战斗力生成主要在物理域。在信息化战争时代,信息力成为战斗力指数的第一要素,其战斗力生成主要发生在信息域。在未来智能化战争时代,决策力将成为衡量战斗力的第一要素,其战斗力生成的主要空间已上升至认知域。

由此可见,从空间角度看,战斗力生成的空间规律是从物理域到信息域再到认知域,如图4-2所示。而指挥控制系统跟随着战斗力生成的空间规律,其作用域也是一个从物理域到认知域的一个发展过程。在机械化战争时代,指挥控制主要靠人力和电话等手段,其作用域主要在物理域;在信息化战争时代,指挥控制主要依据网络化的指挥控制系统,其作用域主要在信息域;在智能化战争时代,智能化指挥控制系统将直接作用于认知域,其对战斗力生成的主要空间在认知域。

图4-2 指挥控制系统发展的"三域论"

因此,我们可以说,从空间角度看,指挥控制系统的发展也是经历了从物理域到信息域,最终必然有向认知域发展的趋势,这就是指挥控制发展的"三域论"。

4.1.2 人工智能的突破

用人工智能技术来提升指挥控制效能,一直以来都是指挥控制技术领域追求的目标。但由于人工智能技术发展的限制,在指挥控制领域的应用一直不是很理想。

例如,20世纪末美军的"深绿"系统。"深绿"是一个设计为辅助指挥员进行作战指挥的智能系统,其目标为预测战场态势的变化与发展,生成与调整作战行动序列(ourse of Action,COA),帮助指挥员提前进行思考,并选择由系统产生的作战方案,将指挥员的注意力集中在决策上,而不是在如何制定作战方案的细节上。然而"深绿"的目标并未实现,整个计划被搁置。主要原因在于实现预定的目标所需要的人工智能技术超出了当时的实际水平。那么现在人工智能技术发展水平能够支撑起智能化指挥控制的发展阶段吗?

1. 从AlphaGo看人工智能的突破

AlphaGo是谷歌DeepMind团队开发的围棋程序,2016年3月以4:1的战绩打败韩国九段围棋专业选手李世石,2017年又以3:0的战绩战胜世界排名第一的中国围棋专业选手柯洁,机器智能前所未有地接近人的智能,震惊世界。

与"深蓝"打败人类国际象棋顶尖选手不同的是,国际象棋走棋动作空间有限,机器可以穷尽所有走法,采用蛮力计算即可应付人类所有的走棋着法;而围棋棋局盘面的数量可达到 $3^{19 \times 19} \approx 10^{170}$，而在已观测到的宇宙中，原子的数量才 10^{80}，因此，不可能像"深蓝"程序一样遍历搜索所有可能的着法。本质上讲，"深蓝"就是普通的计算机算法程序，与人工智能关系不大。

而 AlphaGo 则采用人工智能算法，模拟人的思维方式，利用机器的算力优势，一举打败人类最顶级的专业围棋大师，甚至创造出新的围棋着法，其表现出的智能水平震惊了世界。

AlphaGo 由以下四个部分组成。

（1）策略网（Police Network）。策略网也称为走棋网，是一个卷积神经网络（Convolutional Neural Network，CNN[①]）。它的输入是当前的棋局，输出则是人类棋手在各个空白位置落子的概率。这个网络是利用人类棋手 16 万盘对弈的 3000 万棋局作为深度神经网络训练数据集，耗费谷歌云 50GPU、4 周时间训练而成。机器在下棋时首先选择策略网在当前棋局下落子概率高的着法进行"思考和推理"，这和人类下棋的思路是一致的。一般棋类程序会把下棋可能的着法组织成树，推理时进行宽度与深度搜索。策略网的作用相当于大幅减少了搜索宽度，因为概率太小的落子处说明了其对于盘面的价值不大。

（2）快速走棋（Fast Rollout）。快速走棋采用传统的局部特征匹配加线性回归的算法，实现根据当前棋局快速选择落子位置的方法，从功能上与策略网一样，同样也是减少搜索宽度，但速度上要比策略网快很多。根据文献资料数据，策略网走棋速度为 3ms，而快速走棋则在几 μs 之内，快速走棋的走棋速度是策略网的 1000 倍。围棋对盘面的判断需要模拟走子，也就是从当前棋局一路走到底，直到分出胜负。如果用策略网则速度太慢，此时快速走棋就能发挥很大的作用，实际上就是在精准性和快速性之间的一种平衡。

（3）价值网（Value Network）。价值网也称为估值网，也是一个深度神经网络，输入为当前棋局，输出则为胜率。价值网的作用相当于人类的棋感，根据当前棋局做出在哪落子有可能取胜的一种感觉。很显然，这样的网络训练是非常困难的，需要大量的数据，前述训练策略网的 3000 万棋局远远不够。AlphaGo 采用强化学习[②]的方法进行自我对弈，再产生 3000 万棋局，这样加上前述 3000 万棋局，最后训练出价值网。一名记者在 AlphaGo 战胜李世石报道中，用诗一般语言描述了当时的情景："人类唯一战胜阿尔法狗的那个寒夜，疲惫的李世石早早睡下。世界在慌乱中恢复矜持，以为人工智能不过是一场虚惊。然而在长夜中，阿尔法狗和自己下了 100 万盘棋。是的，100 万。第二天太阳升起，阿尔法狗已变成完全不同的存在，可李世石依旧是李世石"。这里描述的自我对弈的一百万盘棋就是指强化学

---

① 卷积神经网络是一种深度神经网络，见 6.3.3 节。

② 强化学习的有关内容参见第 7 章。

习的训练。AlphaGo 实际是平衡了价值网和快速走棋的结果,将快速走棋的结果和价值网输出的结果以 0.5 的权重计算最终的胜率。

(4)蒙特卡罗搜索树(Monte Carlo Tree Search,MCTS)。这是一个棋类游戏通常会采用的经典算法,本质上是模仿人类棋手思考与推理的过程,对于每个当前棋局都有选择落子(宽度)与模拟走子(深度)这样的递归过程。蒙特卡罗搜索树可以看成是 AlphaGo 的总控程序,将上述三个内容有机结合起来,例如,选择落子采用策略网,模拟走子采用快速走子,然后和价值网的棋感平衡产生对胜率的估算。

总结 AlphaGo 人工智能算法,最核心的就是两点:一是采用深度学习和强化学习算法训练出策略网和价值网,获得了人类围棋的经验知识,并能够用深度神经网络表示和存储在计算机内;二是采用蒙特卡罗搜索树的算法模拟人的思考和推理过程。

知识是人类思考、判断与推理的基础,人工智能长久以来不能突破的一个重要原因在于知识表示的瓶颈,尤其是经验知识的表示,而经验知识是人类进行思考、判断与推理的重要基础,尤其是直觉判断。AlphaGo 在人工智能算法上的重大突破,本质上就是在知识表示上的突破,AlphaGo 具有某种程度上的棋感直觉,就是这种经验知识的作用。

2. 知识表示是人工智能的关键基础

1)知识与决策

知识管理专家 Thomas Davenport 认为,知识比数据和信息更有价值是因为它更贴近行动,知识是行动和决策的依据和指南。知识的作用在于可以实现信息与决策行动的交联,能够将获取的信息迅速转换为决策和行动,如图 4-3 所示。

图 4-3 知识可以实现信息与决策和行动的交联

换句话说,决策实际上是根据先验知识对于收集到的信息进行处理和判断的过程,如图 4-4 所示。

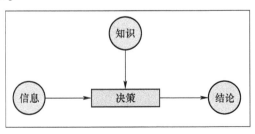

图 4-4 知识与决策

在后信息时代，随着人工智能技术的飞速发展，原本靠人脑支持的工作逐渐可以被机器替代，产生了所谓的知识自动化（Knowledge Automation），这是开启后信息时代的重要标志。可以说，在工业时代，机械自动化解放人的体力，大幅度提高了生产效率；而在知识时代，知识自动化即将解放人的脑力，大幅度提高知识工作效率。2013 年，麦肯锡全球研究所发布了 2025 年前决定未来经济的颠覆性技术，知识自动化位列第二位。

知识自动化的本质就是将知识表示并存储在计算机内，用于各类业务的决策。典型的运用就是业务流程管理（Business Process Management，BPM），即在业务流程管理系统（Business Process Management Systems，BPMS）的决策点中封装知识，依据信息与知识进行决策判断，决定该业务流程的走向。目前，这种知识自动化的方法广泛应用在银行、保险、物流等领域，代替传统的人工决策，大幅提高业务的效率和决策的准确性。知识自动化技术还可应用在参谋业务中，在一些规范化的场景中，可部分替代参谋人员的判断、决策工作，可大大减轻参谋人员的脑力负担，从而将其精力集中在必须由人完成的任务上。

这里又出现了"自动化（Knowledge）"一词。从表 4-1 我们可以看出，Automation 既可以指机械自动化，也可以指电子化，如办公自动化，或者网络化，如 OA 后期的公文流转，现在又可以表示智能化的意思。如果当初保留"指挥自动化"的称谓，即便到了智能化时代，也一样适用。

表 4-1　自动化的含义

自动化	含义	例　子
Automation	机械自动化	生成流水线
Automation	电子化	OA
Automation	网络化	OA（公文流转）
Automation	智能化	知识自动化

由于知识对于决策的重要性，美国空军早在 2004 年就提出了"知识中心战"概念，旨在实现未来作战体系由网络中心战条件下推送信息到前沿，再转型到知识中心战条件下推送知识到前沿的构想，实现更好地理解和使用信息。

2）隐形知识与显性知识

由于知识对于决策的重要性，知识在人工智能中一直处于基础性的关键地位。20 世纪 90 年代盛行的专家系统是人工智能最接近实用的应用系统，如各类医学诊疗系统、仪器仪表故障诊断系统。专家系统的核心部件就是知识库，是专家系统能够进行推理、判断的基础。但专家系统不久就陷入知识瓶颈的窘境中：一是推理往往需要较全的领域知识与常识性知识，由于知识的提取和表达全部由人工完成，不可能做到领域知识与常识性知识的全覆盖;二是经验型知识无法在计算机中表达,如感觉、直觉等只可意会不可言传的知识类型。

因此,我们可把知识分为两类。一类我们称之为显性知识,即可以采用逻辑、规则、本体、语义网、知识图谱等方式形式化表示并可以存储在计算机的知识。例如:"如果今天天阴,就有可能下雨";"如果敌人目标位于某某区域,该目标为地面炮兵火力突击群的行动目标"等,这类知识通常可以用"if…then…"的规则来表示。另一类我们称之为隐性知识,隐性知识是存在于人的大脑中,很难提取并形式化表达的知识,如作战经验、指挥艺术等。隐性知识同时也可以被称作内隐知识或经验知识,人类复杂的思维、决策活动更多地依赖于头脑中的隐性知识,也就是经验,很多复杂的思维活动都是靠经验知识来进行的。这类知识如果不能有效的表示、存储、共享与处理,则机器就不能像人一样的思考和判断。

3)快思考与慢思考

AlphaGo 对人工智能技术的突破,本质上就是对隐形知识表示的突破。AlphaGo 利用深度学习和强化学习的技术训练出能够表示人类专业棋手围棋经验知识的策略网和价值网,再利用蒙特卡罗搜索树模拟人的推理过程,完美地模拟了人的思考推理过程。

知识是人类决策的基础,要完成人类级别的认知与决策,研究人类的决策过程非常重要。要模拟人的认知或者决策过程,通常的办法是通过脑科学和生物科学的研究获得认知模型。这类研究要想突破还有待时日,AlphaGo 基于人类知识经验的决策和蒙特卡罗树的推理过程,给我们带来另一种模仿人类思考过程的启示。

实际上,人的决策过程是为解决某个问题进行的一系列的判断和决策,决策过程可以抽象为"决策路径(思维路径)+决策点判断",在每个决策点上嵌入知识,根据感知到的信息依据知识进行决策判断。这就是所谓的"快思考(直觉推理)"。决策路径由若干决策点连接而成,代表着可能的思考方向,如果加上权重的话可以表示思维偏好或者决策方向的概览,整个决策过程是"慢思考"。图 4-5 给出决策过程抽象模型的示意图。

"快思考"根据感知到的信息迅速或下意识地做出判断和反应,其本质是基于知识的决策,而"慢思考"则是根据感知到的信息先进行深入的思考才做出判断和反应,其本质是由于问题的复杂性需要经过思考或者思维的过程,是多个快思考的逻辑组合。

决策能力取决于决策点的判断能力与思考能力。例如,如果 AlphaGo 单靠学到的经验知识下棋,大概只能达到 3 段的水平,如果加上蒙特卡罗搜索树(推理机制),就可以达到 13 段、14 段的水平。

如果用机器来模仿人的决策过程或者思考过程,根据决策路径的确定与否,可以将决策过程区分为确定性决策过程和不确定性决策过程。

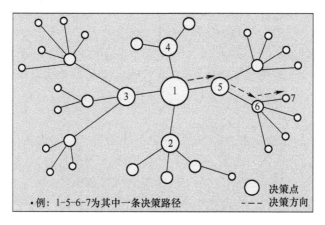

图 4-5　决策过程示意模型

如果整个思维路径都是确定的,如企业决策,很多东西都是流程化的,整个决策路径都是确定的,其决策过程就叫做确定性决策过程,这种过程的实现方法一般使用上述基于 BPMS 的决策知识自动化。

就人的思考而言,其思维路径是不确定性的,人一直处于推理的过程中,会选择一个最有可能解决问题的思维路径进行,这种过程的实现方法一般被称为智能博弈推理,如果是对抗性的博弈过程则被称为智能博弈对抗。智能博弈推理分为完美信息和非完美信息两种,所谓完美信息是指博弈双方能够完全观察到的博弈环境信息,如围棋博弈双方都能够完全观察到双方的落子信息,不存在隐藏的信息,属于完美信息的博弈。而作战双方的对抗过程就存在着"战争迷雾"、隐真示假等不完美信息现象,属于不完美信息博弈。这种不完美信息博弈推理就更加复杂,是人工智能实用化必须要解决的难题。

3. 机器学习是获取知识的关键途径

人工智能的突破本质上就是知识表示的突破,而知识表示的突破则是由于机器学习技术的突破。机器学习总体上分为两类:一类为深度学习;另一类为强化学习。

1)深度学习从大数据中学习知识

深度学习需要海量的数据进行训练,从这些数据中抽取出所需要的知识。我们用计算机图像识别的例子来说明传统数学方法和深度学习方法在表示和建立知识方面的不同。

如果我们想让计算机识别猫,传统方法是人工提取猫的特征,然后用数学语言建立模型,告诉计算机具备什么样特征,或者符合什么模式的图片,就是猫的图片,这就是所谓的模式识别。但现实中猫的形状和特征千奇百怪,很难靠人工提取出完整的特征集,且猫处于运动、蜷缩、进食、打斗中等不同状态时,或者身体某个部位被遮挡的时候,前述提取和描述的特征又会发生一定程度的变化,计算机很难通过这种模式识别的方式去识别一张图片是否是猫的图片。

然而,儿童在成长的过程中,并没有人去告诉他(她)怎么去识别猫,而是在不断对世界的观察中,获得了对猫的认知,可以轻松地从现实世界中将猫的实物、影像、图像和"猫"联系起来。这就是人工智能的一种被称为"联接主义"流派的来源。

回到识别猫的深度学习方法,这种方法不需要人工提取猫的特征并进行数学建模,而是收集大量的图片数据,并告诉计算机哪张图片是猫,这就是所谓的给数据打上标签,这样,我们就拥有了带"猫"标签的训练数据集,用这个数据集去训练神经网络。神经网络的输入是图片,输出则是"是"还是"否"这样的判断结论。神经网络在训练过程中不断调整神经元阈值及之间的连接权重,最终拟合到能准确判断输入图片是否是猫的神经元连接关系及阈值,形成能识别猫的神经网络。

AlphaGo 则是训练出了输入是当前棋局,输出则是空白处落子概率或胜率的深度神经网络。

无论是能识别猫的神经网络还是 AlphaGo 中的神经网络,都是在巨量的数据中学到了知识,或者说在数据和知识之间建立起了联接关系。

因此,深度神经网络具有超强的拟合与表达能力,超越一切数学工具的表达能力,使得类似经验和感觉这样存在于人的大脑中而无法用数学工具形式化的人类知识可以通过充分的训练,不断调整深度神经网络神经元触发阈值以及神经元之间的连接权重,最终拟合到接近知识表示的精确度。这和人类神经网络的工作原理是十分相似的。

讲到深度学习就不能不说 ImageNet,这是由斯坦福大学建立起来的拥有数千万张分类标注高清图像的图像数据库。从 2010 年起,举办以 ImageNet 为基础的"ImageNet 大规模视觉识别挑战赛",到 2017 年,深度神经网络的算法错误率下降到惊人的 2.9%,远优人类 5.1% 的水平。

2)强化学习从交互中学习知识

我们可以将现实世界中的很多场景抽象为序贯决策的模型,即在某种状态下采取某种动作,这种动作施加于环境,又会造成环境状态的改变;在新的状态下又需要进行决策采取何种动作。这种周而复始,在不同状态下进行不断决策的过程就称为序贯决策。围棋、扑克游戏、作战行动等都具有序贯决策的特征。

强化学习是通过与环境的不断交互,在试错中成长,主要学到的是最优策略、经验与技巧,使得累计的奖赏最大,解决计算机从感知到决策控制的问题。简而言之,就是让机器学习到在什么样的环境状态下,应该采取什么样的动作。可见,强化学习非常适合用于解决序贯决策类问题。

为解决状态动作空间爆炸问题,用深度神经网络逼近值函数或策略函数,这就是深度强化学习方法。

如果说 AlphaGo 是学到了人类下围棋的经验知识,从而一举打败人类顶级专业棋手的话,那么 DeepMind 随后推出的 AlphaZero 则无须学习人类棋手的经验,利用深度强化学习方法,通过完全的自博弈,训练出了更加强大的深度神经网络,以 3∶0 的战绩打败世界排名第一的柯洁。

强化学习需要建立训练的环境,但优点是不需要巨量的训练数据。在军事应用领域,由于缺乏高质量的样本数据,同时强化学习方法契合了指挥决策本质过程,深度强化学习方法越来越受到重视。

3)因果关系之梯

如果说深度学习属于人工智能的"联接主义"流派,那么强化学习则属于人工智能的"行为主义"流派。人工智能"三大流派"还剩一个"符号主义"流派,这是人工智能自 50 年代提出后出现的第一个流派,当时人工智能的关注点在于逻辑推理,对智能的理解建立在逻辑的形式化基础上,并采用谓词逻辑的数学方法进行推理。

可以说这一轮人工智能技术的突破是"联接主义"和"行为主义"流派的突破,为了更好地理解深度学习和深度强化学习在人工智能中所处的地位,我们引入朱迪亚·珀尔①的"因果关系之梯[1]",如图 4-6 所示。

因果关系之梯分为三个层级,即关联、干预与反事实。

第一层级是关联。在这个层级中,个体通过观察寻找规律,发现一个事实与另一个事实之间的关系。例如,通过观察数百万围棋棋谱后,发现胜算比较高的走法。大多数的动物都处于这个层级,也就是说它们会通过观察这个世界,获取一些规律性的事实或事件,来完成它们的捕食、交配、躲避危险等活动。因此,处于关联层级的认知能力为观察能力(Seeing)。

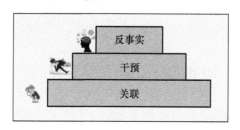

图 4-6　因果关系之梯

第二层级是干预。第一个层级是观察世界,当我们开始改变世界时,我们就迈上了因果关系之梯的更高一层台阶。在这个层级中,典型的问题就是"如果我们

---

①　美国人工智能权威专家,是因果论科学和贝叶斯网络的提出者。

实施某某行动,将会怎样?",也就是说,如果我们改变环境,会发生什么后果。干预指的就是采取一定的行动来改变环境,使得环境发生某种程度的变化。例如,我吃了阿司匹林,我的头痛会好吗?因此,第二层级的认知能力为行动能力(Doing),强调的是预测对环境进行刻意改变后的结果,并根据预测结果选择行动方案,达到所期待的结果。像那种有意图使用工具的早期人类,其认知能力达到了第二层级的认知能力。

第三层级是反事实。上两层的认知能力停留在对客观世界的观察和行动预知的能力上,可以说是一种"客观"的认知能力,第三层则是一种"主观"的认知能力,是一种对没有发生的事实猜想,或者已经发生的事实反思,所以称为反事实。例如,我头已经不痛了,是不是我是吃了阿司匹林才不痛的?还是其他什么原因?这就是对刚才吃阿司匹林这个事实的反问,是一种思考、反思和想象。因此,第三层级的认知能力为想象能力(Imaging),这是现代人类独有的认知能力,也是一切科学产生的基础。

综上所述,因果关系之梯实际上刻画的是因果关系的三个层级,每个层级拥有不同的认知能力,如图4-7所示。这种不同的认知能力实际上就是代表人的智能的等级层次,从观察能力到行动能力再到想象能力,是人类经过万亿年的进化而逐步形成的智能层次。

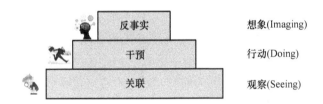

图 4-7 因果关系之梯与认知能力

很显然,深度学习只是处于因果关系之梯的最底层,其最大的特征就是关联性,也是符合"联接主义"流派的思想。深度学习为我们提供了从客观世界形成的大量数据中提取知识的工具,也为机器具备观察世界的能力提供了条件。

深度强化学习则使机器的认知能力能够上升到因果关系之梯的第二层,其最大的特征是通过训练环境的训练,能够让机器预测到在一定的状态下采取什么样的行动能够得到相对好的长期效果。这也就说明了为什么AlphaGo会进化到AlphaZero,为什么深度强化学习能够继深度学习之后被称为业界研究热点的原因。

我们也可以清醒地看到,人工智能的发展还远未达到因果关系之梯的反事实层级,还远未达到"想象"的认知能力。事实上机器学习本身就没有解决推理的问题,我们可以看到AlphaGo是采用蒙特卡罗搜索树的方法来模拟人的推理过程。

因此,真正实现强人工智能,达到人的思考、推理的能力,还有一段很长的路要走。

4.1.3 从信息优势到决策优势

1. 制胜机理的变化

在信息化阶段,战争制胜机理的核心可以概括为信息主导下的优势获取,即信息主导信息域的信息优势,信息优势主导认知域的决策优势,决策优势主导物理域的行动优势,如图4-8所示。信息则由信息域的指挥信息系统产生。

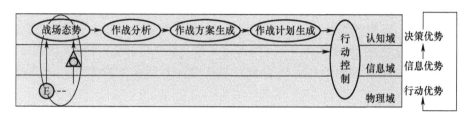

图4-8 信息主导的优势获取

从图4-8中可以看出,从战场态势感知到作战分析、作战方案生成、作战计划生成以及行动控制等作战筹划或指挥控制过程,其主体活动还是依赖指挥与参谋人员的脑力活动,依赖其指挥和参谋的工作经验。信息系统的作用主要有两个方面:一是为指挥和参谋人员提供决策所需的关键信息,提高其决策的质量与速度;二是提高指挥与参谋工作的效率。

因此,我们可以说,在信息化时代,信息对于决策优势的获取是间接的。从图4-4可以看出,信息是做出正确决策的一个自变量,另一个则是指挥与参谋人员拥有的经验知识。

在智能化时代,信息同样重要,但由于机器学习技术的突破,经验知识的表示、存储、处理与共享将不再是空中楼阁,智能化的指挥控制系统将直接作用于认知域,知识将与信息一起共同作用于指挥参谋人员的认知域,将直接服务于决策优势的获取。

就像我们前面所说的指挥控制系统发展规律的"三域论"那样,到了智能化发展阶段,战斗力生成模式一定会发生在认知域,这是智能化时代战争制胜的核心机理,即从网络化阶段信息主导下的信息优势获取,到智能化阶段知识主导下的决策优势获取。

2. 强国军事竞争的制高点

人工智能技术的突破引起了世界军事领域的又一次革命,人工智能在军事理论与武器装备上的运用成为世界强国军事竞争的制高点。

美军近两年发布一些文件与研究报告中,直言不讳地把中国和俄罗斯当成智能化发展最强劲的对手,从机制上、理论上和技术上加快人工智能技术研究与应用的步伐。

美军第三次抵消战略更是将以人工智能技术为代表的科技创新作为在技术发展领域谋求的创新性突破。值得我们注意的是,美军前两次抵消战略,即第一次的"以核制常"和第二次的"以信息化制机械化"都是从武器装备的角度抵消前苏联强大的常规部队战斗力。而美军第三次抵消战略的核心理念,从武器装备的抵消转向软实力的抵消,尤其是决策优势的获取,以快制慢。如图4-9所示,美军利用人工智能技术加快己方决策速度,从而加速OODA环的运转,致使敌方的OODA环陷入观察和判断或决策和行动之间的死循环。以观察和判断死循环为例,当敌方还未完成从观察到判断的周期时,美方已完成一次完整的OODA循环,战场态势又发生变化,迫使敌方又从判定回到观察状态,当完成观察进入判定状态时,美方又完成一个完整的OODA循环,如此一直重复这个过程,致使敌方陷入观察和判断的死循环。

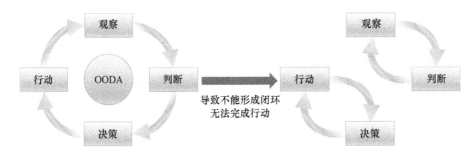

图4-9 以快制慢

2018年,美国国防部联合人工智能研究中心成立,首任主任为空军中将约翰·杰克·沙纳汉。美国国防部认为,人工智能的采用是保持美国军事优势的关键。经过两年的技术储备与经验积累,美国防部联合人工智能中心正在将工作中心转移到促进联合作战行动上,将人工智能聚焦于联合全域指挥控制任务,试图保持美国军事和技术的领先优势。

2018年8月,美国陆军未来司令部成立,首任司令为约翰·墨里上将,其上任伊始就成立人工智能工作组,全力推进人工智能发展,这是自美国国防部联合人工智能中心成立以后第一个组建的军种人工智能管理机构。

4.1.4 智能化指挥控制应用场景

战争正在加速进入智能化时代,其最核心的特征就是战斗力生成模式将从信息域转移到认知域。智能化战争时代的核心推动力仍然在指挥控制领域。信息化时代要平衡指挥艺术与控制科学,是因为科学技术主要作用于对部队和武器平台的控制,指挥主要靠人的指挥经验与艺术,这可以说是信息化时代指挥控制的本质特征。然而,进入到智能化时代,智能化指挥控制系统将直接介入人的指挥中,利用机器学习所获得的经验知识去帮助人类指挥员更好更快更科学的实施指挥,同时对部队、火力和无人系统实施更智能的控制。

指挥控制活动包括掌握战场态势、分析判断情况、构想作战方法、确定作战方案、拟制作战计划、调控作战行动等。上述指挥控制活动涉及指挥员和参谋人员复杂的指挥认知与推理活动,涉及其高超的指挥艺术。这些都涉及人类最复杂的、最高层次的思维活动。如果从因果关系金字塔模型看,要达到这种思维层次,至少必须到达第三层级反事实的层次。显然,目前人工智能水平还未达到这个水平,这是我们在研究智能化指挥控制时必须保持清醒的地方。

前面我们在介绍因果关系之梯时,谈到当前人工智能发展水平还停留在因果关系之梯的第二层级,即"干预"层级,具备一定的行动认知能力。所以,我们可以从观察和行动两种认知能力角度来研究智能化指挥控制的理论与技术。

不同的指挥控制阶段对应于不同的智能化应用场景。指挥控制阶段大致可以分为态势感知、作战分析、作战方案生成、作战计划生成以及行动控制等阶段,对应于各阶段对应的智能化应用如图4-10所示。

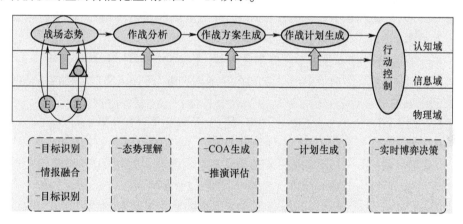

图4-10　指挥控制阶段与智能化应用的对应关系

1. 场景一:态势感知与理解

在战场态势感知和作战分析阶段的目标识别、情报融合、态势生成、态势理解等人工智能应用场景中,涉及的是观察认知能力,或者说属于因果之梯的第一层级,即"关联"层级。在这个层级一般采用深度学习的方法,通过巨量数据,训练出能够将现实世界的实体与特定属性或目标相关联的深度神经网络,或者说可以具备特定观察能力的神经网络,如可以识别敌人目标、可以识别语音,甚至可以将战场态势与特定的事件关联起来,也就是战场态势的机器理解等。

美军在此场景下的典型项目包括:2010年的心灵之眼(Mind's Eye)研究一种

机器视觉智能,能够提前对观察区域中对时间敏感的重大潜在威胁进行分析;2011年洞悉(Insight)用人工智能技术提升多源信息融合能力,构建统一的战场图像;2017年的 AWCFT-FMV-PED 用深度学习实现中空全动态视频的处理、开发与传输等。

2. 场景二:博弈对抗

在作战方案生成、作战计划生成及行动控制阶段,一个共性的问题就是对决策结果的推演。例如,在形成作战方案的过程中,具体的作战行动序列可能需要局部推演才能推荐给指挥员;作战方案形成后,需要仿真推演来确定不同方案的优劣;作战计划的生成需要推演才能发现和优化资源分配和调度中的问题;行动控制中根据实时战场态势,更需要快速、即时的推演来调整优化作战行动。博弈对抗就是针对这个需求,在仿真的环境中对敌对双方可能采取的行动以及各类资源的调度进行智能博弈对抗推演。

显然,智能博弈对抗的人工智能应用场景涉及的是观察和行动认知能力,对应于因果关系之梯的第一和第二层级,即"观察"和"行动"层级。在这个层级一般以深度强化学习为主、结合各种深度学习方法,还有可能融入博弈论、多智能体强化学习等方法,构建训练智能体的训练环境,训练出能够观察环境、对环境做出正确反应和战术动作的智能体(神经网络)。

由于智能博弈对抗涉及不完美信息环境、复杂的地理环境、高动态不确定性、连续高维动作空间、多类型的实体空间和复杂的决策空间,其模型设计与训练具有极大的挑战性。

DeepMind 的 AlphaStar 是智能博弈对抗的巅峰之作,2019 年 1 月 AlphaStar 以全胜的战绩战胜《星际争霸》人类顶级专业选手,再次刷新了人们的认知。

《星际争霸》是一个有很强的策略与反策略的游戏,学习打败某种策略相对容易,学习一个可以应对多种战术的策略非常难,这件事情无法直接通过简单的自博弈来解决。智能体需要感知的信息有三维游戏世界地图信息、大量的军事单位、每一个军事单位和建筑的属性信息以及自身的一些资源属性信息,游戏动作维度本身很高,观测信息是部分可知的(我们无法完全知道对手目前的状态),一场游戏的决策步数非常多,且策略过程非常复杂,其博弈对抗的难度已经非常接近真实的战争场面。

从机器学习的角度,训练一个人工智能玩家面对的挑战包括巨大的动作空间、长期性规划、实时性、探索-利用平衡等,如图 4-11 所示。

AlphaStar 主要采用结构化建模动作空间来解决动作空间爆炸问题;采用多种强化学习方法解决稳健性训练问题;采用深度学习的方法充分利用人类专业玩家的数据,用人类数据约束探索行为,缩小探索空间,构造伪奖赏,引导策略模仿人类行为,缓解稀疏奖赏的问题,加速策略训练,从而解决探索-利用平衡问题;采用多

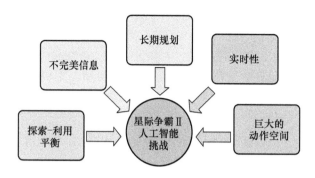

图 4-11　星际争霸人工智能面对的挑战

项前沿技术的综合应用,来计算感知层和决策层,解决复杂的感知和决策问题。

当然,AlphaStar 对硬件资源的要求比较高,DeepMind 调动了 Google 的 v3 云 TPU,构建了高度可拓展的分布式训练方式,可同时运行 16000 场比赛及 16 个智能体任务。每个智能体都在具有 8 个 TPU 核心的设备进行推理。游戏异步运行在相当于 150 个 28 核处理器的可抢占式 CPU 上。

目前,AlphaStar 可以打败 99.8%的人类玩家。

AlphaStar 在博弈对抗中成功超越人类智能,给了我们三点启示。一是有效利用人类经验知识在深度强化学习中至关重要。从 AlphaGo 到 AlphaZero,学界一度认为从深度学习到强化学习,这是机器学习未来发展的方向。然而强化学习固有的搜索空间巨大、探索-利用平衡问题,没有人类经验知识的指导,将因为训练过程难以收敛而导致训练效率低下甚至难以学到有效的知识,尤其在复杂的任务环境下。二是机器学习的发展速度可能会超越人们的想象。AlphaStar 的成功将人工智能在完美信息环境的棋类博弈对人类智能的超越,延伸到了不完美环境的复杂策略游戏对人类智能的超越,这在两年前还被认为是至少需要 10 年时间才能突破的人工智能技术。三是 AlphaStar 式智能在军事指挥决策中的应用前景需引起我们高度关注。《星际争霸》即时策略游戏对抗的复杂性、激烈程度、实时性等与战争的博弈对抗已经非常接近了,这种智能技术一旦用成功在指挥决策上,带来的决策优势足以形成对对手新的战斗力生成模式代差。事实上,美国海军陆战队就已经将《星际争霸》人工智能技术移植到一款名为"雅典娜"战争游戏中,用于训练指挥人员的决策能力,同时作为数据收集到人工智能测试平台。

智能博弈对抗另两个应用场景分别为训练仿真和无人作战。

在训练仿真场景中,博弈对抗技术将训练出具有对手作战特征、符合对手作战条令规范的智能蓝军。用人工智能训练出的对手更具对环境的适应性和对战术变化的响应性。

美军典型的项目有美国辛辛那提大学与美国空军研究实验室联合研制的空战

AlphaAI,在 2016 年美国空军组织的空战模拟中,连续战胜退役上校基纳·李;DARPA 的 Alpha DogFight 项目,2020 年人工智能飞行员以 5∶0 战绩完胜人类 F-16 飞行员;DARPA 的 COMBAT 项目,寻求利用人工智能技术开发敌军旅级部队的行为模型,在仿真环境中与美军开展模拟对抗,帮助美军快速推演作战方案,并开展行动计划制定。目前选定的智能对手为俄军机步旅,采用的人工智能技术为强化学习和深度学习技术。

在无人作战应用场景中,博弈对抗技术将赋予无人作战系统感知、判断、决策、行动的能力,能够根据作战目标、感知到的战场态势,相互协作、分配作战任务、规划好作战行动序列,像策略游戏中的智能体一样相互配合、自主完成作战任务。在无人作战应用场景下,一个重要的方面就是人机协同问题,所以也存在无人系统的指挥控制问题,需要平衡好无人系统的自主与人类指挥之间的关系。

3. 场景三:智能辅助

前两个场景基本覆盖了指挥控制的全过程。智能辅助在指挥控制过程也是一个重要的应用场景。智能辅助一般协助指挥员或参谋人员进行指挥和参谋作业、处理日常业务工作等,如智能推荐、重要事件或趋势的提示、自动完成作战文书、智能交互等。

知识自动化的方法是智能辅助常用的方法。智能辅助通常处理一些确定性的决策问题,在 BPMS 中封装相应的知识,在流程化业务的决策点由机器自动进行决策,从而可以减轻指挥和参谋人员的脑力负担,让他们有更多精力去处理必须由人完成的任务。这是一个渐进的过程,一开始可能机器决策只占 10%,随着技术进步、人类指挥员对机器决策的逐步认同,机器决策的占比会逐渐提高。另外,决策过程中积累的数据可以用来对封装的神经网络进行再训练,达到越用越"聪明"的效果。

美军典型的项目是指挥官虚拟参谋(Commander's Virtual Staff, CVS),该项目把认知计算、人工智能和计算机自动化技术整合到一起,实现决策支持工具自动化,帮助减轻指挥员的认知负担,具体功能包括未来态势预测与建议生成、人机写作方案推演评估、基于学习的信息汇聚与推荐、智能人机交互工具等。

智能化指挥控制是指挥控制发展的主流方向。但我们也应该看到,敏捷、全域的指挥控制也是未来指挥控制发展的重要方向。敏捷性是应对复杂军事系统的必然选择。二十多年来,在指挥控制的发展中,敏捷性一直是其重要的研究内容。联合作战由军种力量的联合向跨域融合深化发展,全域指挥控制是实现联合全域作战的关键。因此,全域指挥控制也是未来指挥控制发展的重要方向。然而,无论是敏捷指挥控制还是全域指挥控制,都离不开人工智能技术的支撑。从总体上看,智能化指挥控制包含了敏捷、全域指挥控制的技术基础。

4.2 智能化指挥控制与任务规划

智能化指挥控制本质上就是利用人工智能技术支撑指挥控制的全过程、全周期,即支持从态势感知、情况判断、作战构想、多案优选、定下决心、拟制计划到行动控制的各个指挥控制环节。近几年在我军受到各级重视的任务规划,本质上就是从技术上对作战筹划各个环节的支撑,以提高指挥筹划的科学性、精确性和快捷性。对于任务规划这个"新生事物",在我军还存在不同的认识。本节从指挥控制、作战筹划、任务规划的本质属性出发,探讨它们之间的关系,试图厘清任务规划的本质。

4.2.1 作战筹划与任务规划

根据前面章节的论述,作战筹划是指挥控制中的一项核心任务,是对作战行动进行运筹和谋划;而任务规划可以认为是以技术手段为作战筹划提供支撑和保障,贯穿于作战筹划全流程。

我们可以从以下三个方面来理解作战筹划与任务规划之间的关系。

(1)从主体角度,作战筹划主体是指挥和参谋人员,任务规划主体是技术保障人员。

(2)从方法角度,作战筹划是一种以运筹谋划为中心的思维活动,主要运用指挥员的指挥艺术、直觉判断等经验性知识。另外,注重流程化的指挥过程,以标准化流程串接指挥筹划活动。任务规划则是强调专业性工具、工程性方法,注重运用信息化、智能化理论与技术,通过模型化计算、仿真化推演、智能化博弈、可视化展现等各种精算、细算、智算手段,支撑指挥参谋人员进行情况判断、作战构想、战场布势、目标选择、路径规划、方案推演、计划生成等筹划工作,为快速、精确、科学的作战筹划奠定基础。

(3)从流程角度,作战筹划是指挥过程的主线,任务规划则是指挥过程的辅助线。作战筹划贯穿了指挥的全过程,具有流程的连续性,任务规划则与作战筹划并行、交替进行。如果把作战筹划看成一个连续运行的前台,任务规划则是一个离散执行的后台,在前台需要后台支撑时,随时调用后台的支撑服务。

当然,上述作战筹划与任务规划之间的关系也不是绝对的。例如,随着指挥、参谋人员信息素质的不断提高,他们将掌握大量任务规划系统或工具,作战筹划与任务规划主体的重合度将不断提高,前台和后台的职责不断模糊,主线和辅助线不断趋于重合。

4.2.2 美军的任务规划概念

我军任务规划的概念来源于美军。理解美军任务规划,有利于我们正确理解任务规划的本质。

我军任务规划对应于美军的使命规划(Mission Planning①),是将上级作战指导转换为作战计划的过程[1]。理解美军任务规划,需把握以下五点。

第一,我们要注意美军语境中规划(Planning)一词的原义,即制订计划(Plan)过程。

第二,在美军的军语中使命(Mission)和任务(Task)是有严格区分的:使命通常可以理解为本级所要达到的目标,而任务是基于本级使命而分解成的下一级要完成的具体行动。因此,我们可以理解美军所说的使命规划是在一定层级上的作战计划的制定过程,如战役级使命规划。

第三,任务规划是制定作战计划的过程,作战计划是任务规划的成果。

第四,美军并不严格区分作战筹划与任务规划,规划过程包含了运筹谋划、运用指挥艺术的环节。但是指挥官会运用指挥艺术、作战设计等方法指导任务规划的完成。因此,Planning 一词在一定的上下文中也可翻译成筹划。

第五,美军认为规划本身比计划更重要。美国第34届总统艾森豪威尔曾这样说过:"在作战准备中,我总是发现计划是没用的,但规划却是不可或缺的②。"

下面我们以美军《联合作战规划(Joint Operation Planning)》[2]中所述联合作战规划为例,进一步说明美军任务规划的主要思想和方法。

联合出版物5-0《联合作战规划》为美军规划军事作战提供指导,形成了联合作战规划条令的核心。该出版物主要聚焦于战役层级的联合作战规划。

联合作战规划通过规划联合部队的动员、部署、兵力使用、保障等行动,将国家战略转换为一系列作战行动。图4-12是联合作战规划制定的审批流程,实际上是一个总体规划的流程。通过这个流程我们可以了解美军联合作战规划的概貌。该总体规划流程包括以下五个重要环节:

(1)战略指导(Strategic Guidance)。联合计划和命令的制定始终都是在战略和军事终止状态(End State)的指引下进行的。而指挥员及规划人员对这种终止状态的理解就来源于战略指导。联合作战规划是一个适应性的过程,高级领导者之间、并行的计划制定之间、不同层级规划之间需要在网络化、协作性的环境中,进行对话、交流与协作。清晰的战略指导和高级领导者、规划人员之间经常性的沟通有助于提高对当前复杂作战问题、战略和军事终止状态、目标、使命、规划的假设条件和考虑、风险以及其他关键指导因素尽早的达成共同理解。战略指导主要来源于总统

---

① 为统一称谓,下面将美军使命规划仍称为任务规划。

② "In preparing for battle I have always found that plans are useless, but planning is indispensable."

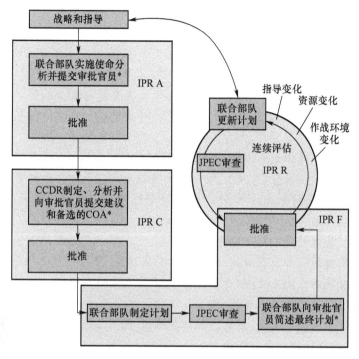

适应性规划审批流程

图 4-12　适应性规划审批流程

*批准官员一般为国防部长或指定代表

图例:

CCDR 作战指挥官　　　　　IPR F　计划审批

IPR　　在线审查　　　　　IPR R　计划评估

IPR A　战略指导　　　　　JPEC　联合计划和执行体

IPR C　概念开发

和国防部长。

（2）使命分析(Mission Analysis)。联合部队的使命是执行一个或一系列任务,这些任务连同执行任务的目的,清楚地表明了将要执行的行动以及执行这些行动的原因。使命分析是用来研究分配的任务,以及识别出其他为完成使命所必须的任务。使命分析的输出是使命描述、修订的作战构想、指挥员意图、更新的规划指导以及指挥员关键信息需求等。使命分析的成果必须提交战略指导在线审查,经批准后可以进入下一环节。

（3）COA① 拟制与优选(Develop, Analyze and Recommend COA)。

———————

① Course of Action,原义是行动序列,指作战方案。

COA 是在作战设计和使命分析的基础上,细化相关部分,描述什么类型的军事行动会发生,以及行动执行的主体、时间、地点和目的。在时间和人力许可的情况下,应分成 2~3 个小组分别进行 COA 的制定。通过模拟推演的方式对每个 COA 进行分析和比较,确定一个最优的 COA,连同备选 COA 提交概念开发在线审查,经批准后可以进入下一环节。

(4) 制定计划(Develop Plan)。指挥官及参谋人员会同部属及支援机构将批准的 COA 扩充为详细的作战计划或命令。作战计划或命令通常详细描述了作战意图、作战环境、作战对手、作战任务、分配的资源、协同等内容。作战计划需提交"联合计划和执行体(Joint Planning and Execution Community, JPEC,①)"审查。审查通过后,需要向审批官员简述作战计划,通过计划在线审查后,作战计划或命令下达至作战单元,即可展开作战行动。

(5) 连续评估(Continuous Assessment)。对计划的评估是任务规划的一个关键的环节。在计划执行阶段,作战环境、资源和战略指导会随着战役的发展而发生变化,联合部队需要根据变化的情况相应的更新其作战计划。如果变化情况巨大,或者战略指导发生重大变化,需要回到适应性规划审批流程的起点,重新进入到规划流程;或者,更新计划经过 JPEC 审查,提交计划评估在线审查,批准后重新进入计划执行阶段。连续评估是不断迭代进行的过程。

参与上述总体规划流程的人员分为两类:一类是各级领导、指挥官及参谋人员;另一类则是规划人员。前者主要依据战略指导,运用作战艺术(Operational Art)和作战设计(Operational Design)来指导任务规划;后者则在联合作战规划流程(Joint Operation Planning Process, JOPP)框架内完成详细的任务规划。

联合部队指挥官及其参谋人员运用作战艺术和作战设计,通过 JOPP 来制定计划与命令。

作战艺术是联合部队指挥官及其参谋人员基于其知识与经验,运用创造性思维和想象,用以设计战略、战役和主要作战行动,以及组织和使用作战力量。作战艺术能使指挥员更好的理解他们所面对的挑战,并设计作战方法以达成战略目标。这种思维过程有助于指挥官及其参谋人员减少复杂作战环境的模糊性和不确定性,理解他们所面对的问题,并且对如何最好的有效使用军事能力来完成任务有个直观认识。这就是作战艺

---

① JPEC 是参与联合作战规划的司令部、指挥部等部门和机构的统称,JPEC 使用"适应性规划与执行系统"(Adaptive Planning and Execution, APEC)来监控、规划和执行联合作战相关的活动。

术的本质。

作战设计是指指挥官及其参谋人员在工具和方法的支撑下,运用作战艺术来运筹与构建可行的作战方法的过程,这是一个不断进行理解与问题求解的过程。作战设计的成果就是指挥官作战方法,即从总体上描述联合部队为达到终止状态所需要采取的行动。作战设计的要素包括重心(Center of Gravity, COG)、作战线(Lines of Operation, LOOs)等工具,有助于联合部队指挥官直观表达作战方法。

作战艺术与作战设计之间的不断交互,在战略目标和战术行动之间架起了桥梁,图 4-13 描述了作战艺术、作战设计与作战方法之间的关系。通过作战艺术,指挥员将终止状态、途经(什么样的 COA 最有可能达到目标和终止状态)、方法(完成相应 COA 需要什么资源)和风险串联起来,达成所需的终止状态。

理解
可视化
作战艺术
经验
智慧
创造性
直觉
教育
判断
终止态
路径
方法
风险
作战设计
作战方法

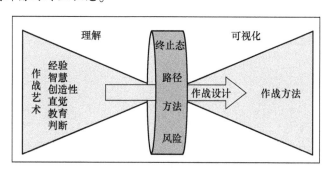

图 4-13 作战艺术、作战设计与作战方法

一旦联合部队指挥官批准了作战方法,就为详细规划的开始、持续和完成奠定了基础。详细规划是在 JOPP 的步骤下完成的。JOPP 是一个顺序的分析过程,包含一系列逻辑步骤,用来分析使命,拟制、分析、比较不同的 COA,选择最佳 COA,最终产生计划或指令,如图 4-14 所示。

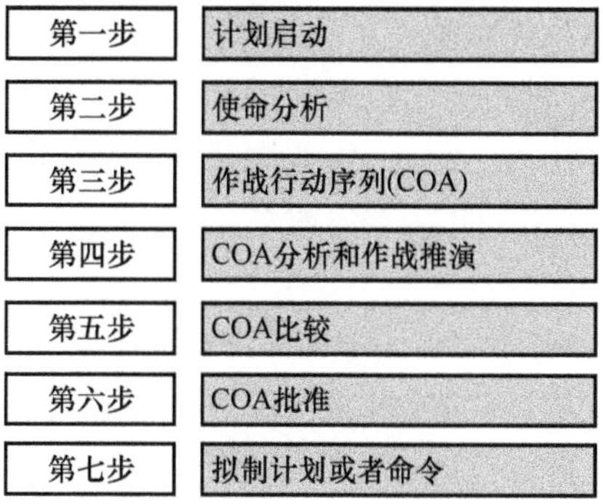

第一步
计划启动
第二步
使命分析
第三步
作战行动序列(COA)
第四步
COA分析和作战推演
第五步
COA比较
第六步
COA批准
第七步
拟制计划或者命令

图 4-14 联合作战规划流程(JOPP)

JOPP 与图 4-12 适应性规划审批流程是一致的,是总体规划的的细化流程,主要内容我们在上文总体规划中已有表述,这里不再展开赘述。需要说明的是第一步"计划启动",上述作战艺术和作战设计就在第一步完成。我们可以理解作战艺术、作战设计和 JOPP 是一个互补的过程,作战艺术、作战设计从 JOPP 开始到执行,就一直在指导 JOPP 的实施,如图 4-15 所示。

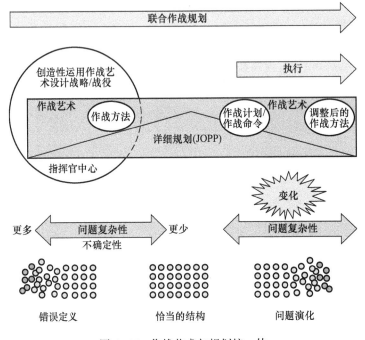

图 4-15　作战艺术与规划统一体

4.2.3　任务规划的本质

近几年来,任务规划在我军受到了各级的重视,根本原因在于任务规划对于快速筹划、精准筹划、科学筹划的极端重要性。任务规划成为了我军提高作战筹划信息化、智能化水平的重要抓手。但是,任务规划是新生事物吗? 在提出任务规划这个概念之前,我军存在类似的手段、方法或系统吗? 任务规划在我军信息化建设中处于一种什么样的历史方位?

据说,我军任务规划概念的提出起源于我空军与某国的一次空战对抗演习,以大比分落败。其原因在于对手的战机装有任务规划系统,能辅助飞行员判断目标、规划路径、确定打击时机等。这引起了我军的高度重视,由此开启了任务规划建设的序幕。

显然任务规划这个名称是这几年出现的,但任务规划的建设内容却一直是指挥控制系统的核心。我们知道,指挥控制系统包括态势融合、情况判断、作战构想、方案拟制与优选、计划生成、行动控制等功能,支撑指挥、参谋人员的作战筹划与行动控制。指挥控制系统存在的根本意义就在于提高指挥员的指挥效率。指挥控制系统中已经存在的一些战术计算、毁伤评估、仿真推演等功能,实际上就是所谓的任务规划中的内容。

智能化指挥控制是近几年随着人工智能技术的突破而形成的指挥控制领域的前沿研究方向,其根本目的就是利用人工智能技术支撑指挥控制的各个环节,其中就包含智能化作战筹划[①]。显然,智能化作战筹划的研究内容与任务规划是一致的,区别在于智能化作战筹划更强调人工智能技术的运用。

因此,我们理解任务规划的本质就是支撑作战筹划的方法、工具与系统,任务规划工具与系统是指挥控制系统的核心组成部分,也是长期以来我军在指挥控制系统建设中的弱项。任务规划是指挥控制系统智能化建设的抓手和着力点,是解决长期以来指挥控制系统建设"浅表化"问题的重要途经。

如果说"任务规划"这一名词是"新生事物"的话,任务规划的本质内涵从来不是什么"新生事物",是我军一直都存在的各军兵种、各层级拟制作战方案、生成作战计划的过程。只不过在信息化、智能化快速发展的今天,我们急需使用信息化、智能化手段,快速、高效、科学地支撑作战方案、作战计划地生成,支撑指挥员科学高效完成作战筹划。任务规划是现阶段作战筹划信息化、智能化建设的抓手和重心,这就是任务规划在我军信息化建设中的历史方位。

4.3　智能化指挥控制与仿真推演

指挥控制中的作战筹划与行动控制涉及大量的构想、规划、设计、调整等活动。指挥控制的智能化,在很大程度上就是要让上述涉及指挥参谋人员知识、经验、指挥艺术的认知活动更加精准、更加科学、更加敏捷、更加自动化。仿真推演技术则是诸多智能化技术手段中的一种。

在仿真推演领域,目前在我国针对一些概念或提法还存在一些争议,或者说,从笔者角度看,还存在一些模糊的认识。不厘清这些模糊的认识,对我军作战仿真事业的发展会产生一定的影响。

4.3.1　作战仿真推演

基于计算机技术的作战仿真推演最先由美军提出并付诸实践的。20世纪80

---

① 见第16章。

年代初,随着计算机技术的快速发展,二战时期发展起来的军事运筹学与计算机技术快速融合,催生了战术计算、标图作业等指挥作业活动的数字化,以建模与仿真(Modeling and Simulation, M&S)为技术特征的作战仿真①技术应运而生,并快速发展。

从80年代开始到20世纪末,美军用了整整20年时间将作战仿真技术从单平台仿真、分布交互式仿真(Distributed Interactive Simulation, DIS)、聚合级仿真(Aggregate Level Simulation Protocol, ALSP)发展到高层体系架构(High Level Architecture, HLA),并创建了国家模拟中心,隶属于美军训练与条令司令部,这标志着美军作战仿真走向成熟。该中心强制规定从2001年起淘汰不符合HLA标准的模型系统,以促进各军种作战仿真系统之间的互联与联合训练。后来又发展了试验训练使能体系结构(Test and Training Enabling Architecture, TENA)、公共训练仪器体系结构(Common Training Instrumentation Architecture, CTIA),进一步加强和深化了联合训练的作战仿真技术体系。

可以说,以建模与仿真技术为核心的计算机作战仿真系统是美军军事训练的主要支撑手段。

作战仿真推演则是作战仿真系统的另一类应用方式。这类仿真应用也被称为分析类仿真,主要用于作战分析、战法研究等。通过仿真分析,比较决策或方案在各种条件下的可能性,以得出较为可行的、较为优化的结果,如作战方案的分析、推演。典型案例有美国兰德公司"恐怖的海峡:台海危机的军事问题与美国的政策选择"。

作战筹划中的作战构想,尤其是作战方案的优选,可以通过作战仿真推演,得出各种定量的数据,从各个角度和层面评估备选作战方案的优劣,辅助指挥员定下决心。

在实际推演中,由于基于建模与仿真技术的作战仿真推演系统的局限性,有时会设计一种指挥员在回路的仿真推演方式,借助指挥员的经验与指挥艺术来弥补仿真推演系统的不足,如图4-16所示。图中的"专家"用于替代在特定情形下难以建模的模型。

4.3.2 兵棋推演②

兵棋是来自普鲁士的一种古老的推演战法的工具,用类似下棋的方式来推演

---

① 也称为作战模拟,但作战模拟一般泛指所有模拟作战的手段,如沙盘推演、图上推演等,当然也可以指计算机作战仿真。

② 当前,我国对兵棋这个概念有很多误解,其中一个很重要的原因在于翻译问题。为了能给读者原汁原味的提供美军在所谓兵棋方面的相关论述,我们会在必要时在脚注中提供英文原文,以方便读者准确地把握兵棋真实的内涵。

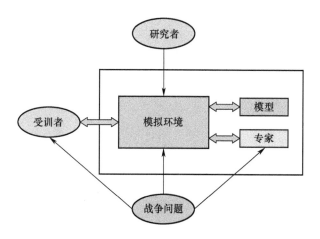

图 4-16　指挥员在回路

战法,因此形象的被称为兵棋或桌面兵棋。兵棋三要素包括棋子、棋盘及规则。兵棋的特点包括:一是"每战一棋",从不重样;二是回合制;三是充分依据军事人员的经验,结果可信性强。

从兵棋诞生起一直到第二次世界大战期间军事运筹方法出现之前,兵棋一直是军事人员推演战法的主要工具。军事运筹方法与计算机的有机结合,使得兵棋推演方法逐渐被基于计算机的作战仿真推演所替代。作战仿真方法具有兵棋推演方法无法具备的对战争模拟的实时性,因而成为世界各国战争模拟的首选与主流方法。当然,由于兵棋具有节奏慢,且充分运用人的经验来推演战争,因此在教学、战略推演等场景下仍然具有价值。例如,美国海军学院,利用兵棋推演进行教学一直是其传统教学手段,延续至今。

更加复杂的是,兵棋所对应的英文 Wargame 在美军语境中又是多义的。20 世纪 80 年代初,国内对此词的翻译就有争论,最后由钱学森拍板译为"作战模拟"。而实际上,Wargame 根据语境的不同,确实有不同的含义。为了更好地展开下文,有必要先对 Wargame 含义做一些稍微深入的探讨。

美国国防部词典曾经对 Wargame 做过定义①。

"是一种对包含两个及以上对抗兵力进行军事作战的模拟,这种模拟可采用任何方法,使用能描述实际的或假设的实况态势的规则、数据和程序。"

---

①　The Department of Defense (DOD) Dictionary of Military and Associated Terms define a war game as "a simulation, by whatever means, of a military operation involving two or more opposing forces, using rules, data, and procedures designed to depict an actual or assumed real life situation".

美国国防部词典对 Wargame 的解释①,清楚表明 Wargame 可以表示任何模拟作战的方法和手段,而并不特指某一种模拟方法。

北约对 Wargame 的定义与美军相类似②[4],但更简洁。

"一种可以采用任何方法,使用特定规则、数据、方法和程序对军事作战的模拟。"

美国陆军指挥与参谋学院的 Bruce 少校在其所著的《战争游戏、训练与决策——提高陆军领导者经验》[3]的专著中,将 Wargame 特指基于个人计算机(PC)的战争游戏,并指出构造仿真③简单来说就是计算机战争游戏,战争游戏通常比模型和仿真更简单,因为战争游戏就是一种竞争性游戏,而模型是对战争事件更加详细地描述④。

他接着介绍了 Wargame 的历史,指出 Wargame 最早的形式就是以下棋的形式进行,也就是我们现在所说的"兵棋"的含义⑤。德国使用兵棋一直延续到一战和二战期间。英国、德国、日本和美国从 18 世纪后期一直到第二次世界大战时期一直使用兵棋推演计划和训练领导者。美国陆军自第二次世界大战末期以后就逐渐弃用兵棋,其中一个重要原因就是军事运筹学技术在战争期间被广泛地运用。

我们注意到,Bruce 少校用桌面兵棋(Board Wargame)和计算机战争游戏(Computer Wargame)来区分 Wargame 在不同语境中的语义:

"美国的第一款桌面兵棋来自阿瓦隆山(Avalon Hill)⑥,该公司由 Charles S. Roberts II 在 1952 年创建。他在国民警卫队帮助提高军事技能时开发了兵棋。Jim Dunnigan 继他之后,在 20 世纪 70 年代初期后的 10 年间,又开发了超过 100 款兵棋。商用计算机战争游戏是在 80 年代初期出现的。第一款游戏名为'Tanktics',模拟了战术级坦克大战,由人和计算机之间进行战斗。1990 年 8 月 2 日,第一款由五角大楼使用的战争游戏叫'海湾攻击',用于伊拉克对科威特的入侵,是一款

---

① 在很多文献中,并不特别区分 Wargame 和 War game。

② NATO defines a war game as: a simulation of a military operation, by whatever means, using specific rules, data, methods and procedures.

③ 作战模拟分为三类:实兵模拟、虚拟仿真和构造仿真,构造仿真也就是真实的人操作虚拟的环境。

④ There are three types of simulations: live, virtual, and constructive. Constructive simulation is simply a computer wargame. Wargames are usually simpler than models and simulations because a wargame is simply a computtive game that is played while a model is a more detailed representation of a specific military event.

⑤ 关于兵棋及其历史发展,相关著作比较多,本书不再赘述。

⑥ 美国的一个民间兵棋公司。

商业战争游戏①。"

　　至此,我们可以清晰地看出,美语中 Wargame 在不同的语境下具有不同的语义:泛指一切模拟战争的手段;桌面兵棋;计算机战争游戏;作战仿真。

　　由此可见,我们在看英文文献时,决不能一看到 wargame 一词就将之于兵棋联系在一起。事实上,美军常常把基于计算机的作战仿真系统也称为 Wargame。很多国人认为美军及西方以兵棋为主流训练与战法推演手段,也是因为很多文章与公众号不加区分的将英文文章中的 Wargame 统统翻译成兵棋所致。

　　我们常说的兵棋是 Wargame 的语义之一,为强调兵棋的棋类对弈的特征,常常称为手工兵棋,或桌面兵棋。通俗而言,所谓兵棋,就是像下棋一样去推演战争。

　　虽然桌面兵棋是 Wargame 最早的形式,但并不会因为计算机作战仿真的蓬勃发展而无用武之地。战争系统是一个复杂系统,而建模与仿真技术迄今为止,在解决简单系统的仿真方面游刃有余,而在解决复杂性问题面前,还有相当长的路要走。当人们认识到这个问题时,桌面兵棋又回到了人们的视线中。2015 年 2 月,当时的美国防部副部长鲍勃·沃克发出《兵棋推演与创新》备忘录,向全美军呼吁重振兵棋推演。很显然,美军此次提出的重振兵棋推演,指的是桌面兵棋推演,如图 4-17 所示。

(a)　　　　　　　　　　　　　　　　(b)

图 4-17　美军手工兵棋推演

　　①　The first board wargames produced in the US were from Avalon Hill, founded by Charles S. Roberts II in 1952. He developed wargames while in the National Guard to help improve military skills. Jim Dunnigan followed him in the early 1970s who continued to produce over 100 wargames during the next 10years. Commercial computer wargames were developed in the early 1980s. The first game was called "Tanktics" and simulated a tactical tank battle with the human pitted against the computer. On 2 August 1990 the first wargame played by the Pentagon in response to the Iraq invasion of Kuwait was Gulf Strike, a commercial wargame.

因此,我们可以得到结论:以建模与仿真为基础的作战仿真是美军军事训练与战法推演的主流手段,桌面兵棋是其重要的补充。

上述结论同样适应于我军。在重视现代计算机作战仿真方法用于战法推演的同时,也要高度重视桌面兵棋推演的补充作用。

4.3.3 作战仿真与兵棋推演

在当前技术发展的条件下,作战仿真与桌面兵棋都是作战筹划与行动控制推演的重要方法和手段,两者都有各自的优点和不可替代性。

现代基于计算机的作战仿真技术建立在建模与仿真技术基础之上,运用军事运筹方法、系统工程方法、计算机仿真方法对作战问题进行问题分解、数学建模、仿真运行与数据分析,以定量的方式揭示兵力运用、作战行动、火力打击、综合保障等效果,为精确指挥、精确控制、精确打击、精确保障提供科学依据。计算机作战仿真技术以其实时、精确、科学的特性成为作战推演与分析的主要方法和手段,尤其是在行动控制阶段对临机规划的推演,由于时效性的要求,作战仿真推演更是不二之选。但是,由于战争的复杂性,一般采用基于还原论方法的问题分解式的作战仿真技术在一定程度上还很难准确复现、预测复杂的战场态势,尤其是战略、战役级作战问题。

桌面兵棋推演依靠的则是军事人员的经验与指挥艺术,在回合制的作用下,无论是推演人员还是裁决人员都有充分的时间对作战问题进行思考、推理与判断,其推演结果蕴含了参与推演与裁决人员的经验与智慧,从某种程度上说,由军事经验丰富、指挥艺术高超的指挥员参与的桌面兵棋推演的结果可能更加符合战场态势发展的实际。

古老的兵棋推演方式毕竟是以棋类对弈的方式进行推演,其推演效率无法与作战仿真方法相比较。如果是用棋类对弈训练,则棋类对弈必需的回合制更是无法体现战争对抗的实时性。随着计算机技术的发展,桌面兵棋计算机化成为一种趋势。棋盘、棋子可以电子化,手工掷骰子可以由计算机产生伪随机数来代替,裁决规则可以由模型来替代,甚至一些推演过程也可以由计算机模型来替代,产生了所谓的计算机兵棋,相对于计算机兵棋,桌面兵棋又被称为手工兵棋。但是,手工兵棋的精髓在于人的经验与指挥艺术的运用,如果这些都由计算机模型所替代,计算机兵棋与作战仿真有任何的区别吗? 如果仍然保留回合制,仍然由人参与推演,计算机兵棋与手工兵棋有本质的区别吗? 人们现在可以在计算机上下象棋,棋子、棋盘均电子化,下棋规则与输赢均由计算机模型来控制与判断,这和在桌面下象棋有任何的区别吗?

如果计算机兵棋取消了回合制,完全由计算机模型来替代人的经验与指挥艺术,那么手工兵棋的所有优点全部消失,除了棋盘、棋子与作战仿真中的电子地图与国家军用标准不一样,其他与作战仿真没什么区别;反过来说,如果计算机兵棋保留了回合制,推演者仍然在回路,那么计算机兵棋与手工兵棋并没有本质的区别!

所以,我们必须清醒地认识到计算机作战仿真与手工兵棋之间的区别与联系,既不能认为计算机兵棋是当今发展的方向,也不可否认手工兵棋的作用,更不能混淆两者之间的区别。

目前,国内很多出版物和公众号,不加区分地翻译 Wargame,将美军原本就是符合 HLA 标准的作战仿真系统,有意无意地均翻译成兵棋推演,给公众造成了极大的误解。如,美军联合战区级仿真系统(Joint Theatre Level Simulation,JTLS)本身就是一个符合美军作战仿真高层体系结构标准 HLA 的分布交互式实时作战仿真系统,虽然用了六角格电子棋盘和电子棋子,但所有推演过程都是由计算机模型驱动。

关于作战仿真与兵棋推演的区分,英国国防部给出了最好的注解。在英国,Wargame 就是指手工兵棋。英国《国防部兵棋推演手册》[4]中指出:

"兵棋推演不应该和构造式仿真模型或综合环境(Synthetic Environments)相混淆,它们可能并不支持兵棋推演,也不是作战行动序列推演的同义词,那只不过是技术的一种运用①。"

英国国防部明确区分兵棋推演与作战仿真,并从问题复杂性和决策者沉浸感两个维度来比较建模仿真、兵棋推演与综合环境三者之间的强弱度和重合度,如图4-18 所示。

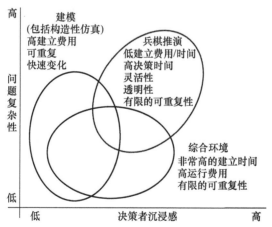

图4-18 兵棋推演、建模仿真、综合环境优缺点及重合关系

---

① Wargaming should not be confused with constructive simulation models or synthetic environments, which may or may not support a wargame. Neither is it a synonym for course of action wargaming, which is but one application of the technique.

作战仿真与手工兵棋之间是相互联系与互补的。

我们知道,从战术级到战略级,其战争问题的复杂性是逐渐递增的。作战仿真在解决战术级问题时,有比较好的效果。到了战略级,战争问题的复杂性使得作战仿真的建模技术难以支撑复杂性问题的仿真建模。此时,手工兵棋就能很好的发挥其推演人员的军事经验与指挥艺术,有效地解决战略层次的复杂性问题,如图 4-19 所示的建模仿真与兵棋推演相对于战争层级的倒三角关系。从战术级到战略级的中间层次,可以结合两种方法的优势,在模型和经验之间取得某种平衡。

在作战仿真系统中,有时也会借鉴手工兵棋六角格的方法,将数字地图离散化,这样可以大大减少计算量,提高搜索的效率。

在计算机兵棋系统(本质上的手工兵棋)中,可以利用作战仿真中的建模技术来进行一些基本地计算和随机事件地生成,提高推演的效率。

要解决作战仿真中难以对战争复杂性建模问题,最终还要靠人工智能技术。我们在第 2 章中谈到几种复杂性科学方法,机器学习是其中最有潜力的方法。深度神经网络强大的拟合性,加上强化学习的学习机制,对于指挥员经验知识与指挥艺术的表达与学习提供了一个解决框架。假以时日,当机器能够很好的学习并表达优秀指挥员的经验知识与指挥艺术时,作战仿真技术将能极其逼真地反映与预测战争复杂系统,手工兵棋将彻底退出历史舞台。

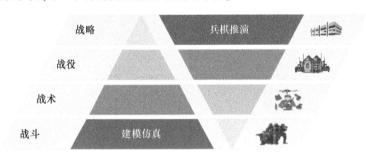

图 4-19　战争层次、建模仿真与兵棋推演之间的倒三角关系

图 4-20 表示美军作战仿真系统的发展轨迹。其中手工兵棋有两条发展路径:一条一直与作战仿真系统平行发展,采用桌面推演方式作为作战仿真的补充;另一条演化为计算机兵棋系统。在 2001 年后,一部分计算机兵棋系统为满足美国国家模拟中心对 HLA 标准的强制性要求,转换成满足 HLA 标准的系统,虽然在显示层面保留了兵棋的外观,但其本质上已成为计算机作战仿真系统;另一部分计算机兵棋系统仍然保留回合制的特点,实际上与手工兵棋并无二致。

综上所述,我们建议,应严格区分兵棋与作战仿真的内涵与应用场景。无论是计算机兵棋还是手工兵棋,兵棋应限定在采用回合制的推演场景中。而基于建模与仿真的作战模拟方法应被称为作战仿真,而不宜再被称为兵棋。

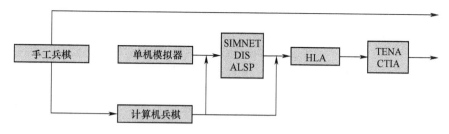

图 4-20　美军作战模拟的发展路径

　　作战仿真方法是世界先进国家军队通行的作战模拟的主流方法,而智能化的作战仿真系统将在智能化指挥控制中扮演非常重要的角色,指挥控制中的方案推演、计划推演等都需要作战仿真系统的支撑。

参 考 文 献

[1] 朱迪亚·珀尔. 为什么-关于因果关系的新科学[M]. 江生,于华译. 北京:中信出版集团,2019.

[2] STANLEY B E. Joint operation planning process[R]. Joint Publication 5-0,2011.

[3] STANLEY B E. Wargames,training, and decision-making. Increasing the experience of army leaders[R]. 美国陆军指挥与参谋学院,1999.

[4] MINISTRY OF DEFENCE. Wargaming Handbook[R]. Development, Concepts and Doctrine Centre,2017.

第二篇 机器学习基础

智能化指挥控制理论与技术是以机器学习为基础的,只有深刻理解和掌握机器学习的基本原理与技术,特别是深度学习与强化学习,才有可能真正理解与预测智能化战争的发展脉络,才有可能掌握智能化指挥控制的研究方法与手段。一切脱离智能技术的空谈,都无益于军队智能化建设的进程。因此,机器学习的基础对于智能化指挥控制而言尤为重要。

本篇由三章组成,重点阐述了机器学习的基础知识,包括深度学习、单智能体强化学习及多智能体强化学习。第 5 章主要阐述经典机器学习的基本思路和主要方法,包括基于符号的机器学习和基于神经网络的机器学习方法,给出了基于符号学习的 k 邻近算法、决策树学习、支持向量机算法、遗传算法,以及深度学习的卷积神经网络和循环神经网络。第 6 章阐述了强化学习基本理论与方法,包括基于值函数优化的有模型、无模型强化学习方法,给出了基于 Bellman 方程的策略迭代与值迭代方法,以及蒙特卡罗、SARSA、Q-Learning、DQN 等经典无模型算法。阐述了基于策略梯度的强化学习算法,给出了策略梯度的基准算法、AC 算法框架和TRPO、PPO、DDPG 等经典策略梯度算法。第 7 章在第 6 章基础上阐述了多智能体强化学习的基本方法,给出了多智能体强化学习及多智能体深度强化学习的经典算法,提出了环境非平稳性、非完全观测、环境训练模式、过拟合、信度分配等多智能体深度强化学习的关键问题,阐述了多智能体博弈强化学习的有关问题。

第 5 章　经典机器学习方法

机器学习技术已经广泛应用于人们的日常生活。本章从我们身边随处可见的人工智能应用着手,介绍机器学习的相关概念,并详细介绍经典机器学习的基本思路和主要方法,包括基于符号的机器学习和基于神经网络的机器学习方法。

5.1　机器学习概述

5.1.1　从统计分析开始

如今,机器学习技术已经融入到我们的生活中,其程度可能远远超乎你的想象。你很可能在无意识的情况下,就已经使用了机器学习技术。当你用某输入法使用拼音输入你的中文名字时:第一次输入,你可能需要翻页寻找对应的汉字;第二次输入,你的名字就显示在备选项排序靠前的位置,不再需要翻页寻找;第三次输入,你会发现你的名字在备选项中的排名提前到第一或者第二的位置。情人节到了,你在网上商城给你的女朋友买了一束鲜花,下次在登录商城时,会发现卖花的推荐多了起来,如果不理会这些推荐信息,就会一直推荐,直到有一天你关掉了鲜花推荐,并注明理由"已购买",才能阻止平台继续向你推荐鲜花。你的手机有时候会接到陌生来电,来电号码后面会显示"骚扰电话"或者"诈骗电话"字样,这是因为已经有很多人已经投诉过这些号码,电信运营商经过分析,提前告知你,让你注意,谨防上当受骗。

以上提到的所有场景都是基于统计分析的。基于已有数据进行统计分析,我们不但可以了解人们的喜好,在很多其他领域也能做得更好,如天气预测、交通管理等。气象部门预测天气,除了通过气象卫星进行观察测量,还需要收集往年的数据,统计往年同期的气温、气压、降水量等数据,判断当前天气是否正常,提出预防灾害措施。交警会对每月酒驾醉驾数据进行分析,如果发现犯案人数呈上升趋势,则需要进行专项整治,严厉打击酒驾醉驾行为,消除交通安全隐患。

统计分析是指将收集到的大量数据进行统计计算,从而进行分类、解释,最终得出结论。统计分析通常分为三个步骤:收集数据、整理数据和分析数据。

（1）收集数据:收集数据是进行统计分析的前提和基础。收集数据的途径众多,可通过实验、观察、测量、调查等获得直接资料,也可通过文献检索、阅读等来获得间接资料。收集的数据需要真实靠性,否则统计分析的结果不具备可信度。

（2）整理数据:整理数据就是按一定的标准对收集到的数据进行归类汇总的过程。由于收集到的数据大多是无序的、零散的、不系统的,在进入统计分析之前,需要按照研究的目的和要求对数据进行核实,剔除其中不真实的部分,再分组汇总或进行结构化处理,使原始数据简单化、系统化、结构化,并能初步反映数据的分布特征。

（3）分析数据:分析数据指在整理数据的基础上,通过统计运算,得出结论的过程,它是统计分析的核心和关键。数据分析通常可分为两个层次:第一个层次是用描述统计的方法计算出反映数据集中趋势、离散程度和相关强度的具有外在代表性的指标;第二个层次是在描述统计基础上,用推断统计的方法对数据进行处理,以样本信息推断总体情况,并分析和推测总体的特征和规律。

5.1.2　机器学习基本概念

所谓学习,通俗的说是指学得新的技能或新的知识,如果要给出正式的定义,这样说也许比较合适:学习是系统积累经验以改善自身性能的过程。如上节所述,统计分析可以把无序的数据转换成有用的特征或者规律,其实就是获得了新的知识,可以认为统计分析就是一种形式的机器学习。

关于机器学习,许多著名学者给出了自己的定义。Simon 认为:如果一个系统能够通过执行某种过程而改进它的性能,这就是学习。Tom M. Mitchell 则提出:对于某类任务 T 和性能度量 P,如果一个计算机程序在 T 上以 P 衡量的性能随着经验 E 而自我完善,那么,这个计算机程序从经验 E 中学习。

从以上定义来看,机器学习的主体是计算机,实质是一个程序,或许称为一种算法更合适。既然是算法,则必然有输入输出,如排序算法,输入是一组乱序的数据,输出则是按照某种规则排序后的顺序数据队列,输入输出都是数据。而机器学习算法却有所不同,对于机器学习,输入的是数据和对应的运算结果,输出则是算法或模型,即把数据转换成结果的算法或模型。可以从逆运算的角度来认识机器学习,输入是 4 时,输出是 15,而输入是 5 时,输出则是 24,什么运算能够满足这样的输入输出呢? 可能的答案是 x^2-1。这个答案对不对呢? 和输入的数据有关,一般来说,数据越多,学习得到的模型或算法越精确,越有用。有的观点甚至认为,机器学习的核心就是数据,数据越多能学的就越多,甚至机器学习算法本身并不重要,只要有足够多的数据,就一定能学到东西。

通过以上定义和解释,可以看出机器学习的要义包括以下两种。

（1）学习是一个持续过程,通过与外部交互不断获取数据,数据反馈到学习系统中,改进系统性能,周而复始。

（2）机器学习需要数据,甚至是大量的数据,没有数据无从学起;数据经过积累就是经验,经验通过归纳总结,形成知识。

机器学习的基本原理如图 5-1 所示。

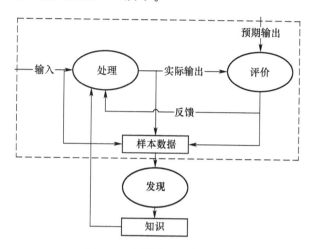

图 5-1　机器学习基本原理

图 5-1 中的输入信息是指系统在进行某项任务时接收到外部输入信息,系统对输入信息进行处理后,给出输出结果;存在一个评价机制对输出进行评价,可能是和预先给定的预期输出进行比较,可能来自环境的反馈,也可能来自专业人士或专用系统的评判;在某些学习模式下,反馈可能直接发送至处理流程并对其进行优化;每一组输入、目标输出、实际输出、反馈都会记录下来,构成样本数据;对样本数据进行发现,形成知识;运用知识来修成原有的处理流程,使得实际输出更加接近预期输出,便达到了提升系统性能的目的。

5.1.3　机器学习的基本框架

不同学者对机器学习有各种各样的表述,相应的研究内容和思路也略有差异。部分学者认为从知识和经验两个概念来理解机器学习活动,比较符合现代机器学习的基本特征①。基于知识和经验的机器学习基础框架如图 5-2 所示。

该框架的核心是学习结构。学习结构定义学习任务如何进行,一般称为模型。常用的学习结构包括函数、神经网络、贝叶斯网络、有限状态机、决策树等。定义学习结构本身即是对先验知识进行形式化的过程,如贝叶斯网络中的相关性和条件概率,神经网络中的网络结构和激活函数等,都可以基于先验知识进行设计。

学习目标是机器学习最终要完成的任务。机器学习任务可从不同角度进行分类,不同学习任务的目标不同。从应用角度来看,学习任务可以分为感知任务、归

———————————
①　王东. 机器学习导论[M]. 北京:清华大学出版社,2021:3-4.

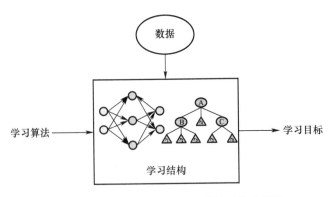

图 5-2　基于知识和经验的机器学习基础框架

纳任务、生成任务等。从技术角度来看,学习任务可以分为预测任务和描述任务等。对于每个学习任务,通常会定义一个目标函数,将模糊的"任务最优化"量化为精确的"目标函数最大化"。不同任务的目标函数差异很大,如在回归任务中一般采用均方误差,在分类任务中通常采用交叉熵损失函数,在语音识别中则采用最小音素错误准则作为目标函数。

　　数据是经验的积累。利用数据对系统进行训练,更新先验知识,正式进行机器学习。数据的质量、数量和对实际场景的覆盖程度都会直接影响学习的结果,因此数据积累是机器学习研究的基础,"数据是最宝贵的财富"已经成为机器学习从业者的共识。数据的形式多种多样。从取值类型看,包括二值、多值、连续数据等;从复杂度看,包括单值、向量、图、自然物等。在收集和整理数据时,通常会关注数据是否完整,是否有动态性,不同数据间的相关性如何。另外,一般不会直接使用原始数据,而是通过数据选择、特征提取、预处理等,抽取最有价值的数据进行学习。

　　学习算法是机器学习的具体实现过程。一般而言,算法是和学习结构紧密相关的,同时也受到学习目标、数据特性的影响。目前还不存在一种普适的学习算法可以在任意结构、目标和数据上通用,也不存在一种学习方法在所有任务中全面胜出。

5.1.4　机器学习分类

　　图 5-1 实际上包含了两种学习模式,上半部分虚线框内的流程,相当于人类在自然环境中自我学习的过程,人类个体在自然环境中不断交互,通过获得的奖惩来修正自己的行为,慢慢积累生成经验,适应自然生活。这种学习方式通过逐步积累经验来完成,过程势必非常缓慢。下半部分所对应的学习过程,则是人们通过学习前人积累的经验教训来发现规律和知识,从而改进自己的行为,相当于"受教育",这种学习模式下,学习效果就要好很多。实际上,根据学习要素的不同,机器

112

学习可以从不同的维度进行分类。

1. 按照学习途径分类

1）基于符号的机器学习

符号主义是人工智能研究技术的一个流派，这一流派以模拟人脑的逻辑活动为主要方法，依靠物理符号系统和有限性假设原理进行研究。所谓符号系统，其实是一种语言体系，人们为了解决各种现实或逻辑问题，创建了不同的符号体系，如自然语言、编程语言、数学公式等，借助符号系统，可以对状态、规则、知识、常识、过程等进行描述。基于符号的机器学习，就是指使用符号系统对机器学习问题进行表示和求解。符号系统的优势是逻辑性强，且基于符号的机器学习是对人脑逻辑活动的模拟，所以可对学习问题和学习过程进行描述和解释，学习所得结果的逻辑性较为完备。在近期基于神经网络的机器学习热潮开始之前，基于符号的机器学习一度是机器学习的主流方法。决策树方法、支持向量机、贝叶斯网络等均属于基于符号的机器学习。

2）基于神经网络的机器学习

基于神经网络的机器学习主要从生物大脑构造研究出发，以模拟神经元和神经网络结构成为主要方法尝试进行类人学习机制研究，由于神经网络的特性主要由神经元之间的连接关系决定，所以对应的研究流派也被称为连接主义。感知机、前馈神经网络、深度网络均属于基于神经网络的机器学习。神经网络具有强大的表达和学习能力，能够对复杂对象进行学习，但是神经网络模型是一个黑盒模型，可解释性较差。

3）基于行为交互的机器学习

基于行为交互的机器学习主要是从模拟生物或生物群体与环境交互过程的视角出发，以奖惩机制作为行为优化准则进行人类学习方法研究，优化过程中着重考察行为对环境的影响作用及环境反馈对行为的改善作用。遗传算法、强化学习均为此类学习方法的代表，其中遗传算法主要针对群体行为，主要通过群体择优的方式在解空间中进行并行搜索以获得最优解，而强化学习则主要针对个体行为，通过不断试错获取最优行为的方法。

2. 按照学习情境分类

1）监督学习

监督学习是指所有可用数据都被标注的机器学习类型。也就是说，监督学习的样本数据是通过成对的观测值来表示的，通常记为 (x,y)，其中，x 为样本的特征向量，是模型的输入值；y 为标签值，是模型的预期输出值，通常是一个标量，某些情况下也可以是一个向量。监督学习的目标是获得或估计一个映射函数 $y = f(x)$。确定这个函数的依据是它能够很好的解释训练样本，使函数输出值与样本标签值尽可能接近。手写文字识别、人脸识别、垃圾邮件分类等常见机器学习应用均属于有监督学习,需要先收集训练样本,对样本数据进行标注,再使用标注好的样本训练模型,然后用模型对新的样本进行预测。分类和回归是监督学习的两类支柱任务。

分类一般适用于离散问题,其目标是寻找决策边界,将一个模式指定为几个可能类别中的某一个,类别数一般已知。字符识别系统就是典型的分类问题,如英文字母识别就是将待识别的字母符号指派到 26 个类别中的某一个。图 5-3 是二分类任务典型示例。首先给定一组点,每个点代表二维空间中的一个模式。在这个二分类任务中,"×"代表一类," * "代表一类,这些点即为给定的样本数据,用于训练出一个分类器。这个分类器非常简单,用一个线性函数 $f(x) = \omega_1 x_1 + \omega_2 x_2 + \theta$ 即可实现。满足 $f(x) = 0$ 的所有点即为图中所示的直线,参数 ω_1、ω_2、θ 通过某种基于训练集的估计方法获得,即为学习。一旦学习出一个分类器,就可以用其预测未知模式 x 的分类。回归则主要面向连续问题,其目的是通过回归算法得到最优拟合曲线,可以最好的接近数据集中的各条样本数据。如果说分类是一种"定性"判别,那么回归则是"定量"处理,其输出是一个度量空间,如预测值与真实值之间的误差。例如,预测未来 24h 的平均气温,如果真实值是 28℃,预测值是 26.4℃,则误差为-1.6℃,如果预测值是 31℃,则误差为 3℃,那么第一种预测模型就要优于第二种预测模型。

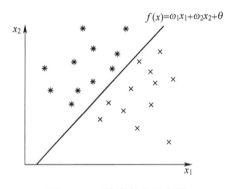

图 5-3　二分类任务示意图

2) 无监督学习

无监督学习的样本数据不带标签值,需要对样本数据进行分析,发现样本集的结构特性或规律分布。无监督学习的典型代表是聚类,表示学习和数据降维。聚类是无监督学习中最常见的一类,从数据中发现聚集现象,分别聚集成多个类型,每个类型有一些同质化的性质。如,网络行为调查的数据可进行聚类分析,对于各类找出一些共同的特征(属性)。降维是另一种常见的无监督学习方法,如主成分分析,可将输入的高维矢量用一个低维向量逼近,用低维向量代替高维向量作为机器学习后续处理的输入,好的降维方法能够提升学习速度,同时可以控制对学习模型的质量带来的不良影响;降维的另一种应用是可视化,高维数据无法用图形查看,将高维数据降维为二维或三维数据,可通过图形显示数据集,从而得到直观的感受。

3）半监督学习

半监督学习是介于监督学习和无监督学习之间的一种学习类型。对学习样本进行标注一般需要人工进行,有些领域的样本需要专家进行标注,成本高昂,所以一些样本集中只有少量样本有标注,而其他样本没有标注,这样的样本集需要半监督学习方法。

半监督学习大多结合监督学习和无监督学习方法。例如,对于图 5-4 所示的分类问题,样本集中仅有少量标注的样本,三角形和正方形代表有标注的样本,并分别表示不同的类别,圆形代表无标注样本。对于这种二分类问题:首先使用无监督聚类算法将样本分为两簇;然后每簇中的标注样本的类型代表这一簇的类型,示例中用白色原点表示的新样本与三角形样本在同一簇中,所以分为三角形类别。

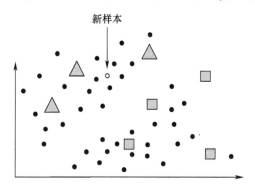

图 5-4　半监督学习中的样本示例

3. 按照模型类型分类

1）参数模型

参数模型是指在数学模型的表示中,显式的由一组参数表示该模型,当模型参数的数量和取值都确定时,该模型也就确定了。参数化模型的一般表示为

$$\hat{y} = h(x;w) \tag{5-1}$$

式中: w 表示模型的参数。为了描述的一致性,总是用向量代表所有的参数,在某类具体算法中, w 可以是标量、张量或矩阵。分号隔开 x 和 w ,表示 x 是函数的自变量, w 只是参数。参数在学习阶段学习得到,在预测阶段参数是确定的。式4-4是经典的线性回归模型,其中 x 是 K 维向量, $x = [x_1, x_2, \cdots, x_K]^\mathrm{T}, \bar{x} = [1, x_1, x_2, \cdots, x_K]^\mathrm{T}$ 是 x 的增广向量。这里输出的 $\hat{y}$ 表示这是学习得到的模型而不是问题的精确表示。线性回归模型使用样本集进行学习从而确定参数 w ,一旦参

数确定,模型也就确定了,然后给出新的输入 x ,就可以计算相应的结果:

$$\hat{y}(x;w) = \omega_0 + \sum_{k=1}^{K} \omega_k x_k = w^{\mathrm{T}} \overline{x} \tag{5-2}$$

机器学习中有许多非常复杂的参数模型,如深度神经网络通过多层复合函数表示模型,可能具有超过百万的参数量,即使如此复杂,一旦网络结构确定,其参数数量和作用就确定了,尽管通过学习确定这些深度模型参数的计算非常复杂,但与式(5-2)中的参数并无本质区别。

2)非参数模型

与参数模型相比,非参数模型不是显式的依赖固定参数集。典型的非参数模型包括 k-邻近算法、决策树模型等。

5.2 基于符号的机器学习

基于符号的机器学习一度是机器学习研究的热点,获得了很多成果,也在一些领域得到了广泛应用,本章简要介绍几种典型的基于符号的机器学习方法。

5.2.1 k-邻近算法

要确定一个样本的类别,可以计算它和其他样本之间的距离,然后找出与之距离最近的 k 个样本,对这些样本进行统计,统计结果就是分类结果,这就是 k - 邻近(k-Nearest Neighbor)算法的基本思想。k - 邻近算法 1967 年由 Thomas 等人提出,广泛应用于数据分类问题中。

1. k-邻近算法基本概念

k - 邻近算法是一种常用的监督学习方法,其工作机制非常简单:给定测试样本,基于某种距离度量找出训练集中与其最靠近的 k 个训练样本,然后基于 k 个"邻居"的信息来进行预测。在分类任务中一般可使用"投票法"预测,即选择 k 个样本中出现最多的类别标记作为预测结果;在回归任务中,则可使用"平均法",将 k 个样本的实际输出值的平均值作为预测结果。图 5-5 所示是一个 k - 邻近分类器示意图。对于待分类样本点,以该样本为圆心的某一圆范围内,统计该范围内的所有样本,深色样本个数为 8,浅色样本个数为 2,因此,可把该样本分为深色一类。显然,样本分为哪一类,与圆的半径紧密相关,圆的半径即为参数 k 。

2. 分类预测算法

k - 邻近算法因为没有要求解的模型参数,所以没有显式的训练过程,因此被看作"懒惰学习"(lazy learning)的代表。此类学习技术在训练阶段仅仅是把样本保存起来,训练时间开销为 0,待收到测试样本后再进行处理,处理过程中使用的参数 k 由人工指定。对于分类问题,给定 i 个训练样本 (x_i, y_i) ,设定参数 k ,假设

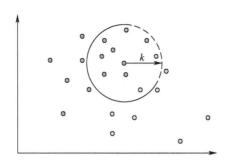

图 5-5 k-邻近分类器示意图

分类类别数目为 c ,待分类样本的特征向量为 x 。k-邻近算法的流程如算法 5-1 所示。

算法 5-1:k-邻近算法

---
(1) 在训练样本集中找出距离 x 最近的 k 个样本,假设这些样本集合为 N ;
(2) 统计集合 N 中每一个类样本的个数 C_i ;
(3) 最终的分类结果为使 C_i 取最大值的类别序号 i。

---

k - 邻近算法实现简单,缺点是当训练样本数大、特征向量维数很高时计算复杂度高。因为每次预测时要计算待预测样本和每一个训练样本的距离,而且要对距离进行排序找到最近的 k 个样本。可以使用高效的部分排序算法,只找出最小的 k 个数;另外一种加速手段是用 $k - d$ 树实现快速的近邻样本查找。另一个需要解决的问题是参数 k 的取值。它需要根据问题和数据的特点来确定。在实现时可以考虑样本的权重,即每个样本有不同的投票权重,这种方法称为带权重的 k - 近邻算法。另外还有其他的改进措施,如模糊 k - 近邻算法等。

对于回归问题,同样可以使用 k - 邻近算法。假设离测试样本最近的 k 个训练样本的标签值为 y_i ,则对样本的回归预测输出值为

$$\hat{y} = \sum_{i=1}^{k} \frac{y_i}{k} \tag{5-3}$$

即所有邻居的标签均值。对于带权重的样本,只需在回归预测值计算过程中加入权重系数即可。

3. 样本距离定义

k - 邻近算法的实现依赖于样本之间的距离,因此需要定义距离的计算方式。两个向量间的距离定义为 $d(x_i, x_j)$,这是将两个维数相同的向量映射为一个实数的函数。利于函数必须满足三角不等式关系(两边之和须大于第三边)、非负性、对成性和可区分性。常用的距离定义包括如下。

（1）欧氏距离。欧氏距离即欧几里得距离是 n 维空间中两点之间的距离,对于 $\mathbb{R}^n$ 空间中的两个点 x 和 y,它们之间的距离定义为

$$d(x,y) = \sqrt{\sum_{i=1}^{n} (x_i - y_i)^2} \tag{5-4}$$

在使用欧式距离时,应该将特征向量的每个分量归一化,以减少因为特征值尺度范围不统一带来的干扰,否则数值小的特征分量会被数值大的特征分量淹没。需要说明的是,欧式距离只是将特征向量看作空间中的点,没有考虑这些样本特征向量的分布概率。

（2）马氏距离。马氏距离即马哈拉诺比斯(Mahalanobis)距离,可以看作是欧氏距离的一种修正,修正了欧式距离中各个维度尺度不一致且相关的问题。马氏距离表示点与一个分布之间的距离。它是一种有效计算两个未知样本集的相似度的方法。给定两个点 x 和 y 以及矩阵 S,两点间的马氏距离定义为

$$d(x,y) = \sqrt{(x - y)^{\mathrm{T}} S(x - y)} \tag{5-5}$$

矩阵 S 可以通过计算训练样本集的协方差矩阵得到,也可以通过训练样本学习得到。

（3）巴氏距离。巴氏距离即巴塔恰里雅(Bhattacharyya)距离,定义了两个离散型或连续型概率分布的相似性。对于离散型随机变量的分布,其定义为

$$d(x,y) = -\ln\left(\sum_{i=1}^{n} \sqrt{x_i \cdot y_i}\right) \tag{5-6}$$

式中:x_i 和 y_i 为两个随机变量取某一值的概率,也是向量 x 和 y 的分量。两个向量越相似,这个值越小。

5.2.2 决策树学习

决策树是一种重要的归纳学习方法,由于其逻辑性强、实现简单、数学基础完备等特点,决策树方法在决策控制领域得到了广泛的应用。

1. 决策树基本原理

决策树(decision tree)也称为判定树,是形如图 5-6 所示的一种树形结构,其中除了叶子节点的所有节点均为判定属性,叶子节点为决策结果或判定结果。根据决策树判定属性取值的多少,可以将决策树分为二叉树和多叉树。

在每个判定属性节点,根据属性取值进行判定选择下一个判定节点,从而可以得到一条从根节点到叶子的路径,而叶子节点的取值就是判定结果。例如,样本数据 $s(a_1, b_2, c_1)$,首先使用属性 A 的取值进行分类,取 a_1 值时,沿最左侧的路径向下继续分类,再使用属性 B 的取值进行分类,取 b_2 值时,向下到达叶子节点,叶子节点取值即为该样本数据的分类结果,即属于 r_2 类别。需要注意的是,分类过程

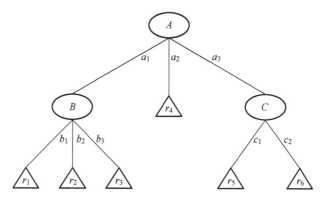

图 5-6　决策树示意图

并不需要依赖所有的属性。例如,上例中仅使用了属性 A 和属性 B 作为判断依据,未使用属性 C。决策树从根节点到叶子节点的一条路径,通过若干属性取值进行决策,构成一个产生式规则: $A = a_1 \cdot B = b_2 \Rightarrow r_2$。一条路径对应一个产生式规则,一颗决策树包含多条路径,则对应于一个产生式规则集,所以,决策是实际上是一种产生式规则表现形式,具备与产生式规则相同的知识表达能力。

决策树自诞生以来,就在数据分类领域得到广泛应用,这都归功于其不需先验知识、解释性强和易于实现等特点。首先,决策树的构造不需要先验知识,避开了领域内专家知识形式化的难题,适合探索式的知识发现;其次,决策树通过多维属性依照特定顺序进行分类,分类过程易于理解,可解释性强;最后,决策树实现简单,分类速度快,而且分类正确率相对较高。由于以上优点,决策树分类学习算法已经广泛应用于医疗、金融等众多领域。

2. 决策树学习 ID3 算法

决策树结构简单,可以由人根据经验完成构建,也可通过算法利用样本数据来自动生成,生成过程就是决策树学习过程。决策树是一种基于符号的分类方法,而决策树学习就是基于符号的机器学习方法。

ID3 算法是决策树学习应用最广泛的算法之一,由 Quinlan 在 1986 年提出。ID3 算法采用一种自上而下的方式来构建决策树,按照奥卡姆法则优先能将样本数据集分成相等子集的属性。之所以这样选择,是因为这种属性具有最大的信息增益。

解释信息增益,首先需要解释信息熵(Entropy of Information)。信息熵量化了存在于样本集合中的平均性,也就是说,样本集合分类越平均,其熵值越高。给定样本集合 S,假设该集合为二元分类,则 S 的熵值为

$$\text{Entropy}(S) = -p(\text{type1}) \log_2 p(\text{type1}) - p(\text{type2}) \log_2 p(\text{type2}) \quad (5-7)$$

式中: $p(\text{type1})$ 和 $p(\text{type2})$ 表示分类为类型 1 和类型 2 的样本占样本集合 S 的比

例,即 1 个随机样本属于类型 1 或者类型 2 的概率。

假设一种火炮有 4 中炮弹,其中炮弹 1(c_1)和炮弹 2(c_2)可以摧毁装甲目标,炮弹 3(c_3)和炮弹 4(c_4)不行,对于打击装甲目标的炮弹分类问题,可以形成样本数据集 $S = \{c_1(+), c_2(+), c_3(-), c_4(-)\}$,则这个集合的熵值为

$$\text{Entropy}(S) = -\frac{2}{4} \log_2 \frac{2}{4} - \frac{2}{4} \log_2 \frac{2}{4} = 1 \qquad (5\text{-}8)$$

很容易算得,当集合 S 中的元素恰好可以平均非为 n 类时($n \geq 2$),集合的信息熵值最大,如果所有元素都属于一类,则信息熵为 0。

定义了信息熵之后,信息增益就比较好理解了。依然以火炮炮弹为例,以是否可以摧毁装甲目标为评判依据进行分类,如图 5-7 所示。

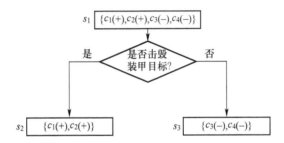

图 5-7　使用判别属性对数据进行分类

根据上述信息熵计算公式可以算得 $\text{Entropy}(S_1) = 1$,$\text{Entropy}(S_2) = 0$,$\text{Entropy}(S_3) = 0$,可以认为,通过判别属性"能否击毁装甲目标"分类后,所得的样本数据集的信息熵均为零,则判别属性的信息增益可通过信息熵的差求得,即

$$\text{Gain}(能否击毁装甲目标) = \text{Entropy}(S_1) - (\text{Entropy}(S_2) + \text{Entropy}(S_3)) = 1$$
$$(5\text{-}9)$$

式(5-9)是一种特殊情况,即 $\text{Entropy}(S_2) = 0$ 且 $\text{Entropy}(S_3) = 0$,如果 S2 和 S3 中的样本数据恰好都是两个,且一个为正例一个为反例,此时可算出 $\text{Entropy}(S_2) = 1$,$\text{Entropy}(S_3) = 1$,两者之和超过了原始数据集的信息熵,显然是不合理的。所以信息熵不仅和样本数据集的数据分布有关,还和样本数据集的规模有关,对样本数据集进行分割,在计算子集的信息熵时,也要按分割规模加权计算,权值大小为分割后样本数据规模和原始样本数据规模的比值。由此可得,对于样本数据集 S,使用判别属性 A 进行分类时,属性 A 的信息增益为

$$\text{Gain}(S, A) = \text{Entropy}(S) - \sum_{v \subseteq \text{Values}(A)} \frac{|S_v|}{|S|} \times \text{Entropy}(S_v) \qquad (5\text{-}10)$$

使用决策树对样本数据进行分类,其目的是尽快将样本数据分成属于同一类

的集合,即信息熵为 0 的样本数据集,分类的过程其实就是信息熵不断减少的过程,而信息熵减少是通过减去属性判别带来的信息增益实现的。所以,应该首先使用信息增益大的属性进行判别,这也是使用样本数据构造决策树的思路。ID3 算法在构建决策树时,采用贪心算法和深度优先策略来生成决策树,采用自顶向下的搜索方式遍历所有的判别属性,不重新考虑已经选择过的判别属性。简单的说,决策树 ID3 算法的核心思想是从根节点开始,依次从各节点选择判别属性,以信息增益为判别属性的选择标准,使得生成的决策树具有好的性质,即对于每个非叶子节点,该节点上的判别属性能够使系统信息熵最大程度的减少,提供最好的分类信息,同时每个非叶子节点到各后代叶节点的平均路径最短,决策树的平均深度最低,结构更简单,准确率更高,在分类预测时速度更快。

上述决策树构造方法,决定了具备如下特征的问题比较适合使用决策树方法。

(1) 判别属性取值是离散的,而且只有少量几个值,如俯仰动作取值为俯冲、扬起;速度控制取值为加速、减速;

(2) 样本数据可以用一组属性值描述,如战斗机当前采取的动作为俯冲、加速;

(3) 目标函数只有少数几个离散值,即能将样本数据分为有限的"纯粹"子集。

3. 决策树主要问题及发展

当然,决策树方法也存在着许多限制和问题。

(1) 样本数据中存在不一致性,即不能通过属性判别进行完美分类,从产生式规则的角度解释,就是相同的前件产生了不同的后件;

(2) 样本数据规模较小,不足以覆盖问题假设空间,可能会造成过拟合问题;

(3) 无法完全获取属性值,而该属性又至关重要。

为了解决上述问题,许多学者进行了研究,提出了很多种决策树算法。但每种决策树算法都有自己的优缺点。从最早的 CLS 算法到后来的 ID3 算法、C4.5 算法,后两种算法虽然理论清晰,学习归纳能力强,都能从样本数据集中挖掘出较多的有价值的信息,但它们生成的决策树是多叉树,不够简洁。而后的 CART 算法的最小 GINI 指数作为测试属性的选择标准,该算法能够递归地生成一棵二叉决策树,该决策树的结构简洁,理解性更强。再后来的 SLIQ 和 SPRINT 算法能够满足大数据集下数据分类需要,其中:SLIQ 算法采用预排序和广度优先策略,具有可伸缩性;SPRINT 算法在 SLIQ 算法的基础上,对决策树的数据结构进行了改进,对内存没有限制,为并行计算提供了可能,扩大了决策树的应用范围。所以在实际应用中可以按要求选择合适的算法。这些算法的特点如表 5-1 所列①。

---

① 陈旭. 一种改进的决策树分类算法[D]. 武汉:华中师范大学,2016.

表 5-1　决策树算法比较

算法名称	属性测试	连续属性处理	剪枝原则	伸缩性	并行性	树结构
ID3	信息增益	离散化	分类错误	较差	较差	多叉树
C4.5	信息增益率	预处理	分类错误	较差	较差	多叉树
CART	GINI 指数	预处理	MDL	较差	较差	二叉树
SLIQ	GINI 指数	预处理	MDL	良好	良好	二叉树
SPRINT	GINI 指数	预处理	MDL	好	好	二叉树

近年来,许多学者又从算法精度、信息重复度等多个角度对决策树方法进行诸多改进,进一步降低决策树的使用限制,提高决策树质量。

5.2.3　支持向量机

线性模型是机器学习中最简单、最常用的模型,然而基于核函数的线性回归需要计算 Gram 矩阵及其逆矩阵。当训练集中的数据量较大时,会带来非常大的计算量;同时,在预测过程中,测试样本要和训练集中的所有样本做核函数计算,同样带来较高的计算量。一种有效的方法就是仅保留部分重要的训练数据来进行预测,不重要的则丢弃。这些保留下来的训练样本就是支持向量,对应的模型为支持向量机(Support Vector Machine, SVM)。支持向量机是一类按监督学习方式对数据进行二元分类的广义线性分类器(generalized linear classifier),其决策边界是对学习样本求解的最大边距超平面。支持向量机自 20 世纪七八十年代才被逐步理论化,并运用到统计学习领域,其诞生的时间虽然不长,但具有良好的分类性能。

1. 线性分类

假设二维空间中有许多红色和蓝色的点,存在一条直线,可以将红色的点和蓝色的点完全分开,则称这些点是线性可分的,如图 5-8 所示。

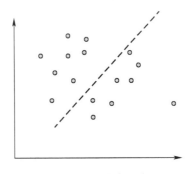

图 5-8　线性分类示意图

在三维空间中,线性可分是指存在一个平面,可以将三维空间中的点分开,高

122

维空间中,则是存在一个超平面进行类别划分。

线性可分的数学定义如下。

对于n维欧式空间中的点$\boldsymbol{x}$,如果存在n维向量$\boldsymbol{\omega}$和实数b,则线性分类器可定义为

$$H = \{x \mapsto \text{sign}(\boldsymbol{\omega} \cdot \boldsymbol{x} + b) : \omega \in R^n, b \in R\} \tag{5-11}$$

式中:$x \mapsto \text{sign}(\boldsymbol{\omega} \cdot \boldsymbol{x} + b)$的假设表示带正(或者负)标签的样本点只会落在超平面$\boldsymbol{\omega} \cdot \boldsymbol{x} + b = 0$的一边。这一类问题称为线性分类问题。

2. 支持向量

显然,如果n维空间中的样本点是线性可分的,那么必然存在无数个超平面均满足线性可分。为了使超平面更具稳健性,我们会想办法取寻找最好的那一个超平面,以最大间隔将两类样本点分开如图5-9(a)所示,这样的超平面称为最大间隔超平面,如图5-9(b)所示。

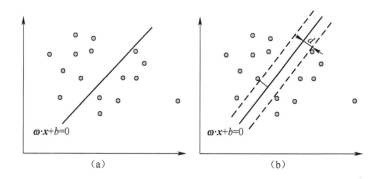

图5-9 两种可能的分类超平面,其中右侧为一个最大间隔超平面

从图5-9我们可以看到,距离超平面最近的点到超平面的距离最大化了,而距离超平面远的点的距离变化则不那么显著,那些距离超平面距离最近的点就是支持向量。而支持向量机,就是要找到最大间隔超平面。很显然,要通过支持向量来求解最大间隔超平面。

3. 最大间隔超平面

n维空间中的任意超平面用$\boldsymbol{\omega} \cdot \boldsymbol{x} + b = 0$表示,则任意点$\boldsymbol{x} = (x_1, x_2, \cdots, x_n)$到平面$\boldsymbol{\omega} \cdot \boldsymbol{x} + b = 0$的距离为

$$\frac{|\boldsymbol{\omega}^{\mathrm{T}} \boldsymbol{x} + b|}{\|\boldsymbol{\omega}\|} \tag{5-12}$$

式中:$\boldsymbol{\omega} = \sqrt{\omega_1^2 + \omega_2^2 + \cdots + \omega_n^2}$。

如图5-8所示,根据支持向量的定义,支持向量到超平面的距离为d,而其他点到超平面的距离要大于d,于是有

$$\begin{cases} \dfrac{|\boldsymbol{\omega}^{\mathrm{T}}\boldsymbol{x}+b|}{\|\boldsymbol{\omega}\|} \geqslant d, & y = 1 \\[4mm] \dfrac{|\boldsymbol{\omega}^{\mathrm{T}}\boldsymbol{x}+b|}{\|\boldsymbol{\omega}\|} \leqslant -d, & y = -1 \end{cases} \tag{5-13}$$

由于 $d > 0$,可得

$$\begin{cases} \dfrac{|\boldsymbol{\omega}^{\mathrm{T}}\boldsymbol{x}+b|}{\|\boldsymbol{\omega}\|d} \geqslant 1, & y = 1 \\[4mm] \dfrac{|\boldsymbol{\omega}^{\mathrm{T}}\boldsymbol{x}+b|}{\|\boldsymbol{\omega}\|d} \leqslant -1, & y = -1 \end{cases} \tag{5-14}$$

为了方便计算,令 $\boldsymbol{\omega}d = 1$,则有

$$\begin{cases} |\boldsymbol{\omega}^{\mathrm{T}}\boldsymbol{x}+b| \geqslant 1, & y = 1 \\ |\boldsymbol{\omega}^{\mathrm{T}}\boldsymbol{x}+b| \leqslant -1, & y = -1 \end{cases} \tag{5-15}$$

式(5-12)中令 $\boldsymbol{\omega}d = 1$ 的假设不会影响对目标函数的优化。将两个方程合并,则有

$$y(\boldsymbol{\omega}^{\mathrm{T}}\boldsymbol{x}+b) \geqslant 1 \tag{5-16}$$

对于每个支持向量到超平面的距离为

$$d = \frac{|\boldsymbol{\omega}^{\mathrm{T}}\boldsymbol{x}+b|}{\|\boldsymbol{\omega}\|} \tag{5-17}$$

由上述 $y(\boldsymbol{\omega}^{\mathrm{T}}\boldsymbol{x}+b) \geqslant 1$ 可得 $y\boldsymbol{\omega}^{\mathrm{T}}\boldsymbol{x}+b = |\boldsymbol{\omega}^{\mathrm{T}}\boldsymbol{x}+b|$,则有

$$d = \frac{y\boldsymbol{\omega}^{\mathrm{T}}\boldsymbol{x}+b}{\|\boldsymbol{\omega}\|} \tag{5-18}$$

正负实例边缘的距离为

$$2d = \frac{2y\boldsymbol{\omega}^{\mathrm{T}}\boldsymbol{x}+b}{\|\boldsymbol{\omega}\|} \tag{5-19}$$

这就是我们要最大化得距离,由于对于支持向量 $y\boldsymbol{\omega}^{\mathrm{T}}\boldsymbol{x}+b = 1$,则有

$$\max \frac{2}{\|\boldsymbol{\omega}\|} \tag{5-20}$$

可将上式得最大化,转化为下式的最小化,即

$$\min \frac{1}{2}\|\boldsymbol{\omega}\|^2 \tag{5-21}$$

所以得到的优化问题为

$$\begin{cases} \min \dfrac{1}{2}\|\boldsymbol{\omega}\|^2 \\[3mm] \text{s. t. } (\boldsymbol{\omega}^{\mathrm{T}}\boldsymbol{x}_i+b)y_i \geqslant 1 \end{cases} \tag{5-22}$$

优化所得,即为最大间隔超平面。

上述最大间隔超平面严格意义上是指硬间隔超平面,对应的分类器为硬间隔支持向量机(hard margin support vector machine)。硬间隔支持向量机要求训练样本是线性可分的,但在实际应用中,更多的是软间隔支持向量机(soft margin support vector machine),即训练样本数据不是严格线性可分的,这种情况下,允许在间隔计算中出现少量的误差 $\boldsymbol{\xi} = [\xi_1\,\xi_2\,\cdots\,\xi_n)]^{\mathrm{T}}$,对应的优化问题为

$$\begin{cases} \min(\dfrac{1}{2}\parallel\boldsymbol{\omega}\parallel^2 + C\sum_{i=1}^{n}\xi_i) \\ \mathrm{s.\,t.}\ (\boldsymbol{\omega}^{\mathrm{T}}\boldsymbol{x}_i + b)y_i \geqslant 1 - \xi_i, \xi_i \geqslant 0, \forall i = 1,2,\cdots,n \end{cases} \tag{5-23}$$

式中: $C > 0$ 是用来控制间隔误差的调谐参数, C 越大,间隔误差 $\sum_{i=1}^{n}\xi_i$ 越趋近于 0,软间隔支持向量机越趋近于硬间隔支持向量机。

4. 支持向量机的对偶最优化

求解支持向量机的核心问题是寻找参数 $\boldsymbol{\omega}$ 和 b ,对应的最优化问题是目标函数为二次函数、约束条件为线性的二次规划问题,可以使用许多很成熟的优化算法进行求解,如转化为拉格朗日对偶优化问题。引入拉格朗日函数为

$$L(\boldsymbol{\omega},b,\boldsymbol{\xi},\boldsymbol{\alpha},\boldsymbol{\beta}) = \frac{1}{2}\parallel\boldsymbol{\omega}\parallel^2 - \sum_{i=1}^{m}a_i[y_i(\boldsymbol{\omega}\cdot\boldsymbol{x}_i + b) - 1 + \xi_i] - \sum_{i=1}^{n}\beta_i\xi_i \tag{5-24}$$

根据拉格朗日对偶问题最优化,有

$$\max_{\boldsymbol{\alpha},\boldsymbol{\beta}}\ \inf_{\boldsymbol{\omega},b,\boldsymbol{\xi}} L(\boldsymbol{\omega},b,\boldsymbol{\xi},\boldsymbol{\alpha},\boldsymbol{\beta})\ \mathrm{s.\,t.}\ \boldsymbol{\alpha} \geqslant 0, \boldsymbol{\beta} \geqslant 0 \tag{5-25}$$

根据 $\inf\limits_{\boldsymbol{\omega},b,\boldsymbol{\xi}} L(\boldsymbol{\omega},b,\boldsymbol{\xi},\boldsymbol{\alpha},\boldsymbol{\beta})$ 的一阶最优条件,可得

$$\frac{\partial L}{\partial\boldsymbol{\omega}} = 0 \Rightarrow \boldsymbol{\omega} = \sum_{i=1}^{n}\alpha_i y_i x_i \tag{5-26}$$

$$\frac{\partial L}{\partial b} = 0 \Rightarrow \sum_{i=1}^{n}\alpha_i y_i = 0 \tag{5-27}$$

$$\frac{\partial L}{\partial\xi_i} = 0 \Rightarrow \alpha_i + \beta_i = C, \forall i = 1,2,\cdots,n \tag{5-28}$$

条件 $\alpha_i + \beta_i = C$ 可消除间隔误差 $\boldsymbol{\xi}$ 。拉格朗日对偶问题可用下式表示:

$$\hat{\boldsymbol{\alpha}} = \underset{\boldsymbol{\alpha}}{\arg\max}\left\{\sum_i\alpha_i - \frac{1}{2}\sum_i\sum_j\alpha_i\alpha_j y_i y_j k(\boldsymbol{x}_i,\boldsymbol{x}_j)\right\} \tag{5-29}$$

式中: $k(\boldsymbol{x},\boldsymbol{x}') = \boldsymbol{x}^{\mathrm{T}}\boldsymbol{x}'$,而且要求 $\alpha_i \geqslant 0$ 。

可用 $\hat{\boldsymbol{\alpha}}$ 表示拉格朗日对偶问题的解如下:

$$\hat{\boldsymbol{\omega}} = \sum_{i=1}^{n}\hat{\alpha}_i y_i x_i \tag{5-30}$$

$$\hat{\boldsymbol{b}} = \boldsymbol{y}_i - \sum_{j:\hat{\alpha}_i>0}^{n} \hat{\alpha}_j \boldsymbol{y}_j \boldsymbol{x}_i^{\mathrm{T}} \boldsymbol{x}_j \qquad (5-31)$$

在 $\hat{\boldsymbol{\omega}}$ 和 $\hat{\boldsymbol{b}}$ 确定后,即确定了分类超平面,可用于解决分类问题。

5.3 遗 传 算 法

遗传算法(一些文献上称为进化算法)是受达尔文进化论影响产生的非线性优化方法。遗传算法的主要思路是从所有可能得到解决方案的算法群入手,为给定问题找出最佳解决方案。遗传算法是最主要的基于行为交互的机器学习方法。本节简要介绍遗传算法基本概念及相关算法。

5.3.1 进化论与遗传算法

1857 年,达尔文出版了《物种起源》一书,在这本著作中,达尔文提出了"适者生存"的观点;1858 年,达尔文在一次学会上提出了进化论。进化论认为自然选择是生物进化的动力。生物都有繁殖过盛的倾向,而生存空间和食物是有限的,生物必须"为生存而斗争"。在同一种群中的个体存在着变异,那些具有能适应环境的有利变异特性的个体将存活下来,并繁殖后代;而那些不具有有利变异特性的个体就会被淘汰。如果自然条件的变化是有方向的,那么经过长期的自然选择,微小的变异就能得到积累而成为显著的变异,由此可能导致亚种和新物种的形成。这使生物体更适合其环境的性状,在经历几代之后会频繁的出现,达尔文称这种趋势为自然选择。我们可以将自然选择看作一种学习方式,通过这种方式,物种能够更好的适应环境。

20 世纪 60 年代,密歇根大学的 John Holland 提出了遗传算法(Genetic Algorithm),并在他的著作"*Adaptation in Natural and Artificial Systems*"中提到,自己的灵感来源于达尔文的著作。遗传算法实质上是一种并行搜索方法,算法对结构对象进行操作,不存在微分、积分、函数连续性等约束;算法采用概率化的优化方式,能够自动获取和指导优化的搜索空间,自适应的调整搜索方向,不需要确定的规划,具有更好的全局优化能力。遗传算法的这些性质已被人们广泛的应用于组合优化、机器学习、信号处理、自适应控制和人工生命等领域。

5.3.2 遗传算法基本思想

遗传算法以一种群体中的所有个体为对象,并利用随机化技术指导对一个被编码的参数空间进行高效搜索。在遗传算法中,染色体对应的是数据或数组,通常是由一维的串结构数据来表示,代表由等位基因组成的基因串。遗传算法处理的是染色体,或者称为个体。一定数量的个体组成群体,称为种群。种群中个体的数量为种群大小,也叫种群规模。各个个体对环境的适应程度叫适应度。适应度大的个体被选择进行遗传操作,产生新个体,体现了生物遗传中"适者生存"的原理。选择两个染色体进行交叉产生一组新染色体的过程类似生物遗传中的交配。编码某个分量发生变化的过程类似生物遗传中的变异。

遗传算法对于自然界中生物遗传与进化机理进行模仿,针对不同的问题设计了许多不同的编码方法来表示问题的可行解,产生了多种不同的遗传算子来模仿不同环境下的生物遗传特性,从而构成了各种不同的遗传算法。但这些遗传算法都具有共同的特点,即通过对生物遗传和进化过程中选择、交叉、变异机理的模仿来完成对问题最优解的自适应搜索过程。基于这个共同的特点,古德伯格提出了基本遗传算法,只使用选择算子、交叉算子和变异算子三种基本遗传算子,其遗传进化操作过程简单,容易理解,给各种遗传算法提供了一个基本框架,如图 5-10 所示。

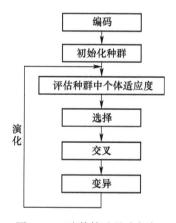

图 5-10　遗传算法基本框架

1. 编码

遗传算法求解问题时不是直接作用于问题的解空间,而是作用于解的某种编码。因此,必须通过编码将问题的解表示成遗传空间中的染色体或者个体。它们由基因按一定结构组成。对于某个问题,编码方式不是唯一的。由于遗传算法的稳健性,对编码方式的要求一般并不苛刻,但编码方式有时对算法的性能、效率等会产生很大影响。

将问题的解编码为一维排列的染色体的方法为一维染色体编码方法。一维染色体编码中最常用的符号集是二值符号集,即二进制编码。二进制编码用若干个二进制数表示一个个体。二进制编码类似生物染色体组的生物遗传理论,并使得遗传操作(如交叉、变异等)很容易实现。但是在求解高维优化间题时,二进制编码串将非常长,算法的搜索效率很低。

为克服二进制编码的缺点,对问题的变量是实向量的情形,可以直接采用实数编码,采用实数表示法不必进行数制转换,可直接在解的表现型上进行遗传操作,从而可引入与问题领域相关的启发信息来增强算法的搜索能力。

对于多参数优化问题的遗传算法,通常采用多参数映射编码。所谓多参数映射编码是指对每个参数先进行二进制编码,得到子串,然后把这些子串连接成完成的染色体表示。

2. 种群设置

遗传算法中初始种群中的个体可以是随机产生的,但最好采用如下策略设定:先随机产生一定数目的个体,然后从中挑选最好的个体加入初始种群中。这种过程不断迭代进行,直到初始种群中的个体数目达到了预先确定的规模。

种群规模影响遗传优化的结果和效率。种群规模太小会使遗传算法的搜索空间范围有限,因而搜索有可能停止在未成熟阶段,出现未成熟收敛现象,使算法陷入局部最优解。当种群规模太小时,遗传算法的优化性能一般不会太好,这就如同动物种群太小时会出现近亲繁殖,影响种群质量一样。因此,必须保持种群中个体的多样性,即种群规模不能太小。另外,种群规模越大,遗传操作所处理的模式就越多,产生有意义的个体并逐步进化为最优解的机会就越高。但种群规模太大会带来若干弊病:一是增加计算量从而影响算法效率;二是种群中个体生存下来的概率大多和适应度成正比,当种群中的个体非常多时,少量适应度很高的个体会被选择而生存下来,但大多数个体却会被淘汰,这会影响配对库的形成,从而影响交叉操作。综合考虑以上所述的利弊,许多实际优化问题的种群规模取为 $20\sim100$。

3. 适应度函数

遗传算法遵循自然界优胜劣汰的原则,在进化搜索中基本上不用外部信息,而是用适应度值表示个体的优劣,作为遗传操作的依据。个体的适应度高,则被选择的概率就高,反之就低。改变种群内部结构的操作都是通过适应度值加以控制的。可见,适应度函数的设计是非常重要的。

适应度值是对解的质量的一种度量。适应度函数(fitness function)是用来区分种群中的个体优劣的标准,是进化过程中进行选择的唯一依据。在具体应用中,适应度函数的设计要结合待求解问题本身的要求而定。一般而言,适应度函数是由目标函数变换而来的,但要保证适应度函数是最大化问题和非负性。最直接的方法是将最优化问题的目标函数作为适应度函数。

4. 选择

选择操作也称为复制(reproduction)操作,是从当前种群中按照一定概率选出优良的个体,使它们有机会作为父代繁殖下一代。判断个体优劣的准则是各个个体的适应度值。显然这一操作借鉴了达尔文"适者生存"的进化原则,即个体适应度值越高,其被选择的机会就越大。选择操作的实现方法有很多。优胜劣汰的选择机制使得适应度值大的解有较高的存活概率,这是遗传算法与一般搜索算法的主要区别之一。

个体选择,首先需要为个体分配选择概率。哪个个体被选择进行交叉和变异是按照概率进行的。适应度值大的个体被选择的概率大,但不是说一定能够选上;适应度值小的个体被选择的概率小,但也有可能被选上。所以,首先要根据个体的适应度值确定其被选择的概率。常用的概率分配方法有适应度比例模型、排序模型等。

概率分配完后,就需要按照一定的方法选择个体。常用的方法包括轮盘选择、锦标赛选择等。轮盘选择(roulette wheel selection)在遗传算法中使用得最多。在轮盘选择方法中,先按个体的选择概率产生一个轮盘,轮盘每个区的角度与个体举概率产生一个轮盘,轮盘每个区的角度与个体的选择概率成正比;然后产生一个随机数,它落入轮盘的某个区域,就选择相应的个体交叉。落入轮盘的某个区域,就选择相应的个体交叉。显然,选择概率大的个体被选中的可能性大,获得交叉的机会就大。在实际计算时:首先可以按照个体顺序求出每个个体的累计概率;最后产个体顺序求出每个个体的累计概率;最后产生一个随机数,它落人累计概率的某个区域,就选择相应的个体交叉。锦标赛选择(tournament selection)从种群中随机选择 k 个个体,将其中适应度最高的个体保存到下一代。这一过程反复执行,直到个体数量达到预先设定的数量为止。锦标赛模型的优点是克服了在种群规模很大时,计算量很大的问题,通常能比轮盘选择得到更加多样化的种群。除此之外,还有随机竞争、最佳个体保留等选择方法,都有自身的特点,能产生特殊的效果。

5. 交叉

遗传算法中起核心作用的是交叉算子。通过交叉能够使父代将特征遗传给子代,子代能够部分或者全部地继承父代的结构特征和有效基因。基本的交叉算子包括一点交叉和两点交叉两种。一点交叉是指在个体中随机设定一个交叉点,实行交叉时,该点前后的两个部分在两个个体之间进行互换,并生成两个新的个体。两点交叉与一点交叉类似,只是设置了两个交叉点,将两个交叉点之间的部分进行互换。两点交叉还可推广为多点交叉。

交叉可能产生不满足约束条件的非法个体。为解决这一问题,一种处理方法是对交叉产生的非法个体作适当的修正,使其自动满足优化问题的约束条件。例如,在旅行商问题中采用部分匹配交叉、顺序交叉和循环交叉等。

6. 变异

变异的主要目的是维持群体的多样性,对选择、交叉过程中可能丢失的某些遗传基因进行修复和补充。变异算子的基本内容是对群体中的个体串的某些基因座上的基因值进行变动。变异操作是按位进行的,即对某一位的内容进行变异。主要变异方法有位点变异、逆转变异、插入变异等。

位点变异是指在个体码串中随机挑选一个或多个基因座,并对这些基因座的基因值以变异概率 p 作变动。对于二进制编码,若某位原为 0,那么通过变异操作就变成了 1,反之亦然。对于整数编码,将被选择的基因变为以概率选择的其他基因。为了消除非法性,将其他基因所在的基因座上的基因变为被选择的基因。逆转变异,是指在个体码串中随机选择两点,然后将两个逆转点之间的基因值以逆序插人原位置,从而产生新的个体。插入变异,是指在个体码串中随机选择一个基因,然后将次基因插入随机选择的插入点。

5.3.3 解空间搜索

从遗传算法的基本原理和过程不难看出,遗传算法实质上是在解空间内进行的并行搜索。遗传算法使用随机方法设置了初始种群,代表了若干个解,这些解有些是有效解,有些是无效解,不管有效与否,均表征了一个特定的搜索空间。经过选择、交叉后,原有的搜索空间得到了扩展,但是还不够大,不能覆盖整个解空间,只有经过变异操作的遗传算法,才能够在全局空间内进行搜索,从而得到最优解。所以遗传算法采用的是并行的方法在全局解空间内进行搜索,其搜索空间示意图如图 5-11 所示。

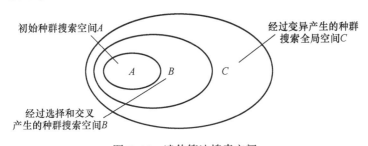

图 5-11 遗传算法搜索空间

5.4 深 度 学 习

作为机器学习方法的一种,深度学习也是从数据中学习的一种新方法,其优势在于能够学习连续的、越来越有意义的表示层。深度学习并不是指通过这种方法获得的更深层次的理解。更确切地说,它代表了"隐性层"的概念。为数据模型贡献的层数称为模型的深度。与传统机器学习方法相比,现代深度学习方法的隐藏层数据从数百到数千,甚至更多参数量更是数以亿计,这些参数和隐藏层都是通过在数据集合中训练自动学会的。与此同时,机器学习的其他方法往往只侧重于学习数据表示的一个或两个层次。与传统的机器学习方法相比,深度学习通过足够深的隐藏层和参数规模,能够自动地从原始输入中直接提取有效特征,经过处理自动获得高级特征。本节简要介绍深度学习的基本概念、训练优化方法和几种典型的深度神经网络模型。

5.4.1　从神经网络到深度学习

深度学习是近十来年才兴起的机器学习方法,但是它所基于的神经网络模型却早在一百多年前就已经为人们所研究。早在1904年,生物学家就揭晓了神经元的组成结构,如图5-12所示。一个神经元通常具有多个树突,主要用来接受传入信息;而轴突只有一条,轴突尾端有许多轴突末梢可以给其他多个神经元传递信息。轴突末梢跟其他神经元的树突产生连接,从而传递信号,这个连接的位置在生物学上叫做"突触"。

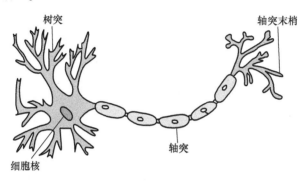

图 5-12　神经元结构示意图

一个神经元可以接收多个输入,并形成一个输出,传递给后面的神经元,从而形成神经网络,如图5-13所示。

图 5-13　神经元相互连接构成神经网络

对生物大脑神经的研究催生了人工神经网络的研究。所谓神经网络,是指由具有适应性的简单单元组成的广泛并行互联的网络,它的组织能够模拟生物神经系统对真实世界物体所做作出的交互反应①。神经网络中最基本的成分是神经元模型,也就是对生物神经元的人工模拟。1943 年,McCulloch 和 Pitts 提出了如图 5-14 所示的 M-P 神经元模型并沿用至今。这个模型中,神经元接收来自 n 个其他神经元传递过来的刺激信号,神经元对这些刺激信号进行加权求和后与阈值相比较,如果超过阈值,则通过激活函数产生输出,并传递给后面的神经元。输出 $\hat{y}$ 可用以下公式表示:

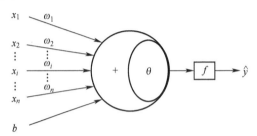

图 5-14　人工神经元模型

$$\hat{y} = f\left(\sum_{i=1}^{n} \omega_i x_i + b - \theta\right) \tag{5-32}$$

式中:b 为偏置量,通常为常数;θ 为阈值;$f(x)$ 为激活函数,常用的激活函数包括阶跃函数、sigmoid 函数、分段线性函数等,对应的函数曲线如图 5-15 所示。

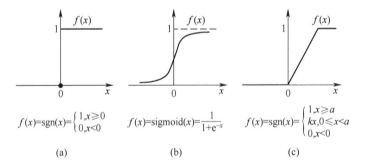

$f(x) = \text{sgn}(x) = \begin{cases} 1, x \geq 0 \\ 0, x < 0 \end{cases}$　　$f(x) = \text{sigmoid}(x) = \dfrac{1}{1 + e^{-x}}$　　$f(x) = \text{sgn}(x) = \begin{cases} 1, x \geq a \\ kx, 0 \leq x < a \\ 0, x < 0 \end{cases}$

(a)　　　　　　　　(b)　　　　　　　　(c)

图 5-15　典型的神经元激活函数

将许多的神经元按照一定的层次结构首尾相连,就得到了神经网络。由于单个神经元可以用函数表示输入与输出之间的关系,所以,从数学的角度来看,神经网络只是一个包含了若干函数、若干参数的数学模型。感知机(Perceptron)是一种最简单的神经网络,由两层神经元模型组成,输入层接受外界输入信号后传递给输出层,如图 5-16 所示。通过设置合适的权值 ω_i、阈值 θ 等参数,选择合适的激活

---

① 　KOHONEN T. An introduction to neural computing[J]. Neural Networks, 1988, 1(1):3-16.

函数,感知机能够很容易实现与、或、非运算。这些参数可以通过训练得到,训练的过程为学习,由于训练神经网络需要样本数据,所以神经网络学习属于监督学习。训练的输入是训练集 $\{(x_i, y_i)\}_{i=1}^{m} \subset \mathbb{R}^d \times \{-1, +1\}$,经过轮 T_0 轮训练后,输出参数 ω,训练过程如算法 5-2 所示。

算法 5-2:输出参数 ω,训练过程

(1) 初始化参数 $\omega = 0$;

(2) 对于 T_0 轮中的每一轮 t:

    —从训练集中抽取训练样本 (x_t, y_t);

    —计算 $\hat{y} = f(\omega \cdot x_t + b - \theta)$;

    —如果 $y_t \neq \hat{y}$,更新 $\omega = \omega + y_t x_t$,否则保持 ω 不变。

可以证明,如果训练样本是线性可分的,那么训练过程一定收敛,也就是说,如果训练样本不是线性可分的,那么感知机模型无法完成训练,即感知机无法处理非线性分类问题。

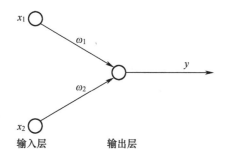

图 5-16　两个输入的感知机神经网络结构

要解决非线性分类问题,需要使用多层神经元,图 5-17 所示的是一种名为多层感知机(Multi-Layer Perceptron, MLP)的模型,如果将感知机视为一个生物神经元,那么多层感知机则相当于多个生物神经元相连,但是有别于生物神经网络中的连接模式,多层感知机中存在"层"结构,即多层感知机是逐层堆叠的,包括输入层、隐层和输出层。输入层神经元接收外界输入,隐层和输出层对外界输入进行处理,由输出层将处理后的结果输出。通常多层感知机中每层神经元与下层神经元完全互联,同层神经元之间不存在连接,也不存在跨层连接,所以也称为前馈神经网路(Feed Forward Network, FFN)。

图 5-18 解释了为什么多层感知机模型可以解决非线性分类问题。右侧坐标系内的三角形区域代表某个分类边界,三角形内部为一类,外部为另一类,显然这是一个非线性可分的分类问题。单个感知机模型不能对其进行分类,但是可以用

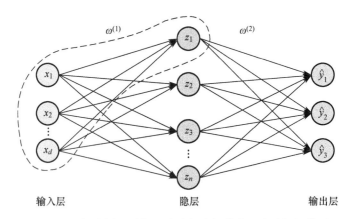

图 5-17　多层感知机模型,虚线包含部分为一个感知机模型

三个感知机分别表示三角形的三条边,由于三角形由三条件包围而成,只需再使用一个感知机对三条边进行与操作,便可表示问题空间中的三角形,从而对样本进行分类。

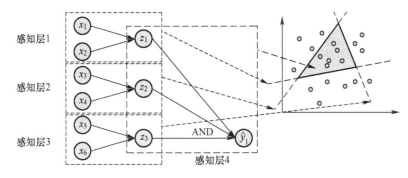

图 5-18　使用多层感知机解决非线性分类问题

　　多层感知机模型中的隐层可以是一层,也可以是多层。图 5-19 为包含两个隐层的多层感知机模型,其输入为 x ,输出为 y ,第 i 层与第 $i+1$ 层之间的参数为 $\omega^{(i)}$,图中各符号取值如下,其中: l 为层序数; nl 为层数; i 和 j 为向量分量序数; $g(\cdot)$ 为激活函数。多层感知机的输出过程如算法 5-3 所示。

算法 5-3:多层感知机的输出过程

$a_i^{(1)} = x_i$;

$z_i^{(l)} = \sum_{j=1}^{s_{l-1}} \omega_{ij}^{l-1} a_j^{l-1} + b_i^{l-1}$;

$a_i^{(l)} = g(z_i^{(l)})$;

$\hat{y}_i = a_i^{(nl)}$ 。

如果将多层感知机整体视为函数映射 $f(\cdot)$,则有 $\hat{\boldsymbol{y}}=f(\boldsymbol{x})$ 。对于规模 m 的样本数据集 $\{(\boldsymbol{x}^{(i)},\boldsymbol{y}^{(i)})\}$,可对每一样本定义损失函数 $L(f(\boldsymbol{x}^{(i)};\boldsymbol{\omega}),\boldsymbol{y}^{(i)})$,则总损失函数为

$$L(\boldsymbol{\omega}) = \frac{1}{m}\sum_{i=1}^{m}L(f(x^{(i)};\boldsymbol{\omega}),y^{(i)}) \tag{5-33}$$

多层感知机的训练过程就是寻找参数 $\boldsymbol{\omega}$,使 $L(\boldsymbol{\omega})$ 最小。

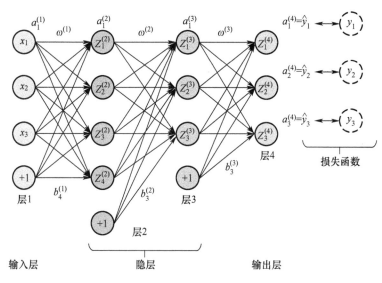

图 5-19　包含两个隐层的多层感知机

多层感知机模型的表示能力比感知机要强大,对应的训练过程也要复杂得多。通过上面的分析,多层感知机模型训练的目的就是寻找参数 $\boldsymbol{\omega}$,使得损失函数取值最小。多层感知机模型使用反向传播算法(Back Propogation,BP)算法进行训练。反向传播算法是一种基于梯度的训练方法,定义上述目标函数为 $O(D; \boldsymbol{\omega}^{(t)})$,BP 算法基本流程如算法 5-4 所示。

算法 5-4:BP 算法

对于 T 轮中的每一轮 t :
前向传播;
反向传播;
$\boldsymbol{\omega}^{(t+1)} = \boldsymbol{\omega}^{(t)} - \nabla_{\boldsymbol{\omega}}O(D;\boldsymbol{\omega}^{(t)})$ 。

可以看出,BP 算法是一个双向算法,前向传播沿输入层向输出层方向,以 $\boldsymbol{\omega}^{(t)}$ 为参数逐层计算给定输入 $\boldsymbol{x}^{(t)}$ 时模型各层的激活函数输出以及模型输出 $\boldsymbol{y}^{(t)}$,并计算损失函数 $L^{(t)}$;得到损失函数 $L^{(t)}$ 后,使用梯度下降法计算参数

135

$\boldsymbol{\omega}^{(t+1)}$;反向传播沿反方向,将计算所得的参数 $\boldsymbol{\omega}^{(t+1)}$ 更新至模型中。梯度下降法利用多层神经网络的层次结构,采用导数的链式法对网络参数进行顺序求导;同时传播过程中存在大量关于激活函数和导数的重复计算,所以 BP 算法还采用了动态规划思路将中间计算结果保存起来供后续计算过程使用,以空间换时间,从而提高训练速度。假设有一个 k 层神经网络,每一层只有一个神经元,这一网络结构所表示的映射函数可以表示为

$$f = f_{\omega_1}^1 \odot f_{\omega_2}^2 \odot \cdots \odot f_{\omega_k}^k \tag{5-34}$$

式中:$\odot$ 为函数嵌套,表示倒数第 i 层代表的输入和输出间的映射函数;ω_k 为该函数的参数,目标函数 E 为样本数据观察值与预测值的误差的函数,$L(\omega_1,\omega_2,\cdots,\omega_k)$ 对 ω_k 的倒数可以写成

$$\frac{\partial L}{\partial \omega_k} = \frac{\partial L}{\partial f^1} \frac{\partial f^1}{\partial f^2} \cdots \frac{\partial f^{k-1}}{\partial f^k} \frac{\partial f^k}{\partial \omega_k} \tag{5-35}$$

上述算式表明要求 L 对 ω_k 的导数,需要对第 k 层之后的所有层求映射函数对输入的梯度。BP 算法采用倒推的方式从最后一层开始计算导数,这一过程可以形象的表示为梯度由最后一层向前逐层传导。对于形如所示的每层包含多个神经元的多层感知机模型,可以推导出反向传播计算公式如下:

$$\delta_i^{(nl)} = \frac{\partial J(\boldsymbol{\omega},b;x,y)}{\partial z_i^{(nl)}} = \frac{\partial J(\boldsymbol{\omega},b;x,y)}{\partial \hat{y}} g'(z_i^{(nl)}) \tag{5-36}$$

$$\delta_i^{(l)} = \sum_{j=1}^{s_{l+1}} \delta_j^{(l+1)} \omega_{ji}^{(l)} g'(z_i^{(l)}) \tag{5-37}$$

$$\frac{\partial J(\boldsymbol{\omega},b;x,y)}{\partial \omega_{ij}^{(l)}} = a_j^{(l)} \delta_i^{(l+1)} \tag{5-38}$$

式中:$\delta_i^{(l)}$ 为定义的损失函数在 l 层对第 i 层的残差;nl 为网络的层数;l 为层序数;$g(\cdot)$ 为激活函数;s_{l+1} 为多层感知机中第 l 层神经元个数。

式(5-36)~式(5-38)中,输出层 $\delta_i^{(nl)}$ 可通过解析解算出,$a_j^{(l)}$ 在前向传播过程中计算,$\delta_i^{(l+1)}$ 在反向传播过程中计算,然后利用上述值进行参数 $\boldsymbol{\omega}$ 更新。同理可对截断 b 进行更新。

BP 算法一般都是从某些初始解出发,迭代寻找最优参数,迭代过程中,计算误差函数在当前点的梯度并根据梯度方向确定参数搜索方向。当误差函数在当前点的梯度为 0 时,说明已经达到极小值,参数的迭代更新将停止。由于多层感知机模型是对多个线性函数的累加,并且通过激活函数加入了非线性,所以损失函数一定是非线性非凸函数,因而存在多个极小值。此时,BP 算法找到的极小值有可能是某个局部极小值,而不是全局极小值,这一问题称为局部最优化问题,如图 5-20 所示。人们希望找到全局最大值,如图 5-20 中 A、B 两处,然而两处之中 A 更好,是因为 A 处不但是全局最小值,而且左右函数平缓,意味着此处对应模型的泛化性能更好。

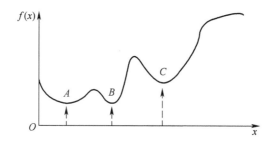

图 5-20　通过迭代可能找到局部极小值 C 点,但其并非全局极小值

为了解决局部最小值问题,学者们尝试了多种方法。最早人们采用多组初始参数开始迭代,取其中最小的值作为全局最小值。现在采用最广泛的则是随机梯度下降法(Stochastic Gradient Descent, SGD)。随机梯度下降的基本思想是随机使用某一个样本计算损失函数,然后进行反向传播,如下式所示:

$$\frac{\partial J(\omega,b)}{\partial \omega_{ij}^{(l)}} = \frac{\partial J(\omega,b;x^{(i)},y^{(i)})}{\partial \omega_{ij}^{(l)}} \tag{5-39}$$

这样通过不同的样本计算可获得不同的最小值,从中找出最小的,可视为全局最小值。但是单个样本计算训练速度过慢,于是人们尝试从样本数据中取出一小部分样本计算损失函数,如下式所示:

$$\frac{\partial J(\omega,b)}{\partial \omega_{ij}^{(l)}} = \frac{1}{n}\sum_{i=1}^{n}\frac{\partial J(\omega,b;x^{(i)},y^{(i)})}{\partial \omega_{ij}^{(l)}},n \ll m \tag{5-40}$$

例如,样本数据集规模为 100000,每次可以取 1000 个作为一组,则一共可以取 100 次,最多可得到 100 个最小值,然后从中找出全局最小值,这种做法称为小批量(Mini-Batch)方法。这种方法既能尝试寻找全局最小值,又能够充分利用 GPU 并行计算的优势,是当前采用的主要 SGD 方法。为了寻找更多的最小值,人们又在小批量方法的基础上加入了"洗牌"(shuffle)操作,即在使用小批量方法遍历所有样本数据后,将样本数据顺序打乱,然后重新使用小批量方法分批抽取部分样本进行计算。

除了随机梯度下降方法,还有学者在随机梯度下降方法中加入了冲量(momentum)。带冲量的参数更新公式如下:

$$\omega_{ij}^{(l)} = \omega_{ij}^{(l)} - \eta\Delta \tag{5-41}$$

$$\Delta = \beta\Delta + \frac{\partial J(\omega,b)}{\partial \omega_{ij}^{(l)}} \tag{5-42}$$

式(5-42)中等号右侧的 Δ 为本此迭代计算的冲量,代表上一轮迭代时的梯度;β 为冲量系数,取值一般为不大于 1 的实数,β 越大,过往梯度对当前梯度的影响越大,所以可以将冲量视为历史梯度的指数滑动平均值。图 5-21 中,A 处和 B 处的

梯度均为 0,但是 B 处的冲量要大于 A 处,意味着 A 处周围要比 B 处平坦,所以 B 处增加冲量后的梯度要大于 A 处,可以避免在 B 处陷入局部最小值。

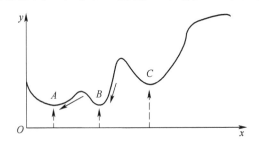

图 5-21　考虑冲量的情况下,B 处梯度大于 A 处梯度

随机梯度下降方法是多层感知机模型的核心技术之一,目前仍有很多学者围绕该方法展开理论和实践研究。

除了多层感知机模型,常见的前馈神经网络还包括径向基函数(Radial Basis Function, RBF)网络、自适应谐振理论(Adaptive Resonance Theory, ART)网络、自组织映射(Self-Organizing Map, SOM)网络、Boltzmann 机等。RBF 网络是一种单隐层前馈神经网络,使用径向基函数作为隐层神经元激活函数,输出层是对隐层神经元输出的线性组合,当隐层神经元足够多时,RBF 网络能够几乎完美逼近任意连续函数。ART 网络是一种无监督学习网络,由比较层、识别层、识别阈值和重置模块构成,输出神经元相互竞争,同一时刻只有一个竞争获胜单元被激活,属于竞争型学习;该网络较好的缓解了竞争型学习中可塑性与稳定性矛盾问题,在学习新知识的同时,也能保留对旧知识的记忆。SOM 网络也是一种竞争型无监督学习神经网络,能够将高维输入数据映射到低维空间的同时保留输入数据在高维空间中的拓扑结构。Boltzmann 机是一种基于能量模型(energy-based model)的神经网络,将网络状态定义为能量,网络优化目标是使得能量最小,Boltzmann 机的训练过程就是将每个训练样本视为一个状态向量,使其出现的概率尽可能大,降低网络能量状态值。

理论上来说,网络层次越多,参数也会越多,使得网络表示能力更强,也能够完成更加复杂的学习任务,所以自 20 世纪 90 年代以来,神经网络模型蓬勃发展,取得了许多进展。但是,复杂的神经网络是一种高度非线性模型,其目标函数在参数空间有众多的局部极值,局部极值问题始终困扰着神经网络训练,相关研究陷入低谷。直到 2006 年,Hinton 等提出了通过逐层学习的方法构建深度信念网络,并证明了这种深度神经网络具有相当强的表示能力,此时对神经网络的研究才再次兴起。人们提出了各种深度神经网络模型,研究了相关算法,将深度学习推向了大众视野。

之所以称为深度学习,是因为相比于传统的神经网络,深度学习所使用的深度神经网络(Deep Neural Network，DNN)通常具有10层甚至更多的网络层次。虽然理论上有足够数量神经元的单隐层网络几乎可以做所有事情，但是实际上会使得参数量大幅增加，极大增加了所需的训练数据量，同时也导致所得模型泛化能力下降。深度学习加深网络层次，使用函数嵌套，采用相对较少的参数对样本数据进行函数拟合，从而达到相似的表达能力。除了网络层次多，深度学习相比于传统神经网络的另一个显著特征是网络的层次性。层次性是自然界所固有的组织形式，也是人们思考和认知的基本模式。人们观察对象，首先要观察大体轮廓，区分对象类型，然后观察具体细节，确定个体差异，最终完成对象识别。在人类视觉系统中，光从进入眼睛开始，要经历6~8层信息处理，才能传递到大脑皮层。如今，各种实验不断验证，深层次的神经网络也能够学习到层次性特征。图5-22是一个用于人脸识别系统的卷积神经网络，显示了对特征的层次式学习过程。在第一层学习一些简单线条，表达图像中某些位置和方向上的轮廓特性；在第二层会根据前一层检测出的线条，学习眼睛、鼻子等一些局部特征；第三层可以学习到人物脸部的轮廓特征等。通过三层网络，可以从原始样本图片中提取和人脸特征相关的信息。不同层次的特征是神经网络通过学习得到的，并非人为设计的网络结构，有些模型中的层次信息可以解读，有些信息尚且不能进行清晰解释。

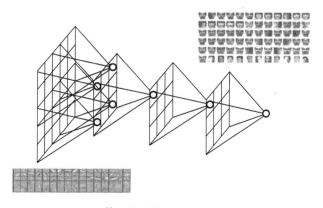

图5-22　使用深度神经网络进行人脸识别

　　虽然深度学习需要大量的样本数据，但是对于中间层次的特征学习，却体现出非监督学习的特性，正如人们对自然进行认知，即使没有父母或老师的指导，依然可以通过长期的观察获得对自然的基本认识。这实际是神经网络的记忆功能在发挥作用，特定结构的深度神经网络经过若干样本训练后，这些样本的某些特性成为模型局部极值，从而实现对样本的记忆。

　　随着研究的深入，深度学习所使用的模型也得到了长足发展，常用的神经网络结构包括卷积神经网络、循环神经网络等。这些不同结构的网络并不是互斥的，它们可以灵活的组合在一起，形成更加强大的网络模型。

5.4.2 卷积神经网络

在使用神经网络进行图像处理时,通常将图像表示为像素向量,如一张分辨率为 1000×1000 的图片,可以表示为一个 1000000 维的向量,如果使用 5.4.1 中描述的多层感知机模型,即使隐层与输入层神经元数目一样多,输入层到隐层的连接权重参数也有 $1000000×1000000=1×10^{12}$ 个,如此规模的参数数量,训练成本过高,而且容易导致过拟合,使模型泛化能力下降。另外,图像数据具有结构化特性,相近位置的像素具有较强的相关性,相距较远的像素相关性则会降低。针对这种局部结构化特性,可以对网络结构进行设计,从而减少神经网络的参数规模,加速神经网络训练过程。卷积神经网络(CNN)就是这样一种神经网络,它是一种包含卷积层且具有深度结构的神经网络,具有表示学习能力。虽然卷积神经网络也有浅层结构,但是由于其表达能力弱,已经很少使用,现在研究和使用的一般都是指具备深层结构的卷积神经网络。

卷积神经网络通常由输入层、卷积层、池化层和全连接层构成,其中卷积层可能多次成对出现,如图 5-23 所示。

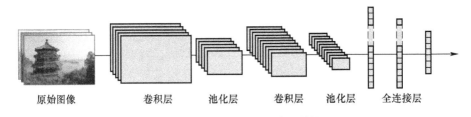

原始图像　　　卷积层　　池化层　　　卷积层　　池化层　　全连接层

图 5-23　卷积神经网络典型结构

卷积层是卷积神经网络的核心层,通过卷积操作对输入样本数据进行特征提取。在通常定义中,卷积是对两个实变函数的一种数学运算。

如前所述,在处理图像等高维数据时,实用全连接方式显然不太现实,而输入数据中,一般都存在局部相关特性,如图像数据中,相邻像素间相关性较强,语音信号中,相邻时间帧间的相关性也会较强。而人们对外界事物的认知,也是从局部到全局的,生物学家在研究视觉系统构造时发现视觉皮层就是局部接受信息的,先进行局部感知,然后再形成更为宏观的认识,最后形成整体认知。卷积层的功能之一就是通过局部感知进行特征提取,再通过分层处理,不断提取更高层次的特征提取,最终完成图像识别等任务。卷积层中,每个神经元只与输入数据的一个局部连接,连接的空间为感受野(Receptive Field),每一个局部空间通过卷积运算抽取出局部特征。如果图像数据的模式是不变的,那么只需要将图像和标准模式之间逐像素一一对比就行,但是现实中同一个或同一类对象的图像在形态上有旋转、位移、扭曲、拉伸等各种形态的变化,卷积神经网络的目的是即使它发生了形态变化

140

也能够准确的识别出目标对象。由于采用了局部感受野,卷积神经网络是将图像分割成小块进行对比的,在两幅图像中大致相同的位置找到粗超特征进行匹配,相比起传统的整幅图逐一比对的方式,卷积神经网络的这种小块匹配方式能够更好的比较两幅图像之间的相似性,如图 5-24 所示,数字"3"经过扭曲,依然具有相似的局部特征。当给出一张新的图片时,网络并不知道要将它和当前的标准图像中的那一部分进行比较,只能在标准图像中对每个可能的位置都尝试进行比较,看哪一部分相似度较高,这个匹配的过程就是卷积操作,可以看作是使用标准图像中的局部特征进行滤波。

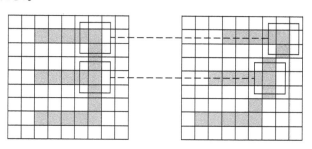

图 5-24   数字"3"发生形态变化依然具有相似的局部特征

卷积操作是由卷积核完成的,卷积神经网络中的卷积是一种二维卷积操作,假设图像空间为 $x \times y$,卷积核大小为 $p \times q$,核权重为 ω,图像两度值为 v,卷积计算公式为

$$\text{conv}_{x,y} = \sum_{i}^{p \times q} \omega_i v_i \qquad (5\text{-}43)$$

卷积计算过程如图 5-25 所示,对应的小方块中的数值反映了局部感受野的特征匹配程度。

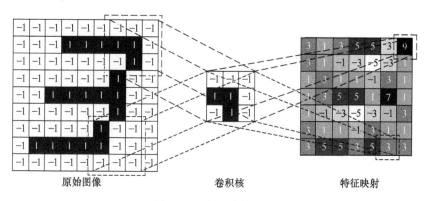

原始图像   卷积核   特征映射

图 5-25   卷积计算过程

一个卷积层可以包含多个卷积核,每个卷积核对应一种特征,对每一个卷积核

进行卷积操作,就可以得到一组特征映射,体现出原始图像不同局部包含各种特征的程度,如图 5-26 所示。

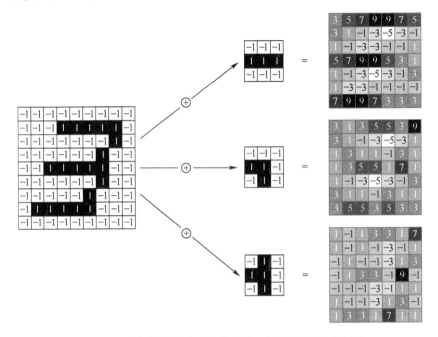

图 5-26　卷积层中包含多个卷积核,对不同特征进行过滤

卷积层输出的结果通常要使用激活函数进行处理从而增加非线性特征,在卷积神经网络中一般使用线性修正单元(Rectified Linear Unit, ReLU)函数作为激活函数。对于所有非负输入原样输出,其余输入全部输出 0,这种函数收敛速度快,梯度计算简单,十分适合进行卷积神经网络训练。ReLU 激活函数作用如图 5-27所示。

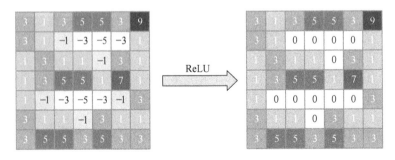

图 5-27　使用 ReLU 函数对卷积后的输出进行处理

通过卷积操作提取出图像的特征映射,可以在一定程度上降低数据维度,但是当图像增大时,卷积操作运算量会随之变大,在卷积核大小确定的情况下,可以通

142

过增加卷积核滑动的步长来减小卷积运算量。此外,还可以对卷积得到的特征映射进行池化(Pooling)操作来减小特征矩阵大小。对于图像数据来说,池化操作就是对输入的特征图像数据进行缩小操作,只保留重要的像素信息,减少不重要的像素信息。池化区域通常为2×2大小,将对应的区域按照特定方法进行计算,将结果作为池化区域的像素取值即可,常用的池化计算方法包括最大池化、平均池化等,如图5-28所示。池化操作保留了池化区域内特征匹配的最大值,但是放弃了特征匹配最大的像素的坐标信息。通过2×2大小池化操作,数据量最多缩小至池化前的25%,可以显著降低卷积操作计算量。通过多层的卷积和池化操作,可得到多个小规模的特征映射,如图5-27(b)所示。

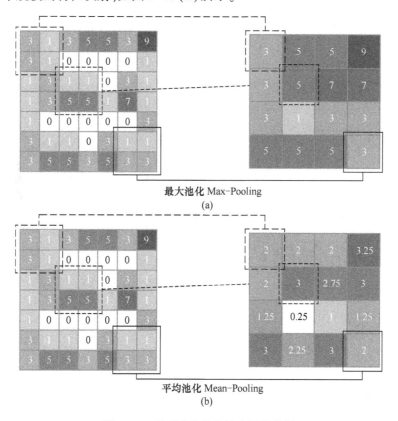

最大池化 Max-Pooling

(a)

平均池化 Mean-Pooling

(b)

图5-28　通过池化操作缩小图像数据

卷积、激活及池化操作都是为分类做准备的。在卷积神经网络中,最终的分类工作是由全连接层完成的。之所以要采用全连接结构,在于要将前面各层学习到的特征映射重新映射到样本标记空间,然后利用损失函数来调控学习过程,最后给出对象的分类预测,如图5-29所示。卷积神经网络在输出层一般使用softmax函数作为激活函数,计算得出分类概率作为分类依据。

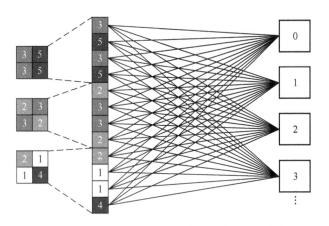

图 5-29　使用全连接层对池化后的结果进行分类

将上述所有部分串联起来,就构成了卷积神经网络,典型的图像分类神经网络如图 5-30 所示。通过卷积层、池化的反复处理,可以把识别对象的特征信息逐层从输入的原始数据中提取出来。最终,卷积神经网络最后的全连接层将其目标任务形式化表达为目标函数。

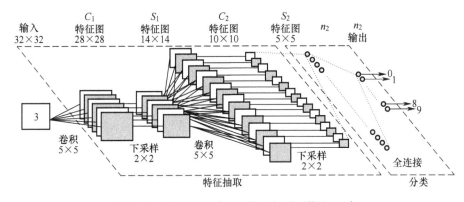

图 5-30　使用卷积神经网络进行手写数字识别

现代卷积网络的应用通常包含超过百万个单元的网络,需要借助强大的并行计算资源进行处理。与此同时,可以通过选择适当的卷积算法进行卷积加速。卷积等效于使用傅里叶变换将输入与核都转换到频域,执行两个信号的逐点相乘,再使用傅里叶逆变换转换回时域。对于某种规模程度的问题,这种算法可能比离散卷积的朴素实现更快。设计更快的执行卷积或近似卷积而不损害模型精确性的方法,是当前研究的热门领域。

5.4.3　循环神经网络

卷积神经网络在图像分析处理、推荐系统等方面得到了成功的应用,但是卷积神经网络要求输入数据相对独立,数据间不存在相关性或时序性,如图像分类输入的各张图像是各自独立的,前一个输入和后一个输入完全不相关。但是,在处理语音识别、自然语言处理等问题时,输入的数据存在序列关系。例如,我们在进行自然语言处理时,往往需要参考上下文才能进行预测,如同英文考试中的完型填空题型,如图 5-31 所示。对于这一类问题,最终目标是在给定过去的序列数据的条件下,确定各候选单词的概率分布。这时就需要一种能够处理不同长度序列数据、并且带有记忆功能的网络模型,即循环神经网络(Recurrent Neural Network, RNN)模型。循环神经网络本质上是在多层感知机模型中加入了归纳偏好或先验知识从而形成新的深度网络结构。通常循环神经网络的循环层数量在 200 层左右,至多不超过 500 层,过多的层会导致网络难以训练。

> *Deep learning is the study and practice of how we can learn feature representations from large amounts of (   ).*

$P(\text{word}_i=\text{"data"}|\text{word}_1, \text{word}_2, \cdots, \text{word}_{i-1})=0.3$

$P(\text{word}_i=\text{"information"}|\text{word}_1, \text{word}_2, \cdots, \text{word}_{i-1})=0.1$

$P(\text{word}_i=\text{"cats"}|\text{word}_1, \text{word}_2, \cdots, \text{word}_{i-1})=0.01$

图 5-31　根据上下文预测括号内的单词

在多层感知机模型和卷积神经网络中,层与层之间是全连接或者部分连接的,但是在同一层的节点之间是没有连接的。循环神经网络为了处理序列数据,将隐层神经元的输出也作为输入在下一个时间作用于自身,如图 5-32 所示。RNN 是一种对序列数据建模的神经网路,网络会对前面的信息进行记忆并应用与当前信息的处理过程中,隐层内的节点不再是无连接的,隐层的输入除了来自输入层,还包括隐层上一时刻的输出。RNN 可以看成在不同时间节点对同一神经网络多次赋值,按时间点展开,如图 5-33 所示,在不同的时间节点,RNN 的输入都包含之前时刻的状态信息,而在 t_n 时刻的输出是该时刻的输入和历史输入的共同作用结果。RNN 按时间展开,每个时间点对应的结构称为循环层(Recurrent Layer),是一个多层感知机模型。RNN 展开数量和待处理信息相关,如对于自然语言理解问题,如果语句中包含 5 个词语,网络展开数量即为 5,即对最后一个词语进行语义分析或预测第 5 个单词时,需要用到前 4 个词语的处理结果。也就是说,当循环神经网络预测未来时,网络要能够使用 $h^{(t)}$ 作为历史序列与任务相关的摘要,此摘要一般是有损的,因为它将任意长度的序列映射到固定长度的向量 $h^{(t)}$。

对于如图 5-32 所示的 RNN,给定时刻 t 的输入 $x^{(t)}$,对应的输出 $\hat{y}^{(t)}$,则有

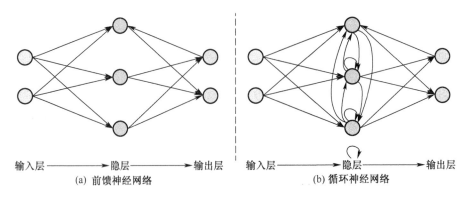

输入层 ——→ 隐层 ——→ 输出层
(a) 前馈神经网络

输入层 ——→ 隐层 ——→ 输出层
(b) 循环神经网络

图 5-32　循环神经网络接收自身输出作为输入

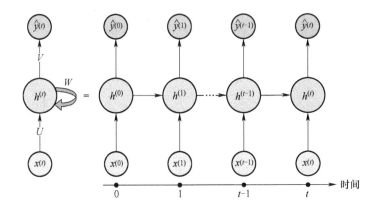

图 5-33　RNN 按时间展开

$$\hat{y}^{(t)} = g(\boldsymbol{V}h^{(t)}) \qquad\qquad (5\text{-}44)$$

$$h^{(t)} = f(\boldsymbol{U}x^{(t)} + \boldsymbol{W}h^{(t-1)}) \qquad\qquad (5\text{-}45)$$

式中：$f(x)$ 为隐层激活函数，一般使用 sigmoid、tanh 和 ReLU 函数；$g(x)$ 为输出激活函数，典型的包括 linear 和 softmax 函数。

如图 5-33 所示，与卷积神经网络一样，RNN 也具备局部相关性与参数共享特性。其中：局部相关性主要是指每个时刻的输出，只与当前时刻的输入以及前几个时刻的状态相关，即具备马尔可夫性；参数共享主要是指一个 RNN 中的每个时刻都使用相同的参数。局部相关性与参数共享有效地减少了网络参数数量，使得对 RNN 进行训练成为可能。

RNN 的训练使用的是一种基于时间的反向传播算法（Back Propagation Through Time，BPTT），其基本原理与 BP 算法类似，通过前向计算得到输出值后，反向计算每个神经元的误差值，然后计算每个权重的梯度，最后再用随机梯度下降算法更新权值。BPTT 将 RNN 视作展开的多层前馈网络，每一层对应于循环网络的每个时刻,这种网络中,所有层的参数都是共享的,因此参数的真实梯度是所有展开层的参数梯度之和,其误差反向传播如图 5-34 所示。给定一个训练样本 (x, y),其中 $x = (x_1, x_2, \cdots, x_n)$ 是长度为 n 的输入序列,$y = (y_1, y_2, \cdots, y_n)$ 为对应的标签序列,在每一时刻,均对输出进行误差测算,定义时刻 t 的损失函数为 $L^{(t)} = L(y^{(t)}, \hat{y}^{(t)})$,其中:$y^{(t)}$ 为 t 时刻的预期输出;$\hat{y}^{(t)}$ 为实际输出;L 为可微分的损失函数,则整个序列的损失函数为

$$L = \sum_{t=1}^{T} L^{(t)} \tag{5-46}$$

整个序列的损失函数关于隐层参数 W 的梯度为每个时刻的损失对参数的偏导数之和为

$$\frac{\partial L}{\partial W} = \sum_{t=1}^{T} \frac{\partial L^{(t)}}{\partial W} \tag{5-47}$$

在 BPTT 算法中,参数的梯度需要在一个完整的前向传播和方向计算后才能得到并进行更新。同理,BPTT 算法还需要对输入变量的参数 U 进行反向传播更新。

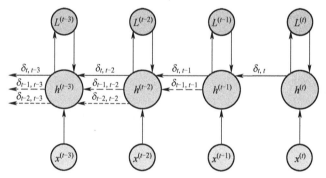

图 5-34 RNN 误差反向传播

传统的 RNN 模型和 BPTT 算法虽然结构简单,但是一直受梯度爆炸和梯度消失问题的困扰。对于 BPTT 算法,将其损失函数对隐层参数 W 求偏导的雅各比展开如下:

$$\begin{cases} \dfrac{\partial L^{(t)}}{\partial W} = \dfrac{\partial L^{(t)}}{\partial \hat{y}^{(t)}} \cdot \dfrac{\partial \hat{y}^{(t)}}{\partial h^{(t)}} \cdot \dfrac{\partial h^{(t)}}{\partial h^{(s)}} \cdot \dfrac{\partial h^{(s)}}{\partial W} \\ \dfrac{\partial h^{(t)}}{\partial h^{(s)}} \leqslant \dfrac{\partial h^{(t)}}{\partial h^{(t-1)}} \dfrac{\partial h^{(t-1)}}{\partial h^{(t-2)}} \cdots \dfrac{\partial h^{(s+1)}}{\partial h^{(s)}} \end{cases} \tag{5-48}$$

$$\leqslant \prod_{k=s+1}^{t} W^{\mathrm{T}} \mathrm{diag}[f'(Wh^{(k-1)})] \tag{5-49}$$

$$\leqslant (\sigma_{\max} \gamma)^{t-s}$$

式中：$\sigma_{max}\gamma$ 为 $h^{(t)}$ 对 $h^{(s)}$ 求偏导数的上届值，当 $\sigma_{max}\gamma > 1$ 时，梯度会爆炸；$\sigma_{max}\gamma <$ 1 时，梯度会消失①。相对而言，梯度爆炸问题是比较好解决的，一般可通过权重衰减或梯度截断来避免。权重衰减是指通过给参数设置约束条件以限制参数的取值范围。梯度截断则是一种启发式方法，当梯度的规模达到某个边界值时，就将它截断成一个较小的值。

梯度消失是 RNN 的主要问题，以 sigmoid 神经元为例，对于幅度为 1 的信号，每向后传递一层，梯度就衰减为原来的 1/4，层数多到一定数量，后面的层就基本接收不到有效信号。长短期记忆（Long short-term memory，LTSM）是一种特殊的 RNN，主要用于解决长序列训练过程中梯度消失的问题。短期记忆，就好比 CPU 上的缓存，CPU 上的计算单元从缓存中读取数据，体现了 RNN 的局部相关特性；长短期记忆是指延长短期记忆的作用时间，使得特定时刻的输出作用时间延长，而非将其变成长期记忆（如外部存储）。相对于普通 RNN 只传递一个状态 $h^{(t)}$，LTSM 多传递了一个 $c^{(t)}$，表示单元状态，这个状态用来记录神经单元在每个时刻的信号状态，如图 5-35 所示。$c^{(t)}$ 是遗忘门（forget gate）输出和输入门（input gate）输出的信号合成。遗忘门输出主要对上一个节点传进来的信号筛选，决定哪些信息要忘记掉，不传入下一个时刻；输入门主要是对上一阶段的输入进行有选择的记忆，筛选出需要记忆的信号。需要注意的是，$c^{(t)}$ 信号并不完全输出，一般也需要进行处理后的输出为 $h^{(t)}$，但是 $c^{(t)}$ 信号会完整的传递至下一时刻。通过门控状态来控制传输状态，记住需要长时间记忆的，忘记不重要的信息，而不像普通

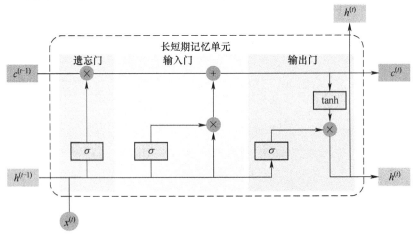

图 5-35 LSTM 神经元结构示意图

① BENGIO, et al. Learning long-term dependencies with gradient descent is difficult[J]. Neural Networks IEEE Transaction on 1994.

的 RNN 那样只能简单地使用一种记忆叠加方式,十分适用于那些需要长期记忆的任务,但也因为引入了很多内容,导致参数变多,也使得训练难度加大了很多。

上述循环神经网络的循环层是一个多层感知机模型,通过单层结构来表示变换,称为浅层变换。在变换中引入深度操作可行吗? 很多学者在这方面展开了研究,并且取得了积极的进展。可以通过多种方式使得循环神经网络变得更深,典型结构如图 5-36 所示,这种结构将隐藏循环状态分解为多个层次,其中较低的层起到了将原始输入转化为对更高层的隐藏状态更适合表示的作用。关于深度循环网络,可以参考 Graves①、Pascanu② 等的研究。

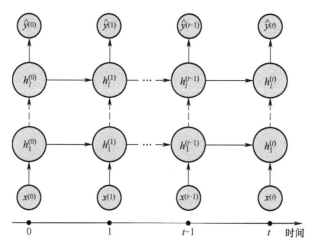

图 5-36 将隐藏循环状态分为多层的深度循环神经网络

上述循环神经网络中,在时刻 t 的状态只能从过去的序列 $x^{(1)}, \cdots, x^{(t-1)}$ 及当前输入 $x^{(t)}$ 中获取信息,体现出一种因果关系。这种因果关系反映了人们在理解或表达时所习惯的正向顺序,即"正序偏置"。然而,在许多应用中,对于输出 $y^{(t)}$ 的预测可能依赖于整个输入序列,如在语音识别中,由于连读发音,当前声音作为音素的正确解释可能取决于未来几个音素,甚至可能取决于未来的几个单词,因为词与附近的词之间存在语义依赖。为了解决这一类问题,很多学者展开了针对双向循环神经网络(Bidirectional,BRNN)的研究,并且在手写识别、语音识别等应用中非常成功。双向循环神经网络包含了正向和反向两个时间序列,一个从时间序列起点开始正向移动,一个从时间序列末位开始反向移动。图 5-37 展示了典型

① GRAVES A, MOHAMED A. HINTON, G. Speech recognition with deep recurrent nueral networks[C]. International Conference on Acoustics,Speech,and Signal Processing IEEE. 2013, 31(5), 855-868.

② PASCANU R,GULCEHRE C,CHO K. et al. How to construct deep recurrent neural networks[J]. Computer Science 2014.

的双向循环神经网络,其中 $h^{(t)}$ 表示通过时间向前移动的正向子网络的状态,$g^{(t)}$ 表示通过时间向后移动的反向子网络的状态。这种结构允许输出 $\hat{y}^{(t)}$ 的计算同时依赖于过去和未来且对时刻 t 的输入敏感,变相扩大了输出的关注视野。

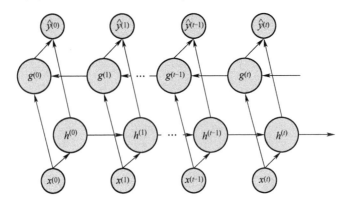

图 5-37　双向循环神经网络,输出同时受益于前向传播的状态 $h(t)$ 和向后传播的状态 $g(t)$

参 考 文 献

[1] 吴军, 徐昕, 王健, 等. 面向多机器人系统的增强学习研究进展综述[J]. 控制与决策, 2011, 26(11):1601-1610.

[2] 梅尔亚·莫里, 等. 机器学习基础[M]. 张文生, 等译. 北京:机械工业出版社, 2019.

[3] JULY. 支持向量机通俗导论[EB/OL]. https://blog.csdn.net/v_july_v/article/details/7624837.

[4] 廉师友. 人工智能导论[M]. 北京:清华大学出版社, 2020.

[5] 周志华. 机器学习[M]. 北京:清华大学出版社, 2016.

[6] 王东. 机器学习导论[M]. 北京:清华大学出版社, 2021.

[7] 伊恩·古德费洛, 等. 深度学习[M]. 赵申剑, 等译. 北京:人民邮电出版社, 2017.

[8] 西格尔斯·西奥多里蒂斯. 机器学习:贝叶斯和优化方法[M]. 王刚, 等译. 北京:机械工业出版社, 2022.

[9] 杉山将. 统计机器学习导论[M]. 谢宁, 译. 北京:机械工业出版社, 2020.

第6章 强化学习基础理论与方法

强化学习是机器学习的重要内容。人类的决策行为大都与强化学习相关,因此,强化学习是研究最优决策行为的理想工具。本章是后续各类强化学习的理论与方法基础。

6.1 强化学习导论

6.1.1 强化学习基本概念

人的成长过程实际上就是一个强化学习的过程。

人从出生开始就与环境不断的交互。当人的某种行为受到环境惩罚时,会停止或改变行为方式;当受到环境奖励时,会继续实施这种行为。经过长期的学习或经历,就会形成一个人的行为准则,这个行为准则就是经过长期的经验所形成的他(她)认为最佳的行为策略。

著名的俄罗斯心理学家巴普洛夫用狗做了这样一个试验:每次给狗送食物之前打开红灯和打铃。经过一段时间后,红灯亮或铃声响,狗就开始分泌唾液。实验表明,原本不能引起某种本能反应的中性刺激物(这里是红灯或铃声),由于总是伴随某个能引起该本能反射的刺激物出现,经过多次反复后,这个中性刺激物也能引起该本能反射。这就是人们常说的经典条件反射。这种反复的刺激就称为强化(Reinforcement)。因此,就把经过多次重复的学习过程称为强化学习(Reinforcement Learning, RL)。那么,机器能否通过与环境的交互进行学习?答案是肯定的。

一般地,智能体①(Agent)通过不断与环境进行交互,不断改进自身的行为,从而完成学习过程的机器学习,称为强化学习,也称增强学习。

以生物进化过程中,为了适应环境,通过与环境的交互中进行学习为例,总结强化学习过程的三个要点:①主动对环境试探;②环境对试探动作进行评价反馈;③根据环境给出的评价反馈调整行为。

---

① 后续章节我们将直接使用 Agent 代表机器中的 Agent。

对环境的试探称为动作或行为(Action);环境对动作的评价反馈称为奖励(Reward),奖励可以是负的,此时就是惩罚;如果环境给出正奖励,则智能体会强化这种动作,反之,则会弱化这种动作。

同样,Agent 强化学习过程与生物进化过程类似,如图 6-1 所示。

(1) Agent 感知当前的环境状态 S;

(2) Agent 根据环境状态 S 和环境奖励 r 确定采取的行动 a;

(3) Agent 执行行动 a,并对环境产生影响,环境状态从 S 迁移至 S',环境产生奖励信号 r。

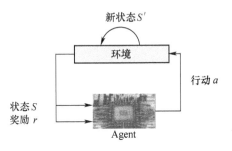

图 6-1　强化学习模型

图中:奖励信号 r 是环境状态或状态-动作对的一个映射,是对动作好坏的一种评价。通常 r 是一个标量,正值表示奖赏,负值表示惩罚,称为回报函数或奖赏函数。

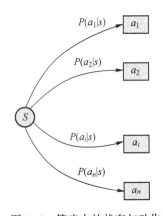

图 6-2　策略中的状态与动作

Agent 内部依靠策略(Policy)来选择动作。

Agent 在与环境交互中采取动作的方法称为策略 π:

$$\pi: S \times A \to [0,1], \sum_{a \in A} P(a|s) = 1$$

式中：S 为状态空间；A 为动作空间。

$\pi(s,a)$ 表示在状态 s 下采取动作 a 的概率。

图 6-2 为在状态 s 下，依据策略 $\pi(s,a)$ 以 $P(a_i|s)$ 选取动作 a_i 的示意图。

若 $\pi(s,a) = 1$，表示在状态 s 下采取动作 a 的概率为 100%，则可表示为 $\pi(s) = a$。$\pi(s,a)$ 称为不确定性策略，$\pi(s) = a$ 称为确定性策略。Agent 的目标就是学得一个最优策略，使得长期累积奖赏（Long-Term Cumulative Reward）最大化。

常用两种方式来表示和计算长期累积奖赏。

（1）T 步累积奖赏（T-Step）：$\mathbb{E}\left[\sum_{t=1}^{T} r_t/T\right]$，式中：$r_t$ 为 t 步奖励值；$\mathbb{E}$ 为 T 步平均奖励值的数学期望。

（2）γ 折扣累积奖赏（Discounted）：$\mathbb{E}\left[\sum_{t=0}^{+\infty} \gamma^t r_{t+1}\right]$，其中 $\gamma < 1$ 为折扣因子。折扣累积奖赏主要用于计算长期回报，降低未来回报对现在的影响程度，也就是对未来回报打个折扣，并且数列和是有界的。

若 F 为所有策略的集合，则 $\pi \in F$，使得问题有最优效果的策略称为最优策略 $\pi^* \in F$。

6.1.2 单步强化学习模型

强化学习任务的最终奖赏是在多步之后才能观察到，我们先考虑比较简单的情形，即仅考虑单步情形。单步强化学习任务对应了一个理论模型，即 K-摇臂赌博机模型[1]。K-摇臂赌博机有 K 个摇臂，如图 6-3 所示。赌客在投入硬币后，可在 K 个摇臂中选择一个摇臂，按下选中的摇臂后，摇臂以一定概率吐出硬币。赌客并不知道每个摇臂吐出硬币的概率。显然，赌客的目标是要通过一定的策略来获得更多的硬币，即最大化自己的收益或奖赏。

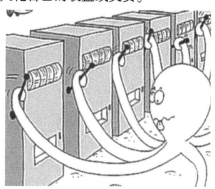

图 6-3　K-摇臂赌博机[①]

---

① 图 6-3 来源于网络。

我们形式化 K-摇臂赌博机模型。

(1) A 为已知动作的集合,显然有动作数为 K,第 i 个动作 $a \in A$ 为按下第 i 个摇臂,$i \leq K$;

(2) $R^a(r) = P(r|a)$ 是关于奖赏值的未知的概率分布;

(3) 对每一次 t,Agent 选择一个动作 $a_t \in A$;

(4) 环境产生一个奖赏值 $r_t \in R^{a_t}$;

(5) 目标就是最大化累积奖赏 $\sum_{i=1}^{t} r_t$。

1. 探索与利用

赌客的目标是要最大化自己的收益,但他并不知道按下每个摇臂所产生的奖赏是多少。如果每个摇臂产生的奖赏值是固定的,那么只要将 K 个摇臂顺序按下,即经过 K 次动作,每个摇臂所产生的奖赏就知道了。接下来,只需连续按下能产生最大奖赏值的摇臂(如果有多个则随机选择一个),即可获得最大收益。然而,每个摇臂产生的奖赏是不确定的,可能服从某一个概率分布,需要经过多次尝试才能知晓该摇臂产生的平均奖赏。

这样就产生一个问题,赌客是选择当前奖赏值最大的摇臂,还是选择去尝试更多的摇臂?选择当前奖赏值最大的摇臂,称为利用(Exploitation),这样能够尽可能利用当前已知的最优的动作。选择尝试更多的摇臂,称为探索(Exploration),这样能够发现奖赏值更好的摇臂,即更优的动作。

事实上,探索和利用是一对矛盾。赌客尝试的次数是有限的,探索次数多了,就会影响利用的次数;反之亦然。这就是强化学习面临的难题之一,即探索-利用困境(Exploration- Exploitation Dilemma)。

如果采用仅探索(Exploration-Only)策略,则每个摇臂被按下的几率相等,可以最大限度探明每个摇臂的奖赏值,但会失去选择当前最优摇臂的机会;如果采用仅利用(Exploitation-Only),可以充分利用当前已知的最优摇臂,但会失去更优摇臂的机会。

显然,另一种方式就是如何在探索和利用之间保持一种平衡,即以一定次数比例执行探索,以一定概率执行利用。

2. ε-贪心算法

在 K-摇臂赌博机模型中,选择仅探索或仅利用策略都难以使得最终的累积奖赏最大化。一个折中的策略就是以 ε 的概率选择探索,以 $1 - \varepsilon$ 的概率选择利用,这就是 ε-贪心算法[①](ε - Greedy),算法伪代码如算法6-1所示。

---

① 贪心算法是指在问题求解时,总是做出在当前来看是最好的选择。ε-贪心算法指以一定概率选择最优。

算法中 $Q(k)$ 记录的是摇臂 k 的平均奖赏值,这里采用的是增量式计算方式。

按照 $Q(k)$ 平均奖赏值的一般计算方法,设摇臂当前尝试了 n 次,得到的奖赏值依次为 $r_1, r_2, \cdots, r_n$,则

$$Q(k) = \frac{1}{n} \sum_{i}^{n} r_i \tag{6-1}$$

如果直接按照式(6-1)来计算的话,需要 n 个临时变量来记录 r_i。增量式计算方式如下:

使用 $Q(k)$ 增量式记录 r_i,令 $Q_i(k)$ 为第 i 次尝试后的平均奖赏值,则有 $Q_0(k) = 0$ 为初始值,$n-1$ 次尝试后,摇臂 k 的平均奖赏值为 $Q_{n-1}(k)$,经过 n 次尝试以后的平均奖赏值:

$$Q_n(k) = \frac{(n-1)Q_{n-1}(k) + r_n}{n} \tag{6-2}$$

显然,只需要知道 $n-1$ 次摇臂 k 的平均奖赏值和第 n 次奖赏值 r_n,即可计算出 n 次摇臂 k 的平均奖赏值。ε-贪心算法如算法 6-1 所示。

算法 6-1:ε-贪心算法

Input:K, R, T, ε //摇臂数,奖赏函数,尝试次数,探索概率;

步骤 1:AR = 0;

步骤 2:**for** i = 1, 2, $\cdots$, K **do** {$Q(i) = 0$, count$(i) = 0$;}

步骤 3:**for** t = 1, 2, $\cdots$, T **do** {

步骤 4:**if** rand( ) < ε **then**   k 从 1, 2, $\cdots$, K 中以均匀分布随机选取

步骤 5:**else** $k = \arg \max_{i} Q(i)$;

步骤 6:$r = R(k)$;

步骤 7:AR = AR + r;

步骤 8:$Q(k) = \dfrac{Q(k) \times \text{count}(k) + r}{\text{count}(k) + 1}$;

步骤 9:count(k) = count(k) + 1;

}

Output:累积奖赏 AR

对于 ε 值的设置通常考虑两个因素:一是和摇臂奖赏值的分布相关,当分布较宽,即摇臂奖赏值不确定性较大时,需要更多的探索,则 ε 取值可以大一些;二是当尝试一段时间后,各摇臂奖赏值近似探索出来后,可以逐步减少探索的几率,即逐步减少 ε 的取值,如可以设置 $\varepsilon = 1/\sqrt{t}$。

3. Softmax 算法

ε-贪心算法是依据 ε 概率选择是探索还是利用,Softmax 算法则是依据当前

已知的各摇臂的奖赏值来平衡探索和利用。基本思想是:利用 Softmax 函数的特点,将各摇臂奖赏值归一化为概率值,且能加大其中最大奖赏值对应的概率值;如果各摇臂的奖赏值相当,各摇臂对应的概率值也相当;若某些摇臂的奖赏值显著高于其他摇臂,则这些摇臂对应的概率值就相对较高。

Softmax 算法中摇臂选择概率基于 Boltzmann 分布:

$$P(k) = \frac{e^{Q(k)/\tau}}{\sum_{i=1}^{K} e^{Q(i)/\tau}} \tag{6-3}$$

式中:$Q(k)$ 为摇臂 k 当前的平均奖赏值;$\tau > 0$ 为调节参数,也称为"温度"。

对 $Q(k)$ 在所有摇臂奖赏值的对比中起着调节作用,τ 越小,则放大 $Q(k)$ 在式(6-3)中的比值,$Q(k)$ 越大,使得相应的 $P(k)$ 越大,平均奖赏值大的摇臂就越容易被选中,当 τ 足够小的时候,产生最大奖赏值摇臂的 $P(k)$ 接近于 1,此时 softmax 算法相当于仅利用;τ 越大,则将缩小各摇臂奖赏值产生 $P(k)$ 的差距,尤其是当 $\tau \to \infty$ 时,$e^{Q(i)/\tau} \to 1$,$P(k) \to 1/k$。显然,此时 Softmax 算法相当于仅探索。

Softmax 算法与 ε-贪心算法不同的地方就是摇臂 k 的选择上,其余部分基本相似。下面仅给出选择摇臂 k 的关键步骤,如图 6-4 所示。

(1)基于 Boltzmann 分布产生概率 $P(k)$;

(2)计算累积分布 $C(k)$。

(3)产生均匀随机数 p'。

(4)根据 p' 落在 $C(k)$ 的区间选中摇臂。

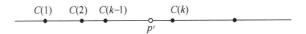

图 6-4　根据 $P(k)$ 随机选择摇臂

6.1.3　马尔可夫决策过程

上面通过单步强化学习模型讨论了状态、动作、策略、长期累积奖赏、探索与利用等强化学习最基本的概念。回到强化学习一般情形,即多步强化学习。多步强化学习实际上是一个序贯决策(Sequential Decision Making,SDM)类问题。

图 6-5 所示的 Agent 与环境的不断交互的过程,就是一个序贯决策过程,即 Agent 在某一环境状态 s_t 下执行动作 a_t,得到环境奖赏 r_{t+1},作用于环境后使得环境状态迁移到 s_{t+1} 状态,在新的环境状态下,Agent 执行动作 a_{t+1},…,这个过程不断继续下去,直到终止状态。

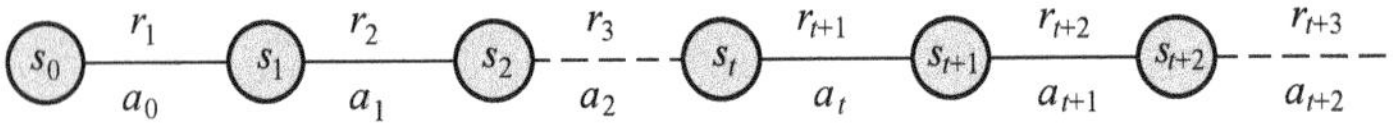

图 6-5　序贯决策过程

156

马尔可夫决策过程(Markov Decision Process,MDP)则是对多步强化学习序贯决策过程建模的模型。

MDP 是一个四元组 $< S,A,P,R >$,其中:S 为包含所有状态的有限集合;A 为包含所有动作的有限集合;P 为状态转换函数,$S \times A \times S \to [0,1]$;$R$ 为奖赏函数,$S \times A \times S \to R$ 。

马尔可夫决策过程是对马尔可夫链的扩展,其重要的一个特性就是历史状态与动作的无后效性,即 Agent 对环境的影响只和当前环境状态和当前所采取的动作有关,而和环境的历史状态和 Agent 的历史动作无关,有

$$
\begin{aligned}
P(s = s_t, a = a_t, s^{'} = s_{t+1}) &= P(s_{t+1} | s_t a_t s_{t-1} a_{t-1} \cdots s_0 a_0) \\
&= P(s_{t+1} | s_t a_t)
\end{aligned}
\tag{6-4}
$$

若 MDP 四元组 $< S,A,P,R >$ 均为已知,表明机器已对环境进行了建模,在已知模型的环境下学习为有模型学习或基于模型学习(Model-Based Learning)。否则,在未知模型的环境下学习为无模型学习或免模型学习(Model-Free Learning)。

6.2　有模型强化学习

有模型强化学习的假设是环境已知,也就是环境的状态空间、状态之间转换概率、环境给予 Agent 的奖赏函数,以及 Agent 的动作空间均为已知。我们的目标是要求得长期累积奖赏最大的策略,即长期规划下的最优策略。不难想到,如果我们能够恰当表示每个状态或每个状态-动作下的收益,利用动态规划的方法即可迭代求出最优策略。

6.2.1　值函数

值函数(Value Function)是强化学习中非常重要的基本概念,指某个状态下的长期累积奖赏。值函数的大小代表了某个状态对于策略的重要性程度。值函数是进行策略优化的基本依据。值函数又分为状态值函数(State Value Function)和状态-动作值函数(State-Action Value Function)。

(1)状态值函数:$V^{\pi}(s)$ 表示从状态 s 出发,使用策略 π 所得到的累积奖赏,也称 V 值。我们从累积奖赏的定义出发,可得到状态值函数的表示。

假设从状态 s 出发,执行 T 步动作,则

$$
V_T{}^{\pi}(s) = \mathbb{E}^{\pi} \left[\frac{1}{T} \sum_{t=1}^{T} r_t \mid s_0 = s \right]
\tag{6-5}
$$

假设从状态 s 出发,长时间执行,采用 γ 折扣累积奖赏,则

$$
V_{\gamma}{}^{\pi}(s) = \mathbb{E}^{\pi} \left[\sum_{t=0}^{+\infty} \gamma^t r_{t+1} \mid s_0 = s \right]
\tag{6-6}
$$

（2）状态-动作值函数：$Q^{\pi}(s,a)$ 表示从状态 s 出发，执行动作 a 后再使用策略 π 所得到的累积奖赏，也称 Q 值。

T 步累积奖赏：

$$Q_T^{\pi}(s,a) = \mathbb{E}^{\pi}\left[\frac{1}{T}\sum_{t=1}^{T}r_t \mid s_0 = s, a_0 = a\right] \qquad (6\text{-}7)$$

γ 折扣累积奖赏：

$$Q_{\gamma}^{\pi}(s,a) = \mathbb{E}^{\pi}\left[\sum_{t=0}^{+\infty}\gamma^t r_{t+1} \mid s_0 = s, a_0 = a\right] \qquad (6\text{-}8)$$

6.2.2 Bellman 方程

我们以式(6-6)中 $V_{\gamma}^{\pi}(s)$ 的 γ 折扣累积奖赏为例，对此式进行展开：

$$
\begin{aligned}
V_{\gamma}^{\pi}(s) &= \mathbb{E}^{\pi}\left[\sum_{t=0}^{+\infty}\gamma^t r_{t+1} \mid s_0 = s\right] \\
&= \mathbb{E}^{\pi}\left[r_1 + \gamma r_2 + \gamma^2 r_3 + \gamma^3 r_4 + \cdots \mid s_0 = s\right] \\
&= \mathbb{E}^{\pi}\left[r_1 + \gamma(r_2 + \gamma r_3 + \gamma^2 r_4 + \cdots) \mid s_0 = s\right] \\
&= \mathbb{E}^{\pi}\left[r_1 + \gamma V_{\gamma}^{\pi}(s') \mid s_0 = s, s_1 = s'\right] \qquad (6\text{-}9)
\end{aligned}
$$

式(6-9)表明状态 s 的值函数和其下一状态的值函数之间的关系，也即现状态的值函数只需要由下一状态的值函数递归计算求得。但是，下一状态是不确定的，因此值函数是以数学期望的形式存在的。那么，我们可以展开式(6-9)的数学期望。Bellman 公式的物理意义如图 6-6 所示。

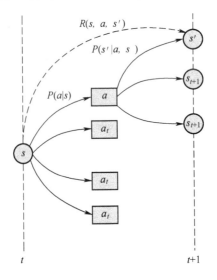

图 6-6　Bellman 公式的物理意义

158

假设状态空间是有限且离散的,根据数学期望的定义,有

$$E(x) = \sum_{i=1}^{n} p_i \times x_i \qquad (6\text{-}10)$$

我们将式(6-10)按数学期望展开:

$$V_{\gamma}^{\pi}(s) = \mathbb{E}^{\pi}\left[r_1 + \gamma V_{\gamma}^{\pi}(s') \mid s_0 = s, s_1 = s'\right]$$
$$= \sum_{a \in A} \pi(s,a) \sum_{s' \in S} P(s,a,s')(R(s,a,s') + \gamma V_{\gamma}^{\pi}(s'))$$

$$(6\text{-}11)$$

式(6-11)就是著名的 Bellman 公式,其中有两次全概率展开。第一次全概率展开是在 s 状态下,选择动作 a 的不确定性,其概率由 $\pi(s,a)$ 决定;第二次全概率展开是因为执行动作 a 后,s 迁移至哪个状态 s' 不确定,其概率由 MDP 中的 P 决定,即式(6-11)中的 $P(s,a,s')$。$R(s,a,s')$ 指 MDP 中奖赏函数,即在 s 状态下,执行动作 a,到达状态 s',得到的环境奖赏。

Bellman 公式常用带时间下标公式表示,由于通常情况下都采用 γ 折扣累积奖赏,不做特别说明 V^{π} 均指 γ 折扣累积奖赏:

$$V^{\pi}(s_t) = \sum_{a_t \in A} \pi(s_t, a_t) \sum_{s_{t+1} \in S} P(s_t, a_t, s_{t+1})(R(s_t, a_t, s_{t+1}) + \gamma V^{\pi}(s_{t+1}))$$

$$(6\text{-}12)$$

任意时刻 t 的状态值函数可以由 t 时刻执行 a_t 动作得到的奖赏值 $R(s_t, a_t, s_{t+1})$ 与下一时刻 $t+1$ 的状态值函数的折扣相加得到。特别要注意,s_{t+1} 的 V 值是上一轮迭代得到的值函数。这种利用其他状态的值来估算当前状态值的方法称为自举(Bootstrapping)。

假设所有状态的初始值函数为 V_0^{π},那么经过一次对所有状态运用 Bellman 公式计算其值函数,就可得到每个状态值函数 V_1^{π};经过 T 次迭代即可得到每个状态值函数 V_T^{π},状态值函数趋于精确。通常可设定一个 θ 值,当所有状态值函数都小于该值时,可以认为已精确求出所有状态值函数。这实际上就是一个动态规划(Dynamic Programming,DP)过程。

上述过程利用 Bellman 公式迭代求出了某个策略的状态值函数,而状态值函数代表了一个状态的价值,因此可以用来评估一个策略的好坏。所以上述过程称为策略评估,如算法 6-2 所示。

算法 6-2:策略评估算法

Input:$\pi,S,A,P,R,\gamma,\theta$ //待评估策略,MDP 四元组,折扣,阈值;

Output:V

步骤 1:**while** $s \in S$ **do** $V(s) = 0$;

步骤 2:**while** $s \in S$ **do**

步骤 3：$V'(s) = \sum_{a \in A} \pi(s,a) \sum_{s' \in S} P(s,a,s')(R(s,a,s') + \gamma V(s'))$；

步骤 4：if $\max_{s \in S} |V(s) - V'(s)| < \theta$，$V = V'$。

有时，更多用到状态-动作值函数。同样的方法对 γ 折扣累积奖赏进行全概率展开：

$$Q_\gamma^\pi(s,a) = \mathbb{E}^\pi\Big[\sum_{t=0}^{+\infty} \gamma^t r_{t+1} | s_0 = s, a_0 = a\Big]$$

$$= \sum_{s' \in S} P(s,a,s')(R(s,a,s') + \gamma V_\gamma^\pi(s'))$$

$$(6-13)$$

显然，因为在 s 状态下执行了初始动作 a，所以第一次全概率展开就不需要进行了。我们可以得出状态值函数和状态动作值函数之间的关系：

$$V^\pi(s) = \sum_{a \in A} \pi(s,a) Q^\pi(s,a) \qquad (6-14)$$

结合图 6-6，可以看出 V 值和 Q 值之间关系的物理意义：状态 s 节点标识的是 V 值，从状态 s 出发，有 $|A|$ 条路径，每条路径为在状态 s 下执行 $a \in A$ 的概率，路径的标识为 $Q(s,a)$，即某个状态值函数是该状态-动作值函数的数学期望。

这两节内容是强化学习的核心基础理论，对于强化学习的理解和把握至关重要，强调以下三点。

（1）相对于即时回报函数 R，值函数是从长远视角评价一个动作的优劣，因此是策略选择动作的依据。

（2）Bellman 公式用来评估策略的好坏。

（3）有模型强化学习本质上是动态规划过程。

6.2.3　策略迭代

我们的目标是在 MDP 环境中能够获得最优策略 π^*，也就是使长期累积奖赏最大化：

$$\pi^* = \arg\max_\pi \sum_{s \in S} V^\pi(s) \qquad (6-15)$$

最优策略对应的值函数称为最优值函数 V^* 或 Q^*，即

$$V^*(s) = V^{\pi^*}(s) \qquad (6-16)$$

$$Q^*(s,a) = Q^{\pi^*}(s,a) \qquad (6-17)$$

当用 Bellman 公式评估一个策略，并发现此策略并非最优策略时，就需要对此策略进行改进。如果能找到一种方法，使得值函数单调上升，那么经过一段时间迭代，值函数就会逼近最优值函数。

形式化上述思想:设策略 π 为待优化策略,π_0 为初始策略,π_t 为经过 t 轮迭代后的策略,π_{t+1} 为 π_t 经过一轮迭代得到的策略,如果能找到一种方法,使得 $V^{\pi_{t+1}}(s) > V^{\pi_t}(s)$,那么经过一段时间迭代,值函数将逼近最优值函数,对应的策略即为最优策略。

从 Bellman 公式可以看出,在第一次 $|A|$ 个全概率展开项中选取最大项,即用状态 s 下最大的 Q 值所对应的动作更新策略,可以提升 s 状态的 V 值。结合图 6-6 可以直观看出,就是从状态 s 出发选取一条最大 Q 值的路径来选择相应的动作。

下面我们来证明这个直观的设想可以单调提升 V 值。

设原策略为 π_t,采用上述方法更新策略后形成的新策略为 π_{t+1},则

由于

$$V^{\pi}(s) = \sum_{a \in A} \pi(s,a) Q^{\pi}(s,a) \tag{6-18}$$

则

$$\max_{a \in A} Q^{\pi_t}(s,a) \geqslant V^{\pi_t}(s) \tag{6-19}$$

更新状态 s 的当前最优动作为

$$\pi_{t+1}(s) = a \tag{6-20}$$

则

$$\max_{a \in A} Q^{\pi_t}(s,a) = Q^{\pi_t}(s, \pi_{t+1}(s)) \tag{6-21}$$

将式(6-19)代入式(6-21),可得

$$Q^{\pi_t}(s, \pi_{t+1}(s)) \geqslant V^{\pi_t}(s) \tag{6-22}$$

而

$$V^{\pi_{t+1}}(s) = Q^{\pi_t}(s, \pi_{t+1}(s)) \tag{6-23}$$

因此有

$$V^{\pi_{t+1}}(s) \geqslant V^{\pi_t}(s) \tag{6-24}$$

由此可以证明,采用上述方法可以保证新策略值函数是单调上升的。当前策略 π_t 相应地更新为

$$\pi_{t+1}(s) = \text{argmax}_{a \in A} Q^{\pi_t}(s,a) \tag{6-25}$$

依据上述方法,我们可以按照如下流程优化策略。

(1) 使用 Bellman 公式评估初始策略,计算所有状态 V 值和所有状态-动作 Q 值。

(2) 对每个状态 s,依据式(6-25),用当前最优 Q 值对应的动作更新优化策略。

(3) 回到(1),对新的策略进行评估。

(4) 直到策略不再变化,此时得到的策略就是最优策略 π^*。

161

$$\pi_0 \xrightarrow{E} V^{\pi_0}, Q^{\pi_0} \xrightarrow{I} \pi_1 \xrightarrow{E} \cdots \xrightarrow{I} \pi_t \xrightarrow{E} V^{\pi_t},$$

$$Q^{\pi_t} \xrightarrow{I} \pi_{t+1} \xrightarrow{E} \cdots \pi^* \xrightarrow{E} V^{\pi^*}, \theta^{\pi^*} \xrightarrow{I} \pi^*$$

这种对策略进行不断的评估、优化的迭代过程称为策略迭代（Policy Iteration），如算法 6-3 所示。

算法 6-3：策略迭代算法

Input：$S, A, P, R, \gamma, \theta$ // 待 MDP 四元组，折扣，阈值;

步骤 1：**for** $\forall s \in s$ **do** {

步骤 2：$V(s) = 0$;

步骤 3：　**for** $\forall a \in A(s)$ **do** {

步骤 4：$Q(s,a) = 0$;

步骤 5：$\pi(s,a) = \dfrac{1}{A(s)}$ }

步骤 6：**Loop** {

步骤 7：　**Loop** {

步骤 8：　　**for** $\forall s \in S$ **do** {

步骤 9：　　　$Q(s,a) = \sum_{s' \in S} P(s,a,s')(R(s,a,s') + \gamma V(s'))$;

步骤 10：　　　$V'(s) = \sum_{a \in A} \pi(s,a) Q(s,a)$; }

步骤 11：　　**if** $\max_{s \in S} |V(s) - V'(s)| < \theta$ **then**

步骤 12：　　　**break**

步骤 13：　　**else**

步骤 14：　　　$V = V'$ }

步骤 15：　**for** $\forall s \in S$ **do**

步骤 16：　　$\pi'(s) = \arg\max_{a \in A} Q(s,a)$;

步骤 17：　**if** $\forall s: \pi'(s) = \pi(s)$ **then**

步骤 18：　　**break**

步骤 19：　**else**

步骤 20：　　$\pi(s) = \pi'(s)$ }

Output：$\pi^*(s) = \pi(s)$

在策略迭代算法 6-3 中，其中，第 1 行 $A(s)$ 表示在 s 状态下可采取的动作集合，$|A(s)|$ 表示 $A(s)$ 的大小。

6.2.4　值迭代

在策略迭代中，进行策略评估后，会立刻对策略进行优化改进。现策略评估一次，若不是最优策略，则需要更新一次策略；N 次策略评估就有 N 次策略更新，直到满足策略最优的条件。策略迭代中这种频繁的策略评估与更新是很耗时的,影响策略优化的效率。

从式(6-15)的定义中知道,最优策略 π^* 就是所有状态值函数之和最大的策略,最优策略 π^* 对应的值函数就是最优值函数 V^*。反过来说,只要能找到最优值函数 V^*,就能得到最优策略 π^*。

现在的问题是:不进行策略迭代就无须进行策略评估,如何不经过策略评估来得到最优值函数 V^*?从证明中可以知道,值函数的优化与策略的改进是一致的,值函数优化的核心为:

$$V(s) \leftarrow \max_{a \in A} Q(s,a) \qquad (6-26)$$

即

$$V(s) \leftarrow \max_{a \in A} \sum_{s' \in S} P(s,a,s')(R(s,a,s') + \gamma V(s')) \qquad (6-27)$$

通过不断提升 V 值,直到形成 V^*,对应的策略 π 就是最优策略 π^*。这种通过值函数的迭代优化,形成最优值函数,再通过最优值函数得到最优策略的过程,称为值迭代(Value Iteration),其迭代过程如下:

(1) 使用式(6-27)对所有状态值函数进行迭代优化,直到形成最优值函数;

(2) 利用最优值函数,输出最优策略。值迭代算法如算法 6-4 所示。

算法 6-4:值迭代算法

Input:S,A,P,R,γ,θ//待 MDP 四元组,折扣,阈值;

步骤 1: **for** $\forall s \in s$ **do** $V(s) = 0$;

步骤 2: **Loop**{

步骤 3:   **for** $\forall s \in S$ **do**

步骤 4: $V'(s) = \max_{a \in A} \sum_{s' \in S} P(s,a,s')(R(s,a,s') + \gamma V(s'))$

步骤 5:   **if** $\max_{s \in S} |V(s) - V'(s)| < \theta$ **then**

步骤 6:   **break**

步骤 7:   **else**

步骤 8: $V = V'$ }

步骤 9: **for** $\forall s \in S$ **do** $\pi^*(s) = \arg\max_{a \in A} Q(s,a)$

Output:$\pi^*(s)$

6.3 无模型强化学习

在环境已知的情况下,状态之间的转移概率已知,这是能够用 Bellman 公式迭代计算值函数,完成对最优策略进行求解的必要条件。

其实,有模型强化学习过程并不是通过对环境不断的尝试,来改进自身行为的一个过程。从前面对强化学习的定义来看,并不算强化学习,事实上属于动态规划的一个过程。

在无模型强化学习条件下,环境未知,无法直接使用 Bellman 公式进行策略最优化。此时,只有对环境不断的试探,不断的根据环境给出的反馈,来调整自身的行为,最终获得最优策略。可见,无模型强化学习才算得上真正的强化学习。

6.3.1 蒙特卡罗法

一般将随机实验类的方法总称为蒙特卡罗方法(Monte Carlo Methods,MC)。此类方法一般具备两个特征,一是随机试验,二是不断重复。

强化学习的目标是求得长期累积奖赏的最大化。首先通过不断对环境的随机试探,"采样"出状态、动作、奖赏、下一状态的序列;然后对采样数据进行处理,近似求得最大长期累积奖赏,并得到最优策略,这种方法称为蒙特卡罗强化学习。

蒙特卡罗法主要思想为:回归强化学习的本质特点,即不断试错,通过与环境交互进行多次"采样",来观察转移的状态和得到的奖赏,然后求取平均累积奖赏来作为期望累积奖赏的近似。具体方法如下(为方便叙述,假设策略为确定性策略):

(1)以某种策略对环境进行"采样",从初始状态开始一直到终止状态,得到的如下轨迹称为一幕(Episode):

$$\langle s_0,a_0,r_1,s_1,a_1,r_2,\cdots,s_{T-1},r_T,s_T \rangle$$

(2)对每一幕中出现的每一对状态-动作,记录其后的奖赏之和;

(3)计算每一对状态-动作的 Q 值;

(4)更新策略;

(5)如果"采样"未结束则回到(2)。

上述方法有几点需要进一步说明。

第一,上面的方法(1)中"采样"是从初始状态一直到终止状态,形成完整的操作轨迹。也就是说蒙特卡罗法不断重复"采样"出 N 条完整的操作轨迹,或者说 N 幕。对于有模型学习,在策略评估时,是对每一个状态进行评估的。在无模型强化学习中,状态以及状态之间的迁移是在不断的"采样"过程中"试"出来的。因此,无模型强化学习不具备有模型学习的"先天"优势,"采样"就成为获得环境模型的第一步,"采样"总是从初始态势开始尝试,不会从中间某一状态开始。

第二,上面的方法(2)中计算的是状态-动作对所对应的累积奖赏,即 Q 值。这里不去计算 V 值是有道理的。在上节的策略迭代或值迭代中,都是先迭代计算出 V^*,但最终都需要利用 Q^*,来求得最优策略。而在无模型强化学习中,由于不知道状态转移概率 $P(s,a,s')$，无法通过式(6-13)来通过 V 值计算 Q 值,所以,在"采样"轨迹中直接计算 Q 值。

第三,上面的方法(2)中在记录状态-动作对 (s_t,a_t) 的时候是统计该状态-动作对出现之后,一直到终止状态的奖赏值,并计算其平均值作为 $Q(s_t,a_t)$ 的估计。

第四,上面的方法(4)中策略更新问题。很显然,上面的方法(3)相当于策略评估,只不过将评估 V 值换成了评估 Q 值。在前述策略迭代算法中,在策略评估完成后,会用当前状态的最优 Q 值对应的动作去更新策略,来完成策略改进。而在蒙特卡罗算法中,这样做会存在两个问题。一个问题就是探索-利用平衡问题。每个状态的动作选择问题就相当于 K-摇臂赌博机问题。另一个问题会造成不同幕之间的状态-动作序列相近,造成策略收敛慢,极端情况下甚至会出现多条采样轨迹完全一样,导致策略无法收敛的问题。和 K-摇臂赌博机一样,可以采用 ε-贪心方法,即

$$\pi(s) = \begin{cases} \mathrm{argmax}_a Q(s,a), \text{以概率} 1-\varepsilon \\ \text{在 } A \text{ 中均匀选择动作,以概率 } \varepsilon \end{cases} \tag{6-28}$$

式(6-28)中,以概率 ε 进行随机探索,以概率 $1-\varepsilon$ 采用当前最优动作。上面的方法(4)中更新策略将按照式(6-28)的 ε-贪心方法。不难证明,按照此 ε-贪心方法进行策略迭代,可以保证得到最优策略。

算法6-5为蒙特卡罗强化学习算法,其中:T 为执行一幕的步数。从步骤5到步骤8,针对此幕每一个状态-动作对计算 Q 值;步骤6计算的是自此状态-动作对后回报的均值;步骤7为增量式计算出当前已出现的状态-动作对的 Q 值;步骤10以 ε-贪心方法更新策略。

算法6-5:蒙特卡罗强化学习算法

Input: E,A,s_0,T,ε //环境,动作空间,起始状态,策略执行步数,探索概率;

步骤1:**for** $\forall s \in S$ **do** $\{Q(s,a) = 0, \mathrm{count}(s,a) = 0, \pi(s,a) = 1/|A(s)|\}$

步骤2: **for** $i = 1,2,\cdots$ **do** {

步骤3:   在 E 中执行策略 π 产生一幕:

步骤4:$\langle s_0,a_0,r_1,s_1,a_1,r_2,\cdots,s_{T-1},r_{T-1},a_{T-1},r_T,s_T \rangle$

步骤5:   **for** $t = 0,1,\cdots,T-1$ **do**{

步骤6: $R = \dfrac{1}{T-t} \sum_{i=t+1}^{T} r_i$;

步骤7: $Q(s_t,a_t) = \dfrac{Q(s_t,a_t) \times \mathrm{count}(s_t,a_t) + R}{\mathrm{count}(s_t,a_t) + 1}$;

步骤8: $\mathrm{count}(s_t,a_t) = \mathrm{count}(s_t,a_t) + 1$};

步骤9:   对所有已见状态 s:

$$步骤 10: \pi(s) = \begin{cases} \mathrm{argmax}_a Q(s,a), 以概率 1-\varepsilon \\ 以均匀概率从 A 中选取动作,以概率 \varepsilon \end{cases}$$

步骤 11: }

Output: π

6.3.2 时序差分法

从上面的 MC 法可以看出,在一幕产生后,才进行策略评估,计算已知状态-动作对的 Q 值。算法 6-5 所示就是在使用策略产生一幕序列后,从序列初始状态开始,一步一步求出所出现的状态-动作对 Q 值。这个过程也可以增量式完成,如下所示。

设 t 步采样已计算出 Q 值:

$$Q_t^\pi(s,a) = \frac{1}{t}\sum_{i=1}^{t} r_i \tag{6-29}$$

则 $t+1$ 步采样为

$$\begin{aligned} Q_{t+1}^\pi(s,a) &= \frac{1}{t+1}\sum_{i=1}^{t+1} r_i = \frac{1}{t+1}(\sum_{i=1}^{t} r_i + r_{t+1}) \\ &= \frac{1}{t+1}(tQ_t^\pi(s,a)) + \frac{r_{t+1}}{t+1} \\ &= Q_t^\pi(s,a) + \frac{1}{t+1}(r_{t+1} - Q_t^\pi(s,a)) \end{aligned} \tag{6-30}$$

令 $\alpha = \frac{1}{t+1}$,式(6-30)可以改写为

$$Q_{t+1}^\pi(s,a) = Q_t^\pi(s,a) + \alpha(r_{t+1} - Q_t^\pi(s,a)) \tag{6-31}$$

式中:α 为步长或学习率;r_{t+1} 为目标;$r_{t+1} - Q_t^\pi(s,a)$ 为差值。显然,可以看出 MC 法以即时回报 r_i 作为目标,增量式迭代值函数。

Q_t^π 与 Q_{t+1}^π 的计算范围示意图如图 6-7 所示。

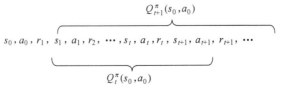

$$Q_{t+1}^\pi(s_0,a_0)$$

$$s_0, a_0, r_1, s_1, a_1, r_2, \cdots, s_t, a_t, r_t, s_{t+1}, a_{t+1}, r_{t+1}, \cdots$$

$$Q_t^\pi(s_0,a_0)$$

图 6-7 Q_t^π 与 Q_{t+1}^π 的计算范围示意图

从上面分析可以看出,MC 法没有充分利用马尔可夫决策过程的特性。下面我们将值函数展开,这里一个很重要的步骤就是,由于环境未知,无法进行全概率展开,我们可以用 N 步回报 y 平均值来代替期望值,因此有

$$Q^{\pi}(s,a) = \mathbb{E}^{\pi}\Big[\sum_{t=0}^{+\infty} \gamma^t r_{t+1} \mid s_0 = s, a_0 = a\Big]$$

$$= \mathbb{E}^{\pi}\big[R(s,a,s') + \gamma Q^{\pi}(s',a') \mid s_0 = s, a_0 = a, s_1 = s', a_1 = a'\big]$$

$$\approx \frac{1}{N}\sum_{i=1}^{N}\big[R(s,a,s'_i) + \gamma Q^{\pi}(s'_i,a'_i)\big] \tag{6-32}$$

依据式(6-31)的推导过程,可得

$$Q^{\pi}_{t+1}(s,a) = Q^{\pi}_t(s,a) + \alpha\big(R(s,a,s') + \gamma Q^{\pi}_t(s',a') - Q^{\pi}_t(s,a)\big) \tag{6-33}$$

式中:s' 为在 s 状态下执行 a 动作后的下一个状态;a' 为在状态 s' 下策略 π 选定的动作。

显然,式(6-33)采用动态规划中自举的方式来更新当前状态的 Q 值。根据 Q 值原始定义,$R(s,a,s') + \gamma Q^{\pi}_t(s',a')$ 为当前状态下长期累积奖赏的计算,因此通常将此式作为目标值,$\delta = R(s,a,s') + \gamma Q^{\pi}_t(s',a') - Q^{\pi}_t(s,a)$ 为当前 Q 值与目标值的差值。在时序推进中,以式(6-33)更新值函数的方法称为时序差分法(Temporal Difference,TD)。

时序差分法是蒙特卡罗法和动态规划法的结合,使用蒙特卡罗法的"采样",又使用动态规划法的自举,两者结合,避免了 MC 法一幕结束后才进行策略评估和更新的弊端,提高了策略更新的效率。

1. SARSA

直接采用式(6-33)在线评估策略的 TD 算法称为 SARSA 算法,原因在于 SARSA 算法按照"采样"的顺序,也就是按"状态-动作-奖赏-状态-动作"进行策略评估,即在当前状态 S 下执行动作 A,得到奖赏 R,到达下一状态 S',然后按照某种策略产生 A',这一个"采样"周期就是"SARSA",正好能够完成一次自举式值函数更新,如图 6-8 所示。

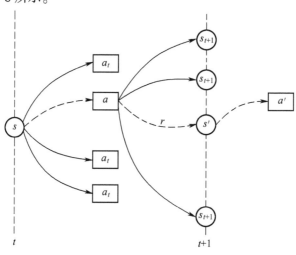

图 6-8　SARSA 算法的采样周期

167

SARSA 算法如算法 6-6 所示。

算法 6-6：SARSA 算法

Input：$E, A, s_0, \gamma, \alpha$ //环境,动作空间,起始状态,折扣,步长;

步骤 1： **for** $\forall s \in S \, \forall a \in A$ **do** $\left\{ Q(s,a) = 0, \pi(s,a) = \dfrac{1}{|A(s)|} \right\}$

步骤 2： **Repeat**

步骤 3： $s = s_0, a = \pi(s)$;

步骤 4： **Repeat**

步骤 5： $r, s' = \mathrm{Env}(s, a)$ //环境产生的奖赏与转移的状态;

步骤 6： $\pi(s) = \begin{cases} \pi(s), & \text{以概率 } 1 - \varepsilon \\ \text{以均匀概率从 } A \text{ 中选取动作,} & \text{以概率 } \varepsilon \end{cases}$

步骤 7： $a' = \pi(s')$;

步骤 8： $Q(s,a) = Q(s,a) + \alpha(r + \gamma Q(s',a') - Q(s,a))$;

步骤 9： $\pi(s) = \arg\max_{a \in A} Q(s,a)$;

步骤 10： $s = s', a = a'$

步骤 11： Until s 为终止状态　　//一幕结束

步骤 12：Until 所有 $Q(s,a)$ 收敛

Output：π

在 SARSA 算法中,先利用 ε-贪心策略产生轨迹数据(步骤 6、步骤 7),再对这条轨迹数据进行策略评估,即值函数计算与迭代(步骤 8),再进行策略更新(步骤 9)。这种对产生轨迹的策略进行在线评估的方法叫在线策略方法(On-Policy)。由于产生轨迹的策略与被评估的策略相同,也称同轨策略方法。

还有一种策略优化方法产生轨迹数据的策略与被评估的策略不一样,这种方法叫离线策略方法(Off-Policy)或异轨策略方法。Q-Learning 算法就是离线策略方法。

2. Q-Learning

Q-Learning 算法与 SARSA 算法不一样的地方在于,Q-Learning 算法在进行策略评估的时候,并不像 SARSA 算法那样是用式(6-33)评估产生轨迹数据的策略,而是直接用后续状态的最大 Q 值来更新值函数:

$$Q_{t+1}^{\pi}(s,a) = Q_t^{\pi}(s,a) + \alpha(r + \gamma \max_{a' \in A} Q_t^{\pi}(s',a') - Q_t^{\pi}(s,a)) \quad (6\text{-}34)$$

式中：$r = R(s,a,s')$ 。

显然,Q-Learning 算法评估或者预测策略并没有按照产生轨迹数据的策略进行,如图 6-9 所示,因此属于离线策略方法。

算法 6-7 为 Q-Learning 算法伪代码。

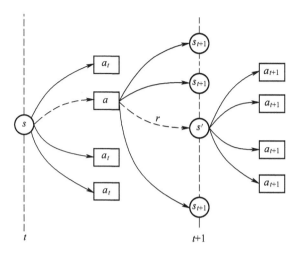

图 6-9 Q-Learning 算法示意图

算法 6-7:Q-Learning 算法

Input:E,A,s_0,γ,α //环境,动作空间,起始状态,折扣,步长;

步骤 1:for $\forall s \in S \, \forall a \in A$ do$\left\{ Q(s,a) = 0, \pi(s,a) = \dfrac{1}{|A(s)|} \right\}$

步骤 2:   Repeat

步骤 3: $s = s_0$;

步骤 4:   Repeat

步骤 5: $\pi(s) = \begin{cases} \pi(s), & \text{以概率 } 1 - \varepsilon \\ \text{以均匀概率从 } A \text{ 中选取动作,} & \text{以概率 } \varepsilon \end{cases}$

步骤 6: $a = \pi(s)$

步骤 7: $r,s' = \text{Env}(s,a)$ //环境产生的奖赏与转移的状态;

步骤 8: $Q(s,a) = Q(s,a) + \alpha(r + \gamma \max_{a' \in A} Q(s',a') - Q(s,a))$;

步骤 9: $s = s'$;

步骤 10:   Until s 为终止状态   //一幕结束

步骤 11:Until 所有 $Q(s,a)$ 收敛

Output:$\pi(s) = \arg\max_{a \in A} Q(s,a)$

从算法中可以看出,采样使用 ε-贪心策略(步骤 5、步骤 6),而策略评估却并未针对该策略进行,因此也称为异轨策略。

3. n 步时序差分法

式(6-33)的时序差分法,称为单步时序差分法,或称为 TD(0)。单步时序差分的计算是由当前时刻的值函数、即时回报和下一时刻状态值函数构成。在推导

单步时序差分法计算公式时,展开了 1 步,即

$$Q^\pi(s,a) = \mathbb{E}^\pi\Big[\sum_{t=0}^{+\infty}\gamma^t r_{t+1} \mid s_0 = s, a_0 = a\Big]$$

$$= \mathbb{E}^\pi\big[R(s,a,s') + \gamma Q^\pi(s',a') \mid s_0 = s, a_0 = a, s_1 = s', a_1 = a'\big]$$

$$(6-35)$$

由于下面需展开多步,采用带下标的表示法,能够清晰地表达多步的过程,式(6-35)可表示为

$$Q^\pi(s_t,a_t) = \mathbb{E}^\pi\Big[\sum_{i=0}^{+\infty}\gamma^i r_{t+i+1}\Big] = \mathbb{E}^\pi\big[r_{t+1} + \gamma Q^\pi(s_{t+1},a_{t+1})\big] \quad (6-36)$$

式中:$Q^\pi(s_t,a_t)$ 为 t 时刻的 Q 值;r_{t+1} 为 t 时刻即时奖赏值。

同样,2 步时序差分展开式为

$$Q^\pi(s_t,a_t) = \mathbb{E}^\pi\Big[\sum_{i=0}^{+\infty}\gamma^i r_{t+i+1}\Big] = \mathbb{E}^\pi\big[r_{t+1} + \gamma r_{t+2} + \gamma^2 Q^\pi(s_{t+2},a_{t+2})\big]$$

$$(6-37)$$

3 步时序差分展开式为

$$Q^\pi(s_t,a_t) = \mathbb{E}^\pi\big[r_{t+1} + \gamma r_{t+2} + \gamma^2 r_{t+3} + \gamma^3 Q^\pi(s_{t+3},a_{t+3})\big] \quad (6-38)$$

n 步时序差分展开式为

$$Q^\pi(s_t,a_t) = \mathbb{E}^\pi\Big[\sum_{i=0}^{n-1}\gamma^i r_{t+i+1} + \gamma^n Q^\pi(s_{t+n},a_{t+n})\Big] \quad (6-39)$$

式(6-33)依据式(6-30)的推导过程,有

$$Q^\pi(s_t,a_t) = Q^\pi(s_t,a_t) + \alpha\Big(\sum_{i=0}^{n-1}\gamma^i r_{t+i+1} + \gamma^n Q^\pi(s_{t+n},a_{t+n}) - Q^\pi(s_t,a_t)\Big)$$

$$(6-40)$$

式(6-40)即为 n 步时序差分值函数迭代计算公式。

这里要特别注意在式(6-37)及式(6-40)中时间下标的意义:式(6-37)中的 $Q^\pi_{t+1}(s,a)$ 与 $Q^\pi_t(s,a)$ 分别代表 $t+1$ 时刻与 t 时刻的 Q 值,表达的是当前时刻 Q 值是由上一轮 Q 值更新计算而来;而式(6-40)中左边和右边的 $Q^\pi(s_t,a_t)$ 分别隐含地代表 Q^π_{t+1} 和 Q^π_t,这样可以用 s_t,a_t,r_t 来代表"采样"序列。

分析式(6-39)n 步时序差分值函数更新计算公式,可以发现,当 n 等于 MC 法中一幕的长度 T 时,则 n 步时序差分法相当于 MC 法;而 $n=1$ 时相当于 TD 法。因此,n 步时序差分法是介于 TD 法和 MC 法中间的算法。

6.4 深度强化学习

前面所述强化学习内容主要侧重于概念和理论,并没有考虑实现的因素。事实上,当状态空间和动作空间巨大的时候,状态空间和动作空间的表示就成为一个问题。在状态空间爆炸或连续空间的情况下,上述基于表格的值函数表示方法将无以为继。基于深度神经网络的值函数近似方法,即深度强化学习是解决上述问题的有效方法。

6.4.1 基于表格的值函数表示

当状态空间和动作空间有限时,我们通常采用表格形式来表示值函数、策略、状态转移概率等(表6-1)。例如,状态值函数 $V(s)$ 用大小为 $|S|$ 的一维数组表示;状态-动作值函数 $Q(s,a)$ 用 $|S| \times |A|$ 的二维数组表示,如图6-10所示;确定性策略 $\pi(s)$ 用大小为 $|S|$ 的一维数组表示,随机性策略 $\pi(s,a)$ 用 $|S| \times |A|$ 的二维数组表示;状态转移概率 $P(s,a,s')$ 用 $(S \times |A|) \times |S|$ 的二维数组表示。

表6-1 Q 值的表格表示

状态/动作	a_1	a_2	$\cdots$	a_N
s_1	$Q(s_1,a_1)$	$Q(s_1,a_2)$	$\cdots$	$Q(s_1,a_N)$
s_2	$Q(s_2,a_1)$	$Q(s_2,a_2)$	$\cdots$	$Q(s_2,a_N)$
$\vdots$	$\vdots$	$\vdots$		$\vdots$
s_L	$Q(s_L,a_1)$	$Q(s_L,a_2)$	$\cdots$	$Q(s_L,a_N)$

我们用走迷宫的例子来说明基于表格的值函数表示,如图6-10(a)所示。

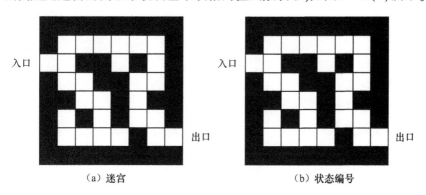

(a) 迷宫   (b) 状态编号

图6-10 走迷宫

走迷宫的环境状态就是智能体所处的迷宫位置，$|S| = 27$，按照自左至右、自上而下的顺序将状态编号，如图6-11(a)所示；动作为向上、向下、向左、向右，$A = 4$；状态转移是确定性的，即在某位置执行某动作后，状态会确定性的转移至某状态，如在状态4执行向右的动作，状态4将转移至状态5；每走1步，环境给出-1的奖赏值，机器学习的目标就是要从起点到终点累积奖赏的最大化。显然，环境是已知的，这个例子就是有模型强化学习，用动态规划的方法进行自举迭代，即可得到最优值函数$V^*(s)$，如图6-11（b）所示，以及最优确定性策略$\pi^*(s)$，图6-10(b)所示。

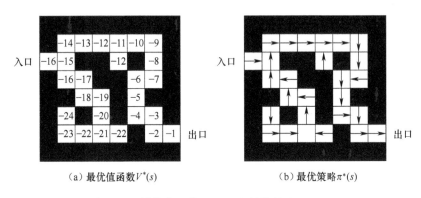

（a）最优值函数$V^*(s)$ （b）最优策略$\pi^*(s)$

图6-11　最优值函数$V^*(s)$和最优策略$\pi^*(s)$

6.4.2　基于深度神经网络的值函数表示

当环境状态空间趋于无穷时，一般称之为空间状态爆炸或维度灾难。此时，上述基于表格形式的值函数表示难以在计算机中实现。此时，可以采用函数逼近的方法来近似表示值函数，即值函数近似。值函数近似方法分为两类：一类是线性值函数近似；另一类为非线性值函数近似。基于深度神经网络的值函数表示属于非线性值函数近似。基于深度神经网络的值函数表示的强化学习则称为深度强化学习。

用深度神经网络来表示值函数，是在深度神经网络技术得到突破以后，在强化学习领域的一场重要的技术革命，使得强化学习在解决复杂现实世界问题时，朝着可实现性迈出了坚实的一步。

令状态空间为S，动作空间为A，值函数为Q，则我们需要建立如下映射：

$$S \times A \rightarrow Q \tag{6-41}$$

显然，此时已经将强化学习问题转换为监督学习的回归问题，而深度神经网络强大的拟合能力是监督学习的不二之选。

设$Q_i(s, a)$为目标价值，$Q'_i(s, a; \boldsymbol{\theta})$为神经网络模型估计价值，以平方损失函

数作为模型的目标函数,则

$$\text{obj} = \frac{1}{2} \sum_{i}^{N} \ (Q_i(s,a) - Q_i'(s,a;\boldsymbol{\theta}))^2 \tag{6-42}$$

式中:$\boldsymbol{\theta}$ 为参数向量。

利用梯度下降求解:

$$\frac{\partial \text{obj}}{\partial \boldsymbol{\theta}} = \sum_{i}^{N} \ (Q_i' - Q_i) \ \frac{\partial v_i'}{\partial \boldsymbol{\theta}} \tag{6-43}$$

经过学习后,神经网络将会逼近最优值函数。

6.4.3 深度 Q 网络

深度 Q 网络(Deep Q-Networks,DQN)是深度强化学习的典型算法[3],是在Q-Learning 算法基础上加入了深度神经网络,用来解决巨量状态空间问题。

DQN 算法的提出,首先是针对传统 Atari 游戏中端到端的机器训练问题。以 Atari 平台上的 Breakout 为例,如图 6-12 所示。像素矩阵为 210×160,每个像素为 256 种颜色,将每帧图像作为一种状态,则每帧图像的像素组合达到 $256^{210 \times 160}$,即是该游戏的状态数量,以表格形式表示值函数几乎不可能。

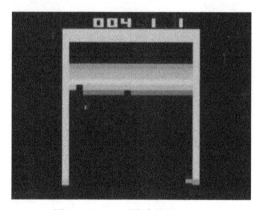

图 6-12　Atari 游戏的 Breakout

下面简要介绍 DQN 算法在解决 Atari 游戏端到端训练问题的主要思想和方法。

按照 6.4.2 节的方法,我们首先将强化学习的问题转换为监督学习的问题。这里,选择学习 $Q(s,a)$,即

$$S \times A \to Q \tag{6-44}$$

为了提高训练效率,把式(6-44)改写为

$$S \to [\,Q_i\,]_{i=1}^{|A|} \tag{6-45}$$

从状态到 Q 值的端到端训练如图 6-13 所示。

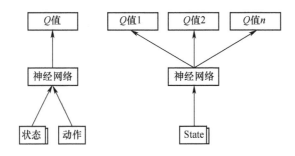

图 6-13　从状态到 Q 值的端到端训练

此时,深度神经网络的输入为游戏的图像帧,输出为 N 个 Q 值,对应 N 个动作,如图 6-14 所示。

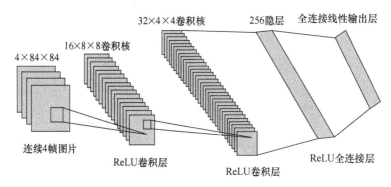

图 6-14　DQN 卷积神经网络

神经网络训练是一个优化问题,最优化一个损失函数,使得标签与网络输出之间的偏差最小,或者说使得损失函数最小。需要使用巨量的带标签的样本数据,通过反向传播使用梯度下降的方法训练网络。这样,自然存在两个问题:如何获取标签样本数据? 如何定义损失函数?

我们用神经网络模型 $Q(s,a,\theta)$ 来近似 $Q(s,a)$,即

$$Q(s,a,\theta) \approx Q(s,a) \tag{6-46}$$

神经网络的输入是图像 s,输出则是 $Q(s,a,\theta)$,环境得到即时奖赏值 r,并转移到下一状态 s'。

显然,可以用 Q-Learning 算法的目标作为标签,即网络目标为

$$y = r + \gamma \max_{a' \in A} Q(s',a',\theta) \tag{6-47}$$

则

$$f(s) = Q(s,a,\theta) \tag{6-48}$$

174

显然有损失函数为

$$\mathcal{L}(\boldsymbol{\theta}) = \mathbb{E}\left[\left(y - f(s)\right)^2\right] = \mathbb{E}\left[\left(r + \gamma \max_{a' \in A} Q(s', a', \boldsymbol{\theta}) - Q(s, a, \boldsymbol{\theta})\right)^2\right]$$

$$(6-49)$$

经过训练,网络输出 $Q(s, a, \boldsymbol{\theta})$ 将逼近 $Q(s, a)$ 。由此可以看出,DQN 算法是 Q-Learning 算法与深度神经网络的结合。

上述内容就是 DQN 算法的主要思想。下面讨论 DQN 算法中的一些重要细节。

(1)数据预处理。数据预处理主要包括四个方面。

首先是数据规模的压缩。仍然以 Atari 游戏的 Breakout 为例,每帧图像为 210 像素 × 160 像素的彩色图像,数据量较大,将其处理成 84 × 84 的灰度图像,在保留其主要信息的同时,大大减少了数据规模。

其次是图像帧的过滤。人类的动作与图像帧的速度是不匹配的,无须对每帧图像进行反应,或者说连续图像帧之间的差别很小,可以把一定数量的连续图像帧作为一幅图像,例如连续 4 幅图像帧,这样可以每隔 4 幅图像帧抽取一幅作为输入,其余过滤掉。

三是连续图像帧输入。为了判断图像中小球的运动方向,需要连续图像帧才能判断。算法设置了连续 4 幅图像帧的收集,作为网络模型的输入。这里所指的连续 4 幅图像帧是在图像帧过滤的基础上的的连续图像帧。

四是奖赏值的归一化处理。不同 Atari 游戏的得分数值不一样,从数十分到上万分不等。为了方便模型的处理,将得分奖赏值归一化处理至 $[-1, 1]$ 区间。

(2)探索与利用。DQN 采用 ε -贪心策略来平衡探索和利用问题。训练开始时以 100% 的 ε 采取随机动作,随着训练的不断进行, ε 不断衰减,直至衰减为 10%。

(3)经验回放。经验回放(Experience Replay)是 DQN 采取的一个重要的技术,这个技术在在线学习的许多算法中都有着广泛的应用。

经验回放主要分为两个阶段。第一阶段是将神经网络与环境交互得到的经验 $e_t = (s_t, a_t, r_t, s_{t+1})$ 存入回放缓存区(Replay Buffer)。回放缓存区是一个先进先出(FIFO)队列,缓存区大小一般设为 100 万。当缓冲区数据存满后,则最先存入的经验数据将溢出。第二阶段是在回放缓存区内随机均匀地采样回放缓存区的经验数据,作为网络模型更新的输入。如图 6-15 所示。

之所以要采用经验回放的技术,主要基于以下两点。

一是保证训练数据的独立同分布。如果按照在线交互产生经验数据的顺序采样,那么这些采样数据之间具有很大的关联性,不能保证训练数据的独立同分布,而这是神经网络训练数据的基本要求。采用经验回放技术,则是在整个缓存区内随机均匀采样,消除了采样数据之间的相关性,保证了独立同分布的训练数据

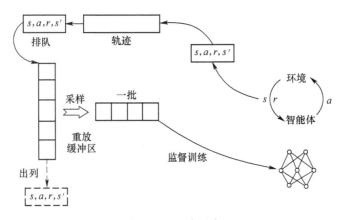

图 6-15　经验回放

要求。

　　二是有效提高数据的使用效率。网络模型的训练需要大量的数据,而以往在线策略生成的数据在训练一次后即抛弃,再次训练需要靠不断与环境生成数据。在缓存区存储的训练数据,可以反复使用,有效提高了数据的使用效率。

　　(4) 目标网络与行为网络。式(6-47)中目标 $r + \gamma \max_{a' \in A} Q(s', a', \boldsymbol{\theta})$ 与网络输出 $Q(s, a, \boldsymbol{\theta})$ 都由一个网络生成,这样会造成训练过程的不稳定性。

　　为解决这个问题,DQN 引入目标网络(Target Network),负责计算目标值 $r + \gamma \max_{a' \in A} Q(s', a', \boldsymbol{\theta}^-)$。原来的网络称为行为网络(Behavior Network),负责与环境交互,并估算 $Q(s, a, \boldsymbol{\theta})$,然后与目标值进行比较,即以式(6-49)为损失函数,进行梯度下降,更新行为网络。其中:$\boldsymbol{\theta}^-$ 为目标网路的参数向量;$\boldsymbol{\theta}$ 为行为网络的参数向量。

　　初始时,目标网络与行为网络的参数一致。在学习过程中,目标网络参数在步数 N 范围内保持不变,而行为网络进行学习,更新网络参数。一定步数后同步目标网络参数,即将行为网络的参数向量 $\boldsymbol{\theta}$ 赋值目标网络参数向量 $\boldsymbol{\theta}^-$。

　　图 6-16 为目标网络和行为网络工作过程的原理图。这是 DQN 算法的核心,理解了目标网络和行为网络的工作过程,也就理解了 DQN 算法。图中包括以下内容。

　　① 环境向当前网络输入状态 s;②行为网络根据 ε-贪心策略选择动作与环境进行交互;③产生的经验数据 (s, a, r, s') 存入回放缓存区;④在回放缓冲区进行随机均匀采样,得到经验数据 (s, a, r, s');⑤ (s, a) 输入至行为网络,输出 $Q(s, a, \boldsymbol{\theta})$;⑥ s' 输入至目标网络,输出 $\max_{a' \in A} Q(s', a', \boldsymbol{\theta}^-)$;⑦$r$ 与⑤、⑥输出共同构成损失函数式(6-49);⑧对损失函数进行梯度下降,更新行为网络参数;⑨每隔 C 时间步长,同步目标网络参数。

176

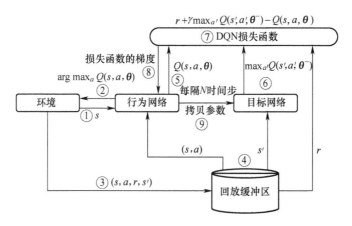

图 6-16　目标网络与行为网络

算法 6-8 为 DQN 算法伪代码。

算法 6-8：DQN 算法

步骤 1：初始化回放缓存区 D 大小为 N；随机赋予行为网络 Q 参数为 $\boldsymbol{\theta}$；初始化目标网络 $\widetilde{Q}$ 参数 $\boldsymbol{\theta}^- = \boldsymbol{\theta}$；初始化 M, T, ε；

步骤 2：取一幕 episode，从迭代次数 $t = 1$ 执行

步骤 3：　if　$\text{Rand}() < \varepsilon$，随机选择动作 a_t；

步骤 4：　else if $a_t = \text{argmax}_a Q(s_t, a, \boldsymbol{\theta})$

步骤 5：　　将 (s_t, a_t, r_t, s_{t+1}) 存入 D；

步骤 6：　　在 D 中均匀随机抽样得到 (s, a, r, s')；

步骤 7：　　$y_i = \begin{cases} r_j, \text{if episode 在 } j+1 \text{ 步结束} \\ \max_{a' \in A} \widetilde{Q}(s_j', a', \boldsymbol{\theta}^-), \text{其他} \end{cases}$

步骤 8：　　对 $(y_i - \widetilde{Q}(s_j, a_j, \boldsymbol{\theta}))^2$ 进行 $\boldsymbol{\theta}$ 梯度下降计算；

步骤 9：　　每 C 步进行参数同步 $\boldsymbol{\theta}^- = \boldsymbol{\theta}$；

步骤 10：　if $t \leq T$，执行 $t = t+1$，返回步骤 3；

步骤 11：if episode $\leq M$，执行 episode = episode+1，返回步骤 2。

6.5　策略梯度强化学习

在前述的强化学习方法中，是采用值函数最优或逼近最优的方法来求得最优策略。本节采用的方法是在策略空间中搜索最优策略，因此也称为策略搜索方法。

6.5.1　策略梯度法

策略梯度(Policy Gradient,PG 法),也称为直接策略搜索法,其主要思想是将策略 π 参数化,通过调整策略的参数,使得优化目标函数达到最大或局部最大。

设目标函数为

$$J(\theta) = \mathbb{E}^{\pi}(r(\tau)) = \int_{\tau \sim \pi_{\theta}(\tau)} \pi_{\theta}(\tau) r(\tau) \mathrm{d}\tau \qquad (6-50)$$

式中: θ 为参数向量; τ 为使用策略 π 进行交互得到的一条轨迹(幕); T 为轨迹长度: $s_0,a_0,r_0,s_1,a_1,r_1,\cdots,s_{T-1},a_{T-1},r_{T-1},s_N$; $r(\tau)$ 为在策略 $\pi_{\theta}(s,a)$ 下轨迹的总体回报函数; $\pi_{\theta}(\tau)$ 为轨迹发生的概率。

强化学习的目标是最大化长期回报期望,即

$$\pi^* = \arg\max_{\pi} \mathbb{E}(r(\tau)) \qquad (6-51)$$

从策略参数的角度就是学习一个最优策略参数 θ^*,以最大化期望回报 $J(\theta)$:

$$\theta^* = \arg\max_{\theta} J(\theta) \qquad (6-52)$$

显然,式(6-52)就是求极值。由于策略函数通常都定义良好,所以求导运算可以和积分运算互换:

$$\nabla_{\theta} J(\theta) = \int_{\tau \sim \pi_{\theta}(\tau)} \nabla_{\theta} \pi_{\theta}(\tau) r(\tau) \mathrm{d}\tau \qquad (6-53)$$

式(6-53)是对参数向量 θ 求梯度,如图 6-17 所示。

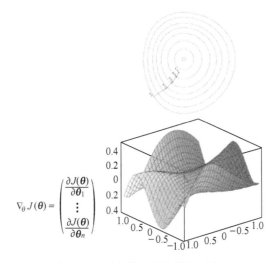

$$\nabla_{\theta} J(\theta) = \begin{pmatrix} \frac{\partial J(\theta)}{\partial \theta_1} \\ \vdots \\ \frac{\partial J(\theta)}{\partial \theta_n} \end{pmatrix}$$

图 6-17　对参数向量的梯度下降

将式(6-53)中 $\pi_\theta(\tau)$ 按轨迹 τ 展开：

$$\pi_\theta(\tau) = p(s_0) \prod_{t=0}^{T} \pi_\theta(s_t, a_t) p(s_t, a_t, s_{t+1}) \tag{6-54}$$

将式(6-53)中 $r(\tau)$ 按轨迹 τ 展开：

$$r(\tau) = \sum_{t=0}^{T} r(s_t, a_t) \tag{6-55}$$

为求导的便利，进行对数变换：

$$\nabla_x \log y = \frac{1}{y} \nabla_x y \tag{6-56}$$

即

$$y \nabla_x \log y = \nabla_x y \tag{6-57}$$

将式(6-54)、式(6-55)、式(6-56)代入式(6-53)中，可得

$$
\begin{aligned}
\nabla_\theta J(\boldsymbol{\theta}) &= \int_{\tau \sim \pi_\theta(\tau)} \nabla_\theta \pi_\theta(\tau) r(\tau) \mathrm{d}\tau \\
&= \int_{\tau \sim \pi_\theta(\tau)} \pi_\theta(\tau) \nabla_\theta \log \pi_\theta(\tau) r(\tau) \mathrm{d}\tau \\
&= \mathbb{E}\left(\nabla_\theta \log \pi_\theta(\tau) r(\tau) \right) \\
&= \mathbb{E}\left[\nabla_\theta \log\left(p(s_0) \prod_{t=0}^{T} \pi_\theta(s_t, a_t) p(s_t, a_t, s_{t+1}) \right) r(\tau) \right] \\
&= \mathbb{E}\left[\nabla_\theta \left(\log p(s_0) + \sum_{t=0}^{T} \log \pi_\theta(s_t, a_t) + \sum_{t=0}^{T} \log p(s_t, a_t, s_{t+1}) \right) r(\tau) \right] \\
&= \mathbb{E}\left(\sum_{t=0}^{T} \nabla_\theta \log \pi_\theta(s_t, a_t) \sum_{t=0}^{T} r(s_t, a_t) \right)
\end{aligned}
\tag{6-58}
$$

用多幕平均代替式(6-58)的数学期望，则

$$\nabla_\theta J(\theta) \approx \frac{1}{N} \sum_{i=1}^{N} \sum_{t=0}^{T} \left(\nabla_\theta \log \pi_\theta(s_{i,t}, a_{i,t}) \sum_{t=0}^{T} r(s_{i,t}, a_{i,t}) \right) \tag{6-59}$$

根据式(6-51)和式(6-52)，为了最大化期望回报 $J(\theta)$，需学得最优策略参数 θ^*，即沿梯度上升方向的最优化过程。结合蒙特卡罗法，给出如下策略梯度方法。

(1) 采样 n 幕 τ。

(2) 计算 n 幕的平均策略梯度 $\nabla_\theta J(\boldsymbol{\theta})$。

(3) 更新策略参数：$\widetilde{\boldsymbol{\theta}} = \boldsymbol{\theta} + \alpha \nabla_\theta J(\boldsymbol{\theta})$，其中 α 为学习率。

(4) 重复上述步骤，直到收敛。

上述策略梯度法是基本的 PG 法。显然，PG 法为在线策略法。

算法中用深度神经网络来表示策略，$\boldsymbol{\theta}$ 为该网络的参数向量，输入为 s，输出为动作选择的概率。如果是连续型动作，则输出符合某个分布动作的均值，如

Gussian 分布或 Beta 分布。

从式(6-59)中可以看出,在任意 t 时刻计算策略梯度时都要乘上本轨迹下总回报,显然是不合理的。合理的计算方式应该是只计算未发生的回报,t 时刻以后的回报,即

$$\nabla_{\theta} J(\theta) \approx \frac{1}{N} \sum_{i=1}^{N} \sum_{t=0}^{T} \left[\nabla_{\theta} \log \pi_{\theta}(s_{i,t}, a_{i,t}) \sum_{t'=t}^{T} r(s_{i,t'}, a_{i,t'}) \right] \qquad (6-60)$$

可以将式(6-60)中的累积回报 $\sum_{t'=t}^{T} r(s_{i,t'} a_{i,t'})$ 看成策略梯度 $\nabla_{\theta} \log \pi_{\theta}(s_{i,t}, a_{i,t})$ 的权重。如果权重过大则相应的参数更新量 $\nabla_{\theta} J(\theta)$ 就比较大,优化的过程会引起波动,影响优化效果。

为此,引入一个偏移量 Baseline,用 b 表示:

$$b_{i,t'} = \frac{1}{N} \sum_{i=1}^{N} \sum_{t=0}^{T} r(s_{i,t'}, a_{i,t'}) \qquad (6-61)$$

式(6-60)的意义为同一起点的不同轨迹在同一时刻的长期回报均值。以这个均值为偏移量,用同一时刻的累积回报减去式(6-61)的均值偏移量,可得

$$\sum_{t'=0}^{T} r(s_{i,t'} a_{i,t'}) - b_{i,t'} \qquad (6-62)$$

显然式(6-62)的数学期望为 0,或者说,在均值 0 附近上下波动。将式(6-62)替代式(6-60)中的 $\sum_{t'=t}^{T} r(s_{i,t'} a_{i,t'})$,可得

$$\nabla_{\theta} J(\theta) \approx \frac{1}{N} \sum_{i=1}^{N} \sum_{t=0}^{T} \left[\nabla_{\theta} \log \pi_{\theta}(s_{i,t}, a_{i,t}) \left(\sum_{t'=t}^{T} r(s_{i,t'}, a_{i,t'}) - b_{i,t'} \right) \right]$$

$$(6-63)$$

于是,式(6-63)策略梯度的权重均值为 0,权重有正有负,使得好的策略的权重为正,差的策略权重为负,总体波动减少。

上述偏移量的加入对于策略梯度仍然是无偏估计:

$$\begin{aligned} E(\nabla_{\theta} \log \pi_{\theta}(\tau) b) &= \int_{\tau \sim \pi_{\theta}(\tau)} \pi_{\theta}(\tau) \nabla_{\theta} \log \pi_{\theta}(\tau) b \mathrm{d}\tau \\ &= b \int_{\tau \sim \pi_{\theta}(\tau)} \nabla_{\theta} \pi_{\theta}(\tau) \mathrm{d}\tau \\ &= b \nabla_{\theta} \int_{\tau \sim \pi_{\theta}(\tau)} \pi_{\theta}(\tau) \mathrm{d}\tau \\ &= b \nabla_{\theta} 1 = 0 \end{aligned} \qquad (6-64)$$

由此可见,b 的大小并不会影响策略梯度的估计。

6.5.2 Actor-Critic 算法框架

式(6-60)可以写成:

180

$$\nabla_{\theta} J(\boldsymbol{\theta}) \approx \frac{1}{N} \sum_{i=1}^{N} \sum_{t=0}^{T} \nabla_{\theta} \log \boldsymbol{\pi}_{\theta}(s_{i,t}, a_{i,t}) \boldsymbol{\Psi}_{t} \qquad (6-65)$$

式中：$\boldsymbol{\Psi}_t$ 可以是上面介绍的三种对 $R(\tau)$ 估计方式,上述三种估计都是无偏的。虽然在一定程度上减少了方差,但总的来说,方差还是很大的。原因在于,每一幕交互的次数是有限的,不可能遍历所有可能的状态和路径,因此必然会导致每一幕回报之间的方差较大。

平衡偏差与方差是机器学习的一个重要的考虑,太大的方差会导致模型的不稳定。策略梯度法由于方差较大,可以采取牺牲无偏估计的方法,来缩小方差。

具体的做法是:不直接使用轨迹的在线回报来无偏的估计每幕的回报,而是使用一个独立的模型去估计 $R(\tau)$。这个模型不使用 6.5.1 节所述的三种无偏但方差大的估计,而是采用以下三种方式估计。

(1) 状态-动作值函数: $Q^{\pi}(s_t, a_t)$;

(2) 优势函数①(Advantage): $A^{\pi}(s_t, a_t) = Q^{\pi}(s_t, a_t) - V^{\pi}(s_t)$;

(3) 时序差分(TD-Error): $r_t + \gamma V^{\pi}(s_{t+1}) - V^{\pi}(s_t)$。

显然,上述三种估计都是有偏的,但可以大幅减少方差。

上述方法为 Actor-Critic 算法,即行为-评价算法,简称 AC 算法,其基本思想就是减少方差,增加模型训练的稳定性和效率。AC 算法思想成为策略搜索算法的一个基本算法框架,后面要介绍的 PPO 算法、DPG 算法等均属于 AC 算法框架。因此,基本的 AC 算法通常称为 AC 算法框架。

AC 算法框架由两个深度网络模型组成。

(1) 行为(Actor)网络模型,为策略模型,由该模型根据策略选择动作与环境交互。设该网络的参数为 $\boldsymbol{\theta}$,则参数更新为

$$\boldsymbol{\theta} \leftarrow \boldsymbol{\theta} + \nabla_{\theta} \log \boldsymbol{\pi}_{\theta}(s_t, a_t) \boldsymbol{\Psi}_t \qquad (6-66)$$

(2) 评价(Critic)网络模型,为价值模型,由该模型评价行为模型选择动作的价值。设该模型的参数为 w,则参数更新为

$$w \leftarrow w + \partial (r_t + \gamma V(s_{t+1}, w) - V(s_t, w))^2 / \partial w \qquad (6-67)$$

评价模型通常采用时序差分法估计价值,即

$$\boldsymbol{\Psi}_t = r_t + \gamma V(s_{t+1}, w) - V(s_t, w) \qquad (6-68)$$

图 6-18 为 AC 算法示意图:①由 Actor 根据策略 π 采样;②下一状态 s_{t+1}, r_t 输入至 Critic 网络,输出 $\boldsymbol{\Psi}_t$;③ $\boldsymbol{\Psi}_t$ 反馈至 Actor,调整策略梯度。

6.5.3 信赖域策略优化

PG 算法是通过新旧策略在参数空间的微调来更新策略,但即便是单步更新

---

① 状态值函数 V 是这个状态下所有 Q 值的数学期望,显然 A 的含义就是某一个 Q 值函数与数学期望的差值,或者说表明了某个 Q 值函数相对于平均值的优势程度,因此称为优势函数。

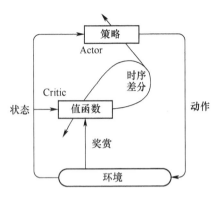

图 6-18　AC 算法示意图

都有可能造成策略的巨大变化,且不保证策略是单调提升的。

Schulman 在 2015 年提出信赖域策略优化算法[5](Trust Region Policy Optimization,TRPO),算法可以确保策略模型的每步优化都是单调提升的,其基本思路如下。

设 $s_0,a_0,s_1,\cdots$ 为策略 π 产生的一幕轨迹,$\eta(\pi)$ 为长期累积回报的数学期望,则有

$$\eta(\pi) = \mathbb{E}_{s_0,a_0,s_1,\cdots \sim \pi}\Big[\sum_{t=0}^{\infty} \gamma^t r(s_t) \Big] \tag{6-69}$$

若 $\widetilde{\pi}$ 为另一策略,则可以证明[5]

$$\eta(\widetilde{\pi}) = \eta(\pi) + \mathbb{E}_{s_0,a_0,s_1,\cdots \sim \widetilde{\pi}}\Big[\sum_{t=0}^{\infty} \gamma^t A^\pi(s_t,a_t) \Big] \tag{6-70}$$

式中: $A^\pi(s_t,a_t) = Q^\pi(s_t,a_t) - V^\pi(s_t)$ 为优势函数。

式(6-70)表示了两个策略期望价值之间的差距,$\eta(\widetilde{\pi})$ 还可以表示为

$$
\begin{aligned}
\eta(\widetilde{\pi}) &= \eta(\pi) + \mathbb{E}_{s_0,a_0,s_1,\cdots \sim \widetilde{\pi}}\Big[\sum_{t=0}^{\infty} \gamma^t A^\pi(s_t,a_t) \Big] \\
&= \eta(\pi) + \sum_{t=0}^{\infty} \sum_{s} P(s_t = s \mid \widetilde{\pi}) \sum_{a} \widetilde{\pi}(s,a) \gamma^t A^\pi(s,a) \\
&= \eta(\pi) + \sum_{s} \sum_{t=0}^{\infty} P(s_t = s \mid \widetilde{\pi}) \sum_{a} \widetilde{\pi}(s,a) \gamma^t A^\pi(s,a) \\
&= \eta(\pi) + \sum_{s} \sum_{t=0}^{\infty} \gamma^t P(s_t = s \mid \widetilde{\pi}) \sum_{a} \widetilde{\pi}(s,a) A^\pi(s,a)
\end{aligned}
$$

$$\tag{6-71}$$

令 ρ^{π} 表示状态 s 的访问概率,则

$$\rho^{\pi}(s) = P(s_0 = s) + \gamma P(s_1 = s) + \gamma^2 P(s_2 = s) + \cdots = \sum_{t=0}^{\infty} \gamma^t P(s_t = s)$$

(6-72)

将式(6-72)代入式(6-71),可得

$$\eta(\widetilde{\pi}) = \eta(\pi) + \sum_s \rho^{\widetilde{\pi}}(s) \sum_a \widetilde{\pi}(s,a) A^{\pi}(s,a) \quad (6\text{-}73)$$

显然,只要保证

$$\sum_s \rho^{\widetilde{\pi}}(s) \sum_a \widetilde{\pi}(s,a) A^{\pi}(s,a) \geqslant 0 \quad (6\text{-}74)$$

则

$$\eta(\widetilde{\pi}) \geqslant \eta(\pi) \quad (6\text{-}75)$$

从初始策略开始,不断找出满足式(6-75)的新策略,则可保证策略的单调
上升。

式(6-74)中的 $\rho^{\widetilde{\pi}}(s)$ 是新的策略 $\widetilde{\pi}$ 与环境交互产生的状态访问频率。要得
到 $\rho^{\widetilde{\pi}}(s)$,必须先按照可能更新的策略 $\widetilde{\pi}$ 与环境交互产生轨迹,再根据式(6-72)
计算 $\rho^{\widetilde{\pi}}(s)$,根据式(6-74)判断新的策略 $\widetilde{\pi}$ 是否满足单调上升的条件,这个过程
必将导致策略更新过程非常缓慢。

可以证明[5],在策略相近的条件下,式(6-73)可以用下式近似:

$$L_{\pi}(\widetilde{\pi}) = \eta(\pi) + \sum_s \rho^{\pi}(s) \sum_a \widetilde{\pi}(s,a) A^{\pi}(s,a) \quad (6\text{-}76)$$

这样,就无须使用待更新的策略去采样。而限定策略相近的方法,可以用 KL
散度的概念,因为策略模型常用概率分布来表示。

令 $D_{KL}^{\max}(\pi,\widetilde{\pi}) = \max D_{KL}(\pi(\cdot|s) \| \widetilde{\pi}(\cdot|s))$ 为新旧两个策略之间的最大 KL
散度,则可证明(证明略)

$$\eta(\widetilde{\pi}) \geqslant L_{\pi}(\widetilde{\pi}) - C \times D_{KL}^{\max}(\pi,\widetilde{\pi}) \quad (6\text{-}77)$$

其中

$$C = \frac{4\varepsilon\gamma}{(1-\gamma)^2}, \varepsilon = \max_{s,a}|A^{\pi}(s,a)| \quad (6\text{-}78)$$

令

$$M_i(\pi) = L_{\pi_i}(\pi) - C \times D_{KL}^{\max}(\pi_i,\pi) \quad (6\text{-}79)$$

则

$$\eta(\pi_{i+1}) \geqslant L_{\pi_i}(\pi_{i+1}) - C \times D_{\mathrm{KL}}^{\max}(\pi_i,\pi_{i+1}) = M_i(\pi_{i+1}) \qquad (6\text{-}80)$$

根据定义,有

$$\eta(\pi_i) = L_{\pi_i}(\pi_i) = L_{\pi_i}(\pi_i) - C \times D_{\mathrm{KL}}^{\max}(\pi_i,\pi_i) = M_i(\pi_i) \qquad (6\text{-}81)$$

显然

$$\eta(\pi_{i+1}) - \eta(\pi_i) \geqslant M_i(\pi_{i+1}) - M_i(\pi_i) \qquad (6\text{-}82)$$

若在每次迭代中能保证最大的 M_i,便能保证 η 单调上升,即

$$\pi_{i+1} = \mathrm{argmax}_{\pi} M_i(\pi) \qquad (6\text{-}83)$$

于是,优化的目标为

$$\mathrm{maximize}_{\pi}(L_{\pi}(\widetilde{\pi}) - C \times D_{\mathrm{KL}}^{\max}(\pi,\widetilde{\pi})) \qquad (6\text{-}84)$$

因为最终优化的是参数化的策略,下面用参数向量 $\boldsymbol{\theta}$ 来代替 $\boldsymbol{\pi}$,上述优化目标为

$$\mathrm{maximize}_{\theta}(L_{\theta_{\mathrm{old}}}(\boldsymbol{\theta}) - C \times D_{\mathrm{KL}}^{\max}(\boldsymbol{\theta}_{\mathrm{old}},\boldsymbol{\theta})) \qquad (6\text{-}85)$$

按照式(6-85)迭代,在实践中,每一步步长都偏小,优化速度慢。

还有一种既能保持大的更新步长,又保证安全的思路,即限制新旧策略的差异,使其限定在信赖域(Trust Region)内,这就是信赖域策略优化方法的主要思路。将式(6-85)的优化目标转换为约束条件优化问题:

$$\begin{cases} \mathrm{maximize}_{\theta} L_{\theta_{\mathrm{old}}}(\boldsymbol{\theta}) \\ \mathrm{s.\,t.} \quad D_{\mathrm{KL}}^{\max}(\boldsymbol{\theta}_{\mathrm{old}},\boldsymbol{\theta}) \leqslant \delta \end{cases} \qquad (6\text{-}86)$$

式(6-86)需要对新旧策略之间的最大 KL 散度进行约束,要对所有状态的散度进行约束是不实际的。从实践看,用平均散度来代替最大散度,既降低了计算难度,也不会造成效果下降,则

$$\overline{D}_{\mathrm{KL}}^{\rho}(\theta_1,\theta_2) = \mathbb{E}_{s \sim \rho}(D_{\mathrm{KL}}(\pi_{\theta_1}(s) \| \pi_{\theta_2}(s))) \qquad (6\text{-}87)$$

式(6-86)约束条件变为

$$\begin{cases} \mathrm{maximize}_{\theta} L_{\theta_{\mathrm{old}}}(\theta) \\ \mathrm{s.\,t.} \quad \overline{D}_{\mathrm{KL}}^{\rho}(\theta_{\mathrm{old}},\theta) \leqslant \delta \end{cases} \qquad (6\text{-}88)$$

计算 $L_{\theta_{\mathrm{old}}}(\boldsymbol{\theta})$ 时,还存在优化问题。

展开 $L_{\theta_{\mathrm{old}}}(\boldsymbol{\theta})$:

$$L_{\theta_{\mathrm{old}}}(\boldsymbol{\theta}) = \eta(\boldsymbol{\theta}_{\mathrm{old}}) + \sum_s \rho_{\theta_{\mathrm{old}}}(s) \sum_a \pi_{\theta}(s,a) A_{\theta_{\mathrm{old}}}(s,a) \qquad (6\text{-}89)$$

根据 ρ 的定义,并且用数学期望来代替式(6-89)中的第一个求和公式,可写成

$$L_{\theta_{\mathrm{old}}}(\boldsymbol{\theta}) = \eta(\boldsymbol{\theta}_{\mathrm{old}}) + \frac{1}{1-\gamma} \mathbb{E}_{s \sim \rho_{\theta_{\mathrm{old}}}} \sum_a \pi_{\theta}(s,a) A_{\theta_{\mathrm{old}}}(s,a) \qquad (6\text{-}90)$$

再用 Q 来代替 A:

$$\sum_a \pi_\theta(s,a) A_{\theta_{\text{old}}}(s,a) = \sum_a \pi_\theta(s,a)(Q_{\theta_{\text{old}}}(s,a) - V_{\theta_{\text{old}}}(s))$$

$$= \sum_a \pi_\theta(s,a) Q_{\theta_{\text{old}}}(s,a) - \sum_a \pi_\theta(s,a) V_{\theta_{\text{old}}}(s)$$

$$= \sum_a \pi_\theta(s,a) Q_{\theta_{\text{old}}}(s,a) - V_{\theta_{\text{old}}}(s) \qquad (6\text{-}91)$$

因此,用 Q 来代替 A 只相差一个常数,不影响优化目标。

带约束的优化目标可以写成数学期望的形式:

$$\begin{cases} \text{maximize}_\theta \ \mathbb{E}_{s \sim \rho_{\theta_{\text{old}}}} \sum_a \pi_\theta(s,a) Q_{\theta_{\text{old}}}(s,a) \\ \text{s.t.} \ \mathbb{E}_{s \sim \rho_{\theta_{\text{old}}}} [D_{\text{KL}}(\pi_{\theta_{\text{old}}}(s) \| \pi_\theta(s))] \leqslant \delta \end{cases} \qquad (6\text{-}92)$$

式(6-92)表明,用蒙特卡罗法采样时,需要预先用新的策略 π_θ 来采样,而此时新的策略还未生成,显然无法用新策略采样。由于新旧策略不能相差很大,这样就可以采用重要性采样的方法。

式(6-92)优化目标部分采用重要性采样方法,用策略 $\pi_{\theta_{\text{old}}}$ 代替采样:

$$\sum_a \pi_\theta(s,a) Q_{\theta_{\text{old}}}(s,a) = \sum_a \pi_{\theta_{\text{old}}}(s,a) \frac{\pi_\theta(s,a)}{\pi_{\theta_{\text{old}}}(s,a)} Q_{\theta_{\text{old}}}(s,a)$$

$$= \mathbb{E}_{a \sim \pi_{\theta_{\text{old}}}} \left[\frac{\pi_\theta(s,a)}{\pi_{\theta_{\text{old}}}(s,a)} Q_{\theta_{\text{old}}}(s,a) \right] \qquad (6\text{-}93)$$

在实践中,不一定使用 $\pi_{\theta_{\text{old}}}(s,a)$ 取样,设用 $q(s,a)$ 采样,则变为

$$\sum_a \pi_\theta(s,a) Q_{\theta_{\text{old}}}(s,a) = \mathbb{E}_{a \sim q} \left[\frac{\pi_\theta(s,a)}{q(s,a)} Q_{\theta_{\text{old}}}(s,a) \right] \qquad (6\text{-}94)$$

最终,式(6-93)的带约束的优化目标变为

$$\begin{cases} \max_\theta \ \mathbb{E}_{s \sim \rho_{\theta_{\text{old}}}, a \sim q} \left[\frac{\pi_\theta(s,a)}{q(s,a)} Q_{\theta_{\text{old}}}(s,a) \right] \\ \text{s.t.} \ \mathbb{E}_{s \sim \rho_{\theta_{\text{old}}}} [D_{\text{KL}}(\pi_{\theta_{\text{old}}}(s) \| \pi_\theta(s))] \leqslant \delta \end{cases} \qquad (6\text{-}95)$$

剩下的工作就是如何通过采样计算 $Q_{\theta_{\text{old}}}(s,a)$,以及通过采样平均来代替数学期望。

用 $q(s,a)$ 采样计算 $Q_{\theta_{\text{old}}}(s,a)$ 可以有两种方式:单路径(Single Path)和多路径(Vine),如图 6-19 所示。

(1)单路径。此时, $q(s,a) = \pi_{\theta_{\text{old}}}$,采样生成轨迹 τ,然后计算这条轨迹上的折扣回报,如图 6-19(a)所示。

(2)多路径。单路径方法只采一条轨迹,方差较大。采用多路径方法则可有效减少方差。

计算 $\widetilde{Q}_{\theta_i}(s_n, a_{n,k})$ 的步骤如下:

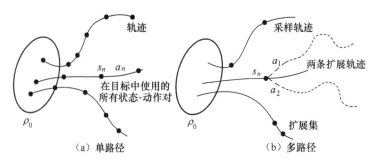

图 6-19 两种采样计算 $Q_{\theta_{old}}(s,a)$ 方式

（1）根据 $s_0 \sim \rho_0$，产生一组初始状态，然后由 $\pi_{\theta_{old}}$ 从这些初始状态开始采样数条轨迹。

（2）在这些轨迹上选取 N 个状态 $s_1, s_2, \cdots, s_N$，即扩展（Rollout Set）集。

（3）对在扩展集上的每个状态 s_n 用 q 产生 K 个动作 $a_{n,k}$。

（4）在每个 $(s_n, a_{n,k})$ 状态动作对上用 q 采样一个短路径，计算 $\hat{Q}_{\theta_i}(s_n, a_{n,k})$。

对于小的有限动作空间，q 一般取均匀分布，可以考虑枚举每个可能动作，然后计算出单个状态 s_n 对 $L_{\theta_{old}}$ 的贡献，这里用 L_n 表示：

$$L_n(\boldsymbol{\theta}) = \sum_{k=1}^{K} \pi_\theta(s_n, a_k) \hat{Q}(s_n, a_k) \tag{6-96}$$

对于较大或者连续的状态空间，q 可以取 $\pi_{\theta_{old}}$ 采样：

$$L_n(\boldsymbol{\theta}) = \frac{\displaystyle\sum_{k=1}^{K} \frac{\pi_\theta(s_n, a_{n,k})}{\pi_{\theta_{old}}(s_n, a_{n,k})} \hat{Q}(s_n, a_{n,k})}{\displaystyle\sum_{k=1}^{K} \frac{\pi_\theta(s_n, a_{n,k})}{\pi_{\theta_{old}}(s_n, a_{n,k})}} \tag{6-97}$$

对于所有状态 $s_n \sim \rho(\pi)$，取平均即可得到 $L_{\theta_{old}}$ 的估计。

最终，TRPO 算法只需要重复执行以下三个步骤。

（1）用单路径或多路径方法收集一组状态-动作对，用蒙特卡罗法估计它们的 Q 值。

（2）通过采样平均的方法，估计目标和约束。

（3）近似求解上述约束优化问题，更新策略参数向量 $\boldsymbol{\theta}$。

对于步骤（3）中近似求解方法，这里不做进一步的讨论。

6.5.4 近端策略优化

由于 TRPO 算法计算量大，算法效率低，且实现难度大，论文作者又提出一种

186

高效的近端策略优化(Proximal Policy Optimization,PPO)算法[6]。

我们用优势函数改写式(6-94)TRPO重要性采样优化目标为

$$\max_\theta \mathbb{E}_{s \sim \rho^\pi, a \sim \pi_{\theta_{\mathrm{old}}}} \left[\frac{\pi_\theta(s,a)}{\pi_{\theta_{\mathrm{old}}}(s,a)} A_{\theta_{\mathrm{old}}}(s,a) \right] \tag{6-98}$$

引入时间下标,优化目标简写成

$$L(\boldsymbol{\theta}) = \mathbb{E}_t \left[\frac{\pi_\theta(s_t,a_t)}{\pi_{\theta_{\mathrm{old}}}(s_t,a_t)} A_{\theta_{\mathrm{old}}}(s_t,a_t) \right] \tag{6-99}$$

设

$$r_t(\boldsymbol{\theta}) = \frac{\pi_\theta(s_t,a_t)}{\pi_{\theta_{\mathrm{old}}}(s_t,a_t)} \tag{6-100}$$

只要将 $r_t(\boldsymbol{\theta})$ 控制在 1 附近,那么就能控制新旧策略之间不会相差很大,这样就可以代替 TRPO 算法中的约束条件。

PPO 算法优化目标为

$$L(\boldsymbol{\theta})^{\mathrm{CLIP}} = \mathbb{E}_t[\min(r_t(\boldsymbol{\theta}) A_{\theta_{\mathrm{old}}}(s_t,a_t), \mathrm{clip}(r_t(\boldsymbol{\theta}), 1-\epsilon, 1+\epsilon) A_{\theta_{\mathrm{old}}}(s_t,a_t))] \tag{6-101}$$

式(6-101)中的裁剪函数 clip 将 $r_t(\boldsymbol{\theta})$ 限定在 $[1-\epsilon, 1+\epsilon]$ 区间内,ϵ 一般取一个很小的数,如 0.2。如果 $r_t(\theta)$ 在限定区域内,则 $\mathrm{clip}(r_t(\boldsymbol{\theta}), 1-\epsilon, 1+\epsilon) = r_t(\boldsymbol{\theta})$,$L(\boldsymbol{\theta})^{\mathrm{CLIP}} = \mathbb{E}_t[r_t(\boldsymbol{\theta}) A_{\theta_{\mathrm{old}}}(s_t,a_t)]$。如果 $r_t(\boldsymbol{\theta})$ 超出限定范围,则需比较裁剪后的 $r_t(\boldsymbol{\theta})$ 与 $A_{\theta_{\mathrm{old}}}(s_t,a_t)$ 乘积的大小,取最小值。这里需要区分 A 值的正负情况,如图 6-20 所示。

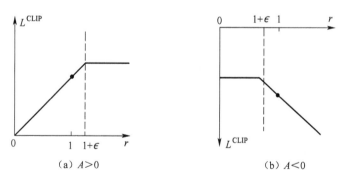

(a) $A>0$　　　　　　(b) $A<0$

图 6-20　$r_t(\boldsymbol{\theta})$ 超出限定范围时 $L(\boldsymbol{\theta})^{\mathrm{CLIP}}$ 与 $r_t(\boldsymbol{\theta})$ 之间的关系

6.5.5　确定性策略梯度

上述策略梯度强化学习方法都是针对随机策略,因此也称为随机策略梯度。

随机策略梯度的目标函数除了式(6-99)的表示法,还可以表示为

$$J(\pi_\theta) = \int_S \rho^\pi(s) \int_A \pi_\theta(s,a) r(s,a) \mathrm{d}a \mathrm{d}s = \mathbb{E}_{s \sim \rho^\pi, a \sim \pi_\theta}[r(s,a)] \quad (6\text{-}102)$$

式中:$\rho^\pi(s)$ 为某个状态 s 出现的概率分布。

平均回报情形下,有

$$\rho^\pi(s) = \lim_{t \to \infty} P\{s_t = s \mid s_0, \pi\} \quad (6\text{-}103)$$

折扣回报情形下,有

$$\rho^\pi(s) = \sum_{t=0}^{\infty} \gamma^t P\{s_t = s \mid s_0, \pi\} \quad (6\text{-}104)$$

Sutton 在 1999 年证明了随机策略梯度定理:

$$\nabla_\theta J(\boldsymbol{\theta}) = \int_S \rho^\pi(s) \int_A \nabla_\theta \pi_\theta(s,a) Q^\pi(s,a) \mathrm{d}a \mathrm{d}s$$
$$= \mathbb{E}_{s \sim \rho^\pi, a \sim \pi_\theta}[\nabla_\theta \log \pi_\theta(s,a) Q^\pi(s,a)] \quad (6\text{-}105)$$

从式(6-105)可以看出,随机策略梯度需要在状态空间和动作空间中积分。

DeepMind 公司的 Dalvid Silver 于 2014 年提出了确定性策略梯度(deterministic policy gradient,DPG)算法[7]。

随机策略 π_θ 通常由参数为 $\boldsymbol{\theta}$ 的深度神经网络表示,输出通常是某一个分布的均值与方差,如高斯分布。而确定性策略可以用 $\mu_\theta = a$ 表示,即

$$J(\mu_\theta) = \int_S \rho^\mu(s) r(s, \mu_\theta(s)) \mathrm{d}s = \mathbb{E}_{s \sim \rho^\mu}[r(s, \mu_\theta(s))] \quad (6\text{-}106)$$

则有下面确定性策略定理[7]:

$$\nabla_\theta J(\mu_\theta) = \int_S \rho^\mu(s) \nabla_\theta \mu_\theta(s) \nabla_a Q^\mu(s,a)\big|_{a=\mu_\theta(s)} \mathrm{d}s$$
$$= \mathbb{E}_{s \sim \rho^\mu}[\nabla_\theta \mu_\theta(s) \nabla_a Q^\mu(s,a)\big|_{a=\mu_\theta(s)}] \quad (6\text{-}107)$$

由此可以看出,确定性策略只需要对状态积分,以及在高维连续动作空间的时候更容易训练。

确定性策略的动作选择由于完全对应到一个状态,因此会导致探索力度不够。DPG 采用离线策略 AC 算法,用随机策略去探索,用确定性策略评估。

下面介绍随机策略的离线 AC 算法。

首先利用一个不同的策略 $\beta(s,a) \neq \pi_\theta(s,a)$ 产生样本;然后用值函数在样本空间的期望作为目标[9]:

$$J_\beta(\pi_\theta) = \int_S \rho^\beta(s) V^\pi(s) \mathrm{d}s = \int_S \int_A \rho^\beta(s) \pi_\theta(s,a) Q^\pi(s,a) \mathrm{d}a \mathrm{d}s \quad (6\text{-}108)$$

对式(6-108)进行微分,省略了对 Q 的梯度,得到下面的近似公式[9]:

$$\nabla_\theta J_\beta(\pi_\theta) \approx \int_S \int_A \rho^\beta(s) \nabla_\theta \pi_\theta(s,a) Q^\pi(s,a) \mathrm{d}a \mathrm{d}s \quad (6\text{-}109)$$

然后进行重要性采样：

$$\nabla_\theta J_\beta(\pi) = \mathbb{E}_{s \sim \rho^\beta, a \sim \beta} \left[\frac{\pi_\theta(s,a)}{\beta_\theta(s,a)} \nabla_\theta \log \pi_\theta(s,a) Q^\pi(s,a) \right] \quad (6\text{-}110)$$

随机策略梯度离线 AC 算法步骤如下：

(1) 用 $\beta(s,a)$ 产生轨迹；

(2) Critic 通过梯度 TD 学习从离线策略轨迹中估计 $V^v(s) \approx V^\pi(s)$ [10]；

(3) Actor 依然从离线策略轨迹中通过式(6-109)随机梯度下降更新参数 θ 。由于式(6-110)中的 $Q^\pi(s,a)$ 未知，用 TD 法估计：$\delta_t = r_{t+1} + \gamma V^v(s_{t+1}) - V^v(s_t)$ ，文献[11]提供了证明。

下面介绍确定性策略梯度离线策略 AC 算法。

同样，用 $\beta(s,a)$ 产生样本轨迹，由于是确定性策略，$V(s) = Q(s,a)$ ，则

$$J_\beta(\mu_\theta) = \int_S \rho^\beta(s) V^\mu(s) \mathrm{d}s = \int_S \rho^\beta(s) Q^\mu(s, \mu_\theta(s)) \mathrm{d}s \quad (6\text{-}111)$$

对式(6-111)进行微分：

$$\nabla_\theta J_\beta(\mu_\theta) \approx \int_S \rho^\beta(s) \nabla_\theta \mu_\theta(a|s) Q^\mu(s,a) \mathrm{d}s$$

$$= \mathbb{E}_{s \sim \rho^\beta} [\nabla_\theta \mu_\theta(s) \nabla_a Q^\mu(s,a) |_{a=\mu_\theta(s)}] \quad (6\text{-}112)$$

式(6-112)和前面一样，省略了一个微分项 $\nabla_\theta Q^{\mu_\theta}(s,a)$ 。

确定策略梯度离线 AC 算法步骤如下：

(1) 用 $\beta(s,a)$ 产生轨迹；

(2) 用 $Q^w(s,a)$ 代替式(6-112)中的 $Q^\mu(s,a)$ ，由 critic 对 $\beta(s,a)$ 产生的轨迹，利用 Q-learning 估计 $Q^w(s,a)$ ：

$$\begin{cases} \delta_t = r_t + \gamma Q^w(s_{t+1}, \mu_\theta(s_{t+1})) - Q^w(s_t, a_t) \\ w_{t+1} = w_t + \alpha_w \delta_t \nabla_w Q^w(s_t, a_t) \\ \theta_{t+1} = \theta_t + \alpha_\theta \nabla_\theta \mu_\theta(s_t) \nabla_a Q^w(s_t, a_t) |_{a=\mu_\theta(s)} \end{cases} \quad (6\text{-}113)$$

确定性策略由于取消了对动作空间的积分，因此可以避免在 Actor 中使用重要性采样；由于采用了 Q-Learning，又可以在 Critic 中避免重要性采样。

$Q^w(s,a)$ 用拟合函数逼近（Compatible Function Approximation）法逼近[7]；DDPG（Deep DPG）算法则是采用深度神经网络逼近 $Q^w(s,a)$ [8]。

参 考 文 献

[1] 周志华. 机器学习[M]. 北京:清华大学出版社,2016.

[2] SUTTON R S, BARTO A G. 强化学习[M]. 2 版. 北京:电子工业出版社,2019.

[3] MNIH V, et al. Human-level control through deep reinforcement learning[J]. Nature,2015.

[4] 冯超. 强化学习精要[M]. 北京:电子工业出版社,2018.

[5] SCHULMAN J,et al. Trust Region Policy Optimization[J]. ICML,2015.

[6] SCHULMAN J,et al. Proximal Policy Optimization Algorithems[J].2017.

[7] SILVER D, et al. Deterministic Policy Gradient Algorithms[J].2014.

[8] LILLICRAP P,et al. Continious control with deep reinforcement learning[J]. ICLR,2016.

[9] DEGRIS T, et al. Linear off-policy actor-critic[J]. 29th International Conferenceon Machine Learning,2012.

[10] SUTTON R S,et al. Fast gradient-descent methods for temporal-difference learning with linear function approximation[J]. 26th International Conference on Machine Learning,2009.

[11] BHATNAGAR S,et al. Incremental natural actor-critic algorithms[J]. Neural Information Processing Systems,2007.

第7章　多智能体强化学习

多智能体系统(Muti-Agent System,MAS)是在同一个环境中由多个交互智能体组成的系统,该系统常用于解决独立智能体以及单层系统难以解决的问题,其中的智能可以由方法、函数、过程、算法或强化学习来实现[1]。多智能体系统因其较强的实用性和扩展性,在机器人协同、分布式控制、资源管理、协同决策支持系统、自主化作战系统、数据挖掘等领域都得到了广泛的应用。

强化学习(Reinforcement Learning,RL)[2]是机器学习的一个重要分支,其本质是描述和解决智能体在与环境的交互过程中学习策略以最大化回报或实现特定目标的问题。与监督学习不同,强化学习并不告诉智能体如何产生正确的动作,它只对动作的好坏做出评价并根据反馈信号修正动作选择策略,所以强化学习的回报函数所需要的信息量更少,也更容易设计,适合解决较为复杂的决策问题。近来,随着深度学习(Deep Learning,DL)[3]技术的兴起及其在诸多领域取得辉煌的成就,融合深度神经网络和 RL 的深度强化学习(Deep Reinforcement Learning,DRL)[4]成为各方研究的热点,并在计算机视觉、机器人控制、大型即时战略游戏等领域取得了较大的突破。

DRL 的巨大成功促使研究人员将目光转向多智能体领域,他们大胆的尝试将DRL 方法融入到 MAS 中,意图完成多智能体环境中的众多复杂任务,这就催生了多智能体深度强化学习(Muti-Agent Deep Reinforcement Learning,MDRL)[5],经过数年的发展创新,MDRL 诞生了众多算法、规则、框架,并已广泛应用于各类现实领域。从单到多、从简单到复杂、从低维到高维的发展脉络表明,MDRL 正逐渐成为机器学习乃至人工智能领域最火热的研究和应用方向,具有极高的研究价值和意义。

本章按照时序分别对 MDRL 的基本理论、发展历程、方法分类、实际应用和未来展望进行综述。其中:7.2 节对 MDRL 的相关理论和基本概念进行阐述;7.3 节则结合该领域中最新的研究成果将典型算法进行分类并对比介绍,并总结了算法面临的问题和挑战,最后简单罗列了 MDRL 的现有测试平台;7.4 节则对 MDRL 的实际应用进行概括并对前景做出了展望。

7.1 多智能体强化学习

与单智能体 RL 不同,多智能体强化学习(Multi-Agent Reinforcement Learning,MARL)遵循随机博弈(Stochastic Game,SG)[22]过程,如图 7-1 所示。

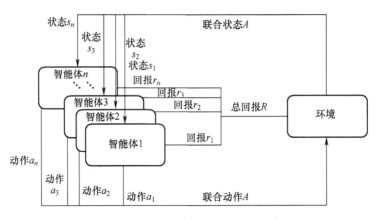

图 7-1 多智能体强化学习基本框架

SG 可由多元组 $S,A_1,\cdots,A_n,R_1,\cdots,R_n,f,\gamma$ 表示,其中 n 为环境中智能体的数量,S 为环境的状态空间,$A_i(i=1,2,\cdots,n)$ 为每个智能体的动作空间,$A=A_1\times\cdots\times A_n$ 为所有智能体的联合动作空间,联合状态转移函数可表示为

$$f:S\times A\times S\to[0,1] \tag{7-1}$$

它决定了在执行联合动作 $a\in A$ 的情况下,由状态 $s\in S$ 转移到下一个状态 $s\in S'$ 的概率分布,每个智能体的回报函数可表示为

$$R_i:S\times A\times S\to\mathbb{R},(i=1,2,\cdots,n) \tag{7-2}$$

在多智能体环境中,状态转移是所有智能体共同作用的结果:

$$a_k=[\boldsymbol{a}_{1,k}^{\mathrm{T}},\boldsymbol{a}_{2,k}^{\mathrm{T}},\cdots,\boldsymbol{a}_{n,k}^{\mathrm{T}}]^{\mathrm{T}},a_k\in A,a_{i,k}\in A_i \tag{7-3}$$

每个智能体的个体策略为

$$\pi_i:S\times A_i\to[0,1] \tag{7-4}$$

它们共同构成联合策略 π。由于智能体的回报 $r_{i,k+1}$ 取决于联合动作,所以总回报取决于联合策略:

$$R_i^\pi(x)=\mathbb{E}\left\{\sum_{k=0}^\infty\gamma^k r_{i,k+1}\mid s_0=s,f\right\} \tag{7-5}$$

每个智能体的 Q 函数则取决于联合动作 $Q_i^\pi:S\times A\to R$,求解方式为

$$Q_i^\pi(s,a)=\mathbb{E}\left\{\sum_{k=0}^\infty\gamma^k r_{i,k+1}\mid s_0=s,a_0=a,f\right\} \tag{7-6}$$

MARL 的算法根据其回报函数的不同可以分为完全合作型[23]（Fully Cooperative）、完全竞争型（Fully Competitive）[23]和混合型（Mixed）[23]三种任务类型，完全合作型算法中智能体的回报函数是相同的，即 $R_1 = R_2 = \cdots = R_n$，表示所有智能体都在为实现共同的目标而努力，其代表算法有团队 Q 学习（Team Q-learning）[24]、分布式 Q 学习（Distributed Q-learning）[25]等；完全竞争型算法中智能体的回报函数是相反的，环境通常存在两个完全敌对的智能体，它们遵循 SG 原则，即 $R_1 = -R_2$，智能体的目标是最大化自身的回报，同时尽可能最小化对方回报，其代表算法为 Minimax-Q[26]；混合型任务中智能体的回报函数并无确定性正负关系，该模型适合自利型（Self-interested）智能体，一般来说此类任务的求解大都与博弈论中均衡解的概念相关，即当环境中的一个状态存在多个均衡时，智能体需要一致选择同一个均衡。该类算法主要面向静态任务，比较典型的有纳什 Q 学习（Nash Q-learning）[27]、相关 Q 学习（Correlated Q-learning）[28]、朋友或敌人 Q 学习（Friend or Foe Q-learning）[29]等。多智能体强化学习算法汇总如表 7-1 所列。

表 7-1　多智能体强化学习算法汇总

分类	特点	算法名称
合作型	$R_1 = \cdots = R_n$	Team Q-learning、Distributed Q-learning 等
竞争型	$R_1 = -R_2(n = 2)$	Minimax-Q
混合型	回报值互不相关	Nash Q-learning、Correlated Q-learning、Friend or Foe Q-learning 等

总的来看，传统 MARL 方法有很多优点，如合作型智能体间可以互相配合完成高复杂度的任务；多个智能体可以通过并行计算提升算法的效率；竞争型智能体间也可以通过博弈互相学习对手的策略，这都是 SARL 所不具备的。当然，MARL 也有较多缺陷，如 RL 固有的探索利用矛盾（Explore and Exploit）和维度灾难（Curse of Dimensionality）；多智能体环境非平稳性（None-stationary）问题；多智能体信度分配（MultiAgent Credit Assignment）[30]问题；最优均衡解问题；学习目标选择问题等。

7.2　多智能体深度强化学习及其经典方法

由于传统 MARL 方法存在许多缺点和局限，其只适用于解决小型环境中的简单确定性问题，研究如何将深度神经网络和传统 MARL 相融合的 MDRL 方法具有很大的现实意义和迫切性。本节将分类介绍主流的 MDRL 方法并对每类方法的优缺点进行比较。按照智能体之间的协作和通信方式，大致将当前的 MDRL 方法分为：无关联型、通信规则建模、协作行为建模和对手建模学习四类。无关联型方法是将单智能体深度强化学习方法直接应用到多智能体场景中，通过构建联合状态空间和联合动作空间的模式实现场景到模型的映射,实质上是假设智能体之间全通信、且无通信成本;通信规则建模方通过在智能体间建立显式的通信机制,在学习过程中训练优化通信机制,该方法多应用于完全合作型任务和非完全观测环境;协作行为建模方法通过值函数分解、回报函数重构、参数共享等方式在强化学习层面对智能体的协作行为进行建模,适用合作型、竞争型、混合型等多种环境,也能较好解决非平稳性和信度分配问题;对手建模学习方法通过对其他智能体建模并预测其行为的方式,主要解决欠通信、不完全信息、自主决策问题,但由于欠通信导致的信息缺乏、环境噪声等问题使得该方法计算复杂度高、训练难度大。

7.2.1 无关联型方法

无关联性方法将单智能体 DRL 算法直接扩展到多智能体环境中,每个智能体独立与环境进行交互并自发的形成行为策略,互相之间不存在通信关联,其最初多用于测试单智能体 DRL 方法在多智能体环境中的适应性。Tampuu[31]、Leibo[32]、Peysakhovich[33]等最早将 DQN 算法分别应用到 Atari 乒乓球游戏等多种简单博弈场景中,他们在算法中引入了自博弈(Self-play)[34]机制和两套不同的回报函数以保证算法收敛,实验表明,DQN 算法在这些简单多智能体场景中能够保证智能体之间的合作和竞争行为;Bansal 等[35]将 PPO 算法应用到竞争型多智能体模拟环境 MuJoCo 中,他们引入了探索回报 (Exploration Rewards)[36] 和对手采样(Opponent Sampling)[37]两种技术保证智能体形成自发性对抗策略,探索回报引导智能体在训练的前期学习到非对抗性的策略,以增加学习策略的维度;对手采样则引导智能体同时对新旧两种对手智能体进行采样,以增加学习策略的广度;Raghu 等[38]则尝试使用 DQN、A3C、PPO 等多种单智能体 DRL 算法解决了双人零和博弈问题,实验结果表明算法可以根据博弈问题的难易程度形成不同的行为策略;Gupta 等[39]将 DQN、TRPO、DDPG 等算法与循环神经网络相结合,应用到多智能体环境中,为了提升算法在多智能体环境中的可扩展性,他们引入了参数共享(见3.3.3 节)和课程学习(见 4.2 节)机制,算法在多种场景中都取得了不错的效果(表 7-2)。由于无关联型方法属于早期对多智能体学习环境的勇敢尝试,国内研究团队相对来说较为滞后,理论和实验贡献较为有限。

表 7-2 无关联型方法总结分析

研究者	完成工作	性能特点
Tampuu/Leibo/ Peysakhovich	将 DQN 等算法应用到简单游戏场景中	完成合作、竞争、混合型多种任务
Bansal 等	将 PPO 算法应用到 MuJoCo 环境中	引入探索回报和对手采样机制,产生较优策略

研究者	完成工作	性能特点
Raghu 等	使用 DQN/A3C/PPO 等算法解决零和博弈问题	可以形成多种不同策略
Gupta 等	将 DQN/TRPO/DDPG 等算法应用到复杂多智能体环境中	引入参数共享和课程学习机制,结合 RNN,具有较强可扩展性

无关联型方法较易实现,算法无须在智能体之间构建通信规则,每个智能体独立与环境交互并完成训练过程,该类方法能够有效的规避维度灾难带来的影响,且在可扩展性方面有先天性的优势。但是,它的局限性也十分明显,由于智能体之间互不通联,每个智能体将其他智能体看作环境的一部分。从个体的角度上看,环境是处在不断变化中的,这种环境非平稳性严重影响了学习策略的稳定和收敛,另外该类方法的学习效率和速率都十分低下。

7.2.2　通信规则建模方法

通信规则建模方法在智能体间建立显式的通信机制(如通信方式、通信时间、通信对象等),并在学习过程中逐渐确定和完善该通信机制,训练结束后,每个智能体需要根据其他智能体所传递的信息进行行为决策,此类方法多应用于完全合作型任务和非完全观测环境。

强化互学习(Reinforced Inter-Agent Learning, RIAL)[40]和差分互学习(Differentiable Inter-Agent Learning, DIAL)[40]是比较有代表性的通信规则型算法,它们遵循集中训练分散执行框架(见 3.3.2 节),都使用中心化的 Q 网络在智能体之间进行信息传递,该网络的输出不仅包含 Q 值,还包括在智能体之间交互的信息,其中 RIAL 使用双网络结构分别输出动作和离散信息以降低动作空间的维度,而 DIAL 则建立了专门的通信通道实现了信息端到端的双向传递,相比 RIAL, DIAL 在通信效率上更具优势。

RIAL 和 DIAL 算法只能传递离散化的信息,这就限制了智能体之间通信的信息量和实时度。为了解决这一问题,Sukhbaatar 等提出了通信网(CommNet)算法[41]。该算法在智能体之间构建了一个具备传输连续信息能力的通信通道,它确保环境中任何一个智能体都可以实时传递信息。该通信机制具有两个显著特点:①每个时间步都允许所有的智能体自由通信;②采用广播的方式进行信息传递,智能体可以根据需求选择接受信息的范围。这样每个智能体都可以根据需要选择和了解环境的全局信息。实验表明,CommNet 在合作型非完全观测(见 4.2节)环境中的表现优于多种无通信算法和基线算法。

国内对于通信规则型的 MDRL 研究也取得了不小的进展,其中最著名的有阿里巴巴团队提出的多智能体双向协同网络(Bidirectionally-coordinated Nets, BiC-

Net)[42],该方法旨在完成即时策略类游戏星际争霸 2 中的微观管理任务,即实现对低级别、短时间交战环境中己方的单位控制。算法基于 AC 框架和双向循环神经网络(Bidirectional Recurrent Neural Network, Bi-RNN),前者使得每个智能体在独立做出行动决策的同时又能与其他智能体共享信息,后者不仅可以保证智能体之间连续互相通信,还可以存储本地信息。该方法的核心思路是将复杂的交战过程简化为双人零和博弈问题,由以下元组表示:

$$(S, \{A_i\}_{i=1}^N, \{B_i\}_{i=1}^M, T, \{R_i\}_{i=1}^{N+M}) \tag{7-7}$$

式中:S 为所有智能体共享的全局状态;M、N 和 A、B 分别为敌对双方智能体的数量和动作空间;全局状态转移概率为

$$T: S \times A^N \times B^M \rightarrow S \tag{7-8}$$

第 i 个智能体收到的环境回报为

$$R_i: S \times A^N \times B^M \rightarrow \mathbb{R} \tag{7-9}$$

其中,一方的全局回报函数为

$$r(s, a, b) = \frac{1}{M} \sum_{j=N+1}^{N+M} \Delta R_j^t(s, a, b) - \frac{1}{N} \sum_{i=1}^N \Delta R_i^t(s, a, b) \tag{7-10}$$

对于敌我双方智能体来说,学习目标分别为最大化和最小化这一全局期望累计回报,二者遵循 Minimax 原则,最优 Q 值可表示为

$$Q^*(s, a, b) = r(s, a, b) + \lambda \max_\theta \min_\phi Q^*(s', a_\theta(s'), b_\phi(s')) \tag{7-11}$$

算法假设敌方策略不变,SG 过程可被简化为 MDP 过程进行求解:

$$Q^*(s, a) = r(s, a) + \lambda \max_\theta Q^*(s', a_\theta(s')) \tag{7-12}$$

经过充分训练,BiCNet 算法可以让游戏中的单位成功实现进攻、撤退、掩护、集火攻击、异构单位配合等多种智能协作策略。

近来,通信规则型 MDRL 方法的研究成果主要侧重于改进智能体之间的通信模型以提升通信效率,如北京大学多智能体团队[43]提出一个基于注意力机制(ATOC Architecture)的通信模型,让智能体具备自主选择通信对象的能力;Kim 等[44]将通信领域的介质访问控制(Medium Access Control)方法引入到 MDRL 中,提出规划通信(Schedule Communication)模型,优化了信息的传输模式,让智能体具备全时段通信能力(表 7-3)。

表 7-3　通信规则型方法总结分析

算法名称	通信方式	优　点	缺　点
RIAL/DIAL	使用中心化的 Q 网络和通信通道在智能体之间进行信息传递	通信模型十分简化,实现了智能体间基本的通信,后者还能实现双向通信	只能传递离散化的信息,无法实现复杂信息传递

算法名称	通信方式	优 点	缺 点
CommNet	在智能体之间构建了一个具备传输连续信息能力的通信通道	可在智能体之间进行连续信息通信,智能体可以自由选择通信时间和范围	集中式训练模式,复杂度较高,容易维度爆炸,可扩展性差
BiCNet	使用 AC 框架和双向循环神经网络共享信息实现通信	实现了异构智能体间的即时通信,可对星际争霸 2 中多个单位进行复杂配合的控制	专门为特定应用设计,方法泛化能力有限
ATOC/Schedule Communicatin	采用注意力机制通信和规划通信模型	对信息传递的模式进行了优化,智能体实现了全时段通信能力	模型复杂度较高,针对特定场景和应用,不具泛化性

总的来说,通信规则型方法优势在于算法在智能体之间建立的显式信道可以使智能体学习到更好的集体策略,但其缺点主要是由于信道的建立所需参数较多,算法的设计架构一般较为复杂。

7.2.3 协作行为建模方法

协作行为建模并不直接在多智能体间建立显式的通信规则,而是使用传统 MARL 中的一些理论使智能体学习到合作型策略。值函数分解网(Value Decomposition Networks, VDN)[45]及其改进型 QMIX[46] 和 QTRAN[47] 等将环境全局回报按照每个智能体对环境做出的贡献进行拆分,具体是根据每个智能体对环境联合回报的贡献大小将全局 Q 函数分解为与智能体一一对应的本地 Q 函数,经过分解后每个 Q 函数只和智能体自身的历史状态和动作有关。上述三种算法的区别在于 Q 函数分解的方式不同,VDN 才采用简单的线性方式进行分解,而 QMIX 和 QT-RAN 则采用非线性的矩阵分解方式。另外,QTRAN 在具有更加复杂的 Q 函数网络结构。该值函数分解思想有效的提升了多智能体环境中的学习效果。

多智能体深度确定性策略梯度(Multi - Agent Deep Deterministic Policy Gradient, MADDPG)[48]是一种基于 AC 框架的算法,且遵循集中训练分散执行原则(见 3.3.2 节)。算法中每个智能体都存在一个中心化的 Critic 接收其他智能体的信息(动作和观测等),即:$Q_i^\mu(o_1, a_1, \cdots, o_N, a_N)$,同时每个智能体的 Actor 网络只根据自己的部分观测执行策略 $a_i = \mu_{\theta_i}(o_i)$,每个智能体 Critic 网络的梯度遵循:

$$\nabla_{\theta_i} J(\boldsymbol{\mu}_i) = \mathbb{E}_{x,a \sim D}\left[\nabla_{\theta_i} \boldsymbol{\mu}_i(a_i | o_i) \nabla_{a_i} Q_i^\mu(\boldsymbol{x}, a_1, \cdots, a_N) |_{a_i = \boldsymbol{\mu}_i(o_i)} \right] \quad (7-13)$$

算法通过不断优化损失函数得到最优策略:

$$\mathcal{L}(\theta_i) = \mathbb{E}_{x,a,r,x'}\left[(Q_i^\mu(\boldsymbol{x}, a_1, \cdots, a_N) - y)^2 \right] \quad (7-14)$$

$$y = r_i + \gamma Q_i^{\mu'}(\boldsymbol{x}', a_1', \cdots, a_N') |_{a_j' = \boldsymbol{\mu}_j'(o_j)} \quad (7-15)$$

该算法无须建立显示的通信规则,同时适用合作型、竞争型、混合型等多种环境,能够很好的解决多智能体环境非平稳问题和信度分配问题。

反事实多智能体策略梯度(Counterfactual Multi-Agent Policy Gradients, CO-MA)[49]是另一种基于 AC 框架的合作型算法。该算法采用完全集中的学习方式,主要解决多智能体信度分配问题,也就是如何在只能得到全局回报的合作型环境中给每个智能体分配回报值。该算法的解决方式是假设一个反事实基线(Counterfactual Baseline),即在其他智能体的动作保持不变的情况下去掉其中一个智能体的动作,然后计算当前 Q 值和反事实 Q 值的差值得到优势函数,并进一步得出每个智能体的回报,COMA 不受环境的非平稳性带来的影响,但其可扩展性相对较差。

Gupta 等将参数共享(Parameter Sharing, PS)[50]框架与多种 DRL 算法结合应用于多智能体环境。PS 框架的核心思想是利用一个全局的神经网络收集所有智能体的各类参数进行训练。但在执行阶段仍然保持各个智能体的独立,相应的算法有 PS-DQN、PS-DDPG、PS-TRPO 等。

国内的多智能体协作型算法研究也有不小的进展,天津大学的郝建业等提出了加权双深度 Q 网络(Weighted Double Deep Q-Network, WDDQN)算法,该方法将双 Q 网络结构和宽大回报(Lenient Reward)理论加入到经典算法 DQN 中,前者主要解决深度强化学习算法固有的过估计问题,后者则侧重于提升合作型多智能体环境随机策略更新能力,此外作者还改变了 DQN 中的经验库抽取机制以提升样本学习质量。实验结果显示该方法在平均回报和收敛速率上都超过了多种基线算法,如表 7-4 所列。

表 7-4　互相协作型方法总结分析

算法名称	主要机制	优　点	缺　点
VDN/QMIX/QTRAN 等	采用值函数分解思想,按照智能体对环境的联合回报的贡献大小分解全局 Q 函数	很好的解决了多智能体信度分配问题	目前不存在一种有效的分解机制对多智能体环境具有普适性,分解方法较为单一,如线性分解、矩阵分解等方式
MADDPG	采用 AC 框架和集中训练分散执行模式,每个智能体拥有中心化的 Critic 接受全局信息	无须建立现实通信规则,很好的解决了环境非平稳性问题,算法容易收敛至全局最优解	可扩展性差,不支持大量智能体训练,训练周期较长
COMA	采取完全集中的训练方式,算法中引入反事实基线概念,面向合作型任务	解决多智能体环境中的非平稳性问题,不受环境改变的影响	可扩展性较差,集中式训练器容易维度爆炸,对参数要求较高

198

算法名称	主要机制	优　点	缺　点
PS-DQN/ PSDDPG/ PS-TRPO 等	将参数共享机制融入 DRL 算法	提升算法的训练效率和收敛速度	不适用异构型智能体的合作,只支持智能体完成较为简单的任务
WDDQN	将双 Q 网络结构和宽大回报理论引入 DQN	解决了多智能体环境下的过估计问题,提升了随机策略更新能力	算法对数据和参数要求较高,对环境适应性不强

互相协作型方法虽然不需要复杂的通信建模过程,但由于在训练过程中融入了传统多智能体算法的规则(如值函数分解、参数共享、纳什均衡等),兼具易实现性和高效性,且此类方法应对不同学习场景的通用性也很强,其缺点是适用环境较为单一(无法应对完全对抗型环境)。

7.2.4　对手建模学习方法

对手建模学习方法中智能体主要通过为其他智能体建模的方式分析并预测行为,深度循环对手网络(Deep Recurrent Opponent Network, DRON)[15]是早期比较有代表性的建模学习型算法。它的核心思想是建立两个独立的神经网络:一个用来评估 Q 值;另一个用来学习对手智能体的策略,该算法还使用多个专家网络分别表征对手智能体的所有策略以提升学习能力。与 DRON 根据对手智能体特征进行建模的方式不同,深度策略推理 Q 网络(Deep Policy Inference Q-network, DPIQN)[51]则完全依靠其他智能体的原始观测进行建模,该算法通过一些附属任务(Auxiliary Task)学习对方智能体的策略,附属任务完成的情况直接影响算法的损失函数,这样就将学习智能体的 Q 函数和对方智能体的策略特征联系起来,并降低了环境的非平稳性对智能体学习过程的影响。该算法还引入自适应训练流程让智能体在学习对手策略和最大化 Q 值之间保持平衡,这表明 DPIQN 可同时适用于敌方和己方智能体。自预测建模(Self Other Modeling, SOM)[52]算法使用智能体自身的策略预测对方智能体的行为,它也有两个网络,只不过另一个网络不学习其他智能体的策略而是对它们的目标进行预测,SOM 适用于多目标场景。

此外,博弈论和 MARL 的结合也是该类方法的重要组成部分,如神经虚拟自学习(Neural Fictitious Self-Play, NFSP)[53],算法设置了两个网络模拟两个智能体互相博弈的过程,智能体的目标是找到近似纳什均衡,该算法适用于不完美信息博弈对抗,如德州扑克。Minimax 原则也是博弈论中的重要理论,清华大学多智能体团队将其与 MADDPG 算法相结合并提出了 M3DDPG 算法[54],其中 Minimax 原则用于估计环境中所有智能体的行为都完全敌对情况下的最坏结局,而智能体策略按照所估计的最坏结局不断更新,这就提升了智能体学习策略的稳健性,保证了学习的有效性,如表7-5所列。

表7-5　建模学习型方法总结分析

算法名称	主要机制	适用场景
DRON	采用独立的神经网络学习对手智能体的策略	混合型场景
DPIQN	根据其他智能体观测进行建模,通过附属任务学习智能体策略	多子任务的对抗型场景
SOM	使用自身策略预测其他智能体的行为	多目标合作型场景
NFSP	双网络模拟智能体互博弈过程,通过找到纳什均衡完成算法收敛	棋牌类游戏等不完美信息的完全竞争场景
M3DDPG	由经典 MDRL 算法 MADDPG 改进得到,引入 Minimax 原则对环境中敌对智能体进行最坏估计,提升了生成策略的稳键性	混合型场景中强稳键策略的生成

建模学习型方法旨在对手或队友策略不可知的情况下以智能体建模的方式对行为进行预测,这类算法一般稳键性较强,可以应对多种不同的场景,但计算和建模的复杂度较高,无法适应大型复杂的多智能体系统,所以实际应用较少,如表7-6所列。

表7-6　多智能体强化学习方法分类对比分析

方法分类	优　点	缺　点
无关联型方法	简单,易实现	无法解决多智能体环境的非平稳性问题,难稳定收敛
通信规则建模方法	建立显式信道,学习最优策略	参数较多,算法的设计架构较为复杂
协作行为建模方法	无须通信建模,兼具易实现性和高效性,通用性强	应用环境单一(无法应对完全竞争型环境)
对手建模学习方法	可预测其他智能体行为,稳键性强,适用不同场景	计算复杂度高,无法适用大型系统

7.3　多智能体深度强化学习的关键问题

尽管 MDRL 方法在理论、框架、应用等层面都有不小的进展,但该领域的探索还处在起步阶段,与单智能体的诸多方法相同,MDRL 方法在实验及应用层面也面临许多问题和挑战,本节对 MDRL 方法所面临得关键问题和现行解决方案及发展方向进行总结。

7.3.1　环境的非平稳性问题

与单智能体环境不同,在多智能体环境中,每个智能体不仅要考虑自己动作及回报,还要综合考虑其他智能体的行为,这种错综复杂的交互和联系过程使得环境不断的动态变化,这就多智能体环境的非平稳性。在非平稳的环境中,智能体间动作及策略的选择是相互影响的,这使得回报函数的准确性降低,一个良好的策略会随着学习过程的推进不断变差。环境的非平稳性大大增加算法的收敛难度,降低算法的稳定性,并且打破智能体的探索和利用平衡。为解决环境非平稳问题,研究人员从不同角度对现有方法进行了改进,Castaneda[55]提出了两种基于 DQN 的改进方法,它们分别通过改变值函数和回报函数的方式增加智能体之间的关联性;Diallo 等[56]则将并行运算机制引入到 DQN 中,加速多智能体在非平稳环境中的收敛;Foerster 等[40]则致力于通过改进经验库机制让算法适用于不断变化的非平稳环境,为此他提出了两种方法:①为经验库中的数据设置重要性标记,丢弃先前产生而不适应当前环境的数据;②使用"指纹"为每个从经验库中取出的样本单元做时间标定,以提升训练数据的质量。目前,针对环境非平稳性的解决方案较多,也是未来 MDRL 领域学术研究的热门方向。

7.3.2　非完全观测问题

在大部分多智能体系统中,智能体在交互过程中无法了解环境的完整信息,它们只能根据所能观测到的部分信息做出相对最优决策,这就是部分可观测马尔可夫决策过程(Partially Observable Markov Decison Process,POMDP),POMDP 是 MDP 在多智能体环境中的扩展,它可由多元组 $G = S, A, T, R, Q, O, \gamma, N$ 表示,其中:S 和 A 分别为智能体的状态和动作集合;T 和 R 则为状态转移方程和回报函数;Q 和 O 则为每个智能体 Q 值和部分观测值,每个智能体并不知道环境的全局状态 $s \in S$,只能将自己的部分观测值当作全局状态,即

$$o_i = Q_i(s) : S \rightarrow O_i \tag{7-16}$$

并以此为根据做出决策:

$$\pi_\theta(a_i \mid o_i) : O_i \times A_i \rightarrow [0, 1] \tag{7-17}$$

得到一个关于状态动作的回报值:

$$r_i = R(s, a_i) : S \times A_i \rightarrow R \tag{7-18}$$

之后智能体转移到了下一个状态:

$$s' = T(s, a_1, a_2, \cdots, a_N) : S \times A_1 \times A_2 \times \cdots \times A_N \rightarrow S \tag{7-19}$$

每个智能体的目标都是最大化自己的总回报:

$$\mathbb{E}[R_i] = \mathbb{E}\left[\sum_{t=0}^{T} \gamma^t r_i^t\right] \tag{7-20}$$

式中: r_t^i 为第 i 个智能体在时间 t 上的总回报; T 为时间范围。

现有研究中有多种方法用于求解 POMDP 问题,如 DRQN[15] 算法中的循环网络结构保证了智能体在非完全观测环境中高效学习和提升策略,其改进算法深度分布式循环 Q 网络(Distributed Deep Recurrent Opponent Network, DDRQN)[15] 在解决多智能体 POMDP 问题中也取得了很好的效果。算法主要由三点创新:①在训练过程中将智能体的上一步动作作为下一步的输入,从而加速算法的收敛;②在智能体间引入权重分享机制,降低学习参数的数量;③放弃经典 DRL 算法中的经验库机制以降低环境非平稳性带来的影响。与此同时,也有不少方法致力于解决大规模 POMDP 问题。Gupta 提出了课程学习(Curriculum Learning, CL)的训练机制,类似于人脑渐进的学习过程。该机制首先让少量智能体合作完成简单的任务;然后逐渐增加智能体数量和任务难度,整个训练过程还支持多种算法的融合。目前,该领域的研究侧重于异构智能体 POMDP 问题的求解。

7.3.3 多智能体环境训练模式问题

早期的大部分 MDRL 算法都采用集中式或分散式两种训练模式,前者使用一个单独的训练网络总揽整个学习过程,算法很容易过拟合且计算负荷太大;后者采用多个训练网络,每个智能体之间完全独立,算法由于不存在中心化的目标函数,往往难以收敛。所以,两种训练模式只支持少量智能体的小型系统。集中训练和分散执行(Centralized Learning and Decentralized Execution, CLDE)[48] 融合了以上两种模式的特点,智能体一方面在互相通信的基础上获取全局信息进行集中式训练,然后根据各自的部分观测值独立分散执行策略。该模式最大的优点是允许在训练时加入额外的信息(如环境的全局状态、动作或者回报),在执行阶段这些信息又可被忽略,这有利于实时掌控和引导智能体的学习过程。近来采用 CLDE 训练模式的 MDRL 算法不断增加。以上述三种基本模式为基础,研究人员不断探索出新的多智能体训练模式,它们各有优长,可应用于不同的多智能体环境。

7.3.4 过拟合问题

过拟合最早出现在监督学习算法中,指的是算法只能在特定数据集中取得很好的效果,而泛化能力很弱。多智能体环境中同样存在过拟合问题,如在学习过程中其中一个智能体的策略陷入局部最优,学习策略只适用于其他智能体的当前策略和当前环境。目前,有三种比较成熟的解决方法:①策略集成(Policy Emsemble)[48] 机制,即让智能体综合应对多种策略以提升适应性;②极小极大(Minimax)[54] 机制,即让智能体学习最坏情况下的策略以增强算法的稳健性;③消息失活(Message Dropout)[58] 机制,即在训练时随机将神经网络中特定节点进行失活处理以提升智能体策略的稳健性和泛化能力。

7.3.5 多智能体信度分配问题

在合作型多智能体环境中,智能体的个体回报和全局回报都可以用来表征学习进程,但个体回报一般难以获得,所以大部分实验都使用全局回报计算回报函数。如何将全局回报分配给每个智能体,使其能够精准的反映智能体对整体行为的贡献,这就是信度分配问题。早起的方法如回报等分在实验中的效果很差。差分回报(Difference Rewards)[57]是一个比较有效的方法,其核心是将每个智能体对整个系统的贡献值进行量化,但这种方法的缺点是很难找到普适的量化标准,另外该方法容易加剧智能体间信度分配的不平衡性。COMA[49]中优势函数(Advantage Function)思想也是基于智能体的贡献大小进行信度分配,算法通常使用神经网络拟合优势函数,该方法无论是在分配效果还是效率上都好于一般方法。总之,信度分配是 MDRL 算法必须面临的重要问题,如何精确高效的进行信度分配直接关系到多智能体系统的成败,这也是近来多智能体领域研究的重点。

7.4 多智能体博弈强化学习

在多智能体系统中,智能体之间天然存在竞争关系、合作关系、竞争合作的混合关系等。在一个贴近现实的多智能体博弈模型中,每个智能体都会以某种形式跟踪学习其他智能体的行为以优化自身模型。然而,传统多智能体深度强化学习方法不对智能体的博弈行为进行显式建模,试图通过交互学习机制获取最优博弈策略,虽然降低了建模的复杂度,但是这种方式训练得到的决策模型在向实际系统或新环境迁移效果不佳。事实上,由于智能体数量增加,将最大化单个智能体的累积回报的期望值作为学习目标往往无法收敛,某些特殊的收敛点也不满足策略的合理性。对于不存在最优解的实际问题,强化学习算法更是束手无策,将博弈理论引入强化学习可以很好的解决智能体的相互关系,可以解释收敛点对应策略的合理性,更重要的是可以用均衡解来替代最优解以求得相对有效的策略。因此,本节从博弈论的角度梳理近年来出现的强化学习算法,总结当前博弈强化学习算法的重难点,并给出可能解决上述重难点的几个突破方向。

7.4.1 典型博弈过程

MDP 是由五元组 $< S,A,P,R,\gamma >$ 构成。其中: S 为包含所有状态的有限集合; A 为包含智能体所有动作的有限集合; P 为 $P:S \times A \times S \rightarrow [0,1]$ 的转换函数; R 为 $R:S \times A \times S \rightarrow \mathbb{R}$ 的回报函数; $\gamma \in [0,1]$ 是折扣系数,用于平衡智能体的瞬时回报和长期回报对总回报的影响。

MDP 的求解目标是找到期望回报值最大的最优策略 σ^*,一般用最优状态动作值函数形式化表征期望回报:$Q^*(S,a) = \max \mathbb{E}[R_t | S_t = s, a_t = a, \sigma]$。当智能体的数量超过一个,同时环境的改变和每个智能体的回报取决于所有智能体的动作和当前状态时则称为多智能体马尔可夫决策过程。

1. 随机博弈

随机博弈(Stochastic Games,SG)可以看成 MDP 向多人博弈的推广,由如下的六元组定义:$N, S, A^i, P, R^i, \gamma$,其中:$N$ 为博弈玩家的个数,当玩家的个数为 1 时,即退化为 MDP;A^i 为第 i 个玩家的动作;A^{-i} 为除第 i 个玩家外其他玩家的动作;记 $A = A^1 \times A^2 \times \cdots \times A^n$;$R^i$ 为第 i 个玩家的回报函数;当每个玩家的回报函数相同时此博弈则称为团队博弈(Team Games)。

2. 部分可观察的随机博弈

部分可观察的随机博弈(Partially Observable SG,POSG)是在随机博弈的基础上对玩家所能观察到的信息进行了一定的约束,具体表示为 $N, S, A^i, P, R^i, \gamma$,$OB^i, O$,其中:$OB^i$ 为第 i 个玩家的观测集,联合观测集为 $OB = OB^1 \times OB^2 \times \cdots \times OB^n$;$O$ 为 $S \times A \to [0,1]$ 的观测函数。去中心化的部分可观察马尔可夫决策过程(Dec-POMDP)是特殊情况下的 POMDP,即所有智能体的回报函数都相同:$R^1 = R^2 = \cdots = R^n$。

3. 纳什均衡

博弈论中,纳什均衡就是一组策略 $(\sigma_*^1, \cdots, \sigma_*^n)$,该策略使得每个玩家在其他玩家策略不变的情况下,该玩家的收益不会减少,即 $\forall s \in S, (i = 1, 2, \cdots, n)$,有如下不等式:

$$R^i(s, \sigma_*^1, \cdots, \sigma_*^n) \geq R^i(s, \sigma_*^1, \cdots, \sigma_*^{i-1}, \sigma^i, \sigma_*^{i+1}, \cdots, \sigma_*^n) \qquad (7-21)$$

式中:$\sigma^i \in \Pi^i$,Π^i 为玩家 i 所有可能的策略集合。

4. 元博弈

对于 n 人一般式博弈 $G = N, \{A_i\}_{i=1}^n, \{U_i\}_{i=1}^n$,其关于智能体 i 的一阶元博弈(Metagame)iG 可以表示成 $iG = N, A_i, \cdots A_{i-1}, F_i, A_{i+1}, \cdots, A_n, U_1^{iG}, \cdots, U_n^{iG}$,其中 F_i 表示智能体 i 的反应函数空间。反应函数的定义为 $f: A_{-i} \to A_i$。对于智能体 i 的任意反应函数 $f \in F_i$,以及其他智能体的任意联合动作 $a_{-i} \in A_{-i}$,有 $U_k^{iG}(f, a_{-i}) = U_k(f(a_{-i}), a_{-i})$。

7.4.2 标准型博弈

在标准型博弈中,我们通过博弈玩家的目标是否相同,将其划分为共同利益博弈和不同利益博弈,常见的共同利益博弈有团队博弈、势博弈和 Dec-POMDP,研究共同利益博弈最大的优势在于可以使用具有理论保证的单智能体强化学习算法。

7.4.3　共同利益博弈

1. 团队博弈

团队博弈被反复研究的重要原因是其对于构建分布式 AI（DAI）至关重要。团队博弈中，每个智能体只需要维护自己的值函数，而且值函数只取决于当前的状态和动作，从而避免了考虑联合动作时的环境非平稳和维度爆炸问题。因此，很多单智能体算法可以运用在该问题上。如果博弈存在多个纳什均衡，即使每个智能体之间的学习目标并不冲突，也会导致智能体最终不会学到最优策略的问题。

Sandholm[6]利用有偏好的动作选择和不完整的历史采样提出了最优自适应学习算法（Optimal Adaptive Learning，OAL），并证明该方法对于存在多个纳什均衡的团队博弈中都会收敛至最优纳什均衡，但是该方法在一般的随机博弈中收敛性并不能得到保证。所以，在 OAL 算法基础上，Arslan[7]提出了随机博弈的去中心化 Q-learning 算法，并借助双时间尺度分析以团队博弈问题为例，证明了算法在大量的随机博弈中都会稳定收敛到最优纳什均衡。

团队博弈中，获得最优解的关键是如何解决智能体之间的合作关系。Mao 提出 ATT-MADDPG 算法[8]，算法通过一个集中的 Ctitic 来收集其他玩家的信息和策略，并在集中 critic 中嵌入注意力机制以自适应的方式对其他玩家的动态联合策略建模。当玩家的策略发生改变时，相关的注意权重就会自适应的改变，智能体就会快速的调整自己的策略。在多智能体系统中，智能体的交互并不是一直存在，某个特定的智能体也不是一直处于和其他智能体交互的状态。Liu 利用完全图对智能体的关系进行建模，提出基于两阶段注意力网络的博弈抽象机制（G2ANet）[9]，并在 Traffic Junction 和 Predator-Prey 场景下证明该方法可以简化学习过程。Zhu 为解决智能体之间通信问题，提出 Partaker-Sharer 框架[10]，通过在每个时间步彼此共享智能体的最大 Q 值来加速学习过程，并在 Predator-Prey 场景下验证了算法的有效性。

Yang 借用了平均场论（Mean Field Theory，MFT）的思想，其对多智能体系统给出了一个近似假设：对某个智能体，其他所有智能体对其产生的作用可以用一个均值替代，提出了平均场多智能体强化学习算法（Mean Field）[11]，将 $Q_\pi^j(s,a)$ 转化为只包含相邻智能体相互作用的形式：

$$Q_j(s,a) = \frac{1}{N_j} \sum_{k \in N(j)} Q_j(s,a_j,a_k) \tag{7-22}$$

式中：$N(j)$ 表示智能体 j 邻居智能体的标签集；$N_j = |N(j)|$ 表示邻居节点的个数。

Anahtarci[12]对智能体之间的交互作用进行近似，降低智能体交互的复杂度，并且在理论上给出了收敛性证明,能够收敛到纳什均衡点。针对智能体的数量接近无限的情况,Elie[13]在仅依赖平均场博弈的基本动力学假设的条件下,根据每个学习迭代步骤中出现的累积误差来量化近似纳什均衡的质量,首次展示了无模型学习算法向非平稳 MFG 均衡的收敛。

除上述方法,分解 MDPs 也可以有效解决团队博弈问题,回报函数可能只与状态的部分特征有关,而与其他特征是独立的,利用因子化的表达,可以避免在整个状态-动作空间进行迭代求解。受分解 MDPs 思想的启发,Vlassis[14]将多智能体系统视为一个大型马尔可夫决策过程(MDP),基于动态贝叶斯网络和协调图(coordination graphs)使用因式分解将线性值函数作为联合值函数的近似值,值函数的这种分解允许智能体在行动时协调其动作,有效解决状态和动作空间中的指数爆炸问题,最终可以找到全局最优联合动作。

然而,协调图在实际应用中可能并不总是可用的,理想的方法是让智能体从任务中自动学习值函数分解,深度神经网络是学习这类分解的有效方法,因此多种特殊的神经网络结构被提出,典型的算法包括 VDN、QMIX、QTRAN、Qatten 和 QPD 等。VDN[15]在值函数可分解的假设下要求联合值函数是每个智能体值函数的线性和,即

$$Q(s, \vec{a}) = \sum_i Q^i(s, a^i) \tag{7-23}$$

由于线性假设这个前提条件,VDN 算法所适用的场景比较少。为此,使用神经网络近似联合值函数的算法 QMIX[16]被提出,QMIX 利用集中式训练的优势,使用全局状态进行训练但 QMIX 为了保证独立全局最大化操作,假设联合值函数对个体值函数是单调的,用公式来表示为

$$\partial Q / \partial Q^i \geqslant 0 \tag{7-24}$$

QTRAN[17]算法结合了上述 VDN 和 QMIX 的优点,认为直接用神经网络去逼近联合 Q 函数相对困难,因而将整个逼近过程分为两步:首先采用 VDN 的方式得到加和的联合值函数,作为联合值函数的近似,接着去拟合加和的联合值函数与联合值函数的差值。然而,不管是 VDN 算法的累加性还是 QMIX 算法的单调性,都从一定程度上限制了联合值函数和每个智能体的值函数之间的关系,假设过于严格。Qatten[18]算法在不引入附加假设和约束条件的情况下,首次从理论上推导出任意数量的智能体的联合值函数和各智能体的值函数的广义形式,提出基于多头注意力机制的值函数混合网络来近似联合值函数和分解单个值函数,算法在星际争霸 SMAC 环境中进行实验,取得良好效果。QPD[19]是另外一种值函数的分解方法,使用积分梯度的方法,沿轨迹路径直接分解联合值函数,为智能体分配信度。团队博弈下的主要算法优缺点如表 7-7 所列。

表 7-7　团队博弈下的主要算法的优缺点

算法(验证环境)	优 点	缺 点
ATT-MADDPG (The Packet Routing Environment)	在集中 critic 中嵌入注意力机制以自适应的方式对队友的动态联合策略建模	智能体数量增大时难以建模,难以收敛
G2ANet(Predator-Prey)	利用完全图对智能体的关系进行建模,简化学习过程	由于边的权重取值为 0 或 1,会删除有用的边,无法收敛至全局最优解
OAL(The Virtual Game)	提出偏好动作和不完整的历史采样,可以收敛至最优策略	在一般的随机博弈无法收敛至最优策略
Partaker-Sharer(Predator-Prey)	可以解决 tracher-sudent 模式下无法收敛到合作博弈的纳什均衡的问题	由置信度来调节是否建议,收敛速度慢
Mean Field(the mixed cooperative-competitive battle game)	对某个智能体以外的智能体对其产生的作用用均值替代,简化信度分配问题,使算法可以稳定收敛	要求每个智能体对其他智能体的信息已知,不适用不完全信息博弈
VDN(2D Gridworld)	联合值函数是个体值函数的线性和	效率不高,满足前提条件的博弈少
QMIX(Two-Step Game)	使用神经网络近似联合值函数,提高了效率	要求联合值函数对个体值函数是单调的,条件严格
QTRAN(Multi-domain Gaussian Squeeze and modified predator-prey)	采用 VDN 的方式得到加和的联合值函数,再用神经网络去拟合加和的联合值函数与联合值函数的差值,具有 VDN 和 QMIX 两个算法各自的优点	未能克服 VDN 和 QMIX 两个算法的缺点,收敛条件过于苛刻
Qatten (星际争霸 SMAC)	一种基于多头注意力机制的值函数混合网络来近似联合值函数和分解单个值函数,首次从理论上推导出任意数量智能体的联合值函数和各智能体值函数的广义形式	没有增加探索机制使算法在复杂任务中表现更好

2. 随机势博弈(SPG)

博弈中,如果每个玩家对于自身目标改变或策略选取,都可以映射到某个全局函数中去,这个函数称为势函数(Potential Function),这个博弈称为势博弈(Potential Game)。一般来说,势博弈可以被看作多智能体博弈的"单智能体成分"[20],因为所有智能体在 SPG 中的利益都被描述为一个单一的势函数。

将势博弈推广至随机势博弈后,问题的复杂度会提高。随机博弈下,玩家的策略不仅要考虑自己的状态还要考虑其他玩家的行动。Macua[21]研究了一般形式的势博弈,即策略与状态及行动时间都有关,并证明了在此前提下存在纳什均衡,同时理论证明了纯策略的势博弈中的纳什均衡可以通过求解 MDP 来找到[22]。

Mazumdar[23]针对势博弈提出了基于策略的动态更新算法,并应用在 Morse-Smale 游戏中,证明了该算法可以收敛到局部纳什均衡。在复杂的多智能体系统中,有效的学习需要所有参与的智能体之间高度协调。但是,智能体之间的协调和通信往往是低效的,Gang[24]提出了集中训练和探索,并通过 policy distillation 来分散执行来促进智能体之间的协调和有效的学习。

3. Dec-POMDP

在 Dec-POMDP 中,多智能体的目标是在能观察到的局部信息基础上实现全部奖励的最大化,因此在共同利益博弈中解决 Dec-POMDP 问题是十分困难的。目前,大多数 Dec-POMDP 的解决算法,包括上面的 VDN、QMIX 和 QTRAN 等算法,都是基于集中式训练和分散式执行(CTDE)的学习框架。在表示智能体的局部策略时,通常使用随机有限状态控制器,这样可以将 Dec-POMDP 表述为非线性规划问题,从而使用现有的优化算法,从 Dec-POMDP 到连续状态 MDP 的转换,称为占领状态 MDP(Occupancy-State MDP)。占用状态本质上是关于隐藏状态和观测-行动对的联合历史分布,这两者的区别是在标准的 MDP 中,智能体的学习目标是最优状态动作值函数,而 oMDP 中的智能体的学习目标是占用状态和联合行动的最优值函数,这些最优值函数往往都是分段线性的,最重要的是这些限制会使得智能体最终会收敛至全局最优而不是局部最优。

Li 等[25]在系统仅部分观测时,提出生成式注意多智能体网络直接对底层的生成行为的分布进行逼近,同时模型还通过在生成过程中采用混合密度来支持具有多模态分布的多智能体行为,并对缺失行为进行推断(Generative Attention),实验证明该模型可以捕获具有线性复杂度的智能体交互,处理不断演化的交互结构。在多智能体强化学习的研究上很少考虑训练后的策略对新任务的迁移能力,这使得训练好的策略很难应用至更复杂的多智能体任务,为解决上述问题 Ryu 提出基于多层图注意网络和多智能体 AC 算法[26]的模型,并证明了所提出的模型在多个混合协同和竞争任务下的性能优于现有方法。除了上述方法,解决 Dec-POMDP 问题的方法还包括蒙特卡罗策略迭代法[27],以及一种通过维护智能体之间的共享内存来分散 POMDP 的方法[28]。

7.4.4　不同利益博弈

不同利益博弈是指玩家的学习目标不同,根据所有玩家收益之和是否为零分为有限零和、一般和博弈。

1. 有限零和博弈

有限零和博弈是指参与博弈的玩家个数有限,并且是严格的竞争关系,所有玩家的总体收益和支出的总和为零。在两人零和博弈中,由于两个玩家的学习目标完全相反,其纳什均衡解本质上是一个鞍点。Adler[29]证明了两人零和博弈和线性优化的等价性,即两人零和博弈可以构建为一个线性优化问题,任意一个线性优化问题也可以简化为一个零和博弈问题。在解决两人零和博弈问题中最典型的方法是最小最大值定理(The Minimax Theorem),其可以表示为如下公式:

$$\min_{\sigma^1} \max_{\sigma^2} \mathbb{E}\left[R(\sigma^1, \sigma^2)\right] = \max_{\sigma^2} \min_{\sigma^1} \mathbb{E}\left[R(\sigma^1, \sigma^2)\right] \tag{7-25}$$

然而,该定理并不适用回报函数为非凸非凹的博弈。对于离散动作空间下的零和博弈,Shapley 给出了第一个值迭代的方法[30],证明了 $H^{Shapley}$ 在两人零和博弈中是压缩映射,且可以收敛至纳什均衡。与 Shapley 基于模型的值迭代方法不同的是,Littman 针对两人零和博弈提出了无模型的 Minimax-Q 算法[31],Minimax-Q 中的 Minimax 指的是使用最小最大值定理构建线性规划来求解每个特定状态的纳什均衡策略,Q 指的是借用 Q-learning 中的 TD 方法来迭代状态值函数或动作-状态值函数。随后,Littman 证明了在与 Q-learning 相似的假设下,Minimax-Q 算法的 Bellman 算子也是压缩映射,并且会收敛到唯一的不动点[32],但是上述算法还是基于 Q 表的,因此无法应用到动作和状态空间很大的场景中。Fan[33] 结合 DQN 和最小最大定理给出解决两人零和博弈问题的 Minimax-DQN 算法,并量化了该方法求出的策略和纳什均衡之间的差异。Goodfellow 在 2014 年提出了生成对抗网络(GANs),利用神经网络使得求解这类问题变为可能[34],在 GANs 中,两个神经网络参数化模型(生成器 G 和鉴别器 D)进行零和博弈。生成器接收随机变量并生成"假"样本,鉴别器则用于判断输入的样本是真实的还是虚假的,两者通过相互对抗来获得彼此性能的提升。上述方法依然无法解决多智能体算法训练不稳定、智能体对环境的变化很敏感和容易陷入局部最优等问题。Li 提出了 M3DDPG 算法[35],其核心是在训练过程中使得每个智能体都表现良好,即使对手以最坏的方式反应。

在寻找纳什均衡时,以相同的步长实现梯度-下降-上升(Gradient-Descent-Ascent,GDA),相当于在一个算法中对两个智能体应用了策略梯度方法。通过对步长的微调,GDA 方法可以有效地解决部分两人零和博弈问题。Zhang 证明了当两人零和博弈中的回报函数都是线性时,交替更新比同步更新收敛的速度更快[36]。但是,在双线性模型中,收敛性并不能得到保证。Mertikopoulos[37] 提出乐观镜像下降法(Optimistic Mirror Descent)解决了双线性模型中的收敛问题,并在 CelebA 和 CIFAR-10 数据集中进行了验证。当回报函数为非凸非凹时,GDA 方法也有不足:一是 GDA 算法可能不再收敛;二是算法收敛的点可能连局部最优都不是。为解决此问题,Jin 引入局部 Stackelberg 均衡,并在此基础上建立了与 GDA 算法的联系,证明了 GDA 的所有稳定极限点都是局部 Stackelberg 均衡点[38]。Fiez[39] 通过证明 GDA 算法中的收敛点为零和博弈中 Stackelberg 均衡的充分条件,建立了纳什均衡和 Stackelberg 均衡之间的联系。张[40] 对 GDA 算法使用了"光滑化"的技巧,使得算法可以在非凸-凹的极小-极大问题的两类常见形式上收敛至最优结果。有限零和博弈下主要算法的优缺点如表 7-8 所列。

表 7-8　有限零和博弈下主要算法的优缺点

算法(验证环境)	优　　点	缺　　点
Minmax-Q(两人足球)	使用最小最大值定理构建线性规划来求解每个特定状态的纳什均衡策略	会收敛到唯一的不动点,但是无法应用到动作和状态空间很大的场景中
Minmax-DQN (两人零和博弈)	加入神经网络来求解纳什均衡策略	有效解决离散动作空间,但无法解决连续动作空间
M3DDPG (particle-world)	利用 minmax 思想建模,提高效率	只能解决竞争关系下的博弈问题
GANs (MNIST and TFD)	一次采样生成一个样本,不需要变分下界和马尔科夫链建模,生成样本质量较好	生成过程的可解释性差,难以评价生成模型的好坏
GDA (两人零和博弈)	在一个算法中对两个智能体应用策略梯度方法,有效地解决部分两人零和博弈问题	无法解决回报函数是非线性的场景
"光滑"GDA (两人零和博弈)	"光滑化"GDA 算法,引入局部 Stackelberg 均衡,能够解决特定场景下的有限零和博弈问题	算法的扩展性不高

2. 有限一般和博弈

求解一般和随机博弈的计算复杂度是 PPAD,而求解零和博弈的计算复杂度是 P-complete[41],所以解决一般和随机博弈问题的难度比零和的随机博弈要困难很多。Herings[42]引用拓扑学中同伦思想,提出一种可以找到求解多个独立 MDPs 和多人随机博弈的均衡解之间的同伦路径算法,从而使多人随机博弈问题转化为求解多个独立 MDPs 问题,但是这种方法只能应用在状态集很小的两人博弈中。随后,一系列基于值的算法被提出来解决一般和随机博弈。这些方法大多采用经典 Q-learning 作为中心控制器,不同之处在于中心控制器运用何种均衡来引导智能体在迭代中逐渐收敛。例如,Nash-Q 算法采用的就是纳什均衡,而 correlated-Q 算法采用的则是相关均衡(correlated equilibrium)。

传统 Q-learning 算法应用于多智能体系统时,每个智能体的策略都在随着训练的进行而变化,对每个智能体来说环境都是不稳定的,而策略梯度算法应用于多智能体系统时通常表现出很高的方差。Lowe 提出一种 Actor-Critic 策略梯度算法的扩展算法[43],并利用集中训练分散执行框架,并证明该算法在竞争和合作场景下都能有效收敛。在解决多智能体协调问题中,Stackelberg 均衡在帕累托优势方面比 Nash 均衡具有更好的收敛性。Zhang 定义了寻找 Stackelberg 均衡的双层强化学习问题,并提出了一种新的双层 AC 学习方法[44],允许智能体拥有不同的知识库,并在矩阵博弈中证明了双层 AC 可以收敛至 Stackelberg 均衡。

对于 Stackelberg 均衡,Blum[45]研究了在大型一般和游戏中计算 Stackelberg

均衡的复杂性。证明了有效地计算零和博弈的纳什均衡是有效计算的大型一般和博弈的 Stackelberg 均衡的充分条件。Friend-or-Foe Q-Learning 算法[46]（FFQ）也是从 Minimax-Q 算法拓展而来，对于某个智能体运用 FFQ 算法，是将除该智能体以外的所有智能体分为两组：一组称为 friend 的智能体帮助其一起最大化其奖励回报；另一组称为 foe 的智能体对抗它并降低它的奖励回报，这样多智能体的一般和博弈就转化为了两个智能体的零和博弈。但是，此类算法所共有的缺陷是算法的假设条件过于苛刻，运用至现实场景中，收敛性往往无法保证。

除了集中式 Q-Learning 算法，分散式 Q-Learning 算法也因其可扩展性而被广泛的关注，并且分散式 Q-Learning 算法结合 two-timescale 随机分析在强化学习中取得了很多不错的结果[47]。two-timescale 随机分析证明了两个耦合且变化速度不同的随机过程，如果固定慢过程，则快过程一定会收敛至某个极限点。Prasad[48]将 two-timescale 随机分析运用到 critic 网络和 actor 网络，证明了如果 critic 网络比 actor 网络更新的更快，它可以确保训练在一般和随机博弈中达到一个平稳的局部纳什均衡。Heusel[49]提出 two-timescale 更新规则（TTUR），在任意 GAN 损失函数上使用随机梯度下降训练 GAN，并证明了在一般和博弈中可以收敛于局部纳什均衡。通过直接策略搜索收敛到纳什均衡的方法在早期只能适用于两人两动作的博弈，应用范围极其有限，虽然随着 GANs 的出现，解决了特定场景下的局部纳什均衡问题，但并未取得重大突破，主要原因是损失函数的可导性一般不成立。

7.4.5 扩展式博弈

如果效用函数是共有知识，则称这样的博弈为完全信息博弈，如围棋、象棋，否则为非完全信息博弈，如德州扑克。

1. 完全信息的扩展式博弈

纳什在博弈论中主要的贡献是证明了在有限玩家有限次标准型博弈下，一定存在混合策略的纳什均衡。但是，这个纳什均衡是假设玩家在决策时，其他玩家的策略不会改变，但在扩展式博弈中先决策玩家无法知道后决策玩家的策略，所以会导致不可置信的纳什均衡存在，因此扩展式博弈中均衡解应该在每个子博弈中都是纳什均衡解，这时的解称为子博弈精炼纳什均衡。求解子博弈精炼纳什均衡最典型的算法是 alpha-beta 修剪算法，该算法首先通过逆向归纳从最底部的子博弈中求出纳什均衡；其次通过深度优先搜索算法不断将上层信息节点加入其中，形成新的子博弈并求出新的纳什均衡，最后在搜索完整个博弈树时求出的纳什均衡即为子博弈精炼纳什均衡。近年来，完全信息的扩展式博弈最大的突破是 AlphaGo 系列，AlphaGo 系列使用蒙特卡罗树搜索的框架进行模拟，并在学习策略时中使用监督学习，有效的利用人类棋手的棋谱，通过强化学习，从左右互搏中提高自己，超越人类棋手水平。

2. 不完全信息的扩展式博弈

现实中博弈往往以不完全信息的扩展式博弈存在,如即时战略游戏和军事对抗,不完全信息的扩展式博弈被认为是下一代人工智能的重难点之一。解决不完全信息的扩展式博弈主要有三个难点:一是子博弈之间相互关联;二是存在状态不可分的信息集,这使得强化学习中基于状态的值估计方法不再适用;三是博弈的求解规模比较大,如桥牌和德州扑克的信息集数目分别为 1067 和 10162 。近几年以德州扑克为例,不完全信息的扩展式博弈取得了不错的进展。

在不完全信息扩展式博弈中,由于策略之间的相互影响,直接对联合策略进行建模很难实现,Tian 基于策略变化密度提出了联合策略搜索(JPS)方法[50],该方法可以在不重新评估整个博弈的情况下,迭代地改进不完全信息博弈中协作智能体的联合策略,并在网格世界中对算法性能进行了验证。解决不完全信息博弈主要有 CFR 系列和 NFSP 系列算法,两个系列算法的验证环境主要为德州扑克。

3. 反事实遗憾值最小化算法(CFR)

记 $P_i^\sigma(s)$ 为玩家 i 从初始状态出发,遵循策略 σ 到达状态 s 的概率,$P_{-i}^\sigma(s)$ 为从初始状态出发,除玩家 i 外,所有玩家都遵循策略 σ 到达状态 s 的概率,$P_i^\sigma(z|s)$ 为玩家 i 从状态 s 出发,遵循策略 σ 到达终止状态 z 的概率,$u_i(z)$ 为到达终止状态的效用函数,反事实值的定义为

$$v_i^\sigma(s) = \sum_{z \in Z} P_{-i}^\sigma(s) P(z|s) u_i(z) \qquad (7-26)$$

式中:遗憾值的定义可以由下面的等式表示:

$$R^T(s,a) = \sum_t v_i^{\sigma,a}(s) - v_i^\sigma(s)$$

即在状态 s 改变策略所增加的收益。CFR 算法迭代步骤如图 7-2 所示。

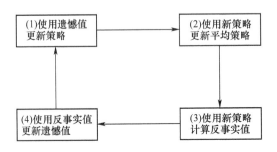

图 7-2　CFR 算法迭代步骤

CFR 算法结合了遗憾值最小化算法[51]和平均策略,通过最小化单个信息集合上的遗憾值来达到最小化全局遗憾值的目标,最终使得博弈过程中的平均策略

趋近于纳什均衡。算法由于需要遍历整个博弈树,时间复杂度和收敛速度慢是其的主要缺点。

为了减少 CFR 算法的时间复杂度,周提出的 Lazy-CFR[52]针对原始 CFR 必须在每一轮中遍历整个游戏树的缺点,采用惰性更新策略,在只需要访问部分博弈节点条件下,取得和 CFR 同等效率。对于 CFR 算法的改进还有最佳响应剪枝算法(Best-Response Pruning,BRP)[53],Brown 证明了在使用 CFR 算法时加入 BRP 会减少对于收敛到纳什均衡没有帮助的动作,从而加速收敛和节约空间。

Lanctot 提出了一类基于蒙特卡罗抽样的在线算法(MCCFR)[54],包括基于结果抽样的 CFR 算法和基于外部抽样的 CFR 算法,两者都可以计算一个近似纳什均衡。虽然 MCCFR 算法减少了 CFR 算法的时间复杂度,但是由于蒙特卡罗搜索本身会带来高方差,所以 Martin 以没有访问到的节点的平均效用值作为 baseline 提出了减小方差 MCCFR 算法[55](Variance Reduction MCCFR,VR-MCCFR),有效缓解了高方差的问题,并且从理论上证明了该方法的无偏性。MCCFR 算法和 VR-MCCFR算法都是基于表格的 CFR,这就要求大量的领域知识来对状态节点进行抽象处理,所以上述算法的性能和扩展性都不理想。Li 提出一种不完全信息博弈的双神经网络表示方法(Double Neural Counterfactual Regret Minimization,DN-CRM)[56],其中一个网络表示累积遗憾,另一个网络表示平均策略,并在 One-Card-Poker 游戏中证明了该方法的收敛速度优于其他算法。

Waugh 使用回归树作为函数近似器,提出回归 CFR 算法[57],虽然一定程度上提升了性能,但是该算法仍有两个缺点。首先,关于信息集的特征仍需要先验知识;其次,回归 CFR 还是需要遍历整个博弈树,这使得它在非简单博弈中的时间复杂度仍然很高。随着神经网络的出现,可以利用神经网络强大的拟合能力来作为函数近似器,这就是 Deep-CFR 算法[58],该算法训练一个价值网络来估计反事实值。同时,训练策略网络来近似所有迭代的平均策略。但是,Deep-CFR 算法要求智能体记住之前所有的历史信息,然而大多数深度强化学习中的智能体并没有循环神经网络。同时,该算法的目标是引导智能体获得最大化平均回报,但是,对于某些没有终止状态的应用场景就无法最大化平均回报,从而使得该算法失效。

Eric 使用函数近似和部分树遍历来泛化博弈的状态空间,提出 Single Deep CFR(SD-CFR)算法[59],该算法直接从过去迭代的 Q 值网络缓冲区中提取平均策略,从而避免训练平均策略网络,具有较低的总体近似误差,提高了 Deep-CFR 的收敛速度。但是,SD-CFR 算法无法解决不完全信息博弈,Eric 改进上述算法提出基于遗憾的深度强化学习方法[60](DREAM),一种 CFR 的神经网络形式,在保持低方差的前提下在不完全信息中收敛至纳什均衡。

Kash[61]放宽智能体具有完美回忆的条件,提出局部无后悔学习(LONR),它使用类似 Q 学习的更新规则来允许在没有终端状态或完美回忆的情况下进行学习,并在 NoSD 游戏中实现了收敛性。CFR 系列主要算法优缺点如表 7-9 所列。

表 7-9　CFR 系列主要算法优缺点分析

算法(验证环境)	优　　点	缺　　点
CFR(Leduc hold'em)	算法结合了遗憾值最小化算法和平均策略	需要先验知识、智能体具有完美回忆;要遍历整个博弈树
Lazy-CFR (Leduc hold'em)	采用惰性更新策略,不需要遍历整个博弈树	仍然需要先验知识;要求智能体具有完美回忆
MCCFR (Abstract poker games)	采用蒙特卡罗抽样减少 R 算法的时间复杂度	需要先验知识和完美回忆;方差大
VR-MCCFR (Leduc hold'em)	以没有访问节点的平均效用值作为 baseline 缓解了高方差的问题	仍然需要先验知识;要求智能体具有完美回忆
回归 CFR (Leduc hold'em)	使用回归树作为函数近似器	需要遍历整个博弈树,和大量先验知识
DNCRM (One-Card-Poker)	基于双神经网络,不需要大量的先验知识,且收敛速度加快	要求智能体具有完美回忆
Deep-CFR(heads-up flop hold'em poker)	利用神经网络的拟合能力来作为函数近似器	要求智能体具有完美回忆
SD-CFR (Leduc Poker)	从迭代的 Q 值网络缓冲区中提取平均策略,具有较低的误差,提高了 Deep-CFR 的收敛速度	无法解决不完全信息博弈问题
DREAM (Leduc poker)	保持低方差的前提下在不完全信息中收敛至纳什均衡	需要遍历整个博弈树,时间复杂度高
LONR(NoSDE Markov Game)	在不需要完美回忆的条件下仍然可以收敛	更新规则类似于 Q-learning 收敛时间有待提高

4. 虚拟自我对弈算法(NFSP)

虚拟对弈(Fictitious Play)是根据对手的平均策略做出最佳反应来求解纳什均衡的一种算法,重复迭代后该算法在两人零和博弈、势博弈中的平均策略将会收敛到纳什均衡。但是 FP 算法对于对手的平均策略很敏感,很难运用至高维度大型问题中。Heinrich 等提出扩展的虚拟对弈(Extensive Fictitious Play,EFP)将虚拟对弈的概念扩展到扩展式博弈。然而,状态在每个树节点中都以表的形式表示,因此泛化训练是不切实际的,而且平均策略的更新需要遍历整个游戏树,这就给大型游戏带来了维数灾难。Fudenberg 通过加入噪声引入随机虚拟对弈(Stochastic Fictitious Play,SFP)[62],证明了该算法在零和博弈和势博弈上的收敛性。然而,当信息集的数目较大时,算法的性能较低。Heinrich 将 FSP 与神经网络函数近似结合,提出神经虚拟自我博弈(NFSP)算法[63],玩家由 Q 学习网络和监督式学习网络组成。算法通过贪婪深度 Q 学习(Greedy Deep Q-learning)计算最佳反应,通过对智能体历史行为的监督学习计算平均策略。随后,Heinrich 又将 NFSP 推广至部分可观测的场景中,并在德州扑克上取得了不错的效果。作为 NFSP 算法的直接应用是 OpenAI 和牛津大学合作提出的基于对手学习意图的学习算法(Learning with Opponent-Learning Awareness,LOLA)[64],让智能体在更新自己策略的同时,考虑到其他智能体的学习过程,每个 LOLA 智能体都调整自己的策略,用有利的方式塑造其他智能体的学习过程,该算法在重复囚徒困境博弈中收敛到了互惠策略。

但是,NFSP 在搜索空间和搜索深度规模较大的游戏中表现较差,同时,最佳反应依赖于深度 Q-Learning 的计算,这需要很长时间的计算才能收敛。为解决上述两个问题,蒙特卡罗神经虚拟自我对弈(Monte Carlo Neural Fictitious Self Play,MC-NFSP)和异步神经虚拟自我博弈(ANFSP)方法[65]被提出,MC-NFSP 算法结合了 NFSP 与蒙特卡罗树搜索的优点在双方零和的棋牌游戏中评估了该方法。实验表明,在奥赛罗棋中,MC-NFSP 将收敛到近似纳什均衡,但 NFSP 无法做到。ANFSP 使用并行的 actor 来稳定和加速训练,多个玩家并行进行决策,并在监督学习中计算小批量的梯度。与 NFSP 相比,这减少了数据存储所需的内存,并在双人零和扑克游戏中进行了实验验证。与 NFSP 相比,ANFSP 可以更加稳定和快速地接近近似纳什均衡。

除上述方法以外还可以通过在强化学习中加入搜索、修改更新方式和对手建模等方法解决非完全信息博弈问题。Brown 将搜索加入强化算法中提出 ReBeL 算法[66]并推广到不完全信息博弈中,在利用少量领域知识的前提下取得良好结果。

利用强化学习 AC 算法中的优势值的定义($A=Q-V$),即优势值量化了选择某个行为的优势,同时也是没有选择某个行为的劣势,而这正好符合非完全信息博弈中遗憾值的定义,Srinivasan[67]基于这个思想提出三种不同的更新策略,并与 AC 算法和 CFR 算法在简化版的德州扑克环境进行了验证。基于不确定性的量化理论,从效用的不确定性进行奖励重塑和模型的不确定性增加探索,对非完全信息博弈条件的不确定性进行量化,提出自适应的切换方法(Uncertainty Fueled Opponent),并与经典的 CFR 和 NFSP 算法在德州扑克环境下进行了比较,该方法都能稳定的超越 CFR 和 NFSP。

以德州扑克为代表的非完全信息扩展式博弈虽然在 CFR 和 NFSP 系列算法下取得了突破性的进展,但是远没有彻底解决非完全信息扩展式博弈,非完全信息扩展式博弈仍然是深度强化学习后续突破的重难点。要想解决这类问题可能首先需要解决两个问题:一是如何量化非完全信息下的信息的不确定性,环境的非平稳性;二是如何科学高效解决多智能体之间的沟通、协作问题。NFSP 系列主要算法优缺点如表 7-10 所列。

表 7-10　NFSP 系列主要算法优缺点分析

算法(验证环境)	优　点	缺　点
FP (Rock-Paper-Scissors)	根据对手的平均策略做出最佳反应来求解纳什均衡	依赖实际场景的正则表示,无法应用至高维度问题
EFP (Matching Pennies)	将虚拟对弈的概念扩展到了扩展式博弈	状态以查找表的形式表示,而且平均策略的更新需要遍历整个游戏树
FSP (Rock-Paper-Scissors)	分别用强化学习和监督学习来替换最优反应计算和平均策略更新	需要玩家和对手遵循动作顺序,因此它不适合信息不完全的博弈
NFSP (Leduc Poker)	用神经网络近似求解	最佳反应依赖深度 Q-Learning 的计算,收敛时间长
MC-NFSP (Leduc Poker)	结合 NFSP 与蒙特卡罗树搜索,在 NFSP 无法收敛的奥赛罗棋中可以收敛	无法克服蒙特卡罗搜索方差大的问题
ANFSP (Leduc Poker)	使用并行的 actor learner 来稳定和加速训练,更加稳定和快速地接近近似纳什均衡	收敛速度有待进一步优化
LOLA(the iterated prisoners dilemma)	使用建模思想,考虑其他智能体的学习过程	智能体在更新自身策略的同时,考虑到其他智能体的学习过程

7.4.6　多智能体博弈强化学习算法的重难点

博弈论主要是冲突环境下的决策理论,将完善的博弈理论加入到强化学习获得很多了令人惊喜的结果,特别是对于一些无法解决的不完全信息博弈问题,解决上述问题最主要的算法有 CFR 系列算法和 NFSP 系列算法。CFR 系列算法存在的主要难点:一是要求智能体具有完美回忆,这在很多实际博弈场景中很难满足;二是算法的收敛性很难保证;三是由于要遍历很多博弈节点,因此需要大量内存空间。NFSP 系列算法存在的主要难点有:一是 NFSP 系列算法依赖于 off-policy 的深度 Q 值网络,因此在搜索规模大、即时策略场景下很难收敛;二是在训练时智能体都是独立更新,没有利用对手的信息;三是 NFSP 的最佳响应计算依赖于 Deep Q-learning,收敛时间长且计算量大。除以上难点外,当前博弈强化学习算法还需要在以下几个方面重点突破。

1. 博弈强化学习算法的优化

(1) 收敛性。目前,大多数的博弈强化学习算法主要以实验为基础,由于深度神经网络强大的拟合性,使得很多算法在大多数情况都可以较好的收敛,但是并没有从理论上给出严格的收敛性证明。同时,对于有收敛性证明的算法,其收敛条件往往过于苛刻,如 Nash-Q Learning 算法、Mean Field 算法都要求在博弈的每个阶段都存在鞍点或者全局最优点,甚至不允许鞍点和全局最优点交替出现,这使得满足上述收敛条件的博弈几乎很少,所以该算法所能解决的问题有限。

(2) 求解法则。算法博弈论研究的著名学者 Roughgarden 证明了纳什均衡的求解是一个 NP-hard 问题。一些传统的数学分析算法,如 Lemke-Howso 算法、全局牛顿算法、分布式原始对偶算法、投影梯度算法等用于求解博弈的 Nash 平衡时,其基本思路是在一定的假设条件下将 Nash 平衡的计算问题转换为某类优化问题、变分不等式问题或互补问题等再设计相关算法求解。但是,这类方法大多要求博弈参与人的支付函数具有较高的光滑性,并且这些算法本身常常依赖初始点的选取,求解复杂度过高,有时因为求解时间过长导致最后无法求出正确的纳什均衡值,这些都在一定程度上限制了这类算法的应用范围。

2. 博弈强化学习算法的模型

将博弈理论融入到强化学习中,用博弈论的知识来引导智能体的学习过程,但是在具体的建模过程中考虑的因素较少,导致模型过度简化。例如,Nash-Q 算法采用的就是纳什均衡、correlated-Q 算法采用的是相关均衡而 Friend-or-Foe Q-Learning 算法将多个智能体简化为 Friend 和 Foe 两组,都没有考虑在实际博弈过程中可能会出现的其他情况,如不可置信的威胁和有限理性等,这些因素都会影响博弈强化学习算法模型的科学性和合理性。同时,算法的最终目标是想要获得最科学合理的纯策略,因此混合策略的纳什均衡在一定程度上不满足实际要求,然而纯策略的纳什均衡并非所有博弈场景都存在。

3. 博弈强化学习算法的通用性和扩展性

现有算法研究的主要范围局限于对称博弈,即博弈中的每个玩家的策略集和支付函数都是相同的。无论是 Nash-Q Learning 算法研究的 Grid World Games 还是 CFR 系列算法研究的德扑问题都是属于对称博弈。然而,对称博弈相比于非对称博弈是个很小的集合。由于非对称博弈中的玩家的策略集和支付函数是不相同的,所以在非对称博弈中对于问题的建模难度会比对称博弈大,同时遇到的不确定因素也会更多。然而,从逼近和仿真现实博弈的角度来说,研究非对称博弈意义要大于对称博弈。

7.4.7 多智能体博弈强化学习算法研究展望

求解纳什均衡是个复杂优化问题,其优化目标函数往往具有不可导、不连续、存在多个局部最优解的特点,这些性质可能使得传统优化算法失效。群体智能算法是受生物机制启发的一类算法,在路径优化、网络优化等领域获得广泛应用,因此利用群体智能算法求解纳什均衡理论上是可行的。目前,群体智能算法主要有两大类:一是以蚁群优化算法(Ant Colony Optimization, ACO)为代表;二是以粒子群算法(Particle Swarm Optimization,PSO)为代表,如图7-3所示。

ACO算法思想来源于蚂蚁寻食中的通信机制,蚂蚁在寻找食物过程中通过分泌信息素,通过信息素的浓度来选取最佳路径。对于 ACO 算法的改进有 Max-Min Ant System(MMAS)和 Ant Colony System(ACS)算法,MMAS 算法的主要特征是在每一次迭代结束后,仅最优蚂蚁对其所经过的最优路径进行信息素更新,其他蚂蚁不参与更新,ACS 加入伪随机比例规则和离线信息素更新规则,并且只对全局最优路劲的信息素进行更新。

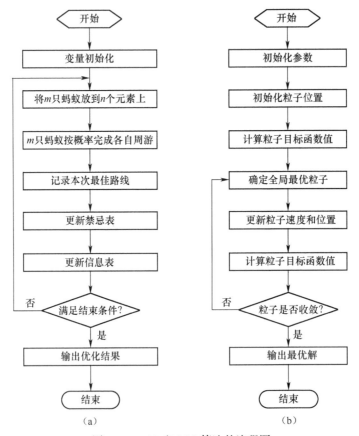

图 7-3 ACO 和 PSO 算法的流程图

PSO 算法是科学家们在观察鸟群觅食时利用计算机模拟鸟群的聚集行为总结出一种群智能算法,可以在全局随机搜索,算法在运行之前会在自身建立的搜寻空间中设置一群随机的粒子,粒子通过迭代的过程不断地更新自己的速度、位置逐渐朝着最优位置逼近,最终会找到最优解。因此,这些粒子可以认为是解决优化问题的随机解。其中,粒子会朝着最优解迭代,通过个体极值: P_{best} 是粒子在寻找最

218

优解过程中遇到的最好位置,称为自身找到的最优解;G_{best} 表示整个搜索过程群体的最优位置,空间中所有的粒子都会利用这两个值得到最优解,进而不断更新自己。因此,借鉴生物进化理论和生物行为规律的群体智能算法来仿真和模拟博弈平衡解的动态实现过程可以成为研究博弈问题均衡解的一种新的探索和途径。

两类算法本质上都是智能优化算法,而求解纳什均衡本质上也是个优化问题,因此利用智能优化算法求解纳什均衡是可行的。但是,ACO 和 PSO 算法的主要区别在于 PSO 所需设置的参数较少,主要用于连续优化问题的求解;而 ACO 需设置的参数相对较多,主要用于离散优化问题的求解,因此在求解纳什均衡时可根据博弈具体场景确定问题类型来选择何种智能优化算法。

1. 基于元博弈的算法模型

元博弈理论由 Howard 在 1971 年首次提出,其核心思想是在原有博弈的基础上构建一种假想的博弈。在该博弈中,某个智能体的动作将是其他所有智能体联合动作的反应函数(Reaction Function)。对于一个 n 人一般式博弈以及该博弈中的某个联合动作 a,如果存在一个元博弈 ηG 和这个元博弈的一个纯策略纳什均衡 π,满足 $\phi(\pi) = a$,则称联合动作 a 为博弈 G 的一个元均衡。具体的,可以称 a 为元博弈 ηG 导出的一个元均衡。ϕ 定义为元博弈中任意动作到基本博弈中的动作的映射。元均衡和纯策略的纳什均衡最主要的区别在于,不存在纯策略纳什均衡的博弈也存在元均衡。因为,在任意一个一般式博弈中,至少存在一个元均衡,从该博弈的完全元博弈中推导出的元均衡一定存在。因此基于元均衡的算法模型更有利于求解最终的纯策略。

由于元博弈是从原始博弈的基础上推导而来,使得智能体的动作变成相应的反应函数,因此动作的数量是增加的。以三人矩阵博弈为例,$|S| = m$ 为状态集的大小,$|A^1| = |A^2| = |A^3| = n$ 为玩家动作集的大小,因此双人矩阵博弈的空间复杂度为 $2mn^3$。扩展成元博弈 $321G$ 后,玩家 1 的动作集大小为 n^2,玩家 2 的动作集大小为 n^3,玩家 3 的动作集大小为 n^5,所以元博弈 $321G$ 的空间复杂度为 $2mn^{10}$。基于元博弈的算法模型虽然增加了空间复杂度,但是该模型在理论上可以保证纯策略的存在性。

2. 基于复因子动力学扩展非对称博弈

非对称博弈问题的求解困难主要在于建模的复杂性,并且不确定因素相比较对称博弈更多。然而,如果能将复杂的非对称博弈与对称博弈联系起来,建立合适的转换关系,即将复杂的非对称博弈转换为多个相对简单的对称博弈,利用现有的解决对称博弈的理论方法进行求解,则在一定程度上解决非对称博弈成为可能。复制动力学本质上是一个微分方程系统,它描述了一个纯策略种群(或复制因子)如何随着时间演化。在它们最基本的形式中,它们符合生物的选择原则,即适者生存。具体来说,选择复制器的动态机制表达如下:

$$\frac{\mathrm{d}\boldsymbol{x}_i}{\mathrm{d}t} = \boldsymbol{x}_i\left[(\boldsymbol{A}\boldsymbol{x})_i - \boldsymbol{x}^{\mathrm{T}}\boldsymbol{A}\boldsymbol{x}\right] \tag{7-27}$$

式(7-27)本质上比较了一个策略的收益和整个总体的平均收益。如果这种策略的得分高于平均水平,它将能够复制后代,如果得分低于平均水平,它在种群中的存在将减少,甚至有可能走向灭绝。同时,如果策略组合 $(\boldsymbol{x},\boldsymbol{y})$ 是非对称博弈 $G = (\boldsymbol{S}_1,\boldsymbol{S}_2,\boldsymbol{A},\boldsymbol{B})$ 的纳什均衡,并且对于所有的 i,j ,都有 $\boldsymbol{x}_i > 0, \boldsymbol{y}_i > 0, |\boldsymbol{S}_1| = |\boldsymbol{S}_2| = n$,则 $\boldsymbol{x}$ 是单人博弈 $\boldsymbol{B}^{\mathrm{T}}$ 的纳什均衡, $\boldsymbol{y}$ 是单人博弈 $\boldsymbol{A}$ 的纳什均衡,反之也正确。因此可以通过上述的定理结论将非对称博弈转换成为对称博弈,从而使用现有的对称博弈算法进行求解。

3. 结论

本节从博弈论的角度出发,梳理了近年来出现的多智能体强化学习算法。首先简要介绍了多智能体系统的背景知识、主要难点和解决技术路线。为解决多智能体系统中智能体之间的相互关系和一些不存在最优解的实际问题,同时为了增加求解结果的合理性,博弈理论被引入强化学习算法中。这里以标准型博弈和扩展式博弈为分类方法,从共同利益博弈、不同利益博弈、完全信息博弈和不完全信息博弈等角度对多智能体深度强化学习算法进行了分类,对各类算法进行了横向的对比,指出了各类算法的优缺点,并从算法的收敛性、均衡解的求解方式和博弈问题的建模三个方面总结了当前博弈强化学习算法的重难点。针对上述存在的问题,结合智能优化算法、元博弈理论和复因子动力学给出了可能解决上述问题的具体研究方向。实现博弈强化学习在复杂、不确定系统中的优化控制问题,对于推动机器人控制、和军事决策等各领域的发展有重要意义,特别是在未来智能化战争中,基于规则的智能体体现的往往是指挥科学,而基于强化学习的智能体可能会体现指挥艺术,而指挥艺术在未来战争中仍然发挥着不可替代的作用。所以,博弈强化学习可能在更加科学、合理的智能辅助决策系统中越来越关键。

参 考 文 献

[1] 吴军,徐昕,王健,等. 面向多机器人系统的增强学习研究进展综述[J]. 控制与决策,2011, 26(11):1601-1610.

[2] SUTTON R S, BARTO A G. Introduction to reinforcement learning [M]. Cambridge: MIT press,1998.

[3] LECUN Y,BENGIO Y,HINTON G. Deep learning[J]. nature,2015,521(7553):436-444.

[4] HENDERSON P,ISLAM R,BACHMAN P,et al. Deep reinforcement learning that matters[C]// Thirty-Second AAAI Conference on Artificial Intelligence,2018:22-30.

[5] EGORV M. Multi-Agent deep reinforcement learning[J]. CS231n:Convolutional Neural Networks

for Visual Recognition,2016,52(4):1-9.

[6] WHITE C. Markov decision processes[M]. New York:Springer US,2001.

[7] BEARD R W,SARIDIS G N,WEN J T. Galerkin approximations of the generalized Hamilton-Jacobi-Bellman equation[J]. Automatica,1997,33(12):2159-2177.

[8] WATKINS C,DAYAN P. Q-learning[J]. Machine Learning,1992,8(3-4):279-292.

[9] SUTTON R S,MCALLESTER D A,SINGH S P,et al. Policy gradient methods for reinforcement learning with function approximation[C]//Advances in Neural Information Processing Systems, 2000:1057-1063.

[10] WILLIAMS R J. Simple statistical gradient-following algorithms for connectionist reinforcement learning[J]. Machine Learning,1992,8(3-4):229-256.

[11] SILVER D,LEVER G,HEESS N,et al. Deterministic policy gradient algorithms[C]//International Conferenceon Machine Learning,NewYork,2014:1892-1904.

[12] MNIH V,KAVUKCUOGLU K,SILVER D,et al. Playing atari with deep reinforcement learning [EB/OL]. [2013-12-19]. https://arxiv. org/abs/1312. 5602.

[13] VAN H H,GUEZ A,SILVER D. Deep reinforcement learning with double q-learning[C]//Thirtieth AAAI Conference on Artificial Intelligence,2016:1224-1236.

[14] WANG Z,SCHAUL T,HESSEL M,et al. Dueling network architectures for deep reinforcement learning[EB/OL]. [2016-01-08]. https://arxiv. org/abs/1511. 06581.

[15] HAUSKNECHT M,STONE P. Deep recurrent q-learning forpartially observable mdps[C]//2015 AAAI Fall Symposium Series,2015:328-340.

[16] SCHAUL T,QUAN J,ANTONOGLOU I,et al. Prioritized experience replay[EB/OL]. [2016-02 -25]. https://arxiv. org/abs/1511. 05952.

[17] LILLICRAP T P, HUNT J, PRITZEL A, et al. Continuous control with deep reinforcement learning[EB/OL]. [2015-09-09]. https://arxiv. org/abs/1509. 02971.

[18] KONDA V R,TSITSIKLIS J N. Actor-critic algorithms[C]//Advances in Neural Information Processing Systems,2000:1008-1014.

[19] MNIH V,BADIA A P,MIRZA M,et al. Asynchronous methods for deep reinforcement learning [C]//Internationalconference on Machine Learning,2016:1928-1937.

[20] SCHULMAN J,LEVINE S,ABBEEL P,et al. Trust region policy optimization[C]//International Conference on Machine Learning,2015:1889-1897.

[21] SCHULMAN J,WOLSKI F,DHARIWAL P,et al. Proximal policy optimization algorithms[EB/ OL]. [2017-07-20]. https://arxiv. org/abs/1707. 06347.

[22] SHAPLEY S. Stochastic games[J]. Proceedings of the National Academy of Sciences,1953,39 (10):1095-1100.

[23] BUSONIU L,BABUŠKA R,DE SCHUTTER B. Multi-Agent reinforcement learning:An overview [M]. Berlin:Springer,2010:183-221.

[24] WANG Y, DE S C W. Multi-robot box-pushing:Single-Agent q-learning vs. team q-learning [C]//2006 IEEE/RSJ International Conference on Intelligent Robots and Systems,IEEE,2006:

3694-3699.

[25] GALINDO A, GIUPPONI L. Distributed Q-learning for aggregated interference control in cognitive radio networks[J]. IEEE Transactions on Vehicular Technology,2010,59(4):1823-1834.

[26] LITTMAN M L. Markov games as a framework for multi-Agent reinforcement learning[M]. San Francisco:Morgan Kaufmann,1994:157-163.

[27] HU J, WELLMAN M P. Nash Q-learning for general-sum stochastic games [J]. Journal of machine learning research,2003,4(Nov):1039-1069.

[28] GREENWALD A, HALL K, SERRANO R. Correlated Q-learning [C]//ICML. 2003,3:242-249.

[29] LITTMAN M L. Friend-or-foe Q-learning in general-sum games [C]//ICML. 2001,1:322-328.

[30] HARATI A, AHMADABADI M N, ARAABI B N. Knowledge-based multiAgent credit assignment:A study on task type and critic information[J]. IEEE Systems Journal,2007,1(1):55-67.

[31] TAMPUU A, MATIISEN T, KODELJA D, et al. MultiAgent cooperation and competition with deep reinforcement learning[J]. PloS One,2017,12(4).

[32] LEIBO Z,ZAMBALDI V,LANCTOT M,et al. Multi-Agent reinforcement learning in sequential social dilemmas [C]//Proceedings of the 16th Conference on Autonomous Agents and MultiAgent Systems. International Foundation for Autonomous Agents and MultiAgent Systems, 2017:464-473.

[33] LERER A,PEYSAKHOVICH A. Maintaining cooperation in complex social dilemmas using deep reinforcement learning[EB/OL]. [2017-07-31]. https://arxiv. org/abs/1707. 01068.

[34] HEINZ A. Self-play,deep search and diminishing returns[J]. ICGA Journal,2001,24(2):75-79.

[35] BANSAL T, PACHOCKI J, SIDOR S, et al. Emergent complexity via multi-Agent competition [EB/OL]. [2017-10-10]. https://arxiv. org/abs/1710. 03748.

[36] MAHADEVAN S,CONNELL J. Automatic programming of behavior-based robots using reinforcement learning[J]. Artificial Intelligence,1992,55(2-3):311-365.

[37] NG Y,HARADA D,RUSSELL S. Policy invariance under reward transformations:Theory and application to reward shaping[C]//ICML,1999,99:278-287.

[38] RAGHU M,IRPAN A,ANDREAS J,et al. Can deep reinforcement learning solve erdos-selfridge-spencer games? [EB/OL]. [2017-12-17]. https://arxiv. org/abs/1711. 02301.

[39] GUPTA J,EgOROV M,KOCHENDERFER M. Multiple Landmark Detection using Multi-Agent-Reinforcement Learning[J]. Autonomous Agents and multiAgent systems,Springer International Publishing,Cham,2017,6683-6690.

[40] FOERSTER J,ASSAEL I A,DE F N,et al. Learning to communicate with deep multi-Agent reinforcement learning[C]//Advances in Neural Information Processing Systems,2016:2137-2145.

[41] SUKHBAATAR S,FERGUS R. Learning multiAgent communication with backpropagation[C]// Advances in Neural Information Processing Systems,2016,2244-2252.

[42] PENG P,YUAN Q,WEN Y,et al. MultiAgent bidirectionally-coordinated nets for learning to play starcraft combat games[EB/OL]. [2017-06-16]. https://arxiv. org/abs/1703. 10069.

[43] JIANG J,LU Z. Learning attentional communication for multi-Agent cooperation[C]//Advances in Neural Information Processing Systems,2018:7254-7264.

[44] KIM D,MOON S,HOSTALLERO D,et al. Learning to schedule communication in multi-Agent reinforcement learning[EB/OL]. [2019-02-05]. https://arxiv. org/abs/1902. 01554.

[45] SUNEHAG P,LEVER G,GRUSLYS A,et al. Value-decomposition networks for cooperative multi-Agent learning based on team reward [C]//Proceedings of the 17th International Conference on Autonomous Agents and Multi Agent Systems. International Foundation for Autonomous Agents and Multi Agent Systems,2018:2085-2087.

[46] RASHID T,SAMVELYAN M,DE W C S,et al. QMIX:monotonic value function factorisation for deep multi-Agent reinforcement learning [EB/OL] . [2018 - 03 - 30] . https://arxiv. org/ abs/1803. 11485.

[47] HOSTALLERO W,SON K,KIM D,et al. Learning to factorize with transformationfor cooperative multi-Agent reinforcement learning[C]//Proceedings of the 31st International Conference on Machine Learning,Proceedings of Machine Learning Research. PMLR,2019:2264-2276.

[48] LOWE R,WU Y,TAMAR A,et al. Multi-Agent actor-criticfor mixed cooperative-competitive environments[C]//Advances in Neural Information Processing Systems,2017:6379-6390.

[49] FOERSTER J N,FARQUHAR G,AFOURAS T,et al. Counterfactual multi-agent policy gradients [C]//Thirty-Second AAAI Conference on Artificial Intelligence,2018:120-134.

[50] PHAM H,GUAN Y,ZOPH B,et al. Efficient neural architecture search via parameter sharing [EB/OL]. [2018-02-09]. https://arxiv. org/abs/1802. 03268.

[51] HONG Z,SU S,SHANN Y,et al. A deep policy inferenceq-network for multi-agent systems [C]//Proceedings of the 17th International Conference on Autonomous Agents and MultiAgent Systems. International Foundationfor Autonomous Agents and MultiAgent Systems,2018:1388-1396.

[52] RAILEANU R,DENTON E,SZLAM A,et al. Modeling others using oneself in multi-agent reinforcement learning[EB/OL]. [2018-03-22]. https://arxiv. org/abs/1802. 09640.

[53] HEINRICH J,SILVER D. Deep reinforcement learning fromself-play in imperfect-information games[EB/OL]. [2016-03-03]. https://arxiv. org/abs/1603. 01121.

[54] LI S,WU Y,CUI X,et al. Robust multi-agent reinforcement learning via minimax deep deterministic policy gradient[C]//AAAI Conference on Artificial Intelligence (AAAI),2019.

[55] CASTANEDA A O. Deep reinforcement learning variants of multi-Agent learning algorithms[J]. Master's thesis,School of Informatics,University of Edinburgh,2016,33(7):34-42.

[56] DIALLO E A O,SUGIYAMA A,SUGAWARA T. Learning to coordinate with deep reinforcement learning in doubles pong game [C]//2017 16th IEEE International Conference on Machine

Learning and Applications (ICMLA) ,IEEE,2017:14-19.

[57] DEVLIN S,YLINIEMI L,KUDENKO D,et al. Potential-baseddifference rewards for multi-agent reinforcement learning[C]//Proceedings of the 2014 international conference on Autonomous A-gents and multi-Agent systems. International Foundation for Autonomous Agents and MultiAgent Systems,2014:165-172.

[58] SRIVASTAVA N,HINTON G,KRIZHEVSKY A,et al. Dropout:a simple way to prevent neural networks from overfitting[J]. The journal of machine learning research,2014,15(1):1929-1958.

[59] PRASAD A,DUSPARIC I. Multi-Agent deep reinforcement learning for zero energy communities [EB/OL]. arXiv preprintarXiv:1810. 03679,2018.

[60] HÜTTENRAUCH M,ŠOŠIĆ A, NEUMANN G. Guided deep reinforcement learning for swarm systems[EB/OL]. [2018-10-08]. https://arxiv. org/abs/1810. 03679.

[61] CALVO J A,DUSPARIC I. Heterogeneous multi-agent deep reinforcement learning for traffic lights control[C]//AICS,2018:2-13.

[62] NGUYEN N D,NGUYEN T,NAHAVANDI S. System design perspective for human-level agents using deep reinforcement learning:A survey[J]. IEEE Access,2017,5:27091-27102.

[63] NOUREDDINE B,GHARBI A,AHMED S. Multi-agent deep reinforcement learning for task allo-cation in dynamic environment[C]//ICSOFT,2017:17-26.

[64] LIN K,ZHAO R,XU Z,et al. Efficient large-scale fleet management via multi-agent deep rein-forcement learning[C]//Proceedings of the 24th ACM SIGKDD International Conference on Knowledge Discovery & Data Mining. ACM,2018:1774-1783.

[65] SCHMID K,BELZNER L,GABOR T,et al. Action markets in deep multi-agent reinforcement learning[C]//International Conference on Artificial Neural Networks. Springer, Cham,2018:240-249.

[66] 胡晓峰. 战争科学论:认识和理解战争的科学基础与思维方法[M]. 北京:科学出版社,2018.

[67] 周志华. 机器学习[M]. 北京:清华大学出版社,2015:390-392.

[68] 孙彧,曹雷,陈希亮,等. 多智能体深度强化学习研究综述[J]. 计算机工程与应用,2020,5(5):13-22.

[69] 俞建. 博弈论与非线性分析[M]. 北京:科学出版社,2008.

[70] HUNG C C,LILLICRAP T,ABRAMSON J,et al. Optimizing agent behavior over long time scales by transporting value[J]. Nature Communications,2019,10(1):1-12.

[71] WANG X,SANDHOLM T. Reinforcement learning to play an optimal Nash equilibrium in team Markov games[J]. Advances in Neural Information Processing Systems,2002,15:1603-1610.

[72] ARSLAN G, YÜKSEL S. Decentralized Q-learning for stochastic teams and games[J]. IEEE Transactions on Automatic Control,2016,62(4):1545-1558.

[73] MAO H,ZHANG Z,XIAO Z,et al. Modelling the dynamic joint policy of teammates with attention multi-Agent DDPG[EB/OL]. [2018-09-13]. https://arxiv. org/abs/1811. 07029.

[74] LIU Y,WANG W,HU Y,et al. Multi-agent game abstraction via graph attention neural network [C]//Proceedings of the AAAI Conference on Artificial Intelligence,2020,34(05):7211-7218.

[75] ZHU C,LEUNG H,HU S,et al. A Q-values sharing framework for multiple independent Q-learners [C]//Proceedings of the 18th International Conference on Autonomous Agents and MultiAgent Systems,2019:2324-2326.

[76] YANG Y,LUO R,LI M,et al. Mean field multi-agent reinforcement learning[C]//International Conference on Machine Learning. PMLR,2018:5571-5580.

[77] ANAHTARCI B ,KARIKSIZ C D,SALDI N. Q-Learning in regularized mean-field games[J]. 2020,12:324-334.

[78] ELIE R,PÉROLAT J,LAURIÈRE M,et al. On the convergence of model free learning in mean field games[C]//Proceedings of the AAAI Conference on Artificial Intelligence,2020,34(05): 7143-7150.

[79] KOK J R,VLASSIS N. Sparse cooperative Q learning[C]//Proceedings of the Twenty-First International Conference on Machine Learning,2004:61.

[80] SUNEHAG P, LEVER G, GRUSLYS A, et al. Value-decomposition networks for cooperative multi-Agent learning[EB/OL]. [2017-06-16]. https://arxiv. org/abs/1706. 05296.

[81] RASHID T, SAMVELYAN M, SCHROEDER C, et al. Qmix: Monotonic value function factorisation for deep multi-agent reinforcement learning[C]//International Conference on Machine Learning. PMLR,2018:4295-4304.

[82] SON K,KIM D,KANG W J,et al. Qtran:Learning to factorize with transformation for cooperative multi-agent reinforcement learning[C]//International Conference on Machine Learning. PMLR, 2019:5887-5896.

[83] YANG Y,HAO J,LIAO B,et al. Qatten:A general framework for cooperative multiAgent reinforcement learning[EB/OL]. [2020-06-09]. https://arxiv. org/abs/2002. 03939.

[84] YANG Y,HAO J,CHEN G,et al. Q-value path decomposition for deep multiAgent reinforcement learning[C]//International Conference on Machine Learning. PMLR,2020:10706-10715.

[85] CANDOGAN O,MENACHE I,OZDAGLAR A,et al. Flows and decompositions of games:Harmonic and potential games[J]. Mathematics of Operations Research,2011,36(3):474-503.

[86] MACUA S V,ZAZO J,ZAZO S. Learning parametric closed-loop policies for markov potential games[EB/OL]. [2018-05-22]. https://arxiv. org/abs/1802. 00899.

[87] LESLIE D S,COLLINS E J. Generalised weakened fictitious play(J]. Games and Economic Behavior,2016,56(2):285-298.

[88] MAZUMDAR E,RATLIFF L J,SASTRY S. On the convergence of gradient-based learning in continuous games[EB/OL]. [2018-09-27]. https://arxiv. org/abs/1804. 05464.

[89] CHEN G. A new framework for multi-agent reinforcement learning:Centralized training and exploration with decentralized execution via policy distillation[EB/OL]. [2019-10-21]. https://arxiv. org/abs/1910. 09152.

[90] LI G, JIANG B, ZHU H, et al. Generative attention networks for multi-agent behavioral modeling [C]//Proceedings of the AAAI Conference on Artificial Intelligence, 2020, 34 (05): 7195 – 7202.

[91] RYU H, SHIN H, PARK J. Multi-Agent actor-critic with hierarchical graph attention network [C]//Proceedings of the AAAI Conference on Artificial Intelligence, 2020, 34 (05): 7236 – 7243.

[92] NAYYAR A, MAHAJAN A, TENEKETZIS D. Decentralized stochastic control with partial history sharing: A common information approach[J]. IEEE Transactions on Automatic Control, 2013, 58 (7): 1644–1658.

[93] WU F, ZILBERSTEIN S, CHEN X. Rollout sampling policy iteration for decentralized POMDPs [EB/OL]. [2012–03–15]. https://arxiv. org/abs/1203. 3528.

[94] ADLER I. The equivalence of linear programs and zero-sum games[J]. International Journal of Game Theory, 2013, 42(1): 165–177.

[95] SHAPLEY L S. Stochastic gamesProceedings of the National Academy of Sciences of the USA 39, 1095–1100 (Chapter 1 in this volume)[J]. MathSciNet zbMATH, 1953, 3: 1–9.

[96] LITTMAN M L. Markov games as a framework for multi-Agent reinforcement learning[M]//Machine learning proceedings 1994. Morgan Kaufmann, 1994: 157–163.

[97] SZEPESVÁRI C, LITTMAN M L. A unified analysis of value-function-based reinforcement-learning algorithms[J]. Neural computation, 1999, 11(8): 2017–2060.

[98] FAN J, WANG Z, XIE Y, et al. A theoretical analysis of deep Q-learning[C]//Learning for Dynamics and Control. PMLR, 2020: 486–489.

[99] GOODFELLOW I J, POUGET-ABADIE J, MIRZA M, et al. Generative adversarial networks[EB/OL]. [2014–06–10]. https://arxiv. org/abs/1406. 2661.

[100] LI S, WU Y, CUI X, et al. Robust multi-Agent reinforcement learning via minimax deep deterministic policy gradient [C]//Proceedings of the AAAI Conference on Artificial Intelligence. 2019, 33(01): 4213–4220.

[101] ZHANG G, YU Y. Convergence of gradient methods on bilinear zero-sum games[EB/OL]. [2019–08–15]. https://arxiv. org/abs/1908. 05699.

[102] MERTIKOPOULOS P, LECOUAT B, ZENATI H, et al. Optimistic mirror descent in saddle-point problems: Going the extra (gradient) mile [EB/OL]. [2018 – 07 – 07]. https://arxiv. org/abs/1807. 02629.

[103] JIN C, NETRAPALLIi P, JORDAN M. What is local optimality in nonconvex-nonconcave minimax optimization? [C] International Conference on Machine Learning. PMLR, 2020: 4880 – 4889.

[104] FIEZ T, CHASNOV B, RATLIFF L J. Convergence of learning dynamics in stackelberg games [EB/OL]. [2019–06–04]. https://arxiv. org/abs/1906. 01217.

[105] ZHANG J, XIAO P, SUN R, et al. A single-loop smoothed gradient descent-ascent algorithm for nonconvex-concave min-max problems[EB/OL]. arXiv preprint arXiv: 2010. 15768, 2020.

[106] CHEN X,DENG X. Settling the complexity of two-player Nash equilibrium[C]//2006 47th Annual IEEE Symposium on Foundations of Computer Science (FOCS'06). IEEE, 2006: 261 – 272.

[107] HERINGS P J J,PEETERS R. Homotopy methods to compute equilibria in game theory[J]. Economic Theory,2010,42(1):119–156.

[108] LOWE R,WU Y,TAMAR A,et al. Multi-agent actor-critic for mixed cooperative-competitive environments[EB/OL]. arXiv preprint arXiv:1706. 02275,2018.

[109] ZHANG H,CHEN W,HUANG Z,et al. Bi-level actor-critic for multi-agent coordination[C]// Proceedings of the AAAI Conference on Artificial Intelligence,2020,34(05):7325–7332.

[110] BLUM A,HAGHTALAB N,HAJIAGHAYI M T,et al. Computing stackelberg equilibria of large general-sum games [C]//International Symposium on Algorithmic Game Theory. Springer, Cham,2019:168–182.

[111] LITTMAN M L. Friend-or-foe Q-learning in general-sum games[C]//ICML. 2001, 1: 322 – 328.

[112] BORKAR V S. Stochastic approximation with two time scales[J]. Systems & Control Letters, 1997,29(5):291–294.

[113] PRASAD H L,LA P,BHATNAGAR S. Two-timescale algorithms for learning Nash equilibria in general-sum stochastic games[C]//Proceedings of the 2015 International Conference on Autonomous Agents and MultiAgent Systems. 2019:1371–1379.

[114] HEUSEL M,RAMSAUER H,UNTERTHINER T,et al. Gans trained by a two time-scale update rule converge to a local nash equilibrium[EB/OL]. arXiv preprint arXiv:1706. 08500,2017.

[115] TIAN Y,GONG Q,JIANG T. Joint policy search for multi-Agent collaboration with imperfect information[EB/OL]. [2017–06–27]. https://arxiv. org/abs/1706. 08500.

[116] ZINKEVICH M,JOHANSON M,BOWLING M,et al. Regret minimization in games with incomplete information[J]. Advances in Neural Information Processing Systems, 2007, 20: 1729 – 1736.

[117] ZHOU Y,REN T,LI J,et al. Lazy-CFR:a fast regret minimization algorithm for extensive games with imperfect information[EB/OL]. [2018–10–10]. https://arxiv. org/abs/1810. 04433.

[118] BROWN N, SANDHOLM T. Reduced space and faster convergence in imperfect-information games via pruning[C]//International Conference on Machine Learning. PMLR, 2017: 596 – 604.

[119] HEINRICH J,LANCTOT M,SILVER D. Fictitious self-play in extensive-form games[C]//International Conference on Machine Learning. PMLR,2015:805–813.

[120] SCHMID M,BURCH N,LANCTOT M,et al. Variance reduction in monte carlo counterfactual regret minimization (VR-MCCFR) for extensive form games using baselines[C]//Proceedings of the AAAI Conference on Artificial Intelligence. 2019,33(01):2157–2164.

[121] LI H,HU K,GE Z,et al. Double neural counterfactual regret minimization[EB/OL]. [2018–12–27]. https://arxiv. org/abs/1812. 10607.

[122] LANCTOT M, WAUGH K, ZINKEVICH M, et al. Monte Carlo sampling for regret minimization in extensive games[C]//NIPS, 2009: 1078-1086.

[123] HEINRICH J, SILVER D. Deep reinforcement learning from self-play in imperfect-information games[EB/OL]. [2016-03-03]. https://arxiv. org/abs/1603. 01121.

[124] STEINBERGER E. Single deep counterfactual regret minimization[EB/OL]. [2019-02-10]. https://arxiv. org/abs/1901. 07621.

[125] STEINBERGER E, LERER A, BROWN N. DREAM: Deep regret minimization with advantage baselines and model-free learning [EB/OL]. [2021 - 06 - 19]. https://arxiv. org/abs/2106. 10410.

[126] KASH I A, SULLINS M, HOFMANN K. Combining no-regret and Q-learning[EB/OL]. [2020-03-17]. https://arxiv. org/abs/1910. 03094.

[127] FUDENBERG D, LEVINE D K. Consistency and cautious fictitious play [J]. Journal of Economic Dynamics and Control, 1995, 19(5-7): 1065-1089.

[128] HEINRICH J, SILVER D. Deep reinforcement learning from self-play in imperfect-information games[EB/OL]. [2016-03-03]. https://arxiv. org/abs/1603. 01121.

[129] FOERSTER J N, CHEN R Y, AL-SHEDIVAT M, et al. Learning with opponent-learning aware-ness[EB/OL]. [2017-12-12]. https://arxiv. org/abs/1709. 04326.

[130] ZHANG L, WANG W, LI S, et al. Monte Carlo neural fictitious self-play: Approach to approxi-mate Nash equilibrium of imperfect-information games [EB/OL]. arXiv preprint arXiv: 1903. 09569, 2019.

[131] BROWN N, BAKHTIN A, LERER A, et al. Combining deep rein-forcement learning and search for imperfect-information games [EB/OL]. [2020 - 07 - 27]. https://arxiv. org/abs/2007. 13544.

[132] SRINIVASAN S, LANCTOT M, ZAMBALDI V, et al. Actor-critic policy optimization in partially observable multiAgent environments [EB/OL]. [2018 - 10 - 21]. https://arxiv. org/abs/1810. 09026.

第三篇　知识驱动的强化学习

　　强化学习来源于心理学中的行为主义,作为解决序贯决策(Sequential Decision Making)的重要方法,它采取持续的"试错"(Trial and Error)机制,通过与环境的不断交互学得有效策略。强化学习过程反映了人脑如何做出决策的反馈系统运行机理,符合人类面向实际问题时的经验性思维与直觉推理的一般决策过程。因而,近年来,强化学习在人工智能领域得到广泛而深入地应用,并成为当前突破类人智能的关键性机器学习方法。强化学习在视频游戏、棋牌类游戏、物理系统的导航与控制、用户交互算法等领域的表现已经接近或超过了人类水平。

　　然而,"交互–试错"的学习机制常常面临状态–动作空间的维度灾难、探索与利用的矛盾、时间信度分配等问题。其中,状态和动作维度过高,使得 Agent 在巨大的状态–动作空间下,很难或无法遍历所有的情况,导致算法无法学到合理的策略。在学习过程中,Agent 一方面需要利用已有的经验选择能够获益最大的动作,另一方面需要扩大搜索范围,选择以前没有选择过的动作,探索未知的空间,以期寻找到更优的动作。环境的反馈信号具有延迟性和稀疏性,即 Agent 在执行多步动作之后才能获得奖赏,中间动作都没有收到反馈信号。解决上述问题的一个比较好的办法是,对人类知识的充分利用,这也正符合人类在改造世界过程中面对一般性决策问题的思维方式。

　　知识作为一种包含了经验、价值观、认知规律以及专家见解等要素的结构化组合,是一种依赖于语境(Context)、面向人员的更加注重效用的关联信息,具有目的性和应用性两大基本特征。正如著名知识管理专家 Thomas H. Davenport 指出,知识比数据和信息更有价值是因为它更贴近行动,知识是行动和决策的依据和指南。

　　本篇首先分析了基于知识的学习型智能生成机制;然后介绍了基于历史轨迹数据重构回报函数的深度逆向强化学习、深度强化学习中的知识迁移方法、利用小样本数据实现跨任务的元强化学习等;最后就数据和知识如何在强化学习问题求解过程中发挥作用进行了详细的分析和总结。

第8章　基于知识的学习型智能生成机制分析

经典智能知识表示方法主要包括谓词逻辑、产生式和框架表示法等。谓词逻辑具备自然性、精确性等优点,然而其局限性体现在对不确定性知识表现能力弱、组合爆炸、执行效率低等;产生式表示法具备自然性、模块性和清晰性等特点,然而其局限性体现在效率低、对结构化知识表示能力弱;基于框架的方法具备结构性好、继承性强、与人类认识事物的思维活动一致性高等特点。这些方法在机器人路径规划、机器博弈问题、智能问答等多种场景得到了广泛的应用。然而,随着问题复杂度的不断提升,经典人工智能表现出诸多局限性,如对隐形经验知识的表示能力弱、无法模拟人类的抽象思维模式等。

知识是一种包含人类在客观世界中获取的经验、认知规律等组成的集合,在运用的过程中表现出较强的关联性的信息。Thomas H. Davenport 曾指出,"与数据和信息相比,知识能够更好的指导人类的行动"。而且,在军事领域有着高水平指挥员可以提供实时在线指导;也存在着大量的条令条例、战法战术等领域规则知识;针对具体问题,也可以给出适用的解决方法(模型)。因此,在基于深度强化学习的智能决策模型中加入各种形式的知识,不仅可以提高强化学习的收敛速度,还可以解决奖励函数的稀疏问题,提高智能体的探索能力。

智能化指挥控制的核心之一是让机器学会人类指挥员的指挥决策模式,在这个过程中,综合人的经验知识和机器的优势,实现机器的能力增强是最终目标。实现这个目标的方法有三种,一是用规则教;二是从数据中学;三是用问题引导。其中用规则教主要是命题和谓词逻辑等方式,其核心是知识符号表示下的逻辑推理;从数据中学主要采用监督、半监督和非监督的学习方法,其核心是任务导向型的知识分类;用问题引导主要是从经验中学习,其核心是试错和探索与利用机制。三种方法的比较如表8-1所列。

表8-1　人工智能学习方法

学习模式	优点	缺点
用规则教	符合人类的认知逻辑,解释性强	难以构建完备的知识规则库
从数据中学	直接从数据中学,端到端	严重依赖数据,解释性不强
用问题引导	能从经验中进行能力的持续性学习	非穷举式搜索,对搜索策略要求高

由表 8-1 可以看出,任何单独的一种方法在解决具体的指挥决策问题时,都存在一定的不足。事实上,指挥员的决策模式之间也是相生关系。因此,在构建基于机器学习的辅助决策模式时,可以充分融入多种学习模式,构建经验知识、规范知识、常识性融合共生的知识利用体系。

8.1　强化学习中的知识

强化学习是一种通过试错来解决问题,获取知识的方法。传统强化学习通过表格值记录获取的知识,而在深度强化学习中,基于值函数的方法利用神经网络拟合状态价值函数,基于策略的方法利用神经网络拟合策略函数,这些方法都是通过神经网络存储通过交互试错获取的知识。在学习知识的过程中,强化学习 Agent 通过和环境的交互,经过"动作–评价"模式得到奖励回报,该回报一般和该动作是否有助于 Agent 达到学习目标的程度呈正相关。Agent 通过这种自己亲身经历的方式进行学习,在每个"动作–评价"周期中不断获取知识,改进行动方案以适应环境。目前,强化学习的发展的一个方向是通用人工智能方向,即通过端到端强化学习,获取解决问题的策略;另一个方向是把强化学习作为一种解决问题的框架,通过领域历史数据和经验知识的利用,在尽可能不约束强化学习算法能力上限的情况下提升强化学习的效率。因此,如何选择好知识介入强化学习的环节是第二个方向重点研究的内容。

Volodymyr Mnih 等将知识定义为智能体内部信息,如知识可以包含于用于选择动作、预测累积奖励或预测未来观测特征的函数参数中。有些知识是先验知识,有些知识是通过学习获得的。奖励最大化的智能体将根据环境情况包含前者,如借助自然智能体的进化和人工智能体的设计,并通过学习获取后者。随着环境的不断丰富,需求的平衡将越来越倾向于学习知识。因此,在强化学习过程中知识的作用体现在多个方面,既可以直接用于策略模型的生成,也可以作用在强化学习智能体的学习进化过程中辅助智能体学习。

8.2　基于知识的强化学习

近年来,深度强化学习在值函数近似、策略搜索、环境建模这三大方法上取得了突破性进展,但仍然未能完全解决复杂环境下的决策问题。强化学习面临的三大困难:状态动作空间的维度灾难、探索与利用的矛盾和环境奖赏稀疏的问题仍然摆在面前。基于深度神经网络强大的非线性逼近能力和端到端的学习能力,深度强化学习在很大程度上解决了高维状态空间和连续动作空间的困难。而探索与利用的矛盾、奖赏稀疏的问题成为目前制约强化学习性能进一步提高的关键因素。

知识是人类认识世界的成果与总结,Polany 将知识分为显性知识和隐性知识。显性知识指那些容易通过语言、文字、符号加以表述及传递的知识。隐性知识指无法明确描述的知识,需要借助人际互动、亲身体验的过程才能彼此共享的知识。在强化学习中引入知识,不仅可以提高强化学习的收敛速度,提高 Agent 的探索能力,还能解决奖赏稀疏问题。目前将知识运用于强化学习中的研究已经取得了一定的进展。将知识引入强化学习的方法有很多,本章探讨专家在线指导、回报函数设计、启发式探索策略和模仿学习这四种方法。其可以使用的知识类型如表 8-2 所列。

表 8-2　知识驱动的强化学习

方法名称	使用的知识类型
专家在线指导	隐性知识
回报函数设计	显性知识或隐性知识
启发式探索策略	显性知识或隐性知识
模仿学习	隐性知识

8.2.1　专家在线指导

2009 年,Knox 和 Peter 提出了专家在线指导(Training an Agent Manually via Evaluative Reinforcement,TAMER)框架,用于将专家知识引入到 Agent 的学习回路中,为 Agent 提供强化信号(Human's Reinforcement Signal),而后通过监督学习对该信号进行建模。TAMER 框架示意图如图 8-1 所示。

TAMER 与强化学习有很多相似的地方,都用到了 MDP 结构,但也有很大的不同。强化学习的学习目标是累积奖赏的最大化,而在 TAMER 中,学习目标是立即奖赏的最大化。这样做的原因在于专家做出的决策动作已经考虑到了长远的收益。

在多个对比实验中,TAMER 框架在训练初期可以迅速达到很好的性能,但随着训练次数的增加,强化学习的算法性能逐渐赶超。因此,提出了将 TAMER 框架与强化学习算法结合,可以将专家的在线指导加入到强化学习的训练过程中,同时对专家信号的置信度分配问题进行了深入的研究。Vien 等将 TAMER 框架拓展到连续状态动作空间的任务中,提出了 Actor-Critic TAMER 框架,如图 8-1 所示。

8.2.2　回报函数设计

在很多环境中,奖励信号往往具有稀疏性和延迟性,即 Agent 在执行一系列的动作之后才会获得一个有效的奖励信号,奖励信号的稀疏性不仅会导致强化学习

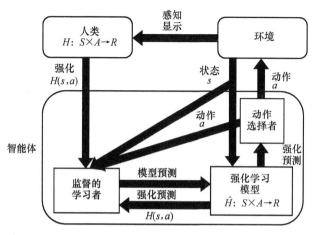

图 8-1   TAMER 框架示意图

延迟收敛,更有可能导致难以学得有效的策略。在此背景下,人们提出回报函数的设计技术(Reward Shaping),其基本思想是在学习中利用先验知识或过程经验来指导回报函数的设计。使用了领域知识的方法,我们称为启发式回报函数设计;因为缺乏知识而只利用了学习中的过程经验的方法,我们称为在线回报函数设计(Online Shaping)或自动回报函数设计(Automatic Shaping)。

在引入设计的回报函数后,Agent 获得的奖赏值成为环境的立即奖赏值和附加回报值之和。文献[13-14]利用领域知识,精心设计回报值,来引导 Agent 向期望的策略学习。然而,加入附加的回报值是有风险的,设计不合理的回报函数可能会导致策略发生偏离。针对这种情况,吴恩达等给出了设计安全回报函数的理论条件,并提出了回报势函数的概念。其限定附加回报函数为某个势函数的差分形式,即 $F(s,s') = \gamma f(s') - f(s)$,从而将问题转化为势函数 $\phi(s)$ 的设计。势函数既可以根据领域知识确定为一个定量模型或定性模型,也可以设计为在学习过程中不断改进的模型。

8.2.3 启发式探索策略

在复杂任务环境中,Agent 很难对所有的状态进行充分地探索而得到最优策略。在有限的资源条件下,强化学习存在着探索与利用的矛盾;一方面需要根据现有掌握的情况学习策略;另一方面需要探索未知的状态空间,以期学到更好的策略。由此可知,Agent 的探索策略直接影响着强化学习的效率和最终策略的优劣。

在小规模任务场景中,现有的探索方法已经能够达到较好的效果。其基本思想是降低环境的不确定性,如基于贝叶斯的方法,基于近似效用值的方法。然而,在高维状态空间和连续动作空间的复杂环境中,之前的传统方法变得束手无策。

因而在近年来的深度强化学习算法中,仍然采用简单的探索策略,如 Boltzmann 方法、ε-greedy 贪心算法和高斯噪声方法。

简单的探索策略对于奖赏回报延迟较小的任务环境是可行的,但对于奖赏稀疏的任务,这可能导致 Agent 对环境的采样复杂度成指数级增长。人们对探索策略的研究已经取得了一定的进展。Stadie 等提出对环境进行建模,而后将预测误差作为探索策略的奖赏红利。Bootstrapped DQN 算法通过若干个 Q 函数的集成来指导探索,从而在雅达利的游戏中取得了更好的表现。基于伪计数的内在动机探索方法在极难的游戏"祖玛的复仇"中取得了目前最高的得分。VIME 算法基于环境模型的信息增益进行探索,以奖赏稀疏的仿真机器人移动问题为测试环境,验证了算法的有效性。Haoran Tang 等最新的论文提出了基于状态计数的方法来进行探索,通过红利补偿的方法来增加访问次数较少的状态的探索次数,其最大创新之处在于提出了使用 SimHash 函数来对状态进行聚合。

在探索策略中引入知识也是提高探索能力的一种重要方法。Haoran Tang 等提出,根据领域知识对 SimHash 函数输入的特征进行筛选,对权重进行修改等方式都可大幅度提高强化学习的学习能力,文中将这样的哈希函数称为 SmartHash。

Bianchi 等提出的启发式强化学习算法(HARL)就是通过在学习过程中利用启发式信息来选择动作。用启发式信息引导探索的形式化表达如下:

$$\pi(s) = \begin{cases} \arg\max_a [\, Q'(s,a) + \beta \times H(s,a) \,] \\ random,\text{以 } \varepsilon \text{ 概率随机选择动作} \end{cases} \quad (8\text{-}1)$$

式中:$H(s,a)$ 为启发式函数;参数 β 可以调整 $H(s,a)$ 对策略选择的影响力。

定义启发式函数 $H(s,a)$ 数值大小的原则是能够对策略选择产生足够大的影响下,数值要尽可能小(为了减少引入误差):

$$H(s,a) = \begin{cases} \max_i [\, \hat{Q}(s,i) \,] - \hat{Q}(s,a) + \tau, a = \pi^{\mathrm{H}}(s) \\ 0, \qquad\qquad\qquad \text{其他} \end{cases} \quad (8\text{-}2)$$

需要特别指出的是,启发式函数只在动作选择时对探索策略产生影响,而对强化学习的值函数没有产生任何影响。

Bianchi 从理论上证明了该理论的收敛性,并给出了误差估计的界限。基于 HARL,提出了结合案例推理、迁移学习算法的启发式函数,进而改进探索策略。

8.2.4　模仿学习

强化学习任务中多步决策的搜索空间巨大,如果能够获得一批人类专家的决策轨迹数据,我们可以采用模仿人类专家的决策行为来解决这一困难,称为模仿学习(Imitation Learning)、示例学习(Learning from Demonstration,LfD)以及学徒学习(Apprenticeship Learning)。模仿学习被认为是强化学习提速的重要手段。在很多实际情况中,模仿学习的思路具有一定的普遍性。如汽车的驾驶和无人机的控制等问题,经验丰富的驾驶员或操作员可以操作装备应对环境中的各种状况,产生高质量的经验数据(隐性知识),但无法用完备的规则或函数(显性知识)来表达驾驶和控制的策略,也无法提出准确的奖赏函数能够权衡各种情况下的奖惩机制。

模仿学习可以分为两类:直接模仿学习和逆向强化学习(Inverse Reinforcement Learning)。下面分别对这两类方法进行介绍。

1. 直接模仿学习

模仿学习最直接的方法是可以利用监督学习的方式,通过分类(对于离散动作)或回归(对于连续动作)来学得符合人类专家决策轨迹的策略模型。学得的这个策略模型可作为进一步学习的初始策略,而后通过强化学习方法进行改进,从而获得更好的策略,监督学习的过程也常常被称为行为复制(Behavior Cloning)。

Guo 等通过结合蒙特卡罗树搜索和深度神经网络的方法来学习游戏策略。蒙特卡罗树搜索方法是一种状态搜索方法,在游戏中可以取得很好的效果,但每一步的决策需要进行大量搜索,时间开销很大。在训练阶段,首先使用蒙特卡罗树搜索方法离线地产生接近最优决策序列游戏数据,然后通过 CNN 以监督学习的方式从决策序列中学习策略。实验结果显示,在 Atari 游戏平台上取得了超过 DQN[49] 的游戏水平。

DeepMind 训练 AlphaGo 的“策略网络”同样运用了模仿学习的思想。其通过网络对战平台的大量数据,用 CNN 训练“策略网络”。该“策略网络”:一方面在离线训练阶段进行自我对弈,并进行强化,而后生成大量数据用于训练“价值网络”;另一方面也在在线对弈阶段为蒙特卡罗树搜索算法提供策略选择。

2. 逆向强化学习

模仿学习另一类重要的方法是逆向强化学习。Russell 于 1998 年首次提出了逆向强化学习的概念。所谓逆向强化学习,就是根据专家的示例数据反推出奖赏函数。在经验数据较少的情况下,通过直接模仿学习学得的策略可能是存在漏洞的。因为采样的经验样本轨迹不包括所有的状态空间时,通过监督学习学得的策略函数的泛化能力可能较差,对于没遇到的状态可能无法做出有效的决策。而逆向强化学习则是通过经验数据反推出奖赏函数,奖赏函数作为专家决策动作“背后的考量”,往往具有更高层次的抽象,因而在奖赏函数“指导”下的策略可能会具有更好的泛化能力。逆强化学习的基本思想就是:首先寻找某种奖赏函数使得示例数据是最优动作;然后使用该奖赏函数来进行强化学习,得到优化的策略。

Ng 和 Russell[92] 于 2000 年给出了逆向强化学习在 MDP 中的公式,提出了最大边际原则(max margin principle),即求取使最优策略和其他次优策略之间差别最大的回报函数,同时对回报函数进行线性假设,将回报函数表示为特征的线性组合,后续很多相关工作都基于该假设。

逆向强化学习主要可以分为三类方法[107]：特征期望匹配方法、最大边际规划方法和将回报函数描述为策略集合的方法。

2004年，Abbeel和Ng[93]提出了通过特征匹配的方法近似还原回报函数，引入非线性约束，提出了基于最大边际原则的两种算法：最大边际法和投影法。2008年，Syed和Schapire[108]基于博弈论零和博弈的思想和特征匹配法，提出了逆向强化学习的博弈论方法。Ziebart等[96,109]引入最大熵原则，对轨迹进行概率建模，然后将约束条件下的熵最大化过程转化为观察数据的最大似然估计问题，在所有满足条件的回报函数中选取唯一的最优解。

2006年，N,Ratliff等基于结构最大边际框架[116]提出了最大边际规划的方法[94]，在策略空间中学习特征回报函数到代价函数的映射。2007年，他们[110]在此基础上引入了加速机制，使其能够适用于复杂的回报函数问题。2008年，Kolter等[112]提出了等级最大边际的思想。

特征期望匹配的方法和最大边际规划方法的共同点都是使最优策略与其他次优策略的边际最大化；而不同点是：前者通过将新产生的策略加入到已有策略的集合，然后通过SVM或者投影法更新当前的回报函数；而后者采用梯度下降的方法，根据示例数据修正回报函数，将示例数据所涉及到的特征对应的回报增加，其余的减小。

2007年，Neu和Szepesvari等将回报函数看成是策略的集合，在策略空间中通过策略间接逼近还原回报函数。基于此类的方法还有文献[38,57-58]。

奖赏函数的表示一直以来都是逆向强化学习的重点，之前传统的方法均是基于特征的表示方法。文献[36-42]将奖赏函数表示成特征的线性组合，文献[43,53-54]将奖赏函数用表示成特征的非线性函数。

得益于深度神经网络端到端的学习能力，在高维状态空间的任务中，Wulfmeier等使用深度神经网络来表示奖赏函数的方法取得了很好的效果。Finn等提出了Guided Cost Learning算法，使用神经网络近似奖赏函数，避免了特征提取的工作，同时使用GPS[117]算法解决了逆向强化学习中内循环迭代优化的问题。

2016年下半年以来，生成对抗式网络与逆向强化学习的结合也取得了优异的表现，利用第三人称视角的示例数据进行学习等都被提出。

8.3　知识与数据驱动的强化学习智能决策模型设计

基于深度强化学习构建博弈对抗行动序列规划模型实质上使用强化学习描述博弈对抗过程，其模型如图8-2所示，主要包括两部分：一是基于深度神经网络的态势感知模块；二是基于强化学习的智能决策框架。行动序列规划的目标就是生成从观察到的状态到行动策略的映射关系(这个映射关系是基于深度神经网络构建的)。在每个决策周期,智能体从博弈对抗环境中基于观察到的敌我双方态势作为强化学习的状态输入,获取行动策略。在执行相应的行动后获取环境的反馈,并根据反馈优化映射关系(深度神经网络),更新状态。如此迭代,生成最终的行动序列。

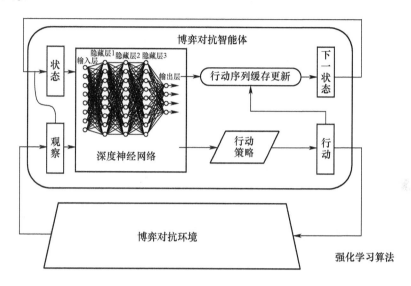

图 8-2   基于深度强化学习的行动序列规划过程

深度神经网络的通用近似能力解决了传统强化学习面临的高维状态空间和连续动作建模难题,并且在复杂问题求解上取得了突破。然而,强化学习固有的探索-利用平衡、环境反馈稀疏等问题仍没有得到根本性解决,也是目前深度强化学习方法解决诸多复杂应用问题的制约因素。

此外,在博弈对抗过程中,作战任务目标往往很难直接转化成合理的奖励函数来提供即时准确的反馈,导致作战行动面临着反馈稀疏和不准确的问题;战场环境复杂多变,高维的决策空间导致智能体很难进行高效探索,很慢甚至无法学得有效的决策策略。在强化学习过程中引入知识,在探索-利用环节可以大幅提升探索效率;在交互过程中可以缓解反馈稀疏导致的难收敛问题等。如图 8-3 所示,本章以深度强化学习典型算法 Deep Q-Learning 为例阐释知识在加速强化学习、提升探索与利用策略、奖赏塑性等方面的作用。事实上,在任何基于神经网络近似值函数和策略函数的强化学习算法中这些方法都具备较强的扩展能力。

8.3.1   用规则教——基于产生式规则的探索与利用策略

在实际的博弈对抗任务中,大量的先验知识是用定性的产生式(IF-THEN)规

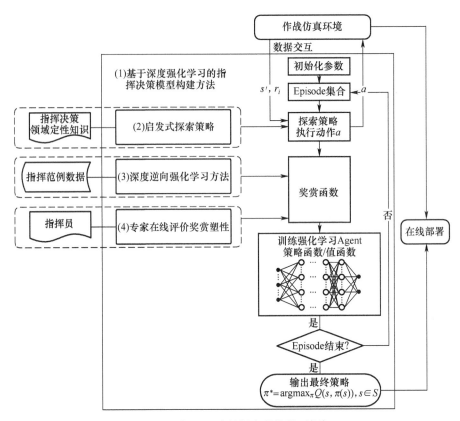

图 8-3 知识驱动的深度强化学习框架

则来表示,然而基于产生式规则的智能生成模式存在两个方面的问题:一是仅仅基于规则很难构建完备的策略;二是很多定性的模糊性和随机性的知识很难形式化为计算机程序执行所需的定量规则。事实上,在强化学习的探索–利用环节,用规则引导算法探索并不需要规则的完备性。只需要通过简单规则大幅减少无效探索。模糊和随机知识难以形式化的问题可以通过云推理模型对这部分知识进行量化表达,引导智能体的动作选择,解决强化学习探索与利用的矛盾。

产生式规则的基本结构包括前提(前件)和结论(后件)两部分,即 IF 前提(前件)→ THEN 结论(后件)。前件云是由云参数 (Ex_A, En_A, He_A) 及某一状态变量 s 生成云滴 (s,μ)。而后件云是由云参数 (Ex_B, En_B, He_B) 及确定度 μ 生成云滴 (s,μ)。前件云到后件云通过确定度 μ 来连接。前件云和后件云共同构成了产生式规则发生器,基于此,实现对单前提或多前提产生式规则知识的定量表达,其中,前件云和后件云实现从定性到定量的转换,并结合规则推理引擎实现定性知识的推理,称为云推理。

238

基于云推理模型探索-利用的深度强化学习算法如图 8-4 所示。利用云模型进行探索-利用的第一步是根据具体任务环境构建规则知识集（既可以是泛化性强的通用知识，也可以是针对具体博弈对抗任务的领域知识）。之后，根据知识集确定前件云与后件云参数，并对产生式规则对应的超参数初始化。在交互学习进探索-利用行动作选择时，将当前状态 s_t 输入云推理模型，依次进行前件云发生器计算、引擎推理和前件云发生器计算。

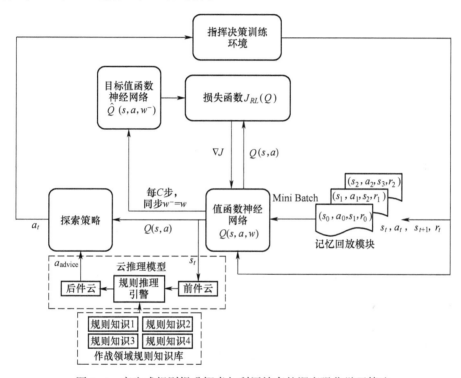

图 8-4　产生式规则提升探索与利用效率的深度强化学习算法

而后在探索策略模块，以一定的方式采纳云推理模型给出的建议行动 a_{advice}。例如，在学习的初始阶段，传统的贪心算法效果接近随机探索，效率低。此时，以较大概率采用云推理模型的建议行动，能够快速获取实现博弈对抗策略模型的热启动。在学习后期，策略模型越接近最优策略，采用学习得到的策略模型进行行动选择的概率越高，当逼近最优策略时，可以完全采用学得的策略进行行动选择。

8.3.2　从数据中学——基于深度逆向强化学习方法重构奖励函数

逆向强化学习是一种根据专家示例轨迹数据重构奖励函数的方法。然而，专家示例数据往往数量较少。此时，智能体通过监督学习或直接模仿学习学得的策略泛化能力较弱。专家在完成博弈对抗任务时,不一定显式得根据奖励函数进行决策,从某种程度上来说,专家是在潜在的奖励函数的引导下进行了策略选择。逆向强化学习并不直接利用数据初始化策略模型,而是通过少量专家示例轨迹重构奖励函数,以附加反馈的方式引导智能体的行动选择和策略生成。逆向强化学习的基本思想是:假设专家示例轨迹数据是最优的。那么,重构的奖励函数应该使得专家示例轨迹数据满足这一条件,此时的奖励函数最贴近专家对环境和博弈对抗任务的认知。此时,在该奖励函数的引导下进行强化学习,训练优化策略,如图8-5所示。

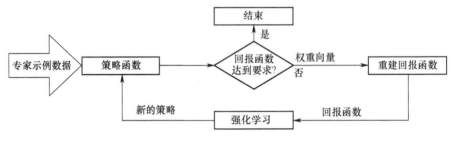

图 8-5　逆向强化学习

Ng 和 Russell 定义了基于马尔可夫决策过程的逆向强化学习。在此后的发展中,传统逆向强化学习算法仅有专家数据 E,奖励函数构建的目标是使得已知的专家示例轨迹逼近基于目标奖励函数的最优策略。

然而,对于大多数博弈对抗任务而言,虽然专家示例轨迹稀缺难以获取。但是非专家的或失败的示例轨迹更加容易获取。在专家演示稀缺的情况下,如果任务可以在模拟的环境下进行交互,非专家往往可以轻松地演示多种故障/失败的模式,并产生失败的和一般性的示例轨迹,以补充稀缺的成功示例。至少,失败的示例轨迹可能被用来探索状态空间,通过回报函数的方式使得智能体倾向于远离该示例轨迹,这也是一个从示例轨迹中学习回报函数和策略的思路。实现这种方法的一个关键挑战是如何解释失败和一般性的轨迹。

我们认为专家的轨迹数据集是逼近最优的,智能体应该尝试模仿它们。在逆向强化学习的模型构建中,其含义是使得智能体最优策略的特征期望尽可能逼近专家实例轨迹的特征期望。与此对应的是,希望策略轨迹优化的行动序列尽可能远离失败的示例轨迹,同时对于一般性示例轨迹的特征期望的差值控制在一定的范围(既不要接近最优示例轨迹序列,也不要接近失败地示例轨迹序列),这样就能使得求得的回报函数尽可能的反应示例轨迹数据的特征。

在一般性的示例轨迹数据中的学习中,奖励函数的构建:一方面使得示例轨迹的因果熵最大;另一方面,使得不同类别之间的边际差值的期望符合预期,并以此为基础构建奖励函数神经网络的优化目标。因此,该问题的优化目标函数就转化为使得最优策略尽可能远离 F。

在一般性的示例轨迹数据中的学习中,奖励函数的构建:一方面使得示例轨迹的因果熵最大,减少给定部分行动序列的情况下状态的分布不确定性;另一方面,使得不同类别之间的边际差值的期望符合预期,并以此为基础构建奖励函数神经网络的优化目标。

因此,基于一般性示例轨迹重构回报函数的过程可以分为三步:一是建立奖励函数和示例轨迹模型,并对其进行数学描述;二是基于因果熵和边际分类构建优化目标和约束条件;三是根据优化目标函数和约束条件求解奖励函数的参数,以最大化因果熵和对指挥决策轨迹分类边际的最大化作为奖励函数生成的优化目标,利用范例轨迹数据集训练重构回报网络实现对战场态势的认知。

8.3.3 用问题引导——基于专家在线评价奖赏塑性

在博弈对抗过程中,作战目标和作战意图往往是明确的,但却很难直接描述成准确的奖励函数使智能体直接进行学习。除了基于专家范例数据的逆向强化学习,基于专家在线评价的方式,通过对强化学习过程中的轨迹片段进行实时评价,根据评价结果逐步拟合奖励函数。从数据来源的角度讲,基于专家在线评价的强化学习方法具有通用性,指挥员对轨迹片段评价的难度一般要远低于完成系统操作(用于产生逆向强化学习所需要的范例数据)的难度。

基于专家在线评价的智能决策模型框架,主要由以下四部分组成:作战仿真环境、强化学习智能体、奖励函数和指挥员在线评价模块,如图 8-6 所示。

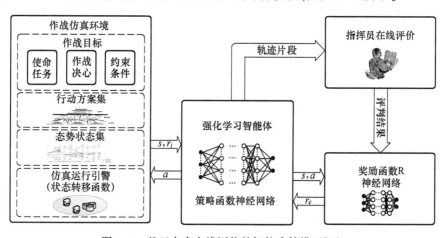

图 8-6 基于专家在线评价的智能决策模型框架

在智能体学习的过程中,奖励函数 R 根据专家在线的评判结果进行监督学习。学习中主要存在两个重要的问题。

（1）专家以何种形式评判轨迹数据,给出何种形式的评判结果,决定了奖励函数 R 的学习形式和损失函数。

（2）指挥员在线评价模块将怎样的轨迹数据推荐给指挥员。智能体的强化学习过程和奖励函数 R 的监督学习过程是异步的,且强化学习的迭代速度远大于专家评价的速度,因此专家评价的速度不能直接影响强化学习的速度。但奖励函数 R 给出的 r_e 的准确性对强化学习的性能和最终策略的质量具有直接影响。如何提高奖励函数 R 的学习效率,减少专家评判的次数,尽可能给出准确的奖励 r_e,是基于专家在线评价的深度强化学习算法能够应用于实际的关键。

第一个问题的核心实质上是行动序列轨迹优劣评价问题,在线评价是一个人机交互的过程,评价的形式需要综合考虑指挥员的认知心理、作战任务本身的性质和学习算法的效率。一般可以采用多种方式。

一是指挥员对单个轨迹片段进行定量评价,即对每个轨迹片段打分, 称为定量评价。

二是指挥员对两个轨迹片段进行定性比较,即给出两个轨迹片段的大小关系, 称之为定性比较。

三是指挥员对单个轨迹片段进行定性评价,即对每个轨迹片段给出区间评价（如分为好、中、差三个区间）。

一般而言,定量评价的方式较难适用于人类指挥员,指挥员对不同的轨迹片段往往很难给出准确的评分;而定性比较和定性评价则较为契合指挥员的思维习惯。

事实上,在智能体的整个学习过程中,定性比较和定性评价在不同的阶段有不同的作用。在学习的初步阶段,学习系统产生的轨迹质量普遍较差。此时,对两个较差的轨迹进行比较评价对智能体而言并不具备显著效果,二者相等的评价结果丢失了二者皆“差”的重要信息;在学习的后期,评价两个较好的轨迹相等,丢失了二者皆“好”的信息。针对此情况,可以采用定性评价的方式来弥补定性比较的不足。定性评价生成的样本数大于定性比较生成的样本数。因此,在学习的初期和后期阶段引入定性评价,不仅可以更多的保留了评价信息,而且可以生成更多的评价样本进行监督学习,从而提高了整体算法的学习效率。

8.4　基于知识的深度强化学习方法研究进展

以机器学习为代表的人工智能技术对样本数据依赖性较强,不仅仅是规模,而且同样注重质量。然而,目前指挥控制领域已有的对抗样本数据十分有限。通过日常值班积累的数据对抗性较弱,多以一机一舰之类的小型摩擦为主。而在实战条件下积累对抗样本的成本代价太高以致不可实现。因此,在智能化发展的大趋势下,高仿真条件下的作战推演还可以产生机器学习需要的大量样本数据,具有安全、经济、高效、可灵活订制等优点。而基于强化学习的博弈对抗技术是解决在仿真环境中智能决策模型生成的有利手段,虽然本章从探索与利用、奖励函数生成、数据利用等角度提出了一些提升强化学习效率的方法。然而,其固有的效率低、收敛难的问题并没有从根本上得以解决,提升强化学习算法的学习效率仍然是下一阶段基于强化学习的博弈对抗方法走向实用过程中必须关注的重点,迁移学习、元深度强化学习、多智能体深度强化学习等方法结合具体领域知识提升算法的多任务适应能力、泛化性能和收敛速度都是值得探索和研究的方向。

传统的决策和控制方法一般需要人为的对环境和规则进行建模,在建模的诸多环节中引入了主观因素,这些因素的准确性和合理性在很大程度上影响着决策的质量。强化学习则是利用环境反馈的奖赏信号和状态信息来不断调整策略参数,通过环境的交互"试错"(Trial-and-Error)直接学得控制策略,而不再需要人为的构建推理模型。

同时,"试错"的方式也带来了探索空间大、收敛速度慢等问题。将人类的知识引入至强化学习是解决问题的一个重要方法。尤其是模仿学习近年来已成为前沿研究热点。本章介绍了强化学习的基础理论,对深度强化学习的算法进行了归纳,重点介绍了基于知识的强化学习方法。本章总结了四种引入知识的方法:专家在线指导、回报函数设计、启发式探索策略和模仿学习。他们利用不同的知识类型:专家在线指导和模仿学习主要利用隐性知识,回报函数设计和启发式探索策略主要侧重于显性知识。

我们应该可以看到,基于知识的深度强化学习的理论与应用取得了长足的进步,但仍然还有很多亟待解决的问题。例如,如何进一步提高逆向强化学习的效率,同时能够减少样本的数量;如何将传统的控制决策方法与强化学习方法有机结合,互相取长补短;如何将不同类型的知识通过更有效、更通用的方法与框架引入至强化学习中,达到更好的效果。

综上所述,目前强化学习和基于知识的深度强化学习相关研究已有较大进展,但仍有很多方面值得深入研究。

参 考 文 献

[1] DAVENPORT T H,PRUSAK L. Working knowledge:How organizations manage what they know [M]. Boston:Harvard Business School Press,1997.

[2] LI D Y,CHENG D,SHI X M et al. Uncertainty reasoning based on cloud models in controllers [J].Computers & Mathematics with Applications,1998,35(3):99-123.

[3] NG A Y,RUSSELL S J. Algorithms for inverse reinforcement learning[C]//Seventeenth Interna-

tional Conference on Machine Learning. Morgan Kaufmann Publishers Inc. ,2000;663-670.

[4] 周志华. 机器学习[M]. 北京:清华大学出版社,2015.

[5] POLANYI M. The tacit dimension[M]. Glouester:Doubleday,1966.

[6] MNIH V,KAVUKCUOGLU K,SILVER D,et al. Playing Atari with deep reinforcement learning [J]. NIPS 2013.

[7] KNOX W B,STONE P. Interactively shaping agents via human reinforcement[C]. In Proc of 5th Intl. Conf. on Knowledge Capture,2009;9-16.

[8] KNOX W B,STONE P. Combining manual feedback with subsequent MDP reward signals for rein-forcement learning [C]. International Conference on Autonomous Agents and Multi Agent Systems,2010;5-12.

[9] KNOX W B. Augmenting reinforcement learning with human feedback[C]//ICML 2011,2011.

[10] KNOX W B,STONE P. Reinforcement learning from human reward:Discounting in episodic tasks [C]. IEEE ROMAN,2012;878-885.

[11] KNOX W B,STONE P. Framing reinforcement learning from human reward:Reward positivity, temporal discounting,episodicity,and performance[J]. Artificial Intelligence,2015,225;24-50.

[12] VIEN NA,ERTEL W,CHUNG T C. Learning via human feedback in continuous state and action spaces[J]. Applied Intelligence,2013,39(2);267-78.

[13] MATARIC M J. Reward functions for accelerated learning[C]. ICML 1994,1994;181-189.

[14] RANDLΦV J,ALSTRΦM P. Learning to drive a bicycle using reinforcement learning and shaping [C]. ICML 1998,1998;463-471.

[15] NG A Y,HARADA D,RUSSELL S J. Policy invariance under reward transformations:Theory and application to reward shaping[C]. ICML 1999,1999;278-287.

[16] DEARDEN R,FRIEDMAN N,RUSSELL S. Bayesian Q-learning[J]. AAAI/IAAI, 1998, 18 (05):761-768.

[17] DEARDEN R,FRIEDMAN N,ANDRE D. Model-based bayesian exploration[C]. Conference on Uncertainty in Artificial Intelligence,1999;150-159.

[18] BRAFMAN R I,TENNENHOLTZ M. R-max - a general polynomial time algorithm for near-opti-mal reinforcement learning[J]. Journal of Machine Learning Research,2003,3(2);213-231.

[19] KEARNS M,SINGH S. Near-optimal reinforcement learning in polynomial time[J]. Machine Learning,2002,49(2);209-232.

[20] IAN O,BENJAMIN V R,ZHENG W. Generalization and exploration via randomized value func-tions[J]. ICML 2016,2016.

[21] BRADLY C S,SERGEY L,PIETER A. Incentivizing exploration in reinforcement learning with deep predictive models[EB/OL]. [2015-07-03]. https://arxiv. org/abs/1507. 00814.

[22] IAN O,CHARLES B,ALEXANDER P,et al. Deep exploration via bootstrapped DQN[J]. NIPS 2016,2016.

[23] MARC G B,SRIRAM S,GEORG O,et al. Unifying count-based exploration and intrinsic motiva-tion[J]. NIPS 2016,2016.

[24] HouTHOOFT R,CHEN X,DUAN Y,et al. VIME:Variational information maximizing exploration [C]. NIPS 2016,2016.

[25] TANG H R,HouTHOOFTR,FOOTE D,et al. Exploration:a study of count-based exploration for deep reinforcement learning[C]. Under review as a conference paper at ICLR 2017,2017.

[26] BIANCHI R A C,RIBEIRO C H C,COSTA A H R. Accelerating autonomous learning by using heuristic selection of actions[J]. Journal of Heuristics,2008,14(2):135-168.

[27] BIANCHI R A C,ROS R,MANTARAS R L D. Improving reinforcementl learning by using case based heuristics [C] . // International Conference on Case-Based Reasoning: Case-Based Reasoning Research and Development. Springer-Verlag,2009:75-89.

[28] BIANCHI R A C,RIBEIRO C H C,COSTA A H R,et al. Heuristically accelerated reinforcement learning:Theoretical and experimental results[J]. Frontiers in Artificial Intelligence & Applications,2012,242.

[29] BIANCHI R A C,CELIBERTO L A,SANTOS P E,et al. Transferring knowledge as heuristics in reinforcement learning:A case-based approach[J]. Artificial Intelligence,2015,226:102-121.

[30] CELIBERTO L A,MATSUURA J P,MANTARAS R L D,et al. Using cases as heuristics in reinforcement learning:A transfer learning application[C]//IJCAI 2011:1211-1217.

[31] ARGALL B,CHERNOVA S,VELOSO M,et al. A survey of robot learning from demonstration [J].Robotics and Autonomous Systems,2009.

[32] BRADLY C S,PIETER A,ILYA S. Third person imitation learning[C]//Under Review as a Conference Paper at ICLR 2017,2017.

[33] GUO X X,SINGH S,LEE H,et al. Deep learning for real-time Atari game play using offine Monte-Carlo tree search planning[J]. NIPS 2014,2014:3338-3346.

[34] SILVER D,HUANG A,MADDISON C J,et al. Mastering the game of Go with deep neural networks and tree search[J]. Nature,2016,529(7587):484-489.

[35] NG A Y,RUSSELL S J. Algorithms for inverse reinforcement learning[C]//ICML 2000,2000: 663-670.

[36] ABBEEL P, NG A. Apprenticeship learning via inverse reinforcement learning [C] . ICML 2004,2004.

[37] RATLIFF N,BAGNELL J,ZINKEVICH M. Maximum margin planning[C]. ICML 2006,2006: 729-736.

[38] RAMACHANDRAN D, AMIR E. Bayesian inverse reinforcement learning[C]//IJCAI 2007: 2586-2591.

[39] ZIEBART B D,MAAS A,BAGNELL J A,et al. Maximum entropy inverse reinforcement learning [C]//National Conference on Artificial Intelligence. AAAI Press,2008:1433-1438.

[40] BOULARIAS A,KOBER J,PETERS J. Relative entropy inverse reinforcement learning[C]// International Conference on Artificial Intelligence and Statistics (AISTATS),2011.

[41] KALAKRISHNAN M,PASTOR P,RIGHETTI L,et al. Learning objective functions formanipulation[C]. In International Conference on Robotics and Automation (ICRA),2013.

［42］ DOERR A,RATLIFF N,BOHG J,et al. Direct loss minimization inverse optimal control［C］. In Proceedings of Robotics:Science and Systems（R:SS）,Rome,Italy,July 2015.

［43］ LEVINE S,POPOVIC Z,KOLTUN V. Nonlinear inverse reinforcement learning with gaussian processes［C］. NIPS 2011,2011.

［44］ WULFMEIER M,ONDRUSKA P,POSNER I. Maximum entropy deep inverse reinforcement learning［EB/OL］.［2015-07-17］. https://arxiv. org/abs/1507. 04888.

［45］ FINN C,LEVINE S,ABBEEL P. Guided cost learning:Deep inverse optimal control via policy Optimization［C］. ICML,2016.

［46］ HO J,ERMON S. Generative adversarial imitation learning［EB/OL］.［2016-06-10］. https://arxiv. org/abs/1606. 03476.

［47］ IAN G,JEAN PA,MEHDI M,et al. Generative adversarial nets［C］. NIPS 2014,2014:2672-2680.

［48］ FINN C,CHRISTIANO P,ABBEEL P,et al. A connection between generative adversarial networks,inverse reinforcement learning,and energy-based models［EB/OL］.［2016-11-11］.https://arxiv. org/abs/1611. 03852.

［49］ RUSSELL S.Learning agents for uncertain environments（extended abstract）［C］// Proceedings of the 11st Annual Conference on Computational Learning Theory,1998:101-103.

［50］ PIETER A. Inverse reinforcement learning［R］. Springer US,2010.

［51］ SYED U,SCHAPIRE R E. A game-theoretic approach to apprenticeship learning［C］// NIPS 2008,2008:1457-1464.

［52］ ZIEBART B D,BAGNELL J A,DEY A K. Modeling interaction via the principle of maximum causal entropy［C］. ICML 2010,2010:1255-1262.

［53］ RATLIFF N D,BRADLEY D,BAGNELL J A,et al. Boosting structured prediction for imitation learning［C］. NIPS 2007,2007:1153-1160.

［54］ RATLIFF N D,SILVER D,BAGNELL J A. Learning to search:Functional gradient techniques for imitation learning［J］. Autonomous Robots,2009,27(1):25-53.

［55］ KOLTER J Z,ABBEEL P,NG A Y. Hierarchical apprenticeship learning with application to quadruped locomotion［C］. NIPS 2008,2008,20:769-776.

［56］ NEU G,SZEPESVÁRI C. Apprenticeship learning using inverse reinforcement learning and gradient methods［C］. Proceedings of Uncertainty in Artificial Intelligence. Vancouver, Canada, 2007:295-302.

［57］ BAKER C L,SAXE R,TENENBAUM J B. Action understanding as inverse planning［J］.Cognition,2009,113(3):329-349.

［58］ MOMBAUR K,LAUMOND J P,TRUONG A. An inverse optimal control approach to human motion modeling［J］. 2011,70:451-468.

［59］ TASKAR B,CHATALBASHEV V,KOLLER D,et al. Learning structured prediction models:a large margin approach［C］. ICML 2005,2005:1-17.

［60］ LEVINE S ,ABBEEL P . Learning neural network policies with guided policy search under unknown dynamics［C］//Neural Information Processing Systems,MIT Press,2014:1071-1079.

第9章　深度逆向强化学习

　　传统强化学习方法在解决状态和动作空间有限的任务上都表现得不错,但在求解状态和动作空间维度很高的问题时,就显得无能为力。其局限性在于,在有限样本和计算单元条件下对复杂函数的表示能力有限。解决上述问题的一个有效途径就是将强化学习中的策略或值函数用线性函数、核函数、神经网络等显性表达。其中,深度神经网络不仅具有强大的函数逼近能力,而且可以实现端到端学习,能够直接从原始输入映射到分类或回归结果,从而避免了由于特征提取等工作引入的人为因素。深度学习就是通过构建包含多隐层的深度神经网络模型,并基于大量的数据样本集进行网络参数学习,以实现对非线性复杂函数的逼近,最终达到提升分类或预测准确性的目的。

　　但是,深度学习的局限性显而易见,其需要大量的样本数据,并且在很多任务上表现不佳。在训练数据有限的条件下,通过直接模仿学习学得的策略适用性不强。其原因是:样本轨迹因不可能包括所有状态空间导致监督学习学得的策略函数泛化能力有限。虽然增加训练时间和计算能力能在一定程度上弥补这个不足,但预测和泛化能力弱的问题并不能从根本上得到改善。深度强化学习算法由于能够基于深度神经网络实现从感知到决策控制的端到端自学习,与监督学习的方法相比,具有更强的预测和泛化能力。但是,在实际的多步强化学习中,设计回报函数是相当困难的。

　　基于以上探讨,构建报酬函数的困难是更广泛地应用强化学习的显著障碍,因而如何有效构造报酬函数对强化学习具有重要意义。如果能够基于专家演示数据让学习者从示例中学习,通常比直接指定回报函数要更加符合实际,这种从专家处学习(如观察学习、模仿学习、从演示中学习)构建回报函数的任务就是逆向强化学习(Inverse Reinforcement Learning,IRL)的思想。

9.1　逆向强化学习

　　强化学习是求累积回报期望最大时的最优策略,即时回报是人为或环境给定的。但是在很多复杂任务中,环境在没有最终结果前回报稀疏。此外,人为设计即时回报函数非常困难,并且带有很大的主观性和经验性。回报函数的不同将导致最优策略的不同。如果没有合适的即时回报,强化学习算法将很难收敛。

在很多实际任务中存在一些专家完成任务的序列被认为获取了比较高的累积回报。人类专家在完成复杂任务时,可能未考虑回报函数。但是,这并不是说人类专家在完成任务时就没有回报函数。从某种程度上来讲,人类专家在完成具体任务时有潜在的回报函数。Ng 等人提出:专家在完成某项任务时,其决策往往是最优或接近最优的,可以假设,当所有的策略所产生的累积回报期望都不比专家策略所产生的累积回报期望大时,所对应的回报函数就是根据示例学到的回报函数。

因此,IRL 可以定义为从专家示例中学到回报函数,即 IRL 考虑的情况是在 MDP 中,回报函数未知。相应地,有一个由专家演示轨迹组成的集合 $D = \{\xi_1, \xi_2, \cdots, \xi_n\}$,每一个演示轨迹都包括了一个状态动作对的集合 $\xi_i = \{(s_0, a_0), (s_1, a_1), \cdots, (s_k, a_k)\}$。由此,我们定义了一个没有回报函数的 MDP\R 过程,定义为元组 $\{S, A, T, \gamma, D\}$。在已知一系列专家示例策略 π^* 的情况下,是否能够还原回报函数 R,即 IRL 的目标是从专家演示中发现专家演示背后的回报函数的结构。

9.2 逆向强化学习基础算法

RL 方法寻求策略使得在给定回报函数的情况下累计回报期望最大。相比之下,IRL 寻求回报函数使得专家策略轨迹的累计回报最大。IRL 在专家不能给出任务的回报函数时是非常有用的。Agent 可以从专家的行为中学习回报函数,并模仿它。

如 2.3 节所述,IRL 的输入是在 MDP 模型中,根据专家示例轨迹还原回报函数 R 的过程,使得最优策略 π 与示例轨迹一致的过程。假设最优策略为 π,根据贝尔曼最优方程,可知 $\pi(s) \equiv a_1$ 的充分必要条件为

$$a_1 \equiv \pi(s) \in \arg \max_{a \in A} \sum_{s'} P_{sa}(s') V^{\pi}(s') \qquad \forall s \in S \qquad (9\text{-}1)$$

$$\sum_{s'} P_{sa_1}(s') V^{\pi}(s') \geqslant \sum_{s'} P_{sa}(s') V^{\pi}(s') \qquad \forall s \in S \; a \in A \qquad (9\text{-}2)$$

写成向量形式,上式为

$$p_{a_1} V^{\pi} \geqslant p_a V^{\pi} \qquad \forall a \in A \backslash a_1 \qquad (9\text{-}3)$$

由于 $\pi(s) \equiv a_1$,等式(9-1)贝尔曼方程可以写为

$$V^{\pi} = (I - \gamma P_{a_1})^{-1} R \qquad (9\text{-}4)$$

将贝尔曼最优方程(9-4)带入得

$$P_{a_1}(I - \gamma P_{a_1})^{-1} R \geqslant P_a(I - \gamma P_{a_1})^{-1} R \qquad \forall a \in A \backslash a_1 \qquad (9\text{-}5)$$

因此:

$$a_1 \equiv \pi(s) \Leftrightarrow (P_{a_1} - P_a)(1 - \gamma P_{a_1})^{-1} R \geqslant 0 \qquad (9\text{-}6)$$

根据以上证明，Ng 等给出了以下定理[6]：

定理 1：定义一个有限状态集 S，动作 $A = \{a_1, a_2, \cdots, a_k\}$，转移概率矩阵 P_a，折扣因子 $\gamma \in (0,1)$，则最优策略 π 中状态 s 上的动作 $\pi(s) \equiv a_1$ 的充分必要条件是：对于所有的动作 $a = a_2, \cdots, a_k$，回报函数满足 $(P_{a_1} - P_a)(1 - \gamma P_{a_1})^{-1} R \geqslant 0$。

定理 1 给出了求解回报函数的理论基础，但是由于：①退化解的存在。无论采取什么行动，$R = 0$ 总是一个解决方案，那么包括 $\pi(s) \equiv a_1$ 在内的任何策略都是最优的。②回报函数的歧义性。可能存在多个回报函数 R 满足约束条件，如何在多个满足约束的回报函数中选择一个最优的。IRL 算法在此基础上寻求解决退化解和歧义性问题的方法。

9.2.1 学徒学习方法

为解决退化解和回报函数歧义性问题，Abbeel 等提出了学徒学习（Apprentice-ship Learning，AL）方法，在值函数空间内对 IRL 进行扩展。它将回报函数表示为一系列特征值的线性组合，未知的回报函数一般都是状态的函数，因此将回报函数定义为 $R(s)$，参数化为 K 个特征函数 $\phi_k(s,a)$ 的和：

$$R(s) = \sum_{k=1}^{K} \theta_k \phi_k(s) \tag{9-7}$$

智能体从专家示例中学到回报函数，使得在该回报函数下所得到的最优策略在专家示例策略附近。回报函数 $R(s)$ 一般是状态到奖励的映射，因此可以用函数逼近方法对其进行参数逼近，逼近形式定义为：$R(s) = \theta^{\mathrm{T}} \phi(s)$，其中：$\phi(s)$ 为基函数。IRL 求的是回报函数中的参数 θ。根据值函数的定义，策略 π 的值函数为

$$
\begin{aligned}
E_{s_0 \sim D}[V^\pi(s_0)] &= E\left[\sum_{t=0}^{\infty} \gamma^t R(s_t) \mid \pi\right] \\
&= E\left[\sum_{t=0}^{\infty} \gamma^t \theta \phi(s_t) \mid \pi\right] \\
&= \theta E\left[\sum_{t=0}^{\infty} \gamma^t \phi(s_t) \mid \pi\right]
\end{aligned} \tag{9-8}
$$

定义特征期望为：$\mu^\pi = E\left(\sum_{t=0}^{\infty} \gamma^t \phi(s_t) \mid \pi\right)$。需要注意的是，特征期望跟策略 π 有关，策略不同时，策略期望也不相同。

定义了特征期望之后，值函数可以写为

$$E_{s_0 \sim D}[V^\pi(s_0)] = \theta \mu^\pi(s_0) \tag{9-9}$$

当给定 m 条专家示例轨迹后，根据定义可以估计专家策略的特征期望为

$$\widetilde{\mu}_E = \frac{1}{m} \sum_{i=1}^{m} \sum_{t=0}^{\infty} \gamma^t \phi(s_t^{(i)}) \qquad (9\text{-}10)$$

基于学徒学习的 IRL 可以归结为:找到一个策略,使该策略的表现与专家策略相近。可以利用特征期望来表示一个策略的好坏,就是找到一个策略 $\widetilde{\pi}$ 的特征期望与专家策略的特征期望相近,使如下不等式成立:

$$\mu(\widetilde{\pi}) - \mu_{E2} \leqslant \varepsilon \qquad (9\text{-}11)$$

当该不等式成立时,对于任意的权重:$\theta_1 \leqslant 1$,值函数满足如下不等式:

$$\left| \mathbb{E} \left[\sum_{t=0}^{\infty} \gamma^t R(s_t) \mid \pi_E \right] - \mathbb{E} \left[\sum_{t=0}^{\infty} \gamma^t R(s_t) \mid \widetilde{\pi} \right] \right| = \left| \boldsymbol{\theta}^{\mathrm{T}} \mu(\widetilde{\pi}) - \boldsymbol{\theta}^{\mathrm{T}} \mu_E \right|$$

$$\leqslant \theta_2 \mu(\widetilde{\pi}) - \mu_{E2}$$

$$\leqslant \varepsilon \qquad (9\text{-}12)$$

学徒学习算法求解策略 $\widetilde{\pi}$ 的方法如算法 9-1 所示。

算法 9-1:基于学徒学习的 IRL 算法

步骤 1:随机选取策略 $\pi^{(0)}$,计算(采用蒙特卡罗法近似)$\mu^{(0)} = \mu(\pi^{(0)})$,设置 $i=1$;

步骤 2:求 w:计算 $t^{(i)} = \max_{\theta:\theta_2 \leqslant 1} \min_{j \in (0,1,\cdots,i-1)} \boldsymbol{\theta}^{\mathrm{T}}(\mu_E - \mu^{(j)})$,取 $w^{(i)} = \max_{t(i)} \boldsymbol{w}$;

步骤 3:如果 $t^{(i)} < \varepsilon$,终止;

步骤 4:求最优策略:当回报函数为 $R = (\boldsymbol{w}^{(i)})^{\mathrm{T}} \phi$ 时采用强化学习算法,求最优策略 $\pi^{(i)}$;

步骤 5:计算或估计 $\mu^{(i)} = \mu(\pi^{(i)})$;

步骤 6:设置 $i = i + 1$,回到步骤 2。

其中,步骤 2 的目标函数为

$$t^{(i)} = \max_{w:w_2 \leqslant 1} \min_{j \in (0,\cdots,i-1)} \boldsymbol{w}^{\mathrm{T}}(\mu_E - \mu^{(j)}) \qquad (9\text{-}13)$$

可以看作是根据专家示例轨迹猜测回报函数的过程。写成标准的优化形式为

$$\max_{t,w} \text{s. t. } \boldsymbol{w}^{\mathrm{T}} \mu_E \geqslant \boldsymbol{w}^{\mathrm{T}} \mu^{(j)} + t \qquad j = 0,1,\cdots,i-1,w_2 \leqslant 1 \qquad (9\text{-}14)$$

式(9-14)表明算法试图找到一个回报函数 $R(s)$ 使 $\mathbb{E}_{s_0 \sim D}[V^{\pi_E}(s_0)] \geqslant \mathbb{E}_{s_0 \sim D}[V^{\pi^{(i)}}(s_0)] + t$,即使得专家示例轨迹的累计回报比其他任何算法找到的策略的累计回报值大,边际为 t。

步骤 2 求解时,$\mu^{(j)}$ 中的 $j \in \{0,1,\cdots,i-1\}$ 是前 $i-1$ 次迭代得到的最优策略。即第 i 次求解参数时,$i-1$ 次迭代的策略已知。此时最优函数值 t 相当于专家策略 μ_E 与 $i-1$ 个迭代策略之间的最大边际。

如图 9-1 所示,专家策略为一类,其他策略为另一类,参数的求解等价于找一条超曲面将专家策略和其他策略分开,也就是使得两类之间的边际最大。步骤 4

是在第二行求出参数后,才有了回报函数 $R = (\boldsymbol{\theta}^{(i)})^{\mathrm{T}}\boldsymbol{\phi}$,利用该回报函数进行强化学习,从而得到该回报函数下的最优策略 $\boldsymbol{\pi}^{(i)}$ 。

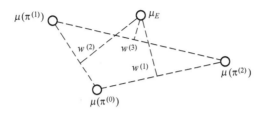

图 9-1 最大边际方法的逆向强化学习

9.2.2 最大边际规划算法

最大边际规划算法(Max Margin Plan, MMP)将 IRL 问题建模为 $D = \{(S_i,A_i,p_i,F_i,y_i,L_i)\}_{i=1}^{n}$,其中: S_i 为状态空间; A_i 为动作空间; p_i 为状态转移概率; F_i 为回报函数的特征向量; y_i 为专家示例轨迹; L_i 为策略损失函数:

$$\min_{w,\zeta_i} \frac{1}{2}\boldsymbol{\theta}^2 + \frac{\gamma}{n}\sum_i \beta_i\zeta_i^q$$

$$\text{s. t. } \boldsymbol{\theta}^{\mathrm{T}}f_i(y_i) + \zeta_i \geq \max_{y \in Y}\boldsymbol{\theta}^{\mathrm{T}}f_i(y_i) + L_i(y) \tag{9-15}$$

式中: ζ_i 为松弛变量;允许违反这些约束对于以超参数 $\gamma \geq 0$ 进行缩放惩罚。 $\beta_i > 0$ 是数据相关的标量,当示例具有不同的长度时可用于标准化。这里的策略损失函数 $L_i(y)$ 是指策略 y 与第 i 条专家轨迹 y_i 之间的差,该差可以利用轨迹中两种策略选择不同动作的综合来衡量。 $q \in \{1,2\}$ 用于区分是采用 L1 还是 L2 的松弛处罚。

这个框架描述了影响状态动作对的损失函数,在确定性非循环的路径规划问题中,损失函数是规划者访问示例数据没有访问的状态的次数,通过平滑这个损失函数能够得到更好的性能,这样的话临近的路径也是可以接受的。在一个通用的 MDP 模型中,在任何一个状态下,惩罚与专家示例数据不同的动作,或者惩罚专家示例轨迹选择不采取的动作。假设 $L(y,y_i) \geq 0$

MMP 需要找到使得专家示例策略具有比其他策略更大累计回报的状态到回报的映射,映射的参数为向量 $\boldsymbol{\theta}$,在这个映射下,最优策略能够逼近专家示例策略。其中约束包括:

(1)约束只允许专家示例得到最好回报的那些权值的存在;

(2)回报的边际差,即专家示例轨迹的值函数与其他策略值函数的差值与策略损失函数成正比。

μ_i 表示第 i 个专家策略,μ 表示任意的策略。回报函数可利用特征的线性组合表示,式(9-15)中回报函数 $f_i(y_i) = F_i\mu_i$,其中, F_i 为特征基底。问题(9-15)可形式化:

$$\min_{w,\zeta_i} \frac{1}{2}\boldsymbol{\theta}^2 + \frac{\gamma}{n}\sum_i \beta_i \zeta_i^q$$

$$\text{s. t. } \boldsymbol{\theta}^T F_i \mu_i + \zeta_i \geqslant \max_{\mu \in G_i} \boldsymbol{\theta}^T F_i \mu + l_i\mu \tag{9-16}$$

式中: μ 为每个状态被访问的频次,状态 s' 处的频次应满足流入流出关系,即

$$\sum_{x,a} \mu^{x,a} p_i(x'|x,a) + s_i^{x'} = \sum_a \mu^{x',a} \tag{9-17}$$

式中: $s_i^{x'}$ 为初始位置。接下来处理不等式约束右侧的最大值,右侧的最大值等价于下面问题,为

$$\max_{\mu \in G_i} \boldsymbol{w}^T F_i \mu + l_i\mu$$

$$\text{s. t. } \sum_{x,a} \mu^{x,a} p_i(x'|x,a) + s_i^{x'} = \sum_a \mu^{x',a} \tag{9-18}$$

根据拉格朗日对偶原理,其对偶问题为

$$\min_{v \in V_i} \boldsymbol{s}_i^T v$$

$$\text{s. t. } \forall x,a,v^x \geqslant (\boldsymbol{w}^T F_i + l_i)^{x,a} + \sum_{x'} p_i(x'|x,a)v^{x'} \tag{9-19}$$

这样 MMP 将 IRL 问题转化为一个二次规划问题,即

$$\min_{w,\zeta_i,v_i} \frac{1}{2}w^2 + \frac{\gamma}{n}\sum_i \beta_i \zeta_i^q$$

$$\text{s. t. } \forall i \ \boldsymbol{w}^T F_i \mu_i + \zeta_i \geqslant \boldsymbol{s}_i^T v_i$$

$$\forall i,x,a,v_i^x \geqslant (\boldsymbol{w}^T F_i + l_i)^{x,a} + \sum_{x'} p_i(x'|x,a)v_i^{x'} \tag{9-20}$$

9.2.3 结构化分类方法

AL 和 MMP 方法能够通过迭代更新的方式实现对回报函数的优化,每次迭代更新都需要依据回报函数进行强化学习,这是一种极其低效的方法。因此,Klein 等提出结构化分类(Structured Classification,SC)方法,该方法通过线性化参数方式从训练集中生成一个多分类器,设置线性参数化的回报函数。给定状态的决策规则是为了使该状态的累计回报最大。SC 的基本思想是对专家的期望特征进行估计来作为参数化的回报函数。这样计算出来的参数定义的回报函数使得专家策略接近最优。

这种方法的明显优势是它不需要解决多次直接强化学习。它需要通过策略评估的方法估计专家特征期望。此外,使用一些启发式的方法,SC 可以从专家轨迹样本中采样,而不需要对整条轨迹样本进行采样。在学徒学习算法中,回报函数可

表示为

$$R_\theta(s) = \boldsymbol{\theta}^{\mathrm{T}}\boldsymbol{\phi}(s) \tag{9-21}$$

动作值函数可表示为

$$Q_\theta^\pi(s,a) = \boldsymbol{\theta}^{\mathrm{T}}\boldsymbol{\mu}^\pi(s,a) \tag{9-22}$$

式中：$\boldsymbol{\mu}^\pi(s,a) = E(\sum_{t>0}\gamma^t\boldsymbol{\phi}(s_t)|s_0=s,a_0=a,\pi)$ 为特征函数。关于特征函数，第 i 个元素为 $\mu_i^\pi(s,a) = Q_{\phi_i}^\pi(s,a)$，可以理解为立即回报函数为 $\phi_i(s)$ 时对应的值函数。最后得到的行为值函数其实是不同立即回报函数所对应的值函数的线性组合。

为避免迭代求解 MDP，可以这样考虑问题：对于一个行为空间很小的问题，最终的策略其实是找到每个状态所对应的最优动作。每个动作可以看作一个类标签，那么策略就是把所有的状态分成四类，分类的标准是值函数，正确的分类对应最大的值函数。利用这个思想，对于专家示例轨迹 ξ_i，IRL 可以形式化为

$$\min_{\theta,\zeta} \frac{1}{2}\boldsymbol{\theta}^2 + \frac{\eta}{N}\sum_{i=1}^N \zeta_i$$

$$\text{s. t. } \forall i, \boldsymbol{\theta}^{\mathrm{T}}\hat{\boldsymbol{\mu}}^{\pi_E}(s_i,a_i) + \zeta_i \geqslant \max_a \boldsymbol{\theta}^{\mathrm{T}}\hat{\boldsymbol{\mu}}^{\pi_E}(s_i,a) + L(s_i,a) \tag{9-23}$$

约束中的 $\{s_i,a_i\}$ 为专家轨迹元组，$\hat{\boldsymbol{\mu}}^{\pi_E}(s_i,a_i)$ 可以利用蒙特卡罗的方法求解。而对于 $\hat{\boldsymbol{\mu}}^{\pi_E}(s_i,a \neq a_i)$，则可以利用启发的方法来得到。

结构化分类方法和最大边际规划方法有很多相似的地方。但两者的本质不同体现在，结构化分类方法对每个状态处的每个动作进行约束，而最大边际规划方法是对一个 MDP 解进行约束。从计算量来看，结构化分类方法要小很多。

9.2.4 基于概率模型形式化方法

MMP 和 SC 方法往往会产生歧义，如可能存在很多不同的回报函数导致相同的专家策略。在此情况下，学到的回报函数可能具有随机的偏好。为克服这个缺点，Ziebart 等利用概率模型，提出基于最大熵的和基于交叉熵的 IRL 方法。

1. 基于最大熵的逆向强化学习

最大熵原理指出：对一个随机事件的概率分布进行预测时，预测应当满足全部已知条件，并且不能对未知情况做任何主观假设。在此情况下，概率分布最均匀，预测风险最小，因为这时概率的信息熵最大，所以被称为最大熵模型。在 IRL 中，特征期望可定义为

$$\mu(\pi) = \mathbb{E}\left[\sum_{t=0}^\infty \gamma^t\boldsymbol{\phi}(s_t)|\pi\right] \tag{9-24}$$

给定 m 条专家示例轨迹时，专家示例轨迹的特征期望为

$$\hat{\mu}_E = \frac{1}{m}\sum_{i=1}^{m}\sum_{t=0}^{\infty}\gamma^t\phi(s_t^{(i)}) \tag{9-25}$$

从概率模型的角度建模 IRL,可定义为:存在一个潜在的概率分布,在该概率分布下,产生了专家轨迹。这是典型的已知数据求模型的问题。即:知道专家轨迹,求解产生该轨迹分布的概率模型。此时,已知条件为

$$\sum_{\text{Path}\xi_i} P(\xi_i)f_{\xi_i} = \tilde{f} \tag{9-26}$$

式中:f 为特征期望;$\tilde{f}$ 为专家特征期望。满足公式(9-11)约束条件的所有概率分布中,熵最大的概率分布是除了约束外对其他任何未知信息没有做任何假设。因此,最大熵方法可以避免歧义性问题。IRL 的目标函数可定义为熵最大的最优问题。形式化为

$$\max - p\lg p$$

$$\text{s.t.}\sum_{\text{Path}\zeta_i}P(\zeta_i)f_{\zeta_i} = \tilde{f},\ \sum P = 1 \tag{9-27}$$

利用拉格朗日乘子法,该优化问题可转化为

$$\min L = \sum_{\zeta_i}p\lg p - \sum_{j=1}^{n}\lambda_j(pf_j - \tilde{f}_j) - \lambda_0\left(\sum p - 1\right) \tag{9-28}$$

对概率 p 进行微分,并令其导数为 0,可以得到:

$$\frac{\partial L}{\partial p} = \sum_{\zeta_i}\lg p + 1 - \sum_{j=1}^{n}\lambda_jf_j - \lambda_0 = 0 \tag{9-29}$$

最后得到拥有最大熵的概率为

$$p = \frac{\exp\left(\sum\limits_{j=1}^{n}\lambda_jf_j\right)}{\exp(1-\lambda_0)} = \frac{1}{Z}\exp\left(\sum_{j=1}^{n}\lambda_jf_j\right) \tag{9-30}$$

对于确定性 MDP 问题而言,这个函数是凸的,它的最优解可以使用基于梯度的优化方法得到。

式(9-15)中的参数 $\boldsymbol{\theta}$ 对应着回报函数中的参数。可以利用最大似然的方法进行求解。一般而言,利用最大似然的方法对 $\boldsymbol{\theta}$ 进行求解时,往往会遇到未知的配分函数项 Z,因此不能直接求解。一种可行的方法是利用次梯度的方法。

$$\nabla L(\boldsymbol{\theta}) = \tilde{f} - \sum_{\xi}P(\xi|\boldsymbol{\theta},T)f_\xi = \tilde{f} - \sum_{s_i}D_{s_i}f_{s_i} \tag{9-31}$$

2. 基于交叉熵的逆向强化学习

IRL 的目标是求得回报函数使得专家策略最优,即求出一个分布,使得依该分布生成的轨迹数据与专家数据一致,即专家轨迹策略的分布与生成的最优轨迹数据的分布差异最小化。也就是使得两个分布的交叉熵最小。

在基于最大熵的 IRL 中，最后求解参数时，需要利用如公式 (9-31) 所示的次梯度，次梯度计算时需要利用轨迹的概率 $P(\zeta)$。该轨迹的概率可表示为

$$P_\xi(\tau \,|\, \boldsymbol{\theta}, T) \propto d_0(s_1) \exp(\sum_{i=1}^{k} \theta_i f_i^\xi) \prod_{t=1}^{H} T(s_{t+1} \,|\, s_t, a_t) \qquad (9\text{-}32)$$

式中：$\xi = s_1 a_1 s_2 a_2 \cdots s_H a_H$。求解该式的前提是系统的状态转移概率 $T(s_{t+1} \,|\, s_t, a_t)$ 是已知的。然而，在无模型的强化学习中，该模型是未知的。为了解决这个问题，Boularias 等受交叉熵的启发将该问题建模为求解交叉熵最大。

设 D 为专家示例轨迹的集合，示例轨迹的长度为 H，P 为集合 D 上的轨迹的概率分布。设 Q 为利用基准策略和转移矩阵 $\boldsymbol{T}^a$ 产生的轨迹分布，要求解的问题可形式化为求解 P 和 Q 交叉熵的最小值，即为

$$\min_P \sum_{\xi \in D} P(\xi) \ln \frac{P(\xi)}{Q(\xi)}$$

$$\text{s. t. } \forall i \in \{1, 2, \cdots, k\} : \Big| \sum_{\xi \in D} P(\tau) f_i^\xi - \hat{f}_i \Big| \leqslant \varepsilon_i$$

$$\sum_{\xi \in D} P(\xi) = 1 \,\forall \xi \in D : P(\xi) \geqslant 0 \qquad (9\text{-}33)$$

式中：ε_i 为阈值，可以使用 Hoeffding 上限确定。同样，利用拉格朗日乘子法和 KKT 条件，可以得到相对熵最大的解：

$$P(\xi \,|\, \boldsymbol{\theta}) = \frac{1}{Z(\theta)} Q(\xi) \exp(\sum_{i=1}^{k} \theta_i f_i^\xi) \qquad (9\text{-}34)$$

跟最大熵 IRL 方法相同，参数的求解过程利用次梯度的方法：

$$\nabla L(\boldsymbol{\theta}) = \tilde{\tilde{f}}_i - \sum_{\xi \in D} P(\xi \,|\, \boldsymbol{\theta}) f_i^\tau - \alpha_i \varepsilon_i \qquad (9\text{-}35)$$

在利用次梯度的方法进行参数求解时，最关键的问题是估计式(9-31)中的概率 $P(\xi \,|\, \boldsymbol{\theta})$。由最大相对熵的求解可以得到该概率的计算公式，如式(9-30)。将 Q 显示表述出来，由定义知道，它是在策略为基准策略时得到的轨迹分布，因此可将其分解为

$$Q(\xi) = D(\xi) U(\xi) \qquad (9\text{-}36)$$

$$D(\xi) = d_0(s_1) \prod_{t=1}^{H} T(s_{t+1} \,|\, s_t, a_t) \qquad (9\text{-}37)$$

$$U(\xi) = \frac{1}{|A|^H} \qquad (9\text{-}38)$$

将式(9-21)带入到(9-19)，可以得到最大相对熵解为

$$P(\tau \,|\, \boldsymbol{\theta}) = \frac{D(\tau) U(\tau) \exp(\sum_{i=1}^{k} \theta_i f_i^\tau)}{\sum_{\tau \in T} D(\tau) U(\tau) \exp(\sum_{i=1}^{k} \theta_i f_i^\tau)} \qquad (9\text{-}39)$$

这时,再利用重要性采样对式(9-24)进行估计,得到次梯度为

$$\nabla L(\boldsymbol{\theta}) = \tilde{f}_i - \frac{1}{N} \sum_{\xi \in D} \frac{P(\xi|\boldsymbol{\theta})}{D(\xi)\pi(\xi)} f_i^{\xi} - \alpha_i \varepsilon_i$$

$$= \tilde{f}_i - \frac{\sum_{\xi \in D} \frac{U(\xi)}{\pi(\xi)} \exp\left(\sum_{j=1}^{k} \theta_j f_j^{\xi}\right) f_j^{\xi}}{\sum_{\xi \in D} \frac{U(\xi)}{\pi(\xi)} \exp\left(\sum_{j=1}^{k} \theta_j f_j^{\xi}\right)} - \alpha_i \varepsilon_i \quad (9-40)$$

式中: $\pi(\xi) = \prod_{t=1}^{H} P_{\xi}(a_t|s_t)$,计算过程见文献[36]。

9.3 深度逆向强化学习主要方法

IRL 的目标是基于观察和对环境模型推断生成潜在回报函数的结构,进而引导 Agent 的行为。这种对回报函数建模的方式提供了一种让 Agent 模仿演示者具体行为的方法。目前的方法大多基于预先确定的回报函数的参数化特征。为了实现特征函数更好的泛化性能,Abbeel、Ratliff、Ziebart 等采用了加权线性组合回报函数的特征。

为了克服线性模型固有的局限性,Choi 等通过学习一套对原子特征进行逻辑连接的非线性回报函数。采用非参数方法,如高斯过程(Gaussian Processes,GP)来满足潜在的、复杂的、非线性的回报函数。虽然这种方法将非线性近似方法扩展到了回报函数的逼近上,增强了 IRL 的灵活性。但是,使用这种方法倾向于需要大量的奖励样本以逼近复杂的回报函数。甚至如文献[15]所述的稀疏的高斯过程也会使得算法的时间复杂性依赖于动作集或经验状态奖励对的数量。并且回报函数的复杂性使得对于诱导点数量的需求急剧增加,使得这种非参数化的方法在计算上变得不可行。而采用端到端的学习方式从原始输入直接映射到回报值,而无须对输入表示进行压缩或预处理。

但是学徒学习、最大边际法、最大熵、交叉熵等传统方法不能很好地扩展到具有大量状态的系统。因此,将这些算法与深度学习相结合,在神经网络中学习状态动作对的回报,系统可以根据需要对复杂问题或者规模很大的问题建模。将深度学习与 IRL 相结合,开辟了一种新的利用环境和状态特征的复杂相关性来学习复杂的任务方法。

9.3.1 基于最大边际法的深度逆向强化学习

IRL 要学习的是回报函数,以便避免人为设定回报函数。但是,在进行学习回报函数的时候又引入了需要人为指定的特征函数,即我们之前已经假设回报函数

的形式为

$$R_\theta(s) = \boldsymbol{\theta}^{\mathrm{T}}\phi(s) \tag{9-41}$$

式中：$\phi(s)$ 是人为指定的特征函数。对于大规模问题，人为指定的特征函数表示能力不足，只能覆盖到部分回报函数形式，也难以泛化到其他状态空间。其中一种解决方法是利用神经网络表示回报函数的基底。这时，回报函数可表示为：$r(s) = \boldsymbol{\theta}^{\mathrm{T}}f(s)$，其中 :$f(s)$ 为神经网络，如图 9-2 所示。

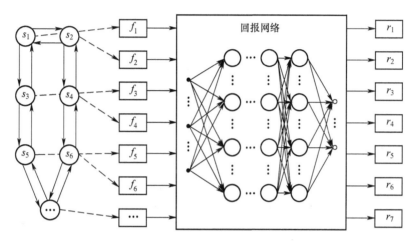

图 9-2　基于深度神经网络的回报函数状态特征表示结构

神经逆向强化学习的整个框架仍然是最大边际法的框架，因此问题形式化为

$$\min_{\theta} \frac{1}{2}\theta_2^2 + C \sum_{i=1}^{N_\tau} \xi^i$$

$$\text{s. t. } Q_\theta^{\pi_E}(s_t^{(i)}, a_t^{(i)}) + \xi^{(i)} \geq \max_{\pi} Q^{\pi}(s_t^{(i)}, a_t^{(i)}) + l(s_t^{(i)}, a_t^{(i)}) \tag{9-42}$$

式中：$Q^{\pi}(s_t^{(i)}, a_t^{(i)})$ 是智能体在状态 $s_t^{(i)}$ 时的 Q 值；$Q_\theta^{\pi_E}(s_t^{(i)}, a_t^{(i)})$ 是专家策略的 Q 值。如果学习到的状态动作对与专家策略一致，那么损失函数 $l(s,a) = 0$，否则 $l(s,a) = 1$。

给每个专家示例轨迹设置一个松弛变量 ξ，以便约束违规行为的惩罚。因此，可以通过最小化目标函数来简化优化问题：

$$J(\boldsymbol{\theta}) = \sum_{i=1}^{N_\tau} \sum_{t=1}^{L_i} \max_{\pi} (Q^{\pi}(s_t^{(i)}, a_t^{(i)}) + l(s_t^{(i)}, a_t^{(i)})) - Q_\theta^{\pi_E}(s_t^{(i)}, a_t^{(i)}) + \frac{\lambda_1}{2}\theta_2^2$$

$$\tag{9-43}$$

式中：$\lambda_1 \geq 0$ 是一个用于平衡惩罚和期望的经验常数，$J(\theta)$ 可以通过梯度下降法优化：

$$\boldsymbol{\theta} \leftarrow \boldsymbol{\theta} - \sigma_1 \frac{\partial J(\boldsymbol{\theta})}{\partial \boldsymbol{\theta}} \qquad (9\text{-}44)$$

式中:$\sigma_1 \in [0,1]$ 为步长。在计算出 $\boldsymbol{\theta}$ 后,就可以使用公式 $R_\theta(s) = \boldsymbol{\theta}^{\mathrm{T}} \phi(s)$ 计算回报函数。

9.3.2 基于深度 Q 网络的深度学徒学习

基于深度 Q 网络的学徒学习架构由两部分构成:深度学徒 Q 网络(DAQN)和深度学徒回报网络(DARN)[38-39]。

1. 深度学徒 Q 网络

DAQN 用来学习回报函数,估计在某个状态下动作的回报值。该结构输出每个可能的动作的 softmax 预测。因此,对于每个状态,网络预测要采取的下一个动作。这个网络的损失函数为

$$J(w) = \sum_a \left[Q_w(s,a) - \widehat{Q}(s,a) \right]^2 \qquad (9\text{-}45)$$

式中:w 为学到的权重;$Q_w(s,a)$ 是 DAQN 的输出;$\widehat{Q}(s,a)$ 是专家实际采取的动作,使用一个 one-hot 数组表示。因此,对于输入 $(s = s_t, a = a_t \in D_E)$,如果 $a = a_t$,则数组 $\widehat{Q} = 1$。

2. 深度学徒回报网络

一旦 DAQN 训练好了,DARN 可以用来从 DAQN 学到的专家策略中解析回报函数。DARN 与 DAQN 具有相同的网络结构。然而,它在损失函数中使用的是从 DAQN 中的 softmax 函数输出。DARN 的输入是 (s,a,s') 对,其损失函数 L2 范数形式是:

$$J(\boldsymbol{w}) = r_w(s,a) - \hat{r}(s,a)_2 \qquad (9\text{-}46)$$

式中:$\boldsymbol{w}$ 是学习到的权重;$r_w(s,a)$ 是 DARN 的输出;$\hat{r}(s,a)$ 是从 DAQN 学习到的 (s,a) 的值函数。与贝尔曼方程相比,$r_w(s,a)$ 是状态动作对 (s,a) 的目标值和 $\hat{r}(s,a)$ 从专家策略学到的 (s,a) 的值,即

$$\hat{r}(s,a) = \mathrm{DAQN}^{PS}(s,a) - \gamma \max_{a'} \mathrm{DAQN}^{PS}(s',a') \qquad (9\text{-}47)$$

式中:$\mathrm{DAQN}^{PS}(s,a)$ 是输入为 (s,a) 时 DAQN 的 presoft 值;$\mathrm{DAQN}^{PS}(s',a')$ 是 DAQN 在输入为 (s',a') 时的最大的 presoft 值;γ 是折扣因子。因此,DAQN 扩展的损失函数为

$$J_r(\boldsymbol{w}) = \| r_w(s,a) - \mathrm{DAQN}^{PS}(s',a') \|_2 \qquad (9\text{-}48)$$

DARN 使用从专家数据中提取的独立的状态到状态的 transitions 数据集。神经网络的泛化能力使其即使在没有某个状态专家数据的情况下,也依然可以通过

该网络产生输出。

9.3.3 基于最大熵模型的深度逆向强化学习

传统最大熵的 IRL 由于表征能力的局限性,只能够用在规模小、离散的任务上[32],采用深层神经网络架构近似回报函数的 IRL 方法通过分层结构中的许多非线性结果的组合和重用,使其具备对高度非线性函数的表征能力。此外,DNNs 提供相对于示例演示的良好的计算复杂度($O(1)$),使得它很容易扩展到大状态空间和复杂的回报函数。

解决 IRL 问题可以限定在贝叶斯推理的最大后验概率,在给定回报函数结构和参数 θ 时,最大限度地提高观察专家示范 D 的联合后验分布:

$$L(\boldsymbol{\theta}) = \lg P(D, \boldsymbol{\theta}|r) = \lg P(D|r) + \lg P(\boldsymbol{\theta}) \tag{9-49}$$

定义:$L_D = \lg P(D|r)$,$L_\theta = \lg P(\boldsymbol{\theta})$,此联合对数似然相对于网络参数 θ 可微,因此可以使用梯度下降方法进行优化。式(9-34)的数据项 L_D 所给出的基于最大熵的目标函数相对于奖赏 r 是可微的,因此可以使目标梯度的反向传播到网络的权重。最后的梯度是由相对于 $\boldsymbol{\theta}$ 的数据项和 L_D、模型项 L_θ 梯度的总和。

$$\frac{\partial L}{\partial \boldsymbol{\theta}} = \frac{\partial L_D}{\partial \boldsymbol{\theta}} + \frac{\partial L_\theta}{\partial \boldsymbol{\theta}} \tag{9-50}$$

数据项的梯度可以用专家演示对奖励的导数,以及这些奖励对网络权值 θ 的导数来表示,如式(9-51)

$$\frac{\partial L_D}{\partial \boldsymbol{\theta}} = \frac{\partial L_D}{\partial r} \frac{\partial r}{\partial \boldsymbol{\theta}} = (\mu_D - E[\mu]) \frac{\partial}{\partial \boldsymbol{\theta}} g(f, \boldsymbol{\theta}) \tag{9-51}$$

在上式中 $r = g(f, \boldsymbol{\theta})$,专家演示轨迹的梯度 L_D 对状态的奖励 r 的导数,等于专家演示轨迹的状态访问次数和学习系统轨迹分布的期望访问数的差值,依赖于由相应的最优策略给出的回报函数的近似。

$$E[\mu] = \sum_{\xi:(s,a)\in\xi} P(\xi|r) \tag{9-52}$$

$E[\mu]$ 通常涉及许多可能的轨迹指数求和。Ziebart 等提出了一种基于动态规划的有效算法,能够在多项式时间内计算这个量。$\partial L_D/\partial\theta$ 梯度首先使用这个算法计算访问次数的差异,然后将这个值作为误差信号使用反向传播方式传递给网络。该算法用线性最大熵公式给出的式(9-34)和式(9-35)的损失和梯度求导。用来计算 loss 的专家的状态动作频率 μ_D^a,将动作的频率进行加和就得到了专家状态的频率为 $\mu_D = \sum_{a=1}^{A} \mu_D^a$。

带有网络参数的模型项 L_θ 的导数表示为一个正则化项,L1、L2 正则化和 dropout 方法都可以用来防止深层神经网络的过拟合。这可以看作是一个子模型平均法或打破原始训练数据的方法,例如,通过添加噪声训练模型的不变性。

9.3.4 从非专家示例轨迹中进行逆向强化学习

现有的 IRL 算法只从成功的示例轨迹数据中学习,即在执行任务的过程中收集专家数据。然而在许多实际任务中,相比成功的专家演示轨迹,失败的示例轨迹更容易获取。在专家示例稀缺的情况下,如果任务可以在模拟的环境下进行交互,非专家往往可以轻松地演示多种故障模式,产生的数据以补充稀缺的成功示例。文献[19]探索了这种方法,文献中机器人学会避免人们使用失败逃避的模拟。最后,失败的示例轨迹可能被用来探索状态空间,这也是一个从演示中学习回报函数和策略的思路。

失败逆向强化学习(Inverse Reinforcement Learning From Failure, IRLF)适用于学徒可以访问失败的示例数据集 F 和专家数据集 E。虽然回报函数最初未知,但回报函数能够被参数化为 K 个特征函数 $\phi_k(s,a)$ 的和,即

$$R(s,a) = \sum_{k=1}^{K} \theta_k \phi_k(s,a) \tag{9-53}$$

由于 θ 独立于状态和动作,因此值函数定义为

$$V^\pi(s) = E\left\{ \sum_{k=1}^{k} \theta_k \sum_{t=1}^{h} \phi_k(s_t, a_t) \mid s_1 = s \right\} = \sum_{k=1}^{k} \theta_k \mu_k^{\pi, 1:h} \mid s_1 = s \tag{9-54}$$

智能体从专家示例中学到回报函数,使得在该回报函数下所得到的最优策略在专家示例策略附近。未知的回报函数 $R(s)$ 一般都是状态的函数,因为它是未知的,所以我们可以利用函数逼近的方法对其进行参数逼近,其逼近形式可设为:$R(s,a) = \theta^{\mathrm{T}}\phi(s,a)$,其中:$\phi(s,a)$ 为基函数,可以为多项式基底,也可以为傅里叶基底。逆向强化学习求的是回报函数中的系数 θ。根据值函数的定义,策略 π 的值函数为

$$E_{s_0 \sim D}\left[V^\pi(s_0) \right] = E\left[\sum_{t=0}^{\infty} \gamma^t R(s_t, a_t) \mid \pi \right]$$

$$= E\left[\sum_{t=0}^{\infty} \gamma^t \theta \phi(s_t, a_t) \mid \pi \right]$$

$$= \theta E\left[\sum_{t=0}^{\infty} \gamma^t \phi(s_t, a_t) \mid \pi \right] \tag{9-55}$$

定义特征期望为:$\mu^\pi = E\left(\sum_{t=0}^{\infty} \gamma^t \phi(s_t) \mid \pi \right)$。需要注意的是,特征期望跟策略 π 有关,策略不同时,策略期望也不相同。之后,值函数可以写为

$$E_{s_0 \sim D}\left[V^\pi(s_0) \right] = \theta^{\mathrm{T}} \mu^\pi(s_0) \tag{9-56}$$

学习者从 m 个轨迹的数据集学习,$D = \{\tau_1, \tau_2, \cdots, \tau_n\}$。$\tau_i = \{(s_1^{\tau_1}, a_1^{\tau_1}),$ $(s_2^{\tau_1}, a_2^{\tau_1}), \cdots, \}$ 是由专家生成的长度 h 的状态动作序列。当给定 m 条专家示例轨

迹后,根据定义可以估计专家策略的特征期望为

$$\widetilde{\mu}_E = \frac{1}{m} \sum_{i=1}^{m} \sum_{t=0}^{\infty} \gamma^t \phi(s_t^{(i)}) \tag{9-57}$$

在策略 π 时,$s_1 = s$ 的情况下,在步骤 1 和 h 之间的特征 ϕ_k 的累计。只考虑步长 h 内的累计回报,h 之后的省略。

$$\widetilde{\mu}_k^D = \frac{1}{N} \sum_{\tau \in D} \sum_{t=1}^{h} \phi(s_t^\tau, a_t^\tau) \tag{9-58}$$

$\widetilde{\mu}_k^D$ 是状态独立的,隐含地估计了专家初始状态的期望值。为比较策略 π 与 $\widetilde{\mu}_k^D$ 的特征期望,可以通过边缘化 s_1 获得 π 的特征期望的类似状态独立度量:

$$\mu_k^\pi|_D = \sum_{s \in S} P_D(s_1 = s) \mu_k^\pi|_{s_1 = s} \tag{9-59}$$

式中:$P_D(s_1 = s) = N_1(s)/N$ 是专家初始状态分布的最大似然估计,$N_1(s)$ 是专家轨迹中 $s_1 = s$ 的轨迹的数量。学习者的目标是找到 θ,使 $\widetilde{\mu}^D = [\widetilde{\mu}_1^D, \cdots, \widetilde{\mu}_k^D]$ 和向量 $\mu^\pi|D = [\mu_1^\pi|_D, \cdots, \mu_k^\pi|_D]$ 根据某种度量的距离最小,同时也泛化到不可预见的初始条件。使得集合 F 的特征期望与最优策略尽可能远的直接方法是在优化问题中加入不等式约束,即

$$|\widetilde{\mu}_k^F - \widetilde{\mu}_k^\pi|_F| > a_k \qquad \forall k \tag{9-60}$$

$\widetilde{\mu}_k^F$ 是根据 F 得到的特征 K 的经验期望,计算类似于式(9-44),a_k 是一个将会被最大化的变量,它是优化目标的一部分,增加参数向量 $\boldsymbol{\theta} = [\theta_1, \theta_2, \cdots, \theta_K]^T$ 和特征期望的差异到目标函数中,得到目标函数:

$$\max_{\pi, \alpha} H(A^h || S^h) + \sum_{k=1}^{K} \theta_k (\mu_k^\pi|_F - \widetilde{\mu}_k^F) \tag{9-61}$$

新的等式约束 $\mu_k^\pi|_F - \widetilde{\mu}_k^F = z_k$ 与 $z_k \in R$,通过引入变量 z_k 作为优化目标中的一项,最大化最优策略生成轨迹的特征期望与失败轨迹的特征期望差值。因此,完全约束优化转化为

$$\max_{\pi, \theta, z} H(A^h || S^h) + \sum_{k=1}^{K} \theta_k z_k - \frac{\lambda}{2} \boldsymbol{\theta}^2$$

$$\text{s. t. :} \mu_k^\pi|_D = \widetilde{\mu}_k^\pi, \forall k$$

$$\mu_k^\pi|_F - \widetilde{\mu}_k^F = z_k, \forall k$$

$$\sum_{a \in A} \pi(s, a) = 1, \forall s \in S$$

$$\pi(s, a) \geqslant 0, \forall s \in S, a \in A \tag{9-62}$$

除此之外,Finn C 等提出了引导损失函数的 IRL 方法,将损失函数作为优化目标,生成最接近专家示例轨迹数据的损失函数。Jonathan H、Finn C 等提出,在生成器的概率密度能够估计的前提下,GAN 中生成器的结果等价于一个基于采样的最大熵的逆向强化学习,并以此为基础构建了基于能量函数的模型,通过 GAN 训练得到损失函数。

9.4 分析与总结

人类的智能更多地体现在依靠较少的数据完成复杂的任务。因此,人工智能的发展过程中,如何通过更少的数据进行学习是至关重要的。而 IRL 方法提供了一种小数据驱动的问题求解方法。为人工智能从“大数据,小任务”到“小数据,大任务”的模式转变提供了思路。然而,尽管 IRL 理论、算法和应用研究在国内外已普遍开展,并且也已经取得了较多的研究成果,但仍然有许多问题还亟待解决。

9.4.1 深度逆向强化学习算法理论分析与对比

在算法和理论方面,传统的 IRL 方法已经建立了较为完善的收敛理论,但是面对连续、高维的马氏决策问题面临的维数灾难和组合爆炸问题无能为力,因此在实际问题的解决上进展不大。得益于深度神经网络强大的端到端学习能力,使用深度神经网络表示回报函数,避免了特征提取工作,在游戏、机器人控制等领域取得了比较好的效果。但是,目前已经提出的 IRL 方法仍然存在学习效率不高、回报函数质量难以评价等缺点,有待进行更加深入的研究,以扩大深度 IRL 在实际问题中的应用。

IRL 发展的初级阶段,其算法实验场景应用于 Mountain Car、Grid World、Object world 等经典控制问题的解决,随着其相关理论和技术的发展,IRL 在自动驾驶、路径导航、机器人控制等领域都取得了一定的成功。

从深度 IRL 的发展来看,求解算法向复杂度优化和实用化方向发展。具体体现在以下两个方面:一是消除了算法求解目标的歧义性。基于最大边际法的深度 IRL 和基于深度 Q 网络的 IRL 无法保证求解出的回报函数唯一性,并且由于需要求解 MDP 模型,导致算法的复杂性高;后续的基于最大熵的 IRL 算法和 IRLF 通过最大熵和交叉熵模型,引导损失函数生成的 IRL 和基于 GAN 的 IRL 通过基于能量的模型的方法解决了回报函数歧义性的问题。二是无须通过求解 MDP 的方式获取回报函数,提升了算法的运行效率。而 IRLF 算法以失败的轨迹数据尽可能远离最优策略为约束条件达到了利用失败的轨迹数据探索状态空间的目的,提升了 IRL 算法的适用范围和效果。

表 9-1 列出了深度逆向强化学习算法性能对比。

表 9-1　深度逆向强化学习算法性能对比

算法	数据应用	计算复杂度	歧义性	算法目标
Deep MMP	专家轨迹数据	需求解 MDP, $O((mn^p)^k)$	有	回报函数 R
Deep AL	专家轨迹数据	需求解 MDP, $O((m+1)n^p)$	有	回报函数 R
Deep ME IRL	专家轨迹数据	不求解 MDP, 已知状态转移概率, $O(n^p)$	无	回报函数 R
IRLF	专家和非专家轨迹数据	不求解 MDP, 无须知道状态转移概率, $O(n^p)$	无	回报函数 R 价值函数 Q
引导损失函数生成方法	专家轨迹数据	不求解 MDP, 无须知道状态转移概率, $O(n^p)$	无	损失函数 C
基于生成式对抗网络的逆向强化学习	专家轨迹数据	不求解 MDP, 无须知道状态转移概率, $O(n^p)$	无	生成式网络 G 和判别网络 D

注:计算复杂度时: m 为产生的训练样本数量, n 为神经元个数, p 为神经网络层数, k 为迭代次数。

9.4.2　深度逆向强化学习的应用展望

在应用方面,实现逆向强化学习在复杂、不确定系统中的优化控制问题,对于推动机器人控制、无人飞行器控制、军事决策等各领域的发展有重要的意义,特别是对于多智能体对抗系统来说,逆向强化学习是实现对专家示例数据高效利用的有效手段,为解决智能 Agent 的知识获取这个瓶颈问题提供一个可行之法。

参 考 文 献

[1] SUTTON R, BARTO A. Reinforcement learning: An introduction[M]. MIT Press, 1998.

[2] DENG L, YU D. Deep learning: Methods and applications[J]. Foundations & Trends in Signal Processing, 2013, 7(3): 197-387.

[3] 周志华.机器学习[M].北京:清华大学出版社, 2015:390-392.

[4] ABBEEL P, NG A Y. Apprenticeship learning via inverse reinforcement learning[C]// International Conference on Machine Learning. ACM, 2004:1-8.

[5] VAN H V, GUEZ A, SILVER D. Deep reinforcement learning with double Q-learning[C]//Proceedings of the AAAI Conference on Artificial Intelligence. Phoenix, USA, 2016:2094-2100.

[6] TSOCHANTARIDIS I, JOACHIMS T, HOFMANN T, et al. Large margin methods for structured and interdependent output variables[J]. Journal of Machine Learning Research, 2005, 9(6): 1453-1484.

[7] RATLIFF N D, BAGNELL J A, ZINKEVICH M A. Maximum margin planning[C]//Proceedings of the 23rd International Conference on Machine Learning. Pennsylvania: IEEE, 2006:729-736.

[8] KLEIN E, GEIST M, PIOT B, et al. Inverse reinforcement learning through structured classification[C]//Advances in Neural Information Processing Systems, 2012:1007-1015.

[9] ZIEBART B, MAAS A, BAGNELLl A, et al. Maximum entropy inverse reinforcement learning [C]// In Proceedings of The Twenty-third AAAI Conference on Articial Intelligence, 2008: 1433-1438.

[10] AGHASADEGHI N, BRETL T. Maximum entropy inverse reinforcement learning in continuous state spaces with path integrals [C]// International Conference on Intelligent Robots and Systems. Australia, IEEE, 2011:1561-1566.

[11] BOULARIAS A, KOBER J, PETERS J. Relative entropy inverse reinforcement learning[C]// Proceedings of the Fourteenth International Conference on Artificial Intelligence and Statistics, 2011:182-189.

[12] CHIO J, KIM K E. Bayesian nonparametric feature construction for inverse reinforcement learning [C]// In Proceedings of the Twenty-Third International Joint Conference on Artificial Intelligence. Catalonia: AAAI Press, 2013:1287-1293.

[13] BOGDANOVIC M, MARKOVIKJ D, DENIL M, et al. Deep apprenticeship learning for playing video games[J]. European Judaism, 2015, 39(1):44-48.

[14] TODD H, MATEJ V, OLIVIER P, et al. Deep Q-learning from demonstrations[EB/OL]. arXiv: preprint arXiv, 2017 [2017-11-16]. https://arxiv. org/abs/1704. 03732.

[15] LEVINE S, POPOVIC Z, KOLTUN V. Nonlinear inverse reinforcement learning with gaussian processes[C] //Advances in Neural Information Processing Systems. Granada, 2011:19-27.

[16] CHEN X, KAMEL A E. Neural inverse reinforcement learning in autonomous navigation[J]. Robotics & Autonomous Systems, 2016, 84(1):1-14.

[17] WULFMEIER M, ONDRUSKA P POSNER I. Maximum entropy deep inverse reinforcement learning[EB/OL]. [2017-11-16]. https://arxiv. org/abs/1507. 04888.

[18] BENGIO Y, LECUN Y. Scaling learning algorithms towards AI[J]. Large-scale kernel machines, 2007, 34(5):1-41.

[19] CHOI S, KIM E, LEE K, et al. Leveraged non-stationary Gaussian process regression for autonomous robot navigation[C]//Robotics and Automation (ICRA), 2015 IEEE International Conference on. IEEE, 2015:473-478.

[20] WHITESON S. Inverse reinforcement learning from failure[C]// International Conference on Autonomous Agents & Multi Agent Systems, 2016:1060-1068.

[21] FINN C, LEVINE S, ABBEEL P. Guided cost learning: deep inverse optimal control via policy optimization [C]// International Conference on International Conference on Machine Learning. JMLR. org, 2016:49-58.

[22] FINN C, CHRISTIANO P, ABBEEL P, et al. A connection between generative adversarial networks, inverse reinforcement learning, and energy-based models[EB/OL]. [2017-11-16]. https://arxiv. org/abs/1611. 03852.

第 10 章　深度强化学习中的知识迁移

　　传统强化学习方法通过构建一个交互式的学习框架,为求解序贯决策问题提供了解决方案。然而,受限于表格值、组合人工特征表征价值函数和策略函数等方法对环境的表征能力,强化学习方法难以向较为复杂的问题扩展。深度学习能够从高维数据中进行自动特征提取,具有较强的感知能力。因此,自 Deepmind 在以雅达利[1]为代表的视频游戏中利用深度神经网络进行图像特征提取与强化学习算法结合取得巨大的成功以来,深度强化学习在视频游戏、棋类博弈、机器人控制、自然语言处理、即时战略游戏、医学决策支持等众多领域中不断攻城掠地,取得了诸多突破性进展[2-7]。深度强化学习在不断深入应用的过程中也面临诸多挑战,当前以无模型深度强化学习为代表的算法通常需要与环境的巨量交互,以改善模型的性能。在雅达利游戏中,智能体需要通过 1800 万帧的数据交互才能训练出一个可用的模型[8]。其原因在于交互环境具有部分可观察性、反馈的稀疏性、延迟性和欺骗性等特点,导致了深度强化学习算法在训练过程中存在数据利用率低、泛化能力弱、探索困难、缺乏推理和表征能力不足等问题,这些问题极大地制约了深度强化学习方法在实际复杂问题中的应用。

　　强化学习的模型是受到人类学习过程的启发而提出的,但是事实上人类却不需要如此规模庞大的数据交互来学习新任务。在雅达利游戏中,人类玩家只需要数次交互就能获取任务经验,在任务中表现良好,这主要得益于人类可以重用之前学习到的知识,将学习过的知识迁移到新的学习任务中,可以极大的提升学习效率。

　　事实上,智能体之所以难以在巨量策略空间中收敛是因为其没有利用任何的先验知识。知识迁移最早是用来研究人类心理活动的一种方法,心理学家认为,人类学习认知事物并将其举一反三的过程就是一种知识迁移行为。受到人类学习模式的启发,知识迁移被引入机器学习领域中,引起学术界的广泛讨论。结合知识迁移的方法进行深度强化学习,可以使得智能体的学习过程更加靠近人类思维,利用已掌握的知识帮助新任务的学习,提升智能体的学习效率。因此,作为一种利用领域知识提升深度强化学习算法效率的技术,迁移学习方法成为深度强化学习走向实际中的一个非常重要的研究方向。

　　与监督学习相比,深度强化学习在训练过程中涉及的要素更多,知识迁移所涉及的因素与监督学习不同。此外,知识的存在形式、迁移方式都与监督学习中的知识迁移有较大差异。因此,本文在阐述强化学习及知识迁移的相关基础概念的基础上,从深度强化学习的视角提出了一些我们关于强化学习中知识的存在形式和进行知识迁移的一些想法,对深度强化学习中的知识迁移最前沿研究进展进行了综述,并对不同方法的特点、应用场景等进行了分析和总结。

10.1 深度强化学习中的知识

在深度强化学习中,基于值函数的方法利用神经网络拟合状态价值函数,基于策略的方法利用神经网络拟合策略函数,这些方法的本质都是存储通过与环境交互获取的知识来进行决策。在学习知识的过程中,智能体通过和环境的交互,经过"行动-评价"的模式得到奖励回报,这个回报一般和该动作是否有助于智能体得到最优策略正相关。智能体通过这种不断试错的方式进行学习,在每个"行动-评价"周期中不断获取知识,改进行动方案以适应环境。目前,强化学习的发展方向之一是通用人工智能,即通过端到端强化学习,获取解决问题的策略[19];另外一个方向是把强化学习作为一种解决问题的框架,通过领域历史数据和经验知识的利用,在尽可能不约束强化学习算法能力上限的情况下提升强化学习的效率。因此,如何选择好知识介入强化学习的环节是第二个方向重点研究的内容。

深度强化学习中的知识即为智能体的内部信息,知识可以是状态、策略、奖励值,还可以包含用于选择动作、预测累积奖励或预测未来观测特征的函数参数中。在这些知识中,有些是先验知识,如对已有专家知识的总结利用和人工对智能体的设计,还有些知识是通过学习获得的,需要在智能体和环境的不断交互中取得。随着环境的不断丰富,对于知识需求的平衡将越来越倾向于学习知识。在强化学习过程中知识的作用体现在多个方面,既可以直接用于策略模型的生成,也可以作用在强化学习智能体的学习进化过程中辅助智能体进行学习。

10.2 知识迁移视角下的深度强化学习

深度强化学习中,知识迁移的目的是将源任务中学习到的各类知识应用于新的学习任务或学习阶段中,促进新的学习任务更快地进行学习或提升学习效果,这一过程被称为知识迁移。在大量的实验中发现,大多强化学习任务都是相对独立的,在一个任务中训练出的模型和经验等知识在新的任务中无法被较好的利用,这就造成了训练耗费了大量的资源,每次都从头开始学习。在相同环境的不同任务中,或者同一个学习任务的不同阶段都可以利用到知识迁移的思想进行学习,对已有知识最大化利用可以提高强化学习的效率。如 2.3 节所述,深度强化学习中的知识涉及价值网络、策略网络、初始状态、探索与利用、经验缓存回放、回报函数等几个方面,本节将结合强化学习中知识存在的方式,对强化学习中的知识利用模式进行分析。

强化学习算法可以分为基于价值(Value-Based)和基于策略(Policy-Based)两类。在强化学习的经典算法 Q-learning 中[20],通过储存一张 Q 表来记录每个"状态-动作"值与未来预估奖励的映射关系。但是 Q 表只能解决状态空间和动作空间较少的问题。受限于表格值方式的表征能力,强化学习在解决规模较大或复杂实际问题中进展缓慢。随着深度学习领域的进展,直接从原始感知数据中自适应地提取高层特征变成可能,开始出现了二者相结合的技术,即深度强化学习。深度强化学习的方法包括:使用深度神经网络拟合强化学习中最优动作估值函数[10];使用限制玻耳兹曼机(Restricted Boltzmann Machine,RBM)模型[21]用于估计价值函数或策略函数等;使用自编码机模型用于提取特征,然后使用这些特征在神经拟合 Q 值迭代[22](Neural Fitted Q Iteration,NFQ)算法中学习非线性策略并在多个基准数据集中获得比传统算法更好的效果。

深度强化学习的突破性进展来自 Google Deepmind 的 Mnih V 等提出了神经网络和 Q-learning 相结合的 DQN 算法[1],其中神经网络用来代替 Q 表,以获得状态和动作对应的 Q 值。DQN 在训练时采用了 Q-learning 的思路,用神经网络拟合 Q-learning 中的估值误差项,即为

$$L(\boldsymbol{\theta}) = \mathbb{E}\left((R + \gamma \max_{a}(s,a,\boldsymbol{\theta}) - Q(s,a,\boldsymbol{\theta}))^2\right) \tag{10-1}$$

通过梯度下降使其最小化,其中,θ 为神经网络的参数。除此之外,在深度强化学习中类似的神经网络还被用于策略参数化(策略网络)、设计奖励函数等。事实上,深度神经网络和表格值一样,其作用都是拟合状态-动作之间的映射关系。因此,具备表征能力的模型,如深度森林[23]、线性模型等都可以作为表征模型使用。

在训练这些以神经网络为代表的表征模型的过程中,往往要耗费大量的时间成本使其达到收敛。然而,当任务稍有变化,原始训练的神经网络需要从头开始训练,将不再适用新任务。基于知识迁移的想法,一个很自然的问题出现了,即深度强化学习中的神经网络是否可以利用另一个训练好的相似神经网络的参数进行初始化? Jason Yosinski 等[24]以 2012 年 ImageNet 大赛的冠军 Alexnet 模型[25]为实验对象进行了一系列关于神经网络各个层级上的可迁移性研究,发现模型的前三层基本都是一般特征,比较适合进行迁移;在神经网络的迁移过程中进行微调(Fine-Tune),效果会明显提升,甚至超过原网络,微调操作还可以克服迁移过程中数据的差异性,迁移神经网络的效果优于随机初始化网络权重。

在现有的深度强化学习研究中,网络初始化大都采用随机初始化网络权重的

方式,其原因主要是深度强化学习算法的泛化性能很差,很多时候针对一个任务训练好一个模型,但是这个模型只对当前这个任务有效,换了其他的任务就不适用了。但是如果任务之间有很强的相关性或网络结构比较适合迁移,我们可以尝试着用训练好的神经网络参数去初始化另一个新任务。

10.2.1 状态初始化

深度强化学习中学习效果不理想通常是由探索困难造成的,其原因主要是环境中给出的奖励很稀疏,往往智能体连续做了若干动作之后也得不到奖励回报,一个正向的奖励需要智能体做出一连串的特定动作才能获得[26]。如在雅达利中的经典游戏蒙特祖玛的复仇中,游戏中的人物需要完美避开骷髅、螃蟹、深坑等静态的阻碍,还要穿过电墙、蛇等动态的障碍物才有机会拿到一颗金币,而要进入新的空间还需要获取到足够的钥匙。这就造成了智能体在学习过程中稍有不慎就获取不到奖励,大多数的学习过程都发生在游戏的起始阶段,而缺少对远端环境的学习。还有一个重要原因是在一些任务中奖励具有误导性,如在雅达利游戏集的另一款叫做陷阱的游戏中,人物初始有 2000 点金币,碰到锯齿等障碍物或者掉落深坑时会损失几十到几百不等的金币,但是跨过若干障碍后的钱袋可以立即获得 2000 金币。智能体在学习过程中遇到大的正奖励之前会遇到一些较小的负奖励,这会使得智能体停止探索,而错过了后面更大的奖励[27]。

为了在这种稀疏奖励的环境下更加有效地探索,研究者们通常使用内在奖励[28]奖励(Intrinsic Motivation,IM)的方法,即智能体在尽量获取更大的环境奖励的基础上,也使用内部奖励尽可能激励智能体去探索没有遇到过的状态空间。但是这类方法也存在一些问题,内在奖励虽然鼓励智能体去探索更大的未知状态空间,但是当前状态到已探索过的状态空间边界之间隔着很多状态,IM 方法并不能激励智能体越过这些内在奖励很小的状态走到边界上进行探索。还有一个问题就是噪声和人工加入的随机扰动也限制了智能体能完美的复刻先前的轨迹直接走到探索边界,通常路径会发生偏移。让智能体自己到达探索的边界状态似乎充满了很大的困难,我们不妨考虑直接进行状态初始化,即将智能体探索到较好的状态时进行存档,再利用该存档将环境状态初始化,让智能体能够探索到更大的状态空间。

10.2.2 探索与利用

在深度强化学习训练过程中,智能体的核心工作之一就是平衡探索与利用之间的关系,这也是强化学习领域的一个重点难题。对于智能体来说面临着一个艰难的抉择,即到底是利用已经训练好的模型选择动作,还是探索未知空间,以增大获取更大回报的可能性。

在平衡开发与探索二者之间，ε-贪心策略是随机探索的一种常用策略[29]，它以ε的概率在所有可能的动作中随机选择，$1-\varepsilon$的概率按照策略π选择价值最高的动作，则选择动作的概率变为

$$P(a \mid s) = \begin{cases} \dfrac{1}{k}\varepsilon + (1-\varepsilon) & a = \operatorname*{argmax}\limits_{a \in A} Q(s,a) \\ \dfrac{1}{k}\varepsilon & a \neq \operatorname*{argmax}\limits_{a \in A} Q(s,a) \end{cases} \qquad (10\text{-}2)$$

式中：k为所有可能的动作数。ε - 贪心策略相较于改进前的方法，在增加随机探索的概率同时又可以保证智能体大体上还是在最优策略上前进。除了ε - 贪心策略，这种加入随机因素的思想还被用在玻尔兹曼探索策略[30]和高斯探索策略中。这些策略的探索方法都是在原始策略上加上一个随机无向的噪声，虽然所有的动作都有了被选择的概率，但是这种选择太过随机，虽然有达到全局最优的可能，但是需要大量的探索来实现，数据利用效率极低。

置信区间上界（Upper Confidence Bound, UCB）算法则改进了这一不足，UCB是一种对不确定性大的动作进行试探探索的方法。UCB 值主要包括两项，即$Q_t(a) + U_t(a)$，其中：$U_t(a)$代表探索，是对动作a不确定性的一种度量值；$Q_t(a)$代表利用，表示当前的动作奖励分布，即Q函数。UCB 的目标则是最大化动作的置信度，也就是置信区间，表示为

$$a_t = \operatorname*{argmax}_{a \in A}(Q_t(a) + U_t(a)) \qquad (10\text{-}3)$$

式中：$U_t(a) = c\sqrt{\ln N_t / N(a)}$，$N(a)$表示动作$a$被选择的次数，$\ln N_t$表示选择动作总次数$N_t$的对数，$c$为权值。UCB 虽然效果比$\varepsilon$ - 贪心策略略好，但也存在收敛速度慢、依赖静态分布的问题，且对复杂动作的问题解决效果较为有限。文献[31]提出了一种通用规则的表示方式，尝试将定性规则知识引入到强化学习中，通过云推理模型对定性规则进行表示，将其作为探索策略引导智能体的动作选择，以减少智能体在状态–动作空间探索的盲目性。Uber 公司提出了 Go-Explore的方法[32]以改善探索与利用的平衡问题，其采用状态初始化方法利用以往状态的存档重新加载在环境中开始探索，而不是在已知的环境中浪费时间。该方法可以极大地增加探索的效率，但是该方法是基于一个可重置的确定性环境提出的，对于不可重置状态的不确定环境并不适用。

10.2.3　经验缓存回放

受到生物学的启发，深度强化学习中学习过程产生了大量的交互数据，这些数据只学习一次就被丢弃了，造成了大量的数据浪费，如果我们能对这些知识像大脑中的海马体一样加以利用，则可能会对强化学习有意想不到的效果。在强化学习中，我们把这些交互数据称为经验，在训练时把经验存入经验缓存池，在需要使用

这些经验进行学习时再进行回放,这个过程被称为经验缓存回放。2015 年,Deepmind 提出的 NIPS DQN[1]首次将经验回放技术与深度强化学习相结合,使深度强化学习的研究产生了突破性的进展。

基于常规经验回放的 DQN 在抽取经验池中的以往经验样本时,采用的是随机抽取方法,忽略了经验样本的重要程度。在人类的学习过程中,大脑会区分开更为重要的经验和次重要的经验进行针对性的学习,2016 年 Tom Schaul 等提出了一项改进,即在抽取经验池中过往经验样本时采取按优先级抽取的方法,称为优先经验回放(Prioritized Experience Replay,PER)[33]。PER 以 49 种游戏中 41 场胜利的成绩超过了常规经验回放的 DQN 算法,达到了 SOTA 效果。这项改进使用时序差分(TD-Error)方法来权衡经验的重要程度,TD-Error 方法通过计算真实奖励 R_{t+1} + $\gamma V(S_{t+1})$ 和预估奖励 $V(S_t)$ 的差值 $\delta_t = R_{t+1} + \gamma V(S_{t+1}) - V(S_t)$ 来判断, δ_t 越大,优先级越高,在学习时采样的权重越高。TD-Error 容易受到噪声的影响使预估奖励产生偏差,这样就可能存在需要学习的经验片段却产生 TD-Error 较小的假象,优先级很小,甚至不再进行学习。为了使具有较低 TD-Error 的经验片段也有被抽取的可能,对此可以使用两种方式进行改进,其一是使用比例优先级的方法,即是加入一个较小的 ε ,使得当偏差 $|\delta_i|$ 为 0 时也能有机会被回放到,通过 $p_i = |\delta_i| + \varepsilon$ 计算优先级,其二是采用基于等级的优先级方法,将排序时序列的等级记作 rank(i) ,通过 $p_i = 1/\text{rank}(i)$ 计算优先级。为了弥补优先回放机制引入的偏置(bias),采用重要性采样的方法减少偏置,重要性采样权重为 $w_i = (1/N \cdot P(i))^\beta$,可以使用这个权重乘上 δ_i 加入到网络更新中确保更新的无偏性,使结果收敛更稳定。

在自然语言处理领域,Karthik Narasimhan 等[34]将 DQN 与长短期记忆人工神经网络[35]结合解决文本游戏,该模型中将上下文作为状态集合,单词作为动作进行强化学习。基于优先经验回放的原理,该方法创建了经验缓存区,并采用了优先采样的方法,根据经验能获得的正奖励大小和对最优 Q 值的学习速度,设置两个经验池用于储存较高优先级和较低优先级的样本,从高的经验池中采样比例为 ρ ,另一个较低的经验池中的采样比例则为 $1 - \rho$ 。

Yuenan Hou 等[36]将强化学习中基于优先级的 PER 从离散控制领域拓展到了连续控制领域,并指出该做法可以显著减少网络的训练时间,提高训练过程的稳定性及模型的稳健性。在传统的连续控制领域,让智能体直接通过像素级的视觉输入来完成复杂的动作是一项十分困难的任务[37]。DDPG[12]在很多连续控制任务里取得了很好的效果。DDPG 使用一个经验回放池(Replay Buffer)来消除输入经验间存在的很强的相关性。这里经验是指一个四元组 (s_t, a_t, r_t, s_{t+1}) ,DDPG 使用目标网络法来稳定训练过程。作为 DDPG 算法里的一个基本组成部分,经验回放极大地影响了网络的训练速度和最终效果。因此该方法的思路是用优先级经验回放替代 DDPG 中原有的传统经验回放,并使用重要性采样权重来修正偏差[38],该方法在倒立摆任务等连续控制领域取得了良好的效果。

为了使深度强化学习的网络训练更有效率,在 PER 的基础上,Dan Horgan 等[39]提出了一种分布式获取回放缓存数据并进行优先经验回放的方法,将其称为 Ape-X。其核心思想是设计多个 Actor,其中每个 Actor 采用不同 ε 的随机探索策略,在运行时,Actor 每隔一段时间同时与环境交互,从 Critic 网络中获取经验并存入经验池中,然后按照优先级经验回放的 AC 算法进行学习。图 10-1 说明了 Ape-X 的架构,简单来说就是:有多个 Actor,每个 Actor 都有自己的环境实例,生成经验,将其添加到共享的经验回放内存中,并计算数据的初始优先级。单个学习者从这个经验回放内存中取样,更新记忆中的网络和经验的优先级。Actor 的网络会根据学习者提供的最新网络参数定期更新。

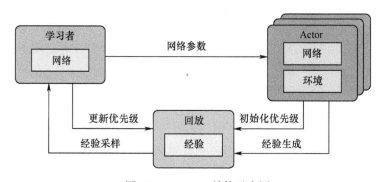

图 10-1　Ape-X 结构示意图

William Fedus 等[40]基于使用经验回放的 DQN 算法讨论了经验缓存回放的基本原理,定义了经验回放的三个特征:回放容量(Replay Capacity)、经验回放率(Replay Ratio)和转换寿命(Age of a Transition)。回放容量指的是经验存放池的大小,即经验池中存放的转换数量,经验回放率被定义为每个转换进行梯度更新的次数,即每次训练在经验池中的采样比例,经验回放中的转换寿命是指每个转换产生之后的进行梯度更新的总次数。通过严谨的实验设计得出,转换寿命越大学习效率越低,增大回放容量会提高学习效果,尤其在使用 Rainbow 组件改进的 DQN 中效果提升明显。实验采用对照实验方法,通过增减 Rainbow 中的 PER、Adam 优化器、C51 和 N-step 四种组件进行多次对比实验,表明 N-step 是影响经验回放容量的主要因素,但该结论尚无完备的理论支持。

10.2.4　回报函数设计

回报函数一般指在智能体探索的过程中获取的奖励,在很多探索困难的问题中,多是由外部的稀疏奖励造成的,因此研究者们引入了内部奖励的概念,通过智能体探索时的自身属性获得奖励。内在奖励的设计模式主要有基于动态模型预测误差的方法和基于各种信息增益的方法。

奖励塑形(Reward Shaping,RS)是一种人工设置奖励函数的方法,其使用先验知识重新构造马尔科夫决策过程(Markov Decision Process,MDP)的奖励分配,使智能体的动作选择出现偏移。除了学习环境中的反馈,RS还额外学习一个奖励塑形函数 $F:S \times A \times S \mapsto \mathbb{R}$ 作为附加奖励,在新的MDP中,对于相同的动作,在原有奖励的基础上还要附加一个包含先验知识的奖励,即新的奖励为 $R(s,a,s') + F(s,a,s')$,奖励塑形方法可以人为的改变智能体的探索方向。好奇心模型[41]、赋能(Empowerment)[42]、变分信息最大化探索(Variational Information Maximizing Exploration,VIME)[43]等强化学习方法等都采用了不同的方式构造了额外的奖励函数参与到学习过程中。

对于内在奖励来说,比较好的方法是做非片段式的探索,即一个回合结束之后,相应的回报还继续累计而不截断。若非如此,一旦智能体做出某个动作导致回合结束,那么其得到的回报为零,这会使得智能体过度地规避危险而不去积极探索。但是对于外部奖励来说,比较好的方法是做片段式的探索,因为如果把回报累计计算的话,智能体可能就不断地在游戏开始的附近产生一些微小奖励,然后迅速自杀再继续回到这个地方继续刷分进行累加。对于内在奖励和外部奖励这两种不同的探索模式,应该同时训练两个奖励函数进行求和得到总的奖励函数 $V = V_E + V_I$,其好处在于两个奖励函数能用不同的折扣系数来训练。内在奖励的规模在不同的环境和时间点会有很大的差异,选择合适的超参数也会变得困难,为了解决这一问题,可以使用内在奖励标准化的方法解决,增大外部奖励的折扣系数可以明显提升训练效果,而内部奖励的折扣系数恰恰相反。

自然界中智慧生物学习的过程对通过强化学习达到通用人工智能有很大的借鉴意义,David Silver 等[44]认为奖励最大化足以驱动自然和人工智能领域所研究的智能行为,包括知识和学习、感知能力、社交智商、语言、概括、模仿、通用智能等。首先提出了一个假说:智力及其相关能力可以被理解为对智能体在其环境中行动的奖励达到最大的帮助效果。基于以上假设,一个优秀的奖励最大化智能体,在服务于实现其目标的过程中,可能隐式地产生与智力相关的能力。这些能力很难形式化的理解,奖励最大化可以为理解这些能力提供基础,最后提出了一种猜想:在实践中,智能可以从足够强大的强化学习智能体中产生,这些智能体学习如何使未来的回报最大化。这一研究将为理解和构建通用人工智能提供一个直接途径。

10.3 深度强化学习中的知识迁移方法

深度强化学习是一种从与环境的交互反馈中进行学习的方法。强化学习智能体在建立的 MDP 模型的基础上,通过感知自身状态,依据与环境的反馈,按照某种策略生成动作并交付环境执行的过程。因此,深度强化学习中的知识迁移方法主要围绕这个过程展开。本节将详细介绍深度强化学习中与知识迁移有关的方法,按照 MDP 知识迁移、状态知识迁移、奖励知识迁移、策略知识迁移和特征知识迁移五类方法进行介绍,并对典型方法进行对比分析。

10.3.1　MDP 知识迁移

MDP 是解决大部分强化学习问题的基本框架。一个典型的强化学习问题可以被理解为训练一个智能体与满足 MDP 标准的环境进行交互。MDP 由一个智能体和一个环境 E,一组可能的状态 S,一组的动作 A 和奖励函数 r 构成,表示为:$S \times A \to r$。专家的演示轨迹是一种可以以 MDP 的形式迁移的知识,迁移专家经验进行学习是智能体学习复杂行为策略的实用框架,这种学习过程称为示例学习(Learn from Demonstrations,LfD)[45],也叫做模仿学习(Imitation Learning)[46]或学徒学习(Apprenticeship Learning)[47]。在大多数传统的 LfD 方法中,智能体通过观察专家轨迹中状态与动作之间的映射,使用监督学习来估计一个可以近似再现这种映射的策略函数。但传统的 LfD 方法局限性较强,需要专家给出最优且足够的行为轨迹,并且专家始终与智能体在一起进行训练,结合深度强化学习可以克服这些局限。

1. 使用演示的近似策略迭代

策略搜索在 1960 年首次被提出并应用于 MDP 中,而后又提出了近似策略迭代的概念并给出了严格的理论证明[48],针对不同的应用场景,研究人员又对其进行了各种改进,其中最小二乘策略迭代(Least-Squares Policy Iteration,LSPI)[49]是其中最有代表性的一种,它学习状态-动作值函数,该函数允许在没有模型的情况下进行动作选择,以及在策略迭代框架内增加策略改进。近似策略迭代[50]是一种使用动态规划的强化学习算法,Beomjoon Kim 等[51]在 LSPI 算法的基础上结合强化学习进行了改进,提出了使用演示的近似策略迭代算法(Approximate Policy Iteration with Demonstration,APID),它通过在策略评估步骤中添加线性的约束来修改正则化的 LSPI,使用专家演示 $D_E = \{(S_i, A_i)\}_{i=1}^m$ 来学习价值函数,使用自己派生的演示 D 来逼近新的 Q 函数。对于 D_E 中的任意状态 s_i 该价值函数都会给出学习来的专家动作 $\pi_E(s_i)$,额外引入松弛变量 ξ_i 使得该专家动作有着更高的 Q 值分类边际:

$$Q_{\text{margin}} = Q(s_i, \pi_E(s_i)) - \max_{a \in \mathcal{A} \backslash \pi_E(s_i)} Q(s_i, a) \tag{10-4}$$

式中:$Q_{\text{margin}} \geq 1 - \xi_i$,使用 ξ_i 可以用来解决不完美的专家演示,这种方法在策略评估的过程中被实例化为最小化铰链损失函数(Hinge-Loss):

$$Q \leftarrow \arg\min_{Q} f(Q), \quad f(Q) = \left\{ L^{\pi}(Q) + \frac{\alpha}{N_{\mathrm{E}}} \left[1 - Q_{\mathrm{margin}} \right]_{+} \right\} \tag{10-5}$$

$L^{\pi}(Q)$ 是最优贝尔曼残差的经验范数导致的 Q 函数的损失函数,为

$$L^{\pi} = \mathbb{E}_{(s,a) \sim D_{\pi}} \mathcal{T}^{\pi} Q(s,a) - Q(s,a) \tag{10-6}$$

式中: $\mathcal{T}^{\pi} Q(s,a)$ 为贝尔曼收缩算子,值为 $R(s,a) + \gamma \mathbb{E}_{s' \sim p(\cdot \mid s,a)} [Q(s', \pi(s'))]$,实验证明,APID 可以处理轨迹不均匀的次优专家演示。

Bilal Piot 等[52]在此基础上又对 APID 进行了改进,将损失函数改为

$$L^{\pi} = \mathbb{E}_{(s,a) \sim D_{\pi}} J^{*} Q(s,a) - Q(s,a) \tag{10-7}$$

式中: $J^{*} Q(s,a)$ 的值为

$$R(s,a) + \gamma \mathbb{E}_{s' \sim p(\cdot \mid s,a)} \left[\max_{a'} Q(s',a') \right] \tag{10-8}$$

与 APID 相比该方法在理论上可以收敛到最优的 Q 函数,因为 L^{π} 是最小化的最优贝尔曼残差(Optimal Bellman Residual)而不是经验范数。

2. 使用演示的直接策略迭代

直接策略迭代是一种基于分类的策略迭代,其中策略改进被分类问题取代,因为模仿专家策略本质上是一个分类问题。Jessica Chemali 等[53]将其与演示相结合提出了使用演示的直接策略迭代算法(Direct Policy Iteration with Demonstrations,DPID),该方法使用了专家策略 π_{E} 中的完全演示集 D_{E} 和在环境中自生成的演示集 D_{π}。DPID 利用 $D_{\mathrm{E}} \cup D_{\pi}$ 生成一个 Q 值的蒙特卡罗估计 $\hat{Q}$,从中可以使用贪婪策略得出学习策略 $\pi(s) = \arg\max_{a \in A} \hat{Q}(s,a)$,策略 π 通过一个损失函数 $L(s, \pi_{\mathrm{E}})$ 来最小化专家策略的偏差:

$$L(\pi, \pi_{\mathrm{E}}) = \frac{1}{N_{\mathrm{E}}} \sum_{i=1}^{N_{\mathrm{E}}} I\{ \pi_{\mathrm{E}}(s_i) \neq \pi(s_i) \} \tag{10-9}$$

式中: N_{E} 为专家演示的样本数量, $I\{ \pi_{\mathrm{E}}(s_i) \neq \pi(s_i) \}$ 为指示函数。

3. 使用演示的深度 Q 学习

除了策略迭代的方法,还可以将演示数据集成到时间差分学习中。Todd Hester 等人[54]将时间差分更新和演示动作的大边界分类相结合提出了演示深度 Q 学习(Deep Q-learning from Demonstrations,DQfD),DQfD 首先在演示数据上单独进行预训练,该过程的目标是学习使用一个价值函数来模拟专家演示,该价值函数满足贝尔曼方程,因此可以通过时间差分的方式进行更新。在预训练阶段,智能体从演示中小批量采样并通过 n 步双重 Q 学习损失(N-Step Double Q-learning Loss)、有监督大边际分类损失(Supervised Large Margin Classification Loss)和 L2 正则化损失(L2 Regularization Loss)来更新网络。其中,监督大边际分类损失被用于对演示的分类是至关重要的。因为专家演示不会覆盖所有可能的情形,所以很多 (s,a) 不会被包含进来。如果只使用 Q 学习更新训练该网络,那么该网络会将这

些没覆盖到的情况向着最高值更新,加入一个大边际分类 $J_E(Q)$ 可以将这些值回归合理范围:

$$J_E(Q) = \max_{a \in A}[Q(s,a) + l(s,a_E,a)] - Q(s,a_E) \qquad (10\text{-}10)$$

式中: a_E 为专家演示在状态 s 所采取的动作; $l(s,a_E,a)$ 为边际函数,当 $a = a_E$ 时其值为 0,否则为正。该损失会保证其他动作的值不超过专家演示的边际。在此基础上再加入 L2 正则化损失防止过拟合,最终用于更新该网络的整体损失函数是这三种损失的结合,即:

$$J(Q) = J_{DQ}(Q) + \lambda_1 J_E(Q) + \lambda_2 J_{L2}(Q) \qquad (10\text{-}11)$$

式中: λ 用于控制其中的权重比例。使用通过上述预训练得到的策略在环境中运行得到自生成的演示数据 D^{replay},将其存入智能体回放缓存中并不断更新,而之前的专家演示数据也被存放在演示存放缓存 D^{demo} 中一直保持不变,在小批量采样的过程中演示数据和自生成的数据通过一个确定的比例进行控制。对于自生成的演示数据,仅会应用双重 Q 学习损失,而对于演示数据,会应用监督和双重 Q 学习两种损失。

4. 使用演示的深度确定性策略梯度

Mel V ecerik 等[55]修改了 DDPG 算法提出了从演示中学习的深度确定性策略梯度算法(Deep Deterministic Policy Gradient from Demonations, DDPGfD), DDPGfD 与 DQfD 有着相似的想法,均维护两个独立的回放缓存区,为了解决奖励稀疏问题,DDPGfD 使用优先经验回放来实现奖励信息的有效传播,其被用于演示数据与自生成数据之间对样本进行优先级排序,以控制两者之间的比例。在更新 critic 函数时,DDPGfD 混合采用单步返回和 n 步返回,这有助于在稀疏奖励环境中沿轨迹传播 Q 值。

DDPGfD 还在每个环境步骤中进行多次学习更新,达到了数据效率和稳定性之间的平衡。此外还对 actor 和 critic 网络参数进行 L2 正则化以稳定学习性能,最终的损失函数为

$$L_{\text{Critic}}(\theta^Q) = L_1(\theta^Q) + \lambda_1 L_n(\theta^Q) + \lambda_2 L_{\text{reg}}^C(\theta^Q) \qquad (10\text{-}12)$$

$$\nabla_{\theta^\pi} L_{\text{Actor}}(\theta^\pi) = -\nabla_{\theta^\pi} J(\theta^\pi) + \lambda_2 \nabla_{\theta^\pi} L_{\text{reg}}^A(\theta^\pi) \qquad (10\text{-}13)$$

Ashvin Nair 等[56]也使用演示与 DDPG 算法相结合以解决更困难的探索问题,并成功地学习执行长视距多步机器人任务的连续控制。其通过将事后经验回放构建的演示回放缓存区、行为克隆损失、Q 值筛选和重置演示状态 4 种方法将 DDPG 和演示结合起来,最大限度地利用演示来提高学习效率。

5. 使用演示的策略优化

从策略优化的角度,Bingyi Kang 等[57]在生成对抗模仿学习[58]的基础上扩展提出了使用演示的策略优化算法(Policy Optimization from Demonstrations, POfD),

它通过匹配当前演示和已学习的策略的使用率,诱导形成隐性的动态奖励。POfD 结合策略梯度的方法在演示数据很少且不是最优演示的情况下也可以发挥出较好的效果,算法伪代码如下:

算法 10-1:使用演示的策略优化算法

输入:专家演示 $D_E = \{d_1^E, d_2^E, \cdots, d_N^E\}$,策略和判别器参数 θ_0 和 ω_0,权重 λ_1、λ_2 和最大迭代次数 I

输出:更新后的策略 ω

1. 初始化策略和判别器参数 θ_0 和 ω_0,权重 λ_1、λ_2 和最大迭代次数 I

2. **for** $i = 1, 2, \cdots I$ **do**

3. 采样轨迹 $D_i = \{\tau\}, \tau \sim \pi_{\theta_i}$

4. 采样专家轨迹 $D_i^E \subset D^E$

5. 使用梯度 $\hat{E}_{D_i}[\nabla_\omega \log(D_w(s,a))] + \hat{E}_{D_i^E}[\nabla_\omega \log(1 - D_w(s,a))]$ 更新 ω_i 到 ω_{i+1}

6. 使用 $r'(s,a) = r(a,b) - \lambda_1 \log(D_{\omega_i}(s,a)), \forall (s,a,r) \in D_i$ 更新 D_i 中的奖励值

7. 使用策略梯度法更新策略,梯度为 $\hat{E}_{D_i}[\nabla_\theta \log \pi_\theta(a \mid s) Q'(s,a)] - \lambda_2 \nabla_\theta H(\pi_{\theta_i})$

8. **end for**

6. 分析与总结

对以上 MDP 知识迁移的相关工作进行总结:

表 10-1 分别列举了各个方法的关键思想、使用到的技术、解决的问题和存在的局限。通过表 10-1 可看出 APID 和 DPID 解决了从不完美和不完全的 MDP 演示中学习。DQfD 通过从演示中学习缓解了训练冷启动的问题,但对于连续的动作空间不适用。DDPGfD 和 POfD 给强化学习中的策略梯度算法与 MDP 知识迁移相结合提供了一种思路。

表 10-1　MDP 知识迁移方法

算法名	关键思想	技术手段	解决问题	局限性
APID[50]	在策略评估步骤中加入线性约束,使用专家建议来定义这些线性约束,这些约束被用来指导近似策略迭代的优化	API	可以从不完美的 MDP 中学习最优策略	对演示数据的利用率较低
DPID[53]	利用专家演示和自生成的演示集共同进行策略评估,使用贪婪策略进行学习	DPI	可以从不完全的 MDP 中学习最优策略	专家演示和交互样本较少时效果较差
DQfD[54]	结合优先经验回放的机制对演示数据进行重要性评估	PER、DQN	预训练初始策略,减少早期探索时间,避免冷启动	对于连续动作不适用

算法名	关键思想	技术手段	解决问题	局限性
DDPGfD[55]	混合采用单步返回和 n 步返回，这有助于在稀疏奖励环境中沿轨迹传播 Q 值	PER、DDPG、AC	可解决高维连续控制问题	复杂环境下调整参数繁琐，稳健性较差
POfD[57]	通过匹配当前演示和已学习的策略的使用率，诱导形成隐性的动态奖励	PPO、TRPO	提高演示数据利用率	对演示数据的质量要求较高

10.3.2 状态知识迁移

状态是强化学习模型中最重要的数据之一，每次探索过程都是以一个状态开始到另一个状态结束。将状态作为知识迁移到新的学习任务或学习过程中可以加速智能体的探索效率，我们将这类方法称为状态知识迁移。状态知识迁移适合解决扩展探索边界的问题，在稀疏奖励的环境中解决探索困难的问题，迁移状态知识的方法效果显著。

1. 内在好奇心模块

Deepak Pathak 等[41]针对稀疏奖励环境中的探索困难问题提出了内在好奇心模块（Intrinsic Curiosity Module，ICM）的解决方案，ICM 是一种基于奖励偏差的探索方法，它将预测奖励与实际奖励偏差看做智能体对环境的了解程度，偏差越大智能体的好奇心也就越强。在 s_t 状态的智能体执行通过其当前策略 π 中抽取的动作 a_t 与环境进行交互，到达下一状态 s_{t+1}，训练策略 π 来优化通过环境得到的外部奖励 r_t^e 和由 ICM 产生的基于好奇心内在奖励 r_t^i 的总和。ICM 的技术流程如图 10-2 所示，首先将状态 s_t、s_{t+1} 编码到特征 $\varphi(s_t)$ 和 $\varphi(s_{t+1})$，使用逆向动力学模

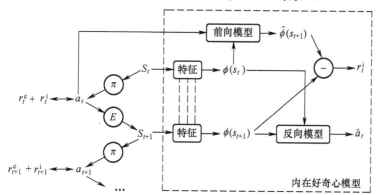

图 10-2　内在好奇心模型示意图

277

型利用这些特征预测 a_t 。正向的模型以 $\varphi(s_t)$ 和 a_t 作为输入,预测 s_{t+1} 的特征表示为 $\hat{\varphi}(s_{t+1})$,利用特征空间中的预测误差作为基于好奇心的内在奖励信号。ICM可以鼓励智能体去探索新奇的状态,但这种机制也会导致智能体会在随机加噪环境中被局部的状态熵不断吸引,而干扰对下一状态的预测。

2. 随机网络蒸馏

受到状态访问计数的探索方法[28]的启发,Yuri Burda 提出了随机网络蒸馏[59](Random Network Distillation,RND)的方法来设计内在奖励,由于是高维连续空间,这个计数更多地可以看成是一种密度估计。如果类似的状态之前访问的次数较少,就说明这个状态比较新奇,就给予比较高的内在奖励。这种方法需要构建两个神经网络,其中目标网络 $f(x)$ 是一个确定性的、随机初始化的网络,通过它设置预测问题对插入的 x 值进行观测,预测网络 $\hat{f}(x;\theta)$ 根据智能体收集的数据通过梯度下降进行训练,目标是得到使期望均方误差 $\|\hat{f}(x;\theta) - f(x)\|^2$ 达到最小时的参数。使用 MINST 数据集对该方法进行了验证,出现次数越少的数字状态均方误差越大,可探索的空间越大,该结果表明该方法可以用来检测状态是否新颖。在RND 中,只要样本足够充分,预测误差总会是一个很小的值,可以克服随机加噪环境的困扰。

3. Novelty-Pursuit

李子牛等人[60]提出了 Novelty-Pursuit 的高效探索方法,Novelty-Pursuit 以内在动机目标探索过程为框架,基于最大状态熵的探索方法,采用随机网络蒸馏,用一个到达状态频率的近似器来确定所有已探索过状态的到达频率,尽可能多地采样未知的状态空间,扩展我们已知的状态空间中的状态。已探索到的状态中到达频率较低的状态集合被称为探索边界(Exploration Boundary),将探索边界储存,使用目标导向策略引导智能体快速到达探索边界后使用随机策略进行探索。Go-Explore 中需要将环境初始化为存档的中间状态进行探索[32],而该方法不受此限制,可以适应更广泛的实验环境。

4. 分析与总结

表 10-2 对以上工作进行了总结,ICM 是基于状态预测偏差的一种探索方法,可以较好地解决稀疏奖励环境中的探索问题,但是会受到局部噪声的干扰。RND采用另一种思路利用状态知识,其根据状态出现的次数来定义状态的重要性,在实践中采用预测状态和实际状态的均方误差来代替状态计数,效果较好。Novelty-Pursuit 在 RND 的基础上提出了一种目标导向的探索方法,其利用状态熵的最大化来确定探索的目标条件。

表 10-2　状态知识迁移方法

算法名	关键思想	使用技术	解决问题	局限性
ICM[41]	利用预测状态和实际状态的偏差来定义状态的新奇性,驱动智能体的探索	A3C	在外部奖励稀疏的环境中探索	局部噪声环境会影响预测效果
RND[59]	根据均方误差估计状态出现的次数,均方误差越大可探索的空间越大	MSE、PPO	对于高维连续空间,用密度估计代替状态计数,特征化表示状态	不能做到全局规划
Novelty-Pursuit[60]	基于最大熵探索的思想,构建状态频率近似器辅助探索	PPO	提出一种目标导向的探索方法,可以在非确定性环境中探索	目标条件的表示需要人工干预

10.3.3　奖励知识迁移

在强化学习的过程之中,奖励是驱动智能体进行探索的关键信息。奖励知识的利用方式主要有两种,首先是奖励塑形,另外对于多智能体强化学习任务,我们可以将单个智能体学习到的奖励知识迁移到总体的价值函数中,提升价值函数的学习效率。奖励知识迁移可用于稳健的驱动智能体的探索和将单智能体的价值函数扩展到多智能体环境。

1. 基于势能的奖励塑形

奖励塑形通过人为设计附加奖励来指导智能体训练,但是在一些问题中人为设计的奖励函数常常导致智能体投机取巧而学习不到最优的策略。为了解决这个问题,吴恩达等[61]提出了基于势能的奖励塑形(Potential Based Reward Shaping, PBRS),PBRS 将两个势函数的差值作为奖励塑形函数 $F(s,a,s') = \gamma\Phi(s') - \Phi(s)$,这相当于给每个状态定义一个势能,从低势能的状态到高势能的状态给予一个正奖励,反之则给予一个负奖励,这样就解决了原始奖励塑形方法中智能体原地循环累加奖励的问题。如图 10-3 所示,图 10-3(a)是在没有塑形奖励的环境中,在状态之间转移智能体得不到任何奖励而难以到达最终的目标状态;图 10-3(b)加入设定的微小奖励值后,智能体会在原地打转来重复获取微小奖励;图 10-3(c)给每个状态赋予势能,可以避免智能体原地打转的问题。PBRS 显著提高了学习最优策略所需的时间,以及在多智能体系统中最终联合策略的性能。该算法不改变单个智能体学习的最优策略,也不改变多个智能体共同学习的纳什均衡,可以保证策略的一致性。

2. 动态势能奖励塑形

PBRS 的一个局限性是假设状态的势能在学习过程中不会发生动态变化,而这种假设时常会不成立,特别是当奖励是自动生成的时候。Sam Devlin 等[62]进一步扩展 PBRS 提出了一种基于动态势能的奖励塑形方法（Dynamic Potential Based Reward Shaping, DPBRS），该方法使势能同时成为状态和时间的函数以允许动态改变，并在单智能体和多智能体系统中保持策略的一致性。DPBRS 将时间参数引入到塑形函数中：

$$F(s,t,s',t') = \gamma \Phi(s',t') - \Phi(s,t) \tag{10-14}$$

式中：t 为智能体到达上一状态 s 的时间；t' 为智能体到达当前状态 s' 的时间。

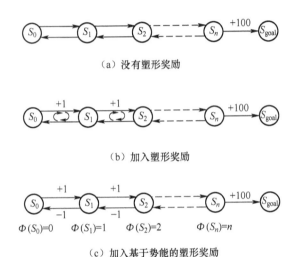

（a）没有塑形奖励

（b）加入塑形奖励

（c）加入基于势能的塑形奖励

图 10-3　智能体在环境中获取奖励的示意图

3. 基于 N 步返回的价值函数迁移

在稀疏交互的多智能体系统中利用单智能体知识可以大大加快多智能体的学习过程。Yong Liu 等基于一个新的 MDP 相似概念提出了扩展性更高的基于 N 步返回的价值函数迁移[63]。该方法首先根据 MDP 的 N 步返回（N-Step Return, NSR）值定义 MDP 的相似性，然后提出了两种基于深度神经网络的知识传递方法，即直接值函数迁移和基于 NSR 的值函数迁移。通过 NSR 可以测量单智能体和多智能体环境之间的 MDP 相似度并识别出交互区域，以此来确定单智能体策略是否适合当前的联合状态。该方法可以实现选择性迁移，更好的避免负迁移，减少学习的时间，同时具有较好的渐近性能。

4. 分析与总结

对以上三种方法进行对比分析如表 10-3 所示，PBRS 是一个基于奖励塑形提出的较为成熟的方法，可以在保持策略不变的条件下利用势能函数激励智能体进行探索。DPBRS 在 PBRS 的基础上改进了势能的塑造奖励过程，缩小了模型的规模，并且可以将单智能体策略扩展到多智能体领域。除了采用奖励塑形的方法，还有直接迁移价值函数的代表 NSR-VFT,其通过匹配 MDP 的相似度来进行迁移,实现了从单智能体环境到多智能体的选择性迁移。此外文献[64-65]也对价值函数的迁移提供了另外的思路。

表 10-3　奖励知识迁移方法

算法名	关键思想	技术手段	解决问题	局限性
PBRS[61]	将两个势函数的差值作为奖励塑形函数	RS	在激励智能体探索的同时保持策略不变性	模型规模较大
DPBRS[62]	使势能同时成为状态和时间的函数以允许动态改变	RS、MARL	缩小模型的规模,将单智能体策略扩展到多智能体	需要学习额外的值函数
NSR-VFT[63]	通过 NSR 测量单智能体和多智能体环境之间的 MDP 相似度并识别出交互区域,以此来确定单智能体策略是否适合当前的联合状态	NSR、DQN	实现选择性迁移,减少学习的时间,提高了性能	计算量较大,内存需求较大

10.3.4　策略知识迁移

强化学习的目标是学习到一个奖励最大化的策略,在模型相似的任务之间可以直接把策略知识迁移到新的任务中使用,这个过程叫做策略复用,但在一些任务之间直接迁移策略效果较差,这时我们可以建立一个通用的策略,然后在此基础上再根据任务的特点进行进一步的训练。当有多个已经训练好的模型时,可以用策略知识迁移的方法将既有策略提炼用于新的相似任务。

1. 策略蒸馏

在使用 DQN 学习复杂视觉任务的策略时,要获得良好的性能需要相对较大的网络和较多次数的训练。Andrei A. Rusu 等[66]提出了一种叫做策略蒸馏(Policy Distillation)的新方法,图 10-4 为单任务策略蒸馏和多任务策略蒸馏,如图 10-4 所示,DQN 智能体定期地将游戏数据添加到回放缓存中。策略蒸馏可以用来提取深度强化学习中智能体的策略,并训练一个新的、更小的和更高效的能达到专家水平的网络。学生策略通过最小化教师策略 π_T 和学生策略 π_S 之间的动作分布差异进行学习,对于 N 个任务,使用 N 个教师策略进行学习,每个教师策略产生一个数据集 $\boldsymbol{D}^{\mathrm{T}} = \{s_i, q_i\}_{i=0}^{N}$,由状态和相应的 Q 值组成,使用负对数似然损失、均方误差和 KL 散度三种方法进一步提炼教师策略,得到一个学生智能体。

此外,还可以使用相同的方法将多个特定任务的策略合并为单个策略。该方法的可行性在雅达利游戏中得到了证实,并表明多任务蒸馏的强化学习智能体优于单任务以及联合训练的 DQN 智能体。即使不使用迭代方法,不允许学生网络控

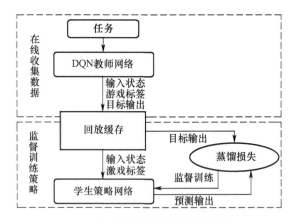

（a）单任务数据收集和策略蒸馏

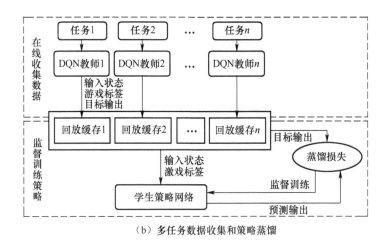

（b）多任务数据收集和策略蒸馏

图 10-4 单任务策略蒸馏和多任务策略蒸馏

制训练的数据分布,蒸馏也可以应用于强化学习。

2. Distral

另一种策略蒸馏的思路是最大化教师策略访问学生网络生成轨迹的概率,Yee Whye The 等提出了一种稳健的多任务联合训练方法[67],将其称作 Distral,如图 10-5 所示,Distral 框架示意图是通过多任务学习让智能体学习到一些共有的策略知识,这样在一个新环境下就能通过少量样本学习到新的策略了。其在多个任务各自策略的基础上建立一个中间策略 π_0,各个不同的策略综合起来蒸馏提炼出中间策略 π_0,各个任务中的策略也在 π_0 的指导下进行学习。对于多个任务及对应的策略 $\pi_i = (S, A, p_i(s'|s,a), \gamma, R_i(a,s))$,以及由这些策略蒸馏出的中间策

π_0，来实现最终的目标，即最大化：

$$J(\pi_0, \{\pi_i\}_{i=1}^n) = \sum_i \mathbb{E}_{\pi_i} \left[ac_{\text{KL}} \gamma^t \log \frac{\pi_i(a_t|s_t)}{\pi_0(a_t|s_t)} - c_{\text{Ent}}b \right]$$

$$= \sum_i \mathbb{E}_{\pi_i} \left[a + \frac{\gamma^t \alpha}{\beta} \log \pi_0(a_t|s_t) - \frac{1}{\beta}b \right]$$

$$(10-15)$$

该目标主要约束了各个任务的策略 π_i 不偏离 π_0，其中，$a = \sum_{t \geqslant 0} \gamma^t R_i(a_t, s_t)$，$b = \gamma^t \log \pi_i(a_t|s_t)$，$c_{\text{KL}} \geqslant 0$ 是决定 KL 散度，$c_{\text{Ent}} \geqslant 0$ 是熵，$\alpha = c_{\text{KL}}/c_{\text{KL}} + c_{\text{Ent}}$，$\beta = 1/c_{\text{KL}} + c_{\text{Ent}}$。

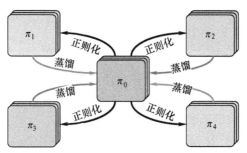

图 10-5 Distral 框架示意图

对于策略的表示，Distral 提出了另一种更好的方法来表示策略，即各个特定策略 π_i 表示为与 π_0 共有的部分和其自己特有部分的和，这样做的目的是使各特定策略学习的过程中可以集中精力学习自己特有的部分中间策略 π_0，使用一个神经网络 $h_{\theta_0}(a|s)$ 来表示：

$$\hat{\pi}_0(a_t|s_t) = \frac{\exp(h_{\theta_0}(a_t|s_t))}{\sum_{a'} \exp(h_{\theta_0}(a'|s_t))} f_{\theta_i}(a|s) \tag{10-16}$$

对于特定策略 π_i 使用中间策略 π_0 的神经网络 $h_{\theta_0}(a|s)$ 和其各自的神经网络来表示为

$$\hat{\pi}_i(a_t|s_t) = \hat{\pi}_0^\alpha(a_t|s_t) \exp(\beta \hat{A}_i(a_t|s_t))$$

$$= \frac{\exp(\alpha h_{\theta_0}(a_t|s_t) + \beta f_{\theta_i}(a_t|s_t))}{\sum_{a'} \exp((\alpha h_{\theta_0}(a'|s_t) + \beta f_{\theta_i}(a'|s_t)))} \tag{10-17}$$

这是一个以 π_0^α 为先验的玻尔兹曼策略，其中，$\hat{A}_i(a_t|s_t)$ 为优势函数。

3. Actor-mimic

对于从多个任务的策略中提取通用策略的问题，Emilio Parisotto 等[68]也提出

了一种方法 Actor-mimic(演示者-模仿者),其将多个任务中的 DQN 网络转化为一个玻耳兹曼策略:

$$\pi_{E_i}(a \mid s) = \frac{e^{\tau^{-1}Q_{E_i}(s,a)}}{\sum\limits_{a' \in \mathcal{A}_{E_i}} e^{\tau^{-1}Q_{E_i}(s,a')}} \qquad (10\text{-}18)$$

然后最小化这些策略和目标策略网络之间的差距。Actor-mimic 的目标是从多任务各自的策略中产生一个叫做 AMN(Actor-Mimic Network)的通用专家策略,训练的目标是最小化上述策略和 AMN 策略之间的交叉熵损失函数,即

$$\mathcal{L}_{\text{policy}}^{i}(\boldsymbol{\theta}) = \sum_{a \in \mathcal{A}_{E_i}} \pi_{E_i}(a \mid s) \log \pi_{\text{AMN}}(a \mid s; \boldsymbol{\theta}) \qquad (10\text{-}19)$$

此外 Actor-mimic 又定义了一个特征回归网络(Feature Regression Network,FRN) $h_{\text{AMN}}(s; \theta)$ 及其对应的特征回归损失为

$$\mathcal{L}_{\text{FR}}^{i}(\boldsymbol{\theta}, \theta_{f_i}) = f_i(h_{\text{AMN}}(s; \boldsymbol{\theta}); \theta_{f_i}) - h_{E_i}(s)_2^2 \qquad (10\text{-}20)$$

该回归损失与上面的交叉熵损失函数一起指导训练。

4. 算法分析与总结

表 10-4 概括分析了上述的策略知识迁移的相关工作,策略蒸馏的方法突破性的实现了将多个任务的特定策略合并为单个策略。Distral 结合多任务学习迁移策略知识,使得在新环境中只需要少量的样本就可以学习到新的策略,但是它对任务的相关性要求较高。Actor-mimic 方法可以把多个环境中的策略迁移到新环境中,但其存在一定的负迁移。除此之外,在文献[70-71]中也提出了多种迁移策略知识的方法。

表 10-4　策略知识迁移方法

算法名	关键思想	技术手段	解决问题	局限性
策略蒸馏[66]	通过最小化教师策略和学生策略之间的动作分布差异进行学习	DQN、MSE、KL 散度	将多个任务的特定策略合并为单个策略	收敛性能有时不理想
Distral[67]	最大化教师策略访问学生网络生成轨迹的概率	Soft Q Learning、KL 散度	通过多任务学习学习到共有策略知识,在新环境下可以通过少量样本学习新策略	对任务的相关性要求较高
Actor-mimic[68]	最小化玻耳兹曼策略和 AMN 策略的交叉熵损失函数,引入特征回归损失	DQN	可以把多个环境中的行动策略迁移到新的环境中	存在负迁移的现象

10.3.5　特征知识迁移

特征是深度强化学习中的一种隐性知识表示,这类知识虽然不像状态、奖励那

些强化学习的基本要素那样直接参与到学习过程中,但也是学习过程中不可或缺的一部分,如神经网络中的特征参数,这种知识迁移方法适合在多任务之间进行迁移,在之前的神经网络参数的基础上进行微调或利用之前的参数知识在新的任务中进行训练,可以有效地利用先前任务的训练成果。

1. 渐进式神经网络

通过微调进行神经网络的迁移不适合跨多个任务的迁移,Andrei A. Rusu 等[74]提出了渐进式神经网络结构(Progressive Neural Networks,PNN),以渐进的方式实现跨多任务的知识迁移,它保留了神经网络中的特征知识,使用横向连接将之前任务的特征传递给新任务的神经网络训练。PNN 由若干列神经网络组成,每列都是训练一个特定任务的神经网络,首先构造一个多层神经网络从一个单独的列(column)开始训练第一个任务,该神经网络共有 L 个隐藏层 $h_i^{(1)} \in \mathbb{R}^{n_i}$,其中,$n_i$ 是第 i 层的单元个数,使用参数 $\boldsymbol{\theta}^{(1)}$ 训练到收敛,然后在构建第二个多层神经网络时,固定第一列的神经网络参数 $\boldsymbol{\theta}^{(1)}$,将上一列神经网络的每一层都通过适配器层 a 处理连接到第二列神经网络的每一层作为额外输入,$h_i^{(2)}$ 通过横向连接接收来自 $h_i^{(2)}$ 和 $h_i^{(1)}$ 的输入。构建第三个神经网络时,将前两列的神经网络参数固定,然后用同样的方法将前两个网络中的每一层连接到第三个神经网络中。用这种连接方式扩展到 k 个任务的时候,可以记为

$$h_i^{(k)} = f(W_i^{(k)} h_{i-1}^{(k)} + \sum_{j<k} U_i^{(k;j)} h_{i-1}^{(j)}) \tag{10-21}$$

图 10-6 清晰地描述了这一过程,上面的两行(虚线箭头)分别按照任务 1 和任务 2 进行训练。标记为 a 的箭头表示经过适配器层处理过。第三行是为最后一个任务添加的,它可以访问所有之前学习过的特性。

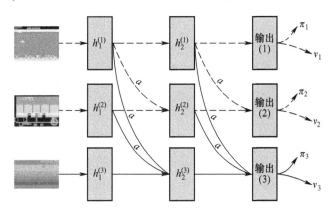

图 10-6　渐进神经网络结构

2. 动态模型奖励解耦

当前的强化学习方法可以成功的学习单个任务,但如果加入一些适度的扰动,

285

其泛化效果较差,Amy Zhang 等[75]受到后继特征的启发提出了一种解耦(Decoupling)的学习策略来解决此问题,叫做动态模型奖励解耦(Decoupling Dynamics and Reward,DDR)该方法创建了一个共享的表征空间 z,其中的知识可以被稳健地迁移。这是一种基于模型的方法,它学习动态模型将观察到的状态 s 映射到潜在表征 z,智能体使用 AC 算法从潜在表征 z 中学习价值函数和策略。这种潜在表征方法使得知识可以在具有不同奖励但是动态转换相同的任务之间进行迁移,动态模型可以直接用于目标任务,算法伪代码如下:

算法 10-2:动态模型奖励解耦算法

输入:$\boldsymbol{\theta}_{\text{dynamics}}$,$h_d$,$\lambda_{\text{inv}}$,$\lambda_{\text{dec}}$,$\lambda_{\text{for}}$

输出:$\boldsymbol{\theta}'_{\text{dynamics}}$

1. 初始化模型参数 θ_{dynamics},动态 LSTM 的隐藏状态 h_d

2. 设置动态的超参数 λ_{inv},λ_{dec},λ_{for}

3. **for** $e = 1,2,\cdots,E$ **do**

4. **for** (s_i,a_i,s'_i),$i = 0,1,\cdots,N$ **do**

5.   编码 $z_i = f_{\text{enc}}(s_i;\boldsymbol{\theta}_{\text{enc}})$,$z'_i = f_{\text{enc}}(s'_i;\boldsymbol{\theta}_{\text{enc}})$,

6. $\hat{z}'_i \rightarrow f_{\text{for}}(z_i,a)$

7. $\hat{a}_i \rightarrow f_{\text{inv}}(z_i,z'_i)$

8.   解码 $\hat{s}_i \rightarrow f_{\text{dec}}(z_i,\boldsymbol{\theta}_{\text{dec}})$,$\hat{s}'_i = f_{\text{dec}}(z'_i,\boldsymbol{\theta}_{\text{dec}})$,

9. $L_{\text{dynamics}}(\boldsymbol{\theta}_{\text{dynamics}}) = \displaystyle\sum_{t=0}^{T}(\lambda_{\text{dec}}L_{t,\text{dec}} + \lambda_{\text{for}}L_{t,\text{for}} + \lambda_{\text{inv}}L_{t,\text{inv}})$

10.   更新 $\boldsymbol{\theta}_{\text{dynamics}}$ 为 $\boldsymbol{\theta}'_{\text{dynamics}}$

11. **end for**

12. **end for**

3. 广义策略更新

强化学习中的迁移指的是在任务内部也发生在任务之间的泛化过程。André Barreto 等[76]提出了一个迁移框架,这个场景是奖励功能在任务之间改变,但环境是保持不变的。该框架主要基于两个关键思想:后继特征(SF)和广义策略改进(Generalized Policy Improvement,GPI),广义策略改进是动态规划的策略改进操作的泛化,考虑一组策略而不是单个策略。这两种想法结合在一起,形成了一种方法,可以无缝地集成到强化学习框架中,并允许跨任务自由交换信息。该方法还能为迁移策略提供性能保证,甚至在任何学习发生之前。通过专门提供的基本组件,可以在该方法的基础上构建能够跨各种任务出色执行的智能体,从而 GPI 扩展可以成功处理的环境范围。

André Barreto 等在另一篇论文[77]中在上述想法的基础上加入广义策略评估扩展为广义策略更新(Generalized Policy Update,GPU),广义策略评估(Generalized Policy Evaluation,GPE)是将强化学习中的另一种基本操作策略评估也从单任务中的操作推广到任务集合中的操作,通过后继特征使用不同的偏好集合评估一条路线(或策略),与 GPI 结合可以加快强化学习问题的解决,图 10-7 说明了广义策略更新生成策略的过程。

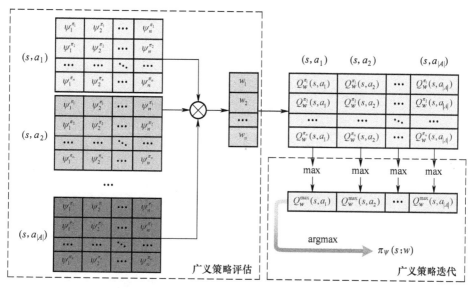

图 10-7　通过广义策略更新实现策略 π_ψ 的过程

4. 通用后继特征近似器

Tom Schaul 等[78]在 2015 年的一篇论文中提出了通用价值函数近似器(Universal Value Function Approximators,UVFA),可以指导智能体完成多种目标的任务,UVFA 先在一个任务空间上对若干个不同任务进行训练,如果这些任务和新任务在任务空间中服从同一概率分布,则训练出来的模型就可以很好地迁移到新任务了。Diana Borsa 等[79]在 UVFA 的基础上结合 SFs 的即时推断性和 GPI 的强通用性,扩展提出了通用后继特征近似器(Universal Successor Features Approximators,USFA),其可以学习到更一般的值函数。USFA 将每个任务和对应的策略进行参数化,使得算法对参数化空间中的任何任务和策略都能够很快得到对应的值函数,进而提升策略,其流程如图 10-8 所示。因此,该算法只需要在一定的任务分布和策略分布下学习到更一般的值函数表征,就能够得到新任务下比较好的策略,实现任务迁移。

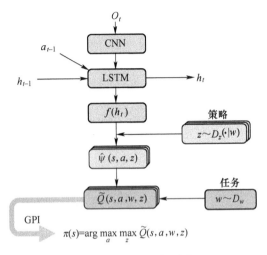

图 10-8 USFA 流程图

5. 分析与总结

以上几种典型的特征知识迁移方法在表 10-5 中进行了对比总结,其中,PNN
提出了一种迁移神经网络特征参数的重要手段,可以跨多个任务而不是仅在两个
任务之间进行迁移,但是随着任务的增加,其参数也会大量增加。DMRD 通过创建
共享的表征空间,在动态转换相同的任务之间进行迁移,对任务的相关性要求较
高。GPU 结合了 GPI 和 GPE 的方法,可以在相同环境中提炼任务的特征维度,通
过抽象的特征表示任务,可以大大减少学习新任务所需的样本数。USFA 将任务
和策略都进行参数化表达或映射到线性空间中作为值函数的输入,可以得到通用
的值函数表达,但由于其对每个任务和策略都单独进行操作,计算代价较大。

表 10-5 特征知识迁移方法

算法名称	关键思想	使用技术	解决问题	局限性
PNN[74]	保留了神经网络中的特征知识,使用横向连接将旧任务的特征传递给新任务的神经网络训练	A3C	渐进迁移神经网络的特征参数,实现跨多个任务的知识迁移	参数会随着任务的增加而大量增加
DDR[75]	创建共享的表征空间,学习动态模型将观察到的状态映射到潜在表征空间,智能体使用从潜在表征中学习	AC、LSTM	可以在具有不同奖励但是动态转换相同的任务之间进行迁移	可移植性较差,对任务的相关性要求较高
GPU[76]	将策略评估和策略迭代推广到任务集中	GPI、GPE	在样本数很少的情况下,进行同一环境中不同任务的迁移	对环境的要求较高,任务需要有有限个特征维度

算法名称	关键思想	使用技术	解决问题	局限性
USFA[79]	将每个任务和对应的策略进行参数化,使得算法对参数化空间中的任何任务和策略都能够很快得到对应的值函数,进而提升策略	GPI	可以学习到更一般的值函数表征	数据量和计算量较大

10.4 总　　结

在第上一节中我们按照迁移的知识类型介绍了若干种有代表性的深度强化学习方法,每种方法都有各自的优势,对比情况如表 10-6 所示。

表 10-6　知识迁移算法总结

算法类型	算法代表	优　　势
MDP 知识迁移	[51-58]	解决实时交互不足利用既有数据学习的问题
状态知识迁移	[28,41,59-60]	解决稀疏奖励的环境中探索困难问题
奖励知识迁移	[61-65]	可将单智能体的价值函数迁移到多智能体
策略知识迁移	[66-71]	从多任务中提取通用策略用于新任务的训练
特征知识迁移	[74-79]	寻找任务之间抽象的隐性关联进行迁移

MDP 知识迁移相对较为成熟,对于常用的深度强化学习算法均有成型的解决方案,适用于给定演示数据的情况,对离线强化学习的研究提供了解决途径。状态知识迁移主要是对智能体探索过程中的状态空间加以利用,引入除环境奖励因素之外的其他类型奖励,非常适合在稀疏奖励环境中探索时使用,对于如何利用状态知识来加速训练,本书 4.2 节中介绍了几种方法,除此之外尚有较大的研究空间。奖励知识迁移通过奖励塑形和迁移价值函数的方法将强化学习的奖励系统进行改造,前者的研究方向为缩减模型的规模,其通常和状态知识迁移一起使用来加速智能体的学习,后者可以实现将单智能体中的价值函数选择性地迁移到多智能体环境中。策略知识迁移从多个任务的特定策略中提取策略知识,通过提取已有的策略知识来加速新任务中的策略学习,这些源任务可以是同一环境中的不同任务,也可以是不同环境中的特定任务,使用该方法可以大幅减少新任务的训练时间,需要注意的是根据迁移条件的不同,源任务的选择需要满足一定的要求。此外,在 4.5 节中还介绍了几种将强化学习中的特征参数作为知识进行迁移的方法,包括网络特征参数、共享表征空间、将任务和策略等使用若干维度特征进行表示,这类方法提取了任务之间的抽象联系,可以用于通用强化学习的研究。

在通用视频游戏 AI(General Video Game AI,GVG-AI)中,游戏的样本效率一直是强化学习中的一大难题,Alexander Braylan 等[80]提出了一种迁移学习方法在有限数据下训练视频游戏 AI。该方法将游戏分解为对象和学习对象模型,并将模型从已知的游戏迁移到不熟悉的游戏,以指导学习。该方法提高了样本效率和预测精度,使探索更有效。通过从以前学习的游戏中迁移对象模型,可以加速游戏智能体的训练。

为了高效的完成任务,机器人经常要作为一个团队一起工作。然而,鉴于制造这些机器人的公司和研究实验室越来越多,有时难以预先协调这些团队,这就需要机器人自己学习团队协作的策略。以往对机器人团队协作的研究主要集中在相对简单的领域,对于复杂环境的团队协作,Samuel Barrett 等[81]提出了一种新的算法——快速适应队友提高合作策略的规划与学习(Planning and Learning to Adapt Quickly to Teams to Improve Cooperation - Policy,PLASTIC-Policy),它建立在现有的临时团队协作方法[82]之上,PLASTIC-Policy 使用基于策略的无模型方法,并且能独立于该项的学习策略的状态空间大小。具体来说,PLASTIC-Policy 学习与过去的队友合作的策略,并重用这些策略以快速适应新的队友。

谷歌健康的 Subhrajit Roy 等[83]提出了顺序子网络路由(Sequential Subnetwork Routing,SeqSNR)架构的多任务迁移学习模型,该模型的任务是预测患者进入 ICU 后 24~48h 内每小时发生的不良事件。选择的预测因素包括急性肾损伤、连续性肾脏替代治疗透析、血管加压药和正性肌力药的给药、机械通气、死亡率和剩余住院时间。多任务迁移学习提供了一种有效的方法来捕捉器官系统之间的相互依赖性并平衡竞争风险。在实践中,联合训练的任务通常会因为负迁移而相互损害,使用 SeqSNR 可以减轻这种影响,基于 Johnson 等[84]的工作,SeqSNR 使用编码器和RNN 堆栈的分层模块化,自动优化了信息在多个任务之间的共享方式,它在标签效率方面优于一般的多任务和单任务学习。

以深度神经网络为代表的人工智能系统通常被认为是不透明的、不可解释的,但 Google Brain 的研究表明[85],基于深度强化学习方法训练出的神经网络模型在概念探测、行为变化等方面学习到的国际象棋知识和内部学习机制与人类的对国际象棋的概念密切相关。然而,一个纯粹的数据驱动机器学习模型可能无法满足自然法则或任务约束,尽管这些法则和约束对于人工智能系统的模型至关重要[86]。因此,通过在学习的过程中利用知识迁移方法添加先验知识,一方面能够加速以深度强化学习为代表的机器学习方法的学习效率,提升其泛化性能,另一方面也能够更好的实现数据与知识混合驱动在智能生成中更好的发挥作用。在知识迁移的方法上,除了将人类经验知识和历史数据引入深度强化学习的训练过程中,将强化学习这种交互式学习模式过程中的隐形知识从源任务向目标任务迁移也是未来深度强化学习能力提升的关键。

参 考 文 献

[1] MNIH V, KAVUKCUOGLU K, SILVER D, et al. Playing atari with deep reinforcement learning [C]//NIPS 2012, 2012.

[2] TORRADO R R, BONTRAGER P, TOGELIUS J, et al. Deep reinforcement learning for general video game AI [C]//14th IEEE Conference on Computational Intelligence and Games, CIG 2018. IEEE Computer Society, 2018.

[3] SILVER D, SCHRITTWIESER J, SIMONYAN K, et al. Mastering the game of go without human knowledge[J]. Nature(S0028-0836), 2017, 550(7676): 354-359.

[4] GU S, HOLLY E, LILLICRAP T, et al. Deep reinforcement learning for robotic manipulation with asynchronous off-policy updates[C]//2017 IEEE International Conference on Robotics and Automation (ICRA). IEEE, 2017: 3389-3396.

[5] LI J, MONROE W, RITTER A, et al. Deep reinforcement learning for dialogue generation[C]// Proceedings of the 2016 Conference on Empirical Methods in Natural Language Processing, 2016: 1192-1202.

[6] ANDERSEN P A, GOODWIN M, GRANMO O C. Deep RTS: a game environment for deep reinforcement learning in real-time strategy games[C]//2018 IEEE Conference on Computational Intelligence and Games (CIG). IEEE, 2018: 1-8.

[7] LING Y, HASAN S A, DATLA V, et al. Learning to diagnose: assimilating clinical narratives using deep reinforcement learning[C]//Proceedings of the Eighth International Joint Conference on Natural Language Processing (Volume 1: Long Papers), 2017: 895-905.

[8] HESSEL M, MODAYIL J, VAN H H, et al. Rainbow: Combining improvements in deep reinforcement learning[C]//Thirty-second AAAI Conference on Artificial Intelligence, 2018.

[9] SUTTON R S, BARTO A G. Reinforcement learning: An introduction [M]. Cambridge: MIT press, 2018.

[10] MNIH V, KAVUKCUOGLU K, SILVER D, et al. Human-level control through deep reinforcement learning[J]. Nature(S0028-0836), 2015, 518(7540): 529-533.

[11] SILVER D, LEVER G, HEESS N, et al. Deterministic policy gradient algorithms[C]//International conference on machine learning. PMLR, 2014: 387-395.

[12] LILLICRAP T P, HUNT J J, PRITZEL A, et al. Continuous control with deep reinforcement learning[C]//ICLR (Poster), 2016.

[13] MNIH V, BADIA A P, MIRZA M, et al. Asynchronous methods for deep reinforcement learning [C]//International conference on machine learning. PMLR, 2016: 1928-1937.

[14] SCHULMAN J, LEVINE S, ABBEEL P, et al. Trust region policy optimization[C]//International conference on machine learning. PMLR, 2015: 1889-1897.

[15] SCHULMAN J, WOLSKI F, DHARIWAL P, et al. Proximal policy optimization algorithms[EB/OL]. [2017-07-20]. https://arxiv.org/abs/1707.06347.

[16] RASHID T, SAMVELYAN M, SCHROEDER C, et al. Qmix: Monotonic value function factorisation for deep multi-Agent reinforcement learning[C]//International Conference on Machine Learning. PMLR, 2018: 4295-4304.

[17] SUNEHAG P, LEVER G, GRUSLYS A, et al. Value-Decomposition networks for cooperative multi-agent learning based on team reward [C]//Proceedings of the 17th International Conference on Autonomous Agents and Multi Agent Systems, 2018: 2085-2087.

[18] LOWE R, WU Y, TAMAR A, et al. Multi-Agent actor-critic for mixed cooperative-competitive environments[C]//Proceedings of the 31st International Conference on Neural Information Processing Systems, 2017: 6382-6393.

[19] ASLANIDES J, LEIKE J, HUTTER M. Universal reinforcement Learning algorithms: survey and experiments[C]//Proceedings of the 26th International Joint Conference on Artificial Intelligence, 2017: 1403-1410.

[20] WATKINS C J C H, DAYAN P. Q-learning[J]. Machine Learning(S0885-6125), 1992, 8(3-4): 279-292.

[21] FISCHER A, IGEL C. An introduction to restricted Boltzmann machines[C]//Iberoamerican Congress on Pattern Recognition. Springer, Berlin, Heidelberg, 2012: 14-36.

[22] RIEDMILLER M. Neural fitted Q iteration-first experiences with a data efficient neural reinforcement learning method[C]//European Conference on Machine Learning. Springer, Berlin, Heidelberg, 2005: 317-328.

[23] ZHOU Z H, FENG J. Deep forest: towards an alternative to deep neural networks[C]//Proceedings of the 26th International Joint Conference on Artificial Intelligence, 2017: 3553-3559.

[24] YOSINSKI J, CLUNE J, BENGIO Y, et al. How transferable are features in deep neural networks? [C]//Proceedings of the 27th International Conference on Neural Information Processing Systems-Volume 2, 2014: 3320-3328.

[25] KRIZHEVSKY A, SUTSKEVER I, HINTON G E. ImageNet classification with deep convolutional neural networks[C]//NIPS 2012, 2012.

[26] AYTAR Y, PFAFF T, BUDDEN D, et al. Playing hard exploration games by watching YouTube [C]//Proceedings of the 32nd International Conference on Neural Information Processing Systems. 2018: 2935-2945.

[27] HENDERSON P, ISLAM R, BACHMAN P, et al. Deep reinforcement learning that matters[C]//Proceedings of the AAAI Conference on Artificial Intelligence, 2018, 32(1).

[28] BELLEMARE M G, SRINIVASAN S, OSTROVSKI G, et al. Unifying count-based exploration and intrinsic motivation[C]//Proceedings of the 30th International Conference on Neural Information Processing Systems, 2016: 1479-1487.

[29] WATKINS C J C H. Learning from delayed rewards[D]. University of Cambridge, 1989.

[30] KAELBLING L P, LITTMAN M L, MOORE A W. Reinforcement learning: A survey[J]. Journal of Artificial Intelligence Research(S1076-9757), 1996, 4: 237-285.

[31] 李晨溪,曹雷,陈希亮,等. 基于云推理模型的深度强化学习探索策略研究[J]. 电子与信

息学报,2018,40(01):244-248.

[32] ECOFFET A, HUIZINGA J, LEHMAN J, et al. First return, then explore[J]. Nature(S0028-0836),2021,590(7847):580-586.

[33] SCHAUL T, QUAN J, ANTONOGLOU I, et al. Prioritized experience replay [C]//ICLR (Poster),2016.

[34] NARASIMHAN K, KULKARNI T, BARZILAY R. Language understanding for text-based games using deep reinforcement learning[C]//Proceedings of the 2015 Conference on Empirical Methods in Natural Language Processing. 2015:1-11.

[35] HOCHREITER S, SCHMIDHUBER J. Long short-term memory[J]. Neural Computation(S0899-7667),1997,9(8):1735-1780.

[36] HOU Y, LIU L, WEI Q, et al. A novel DDPG method with prioritized experience replay[C]// 2017 IEEE International Conference on Systems, Man, and Cybernetics (SMC). IEEE, 2017: 316-321.

[37] HEESS N, WAYNE G, SILVER D, et al. Learning continuous control policies by stochastic value gradients[J]. Advances in Neural Information Processing Systems,2015(1),28-35.

[38] MAHMOOD A R, VAN H H, SUTTON R S. Weighted importance sampling for off-policy learning with linear function approximation[C]//NIPS 2014,2014:3014-3022.

[39] HORGAN D, QUAN J, BUDDEN D, et al. Distributed prioritized experience replay[C]//International Conference on Learning Representations,2018.

[40] FEDUS W, RAMACHANDRAN P, AGARWAL R, et al. Revisiting fundamentals of experience replay[C]//International Conference on Machine Learning. PMLR,2020:3061-3071.

[41] PATHAK D, AGRAWAL P, EFROS A A, et al. Curiosity-driven exploration by self-supervised prediction[C]//International conference on machine learning. PMLR,2017:2778-2787.

[42] MOHAMED S, REZENDE D J. Variational information maximisation for intrinsically motivated reinforcement learning[C]//NIPS 2015,2015.

[43] HOUTHOOFT R, CHEN X, DUAN Y, et al. VIME: variational information maximizing exploration [C]//Proceedings of the 30th International Conference on Neural Information Processing Systems,2016:1117-1125.

[44] SILVER D, SINGH S, PRECUP D, et al. Reward is enough[J]. Artificial Intelligence(S0004-3702),2021.

[45] ARGALL B D, CHERNOVA S, VELOSO M, et al. A survey of robot learning from demonstration [J]. Robotics and Autonomous Systems(S0921-8890),2009,57(5):469-483.

[46] SCHAAL S. Is imitation learning the route to humanoid robots? [J]. Trends in Cognitive Sciences(S1364-6613),1999,3(6):233-242.

[47] ABBEEL P, NG A Y. Exploration and apprenticeship learning in reinforcement learning[C]// Proceedings of the 22nd International Conference on Machine Learning,2005:1-8.

[48] MUNOS R. Error bounds for approximate policy iteration[C]//ICML 2003,2003:560-567.

[49] THIERY C, SCHERRER B. Least-squares policy iteration: Bias-variance trade-off in control

problems[C] // Proc. of 2010 ICML, Haifa, Israel, 2010.

[50] BERTSEKAS D P. Approximate policy iteration: A survey and some new methods[J]. Journal of Control Theory and Applications(S1672−6340), 2011, 9(3): 310−335.

[51] KIM B, FARAHMAND A, PINEAU J, et al. Learning from limited demonstrations[C]//NIPS, 2013: 2859−2867.

[52] PIOT B, GEIST M, PIETQUIN O. Boosted bellman residual minimization handling expert demonstrations[C]//Joint European Conference on Machine Learning and Knowledge Discovery in Databases. Springer, Berlin, Heidelberg, 2014: 549−564.

[53] CHEMALI J, LAZARIC A. Direct policy iteration with demonstrations[C]//Twenty-Fourth International Joint Conference on Artificial Intelligence, 2015.

[54] HESTER T, VECERIK M, PIETQUIN O, et al. Deep Q-learning from demonstrations [C]// Thirty-second AAAI Conference on Artificial Intelligence, 2018.

[55] VECERIK M, HESTER T, SCHOLZ J, et al. Leveraging demonstrations for deep reinforcement learning on robotics problems with sparse rewards [EB/OL]. [2017 − 07 − 27]. https://arxiv. org/abs/1707. 08817.

[56] NAIR A, MCGREW B, ANDRYCHOWICZ M, et al. Overcoming exploration in reinforcement learning with demonstrations[C]//2018 IEEE International Conference on Robotics and Automation (ICRA). IEEE, 2018: 6292−6299.

[57] KANG B, JIE Z, FENG J. Policy optimization with demonstrations[C]//International Conference on Machine Learning. PMLR, 2018: 2469−2478.

[58] HO J, ERMON S. Generative Adversarial Imitation Learning[C]//NIPS, 2016.

[59] BURDA Y, EDWARDS H, STORKEY A, et al. Exploration by random network distillation[C]// Seventh International Conference on Learning Representations, 2019: 1−17.

[60] LI Z, CHEN X H. Efficient exploration by novelty-pursuit[C]//International Conference on Distributed Artificial Intelligence. Springer, Cham, 2020: 85−102.

[61] NG A Y, HARADA D, RUSSELL S J. Policy invariance under reward transformations: Theory and Application to Reward Shaping[C]//Proceedings of the Sixteenth International Conference on Machine Learning, 1999: 278−287.

[62] DEVLIN S M, KUDENKO D. Dynamic potential-based reward shaping[C]//Proceedings of the 11th International Conference on Autonomous Agents and MultiAgent Systems. IFAAMAS, 2012: 433−440.

[63] LIU Y, HU Y, GAO Y, et al. Value function transfer for deep multi-agent reinforcement learning based on n-step returns[C]//IJCAI 2019, 2019: 457−463.

[64] TIRINZONI A, RODRÍGUEZ-SÁNCHEZ R, RESTELLI M. Transfer of value functions via variational methods[C]//NeurIPS 2018, 2018: 6182−6192.

[65] GE H, SONG Y, WU C, et al. Cooperative deep Q-learning with Q-value transfer for multi-intersection signal control[J]. IEEE Access(S2169−3536), 2019, 7: 40797−40809.

[66] RUSU A A, COLMENAREJO S G, GÜLÇEHRE Ç, et al. Policy distillation[C]//ICLR (Poster)

2016,2016.

[67] TEH Y W,BAPST V,CZARNECKI W M,et al. Distral: Robust multitask reinforcement learning [C]//NIPS 2017,2017.

[68] PARISOTTO E,BA L J,SALAKHUTDINOV R. Actor-Mimic: Deep multitask and transfer reinforcement learning[C]//ICLR (Poster)2016,2016.

[69] YIN H,PAN S J. Knowledge transfer for deep reinforcement learning with hierarchical experience replay[C]//Thirty-First AAAI Conference on Artificial Intelligence,2017.

[70] ARNEKVIST I,KRAGIC D,STORK J A. Vpe: Variational policy embedding for transfer reinforcement learning[C]//2019 International Conference on Robotics and Automation (ICRA). IEEE,2019:36-42.

[71] YANG J,PETERSEN B,ZHA H,et al. Single episode policy transfer in reinforcement learning [C]//International Conference on Learning Representations,2019.

[72] DAYAN P . Improving generalization for temporal difference learning: The successor representation[J]. Neural Computation,5(4):613-624,1993.

[73] BARRETO A,DABNEY W,MUNOS R,et al. Successor features for transfer in reinforcement learning[C]//Proceedings of the 31st International Conference on Neural Information Processing Systems,2017:4058-4068.

[74] RUSU A A,RABINOWITZ N C,DESJARDINS G,et al. Progressive neural networks[EB/OL]. [2016-07-15]. https://arxiv. org/abs/1606. 04671.

[75] ZHANG A,SATIJA H,PINEAU J. Decoupling dynamics and reward for transfer learning[EB/ OL]. [2018-04-27]. https://arxiv. org/abs/1804. 10689.

[76] BARRETO A,BORSA D,QUAN J,et al. Transfer in deep reinforcement learning using successor features and generalized policy improvement [C]//International Conference on Machine Learning. PMLR,2018:501-510.

[77] BARRETO A,HOU S,BORSA D,et al. Fast reinforcement learning with generalized policy updates[J]. Proceedings of the National Academy of Sciences(S0027-8424),2020,117(48): 30079-30087.

[78] SCHAUL T,HORGAN D,GREGOR K,et al. Universal value function approximators[C]//International Conference on Machine Learning. PMLR,2015:1312-1320.

[79] BORSA D,BARRETO A,QUAN J,et al. Universal successor features approximators[C]//International Conference on Learning Representations,2018.

[80] BRAYLAN A E,MIIKKULAINEN R. Object-model transfer in the general video game domain [C]//Twelfth Artificial Intelligence and Interactive Digital Entertainment Conference,2016.

[81] BARRETT S,STONE P. Cooperating with unknown teammates in complex domains: A robot soccer case study of ad hoc teamwork[C]//Twenty-ninth AAAI conference on artificial intelligence,2015.

[82] BARRETT S,STONE P,KRAUS S,et al. Teamwork with limited knowledge of teammates[C]// Proceedings of the AAAI Conference on Artificial Intelligence,2013,27(1).

[83] ROY S,MINCU D,LOREAUX E,et al. Multitask prediction of organ dysfunction in the intensive care unit using sequential subnetwork routing[J]. Journal of the American Medical Informatics Association,2021(1),S1067-5027.

[84] JOHNSON A E W,POLLARD T J,SHEN L,et al. MIMIC-Ⅲ,a freely accessible critical care database[J]. Scientific Data(S2052-4463),2016,3(1):1-9.

[85] MCGRATH T,KAPISHNIKOV A,TOMAŠEV N,et al. Acquisition of chess knowledge in AlphaZero[EB/OL]. [2021-11-17]. https://arxiv. org/abs/2111. 09259.

[86] VON RUEDEN L, MAYER S, BECKH K, et al. Informed machine learning-a taxonomy and survey of integrating prior knowledge into learning systems[J]. IEEE Transactions on Knowledge and Data Engineering,2021:S1041-4347

[87] AMMANABROLU P,RIEDL M. Transfer in deep reinforcement learning using knowledge graphs [C]//Proceedings of the Thirteenth Workshop on Graph-Based Methods for Natural Language Processing (TextGraphs-13),2019:1-10.

[88] HU Y,GAO Y,AN B. Accelerating multi agent reinforcement learning by equilibrium transfer [J].IEEE Transactions on Cybernetics(S2168-2267),2014,45(7):1289-1302.

第 11 章　元强化学习

从少量数据中学习的能力对于实现未来通用人工智能来说是必不可少的。然而,目前绝大多数深度强化学习方法的成功都是基于大量的训练数据。传统的深度强化学习方法每次在学习新任务时都是孤立地、从头开始地训练。而人类则不同,人类能够凭借在类似任务中的经验来快速地掌握新任务。人类在掌握新任务时所表现的快速适应性和数据利用效率,如果应用到目前深度强化学习方法中,可以大大提升深度强化学习方法的学习效率和实用性。因此,针对目前深度强化学习方法中普遍存在的采样效率低,训练时间长的问题,将元学习方法应用到深度强化学习方法中,通过在深度强化学习算法中创建元学习结构来帮助算法学会学习,已经成为一种有效的解决方案。近年来,随着元学习理论广泛深入的研究,元深度强化学习方法呈现出多样化的发展趋势,并且已经在小样本学习问题和高动态决策任务方面获得了突破性进展。

11.1　从深度强化学习到元深度强化学习

11.1.1　深度强化学习方法面临的难题

尽管深度强化学习方法目前已经成功地解决了很多仿真以及现实任务,如像 Atari 游戏和围棋这样复杂的任务,然而,深度强化学习目前仍存在着很大的局限性,主要表现在探索行为低效、学习进程不可控带来的模型表现不稳定、训练过程中对样本的利用率低、任务的微小变化可能导致训练好的模型失效、模型训练初期存在冷启动问题、模型训练时间过长等。例如,在视频游戏 Atari 中,基于值函数逼近的 DQN 算法需要花费约 83 小时(1800 万帧)才能学习到中级人类玩家的水平,而这种水平人类仅需要玩几小时游戏就能达到;在围棋中,AlphaGo 能够训练出一个比肩甚至超过人类水平的策略模型,但是如果将围棋的棋盘规格变大,原来的策略模型就变得不再适用,必须从头开始花费大量时间训练新的策略模型,而人类玩家却可以很快就适应新的棋盘。深度强化学习每次解决一个新任务时都必须从零开始学习,这意味着深度强化学习每掌握一个新任务都需要比人类玩家更多的交互数据,而人类玩家却能依靠大脑中历史经验,从很少的交互中快速适应新的任务,并且也能够灵活地适应不断变化的任务条件。

AlphaGo 的设计团队 DeepMind 指出深度强化学习之所以"慢"的原因主要有两点：一是增量式的参数更新（Incremental Parameter Adjustment）。最初的算法，从输入的周围环境，到输出的智能体动作之间，是靠梯度下降来完成映射的。在这个过程中，每个增量都需要非常小，才不至于让新学到的信息覆盖之前智能体学到的经验，也被称为"灾难性干扰"，所以才导致深度强化学习的训练过程十分缓慢。二是弱归纳偏置（Weak Inductive Bias）。任何学习过程，都要面临"偏差-方差权衡"。所谓偏差，就是一开始限定好一些可能的结果，智能体从里面找出想要的那一种。限定越窄，智能体就可以只考虑为数不多的可能性，更快地得出结果。弱归纳偏置就需要考虑更多的可能性，学习也就更慢一些。重要的是，通用神经网络都是偏差极低的系统，有着非常大量的参数，可以用来拟合大范围的数据。而深度强化学习，就是把深度网络用到强化学习里面，所以，最初样本效率必然是极低，需要大量训练数据来帮助更新参数。与机器不同的是，人类具备学会学习的能力，这种快速学习的能力来源于人类能够利用过去的知识和经验来指导新任务上的学习，并不需要针对每个任务从零开始学习，也不需要通过大量的环境交互来辅助学习。

近年来，有大量相关研究寻求提高深度强化学习方法在多任务问题下的学习效率，其中包括基于知识驱动的深度强化学习方法、分层深度强化学习方法、逆向深度强化学习方法、元深度强化学习方法等。基于知识驱动的深度强化学习的核心思想是将人类知识显性地以规则形式加入到强化学习的过程中来帮助提升学习效率和收敛速度，但是基于知识驱动的深度强化学习方法对外部加入知识的合理性要求高，并且需要为不同的特定任务构建不同的知识库，模型稳健性差；逆向深度强化学习方法的核心思想是利用专家示例轨迹数据重构深度强化学习中的回报函数，从而来加速深度强化学习算法，逆向深度强化学习方法对专家示例轨迹数据的要求较高，现实情况下往往很难获取足够的专家示例轨迹数据来帮助重构回报函数，并且逆向深度强化学习需要先重构回报函数，再利用新的回报函数进行强化学习，产生轨迹数据再重构回报函数，如此循环往复，循环优化的过程往往需要大量训练时间和计算成本；分层深度强化学习方法的核心思想是对问题进行划分，将原问题划分成多个有着更小的状态和动作空间的子问题进行解决。分层深度强化学习方法依赖于高质量的人工分层，而这种人工的分层泛化能力差，只适用于特定的任务，并且对分层质量要求较高。

针对深度强化学习方法中存在的问题，目前，元学习和深度强化学习结合成为一种有效的解决趋势，即元深度强化学习方法。元学习是机器学习的一个子领域，是将自动学习算法应用于机器学习实验的元数据上。现在的人工智能系统可以通过大量时间和经验从头学习一项复杂技能。但是，如果想使智能体掌握多种技能、适应多种环境，则不应该从头开始在每一个环境中训练每一项技能，而是需要智能体通过对以往经验的再利用来学习如何学习多项新任务，因此人工智能系统不应该独立地训练每一个新任务。这种学习如何学习的方法，又叫元学习（Meta Learning），是通往可持续学习多项新任务的多面智能体的必经之路。近一段时间来，元学习在深度学习领域获得了广泛的关注。与大部分其他的机器学习算法相比，元学习最突出的特点是"Learning to Learn"，它解决的是学习如何学习的问题，即用机器学习的方法去学习训练方法。传统的机器学习研究模式是：首先获取特定任务的大型数据集，其次在这个数据集上从零开始训练模型、更新参数、拟合数据。相比之下，人类利用历史数据和经验，仅仅通过少量样本就能迅速完成新任务显得要更加高效。因此，未来要实现高效、智能、稳定的人工智能，算法必须学会如何学习。元学习能够有效地学习到任务之间共享的知识（即元知识），掌握元知识后能够使得训练后的模型在推理时只需使用少量训练样本即可快速掌握新的任务。换言之，元学习被广泛定义为一种机器学习模式，它可以通过更多的经验来学习，从而学会如何学习。

传统深度强化学习研究的是特定、单一的具有马尔可夫决策过程的任务，而在元深度强化学习中，考虑的是一系列不同但相关的任务。具体来讲，假设在一个任务分布 $\rho(T)$ 下有着不同但相关的任务，每个从分布 $\rho(T)$ 中采样的任务 T_i 都包含一个初始状态分布 $q_i(s_1)$、一个转移概率 $q_i(s_{t+1}|s_t,a_t)$、一个奖励函数 $r(s_t,a_t)$ 和一个对应于任务 T_i 的损失函数 L_{T_i}。任务 T_i 的损失函数 L_{T_i} 可以表示为

$$L_{T_i} = -\sum_{t=1}^{H} r(s_t, a_t) \tag{11-1}$$

整个任务是一个长度为 H 的马尔可夫决策过程（MDP），H 代表任务 T_i 的一个回合的长度。不同于传统强化学习的优化单决策任务 T_i 的目标，元深度强化学习的目标是从任务分布 $\rho(T)$ 下学习得到任务之间共享的知识，该知识能够以模型 f 的参数 θ 进行表示。元深度强化学习的优化目标可以表述为

$$\min_{\theta} \sum_{T_i \sim \rho(T)} \mathbb{E}\left[L_{T_i}(f_\theta)\right] \tag{11-2}$$

式中：$\mathbb{E}[\cdot]$ 为平均期望；$L_{T_i}(f_\theta)$ 为任务 T_i 在模型 f_θ 下的损失函数。

强化学习旨在通过与环境的交互将一个时间段内的累积奖励最大化。在深度强化学习的背景下，元学习旨在从三个方面提高累积奖励，包括快速启动改进、渐近改进和学习速度改进，如图 11-1 所示。这三个目标可以用来衡量元学习算法的有效性，下面将分别讨论这些目标。当元学习算法为目标任务返回一个学习到的策略 π_t 时，为了更好地理解该改进，π_t 与最优策略 π^* 的动作–值函数之间的差距可以分解为

$$\|Q^{\pi_t} - Q^*\| \leq \varepsilon_{\text{approx}}(Q^{\pi_t}, Q^*) + \varepsilon_{\text{est}}(N_t) + \varepsilon_{\text{opt}} \tag{11-3}$$

$\varepsilon_{\text{approx}}(Q^{\pi_t}, Q^*)$ 表示近似误差，是函数近似值所引起的渐近误差。在一个有着较小状态和动作空间的任务下，智能体能很好地学习最优值函数且不存在近似

误差。估计误差 $\varepsilon_{est}(N_t)$ 是由通过有限样本得到的值函数的估计引起的。结果表明,随着目标域样本的增加,估计误差减小并收敛至稳定值。最后,优化误差 ε_{opt} 由函数逼近优化的非全局最优得到。优化误差常常出现在深度强化学习中。

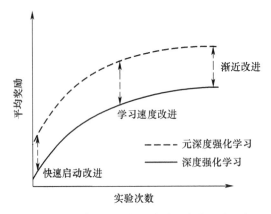

图 11-1　元学习在深度强化学习中的三个目标

快速启动改进:根据样本,知识迁移的优势可以通过与未加入元学习的深度强化学习算法进行比较,通过学习过程开始时的性能改进来衡量。实现知识迁移的本质是直接使用在源任务中学习得到的策略或值函数来初始化目标任务。如果源任务和目标任务足够相似,则与随机初始化相比,通过元学习得到的初始策略或值函数可以获得更好的性能,但是,快速启动改进不能保证渐近改进和学习速度改进。

渐近改进:渐近改进衡量最终性能的改进,并讨论元学习是否可以减少目标任务的近似误差 $\varepsilon_{approx}(Q^{\pi_t}, Q^*)$。显然,对于只有小状态空间和动作空间的目标任务来说,近似误差可以为零,因此其不能进一步减小。当强化学习采用函数近似时,近似误差取决于函数近似的假设空间。因此,将互补状态变量迁移到目标函数可以提高最终性能。

学习速度改进:强化学习中应用元学习的关键是通过减少目标域与环境的交互需要来提高学习效率。也就是说,基于元学习的深度强化学习比纯深度强化学习更加高效。因此,学习速度改进可以用于衡量知识迁移是否能够更快地减少估计误差。元学习通过在目标任务中更有效地指导利用和探索来实现这一改进。

11.1.2　面向深度强化学习的元学习方法

元学习[1-3]的研究由来已久,近年来,元学习逐渐已成为一个热门的研究领域,因为许多研究者一直主张它是未来实现通用人工智能的关键。元学习、迁移学习和多任务学习有着密不可分的关系。迁移学习假设存在某些源域可用于输入来解决目标域中的学习问题，在多任务学习中没有源域而只有多个目标域，每个域都没有充足的数据来单独训练一个强大的分类器。多任务学习通过利用多个彼此相关的学习任务中的有用信息来共同对这些任务进行学习，以帮助缓解数据稀疏性问题。而元学习通过在各种学习任务上训练一个元学习器，它只需要少量的训练样本就可以解决新的学习任务，这个新的学习任务既可以来自源域，也可以来自目标域。它们的目标都是提高学习效率，加强学习器解决多任务的泛化能力，从这个意义上说，多任务学习和迁移学习表现出和元学习相似的特征。

从学习目标的角度而言，多任务学习的目标是提高所有目标任务的性能，迁移学习关注的是目标任务而不是源任务的性能。多任务学习和迁移学习中的目标任务是已知的，而元学习则没有明确的源任务和目标任务划分。目标任务对于智能体来说，既可以是已知的，也可以是未知的。从任务来源来说，元学习中的目标任务既可以来自源域，也可以来自目标域，当目标任务来自源域时，实际上就是多任务学习；当目标任务来自目标域时，则是迁移学习。同时，元学习也包含了在单个任务下，给定过去任务的经验或者数据，更快或者更有效地去帮助未来的学习。从这个角度来看，元学习更多的偏向于一种方法论，而迁移学习和多任务学习则是一种问题域，元学习能够为迁移学习和多任务学习的解决提供一种方法指导，我们可以认为迁移学习和多任务学习都是元学习研究的子领域。

从知识迁移流的角度来看，在迁移学习中，存在源任务到目标任务的流，而多任务学习在任何一对任务之间都有知识流动。因此，在知识迁移方面，多任务学习和迁移学习是同属于元学习的大框架下的两种不同的设定，如图 11-2 所示。

一个好的元学习方法能够极大地提高采样效率，帮助纯强化学习算法准确快速地学习新任务，教会智能体"学会学习"，而不是每次从零开始学习新任务。基于深度强化学习方法创建元学习结构，也就是元深度强化学习方法。从学习器类型的角度来分类，目前的元深度强化学习方法主要分为四类：一是基于元参数学习的元深度强化学习方法，采用元参数学习方法代替人工调参技术，通过在线学习来动态调整训练过程中的各种超参数，从而控制智能体的训练过程，指导强化学习的方向；二是基于网络模型的的元深度强化学习方法，通过利用带有记忆结构的神经网络来训练智能体，将过去任务的经验以网络参数的方式存储起来，并指导新任务上的学习；三是基于梯度的元深度强化学习方法，通过对任务分布中多个不同任务进行重复采样，利用随机梯度下降的方法，并将训练得到的最终参数作为模型的初始化参数，为网络模型提供初始化方式；四是基于分层的元深度强化学习方法，对网络模型进行分层，底层网络用来学习多个不同任务的知识，高层网络在不同任务之间采用共享训练的方式，对知识进行提炼，学习任务之间共享元知识。

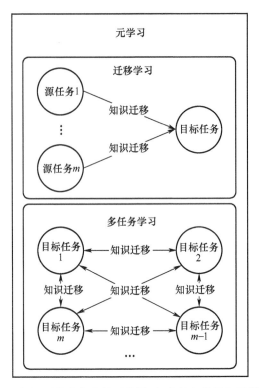

图 11-2　知识迁移流角度的迁移学习、多任务学习与元学习关系

11.2　元深度强化学习理论

11.2.1　基本概念

传统深度强化学习方法仅适用于解决特定、单一的对抗任务,在面临多个不同新任务时,策略模型必须针对每个任务从零开始训练,学习较为低效,训练时间往往过长,并且训练得到的策略模型稳健性较差,无法适应新任务。而元深度强化学习方法能够通过利用不同任务下与环境交互产生的轨迹数据提炼任务之间的共性知识(即元知识),辅助策略模型学习,缩短训练时长,提升策略模型快速适应多任务的能力。

在非完美信息任务的决策过程中,假设存在多个不同的任务 $T_i \sim p(T)$,参与博弈的作战单位利用传感器、探测器、情报等感知当前战场任务 T_i 下态势 s_{T_i} ,利用对当前博弈任务 T_i 的知识和历史任务 $\{T_1, T_2, \cdots, T_{i-1}\}$ 的指挥决策经验,得到对当前战场态势的理解 $\phi(s_{T_i})$ 。根据元深度强化学习所学得的策略 $\pi(\phi(s_{T_i}), a)$,执行最优的动作 a ,战场环境状态收到动作 a 的影响后,转移到新的状态 s'_{T_i} ,同时给予一个即时效果反馈 r，作战单位根据博弈行动效果反馈 r 和当前战场态势 s'_{T_i}，调整自身博弈对抗策略，并在当前战场博弈任务中进行下一次动作选择。值得注意的是，在参与博弈的作战单位完成当前博弈任务 T_i 后，其策略模型在解决下一个博弈任务 T_{i+1} 时不需要重新进行学习，换句话讲，在元深度强化学习流程中，不同博弈任务之间策略模型是共享的，这种情况下大大提高了博弈对抗策略优化的效率以及策略模型的泛化能力，如图 11-3 所示。

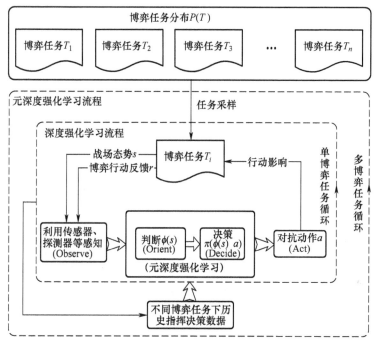

图 11-3　基于元深度强化学习的博弈对抗决策模型

不同于传统基于深度强化学习的智能博弈对抗模型，元深度强化学习下智能博弈对抗决策模型的改进主要体现在以下几个方面：

1. 博弈任务

传统的基于深度强化学习的智能博弈对抗决策模型专注于解决单一的、静态的博弈对抗任务，而在元深度强化学习下，博弈对抗决策模型强调能够解决博弈任务分布，在这个博弈任务分布下，可以存在多个不同的新的博弈任务，博弈任务之间虽然存在不同，但具有相关性。在基于元深度强化学习的博弈对抗决策模型下，战场环境中存在一系列博弈任务 T_i，并且这些博弈任务服从分布 $\rho(T)$，即：$T_i \sim \rho(T)$。

2. 博弈任务损失函数

传统深度强化学习方法解决的是单博弈任务问题，目标是在给定的单任务下

303

博弈对抗过程中学习博弈对抗最优策略。这里的博弈对抗最优策略指的是,参与博弈对抗的作战实体每次动作选择都能使得未来累积折扣回报最大化。在传统基于深度强化学习的博弈对抗决策模型中,假设在时刻 t,参与博弈的作战单位观察到战场态势为 s_t,选择了行动 a_t,获取了即时回报 r_{t+1},战场态势因此改变为 s_{t+1},折扣系数为 γ,那么从时刻 t 到博弈对抗进程终止的未来累积折扣回报定义为

$$R_t = r_{t+1} + \gamma r_{t+2} + \gamma^2 r_{t+3} + \cdots = \sum_{k=0}^{\infty} \gamma^k r_{t+1+k} \tag{11-4}$$

而在元深度强化学习方法框架下,除了未来累积折扣回报的概念,为解决多博弈任务下策略模型的优化问题,元深度强化学习还引入了博弈任务损失函数的概念,博弈任务损失函数描述了某个任务下单次采样得到的完整轨迹的累积回报值,通过博弈任务损失函数可以评价该任务采样的这条轨迹质量的优劣。在基于元深度强化学习的博弈对抗决策模型下,对应于博弈任务 T_i 的博弈任务损失函数表示为 L_{T_i}:

$$L_{T_i} = -\sum_{t=1}^{H} r(s_t, a_t) \tag{11-5}$$

整个任务是一个长度为 H 的马尔可夫决策过程(MDP),H 代表任务 T_i 的一个回合的长度,$r(s,a)$ 代表强化学习中的回报函数。

3. 策略函数和目标函数

在传统基于深度强化学习的智能博弈对抗决策模型中,参与博弈的作战单位的目标是学习得到一个最优对抗策略 π_θ,使得作战单位能够获得的未来累积折扣回报最大。传统深度强化学习中的策略 π_θ 表示了一个环境状态到智能体动作的映射,告诉了作战单位在当前战场态势下如何选择行动。在策略 π_θ 下,时刻 t 时的未来累积折扣回报可记为

$$\mathbb{E}_{\pi_\theta} \Big[\sum_{k=0}^{H} \gamma^k r_{t+1+k} \Big] = \mathbb{E}_{\pi_\theta} \big[r_{t+1} + \gamma r_{t+2} + \gamma^2 r_{t+3} + \cdots \big] \tag{11-6}$$

式中:$\mathbb{E}_{\pi_\theta}[\cdot]$ 表示数学期望;γ 是折扣系数;r 是环境的即时反馈;H 是回合长度。不同于传统深度强化学习的优化目标,元深度强化学习的目标是找到一个能够快速学习一系列新博弈任务 T_i 的策略 π_θ,优化目标可以表示为

$$\min_{\theta} \sum_{T_i \sim P(T)} \mathbb{E}_{\pi_\theta}[L_{T_i}] \tag{11-7}$$

式中:$\mathbb{E}_{\pi_\theta}[\cdot]$ 表示数学期望;L_{T_i} 表示任务 M_i 的累积损失;H 是回合长度;$r(s,a)$ 代表强化学习中的回报函数。

11.2.2 元深度强化学习方法研究现状

一个好的元学习方法能够极大地提高采样效率,帮助纯强化学习算法准确快

速地学习新任务,教会智能体"学会学习",而不是每次从零开始学习新任务。基于深度强化学习方法创建元学习结构,也就是元深度强化学习方法。目前的元深度强化学习方法主要分为四类:一是基于参数学习的元深度强化学习方法;二是基于网络模型的元深度强化学习方法;三是分层的元深度强化学习方法;四是基于梯度的元深度强化学习方法。

　　基于元参数学习的元深度强化学习方法更具一般性,不仅可以应用于折扣因子或学习率等元参数,也可以应用于回报函数等其他组成部分,甚至更广泛地应用于学习更新本身。几十年来,超参数设置一直是强化学习研究的一个难点。基于元参数学习的元深度强化学习将允许智能体能够通过参数学习的方式,来自动调整自己的超参数。深度强化学习中这种元参数学习的方式能够带来更好的性能,因为超参数可以随时间变化,并不断适应新的环境。在实际应用中,基于元参数学习的方法更具普遍性和通用性,能够和多种深度强化学习方法结合,应用于离散以及连续控制等多种类型的任务。Xu[4]等提出了元梯度强化学习方法(Meta-Gradient Reinforcement Learning),作者讨论了如何学习回报函数的元参数。提出的元梯度强化学习方法能够与单一环境交互的同时,在线调整折扣系数等元参数,成功地调整了回报大小来提升算法表现。作者实验证明,通过调整目前最先进的深度强化学习算法的元参数,可以在街机学习环境(Arcade Learning Environment)下获得比之前在 57 个 Atari 2600 游戏上观察到的更高的性能。Xu[5]等提出了基于元策略梯度的探索方法(Learning to Explore with Meta-Policy Gradient),现有的探索方法大多是在现有的行动网络(Actor Network)的基础上增加噪音,只能探索到接近行动网络输出的有限空间,作者提出了基于元策略梯度的探索方法,能够自适应地学习深度强化学习方法中探索策略的探索参数,并且允许训练独立于行动网络的灵活的探索行为,而这种独立的训练方式能够带来显著加快学习过程的全局探索。针对深度强化学习算法中存在的过估计问题,徐志雄[6]等提出了一种目标动态融合机制,在 DQN 算法基础上进行改进,通过融合 Sarsa 算法的在线更新目标,来减少 DQN 算法存在的过估计影响,动态地结合了 DQN 算法和 Sarsa 算法各自优点,提出了动态目标深度 Q 网络(Dynamic Target Deep Q Network,DTDQN)算法。利用公测平台 OpenAI Gym 上 Cart-Pole 控制问题进行仿真对比实验,结果表明 DTDQN 算法能够有效地减少值函数过估计,具有更好的学习性能,训练稳定性有明显提升。

　　基于网络模型的元深度强化学习方法利用带有记忆功能的神经网络结构来存储历史任务信息,从而凭借先验知识加速在新任务上的学习。其中,典型的基于网络模型的方法是基于循环神经网络(RNN)的元深度强化学习方法。根据 RNN 在训练过程中扮演角色的不同,基于 RNN 的元深度强化学习方法主要分为两类:一类是将 RNN 作为元学习器,直接输入若干不同的任务作为训练样本,然后在测试实验中,RNN 模型根据新的测试输入来输出预测值。Wang 等[7]将 RNN 扩展到强化学习环境,在训练过程中每次都将上一个时间步的行为和奖励作为 RNN 的附加输入。Santoro 等[8]证明了记忆增强神经网络(Memory-Augmented Neural Network,MANN)能够有效地吸收训练样本,并借助网络的记忆功能对新数据进行准确预测。Mishra 等[9]提出了一种结合软注意和时间卷积的通用体系结构。时间卷积能够从过去的轨迹中收集信息,而软注意机制能够准确地定位在历史轨迹中的特定信息。Duan 人[10]提出使用标准的强化学习技术来学习算法,而不是充当设计者自己。另一类基于 RNN 的元深度强化学习方法是将 RNN 作为基础神经网络参数的学习器,RNN 直接输出基础神经网络的网络参数,然后在测试实验中,基础学习器根据测试输入给出预测输出。Andrychowicz 等[11]提出用梯度下降方法来学习 RNN 优化器,并证明所学习的优化器能够有效地优化一类无导数黑箱函数。Ravi 和 Larochelle[12]引入了一个基于 LSTM 的网络模型,训练该模型来优化另一个神经网络分类器。

基于梯度的元深度强化学习方法通过利用在过去的训练任务中梯度来帮助初始化针对新任务的网络。其中的代表方法是 Finn 等[13]提出了一种通用的元学习算法,被称为无模型元学习方法(Model-Agnostic Meta-Learning,MAML),该算法通过显式地训练网络的参数,使得模型能够在少量的梯度步长和少量的训练样本情况下显著提高新任务上的表现。Al Shedivat 等[14]将 MAML 方法扩展到非平稳环境中,来提高深度强化学习智能体在高动态环境下连续自适应的能力。具体来说,改进后的 MAML 方法能够帮助智能体学习预测环境的动态变化,并据此提前调整智能体行为策略。Antoniou[15]提出了一种改进的元学习框架 MAML++,该框架为 MAML 提供了灵活性和许多改进,如稳健性和稳定性的训练,其中对算法中大部分超参数的自动学习,大大提高了推理和训练的计算效率,显著提高了泛化性能。Liu[16]等提出了 Taming MAML 算法,通过自动微分将控制变量加入到梯度估计中。该算法能够在不引入偏差的情况下,通过减小方差来提高梯度估计的质量,并且进一步提出将元学习框架扩展到学习控制变量本身,从而能够从 MDP 任务分布中进行高效和可扩展的学习。

基于分层的元深度强化学习方法核心思想是将复杂问题分解为多个小问题,并通过单独解决小问题来解决原来的问题。其中,基于选项方法是具有代表性的分层强化学习方法之一。以往对基于选项方法的研究主要假设选项是事先人工设计的,近年来,更多的研究集中在利用元学习方法学习自动生成选项[17-18]。Vezhnevets 等[19]提出了一种管理器模块和工作器模块的体系结构。管理器模块为工作模块设置目标,工作模块在每个时间步输出基本操作。Florensa 等[20]提出了一个通用、简易的框架,能够从预先的训练任务中掌握合理的技能,并能有效地将所学技能转移到新的任务中。Bacon 等[21]开发了一种通用的、基于梯度的方法,称为选项评论(Option-Critic)算法,用于同时学习内部选项和外部策略。Levy 等[22]提出了层次角色评论家(Hierarchical Actor-Critic,HAC)算法,该算法具有更快的学习速度,因为智能体能够在层次结构中的每个层次学习到短策略。

11.3 元深度强化学习经典方法介绍

11.3.1 基于元参数学习的元深度强化学习方法

超参数设置是决定深度强化学习算法性能好坏的关键,然而人工设置超参数或者基于规则机械地调整超参数的方式,并不能满足深度强化学习解决多样化任务的需要,目前通过元学习的方法获取超参数已经渐渐成为深度强化学习调参的主流方法。基于元参数学习的元深度强化学习方法,采用元参数学习方法代替人工调参技术,通过在线学习来动态调整训练过程中的各种超参数,从而指导强化学习方向,提高采样效率和学习性能。

Schweighofer 等[23]提出了一种根据回报改变来动态调整元参数的元强化学习方法,通过在多个经典的控制任务下进行验证,实验结果表明,该算法可以在静态和动态环境中稳健地控制元参数的变化过程,并找到适当的元参数值。

在 Schweighofer 研究的基础上,Kobayashi 等[24]提出了一种使用时序差分误差(Temporal Difference Error)来调整元参数的元强化学习方法,作者通过定义 $\delta(t)$ 和 $\delta'(t)$ 来根据学习进程动态更新强化学习中的折扣系数 $\gamma(t)$、学习率 $\alpha(t)$ 和温度参数 $T(t)$,通过在迷宫搜索问题和倒立摆控制问题中进行仿真验证,结果表明,基于所提出方法的强化学习方法相比基于传统手工设计参数的强化学习算法,效果有明显提升,算法可以根据外部环境的变化及时地调整元参数,引导学习方向,提高学习效率,加速学习进程。

Xu 等[25]提出了一种简单的能够自适应地学习 DDPG 中的探索策略的元策略梯度算法。DDPG 是一个"离线策略"强化学习算法,其动作探索是独立于学习之外的,一般使用的探索策略是不相关的高斯或相关的 Ornstein-Uhlenbeck(OU)过程,即:

$$a = \mu(s, \theta^{\pi}) + N(0, \sigma^2) \tag{11-8}$$

所以 DDPG 中的探索并不一定总是能够探索到合适的动作,作者通过引入教师-学生的学习框架来重构 DDPG 中的探索策略,有效地提升了 Actor 网络的训练效率,显着加快了学习过程。

Xu 等[26]讨论了如何学习回报函数的元参数,包括折扣系数和引导参数,并在 Arcade 学习环境下的 57 个 Atari 2600 游戏中进行了验证,通过在线学习深度强化学习算法中回报函数的元参数,获得了更好的性能。

Baydin 等[27]介绍了一种基于梯度的提高优化器收敛速度的元强化学习方法,该方法在训练过程中基于梯度动态地更新学习速率,梯度的计算仅依赖反向传播的自动微分,只需要很少的额外计算,该方法通用性强,内存和计算效率高,易于实现。

JaeWoong Shin[28]提出了内循环中每个任务的学习率自适应的方法。原来的MAML 在内循环更新参数时,学习率都是固定的,更好的应该是动态改变学习率,每个任务在每个内循环能够自适应的更新。本书提出的方法为,在内循环的损失函数中给参数加一个正则项,相当于约束当前任务不能过拟合它的损失。

如何平衡探索与利用是深度强化学习的一个核心问题。目前绝大多数深度强化学习方法中的动作探索方法都是静态的或者依靠人工调整,这导致了学习方向无法及时调整、学习过程缓慢、学习效率低的问题。因此,Xu[29]提出了一种融合Softmax 动作选择方法的过去–成功探索策略(Past-Success Exploration Policy Combined with Softmax Action Selection,PSE-Softmax),它巧妙地结合了基于历史回报的探索策略和 Softmax 行动选择方法,该方法不仅在线利用了智能体学习过程的特点,动态地调整探索参数,而且能够在探索过程中更准确地选择潜在的最优行为来引导学习方向。此外,PSE-Softmax 探索策略还可用于求解离散和连续控制任务。在 OpenAI Gym 平台下,Xu 对所提出的探索策略进行了评估,将提出的 PSE-Softmax 探索策略分别结合到了两种不同类型的、具有代表性的深度强化学习算法中进行测试,并同时应用到了离散和连续控制任务中。实验结果表明,相比基本探索策略下的深度强化学习算法,PSE-Softmax 探索策略能够提高算法的性能和收敛时间。PSE-Softmax 方法的核心思想在于根据智能体过去一段时间内接收到的回报的频率和大小来动态调整探索方向。一方面,当收到的回报频率变大时,智能体应该加大利用力度。另一方面,当收到的回报停止或变小时,智能体应该加大探索力度。整个学习框架如图 11-4 所示。

11.3.2 基于网络模型的元深度强化学习方法

使用特殊的网络结构是利用历史经验和知识来帮助学习新任务的一种有效方式。基于网络模型的元深度强化学习正是一种利用特殊的网络结构来学习元知识的方法。基于网络模型的元深度强化学习方法的目标是:通过改变网络模型架构来学习任务层的知识(不同任务之间的共性知识),其中,典型的网络模型是 RNN。目前基于 RNN 的元深度强化学习方法可以分为两类。

在第一类方法中,元学习器就是 RNN 模型 $g(\phi)$,ϕ 是网络参数,通过直接输入特定任务 T 的训练数据集 D_T 和一个新的测试输入 x^* ,预测输出 y^*:

$$y^* = g(D_T, x^*; \phi) = g((x,y)_1, \cdots, (x,y)_K, x^*; \phi) \qquad (11-9)$$

每次迭代直接更新元学习器 RNN 的网络参数,训练和测试均在 RNN 模型上

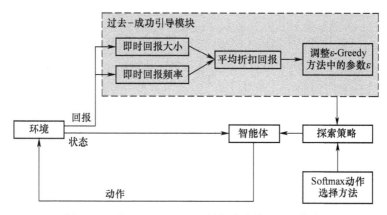

图 11-4　基于 PSE-Softmax 的探索参数元学习框架

进行,其中 K 表示训练数据集的大小。

Wang 等[30]提出了一种新的基于 Actor-Critic 网络架构的元深度强化学习算法(Deep Meta-RL),算法主要由三块构成,一是利用深度强化学习算法训练一个循环神经网络,二是训练集由一系列相互关联的任务构成,三是网络输入除了当前时间步下的状态,还包含上一时间步下选择的动作和获得的奖励。算法结构如图 11-5 所示。

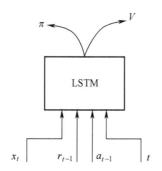

图 11-5　基于 LSTM 网络的学习架构

算法以 LSTM 网络为 Critic 网络模型,结合 Actor 网络,在时刻 t 下网络输入为状态 x_t,上一时刻回报 r_{t-1}、上一时刻动作 a_{t-1}、当前时刻 t、输出策略 π 以及值函数 V。通过七个概念验证实验测试,结果表明提出的方法能够提高原始强化学习算法的适应性和采样效率。

Duan 等[31]提出了一种 RL² 算法,算法以 RNN 的权重编码,RNN 的权重通过一般的 RL 算法学习,智能体和环境交互过程如图 11-6 所示。

其中存在一系列 MDP 任务 M,并且服从分布 $\rho_M:M \rightarrow \mathbb{R}_+$,训练和测试所需

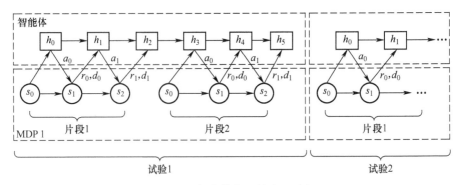

图 11-6　智能体与环境交互过程

任务均由分布中采样而来。n 代表某个特定的 MDP 任务下总的片段数目,定义"试验"为在同一个 MDP 任务下多个的片段集合。图中每个试验包含两个片段,即 $n=2$。对于每个试验,MDP 任务从 ρ_M 中采样而来,而初始状态 s_0 从对应的 MDP 任务的初始状态分布中采样而来。交互过程中,环境接受到智能体的动作 a_t,给予回报 r_t,同时环境状态由 s_t 转移到 s_{t+1},若片段终止,则设置终止标记 $d_t=1$,否则 $d_t=0$。下一状态 s_{t+1},动作 a_t,回报 r_t,终止标记 d_t,以及隐藏状态 h_{t+1} 串接一起作为智能体的输入,也就是 RNN 网络模型的输入,网络输出下一个隐藏状态 h_{t+2} 和动作 a_{t+2}。隐藏状态在片段之间保存,不在试验之间保存。通过最大化单次试验期间累积的总预期折扣回报,而不是单次片段,来在 RNN 网络的记忆权重中更快地学习 RL 算法。提出的算法在多臂老虎机问题和基于视觉导航任务上进行了效果评估,均取得了最好的表现。

　　Mishra 等[32]提出了一类简单通用的元学习架构——单神经注意力学习器(Simple Neural Attentive Learner,SNAIL),如图 11-7 所示。

　　模型在时刻 t 下输入的是一串状态-动作-回报对 $(o_1,-,-)$,(o_2,a_1,r_1),$\cdots$,(o_t,a_{t-1},r_{t-1}),输出的是动作 a_t,其中环境状态包含了片段是否结束的信息。SNAIL 模型通过保存片段之间的内部状态,具有了跨越多个片段的记忆。该架构融合了时序卷积和软注意力机制。前者用于汇总过去经验中的信息,后者则用于查明具体的信息,并在几个经典的基准测试任务上进行了评估,都取得了最好的表现。

　　第二类是利用 RNN 模型 $g(\phi)$ 来训练神经网络 f 的参数 θ,输入是特定任务的训练数据 D_T 和网络 f 的参数 θ,输出是更新后的网络参数 θ'_T:

$$y^* = f(x^*;\theta'_T) = f(x^*;g(D_T\phi)) = f(x^*;(x,y)_{1:K};\phi) \qquad (11-10)$$

　　每次迭代更新 RNN 网络参数,训练在 RNN 模型上进行,测试在网络 f 上进行。

310

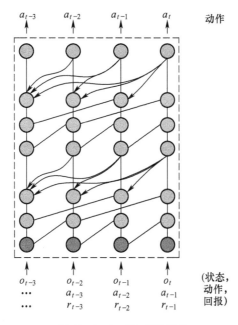

图 11-7　SNAIL 方法架构

Andrychowicz 等[33]提出了一种以模型为学习对象的元学习方法,元学习的输出是训练好的 RNN,可以将其用作优化器来帮助模型训练参数,算法计算图如图11-8 所示。

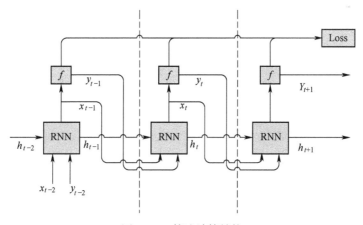

图 11-8　算法计算结构

t 时刻下,RNN 的网络输入是隐藏状态 h_{t-1}、上一时刻 RNN 的输出 x_{t-1} 以及上一时刻网络 $f(\theta_{t-1})$ 的输出 y_{t-1},输出隐藏状态 h_t、x_t 以及网络 f 的参数 θ_t。同

时,神经网络 $f(\theta)$ 作为一般强化学习方法的值函数逼近器进行训练。

Ravi & Larochelle[34] 提出了一种长短时记忆元学习器(Meta-Learner LSTM),用来在少样本学习情况下学习出合适的分类算法。长短时记忆元学习器架构如图11-9所示。

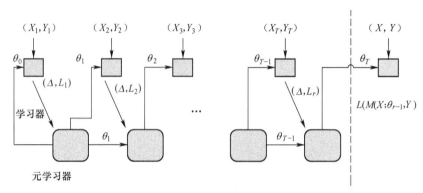

图 11-9　长短时记忆元学习器架构

图中学习器是一般的全连接神经网络 $M(X;\theta)$,元学习器则是 LSTM 网络 $F(L,\nabla;\phi)$ 。元学习器为学习器提供内部神经网络参数 θ ,学习器将损失 θ 和梯度 ∇ 反馈给元学习器,作为下一阶段网络的输入。长短时记忆元学习器方法使用其状态来表示分类器参数的学习更新。经过训练,既可以为学习器提供良好的参数初始化,又可以使小样本学习的分类器高效地更新参数。实验表明,长短时记忆元学习器方法优于一般强化学习方法,并且与针对小样本学习问题的度量学习的最新方法效果相当。

11.3.3　基于分层的元深度强化学习方法

传统分层强化学习的核心思想是根据任务空间或时间特征,将主问题分解成若干个子问题,问题分解过程持续到强化学习能够解决的子问题。传统分层强化学习方法针对的是特定的任务,而基于分层的元强化学习方法解决的是多个不同任务,面向的是任务分布问题。基于分层的元强化学习方法核心思想是对网络模型进行分层,底层网络用来学习多个不同任务的知识,高层网络在不同任务之间采用共享训练的方式,对知识进行提炼,学习任务之间共享的元知识。

Frans 等[35] 提出一种共享分层元学习 (Meta Learning Shared Hierarchies, MLSH)来学习分层结构化策略,通过使用共享宏策略——连续多个时间步执行的策略,来提高在新任务下的采样效率,分层结构如图11-10所示。

图中子策略 π_ϕ 在多个任务之间参数是共享的,并且在测试环节参数是固定的,它的输入是环境状态,输出是子动作,而元策略 π_θ 是从零开始学习的,它的输

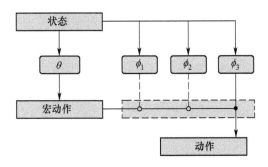

图 11-10　MLSH 算法分层结构

入是环境状态,输出是子策略的选择,记录了整个学习任务过程的状态。

当智能体和环境交互了 T 个时间步长, T 个时间步可能跨越了多个片段,获得到的累积回报为 $R = r_0 + r_1 + \cdots + r_{T+1}$。元学习优化目标是:

$$\max_\phi \mathbb{E}_{M \sim P_M, t=0, \cdots, T-1}[R] \tag{11-11}$$

通过优化目标,算法试图找到一组共享参数 ϕ,使得当学习一个新的 MDP 任务时,智能体能够通过简单地更新若干次参数 θ 就能获得到高的累积回报。算法更新流程如算法 11-1 所示。

算法 11-1:共享分层元学习方法

1　初始化 ϕ

2　循环

3　　　初始化 θ

4　　　采样任务 $M \sim P_M$

5　　　**For** $w = 0, 1, \cdots, W$ (准备阶段) **do**

6　　　　利用策略 $\pi_{\phi, \theta}$ 收集 D 时间步长的轨迹

7　　　　从 $1/N$ 时间规模角度更新参数 θ 最大化期望回报

8　　　**End for**

9　　　**For** $u = 0, 1, \cdots, U$ (联合更新阶段) **do**

10　　　利用策略 $\pi_{\phi, \theta}$ 收集 D 时间步长的轨迹

11　　　从 $1/N$ 时间规模角度更新参数 θ 最大化期望回报

12　　　从完整时间规模角度更新参数 ϕ 最大化期望回报

13　　**End for**

14　循环直到收敛

最后作者在 2D 连续移动、网格世界导航和机器人定向移动的三维物理任务

313

等多个仿真环境下验证了算法的有效性。

　　Floodsung 等[36]设计了一种提高采样效率的元评价网络,方法的核心在于学习一个元评价网络:一个学会评价任何行动网络的动作-价值函数神经网络,与其他元学习方法不同,元评价网络既没有像循环网络或者 Siamese 网络一样,改变底层学习器的架构,也没有固定底层学习器的数量,只通过加入额外的记忆网络,记录下不同任务的特征作为额外输入,提高了新任务下的采样效率和学习速度。

　　Sung 等[37]提出了一种实现高级任务目标和低级控制之间分离的控制架构。该模型由两层控制层次结构组成,包括高级(HL)控制器和低级(LL)控制器。高级控制器为低级控制器提供了子目标 $g \in G$,低级控制器则给出对应子目标下智能体具体的动作选择,模型架构如图 11-11 所示。

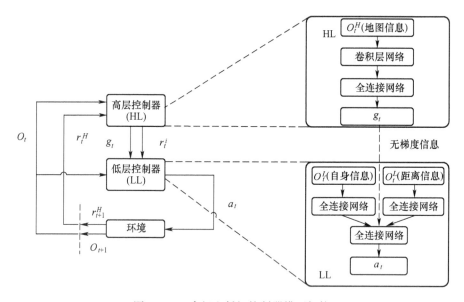

图 11-11　高级和低级控制器模型架构

　　在环境状态 s 下,智能体观测到信息 o,假设信息 o 可以划分为两种信息:关于智能体的信息 o^L 和关于外界环境的信息 o^H。模型训练使用了两种策略:首先,通过不向 HL 提供关于智能体的信息 o^L 来避免 HL 控制器受 LL 干扰。其次,为 LL 控制器提供关于智能体的信息 o^L。

　　Devin 等[38]提出了模块化策略网络,一种通过强化学习实现多机器人和多任务传输的方法。模块化策略网络允许使用标准强化学习算法端到端地一起训练,用于不同变化度的各个组件模块,如机器人和任务。一旦经过训练,模块就可以重新组合以执行不同变化度。Levy 等[39]提出了层次角色评论家(HAC)算法,使得智能体能够学习将连续动作空间的问题分解为属于不同时间尺度的、更简单的子问题。与大多数现有的分层学习方法相比,HAC 具有两个关键优势:①智能体可以更快地在不同层次结构学习短策略;②它是一个端到端方法。同时作者证明了HAC 方法在一系列长时间并且涉及稀疏奖励的任务中能显著提高学习效率。Vezhnevets 等[40]提出了一种高级控制器明确地设置子目标并为低级控制器提供适当奖励的架构。但是,在他们的工作中,状态输入是非结构化的,并且目标在任意特征空间下是可观测的,这就导致如果没有额外的正则化,所得到的高级控制器不太可能适合于横向传输。Munkhdalai 等[41]引入了一种通用的元学习方法 Meta Networks(MetaNet),它可以跨任务学习元知识,并通过快速参数化来转换为归纳偏差,以实现快速泛化能力。

11.3.4　基于梯度的元深度强化学习方法

和之前的元学习方法不同,基于梯度的元学习方法更加通用,不仅可以用在强化学习上,还可以和监督学习结合,应用范围更加广泛。

Finn[42]提出了一种无模型元学习方法(MAML),和其他元学习模型类似,MAML 同样也通过广泛的任务来进行训练,它可以通过很少的几步梯度变换就可以迅速地适应新的任务。在这一过程中,元学习器会去寻找不仅有利于适应不同的任务,更有利于快速(很少的梯度下降步数)和高效(仅使用少量的样本)地适应任务。具体过程如图 11-12 所示,作者想要寻找一个具有很强适应性的参数集合。下图的粗线代表元学习的过程,MAML 通过特定任务来优化梯度下降的过程(如虚线所示),优化后的参数会更为靠近与特定任务对应的参数集合。

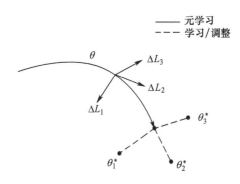

图 11-12　MAML 学习过程

基于 MAML 的强化学习算法伪代码如算法 11-2 所示:

算法 11-2：基于 MAML 的强化学习算法

输入：任务分布 $\rho(T)$，学习步长 α,β
输出：网络初始化需要的参数

1 随机初始化参数 $\boldsymbol{\theta}$

2 While not done do

3   采样一批任务 $T_i \sim p(T)$

4   **For** 对于所有任务 T_i **do**

5   在任务 T_i 中使用策略 f_θ 采样 K 条轨迹 $D = \{(x_1, a_1, \cdots, x_H)\}$

6   计算梯度 $\nabla_\theta L_{T_i}(f_\theta)$，其中 $L_{T_i}(f_\theta) = -\mathbb{E}_{x_t, a_t \sim f_\theta} \Big[\sum_{t=1}^{H} R_i(x_t, a_t) \Big]$

7   根据梯度下降计算更新后的参数 $\theta'_i = \boldsymbol{\theta} - \alpha \nabla_\theta L_{T_i}(f_\theta)$

8   在任务 T_i 中使用策略 $f_{\theta'_i}$ 采样 K 条轨迹 $D'_i = \{(x_1, a_1, \cdots, x_H)\}$

9   **End for**

10   利用每个 D'_i 和 L_{T_i}，更新参数 $\boldsymbol{\theta} \leftarrow \boldsymbol{\theta} - \beta \nabla_\theta \sum_{T_i \sim p(T)} L_{T_i}(f_{\theta'_i})$

11 End while

  MAML 方法不仅通用，而且相比目前元学习方法具有多种优势。其一是并不需要对模型作出任何假设；其二是高效。在元学习的过程中没有引入额外的参数，同时使用已知而不是凭空产生的的优化过程——梯度下降作为学习器的优化策略。MAML 方法不仅在分类任务上取得很好的效果，而且和深度强化学习方法结合在机器人运动任务上也表现优秀。

  Nichol 提出了简单元学习算法 Reptile[43]，该算法对一项任务进行重复采样，执行随机梯度下降，更新初始参数直到习得最终参数。和 MAML 类似，Reptile 会学习神经网络的参数初始化方法，以使神经网络可以使用少量新任务数据进行调整。但是 MAML 通过梯度下降算法的计算图来展开微分计算过程，而 Reptile 在每个任务中执行标准形式的随机梯度下降法（SGD），因为它不用展开计算图或计算任意二阶导数。所以 Reptile 比 MAML 所需的计算量和内存都更少。该方法的性能与 MAML 相当，且比后者更易实现，计算效率更高。

  Al-Shedivat 等[44]认为在非平稳环境中不断学习和适应有限经验的能力是计算机通往真正的人工智能的重要里程碑。作者提出了"学会学习"框架的持续性适应问题。通过设计一种基于梯度的元学习算法来对动态变化和对抗性场景进行适应。此外，作者还设计了一种基于多智能体（Multi-Agent）的竞争环境 RoboSumo，并定义了适应性迭代游戏，用于从不同方面测试系统的持续适应性能。实验证明，元学习在少样本状态下具有更强的适应能力，且更加适合进行多智能体学习和竞争。

　　Yuhuai Wu[45]首先提出了元学习中存在的短期训练偏差问题。该问题指的是,内循环其实是在模拟模型精调的过程,内循环轮数如果较小,对应的精调轮数较小,这种情况下模型会出现贪心效应,精调轮数小和精调轮数大最终达到的最优点是不同的。只有当内循环轮数足够大的时候,才能更真实模拟精调过程,达到更好效果。然而,增大内循环轮数,意味着训练时间大幅增加,因为多轮内循环后,才能进行一次外循环真正更新模型参数。

　　为了能够增大内循环轮数,同时又能提升模型更新频率,Sungyong Baik[46]提出了一种元学习新的优化方法。该方法每一次内循环都伴随着一次外循环,而不是原来的多次内循环对应一次外循环。每轮内循环后,都外循环更新一次,并把模型初始参数进行一个和梯度相同的移动。

　　Xu[47]提出了一种通用的元权值学习(Meta Weight Learning)方法,通过直接最小化不同任务间的性能差异来学习一个无偏的初始网络模型,使基于梯度的元深度强化学习方法对新的任务有更强的泛化能力,同时也为初始策略模型提供一种更加高效的网络初始化办法,来解决策略模型训练前期冷启动问题,提高学习效率和模型性能。MAML 和 MWL-MAML 算法的更新过程比较如图 11-13 所示。

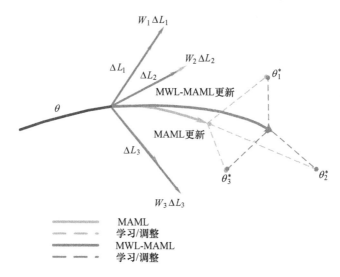

图 11-13　MAML 和 MWL-MAML 算法更新过程比较

　　MWL-MAML 的训练思想是对初始网络模型进行无偏训练,通过直接最小化模型在元训练阶段中不同任务上损失的不平衡性,使得元学习器能够学习一个无偏的初始网络模型,而不会在某些特定的任务上产生过优化问题。

11.3.5 其他基于元深度强化学习方法的通用性改进

C. Stadie[48]提出了 E-RL^{2}算法,该算法是通过重新制定基本的元学习目标来推导,用于考虑初始抽样对元更新后回报的影响。作者证明了提出的算法在两种环境下取得了比 MAML 和 RL^{2}更好的结果:一种是作者为基准元学习方法开发的 Krazy World 环境,另一种是一组迷宫环境。

Elfwing[49]基于并行算法竞争的方法对在线元学习算法进行了研究,通过强化学习算法的几个实例并行运行,这些实例的元参数的初始值设置有微小差异。在训练一段时间之后,将根据实例在当前任务中的表现来选择实例。在继续学习之前,将高斯噪声以预定义的概率添加到元参数中。

Xu[50]提出了一种简洁的元策略梯度算法,能够在 DDPG 中自适应地学习探索策略。现有的强化学习探索方法大多基于行动网络的动作输出策略添加噪声,这只能探索接近行动网络策略输出的局部区域。在这项工作中,作者提出的算法允许训练独立于行动网络策略的灵活探索行为,产生全局的探索,这显著加快了学习过程。基于结构化噪声的无模型探索策略(MAESN)[51]利用已有的经验来提高新任务的性能,具体来说,作者提出利用已有的经验来初始化网络和探测策略,但是这种更新方法并不适合高动态的任务环境。Fournier[52]针对不同状态下存在的不同探索精度要求,提出了一种基于精度的课程学习方法,但它依赖于对不同状态下的探索参数的统计,不能对具有大规模连续状态空间的任务进行操作。基于计数的探索策略[53]通过存储一个表来记录学习过程中智能体访问过的状态,以在线调整智能体的学习方向,状态的分类虽然通过使用哈希算法聚类来进行,但是对任务状态的划分要求很高。

Zhang[54]专注于创建能够泛化到不同智能体数量场景 MG 的代理。每个智能体不是学习单峰策略,而是学习一个策略集,该策略集由跨各种游戏的有效策略形成。作者提出了代理元表示(MRA),它明确地模拟了游戏通用和游戏特定的策略知识。通过用多模态潜在策略表示策略集,通过迭代优化过程发现共同的策略知识和不同的策略模式。作者证明,在足够大的潜在空间上的 Lipschitz 博弈假设下,学习的策略可以在每个评估 MG 中达到纳什均衡。实验结果也表明 MRA 在新游戏中有着较优训练性能和泛化能力。Rakelly[55]提出了一种解耦任务推理和控制的离策略元强化学习算法来应对这些挑战。在作者提出的方法中,对潜在任务变量进行在线的概率过滤,以推断如何从少量经验中解决新任务。这种概率解释使后验抽样能够进行结构化和有效的探索。作者演示了如何将这些任务变量与离线 RL 算法相结合,以实现元训练和适应效率的提高。提出的方法在样本效率方面优于先前算法 20~100 倍,并且在多个元 RL 基准上的达到了最好成绩。Jang[56]提出了一种新的基于元学习的迁移学习方法,可以自动学习从源网络向目标网络中的何处转移哪些知识。在给定源网络和目标网络的情况下,作者提出了一种有效的训练方案来学习元网络,该元网络决定源网络和目标网络之间的哪些层应该匹配以进行知识转移,以及应该从每个特征中转移哪些特征和多少知识。G Wei[57]提出了一种有效的基于元优化的策略 MetaAlign 来解决研究和缓解领域对齐和分类任务之间的优化不一致问题。作者将领域对齐目标和分类目标视为元学习方案中的元训练和元测试任务。MetaAlign 鼓励以协同的方式优化这两项任务,从而最大化训练期间两项任务梯度的内积。

11.3.6 元深度强化学习方法比较

四类元深度强化学习方法各有优缺点,不同的任务场景适用的元深度强化学习方法也各不相同,在解决智能博弈对抗策略的生成与优化等复杂问题时,单一的元深度强化学习方法可能并不能取得理想效果,这就需要我们根据任务特点和场景需求,结合不同类型的元深度强化学习方法,灵活地应用到解决智能博弈对抗策略的生成与优化问题中。

基于元参数学习的元深度强化学习虽然简单,易实现,所需额外计算量很少,但其缺陷在于学习进程不受控制,一旦陷入错误的学习方向,资源消耗多。基于网络模型的元深度强化学习方法优势在于算法表达性强,模型通用性好,架构设计简单,但存在收敛不稳定,收敛方向无法预期的缺点。基于分层的元深度强化学习方法优点是分层设计自由,可选架构多,支持端到端训练,但网络模型一般较大,参数多,训练需要大量样本。基于梯度的元深度强化学习方法虽然通用性强,简单易实现,但是梯度的计算,尤其是二次梯度的计算,耗费大量计算资源,训练较慢,无法适应大型网络。四种元深度强化学习方法比较如表 11-1 所列。

表 11-1 四种元深度强化学习方法比较

方法名称	优　　点	缺　　点
基于元参数学习的元深度强化学习	简单易实现,时间复杂度低,空间复杂度低,可解释性强	学习进程不受控制,参数学习机制需要准确设计
基于网络模型的元深度强化学习	算法表达性强,模型通用性好,架构设计简单,适合解决长序列决策问题	收敛不稳定,收敛方向无法预期,特殊的网络模型参数训练需要耗费更多资源
基于分层的元深度强化学习	分层设计自由,可选架构多,支持端到端训练,可以根据任务类型设计分层框架,灵活自由	网络模型一般较大,参数多,训练需要大量样本,分层需要人类知识参与,稳健性低
基于梯度的元深度强化学习	通用性强,简单易实现,扩展性好,可以推广到监督学习等领域	二次梯度计算耗费计算资源大,训练过程慢,预训练需要样本多

参 考 文 献

[1] YOSHUA B, BENGIO S, CLOUTIER J, et al. Learning a synaptic learning rule[M]. Université de Montréal, Département D'informatique et de Recherche Opérationnelle, 1990.

[2] SCHMIDHUBER J. Evolutionary principles in self-referential learning. [J]. Genetic Programming, 1987.

[3] SEBASTIAN T, LORIEN P. Learning to learn [M]. Berlin: Springer Science & Business Media, 2012.

[4] XU Z, VAN HASSELT H P, SILVER D. Meta-gradient reinforcement learning[C]//Advances in Neural Information Processing Systems (NIPS), 2018.

[5] XU T, LIU Q, ZHAO L, et al. Learning to explore with meta-policy gradient[C]//Advances in Neural Information Processing Systems (NIPS), 2018.

[6] 徐志雄, 曹雷, 张永亮, 等. 基于动态融合目标的深度强化学习算法研究[J]. 计算机工程与应用, 2019, 55(07): 162-166.

[7] WANG J X, KURTH-NELSON Z, TIRUMALA D, et al. Learning to reinforcement learn[EB/OL]. arXiv preprint arXiv: 1611. 05763, 2016.

[8] SANTORO A, BARTUNOV S, BOTVINICK M, et al. Meta-learning with memory-augmented neural networks[C]. International Conference on Machine Learning(ICML), 2016.

[9] MISHRA N, ROHANINEJAD M, CHEN X, et al. A simple neural attentive meta-learner[EB/OL]. arXiv preprint arXiv: 1707. 03141, 2017.

[10] DUAN Y, SCHULMAN J, CHEN X, et al. RL2: Fast reinforcement learning via slow reinforcement learning[EB/OL]. arXiv preprint arXiv: 1611. 02779, 2016.

[11] ANDRYCHOWICZ M, DENIL M, GOMEZ S, et al. Learning to learn by gradient descent by gradient descent[C]//Advances in Neural Information Processing Systems (NIPS), 2016.

[12] SACHIN R, HUGO L. Optimization as a model for few-shot learning[C]// International Conference on Learning Representations(ICML), 2017.

[13] FINN C, ABBEEL P, LEVINE S. Model-agnostic meta-learning for fast adaptation of deep networks[C]//Proceedings of the 34th International Conference on Machine Learning(ICML). JMLR. org, 2017.

[14] AL-SHEDIVAT M, BANSAL T, BURDA Y, et al. Continuous adaptation via meta-learning in nonstationary and competitive environments[EB/OL]. arXiv preprint arXiv: 1710. 03641, 2017.

[15] ANTONIOU A, EDWARDS H, STORKEY A. How to train your MAML[EB/OL]. arXiv preprint arXiv: 1810. 09502, 2018.

[16] RAKELLY K, ZHOU A, QUILLEN D, et al. Efficient Off-Policy Meta-reinforcement learning via probabilistic context variables[EB/OL]. arXiv preprint arXiv: 1903. 08254, 2019.

[17] DANIEL C, HOOF H V, PETERS J, et al. Probabilistic inference for determining options in reinforcement learning[J]. Machine Learning, 2016, 104(3): 1-21.

[18] VEZHNEVETS A,MNIH V,OSINDERO S,et al. Strategic attentive writer for learning macro-actions[C]//Advances in Neural Information Processing Systems. (NIPS),2016.

[19] VEZHNEVETS A S,OSINDERO S,SCHAUL T,et al. Feudal networks for hierarchical reinforcement learning[C]//Proceedings of the 34th International Conference on Machine Learning,(ICML),JMLR. org,2017.

[20] FLORENSA C,DUAN Y,ABBEEL P. Stochastic neural networks for hierarchical reinforcement learning[EB/OL]. arXiv preprint arXiv:1704. 03012,2017.

[21] BACON P L,HARB J,PRECUP D. The option-critic architecture[C]//Thirty-First AAAI Conference on Artificial Intelligence,2017.

[22] LEVY A,PLATT R,SAENKO K. Hierarchical actor-critic[EB/OL]. arXiv preprint arXiv:1712. 00948,2017.

[23] SCHWEIGHOFER N,DOYA K. Meta-learning in reinforcement learning[J]. Neural Networks,2003,16(1):5-9.

[24] KOBAYASHI K,MIZOUE H,KUREMOTO T,et al. A meta-learning method based on temporal difference error[J]. Lecture Notes in Computer Science,2009,5863:530-537.

[25] XU T,LIU Q,ZHAO L,et al. Learning to explore with meta-policy gradient[C]//Advances in Neural Information Processing Systems (NIPS),2018.

[26] XU Z,VAN H H P,SILVER D. Meta-gradient reinforcement learning[C]//Advances in Neural Information Processing Systems (NIPS),2018.

[27] BAYDIN A G,CORNISH R,RUBIO D M,et al. Online learning rate adaptation with hypergradient descent[EB/OL]. arXiv preprint arXiv:1703. 04782,2017.

[28] SHIN J,LEE H B,GONG B,et al. Large-scale meta-learning with continual trajectory shifting [EB/OL]. arXiv preprint arXiv:2102. 07215,2021.

[29] LIU X M,XU Z X,LEI C,et al. Deep reinforcement learning via past-success directed exploration[C]//Proceedings of the AAAI Conference on Artificial Intelligence,2019.

[30] WANG J X,Kurth-Nelson Z,TIRUMALA D,et al. Learning to reinforcement learn[M]. Springer Science & Business Media,2016.

[31] DUAN Y,SCHULMAN J,CHEN X,et al. RL^2:Fast reinforcement learning via slow reinforcement learning[EB/OL]. arXiv preprint arXiv:1611. 02779,2016.

[32] MISHRA N,ROHANINEJAD M,CHEN X,et al. A simple neural attentive meta-learner[EB/OL]. arXiv preprint arXiv:1707. 03141,2018.

[33] ANDRYCHOWICZ M,DENIL M,GOMEZ S,et al. Learning to learn by gradient descent by gradient descent[EB/OL]. arXiv preprint arXiv:1606. 04474,2016.

[34] RAVI S,LAROCHELLE H. Optimization as a model for few-shot learning[EB/OL]. arXiv preprint arXiv:2103. 14341,2016.

[35] FRANS K,HO J,CHEN X,et al. Meta learning shared hierarchies[EB/OL]. arXiv preprint arXiv:1710. 09767,2017.

[36] SUNG F,ZHANG L,XIANG T,et al. Learning to learn:Meta-critic networks for sample efficient

learning[EB/OL]. arXiv preprint arXiv:1706. 09529,2017.

[37] XIE S, GALASHOV A, LIU S, et al. Transferring task goals via hierarchical reinforcement learning[EB/OL]. arXiv preprint arXiv:1856. 06749,2018.

[38] DEVIN C,GUPTA A,DARRELL T,et al. Learning modular neural network policies for multi−task and multi−robot transfer[C]//Robotics and Automation (ICRA),2017 IEEE International Conference on. IEEE,2017.

[39] LEVY A, PLATT R, SAENKO K. Hierarchical actor−critic[EB/OL]. arXiv preprint arXiv: 1712. 00948,2017.

[40] VEZHNEVETS A S,OSINDERO S,SCHAUL T,et al. Feudal networks for hierarchical reinforce-ment learning[EB/OL]. arXiv preprint arXiv:1703. 01161,2017.

[41] MUNKHDALAI T,YU H. Meta networks[EB/OL]. arXiv preprint arXiv:1703. 00837,2017.

[42] FINN C,ABBEEL P,LEVINE S. Model−agnostic meta−learning for fast adaptation of deep net-works[EB/OL]. arXiv preprint arXiv:1703. 03400,2017.

[43] NICHOL A ,ACHIAM J ,SCHULMAN J . On first−order meta−learning algorithms[EB/OL]. arXiv preprint arXiv:1803. 02999,2018.

[44] AL−HEDIVAT M,BANSAL T,BURDA Y,et al. Continuous adaptation via meta−learning in non-stationary and competitive environments[EB/OL]. arXiv preprint arXiv:1710. 03641,2017.

[45] WU Y H,REN M Y,LIAO R,et al. Understanding short−horizon bias in stochastic meta−optimi-zation[EB/OL]. arXiv preprint arXiv:1803. 02021,2018.

[46] BAIK S,CHOI M,CHOI J,et al. Meta−learning with adaptive hyperparameters[EB/OL]. arXiv preprint arXiv:2011. 00209,2020.

[47] XU Z,CHEN X ,TANG W ,et al. Meta weight learningvia model−agnostic meta−learning[J]. Neurocomputing,2020,432(7587). DOI:10. 1016/j. neucom. 2020. 08. 034.

[48] STADIE B C,YANG G,HOUTHOOFT R,et al. Some considerations on learning to explore via meta−reinforcement learning[EB/OL]. arXiv preprint arXiv:1803. 01118,2018.

[49] ELFWING S, UCHIBE E, DOYA K. Online meta−learning by parallel algorithm competition [C]//CoRR,2017.

[50] XU T,QIANG L,LIANG Z ,et al. Learning to explore with meta−policy gradient[EB/OL]. arXiv preprint arXiv:1803. 05044,2018.

[51] GUPTA A,MENDONCA R,LIU Y X,et al. Meta−reinforcement learning of structured exploration strategies[EB/OL]. arXiv preprint arXiv:1802. 07245,2018.

[52] FOURNIER P,SIGAUD O,CHETOUANI M,et al. Accuracy−based curriculum learning in deep reinforcement learning[EB/OL]. arXiv preprint arXiv:1806. 09614,2018.

[53] TANG H,HOUTHOOFT R,FOOTE D,et al. Exploration:a study of count−based exploration for deep reinforcement learning[EB/OL]. arXiv preprint arXiv:1611. 04717,2016.

[54] ZHANG S,SHEN L,HAN L,et al. Learning meta representations for agents in multi−agent rein-forcement learning[EB/OL]. arXiv preprint arXiv:2108. 12988,2021.

[55] RAKELLY K,ZHOU A,QUILLENN D,et al. Efficient off−policy meta−reinforcement learning

via probabilistic context variables[EB/OL]. arXiv preprint arXiv:1903. 08254,2019.

[56] JANG Y,LEE H,HWANG S J,et al. Learning what and where to transfer[EB/OL]. arXiv preprint arXiv:1905. 05901,2019.

[57] WEI G,LAN C,ZENG W,et al. Meta align:coordinating domain alignment and classification for unsupervised domain adaptation[EB/OL]. arXiv preprint arXiv:2103. 13575,2021.

第四篇　智能化指挥控制技术与实践

机器学习技术首先在游戏领域取得了突破性进展,展现出类似人类的智慧,不仅在棋类游戏中战胜了人类顶级专业旗手,如 AlphaGo,还在非完美信息的游戏中战胜了人类顶级专业玩家,如《星际争霸》智能玩家 AlphaStar。《星际争霸》是一款即时策略游戏,兵种多,对抗程度激烈,需对各兵种战力均衡使用,其指挥决策模式与真实场景下的作战已经非常接近。这从一个侧面说明现代机器学习技术有望在人类战争的指挥决策中扮演极其重要的角色。

事实上,机器学习技术,尤其是深度强化学习技术,由于其天然的序贯决策属性非常契合指挥筹划与行动控制中人类指挥员的决策行为,因而成为世界军事强国军事技术抢占的高地,甚至引发了世界军事理论变革的又一次高潮。

本篇由 5 章组成,主要介绍深度强化学习在指挥控制中的应用。第 12 章介绍了几个典型的强化学习训练平台。训练平台是强化学习训练智能体不可或缺的一环,任何一个智能体都是在一定的环境下训练出来的。本章介绍一个可用于训练有军事用途智能体的游戏训练平台,即星际争霸训练环境;介绍庙算平台和"墨子"平台,这两个平台都属于既可以训练,又可以进行对抗推演的平台;介绍基于Unity ML-Agents 三维训练与仿真推演平台,本平台是项目组基于 Unity 平台开发的训练与仿真平台。第 13 章论述当前即时策略游戏主流的技术,包括虚拟自博弈学习、分层深度强化学习、课程学习、分布式深度强化学习等技术,这些技术都可以用来解决智能化指挥控制中的技术实现问题。第 14 章论述智能博弈对抗的相关技术问题。很多智能指挥控制问题都可以归结于智能博弈对抗问题。本章主要论述智能博弈对抗的概念内涵、技术发展及关键技术,并分析了两个博弈对抗的案例。第 15 章分析典型筹划活动可能面临的主要问题,从任务分析、作战设计与规划和方案智能推演几个方面介绍了利用智能化方法解决相关问题的方法和思路。第 16 章针对当前智能化指挥控制面临的挑战与可能的应对策略进行了探讨,并介绍了美军在应对挑战时的两个应对案例。

第 12 章　强化学习训练平台

相比于机器学习领域的监督学习和半监督学习,强化学习是在没有任何正确样本标记的条件下,采用持续的"试错"机制和"探索-利用"平衡策略,实时感知环境的反馈状况并作为其动作的监督信号,最终通过不断调整参数,完成对任务最佳实现策略的选择。在指挥控制领域则更多地体现为获得最优结果。在此过程中,环境的反馈至关重要。受限于与真实环境的交互成本和效率,在试图利用强化学习解决问题时,通常采用构建仿真环境,在仿真环境中进行交互学习。然而,传统军事仿真环境的重点是在满足业务需求的前提下,尽可能贴近真实场景。

对于以强化学习为基础的智能博弈而言,仿真平台的逼真度是实现问题求解的基础。为了更好的训练可用的模型,对于仿真平台的需求主要体现在两个方面:一是具备超实时加速能力;二是具备智能化算法模型的高效接入能力。超实时加速能力使得智能体在与仿真环境的交互中,能够在可以接受的时间内产生足够模型训练需要的交互数据量,智能化算法的高效接入能力能够为多样化的算法验证提供支撑。在众多仿真平台中,能够支撑指挥控制智能博弈推演需求的却很少。因此,本章主要分析几个典型的智能博弈平台,包括星际争霸、MaCA、庙算、墨子和UnityML-Agents 等。力图通过典型智能博弈平台介绍和对比分析,为读者开展智能体训练及智能博弈平台建设提供借鉴。

12.1　星际争霸训练环境

星际争霸是最早引入强化学习的即时策略游戏之一。星际争霸训练环境已经成为博弈对抗、强化学习、模仿学习、多任务学习乃至通用人工智能算法研究的主要平台和工具。AIIDE StarCraft AI 挑战赛自 2011 年起已连续举办多届,比赛就是以星际争霸为平台,以促进和评估用于实时策略(Real-Time Strategy RTS)游戏的人工智能水平为目的。由于包括对手不确定在内的信息不完全以及状态动作空间巨大等问题,使得星际争霸 AI 较围棋 AI 更极具挑战性,因此也吸引了 DeepMind、Facebook、三星、斯坦福大学、中国科学院自动化研究所等国内外顶尖研究机构投入研究,相关核心技术可以广泛地应用在金融学、经济学、生物学、政治学和军事等领域。据美国政策和国防智库兰德公司(RAND)发布的一份研究文件显示,星际争霸 AI 比赛将有助于加强人工智能在"军事、交战、后勤、基础设施以及一系列难以确定的决策和战略"上的能力,同时随着数据的积攒,他们预测在 2040 年出现一个可能在军事演习的各个方面和阶段提供帮助,或在超人类层次上进行战争推演的系统,而计算机游戏星际争霸将会为 AI 的军事推演提供帮助。

近年来,DeepMind 和 OpenAI 两大 AI 巨头都通过开发即时策略游戏来突破通用人工智能的瓶颈,为此两大巨头都在尝试与游戏公司合作,推出一套成熟的、开放的 AI 决策系统测试平台。而星际争霸游戏作为一款全球影响最广泛的即时策略游戏,它的操作可以分为宏观操作和微观操作两个层面。宏观操作主要是像人类玩家的方式,需要综合考虑资源、经济和军事以赢得整个 SC 比赛,而微观操作主要考虑局部的智能体的控制。针对这两个层面,目前有两个学习训练环境分别是 PySC2 和 SMAC,PySC2 侧重于从游戏全局去考虑,对于新手上手较困难。与 PySC2 不同,SMAC 专注于分散的微观管理场景,其中游戏的每个单元都由单个 RL 代理控制。

12.1.1 SC2LE

星际争霸是包含有一类实时策略(RTS)博弈对抗任务的算法测试平台,它将快节奏低层次的微观动作与长期的高层次的规划相结合。从强化学习的角度来看,星际争霸 II 也为探索许多具有挑战性的新领域提供了绝佳的机会。首先,这是一个多智能体问题,在这个问题中,多个参与者争夺影响力和资源。它也是低层的多智能体:每个玩家控制数百个单位,这些单位需要协作来实现一个共同的目标。其次,它是一个不完全的信息博弈对抗问题。地图只能通过一个本地摄像头(camera)进行部分观察,必须主动移动摄像头才能让玩家整合信息。此外,地图上还存在着"战争迷雾"(fog-of-war),模糊了地图上未被看到的区域,因此对于玩家来说,有必要积极探索地图以确定对手的状态。再者,玩家可选择的行动空间巨大。玩家通过点击界面,在大约 10^8 个可能性的组合空间中选择动作。有许多不同的单元和建筑类型,它们都有自己独一无二的动作。并且,随着玩家通过可能科技树的发展,这套动作规则也会有所不同。最后,对抗任务通常持续数千帧,玩家必须在对抗前期就做出决策(例如建造哪些单位),而决策的结果可能要到对抗后期(玩家的军队会合时)才会显现出来,这也带来了时间信用分配以及探索方面的一系列挑战。

星际争霸 II 的开发者也为研究者们提供了一类接口,旨在使星际争霸中的强化学习训练过程能够变得更加简明了:状态观察和行动是根据低分辨率的特征网格定义的;奖励是基于星际争霸 II 引擎对内置 AI 对手的得分;除了完整的对抗任务,还提供了几个简化的小场景对抗任务。未来的版本将扩展到星际争霸 II 的完整接口:状态观察和行动完全基于 RGB 像素;智能体将根据多玩家博弈的最终胜负结果进行排名;评估将仅限于参与完整博弈对抗任务。

开发者同时发布了星际争霸Ⅱ的开发环境 SC2LE,如图 12-1 所示。SC2LE
包含三个子组件:Linux 下星际争霸Ⅱ的二进制文件、星际争霸Ⅱ的 API 和 PySC2。

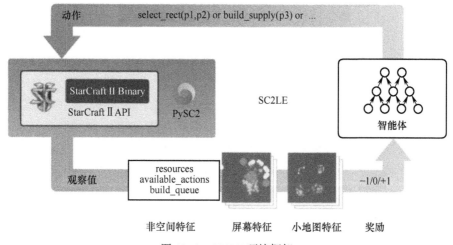

图 12-1　SC2LE 环境框架

星际争霸Ⅱ的 API 允许对星际争霸Ⅱ进行编程控制。API 可用于启动任务、
获取观察结果、采取行动和查看回放。星际争霸Ⅱ的 API 在 Windows 和 macos 上
都可以使用,另外还提供了一个在 Linux 上运行的有限制版本,尤其适用于机器学
习和分布式用例。

星际争霸Ⅱ也设置有原始 API,类似于 Broodwar API。在原始 API 下,获取的
观测值是地图上所有可见单位的列表以及属性(单元类型、所有者、坐标、运行状
况等),不包含任何可视组件。战争的迷雾仍然存在,但是没有摄像头,所以不可
以同时看到所有可见的单位的信息。直接获取单位的信息列表是一种更简单、更
精确的表示。在这种情况下,利用原始 API 可以同时看见在视野范围内的所有单
位的特征而不用移动摄像头,这被认为是作弊。因为这样可以不用框选单位而同
时操作所有单位,远超人类界面所能做的操作。虽然原始 API 不符合人类玩家的
操作模式,但是也可以用来辅助机器学习方法进行研究。

在 API 的基础上构建了一个能够优化强化学习智能体的开源环境 PySC2。
PySC2 是一个 Python 环境,它封装了星际争霸Ⅱ的 API,以简化 Python 强化学习
智能体和星际争霸Ⅱ之间的交互。PySC2 定义了一个操作和观察规范,并且包括
一个随机智能体和一些基于脚本的智能体作为示例。它还包括一些小场景的对抗
任务作为测试和可视化工具,以了解智能体可以看到和做什么。

星际争霸Ⅱ的仿真引擎可以每秒更新 16 次(以"正常速度")或 22.4 次(以

"快速")。除了小部分任务,对抗过程中大部分场景是确定性的,小部分任务的随机性主要来源于两个方面,武器速度和更新顺序。通过设置随机种子,可以降低这些随机性。SC2LE下训练任务通常可以比实时运行环境更快。观察结果的渲染速度取决于几个因素:地图的复杂性、屏幕分辨率、每个动作的未渲染帧数以及线程数。

对于复杂地图(如全阶梯地图),计算由模拟速度控制。减少操作次数,允许更少的渲染帧,会减少计算量,但性能递减的速度相当快,这意味着每个动作在8步以上的增益很小。对于更简单的地图(如CollectMineralShards),仿真速度非常快,因此渲染观察界面很重要。在这种情况下,增加每个动作的帧数并降低分辨率可以产生很大的影响。瓶颈就变成了Python的解释器,当在一个解释器上运行在大约4个线程以上时,渲染效果变得低效。在分辨率是64×64以及每个动作8帧的速度的条件下,单线程的星际争霸Ⅱ地图的任务推进速度为200~700步/s,这比实时任务引擎速度快一个数量级。仿真的实际速度取决于多重因素,包括:任务的阶段、操作单位的数量以及计算机的配置。在CollectMineralShards简单地图上,同样的设置,任务推进速度可以达到1600~2000步/s。

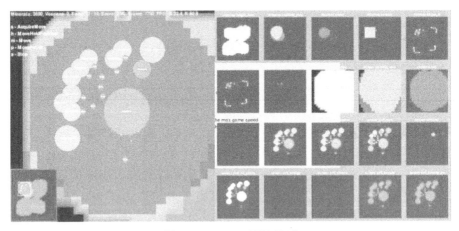

图12-2　SC2LE训练界面

PySC2[2]源码中包含了以下部分:

Agents:包含Agent的基类,给出了随机Agent和针对小任务的脚本Agent。

bin:PySC2的核心启动程序,主要包含了两种运行模式。

env:面向强化学习研究的环境接口以及Agent和环境相互作用的关系。

lib:一些运行时依赖的代码,包括观测量、动作量及特征层的定义等。

maps:一些针对地图的设置。

run_configs:一些关于游戏运行的设置。

tests：PySC2 的一些单元测试。

PySC2 提供通过智能体操作和人直接操作两种方式。通过智能体操作对应的是 bin.Agent 模块；人直接操作对应的是 bin.play 模块。这两个模块是 PySC2 的核心运行模块，在运行 PySC2 时必须调用这两个模块中的某一个。其中，针对不同的运行模式，可以通过命令行参数定制不同的运行选项。Agent 模块可以根据需求打开多个线程，每个线程中，分别从 env 中生成星际争霸 II 的环境，从 Agents 中调用智能体模块，并利用 env.run_loop 模块执行环境和智能体之间的循环交互，从而实现多环境的快速训练，但是对于系统硬件要求极高。

PySC2 环境主要是在 env 中定义的。一个适用于增强学习研究的环境至少需要具备这几个元素：对于观测量集合的描述、对于动作集合的描述、状态推进功能、状态重置功能等。包含这些元素，PySC2 在 env.environment 中定义了环境的 Base 基类，从而定义了增强学习环境的基本接口，并在 env.base_env_wrapper 中进行了进一步封装。在 Base 基类的基础上，env.sc2_env 定义了具体的星际争霸 II 环境，即 SC2Env 类，该环境具备了增强学习所必需的要素。

对于观测量集合的描述，即 env.sc2_env 中 SC2Env 类的 observation_spec 方法，其实现细节则是在 lib.features 中 Features 类的 observation_spec 方法。与观测量集合不同，对于动作集合的描述显得复杂得多。星际争霸 II 的动作空间非常之大。如，就"移动一个已选择的单位"这一简单组合动作而言，首先需要按下 m 键，然后考虑到是否要等待之前动作执行完再执行还是立即执行，需要考虑按下 shift 键，最后在画面或者小地图中选择一个点，来执行移动。事实上，游戏中许多基本的操作都是键盘鼠标的组合动作。将组合动作拆分成多个独立动作，再考虑这些动作的全部组合，会带来动作空间维度的急剧膨胀，因此是没有必要的。所以，非常有必要寻找一种有效的动作表达方式来简化动作空间。一种方式是定义一个组合函数动作，即 move screen(queued screen)。PySC2 定义了一系列组合动作函数和多种可能的参数类型。通过将组合动作转化为带参数的函数，有效简化了动作空间。

PySC2 智能体完成的功能是接收观测量并处理，选择合适的动作，并与环境交互，主要是在 Agents 中定义的。其中，Agents.base_Agent 模块定义了代理的基类 BaseAgent，其最主要的方法是 step，即接收观测量，并返回动作。在此基础上，PySC2 内置了两种演示子类，分别是随机代理(Agents.random_Agent) 和针对小任务定制的脚本代理(Agents.scripted_Agent 中的 3 种)。

PySC2 无论使用何种方式，地图都是必须给出的参数。SC2Map 地图文件应该存储在 StarCraft II /Maps 文件夹中，同时可以在 pysc2.maps 中定制地图对应的配置文件。配置文件可以设置一个游戏片段持续的时间、玩家个数等信息。

目前，地图主要有三种：

（1）DeepMind 开发的 Mini-Games：由一些特定小任务组成,针对单个玩家,固定长度,可以更方便地区分代理性能的好坏。

（2）Ladder：星际争霸Ⅱ天梯地图。

（3）Melee：为机器学习特别定制的地图。格式上与天梯类似,但是规模更小,针对高水平操作也不一定平衡。其中,平坦(Flat)地图在地形上没有特别的要素,鼓励简单攻击,文件名中的数字代表地图大小。简单(Simple)地图更常规,具有扩张、斜坡等特性,但是比正常的天梯地图规模要小,文件名中的数字代表地图大小。

SC2LE 有以下几个优点：

（1）该环境对于 API 实现了很好的封装,可以实现高效、方便的强化学习开发。

（2）该环境提供了 Feature Map,开发者可以方便使用卷积神经网络 CNN。

（3）提供跨平台支持,特别是对 Linux 平台的支持。

（4）提供 Replay 数据库及 Replay 接口,为进行模仿学习的开发提供了极大的方便。

（5）同时提供 Mini Game,新手开发也较容易。

（6）提供天梯地图,能够挑战高难度的对抗。

总体的来说,SC2LE 是一个非常有价值的研究平台,但是上手的难度和成本还是很高的,即便是 Mini Game,其动作空间和状态空间也是巨大的。

12.1.2　SMAC

星际争霸多智能体挑战(SMAC)[①]是牛津大学 WhiRL 实验室提供的多智能体强化学习的学习环境,如图 12-3 所示。SMAC 通过综合暴雪的星际争霸 API 和 DeepMind 的 PySC2 模块来提供新的多智能体强化学习环境。而 DeepMind 的 AlphaStar 在 PySC2 下训练的是一个中央控制器,而 SMAC 赋予每个星际争霸内 Unit (士兵)自主控制能力和严格的局部观察限制。SMAC 设计更加侧重于 MARL 算法的测试,同时对于新手进行智能体开发也更加容易,里面实现了集中式训练分布式执行这一类算法,包括 IQL、VDN 和 QMIX,也包括 AC 类算法 COMA,训练结构如图 12-4 所示。

考虑多智能体合作问题,主要使用 Dec-POMDPs 来建模。大多数时候采用集中训练分布式执行的方法来解决问题。所谓集中训练,就是训练的时候,有一个集中的控制中心,可以获得所有智能体的观测或者直接拿到全局信息,并用这些信息训练智能体。而分布式执行就是在执行阶段,每个智能体只能基于自身的观测决

---

① 参考 https://github.com/oxwhirl/smac。

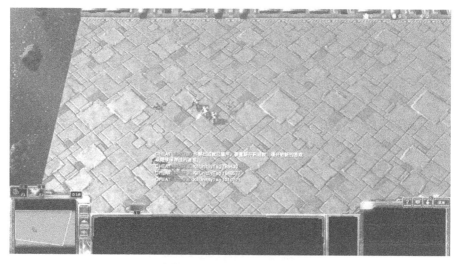

图 12-3　SMAC 训练界面

定执行什么样的动作。这样比较简单,但大大简化了实际,在训练和执行的时候考虑信息交换也是重点研究的内容。

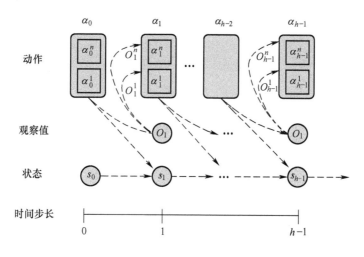

图 12-4　SAMC 训练结构

训练时每一步智能体都会接收它视角下的局部信息,视野外的友方单位和死亡的友方单位在智能体的视角下无差别。观察到的特征向量包含友方和敌方的属性信息:[distance, relative x, relative y, health, shield, unit type]。对于状态而言,每个 Unit 因为能力限制,只能观察到视野范围内,友方 Unit 的属性和敌方 Unit 的

331

属性。当然每个 Unit 还能观察到他们附近的地形属性:可步行性和地形高度。当前流行 CTDE 的 MARL 学习范式(集中式训练,分散执行),允许 Unit 在训练过程中得到更多额外的信息。因而 Unit 除了上述观察还能得到如下的额外信息:所有 Unit 相对于地图中心的坐标、冷却时间和能量、所有 Unit 的最近一次动作等,注意:全局状态只能在训练期间使用,分散执行期间不能使用。每个 Unit 可以执行如下离散的动作:移动(东南西北)、攻击(敌方 ID)、治愈(友方 ID)、停止。Unit 仅能对射击范围内敌人或友军进行攻击或治愈操作,Unit 的最大动作数根据场景不同而改变。Unit 只能接收到团队的共同奖励(完全合作问题必须奖励一致),然后需要通过这个共同奖励推断出自身对团队成功提供了多大贡献。对于奖励部分,SMAC 提供了默认的奖励方案,使用者可以从其中进行选择,奖励可以是稀疏的(只对于结果输赢与否而言)。

12.2　MaCA 环境

多智能体战场(Multi-Agent Combat Arena,MaCA[4])环境是由中国电子科技集团公司认知与智能技术重点实验室发布,如图 12-5,是国内首个可模拟军事作战的轻量级多智能体对抗与训练平台,是多智能体对抗算法研究、训练、测试和评估的绝佳环境,可支持自定义作战场景和规模、自定义智能体数量和种类、自定义智能体特征和属性、支持自定义智能体行为回报规则和回报值等。

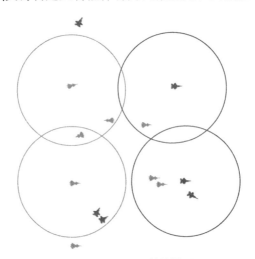

图 12-5　MaCA 训练界面

MaCA 环境为多智能体对抗算法研究领域带来了一个全新的实验、训练与评估验证平台。国内众多军队科研机构、企业科研机构以及高等院校都在这个"竞

332

技场"上修炼升级,同台竞技,相互促进,共同提高,这将极大地促进军事智能算法研究和重大基础科学问题的解决,实现军事智能指挥跨越式发展和实质性突破,为军事智能未来应用打下坚实基础。

目前发布的 MaCA 环境中预设了两种智能体类型,即探测单元和攻击单元:探测单元可模拟 L、S 波段雷达进行全向探测,支持多频点切换;攻击单元具备侦察、探测、干扰、打击等功能,可模拟 X 波段雷达进行指向性探测,模拟 L、S、X 频段干扰设备进行阻塞式和瞄准式电子干扰,支持多频点切换。攻击单元还可模拟对敌方进行火力攻击,同时具有无源侦测能力,可模拟多站无源协同定位和辐射源特征识别。MaCA 环境为研究利用人工智能方法解决大规模多智能体分布式对抗问题提供了很好的支撑,专门面向多智能体深度强化学习开放了 RL-API 接口,核心架构如图 12-6。环境支持使用 Python 语言进行算法实现,并支持 Tensorflow、Pytorch 等常用深度学习框架的集成调用。

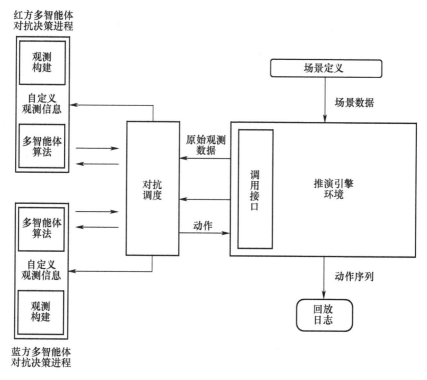

图 12-6 MaCA 核心架构

MaCA 核心架构是由推演引擎环境辅以对抗调度模块和对抗决策进程(Maps)构成,与多智能体对抗算法代码相结合,实现多智能体算法训练及对抗。主要模块功能如下:

推演引擎环境:承担核心对抗推演功能,负责载入作战场景,对外输出原始战场状态数据(Raw Obs),接收双方决策算法输出的动作控制信息,执行一系列位置更新、电磁计算、攻击决策算法模型,实现对抗推演,同时具有显示及日志记录功能;

调用接口:外部模块与推演环境的交互接口;

对抗调度:负责启动红蓝对抗,可实现对抗过程多种参数自定义,如双方对抗程序指定、对抗局数、场景选择、每局最高持续帧数等,同时向对抗决策进程转发推演环境输出的状态数据,接收对抗决策进程输出的动作信息;

对抗进程:红蓝双方对抗控制决策以单独子进程形式存在,相互隔离,主要包括两个模块;

对抗算法:智能体对抗决策算法,接收观测数据,输出动作控制数据;

观测构建:每个智能对抗算法对应的观测信息构建,由原始状态数据生成满足对抗算法需求的观测数据组织形式。

12.3　庙算·智胜即时策略智能对抗平台

"庙算·智胜"陆军战术兵棋即时策略人机对抗平台[5]由中国科学院自动化所智能系统与工程研究中心研制,如图 12-7 所示,是基于实时制陆军合成营战斗兵棋推演规则的智能对抗 AI 开发平台,曾用于"先知·兵圣"智能博弈对抗系列赛事,具有平台开放、在线对抗、技术共享的特点。

平台开放:提供基于即时制合同战斗兵棋规则的人机对抗智能推演功能,呈现具有"战争迷雾"的复杂战场态势,可挂载符合平台编程接口的兵棋博弈 AI,进行机机、人机以及人机混合模式的在线对抗,接收 AI 开发团队提交的自研兵棋博弈 AI。

在线对抗:内置多个能力等级的兵棋 AI,具备人人、机机、人机与人机混合四种模式的在线对抗功能,支持推演爱好者与兵棋博弈 AI 进行练习与测评。

技术共享:提供面向 AI 智能体开发的支持工具包,包括可达百倍加速的 AI 训练环境、AI 编程接口、AI 示例、开发指南文档和复盘查看服务,并提供大量对抗复盘数据供 AI 研发及爱好者交流学习。

基于该平台中科院自动化所每年都会组织各类型的人人、机机、人机与人机比赛,众多高校和科研单位均踊跃参加,博弈智能是国家新一代人工智能重点发展方向,以"庙算"平台为依托,以人机对抗方式开展兵棋博弈智能技术研究,对于汇聚博弈智能基础理论、技术、应用,推进博弈智能生态形成具有重要意义。

"庙算·智胜"AI 开发平台为开发者提供了用于实时制陆战兵棋开发的接口、AI 基类以及编写 AI 的 Demo 和本地/服务器启动 AI 对抗的入口例程,并提供了可

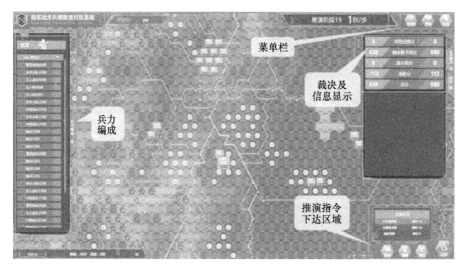

图 12-7 "庙算·智胜"陆军战术兵棋推演对抗系统

以本地运行的陆战兵棋 AI 训练环境和复盘查看服务。

该开发平台为 AI 开发者提供单机训练版和网络对抗版两套 AI 接口,通过接口切换可实现本地高速训练调试与网络版实时机机、人机对抗的便捷化迁移。平台目前支持的对局战斗规模为营级和连级,支持单 Agent 和多 Agent 两类对抗模式,其中,单 Agent 模式指在对抗一方阵营时只有一个 Agent 实例;多 Agent 模式支持在对抗一方阵营时有多个 Agent 实例进行分工协作。

12.3.1 训练模式

1. 单 Agent 模式

一局游戏中,一方阵营内只有一个 Agent 实例。此 Agent 拥有操作本方阵营所有算子的权利,并且不会和其他 Agent 发生信息交互,如图 12-8 所示。此模式下的通常对战用例有:

- 连级 AI vs 连级 AI
- 营级 AI vs 营级 AI
- 单人 vs 连级 AI
- 多人 vs 营级 AI

2. 多 Agent 模式

多 Agent 模式(人机混合)指的是在一局游戏中,任一方中由多个 Agent 实例构成,如一方有 4 个连长和 1 个营长。在此模式下,一方阵营一定会有一个游戏参与者拥有更高级别,一般设为营长,拥有更多的可做动作(兵力编组,下达战斗任

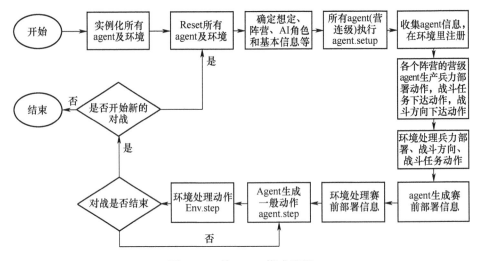

图 12-8　单 Agent 模式流程

务，下达战斗方向）。每个 Agent 应当控制部分算子，并响应营长下达的任务。营长可发出连长级别的动作，但是连长不能做出营长才有权做出的动作。此模式下，在同一阵营中，Agent 实例之间存在信息上的交互，如图 12-9 所示。

此模式的通常对战用例有：

- 1 个营级 AI 加 m 个连级 AI vs 1 个营级 AI 加 n 个连级 AI
- 1 个营级 AI vs 1 个营级 AI 加 n 个连级 AI

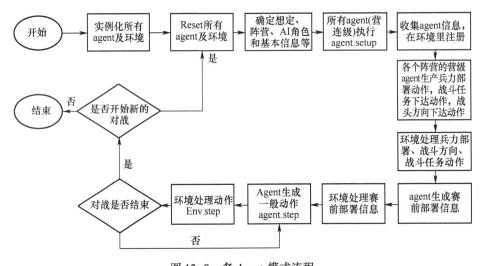

图 12-9　多 Agent 模式流程

12.3.2 复盘系统

为了让开发者能有效观察所编写 AI 的表现,庙算 AI 开发平台提供了在线兵棋数据可视化的复盘系统。打开浏览器,输入服务器地址(http://war-game.ia.ac.cn:8080/2DREPLAY),登录"陆军战术兵棋推演复盘系统"即可。

12.4 "墨子"联合作战智能体开发平台

北京华成防务技术有限公司的"墨子"联合作战智能体开发平台[6]包括 Python 墨子开发包(API 函数交接接口)、人工智能(AI)处理模块以及墨子联合作战推演系统三部分组成。该开发平台是一款支持开展强化学习和军事规则等智能体开发、训练和应用的系统。系统内置装备数据库、基础规则库、知识图谱库、深度强化学习算法库以及神经网络模型组件库,支持开发和训练具备态势认知、筹划决策和平台控制能力的智能体,应用于新型作战概念研究、作战/演习方案评估、智能蓝军研究、战法创新与验证、指挥员谋略训练、装备作战运用研究和全国性军事人工智能博弈赛等领域。

墨子联合作战推演系统是一款全新的覆盖海、陆、空、天、电全域联合作战推演系统,如图 12-10 所示,能够实现从战术、战役等多类作战想定的快速构建和推演仿真。系统支持从顶层战略筹划到单武器平台精细控制的全纵向指挥控制,聚焦各种作战力量和不同作战单元之间的协同配合,在武器装备战术使用原则约束下完成多方之间对抗博弈推演,应用于作战方案和演习方案评估、战法研究、指挥员培训、武器装备论证等领域。在此推演系统基础之上配合 Python 墨子开发包和人工智能处理模块就能开展智能化指挥控制研究。

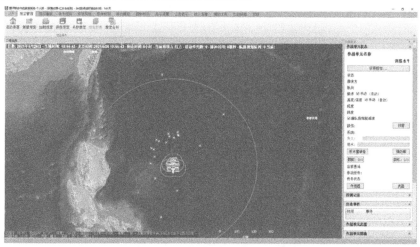

图 12-10 "墨子"联合作战推演系统

Python 墨子开发包提供各类函数交互接口,实现墨子推演系统和 AI 处理系统之间的数据和指令的交互;人工智能(AI)处理系统实现针对决策参数和评价指标的深度强化学习。系统框架如图 12-11 所示。

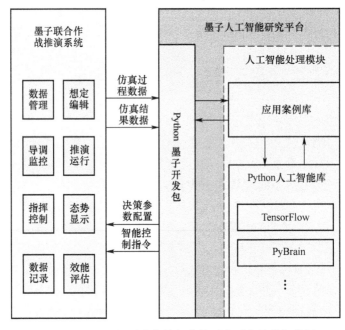

图 12-11 "墨子"联合作战智能体开发平台总体架构图

12.4.1 平台构成

墨子人工智能平台的主要作用是作为"墨子"系统与人工智能开发客户端的桥梁(图 12-12)。这使得用户终端始终是人工智能开发的主体,为用户研发人工智能应用提供了便利性、灵活性和安全性。

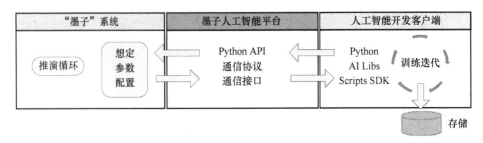

图 12-12 平台的桥梁作用

338

完整的墨子人工智能平台主要包含 4 个软件组件：MoziServer（即"墨子"系统服务端）、Python Client（即人工智能 Python 开发端）、墨子 PythonAPI 和通信接口。这 4 部分之间存在两类接口组件：①墨子 Python API 开发接口；②gRPC 及 web-Socket 通信接口。

（1）MoziServer。

MoziServer 即墨子系统服务端程序（也称"墨子"系统单机版），启动系统后，服务端将打开一个服务端口 6060，开启人工智能伺服模式，等待客户端连接的连接与控制。

（2）Python 人工智能客户端。

Python 人工智能客户端是指部署了 Python 人工智能开发环境的终端，通过调用墨子 Python API，可以建立起面向 MoziServer 的控制连接，并驱动 MoziServer 创建及编辑推演、添加或修改单元及任务、执行动作命令并获得反馈及实时态势，从而开展军事人工智能训练或相关应用。

（3）墨子 Python API。

该 API 是一组 Python 脚本组成的开发包，它提供三方面功能：一是对墨子系统的对象类及其方法的封装；二是对 Lua 子系统提供的系统扩展函数调用的 Python 语言转发函数；三是基于 gRPC 的通信控制库。

（4）通信接口。

Python 客户端到服务端的通信接口采用了基于 http2.0 的 gRPC 开源协议，支持跨语言跨平台，启动简洁并易于扩展。Python 客户端与 ServerAgent 的通信采用了基于 TCP 的全双工通信协议 WebSocket，能够较好节省服务器资源和带宽。

12.4.2　开发模式

1. Windows 个人开发模式

一个 Python 客户端直接连接一个"墨子"系统服务端，两者甚至可以同属于一个操作系统，如图 12-13 所示，这种方式是最简单的，适合个人开发调试。存在的问题是仿真推演系统必须开启，采用实时仿真推演，所以训练效率比较低，不能并行进行训练。

2. Linux 分布式训练模式

Linux 版的墨子封装在 Docker 容器中，一台 Linux 服务器可以创建多个容器，方便并行训练，在创建墨子 Docker 容器时需要暴露出 6060 端口，这是人工智能平台与墨子服务器之间的通信端口。在对战测试时既可以使用 Windows 版本的墨子，也可以使用 Linux 版本的墨子，前者可以方便地查看对战过程，后者在创建容器时需要另外暴露出 2333 端口和 3306 端口，方便墨子客户端连接容器中的墨子服务器，通过这种方式也可以查看对战过程。

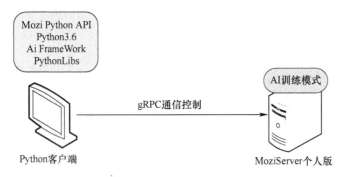

图 12-13　Windows 个人开发模式

　　Linux 分布式训练模式系统采用目前流行的 Ray+Rllib+Tune 的训练架构,数据全部后台运行,无须实时仿真推演,同时可以在多个主机上训练多个 Docker 服务器,而且管理也非常方便,服务器从创建到链接、销毁,完全由 Ray 来完成,这样将极大提高训练效率。尤其是对于复杂的想定,如果采用单机训练几乎不可能收敛。这也是该平台最吸引人的地方,训练模式和对抗模式如图 12-14 和图 12-15 所示。

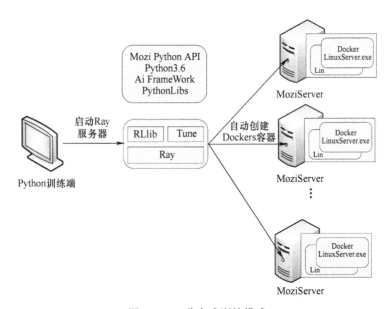

图 12-14　分布式训练模式

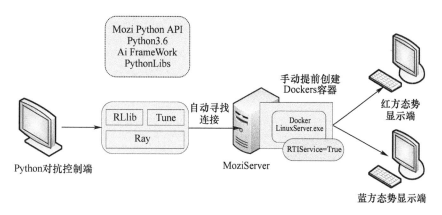

图 12-15 分布式红蓝对抗模式

12.5 基于 Unity ML-Agents 智能仿真训练平台

使用上述免费的仿真推演平台可以进行一些算法的验证,但是如果需要结合一些更加具体的问题,其灵活性、适应性就将面临巨大的挑战。虽然像"墨子"这样的系统已经具备了一定的海陆空想定编辑功能,但是受限于平台的基础功能,如无法满足陆军合成营或三维环境下的空战战法推演等。虽然目前已经有了这些军事对抗仿真软件,但是基本都缺乏进行深度强化学习的接口,改造这些仿真软件并实现接口的代价也非常大。

下面介绍如何快速建立军事模拟仿真推演平台的方法。我们使用的开发工具是 Unity ML-Agents[7],它是 Unity(著名的游戏引擎)公司推出的一款用于在 Unity 上进行机器学习的开源 Unity 插件工具包,其全称为 Unity Machine Learning Agents。目标是希望未来的游戏开发者在 Unity 中也能方便地使用人工智能技术。人工智能的研究人员也可以尝试使用 Unity 来进行研究与验证机器学习算法。依托 Unity 这个强大的商用游戏引擎,可以构建逼真度较高的战场环境。

Unity 是一个实时三维开发平台,它由 3 个部件组成:渲染引擎、物理引擎、图形用户界面 Unity 编辑器(供开发者设计使用)。目前 Unity 平台在游戏制作、工程建筑、电影特效等领域都有广泛的应用。开源性和模块化是 Unity 的两大特点。前者是指其支持多元算法的接入(如强化学习、模仿学习等),这使得 Unity 成为人工智能领域方法研究的理想验证平台;后者则是指其支持如王牌空战、星际争霸、VR 世界等多种底层子平台的对接。此外,Unity 编辑器界面还支持使用者自己编辑特定的模拟环境。这使得 Unity 可以成为连接算法和各类仿真环境的通用平台。

Unity 机器学习软件开发工具包(Machine Learning Agents Software Development Toolkit, ML-Agents SDK)是一种基于 Unity 的开源 RL 插件。从本质上说,ML-Agents SDK 就是连接多种机器学习算法和 Unity 仿真环境的桥梁。ML-Agents SDK 提供了一系列核心功能使得研究人员可以使用 Unity 编辑器与关联的 C#脚本创建训练环境,然后使用 Python API 编写算法控制智能体与环境进行交互。此外,ML-Agents 基于著名的 TensorFlow 框架,这使得研究人员可以专注于算法的调试和改进,而不需要受限于繁杂的实现和对接过程。

12.5.1　Unity ML-Agents 的结构

ML-Agents SDK 基本框架结构如下所示,它主要包含 3 个部分:①学习环境:囊括 Unity 中的特定场景和所有智能体;②Python 应用程序编程接口(Application Programming Interface, API):包括研究人员用于训练智能体形成特定策略完成环境任务的机器学习算法,Python API 一般通过通信体(Communicator)与 Unity 主结构完成信息传递和交互;③通信体:负责连接 Unity 环境和 Python API。而学习环境则由 3 个实体构成:智能体、大脑(Brain)和学院(Academy),主要用于创建 Unity 场景:①智能体:与 Unity 场景中的角色——对应,即从环境中获取观测值,执行动作并得到环境产生的回报。每个智能体都与 1 个大脑相连。②大脑:封装了智能体的决策逻辑。大脑保留每个智能体的策略,其决定智能体在每种情况下应采取的动作。③学院:指导智能体进行观测和做出决策。实际上学院控制着各类环境参数。另外负责连接 Unity 环境和 Python API 的通信体也主要由学院控制。上述 3 个实体各司其职构成了整个 Unity 的训练场景。通过这些组件研究人员不仅可以创建和修改 ML-Agents SDK 的学习环境,还可以控制智能体的训练过程并测试算法在不同实际模拟场景中的有效性。Unity ML-Agents SDK 的训练框架逻辑如图 12-16 所示。

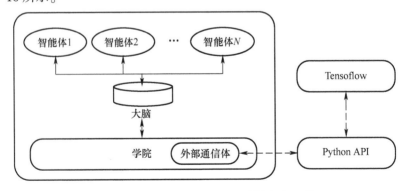

图 12-16　ML-Agents SDK 的训练框架逻辑

此外,Unity ML-Agents 提供了多个先进的机器学习算法,可以使用 Reinforcement Learning(强化学习)、Supervised Learning(监督学习)、Federal Learning(联邦学习)或其他机器学习方法,通过简单易用的 Python API 训练 Agent,游戏设计者和个人爱好者能够轻松训练 二维、三维和 VR/AR 游戏的智能体。

该插件的源码及说明文档可以直接从 GitHub 上的 Unity 官方账户下载。

ML-Agents 工具包包含五个高级组件:

1. 学习环境

其中包含统一场景和所有游戏角色。统一场景提供了智能体观察、行动和学习的环境。如何设置统一场景作为学习环境取决于您的训练目标。您可能试图解决有限范围的特定强化学习问题,在这种情况下,您可以使用相同的场景进行训练和测试智能体。ML-Agents 工具包括一个 ML-Agents UnitySDK(com. unity. ml-Agents 包),通常情况下,在游戏角色上增加 Behavior Params、Agent、DecisionRequest 三个基础类,并进行相关设置,这样就能够将任何普通场景转换为学习环境。

2. Python 底层 API

它包含一个用于交互和操作学习环境的底层 Python 接口。PythonAPI 并不是 UnityAPI 的一部分,与学习环境不同,驻留在外部,与 Unity 完全分离,并通过通信器与 Unity 通信。此 API 包含在专用的 mlAgents_envsPython 包,并被 Python 培训过程用于在培训期间与环境进行通信和控制。

3. 外部通信器

它将学习环境与 Python 底层 API 连接起来。

4. Python 训练器

它包含所有支持训练代理的机器学习算法,算法采用 Python 实现的,存在于 mlAgents Python 包中,该包包含一组命令集能够快速进行强化学习训练。Python 训练器只与 Python 底层 API 接口。

5. Gym 封装

机器学习研究人员与仿真环境交互的一种常见方式,是通过 OpenAI 提供的包装器进行交互,被称为 Gym。ML-Agents 也提供一个专门的 Gym 封装 gym-unityPython 包和指令将其与现有的利用 Gym 的机器学习算法相结合。

学习环境包含两个帮助组织统一场景的统一组件:

Agent:该类附属于场景中的任何角色之上,处理它自身的观察,执行它所收到的行动,并在适当时给予奖励(正面/负面)。每个 Agent 都链接到一个行为。

行为:定义 Agent 的特定属性,如 Agent 可以采取的操作数。行为可以被认为是一个函数,它接收来自 Agent 的观察和奖励并返回操作。行为包含三种类型:学习、启发、推理。学习行为是一种尚未定义但即将被训练的行为。启发式行为是在代码中实现的一组硬编码规则定义的行为。推理行为是指包含经过训练的神经网络文件的行为,即学习行为经过训练后,就变成了推理行为。

在修改学习环境时都会为场景中的至少一个角色添加一个 Agent。虽然每个 Agent 必须链接到一个行为,但是具有类似的观察和操作的 Agent 有可能具有相同的行为,这样它们只需要链接到一个行为上。学习环境中,可以同时存在多个 Agent 和多个行为,这样不同类型的智能体就可以一起进行训练。此外,ML-Agents 还提供专门的通道在机器学习循环之外帮助 Unity 和 Python 之间交换数据,ML-Agents 训练框架如图 12-17 所示。

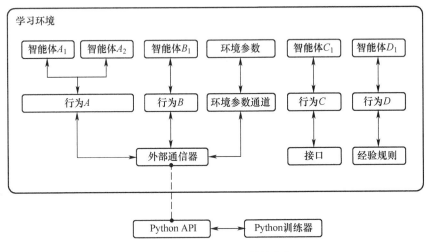

图 12-17　ML-Agents 训练框架

12.5.2　ML-Agents 训练方式

ML-Agents 除了支持典型的单 Agent 训练,还提供多种了其他训练方案。

(1) 单 Agent。一个单独的 Agent,有自己的奖励信号。

(2) 同时单 Agent。具有相同独立回报信息的多个独立智能体行为参数。一个并列版的传统训练模式,可以加快和平稳训练流程。当在一个环境中有多个相同角色的版本时,应该训练相似的行为,这是很重要的。一个实例可能是训练一批机器人手臂,让每个机器人同一时间打开一扇门。

(3) 对抗性自主游戏。两个具有负向回报信号的相互作用的个体,在双人游戏中,对抗类型的 self 游戏可以让智能体不断熟练,并总能匹配到同等类型的对手——自己。这个在训练 AlphaGo 时用到的策略正在被 OpenAI 用来训练 1vs1 的 DOTA2 特工。

(4) 多智能体合作。多个相互作用的智能体具有相同或不同的共享奖励信号。所有智能体必须要共同完成不能各自独立完成的一个任务。如,每个智能体只能访问部分环境信息,并为了完成任务和合作解决难题,需要共享信息。

（5）竞争多智能体。具有相同或不同的负向奖励信号的多个相互作用的智能体行为参数。在这种情况下,智能体必须相互竞争才能赢得竞争,并获取有限的资源。所有的团体运动都属于该种情况。

（6）生态系统。多个交互主体行为参数具有相同或不同的独立的奖励信号。这种情况可以被认为是创建一个小动物的世界,不同目标进行交互,如斑马、大象和长颈鹿在草原上,或在城市环境中模拟自主驾驶。

12.5.3　深度强化学习算法

ML-Agents 提供了两种强化学习算法的实现:

（1）近端策略优化(Proximal Policy Optimization,PPO)

（2）软行为-评价家(Soft Actor-Critic,SAC)。

默认算法是 PPO,这是一种比其他 RL 算法更通用、更稳定的方法。

与 PPO 相比,SAC 是 off-policy,这意味着它可以从过去任何时候收集到的经验中学习。随着经验的收集,它们被放置在一个经验回放缓冲器,并在培训期间随机抽取。这使得 SAC 显著地提高了样本效率,通常需要比 PPO 少 5~10 倍的样本来学习相同的任务。然而,SAC 往往需要更多的模型更新。对于较重或较慢的环境(每步大约 0.1s 或更多),SAC 是一个很好的选择。SAC 也是一种"最大熵"算法,它可以以一种内在的方式进行探索。

1. 对稀疏奖励环境的好奇心

在 Agent 获得稀少或不频繁奖励(稀疏奖励)的环境中,Agent 可能永远不会获得用于引导其训练过程的奖励信号。在这种情况下,使用内在的奖励信号是有价值的。好奇心就是这样一种信号,它可以帮助 Agent 在外在奖励稀少的情况下进行探索。

这个 curiosity 奖励信号支持本征好奇模块中描述的方法的实现。基于自我监督预测的好奇心驱动探索,它培训两个网络:

（1）一个逆模型,它接受智能体的当前和下一个观察,对它们进行编码,并使用编码来预测在观察之间所采取的行动。

（2）一个前向模型,它接受编码的当前观测和动作,并预测下一个编码的观测。将前向模型的损失(预测观测值与实际编码观测值之差)作为内在报酬,因此模型预测越准确,奖励就越大。

2. 用于稀疏奖励环境的随机网络蒸馏

与好奇类似,随机网络蒸馏(Random Network Distillation,RND)在稀疏或稀有的奖励环境中也很有用,因为它有助于 Agent 的探索。RND 模块就是在此基础上

实现的。随机网络精馏的探索,RND 使用两个网络:

（1）第一个是具有固定随机权重的网络,它以观测数据为输入并生成编码。

（2）第二种是具有类似结构的网络,它被训练来预测第一个网络的输出,并使用 Agent 收集的观察作为训练数据。

训练模型的损失(预测和实际编码观测值之间的平方差)作为内在报酬。Agent 访问状态越多,预测越准确,奖励越低,从而鼓励 Agent 探索具有较高预测错误的新状态。

12.5.4 开发流程

采用基于 Unity-MLAgents 的自研智能仿真平台,需要在普通的 Unity 仿真项目上进行一些改造和配置,具体步骤如下:

（1）使用 Unity 完成整个仿真环境的开发,包括场景、模型以及物理特性建模,对抗角色具备手动操作的能力;

（2）为对抗对手编写基本的规则智能(此部分使用 C#语言编写);

（3）编写仿真对抗的回合控制代码,保证每回合结束后可以实现整个项目的重置到初始状态,这个必须采用自动,而不能使用菜单选择,否则后续快速训练将会中断;

（4）改造学习型智能体,在所在模型上增加 Agent、Decision Request 和 Behavior Parameters 三个对象,增加 Agent 对象表示该对象为学习型智能体,接收外部动作输入进行控制;Behavior Parameters 对象主要配置 Observation 参数以及 Action 类型数量;而 Decision Request 主要设置决策的频率;

（5）打包生成可执行文件,Windows 和 Unix 两种平台均可被选;

（6）开始训练。使用前面介绍的 ML-Agents 自带算法比较简单,无须编写 Python 接口,直接调用内置的命令就可以开始训练。如果使用其他算法,则需要调用 ML-Agents 相关接口函数手动编写 Python 接口实现与可执行文件的链接。

使用该流程基于 Unity-MLAgents 开发的仿真训练环境,如图 12-18 所示。

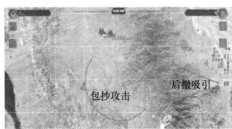

空战仿真环境

陆战仿真环境

图 12-18　基于 Unity-MLAgents 仿真训练环境

参 考 文 献

VINYALS O,EWALDS T,BARTuNOV S,et al. StarCraft Ⅱ：A New Challenge for Reinforcement Learning［EB/OL］. arXiv：1708.04782,2017.

第13章　即时策略游戏智能技术分析

以深度强化学习为代表的人工智能技术在 AlphaGo 中的突破性进展,给复杂军事问题求解提供了思路,即通过"人工棋"(仿真环境)建模和交互训练的方式实现。然而,真实作战环境的复杂度远大于围棋。主要体现在博弈的不完全、不完美、实时性要求高、决策空间和行动空间巨大等方面。因此,在军事复杂问题求解中,纯粹的如 Alpha Zero 般的端到端的深度强化学习建模方式远远达不到解决问题的程度。相较围棋而言,即时策略游戏复杂程度更高,更加贴近军事活动。

像星际争霸这样的即时策略游戏,更加符合真实战争,如果把真实的战争看成一场即时策略游戏,从兵力选择、任务受领,到掌握战场的态势信息,永远是需要知道的。但是决策信息的一小部分,包括你的交战对手,永远在迷雾里行动。这种战争迷雾,第一个挑战就是要应对永恒的不确定性,即使拥有丰富的作战经验以及现代化的武器装备,依然处于在不确定性的迷雾里,因为它是缺失客观信息造成的。如果过度地追求精确预测,还可能由于在探索还是利用的权衡中偏向一端导致无法获取可用的结果。

而多智能体博弈,体现了策略建模的复杂性,我方的最佳策略取决于友方策略、对手策略,以及盟友策略,还有兵种的相互制约、组合带来的 1+1 大于 2 的效果等,游戏尽可能的模拟真实的战争。星际争霸的挑战还有超大的动作空间(可能性超过围棋全部组合数百个数量级),游戏长度很长,而且游戏初期做出的决定会影响最终的成败。但最关键的,星际相对围棋最大的技术挑战在于非完全信息博弈,也是它和真实世界最接近、最有价值的地方。

以下简要分析即时战略游戏与一般游戏在进行深度强化学习训练方面的不同点:

表 13-1　即时战略游戏难点问题

序号	问题	难　　点	解决途径
1	群体博弈	参与的智能体多,类型也不相同	多智能体强化学习、虚拟自我博弈
2	不完全信息	对手的信息无法掌握	LSTM 网络
3	长期规划/回报稀疏	一局游戏需要几万步决策,但是最后只有一个稀疏的奖励	课程学习

序号	问题	难　　点	解决途径
4	实时控制	对于操作速度（Action Per Minute，APM）有限制，要接近人的操作速度，导致训练时间较长	分布式深度强化学习
5	超大状态空间	复杂的地图场景，不管是图像输入还是位置信息等输入，状态空间均无比巨大	模仿学习、课程学习
6	超大动作空间	动作空间组合数目较多，每一个具体的操作都需要若干原子动作进行组合	分层深度强化学习
7	多任务/多角色	多兵种、多角色导致任务不同，分工不同	分层深度强化学习

对于大型即时策略游戏单纯使用某一技术都是无法训练出很好的模型，尤其是探索初期阶段，智能体如果不借鉴人类知识，那么基本会走入死胡同，导致训练失败。所以这个时候训练策略上就需要进行各种技术的组合，采取更加合适的训练方法和途径。

因此，本章对以星际争霸、Dota2 为代表的即时策略游戏中涉及的技术进行了分析。主要涉及虚拟自博弈学习、分层深度强化学习、课程学习和分布式深度强化学习等。虚拟自博弈学习主要解决的是训练模式问题，即如何构建博弈模型，以及更新与优化机制，使得模型能够向更好的方向训练。分层深度强化学习主要解决决策空间爆炸难题，通过分层降低问题求解的复杂度。课程学习主要解决历史学习经验的迁移与利用问题，通过从易到难的模型重用来降低复杂问题求解的难度。分布式深度强化学习主要用于提升样本采集的效率。事实上，对于复杂问题而言，单一的求解方式往往很难达成目标，需要结合问题特点，选择合适的技术。

13.1　虚拟自博弈学习

虚拟自我对弈（Fictitious Self-Play，FSP）是一种利用强化学习技术从从对局中学习的博弈论模型，其通过自博弈减少对先验知识的依赖，在训练过程中通过机制设计避免陷入局部最优，并且具备理论保证能够收敛到近似纳什均衡。在博弈论中，纳什均衡是非人为通过调节策略获得额外收益的博弈最优解。虚拟博弈（Fictitious Play）是求解规则博弈中纳什均衡的一种传统算法。虚拟玩家反复对对手的平均策略做出最佳反应。Heinrich 等人提出了广泛的虚拟对弈（Extensive Fictitious Play）[1]，将虚拟对弈的概念扩展到扩展式博弈。然而，状态在每个树节点中被表示为查找表，因此泛化训练是不切实际的，更新平均策略需要遍历整个游戏树，这给大型游戏带来了维度灾难。

13.2 神经虚拟自我对弈

玩家和对手遵循行动顺序的要求使得 FSP 不适合信息不完全的游戏。Heinrich 和 Silver 提出了神经虚拟自我博弈[2]（NFSP），它近似地将 FSP 与神经网络函数相结合。该算法通过贪婪深度 Q 学习（Greedy Deep Q-learning）来计算最优响应，并通过监督学习智能体的历史行为来计算平均策略。它通过引入预期动态来解决协调问题——玩家根据他们的平均策略和最佳反应采取行动。这是第一个在没有任何先验知识的不完全信息博弈中近似纳什均衡的端到端强化学习方法。然而，它依赖于深度 Q 网络，深度 Q 网络离线时，难以整合到对手策略不断变化的在线游戏中，因此深度 Q 网络不能在游戏中使用大规模的深度搜索来实现近似的纳什均衡。于是有人就蒙特卡罗树搜索和 NFSP 结合起来，提出了一种蒙特卡罗神经虚拟自我博弈[3]算法，极大地提高了模型在信息不完整的大规模零和博弈中的性能。实验表明，该算法可以实现大规模深度搜索中 NFSP 无法实现的近似纳什均衡。

另一个缺点是，在 NFSP 中，最优反应依赖于深度 Q 学习计算，这需要很长时间来计算，直到收敛。该文又提出了一种利用并行训练来稳定和加速训练的异步神经虚拟自学习（ANFSP）方法。多个玩家可以并行地做出决策。玩家共享 Q 学习网络和监督学习网络，在 Q 学习中积累多个步骤的梯度，并在监督学习中计算小批量的梯度。与 NFSP 相比，这减少了数据存储所需的内存。研究人员在一个两人零和扑克游戏中评估了该方法。实验结果表明，与 NFSP 相比，ANFSP 可以更稳定、更快速地接近纳什均衡，NFSP 算法伪代码如算法 13-1 所示。

算法 13-1：神经虚拟自我博弈算法

初始化场景 Γ，并通过 RUNAGENT 函数为每个玩家运行一个 Agent

function RUNAGENT(Γ)：

初始化回放缓后 M_{RL}（循环缓冲区）和 M_{SL}（储备缓冲区）

使用随机参数 $\boldsymbol{\theta}^{\Pi}$ 初始化平均策略网络 $\Pi(s,a|\boldsymbol{\theta}^{\Pi})$

使用随机参数 $\boldsymbol{\theta}^{Q}$ 初始化动作价值网络 $Q(s,a|\boldsymbol{\theta}^{Q})$

初始化目标网络参数 $\boldsymbol{\theta}^{Q'} \leftarrow \boldsymbol{\theta}^{Q}$

初始化预期参数 η

foreach episode do

设置策略 $\sigma \leftarrow \begin{cases} \varepsilon - \text{greedy}(Q), \eta \\ \Pi, \qquad\qquad 1-\eta \end{cases}$

观察初始状态信息 s_1 和奖励 r_1

---

for $t=1,T$ do

    从策略 σ 中采样动作 a_t

    在场景中执行动作 a_t，观察奖励 r_{t+1} 和下一个状态信息 s_{t+1}

    将轨迹信息 $(s_t,a_t,r_{t+1},s_{t+1})$ 存储在记忆缓存 M_{RL} 中

    if Agent 遵循最佳反应策略 $\sigma=\varepsilon\text{-greedy}(Q)$，then

        将行为二元组 (s_t,a_t) 存储在监督学习记忆 M_{SL} 中

    end if

    使用随机梯度下降更新损失函数 $\boldsymbol{\theta}^{\Pi}$

$$L(\boldsymbol{\theta}^{\Pi}) = E_{(s,a)\sim M_{SL}}[-\log\Pi(s,a\,|\,\boldsymbol{\theta}^{\Pi})]$$

    使用随机梯度下降更新

$$L(\boldsymbol{\theta}^{Q}) = E_{(s,a,r,s')\sim M_{RL}}[(r+\max_{a'}Q(s',a'\,|\,\theta^{Q'})-Q(s,a\,|\,\boldsymbol{\theta}^{Q}))^2]$$

    定期更新目标网络参数 $\theta^{Q'}\leftarrow\theta^{Q}$

    end for

end for

end function

    NFSP 将 FSP 与神经网络近似相结合。在算法 13-1 中，游戏的每个玩家都由单独的 NFSP Agent 控制，这些 Agent 从与其他玩家博弈中学习，即 self-play。每个 NFSP Agent 与其他 Agents 交互，将经历 $(s_t,a_t,r_{t+1},s_{t+1})$ 存在 M_{RL} 中，再将自己的最优反应 (s_t,a_t) 存在 M_{SL} 中。NFSP 将这两个记忆 M_{RL} 和 M_{SL} 视为两个不同的数据集，分别用于深层强化学习和监督分类（两者存放方式不一样，M_{RL} 是 buffer 的形式，先进先出；M_{SL} 用蓄水池 reservoir 的形式，每个样本重要性一致）。

    NFSP 用 M_{RL} 去训练一个 DQN，从而可以得到近似最优反应 $\beta = \varepsilon\text{-greedy}(Q)$，也就是 ε 的概率随机选动作，$(1-\varepsilon)$ 的概率选择 Q 值最大的动作（Q 网络输入为 s，输出 Q 值，loss 为 $|Q_{(s)} - (r_t + Q_{(s_{t+1})})|^2$）。

    NFSP 再用 M_{SL} 通过监督分类的方式去训练另一个网络 $\Pi(s,a\,|\,\theta^{\Pi})$ 去模拟自己过往最优反应。该网络将状态映射到动作概率并定义 Agent 的平均策略 $\pi=\Pi$。（Π 网络的输入为 s，输出在各动作上的概率分布为 P，Loss 为 $-\log P$，这里不是 $-R*\log P$，因为 M_{SL} 中都是由 Q 网络估计而得到的近似最优反应经历，他们重要性相同，可以理解为每一个的 R 都等于 1）

    在博弈中，Agent 从策略 β 和策略 π 的混合策略中选择动作。

    NFSP 还利用两项技术创新，以确保最终算法的稳定性，并实现同步自博弈。首先，它使用蓄水池采样（Reservoir Sampling）来避免由于从有限存储器中采样而导致的窗口 Artifacts；其次，它使用 Anticipatory Dynamics（预期动态）使每个 Agent 都能够采样自己的最优反应行为，并更有效地跟踪对手行为的变化。

如果我们希望所有 Agent 在互相博弈的同时学习,将面临以下困境。原则上,每个 Agent 可以发挥其平均策略 π,并通过 DQN 学习最优反应,也就是估计并最大化他自己最优反应策略 β^i 下的 $Q^i(s,t)$ 来对抗其他玩家的策略组合 π^{-i}。但是在这种情况下,Agent 不会获得产生任何最佳反应行为的经验,然而这是训练其平均策略网络 $\Pi(s,a|\theta^\Pi)$ 所必需的。$\Pi(s,a|\theta^\Pi)$ 网络用于近似 Agent 自己过往的平均最优反应。

所以这个时候引出 Dynamics(预期动态),每个玩家都会预测对手们的平均单步博弈策略 $\hat{\pi}_t^{-i} + \eta\mathrm{d}\hat{\pi}_t^{-i}/\mathrm{d}t$,然后做出最优反应,$\eta$ 为动态参数。

最终的混合策略表达为: $\sigma \equiv (1-\eta)\hat{\pi} + \eta\hat{\beta}$。

13.2.1 联盟自博弈训练

星际争霸游戏本身就是一种不完全信息的博弈问题,策略空间非常巨大,几乎不可能像围棋那样通过树搜索的方式确定一种或几种胜率最大的下棋方式。一种星际策略总是会被另外一种策略克制,关键是如何找到最接近纳什均衡的智能体。为此,DeepMind 设计了一种智能体联盟(League)的概念,将初始化后每一代训练的智能体都放到这个联盟中。新一代的智能体需要和整个联盟中的其他智能体相互对抗,从而实现自博弈学习,通过强化学习训练新智能体的网络权重。这样智能体在训练过程中会持续不断地探索策略空间中各种可能的作战策略,同时也不会将过去已经学到的策略遗忘掉。

但是开始联盟自博弈训练之前还面临一些棘手的问题,在多步决策中奖励往往很稀疏,使用基于累积奖赏的强化学习方法要面临非常巨大的搜索空间。如何让交战双方尽快适应交战规则将缩短训练的进程,AlphaStar[4] 给出了一些不错的实践方向,如图 13-1 所示,包括:①监督学习预训练模型,学习目标就是给定一个状态,预测下一步的动作。②用人类数据约束探索行为,缩小探索空间,避免产生大量无效的探索/无用的采样。③利用人类数据构造伪奖赏(Pseudo-Reward),引导策略(一定程度地)模仿人类行为,缓解稀疏奖赏的问题,加速策略训练。④用人类数据约束对抗环境的生成,避免生成与真实情况差异过大的环境/对抗策略,缩小稳健训练时所需的训练规模。

Xiangjun Wang 等提出的星际争霸指挥官(SCC[5]),如图 13-2 所示,构建了 SCC 网络结构、模仿和强化学习训练机制,进行了大量优化。与 AlphaStar 相比,SCC 访问了更小的数据集,额外优化了网络架构,使之拥有更高的内存效率,智能体在强化学习阶段采用了近端策略优化(PPO)并利用了异步采样和大规模分布式训练,采用了智能体分支和多智能体,使用了更少的样本进行学习。

在模仿学习阶段,首先构建了 SCC 网络结构,设置三个不同大小的人族比赛回放数据集。SCC 网络结构与 AlphaStar 网络结构类似,但一些关键组件不同:

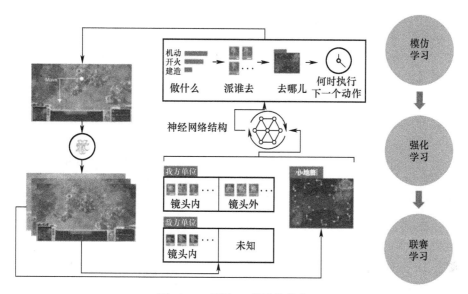

图 13-1 星际 AI 背后的技术

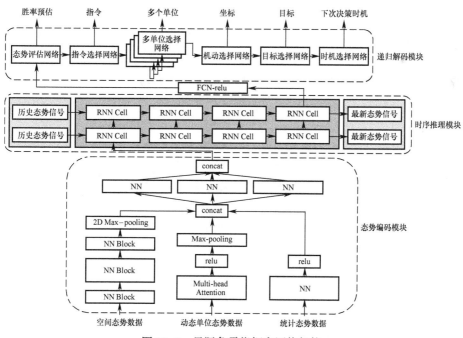

图 13-2 星际争霸指挥官网络架构

SCC 网络结构采用 64 * 64 的小地图;"Enemy Unit、My Unit、Neutral Unit"三组单元自然分离,分别对其处理;提出基于 multi-head attention 的可训练的注意池;通过 Residual LSTM 块进行连接和处理,采用连接后全连接层的结构;通过 Conditioned Concat-Attention 进一步对动作施加约束;用抽样选择的 embedding 代替单权重向量 v。

进行联盟自博弈训练最关键的技术在于这里同时训练了三个策略集合:Main Agents、Main Exploiters、League Exploiters。

Main Agents 使用优先虚构自我博弈(PFSP,Prioritized Fictitious Self-Play)技术。其中 Fictitious 的含义不仅仅像 AlphaGo 里面那样找较近的、可得到的 Agent 去和它对弈,而是希望找到一个能够对抗历史上智能体某个分布的策略,在两个玩家的零和游戏中该分布最后会趋向纳什均衡。其中 Prioritized 的含义是以更高的概率去对抗那些历史上胜率低的智能体。Main Agents 的对手从所有的三个策略集合中选择(包含历史上的策略)。

Main Exploiters 的对手只是当前的 Main Agents,主要目的是找到当前策略集合的弱点。League Exploiters 也使用 PFSP 方法,对手为 Main AAgents 的历史,目标是发现系统性弱点。Main Exploiters 和 League Exploiters 都会隔一段时间重置为由监督学习得到的智能体,避免三个策略集合相对于人类的策略"走偏了"以增加对抗人类策略的稳定性。

每个种族使用一个 Main Agents 集合、一个 Main Exploiters 集合和两个 League Exploiters 集合。

SCC 与 AlphaStar 算法类似,联盟由 3 种智能体组成,分别是:Main Agent(采用 PFSP 机制根据每个对手和主智能体对战的胜率调整对战匹配概率,增加对战困难对手的概率)、Main Exploiter(对战主智能体并发现其弱点,将产生的模型加入主智能体的对手集中)、League Exploiter(对整个联盟中的智能体使用 PFSP 方法以发现整个联盟的弱点,将产生的模型加入主智能体的对手集中)。与 AlphaStar 相比,SCC 访问了更小的数据集、额外优化了网络架构使之拥有更高的内存效率、智能体在强化学习阶段采用了 PPO(近端策略优化)并利用了异步采样和大规模分布式训练、采用了智能体分支和多智能体、使用了更少的样本进行学习。

在 SCC 中还开发了一个基于参与者-学习者架构的高度可扩展的培训系统。单个智能体的训练过程示意图如图 13-3 所示。在这个的系统中,有许多采样器,每个采样器连续运行一个 SC2 环境并收集训练数据。当训练数据生成时,它将通过网络发送到 Trainer,并保存到本地缓冲区中。当本地缓存区中有足够的训练数据时,训练者开始执行一个训练步骤,在这个步骤中重复采样一批训练数据计算梯度,并执行 MPI 减少(MPI all-reduce)操作。当训练数据被使用了一定次数时,该训练步骤将终止,并清除本地缓冲区。然后,训练器通过网络将更新后的网络参数分配给预测器。预测器在 GPU 上为采样器提供批处理推理服务,有效利用资源。对于每个代理,运行大约 1000 个(AlphaStar 16000)并发 SC2 匹配,可以收集总大小为 144000 的样本批,并在大约 180s 内执行一个训练步骤。因此,平均每秒大约可以处理 800(AlphaStar 50000)个代理步骤。

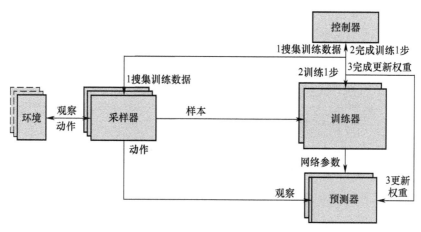

图 13-3 训练过程图

为了支持整个联赛的训练,SCC 还构建了如图 13-4 所示的联赛系统,该系统由 4 个组件组成,分别是 Storage、Predictor、Scheduler 和 Evaluator。

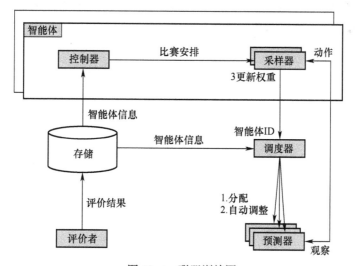

图 13-4 联盟训练图

存储:使用 MySQL 数据库服务来存储联盟信息,如智能体 ID、智能体类型、模型路径等,并将各智能体之间的胜率评价结果保存到存储库中。

预测器:使用单一的预测器聚类为联盟中的所有智能体提供预测服务,聚类由训练智能体共享。不仅仅是 GPU,CPU 也被用作预测器。

调度器:调度程序维护预测器并提供命名服务,该服务接收智能体 id 并返回一个可用的预测器(如果不存在,则分配一个)。随着联盟中智能体数量的不断增长,并不能保证每个智能体都有至少一个 GPU 预测器,在这种情况下将使用 CPU 预测器。请求在智能体上的分布也会在培训过程中发生变化,调度器还负责根据请求量自动扩展智能体的预测器数量。

评价者:需要一个评价者来获得联盟中智能体之间的胜率。评价结果存储在存储库中,用于计算匹配分布。

13.2.2　基于智能群组优化的虚拟自我博弈对抗

基于智能群组优化的虚拟自我博弈对抗技术的核心思想是先进行基于规则对抗形成神经网络决策模型(在有较多历史数据时可以基于数据进行监督学习),然后再进行使用群组方法的自我博弈对抗的强化学习。创建一个群组(League),群组内有很多个体,通过不断的让群组内部的个体之间相互对抗来进行强化学习训练,使得每个个体都能得到提升。经过不断的内部对抗,其得到的不是一个极度强大的个体,而是一个十分强大的群体。训练过程中,创建了 4 类个体。4 类个体分别为:主智能体(Main Agents)、主探索者(Main Exploiters)、群组智能体(League Exploiters)和历史参数个体(Past Players)。

主智能体是最核心的智能体,是最终输出的强化学习智能体,其对抗对手是全部历史个体、主探索者、主智能体,训练过程中定期存储自身参数为一个智能体并加入到历史参数个体中;主探索者的目的是用于寻找主智能体的弱点,在训练过程中,定期存储自身参数为一个智能体并加入到历史参数个体中,每存储一次自身参数,就会把自己还原为监督学习的参数,其对抗对手是主智能体、主智能体的历史个体;群组智能体用于寻找整个群体的弱点,在对抗过程中,定期存储自身参数为一个智能体并加入到历史参数个体中,每存储一次自身参数,就有一定概率将自己还原为监督学习的参数,其对抗对手为全部历史参数个体;历史参数个体主要用于存储智能体的历史参数。

自我博弈对抗训练框架如图 13-5 所示,图中每个智能体的大小可以代表其时间先后关系,越早越小。每个主智能体都会向历史参数个体中添加自身的历史参数。主智能体会与主探索智能体、主智能体、全部历史参数个体进行对抗。主探索者会与主智能体、主智能体的历史参数进行对抗;并且其每次存储参数都会还原自身参数为监督学习的参数。群组探索者会与全部历史参数个体进行对抗;并且每次存储参数都有一定概率还原自身参数为监督学习的参数。

训练过程中,定期存储自身参数为一个智能体并加入到历史参数个体,并且使

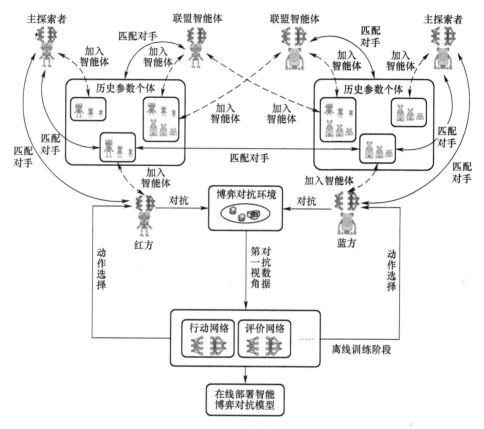

图 13-5　虚拟自我博弈与模型更新

用 PFSP 方式学习,PFSP 是一种为了高效率学习的匹配机制,每一个个体(包括历史个体与当前的三类智能体个体)都会记录与其他个体对抗的胜率,主智能体会优先选择胜率低的个体对抗。通过记录历史参数并与其对抗的方式,可以使智能体克服追逐循环的情况。

群组智能体和主探索智能体会将自身参数还原为监督学习的参数,这是因为智能体很可能会学习到一种很小众且有明显弱点的策略,但是其能够很好的击败一些智能体,即偏离人类的认知。因此需要对其参数进行还原。至于主智能体,其是最终的输出智能体,因此不需要还原参数。

智能体的匹配机制为智能体会根据目标来匹配的对手。主智能体是最终的输出目标,因此必然要有极强的能力,即能够打败全部的个体;主探索者是为了在人类的基础上找到主智能体的弱点,因此对手均为主智能体及其历史个体;群组探索者是为了找到系统(群体)的弱点,因此对手均为全部的历史智能体。

13.3 分层深度强化学习

分层深度强化学习是当前强化学习领域较为热门的研究方向,主流策略游戏的人工智能中都有着分层强化学习的影子。分层主要解决动作空间爆炸问题,在现实的策略问题上往往奖励比较稀疏,并不是每个动作都有奖励,同时其环境具有庞大的状态空间和动作空间,这也就导致直接进行训练,其训练效果需要很长时间,而且不尽如人意。分层强化学习的本质是通过将任务分解为不同抽象层次上的子任务,子任务的状态动作空间有限,对子任务能够有较快的求解速度,最终加快整体问题的求解。

分层强化学习算法通常采用两层结构,一层结构作为顶层结构,每隔一段时间进行调用,根据当前观测到的环境和智能体状态产生高层策略输出子任务,这个子任务可以是一个目标点,也可以是一个任务,第二层作为底层结构,根据当前目标状态和子任务产生动作以解决子任务问题。

13.3.1 分层深度强化学习在即时策略游戏中的应用

AlphaStar[6]学习游戏的宏观和微观策略,以此来模仿人类高手的操作,在策略上对其进行层次的划分,如图13-6所示,创建了多种不同的智能体,如 Main A-gents、Main Exploiters、League Exploiters。Main AAgents 主要负责不断训练策略使其能够获胜,Main Exploiters、League Exploiters 则负责作为 Main AAgents 的陪练,寻找其策略中的弱点,最终使得智能体能够不断学习不断进步。

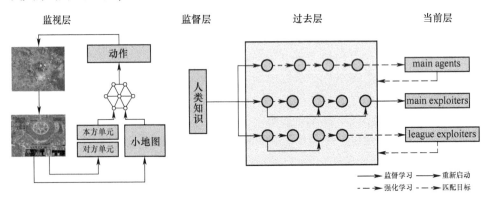

图 13-6 AlphaStar 训练网络架构

同时,南京大学团队也对《星际争霸2》的分层强化学习方法进行了深入的研究[7],分层结构如图13-6所示。并且其在仅采用 12 个 CPU、48 线程的条件下,通过 1 天的训练,智能体便已经能击败最高难度的游戏内置 AI。该方法采取宏动作的概念,同时也采用了一个两层分层的框架,每次时间间隔时控制器将根据当前的全局信息选择一个子策略,然后子策略将选择宏动作来控制作战单元采取不同的行动。在子策略选取宏动作时,其原本的动作空间会被宏动作空间所取代。这将极大的提高智能体学习的效率和运行速度,也使得其相对于 AlphaStar 训练速度更快。总体从训练时长与训练效果来看,AlphaStar 的智能性更高,整体表现更好,这不仅是依赖于其拥有 Main Exploiters、League Exploiters 这种为主智能体寻找弱点的陪练,也是其拥有不同层次的宏观和微观策略,这与南京大学的两层分层框架有着相同的作用,但是南京大学团队对子策略宏动作的划分有着更为细致的分类,这也使得其在训练初期有着更快的训练速度。

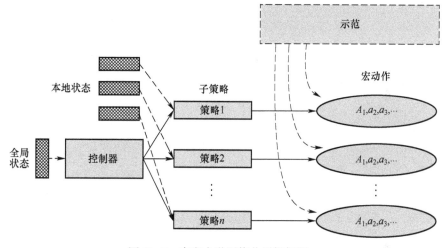

图 13-7　南京大学网络分层框架图

在王者荣耀游戏里,同样面临状态空间、动作空间巨大的问题,在对智能体进行训练的过程中,其为了能更好的使得智能体在复杂环境下采取有效的策略,提出了一种层次化的宏观策略模型(HMS)[8],如图 13-8 所示,它将注意力层和阶段层建模为多任务模型。HMS 以图像和向量特征为输入,分别携带视觉特征和全局特征。输出包括两个任务,即注意力层为主要任务,阶段层为辅助任务。注意力层的输出直接反映了微观模型中嵌入的宏观策略,而资源层作为辅助任务,帮助细化注意力和阶段任务之间的共享层。在这种层次结构中,Agent 通过模仿学习来发展宏观策略,并通过强化学习来进行微观操作。

它在 HMS 神经网络中添加了目标注意力机制,以此来帮助在战斗中选取准确的目标,之后再采用 LSTM 来用于游戏英雄技能的学习,通过将游戏技能进行组合,使其能够取得更好的奖励值,通过组合将这一系列技能变为一个宏动作,从而可以在下次训练的过程更快地获得所需要的效果。在整体的游戏中,随着游戏时间的不断增加,其所采取的策略的重点是不同的,在这一点上其加入人工的经验,让神经网络随着游戏时间的增长采取不同侧重点的策略,来更好地实现整体奖励的提升。

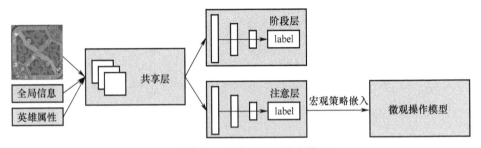

图 13-8　王者荣耀绝悟分层宏观战略模型(HMS)

13.3.2　子策略共享分层方法

在分层结构中,子策略是用于解决其子任务的一系列具体动作,环境和智能体处于在不同状态下所产生的子任务必然不同,同时其采用的一系列动作也有所区别,但是在一些环境下,虽然任务不同但是其所采取的动作与策略存在共通性,只要把这些子策略再次进行细分,就可以使其在不同任务中实现共享,即不用每次提出子任务就需要一次学习训练,这样就可以提高训练效率,使其更快、更好的完成任务。

Florensa 提出了一种基于 Skill-based 的随机神经网络(Stochastic Neural Networks for Hierarchical Reinforcement Learning,SNN4HRL)[9],在整体框架下其首先建立了一个预训练环境,在预训练环境中学习技能,之后再利用所学习到的技能,使智能体在实际环境中的高层策略中可以根据环境状态来学习调用这些技能,提高其解决问题的效率。在高层策略中,其使用随机神经网络(Stochastic Neural Networks,SNN)来灵活调用这些技能,并采用双线性融合将观测值和隐变量做外积,发现这种方式可以产生更广泛的技能,同时文中通过使用基于互信息的正则项以保证其学习到的技能多样性更能适用多种情况。但如果由于预训练环境与实际环境的奖励并不完全相同,在实际中可能会产生不能良好解决整体任务的情况。

由于人对不同的环境任务能够有一个明确的解决策略,因此人工对子任务和子策略提出更强的一些约束就可以减少智能体学习训练时间,Andreas 提出了一个以策略草图(Policy Sketches)[10]为指导的多任务深度强化学习框架。建立了一个将每个子任务与模块化子策略相结合的模型。其子策略训练时采用 AC(Actor-Critic)方法,并通过在共享子策略之间绑定参数来使整个任务特定策略的收益最大化。因为将子策略与子任务人工进行关联,所以在学习过程中可以提高学习效

360

率,减少了自我学习,但同时由于人工定义了每个任务所需要的子任务数目,所以其泛化性能不足,对于不同环境下的问题需要重新进行人工定义。

此前的分层结构更多的都是研究人员根据任务人工进行设定,OpenAI 实验室的 Frans 提出 MLSH 算法(meta-learning shared hierarchies)[11],一种端到端的算法,它通过与环境的交互实现自动层次结构,无须进行太多的手动设置,可以快速学习未知任务的子策略。MLSH 还共享子策略。同时,通过不断训练新的主策略,MLSH 可以自动找到适合主策略的子策略,该算法突破了手动设置的限制,使其能够自主学习。

13.3.3　无监督分层方法

无监督在缺乏足够先验知识的情况下依旧能够自动实现良好的分类,其不需要人工进行标注,这也就使其具有更好的泛化性能,由于很多分层强化学习算法适用的环境相对较为单一,在不同的环境下都需要人工进行不同的设定,将无监督应用于分层强化学习中就可以增强其稳健性,将其放到更为复杂的环境下,也能够产生更好的效果。

Rafati[12] 提出了一种新的无模型的子目标发现的分层强化学习方法,其使用了增量无监督学习,根据智能体最近产生的轨迹来产生合适的子目标集合,利用无监督学习方法可以用来从状态集合中识别出好的子目标集合,分层结构使用的是H-DQN。Rafati 使用异常点检测和 K-means 聚类方法来识别出潜在的子目标,状态特征发生的较大变化也可以当做异常点(也就是新奇的状态),其在"蒙特祖玛的复仇"这一环境较为复杂的游戏中也取得了较好的结果。

为了使智能体能够自主、不断进步地对环境进行探索,Sukhbaatar 和 Kostrikov 提出了一种以无监督方式探索环境的方式[13],其设立一个智能体,但是存在 Alice 和 Bob 两个策略制定者,Alice 首先执行若干动作,之后将这个序列作为目标任务让 Bob 去做,如果 Bob 完成任务则获得较多奖励,而 Alice 获得较少奖励,相反如果 Bob 未完成则 Alice 获得较大奖励,以此来使 Bob 能够更快地了解环境,而 Alice 也能不断提高任务难度,两者形成一种循序渐进的探索。在此基础上,Sukhbaatar 再次将分层的思想加入其中,提出一个基于非对称自我扮演的无监督学习方案[14],其模型为分层自我博弈(Hierarchical Self-Play,HSP)模型,添加了高层策略 chalice,让 chalice 利用外部奖励来学习如何提出目标让 Bob 进行完成,使其能够不断自我优化,不仅有较好的环境探索能力,同时也能够通过增加外部奖励来促进其实现任务目标。

13.3.4　多层结构分层方法

两层的分层结构是当前大多数分层强化学习算法的主结构,因为分层算法本身就具有不稳定性,同时由于有些环境下奖励更为稀疏,所以分层结构一旦分更多层,其稳定性更为难以保证。Levy 提出了一种三层的层次强化学习框架,即层次角色评家(Hierarchical Actor-Critic, HAC)[15],算法伪代码如下算法 13-2 所示。在这一层次框架中,其克服了智能体在联合多个层次的稳定性问题,同时也是第一个成功在具有连续状态和动作空间的任务中并行学习三级层次结构的框架。Levy 认为分层强化学习分层策略产生不稳定性的原因主要有两点:第一点是顶层的转移函数是依赖于下一层的策略的,顶层每隔 n 个时间步会提出一个子目标,然后交由底层策略执行,但 n 个时间步后智能体处于什么状态是由底层策略决定的,所以顶层策略提出目标,智能体可能到达不同的状态;第二点由于底层策略是不断探索的,这就使顶层策略的转移函数随之不断变化,也就造成多层策略的不稳定性。HRL 中一般分多个层次进行控制,上下层同时训练的时候会出现非平稳的问题,也就是下层的策略改变时会影响上层的状态转移,因此可能导致原来能达到某个目标,但现在达不到了,对学习造成很大影响。HAC 做法是假设下层的策略已经是最优,就不会因为下层策略的变化而影响上层,那么如何使还没有达到最优的下层策略看上去最优呢? 为了解决这一问题,文中使用了 HER(hindsight experience reply)[16],解决其稳定性问题,并通过使用 hindsight action 和 hindsight goal transitions 让智能体能够并行学习多个策略,但 HAC 的三层结构相比其他两层结构所具有的优势并没有真正体现出来,仍有继续进步的空间。

算法 13-2:层次角色批评(HAC)算法

输入:

关键智能体参数:层次结构中的级别数量 k,最大子目标规划深度 H,以及子目标测试频率 λ。

输出:

k 个训练过的 actor 网络和 acitic 网络 $\pi_0, \cdots, \pi_{k-1}, Q_0, \cdots, Q_{k-1}$。

for M episode do

$s \leftarrow S_{\mathrm{mit}}, g \leftarrow G_{k-1}$ 采样初始状态和任务目标

train-level($k-1, s, g$)开始训练

更新所有 actor 网络和 critic 网络

end for

function TRAIN-LEVEL(i:level, s:state, g:goal)

$s_i \leftarrow s, g_i \leftarrow g$. 设定当前状态和目标为级别 i

for H 次尝试或达到 $g_n, i \leqslant n < k$ 目标之前, do

    $a_i \leftarrow \pi_i(s_i, g_i) +$ noise(如果不是子目标测试)从策略中采样(有噪声的)动作

if $i > 0$ then

    则决定是否测试子目标 a_i

$s_i' \leftarrow$ train-level$(i-1, s_i, a_i)$ 通过使用子目标 a_i 来训练级别 $l-1$

  else 执行基本动作 a_0 并观察下一个状态 s_0'

end if

 if $i>0, a_i$ missed then

if ai 被测试过 then

则惩罚子目标 a_i

    Replay_Bugger$_i \leftarrow [s=s_i, a=a_i, r=\text{Penalty}, s'=s_i', g=g_i, \gamma=0]$

end if

$a_i \leftarrow s_i'$ 将原始动作替换为回顾阶段(hindsight)执行的动作

end if

用后执行的行动取代原来的行动

  Replay_Buffer$_i \leftarrow [s=s_i, a=a_i, r \in \{-1,0\}, s'=s_i', g=g_i, \gamma \in \{\gamma, 0\}]$

  HER_Stprage$_i \leftarrow [s=s_i, a=a_i, r=\text{TBD}, s'=s_i', g=\text{TBD}, \gamma=\text{TBD}]$

$s_i \leftarrow s_i'$

end for

 Replay_Buffer$_i \leftarrow$ 使用 HER_Storage$_i$ 转换执行 HER

 return s_i'

返回当前状态

end function

  HAC 提出三种方式:① hindsight action transition,对于非最低层来说动作就是选目标,或者说是选状态,如果上层设定的目标下层没达到,那就将已达到的状态作为目标,相当于对上层的动作做了预先判断,这样就可以基于下层已经是最优的假象进行上层的训练,从而暂时忽略掉下层策略的变化,这部分是对动作的调整;② hindsight goal transition,这个就是原始的 HER 所干的事情,即是调整目标解决奖励稀疏的问题;③ subgoal testing transition,在上述两种调整下,Agent 用于更新的状态转移单元都是可到达的一些状态,对于一些较远的目标,可能无法实现,因此以一定概率进行测试下层 policy 能否实现当前目标,当目标无法被下层完成时,即给出不切实际的遥远的目标时,给以惩罚。

  随后 Song 提出了一种多样性驱动的分层强化学习算法(Diversity-driven Extensible Hierarchical reinforcement learning, DEHRL)[17],在该框架中,构建并学习了一个可扩展框架,实现了多层次的 HRL,但与 HAC 结构并不相同,DEHRL 是上层策略调用下层策略与 MLSH 类似,在每一层中包含 3 个部分:Policy、Predictor 和 Estimator,每一层都会将环境状态和上一层的动作作为输入,Policy 负责产生每一层的动作,Predictor 对未来的状况进行预测,将预测一段时间后的外部状态和外部奖励传给下层的 Estimator,Estimator 将上层的预测作为输入,得到本层的奖励并根据结果训练本层的 Policy,同时 DEHRL 是无须人为设计外部奖励的端到端的算法,避免了过多的人为因素。

13.4　课　程　学　习

人类的学习过程通常是由简单到复杂,学习案例不是随机呈现的,而是按照有意义的顺序组织起来,并逐步说明更复杂的概念,以达到更好的学习效果。Bengio 等人在机器学习的背景下将这种训练策略形式化,并将其称为课程学习[18],在图像分类[19]领域得到了应用。

课程学习是迁移学习的延伸,其目标是自动设计和选择完整序列的任务(课程) $M_1, M_2, \cdots, M_t$ 对 Agent 进行训练,从而提高对目标任务 M_t 学习速度或性能。

定义1:课程马尔可夫决策过程(Curriculum Markov Decision Process, CMDP)是一个6元组 $(S, A, p, r, \Delta s_0, S_f)$,其中: S 是状态空间集; A 是动作空间集; $p(s'|s, a)$ 代表智能体在状态 s 时采取动作 a 后转移到状态 s' 的概率; $r(s, a, s')$ 代表在状态 s 采取动作 a 到达状态 s' 所获得的即时奖励; Δs_0 代表初始状态分布; S_f 代表最终状态集。

常见的课程创建方法有以下两种:①在线创建课程,根据智能体对给定顶点样本的学习进度动态添加边;②离线创建课程,在训练前生成图,并根据与不同顶点相关联的样本的属性选择边。

对于强化学习智能体来说,自主学习一项复杂任务需要很长的时间。以前的工作没有考虑 TL 方法来构建专门的课程,一般通过人为选择子任务。在多智能体强化学习中应用课程迁移学习,可以通过利用一个或多个来源任务的知识来加速或改善复杂目标任务的学习[20]。在最常规的情况下,智能体可以从与最终 MDP 不同的多个中间任务获取经验,这样在一个任务中获得的经验可以在开始学习下一个更难的任务时加以利用。

腾讯人工智能实验室研究出课程自对弈学习(Curriculum Self-Play Learning, CSPL)的训练方法,掌握所有的英雄技能。这种方法可以帮助人工智能从容易到难地学习和探索,过程可分为以下几步。第一步是选择覆盖整个英雄池的多个阵容,在小的动作空间中执行强化学习,并获得多个"教师"模型;第二步是策略蒸馏,它将模型从第一步迁移到更大的学生模型中;第三步是随机强化训练,在蒸馏模型中经过随机选择阵容进行进一步的训练和微调。该算法突破了可用英雄的极限(英雄池的数量从40+增加到100+),允许人工智能完全掌握所有英雄的所有技能,并应对多达10的15次方英雄组合数的变化。课程学习与强化学习相结合背后的研究、开发经验和算法积累,也将在未来人工智能与农业、医疗保健、智能城市等广阔领域的结合中显示出巨大的潜力,创造更大的实用价值。

13.4.1 基于网络优化的课程迁移学习

传统课程学习对于小规模的多智能体强化学习性能提升明显,但在大规模多智能体环境中,由于环境和智能体之间的复杂动态以及状态-行动空间的爆炸,因此其仍然具有挑战性,所以如何更好地学习以及产生更有效的任务是重点。

王维埙等设计了一种新的动态多智能体课程学习(DyMA-CL)来解决大规模的问题[22],从一个小规模的多智能体场景开始学习,并逐步增加智能体的数量,并提出 3 种跨课程的转移机制,以加速学习过程。网络设计里有两个没有任何特殊限制的迁移机制:缓存复用和基于 KL 散度的蒸馏。

DyAN 的网络结构如图 13-9 所示,由于不同课程间智能体数量以及观测维度变化,以上两种迁移机制不能直接用于 DyMA-CL 框架中,王维埙等提供了一个语义隐射函数 $\phi(\cdot)$,将语义信息从每个智能体的观测中抽取出,进而找到不同状态空间之间的映射。

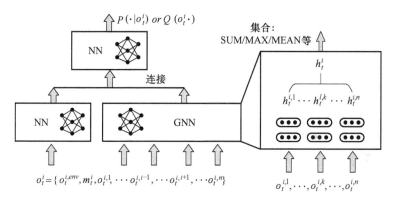

图 13-9 DyAN 的网络结构

传统的课程主要是为一个单一智能体和一个固定的动作空间而设计的。Wu 等引入主从智能体[23]的概念,采用异步策略共享感知网络,如图 13-10 所示,同时在不同的动作空间中训练多个智能体。所提出的异步学习策略如图 13-10 所示。主从智能体在这个过程中不按顺序训练智能体,而是以异步的方式同时学习相应的控制策略,并以不同的频率运行,其中,主智能体占一半线程,从智能体共享另一半线程。

13.4.2 基于多智能体合作的课程学习

不同的多智能体合作控制问题需要智能体实现自己的目标,并为全局的成功做出贡献。这种多目标多智能体设置对当前单一全局奖励设置的算法提出了两个

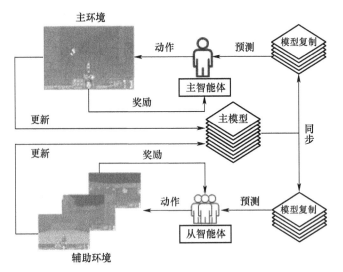

图 13-10　异步学习策略图示

挑战:①高效的学习和探索需要实现个人目标和为他人的成功进行合作;②对不同智能体的行动和目标之间的互动的信用进行分配。

　　为了解决这一挑战,Yang 等推导出一种多目标多智能体的梯度策略[24],并采用信用函数的方法进行局部信用分配,采用函数增强方案将价值阶段和策略函数连接起来。梯度策略如图 13-11 所示。

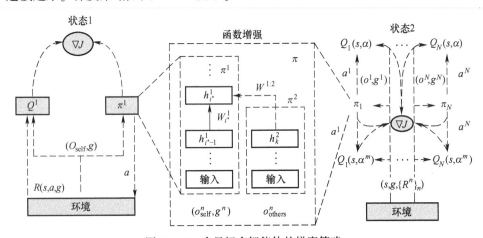

图 13-11　多目标多智能体的梯度策略

　　阶段 1:作者训练一个演员家和一个评判家。在 $N=1$ 和随机目标抽样的诱导式 MDP 中,比完全多智能体环境使用的样本少了几个数量级。

366

阶段2：马尔可夫博弈是用所有 N 个智能体实例化的,将训练好的 π_1 参数还原,实例化第二个神经网络 π_2,用于智能体 o_{others}^n 处理,并将 π_2 的输出连接到 π_1 的选定隐藏层。

在多智能体游戏中,环境的复杂性随着智能体数量的增加而呈指数级增长,所以当智能体数量较大时,学习好的策略面临较大的挑战。为解决这一挑战,Long 等引入了进化种群课程 EPC[25],如图 13-12 所示,算法伪代码如算法 13-3 所示。一种进化方法被用来解决整个课程中的客观不平衡:在早期阶段成功接受小种群训练的智能体,可能不是在后期阶段适应大种群的最佳候选者。

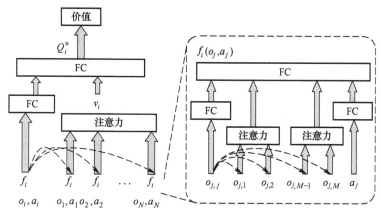

图 13-12　进化种群课程

算法 13-3：种群进化算法

数据:环境 $E(N,\{A_i\}_{1 \leqslant i \leqslant \Omega})$,包括 N 个共 Ω 种角色的智能体、期望的智能体总数 N_d、初始智
　　能体数量 N_0、种群大小 K 以及混合大小 C。

结果:

　　一个含有 N_d 个最佳策略的策略集合。

$N \leftarrow N_0$

初始化包含每个角色 $i(1 \leqslant i \leqslant \Omega)$ 的 K 个并行智能体集合 $A_i^{(1)},\cdots,A_i^{(K)}$

在 K 个初始游戏上进行并行的多智能体强化学习训练,$E(N,\{A_i^{(j)}\}_{1 \leqslant i \leqslant \Omega})(1 \leqslant j \leqslant K)$

while $N<N_d$ do

　　$N \leftarrow 2 \times N$

　　for $1 \leqslant j \leqslant C$ do

　　　　对每个角色 $i(1 \leqslant i \leqslant \Omega)$:$j_1,j_2 \leftarrow \text{unif}(1,K)$,$\widetilde{A}_i^{(j)} \leftarrow A_i^{(j_1)}+A_i^{(j_2)}$(mix-and-match)对 E
$(N,\{A_i^{(j)}\}_{1 \leqslant i \leqslant \Omega})$ 进行并行多智能体强化学习训练 $(1 \leqslant j \leqslant C)$,采用引导遗传变异的方法

---

for 角色 $i, 1 \leqslant i \leqslant \Omega$ do

  for 角色 j , $1 \leqslant j \leqslant C$

   $[\text{avg. rewards on } E(N, \{\tilde{A}_1^{(k_1)}, \cdots, \tilde{A}_i^{(j)}, \cdots, \tilde{A}_\Omega^{(k_\Omega)}\})]$ (fitness);

  $A_i^{(1)}, \cdots, A_i^{(K)} \leftarrow \text{top} - K \text{ w.r.t. } S_i \text{ from } \tilde{A}_i^{(1)}, \cdots, \tilde{A}_i^{(C)}$ (selection)

return 在每个角色上一组表现最佳的智能体,即 $\{A_i^{(k_i^*)} \mid k_i^* \in [1, K] \; \forall \, 1 \leqslant i \leqslant \Omega\}$

（1）通过逐步增加训练智能体的数目来扩大 MARL 的规模。

（2）为在 Curriculum Procedure 中处理不同数量的智能体,Policy/Critic 需要是 Population-Invariant 的。所以,作者选择了一种基于自注意力的架构,以在参数数量固定的情况下泛化到任意数量的智能体。

（3）使用进化方法来解决整个课程中的客观错位问题:在早期阶段以小群体成功训练的智能体不一定是适应后期阶段大规模群体的最佳选择。所以,EPC 在每个阶段都会维护多个智能体集合,通过跨集合混搭和并行 MARL 微调在大规模环境中对其进行进化,并将适应性最好的智能体集合推广到下一阶段。

（4）EPC 是 RL-Algorithm Agnostic 的,有可能可以与大多数现有的 MARL 算法集成。

（5）实施:

① 将 EPC 嵌入流行的 MARL 算法 MADDPG 中 L;

② Predator-Prey-Style 的个体生存游戏、合作与竞争混合的战斗游戏和完全合作的食物收集游戏;

③ 结果表明,随着智能体数量的指数增长,新方法始终展现出较大的优势(且可提高训练过程的稳定性)。

13.4.3　基于功能函数的课程学习

通过课程来训练一个 Agent 以提高 Agent 的性能和学习速度,Andrea 等提出了一种基于任务复杂度的自动课程生成方法[26],引入了不同的进程函数,包括基于智能体性能的自主在线任务进程。进阶函数还决定了主体在每个中间任务上应该训练多长时间,这在其他基于任务的课程方法中是一个开放性问题。

传统的课程学习的数值方法只提供了最初的启发式解决方案,几乎不能保证它们的质量。Francesco 等定义了一个新的灰盒函数[27],该函数包含一个合适的调度问题,可以有效地用来重构课程学习问题。Francesco 等提出了不同的有效数值方法来解决这个灰盒重构。课程学习文献中一个基准任务的初步数值结果显示了所提方法的可行性。

由于游戏环境中大状态空间造成的复杂性,Shao 等定义了一种有效的状态表示[28],并提出了一种用于单元训练的参数共享多智能体梯度下降 Sarsa(λ)(Ps-MAGDS)算法,从而在《星际争霸》的微管理中控制多个单元。Shao 等人利用神经网络作为函数近似器来估计动作价值函数,并提出了一个奖励函数来帮助单位平衡它们的动作和攻击。迁移学习方法还可以将模型扩展到更困难的场景中,从而加快训练过程,提高学习性能。

13.5 分布式深度强化学习

如果读者做过一些深度强化学习的实验,就会发现很多算法差异并不大,通过较长时间的训练往往都能收敛,这时候制约训练效果的一个最重要的因素就是训练次数,即采样的效率如果训练次数不够,再好的算法可能都无法训练出一个简单的任务。例如使用 MPE 环境使用 MADDPG 算法进行多智能体训练,在不开渲染的情况下,通常都需要几十万个 Episode,能够容忍的是每个 Episode 时间很短,这样保证在较短时间就能使训练达到一个较好的效果。但是对于像星际争霸这样的大型即时策略游戏来说,每一局从资源采集、建造建筑兵力、再派遣兵力进行搜索作战以及防守等,此间将使用到无数的微操作和策略战术,即使不开渲染,提高游戏速度,同时使用 GPU 加速训练,一个 Episode 所需时间也是普通 Gym 游戏的数十倍或是上百倍。所以就自然想到了采用分布式的训练方法,多个游戏环境同时训练,从而提高采样效率。

13.5.1 A3C

2016 年 DeepMind 提出了 A3C 算法,它的想法是将样本采集和模型训练交给不同的模块。这里我们引入参与者(Actor)和学习者(Learner)的概念,其中:Actor 负责跟环境交互,产生训练样本,而 Learner 负责模型训练。作者在文章[29]中提出了 asynchronous advantage actor-critic 架构,简称为 A3C。在该架构中,会有多个 Actor 进程,每个 Actor 都拥有一个模型的副本,用来跟环境进行交互,产生训练样本。

Actor 根据这些样本计算梯度,并把梯度发送给 Learner。这里面异步(Asynchronous)主要体现在 Learner 使用梯度的方式上,即 Learner 在收到某个 Actor 发过来的梯度之后,不会等待其他 Actor 的梯度,而是会直接更新模型,并把最新的模型发送给该 Actor。

在 A3C 架构中如图 13-13 所示,每个 Actor 都独自计算梯度,Learner 只负责使用梯度,所以 Learner 的计算量并不大。在作者的原始实现中,A3C 不需要 GPU 资源,只需要 CPU 即可在 Atari 等游戏上达到很好的效果。当然,A3C 本身存在着一些问题:当模型变得复杂时,在 CPU 上计算梯度的耗时会变得非常大,而如果迁移到 GPU 上,由于每个 Actor 都需要一个模型的副本,又会需要大量的 GPU 资源;当模型变大时,传输梯度和模型参数的网络开销也会变得巨大。

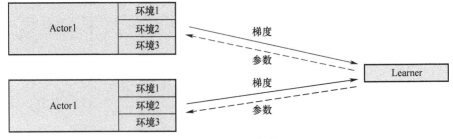

图 13-13 A3C 架构

A3C 算法的基本思想其实就是 Actor-Critic 的基本思想,对输出的动作进行好坏评估,如果动作被认为是好的,那么就调整行动网络(Actor Network),使该动作出现的可能性增加。反之如果动作被认为是坏的,则使该动作出现的可能性减少。通过反复的训练,不断调整行动网络找到最优的动作。算法伪代码如算法 13-4 所示。

算法 13-4　关于每个 actor–learner 线程的异步优势 Actor–Critic 算法伪代码

//假设全局共享参数向量 $\boldsymbol{\theta}$ 和 $\boldsymbol{\theta}_v$,且全局共享计数器 $T=0$

//假设线程参数向量 $\boldsymbol{\theta}'$ 和 $\boldsymbol{\theta}'_v$

初始化线程计步器 $t \leftarrow 1$

repeat:

重置梯度 $\mathrm{d}\boldsymbol{\theta} \leftarrow 0, \mathrm{d}\boldsymbol{\theta}_v \leftarrow 0$.

同步线程参数 $\boldsymbol{\theta}' = \boldsymbol{\theta}, \boldsymbol{\theta}'_v = \boldsymbol{\theta}_v$

$$t_{\text{start}} = t$$

获取状态 s_t

repeat:

根据策略 $\pi(a_t \mid s_t; \boldsymbol{\theta}')$ 执行动作 a_t

收到奖励 r_t 和新状态 s_{t+1}

$t \leftarrow t+1$

$T \leftarrow T+1$

until $t - t_{\text{start}} = = t_{\text{max}}$ or 到达终止状态 s_t,执行以下步骤:

$$R = \begin{cases} 0, & \text{终止状态 } s_t \\ V(s_t, \theta'_v), & \text{非终止状态 } s_t // \text{由上一状态} \end{cases}$$

for $i \in \{t-1, \cdots, t_{\text{start}}\}$ do

$R \leftarrow r_i + \gamma R$

累积梯度进行参数更新 $\boldsymbol{\theta}'$:$\mathrm{d}\boldsymbol{\theta} \leftarrow \mathrm{d}\boldsymbol{\theta} + \nabla_{\theta'}\log\pi(a_i|s_i;\boldsymbol{\theta}')(R - V(s_i;\boldsymbol{\theta}'_v))$

累积梯度进行参数更新 $\boldsymbol{\theta}'_v$:$\mathrm{d}\boldsymbol{\theta}_v \leftarrow \mathrm{d}\boldsymbol{\theta}_v + \partial(R - V(s_i;\boldsymbol{\theta}'_v))^2/\partial\boldsymbol{\theta}'_v$

end for

使用 d$\boldsymbol{\theta}$ 对 $\boldsymbol{\theta}$ 进行进行异步更新,使用 d$\boldsymbol{\theta}_v$ 对 $\boldsymbol{\theta}_v$ 进行进行异步更新

until $T > T_{max}$ 训练终止

A3C 的创新之处在于为了提升训练速度采用异步训练的思想,利用多个线程。每个线程相当于一个智能体在随机探索,多个智能体共同探索,并行计算策略梯度,对参数进行更新。或者说同时启动多个训练环境,同时进行采样,并直接使用采集的样本进行训练,这里的异步得到数据,相比 DQN 算法,A3C 算法不需要使用经验池来存储历史样本,并随机抽取训练来打乱数据相关性,节约了存储空间,并且采用异步训练大大加倍了数据的采样速度,也因此提升了训练速度。与此同时,采用多个不同训练环境采集样本,样本的分布更加均匀,更有利于神经网络的训练。

13.5.2 MPALA

2018 年 2 月由 DeepMind 团队在 A3C 的基础上提出了 IMPALA(Importances Weighted Actor-Learner Architectures)[30]异步 RL 框架,它就是人工智能界广泛关注的 AlphaStar 所采用的基本训练方法。在 IMPALA 架构中(图 13-14),使用多个分布式 Actor 来学习智能体参数。在这样的模型中,每个 Actor 都使用策略参数的副本来在环境中进行操作。Actor 定期暂停探索,并与中心参数服务器共享他们计算出的梯度信息,该服务器会更新它。

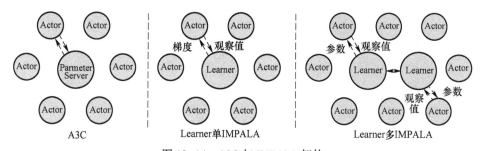

图 13-14　A3C 与 IMPALA 架构

相比之下,IMPALA 的 Actor 并不被用来计算梯度信息。他们只需收集经验,并将其传递给中心的 Learner,Learner 计算梯度。因此,在这样的模型中,Actor 和 Learner 是完全独立的。为了利用当代计算系统的规模,IMPALA 可以被配置为支持单个 Learner 机器或多个相互同步的 Learner 机器。以这种方式将学习与操作分

离也有助于提高整体系统吞吐量,因为与批处理 A3C 这样的架构不同,Actor 不再需要等待学习步骤。这有助于在一个有趣的环境中训练 IMPALA,而不必面对帧渲染时间或任务重新启动时间而造成的差异。

然而,操作和学习的解耦也会导致行为者的策略落后于学习者。为了弥补这一差距,引入了离策略优势的 Actor 评价者的 V-trace 公式。它补偿了由离策略的 Actor 所获得的轨迹,性能比较如图 13-15 所示。

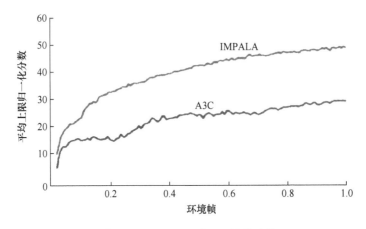

图 13-15 IMPALA 与 3C 性能比较

有了优化的模型,IMPALA 可以比传统的智能体多处理一到两个数量级的经验,使在具有挑战性的环境中学习成为可能。将 IMPALA 与各种流行的演员评论家方法进行了比较,发现速度显著地提高。此外,IMPALA 的吞吐量随 Actor 和 Learner 的数量呈线性增加。这表明,分布式 Agent 模型和 V-Trace 算法都可以用于超大规模的实验,即使有数千台机器。

IMPALA 在神经网络模型比较简单的时候性能很好,但当神经网络变得复杂的时候,该架构也有自己的瓶颈。主要的问题有以下几点:

(1)前向采样放在 Actor 上执行,因为 Actor 是运行在 CPU 上的,所以当神经网络变复杂之后,inference 的耗时就会变得很长,影响最终的运行效率。

(2)Actor 上执行了两种操作,一种是环境的 Step,另一种是行为策略采样。很多游戏都是单线程实现的,而神经网络的计算则可以使用多线程加速,这两种不同的处理方式整体上会降低 CPU 的使用率。

(3)当模型很大的时候,模型参数的分发会占用大量的带宽。

13.5.3 SEED RL

SEED[31] 是由 Deepmind 团队于 2020 年提出的全新的分布式算法。在算法框架上,SEED抛弃了IMPALA中的方式,Learner不再处理由Actor产生的轨迹数据队列,而是直接依据状态观测数据给出的动作。IMPALA和SEED RL的架构对比见图13-16。

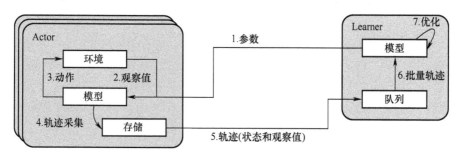

（a）IMPALA架构(分布式版本)

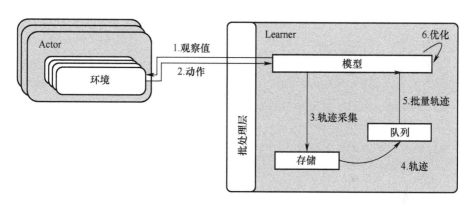

（b）SEED RL架构

图 13-16　IMPALA 和 SEED RL 的架构对比图

从图13-16中可以看到,这个架构和GA3C非常类似,但是有两点不同。GA3C是一个单节点架构,在GA3C中,Actor和Learner都在一台机器上,而在SEED RL中,Actor和Learner分布在不同的节点中,Actor通过gRPC来和Learner进行通信,SEED RL使用了V-Trace来进行Off-Policy修正Sample Factory。另外一种改进思路是充分利用现代计算机系统特点,提高内部通信效率。作者在文献[32]中利用共享内存和共享GPU内存将单节点性能发挥到了新的高度。该架构如图13-17所示。

根据图13-17,Actor被分成了两个部分,分别为Rollout Worker和Policy Worker。其中:Rollout Worker负责跑环境,而Policy Worker负责行为策略采样。它们之间使用共享内存进行通信,减少数据序列化、反序列化以及通信带来的性能消耗。Rollout Worker在组完训练数据之后,通过共享内存发送给Learner,Learner

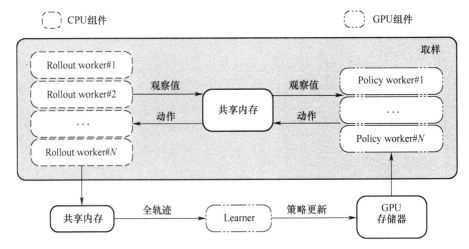

图 13-17　共享内存和共享 GPU 内存架构

更新完模型之后,Policy Worker 通过 GPU 的共享内存获得新模型。

除了使用了共享内存技术,为了提升 Rollout Worker 和 Policy Worker 之间的资源利用率,Sample Factory 中还采用了"Double-Buffered Sampling"技术,减少两者之间互相等待的时间,其技术示意如图 13-18 所示。

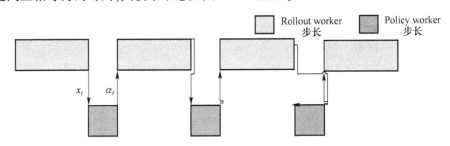

（a）GPU加速批量采样(kenvs per iteration)

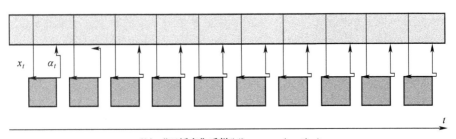

（b）"双缓存"采样(k/2 envs per iteration)

图 13-18　"双缓存采样"技术

13.5.4 ACME

ACME[①] 是 DeepMind 在 2020 年 6 月 1 日公开提出的一个适合并行化训练强化学习模型的新架构,目标是实现方法和结果可重复性、简化新算法设计的方式和提高 RL 智能体的可读性。

ACME 是一个构建可读、高效能、面向研究的强化学习算法的库和框架。其核心思想是实现对强化学习智能体的简单描述,使智能体能够在不同的规模下操作,其中包括分布式智能体。

ACME 本身提供了多种组件来构建 Agent,如图 13-19 所示,组件有 Actor、Dataset 和 Learner。其试图用统一的框架解决复杂性和伸缩性问题,适用于分布式与非分布式环境。为了使相同模块适用于构建小和大规模版本,框架将代码分解成组件。这些组件可以相互组合构建 On-Policy 或者 Off-Policy 的算法。功能上定义了一种特殊的 Actor,被称为 Agent。它既包含了一个 Actor 组件,又包含了一个 Learner 组件。Dataset 组件位于 Actor 和 Learner 组件之间,它向 Learner 提供采样的 Mini-batches。数据集管理使用数据存储系统 Reverb,它提供了高效的插入和灵活的采样机制。

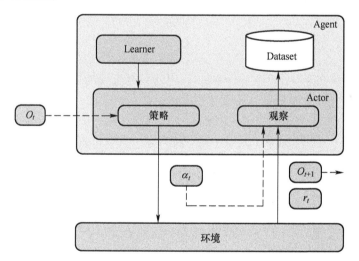

图 13-19 Acme 框架

在分布式的 Agent 中,Acme 将 Actor、Learner 和 Dataset 组件分离,放在不同的线程或者进程中,如图 13-20 所示。这样可以让 Actor 和 Learner 并行,同时也可以充分利用更多的并行 Actor。如每个分布式的 Agent 会有一个 Data Storage 进程,

① https://deepmind.com/research/publications/Acme.

一个 Learner 进程和一到多个分布式的 Actor 进程（每个都有 Environment Loop）。Actor 中还有子模块负责从 Learner 中推送变量更新。在同步的学习循环中，第一步中 Actor 和 Learner 的比例会对长期的学习效果稳定性产生影响。但是，让它们独立运行又会使 Variance 变高。这个问题 ACME 通过 Reverb 的 RateLimiter 来缓解。它指定了 Learning 和 Acting 间期望的相对速率。

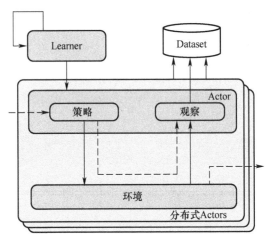

图 13-20　分布式 ACME 框架

在 ACME 当中，执行、学习和存储组件被划分为不同的线程或进程，这带来了两个好处：环境交互与学习过程非同步发生和数据生成的加速。

在其他地方，ACME 允许从学习到执行以任何速率运行，只要流程保持在一定的定义公差内就可以不受阻碍。如果一个进程由于网络问题或资源不足而落后于另一个进程，速率限制器将阻塞落后者，而另一个进程将赶上来。

参 考 文 献

[1] HEINRICH J,SILVER D. Smooth UCT search in computer poker[C]//Proceedings of the 24th International Joint Conference on Artifical Intelligence,2016.

[2] HEINRICH S.Deep Reinforcement learning from self-play in imperfect-information games[EB/OL]. arXiv:1603.0112,2016.

[3] ZHANG L, WANG W, LI S J,et al. Monte carlo neural fictitious self-play：achieve approximate nash equilibrium of imperfect-information games[EB/OL]. arXiv.1903.09569,2019.

[4] VINYALS. O, BABUSCHKIN I, CHUNG J, et al. AlphaStar：mastering the real-time strategy game starcraft Ⅱ[EB/OL]. https：//deepmind.com/blog/alphasta r-mastering-real-time-strategy-gamestarcraft-Ⅱ/, 2019a.

[5] WANG X J,SONG J X,QI P H,et al. SCC: C learning agent mastering the game of StarCraft Ⅱ [EB/OL].arXiv:2012. 13169v2.

[6] VINYALS O,BABUSCHKIN I,CZARNECKI W M, et al. Grandmaster level in StarCraft Ⅱ using multi-agent reinforcement learning[EB/OL]. Nature (2019): 1-5.

[7] PANG Z J,LIU R Z,MENG Z Y,et al. On reinforcement learning for full-length game of StarCraft [EB/OL]. arXiv:1809. 09095,2019.

[8] WU B,FU Q,LIANG J,et al. Hierarchical macro strategy model for MOBA game AI[EB/OL]. arXiv:1812. 07887,2018.

[9] FLORENSA C, DUAN Y, ABBEEL P. Stochastic neural networks for hierarchical reinforcement learning[J]. arXiv preprint arXiv:1704. 03012, 2017.

[10] ANDREAS J, KLEIN D, LEVINE S. Modular multitask reinforcement learning with policy sketches[C]//International Conference on Machine Learning,2017: 166-175.

[11] FRANS K, HO J, CHEN X, et al. Meta learning shared hierarchies[J]. arXiv preprint arXiv: 1710. 09767, 2017.

[12] RAFATI J, NOELLE D C. Learning representations in model-free hierarchical reinforcement learning[C]//Proceedings of the AAAI Conference on Artificial Intelligence,2019, 33: 10009- 10010.

[13] SUKHBAATAR S, LIN Z, KOSTRIKOV I, et al. Intrinsic motivation and automatic curricula via asymmetric self-play[J]. arXiv preprint arXiv:1703. 05407, 2017.

[14] SUKHBAATAR S, DENTON E, SZLAM A, et al. Learning goal embeddings via self-play for hierarchical reinforcement learning[J]. arXiv preprint arXiv:1811. 09083, 2018.

[15] LEVY A, KONIDARIS G, PLATT R, et al. Learning multi-level hierarchies with hindsight [J]. arXiv preprint arXiv:1712. 00948, 2017.

[16] ANDRYCHOWICZ M, WOLSKI F, RAY A, et al. Hindsight experience replay[C]. Advances in Neural Information Processing Systems,2017: 5048-5058.

[17] SONG Y, WANG J, LUKASIEWICZ T, et al. Diversity-driven extensible hierarchical reinforcement learning[C]//Proceedings of the AAAI Conference on Artificial Intelligence,2019, 33: 4992-4999.

[18] BENGIO Y, LOURADOUR J, COLLOBERT R, et al. Curriculum learning[C]//Proceedings of the 26th annual international conference on machine learning,2009: 41-48.

[19] YU Q, IKAMI D, IRIE G, et al. Multi-task curriculum framework for open-set semi-supervisedlearning[C]//European Conference on Computer Vision. Springer, Cham, 2020: 438-454.

[20] NARVEKAR S. Curriculum learning in reinforcement learning[C]//IJCAI, 2017: 5195-5196.

[21] YE D H,CHEN G B,ZHANG W,et al. Towards playing full MOBA games with deep reinforcement learning[EB/OL]. arXiv:2011. 12692,2020.

[22] WANG W, YANG T, LIU Y, et al. From few to more: Large-scale dynamic multi agent curriculum learning[C]//Proceedings of the AAAI Conference on Artificial Intelligence, 2020, 34 (05): 7293-7300.

[23] WU Y, ZHANG W, SONG K. Master-slave curriculum design for reinforcement learning[C]// IJCAI, 2018: 1523-1529.

[24] YANG J, NAKHAEI A, ISELE D, et al. Cm3: Cooperative multi-goal multi-stage multi-agent reinforcement learning[J]. arXiv preprint arXiv:1809.05188, 2018.

[25] LONG Q, ZHOU Z, GUPTA A, et al. Evolutionary population curriculum for scaling multi-agent reinforcement learning[J]. arXiv preprint arXiv:2003.10423, 2020.

[26] BASSICH A, FOGLINO F, LEONETTI M, et al. Curriculum learning with a progression function[J]. arXiv preprint arXiv:2008.00511, 2020.

[27] FOGLINO F, LEONETTI M, SAGRATELLA S, et al. A gray-box approach for curriculum learning[C]//World Congress on Global Optimization. Springer, Cham, 2019: 720-729.

[28] SHAO K, ZHU Y, ZHAO D. Starcraft micromanagement with reinforcement learning and curriculum transfer learning [J]. IEEE Transactions on Emerging Topics in Computational Intelligence, 2018, 3(1): 73-84.

[29] VOLODYMYR M, PUIGDOMÈNECH B, MEHDI M, et al. Asynchronous methods for deep reinforcement learning[EB/OL]. arXiv preprint arXiv:1602.01783v2, 2016.

[30] ESPEHOLT L, SOYER H, MUNOS R, et al. Impala: Scalable distributed deep-RL with importance weighted actor-learner architectures[EB/OL]. arXiv preprint arXiv:1802.01561, 2018.

[31] ESPEHOLT L, MARINIER R, STANCZYK P, et al. SEED RL: Scalable and efficient deep-RL with accelerated central inference[EB/OL]. arXiv preprint arXiv:1910.06591, 2019.

[32] PETRENKO A, AUANG Z, KUMAR T, et al. Sample factory: Egocentric 3D control from pixels at 100000 FPS with asynchronous reinforcement learning [EB/OL]. arXiv preprint arXiv: 2006.11751, 2020.

第 14 章　智能博弈对抗

指挥控制系统是基于网络信息体系的现代战争取胜的核心支撑手段。指挥控制活动包括态势生成、态势感知、态势理解、方案计划制定、行动控制等,均涉及基于指挥参谋人员经验知识进行判断决策的基本事实。随着现代战争节奏不断加快、复杂性不断上升,人脑决策已很难适应战场态势快速更迭的步伐,未来战争需要快速决策、精准决策、自主决策,迫切需要智能化技术延伸人脑,提升指挥信息系统的能力,以适应高速、复杂、多变的战场环境。

自 AlphaGo 频频战胜人类围棋顶级选手以来,人工智能技术相继在棋类博弈、即时策略游戏等领域取得突破。在军事应用方面,以获取信息优势为主要目标的军队信息化建设正在向以获取决策优势为导向的智能化建设快步迈进,而智能博弈对抗技术是智能化指挥控制、训练模拟、自主集群无人化作战等军事关键领域智能化建设的核心技术基础。2018 年 5 月,斯坦福研究所加入 DARPA,计划用《文明》《星级争霸》游戏训练 AI,成功后迁移到现实中执行类似任务,改进传统的作战模拟训练系统。此外,DARPA、美国空军、海军陆战队等多家机构开展了空战演进、雅典娜、"罗盘"、"Next"、"Skyborg"等项目,均涉及使用机器智能构建行为模型,对作战实体进行决策支持,通过博弈对抗提高作战实体的快速决策能力。智能博弈对抗技术已成为美军关注的重点,是其为争夺未来智能化战争中的决策优势所开展的前期技术储备。

基于深度强化学习的智能博弈对抗,就是要将以深度学习和强化学习为代表的机器学习技术引入博弈对抗行为建模过程中。利用数据、知识和规则等,结合机器学习的方法,建立和优化博弈对抗过程中各类行动实体的决策模型,为作战方案分析、战法实验分析以及机器学习提供充足的数据支撑,使得分析结果具有说服力、学习结果具有更高的置信度。掌握智能的机器既可以充当智能蓝方,也可以充当智能下级,动态生成博弈链,辅助指挥人员高效开展博弈对抗的作战推演,与红方指挥人类共同训练、相互学习提升指挥水平。因此,其相关技术的突破为解决高动态、不确定性、复杂战场环境下的智能决策问题和支撑智能化指挥控制的共性基础理论与技术,具有重要的理论意义和应用价值。

14.1　智能博弈对抗概念内涵

14.1.1　发展需求分析

作战系统是一个复杂的动态大系统,由于其具有非线性和不确定性等复杂性特征,使得传统的基于系统辨识或工程经验的行为建模方法往往不能准确地对作战实体博弈对抗行为进行建模,具体而言,在构建智能博弈对抗行为模型方面会面临两个方面的困难:

一是传统博弈对抗行为模型构建方法难以对复杂战争决策活动进行建模。传统的作战行为模型构建方法,如基于有限状态机、基于规则系统、基于控制论、基于专家系统、基于层次任务网络、基于案例,以及基于影响网络的方法,本质上是基于专家领域知识建模,适用于简单系统的解析或统计模型。虽然计算量小、可解释性强,但对人类隐性知识的表示较为困难,无法模拟人类专家和军事人员的决策思维过程,准确描述战争复杂系统的演进过程。

二是战场数据的缺乏制约了监督或半监督机器学习方法的应用。以深度学习技术为代表的机器学习方法,具有强大的非线性表示能力,能从海量数据中学习经验知识,通过深度神经网络将数据逐层抽象得到策略模型,但其局限性是需要大量的样本数据,模型可解释性弱。在训练数据有限的情况下,样本分布难以覆盖决策空间,学得的策略模型泛化能力弱,适用性不强。在当前我军训练和实战化数据有限的条件下,使用监督或半监督的机器学习方法训练策略模型具有很大的局限性。

DRL 可以把系统的性能指标要求转化为一种评价指标,智能体通过奖励和惩罚进行学习。作战过程中存在着诸多不稳定因素,实际战场态势时刻都在变化,每次对作战态势做出的动态响应都不可能完全相同。需要大量训练样本数据的监督学习训练的模型往往会导致较差的泛化性能,而 DRL 方法只需对当前系统运行效果的评价信息做出反应,具有更高的实时性和稳健性,因此,以深度强化学习技术作为对智能实体博弈对抗行为进行建模是解决这些困难的一个可行之法。

14.1.2　概念内涵

军事博弈对抗是一个典型的、不完美信息的序贯决策过程。在不完美信息博弈中,每个参与的智能实体只能观察到自身的状态和有限的对手状态,每个智能体选择行为策略将可见状态映射到可选的行动集合的概率分布上。作为一种解决序贯决策问题的有效方法,近年来,强化学习在人工智能领域得到广泛而深入地研究,并成为解决机器博弈对抗问题的有效方法。其在指挥决策领域体现为为达成最终作战目标而对作战行动的选择上。强化学习的数据从与环境的交互中来,将交互经验最终体现在策略模型中。正是这一学习机制使得强化学习与行为博弈对抗条件下的决策直接关联,其学习机制与方法契合了作战人员的经验学习和决策思维方式。

强化学习作为机器学习的一个重要的方法论,主要被用于描述和解决智能体在与环境的交互过程中通过学习策略以达成回报最大化或实现特定目标的问题。结合强化学习模型和传统博弈基本概念,在基于强化学习的智能博弈对抗中,作决策的个体即参与人就是环境中的智能体。个体所能做出的行动就是智能体的动作。传统博弈中支付在智能博弈对抗场景下,可建模为两种回报,一种是当前环境中智能体均完成各自动作之后的即时回报;二是智能体和环境持续交互结束后智能体所得到的累积回报。不难看出,传统博弈中参与人并无学习的能力,参与人更加注重当前阶段其他参与人的策略,依据每个时间段得到的信息,选择自身行动,最大化即时支付。而基于强化学习的智能博弈对抗更加强调智能体和环境,智能体之间持续交互过程中不断学习、调整自身策略实现最终累计回报最大化。

通过结合传统博弈概念和强化学习模型中的要素,给出智能体博弈对抗的基本概念。智能博弈对抗是利用以 DRL 为代表的智能技术,通过智能体和环境之间,智能体之间不断反复的交互对抗过程,学习经验知识,不断改善智能体的行动策略以实现最大回报,训练出具有认知智能的智能体的过程。将基于强化学习的智能博弈对抗过程表示为一个多元组 $X, U_1, u_2, \cdots, U_n, f, \rho_1, \rho_2, \cdots, \rho_n$,其中:$n$ 为智能体的数量;X 为状态集合;$U_i, i=1,2,\cdots,n$,为智能体 i 的动作空间;$U = U_1 \times u_2 \times \cdots \times U_n$ 为联合动作空间;$f: X \times U \times X \to [0,1]$ 为状态转移函数,$\rho_i: X \times U \times X \to \mathbb{R}, i = 1,2,\cdots,n$,为每个智能体的回报函数。其中概率转移和每个智能体的回报函数都是基于联合动作空间计算的。而单个智能体的策略为 $h_i: X \times U_i \to [0,1]$,所有智能体的策略组合成联合策略 h。每个智能体在状态 x 下的期望回报为

$$R_i^h(x) = E\left\{ \sum_{k=0}^{\infty} \gamma^k r_{i,k+1} \,\middle|\, x_0 = x, h \right\} \tag{14-1}$$

Q 函数为

$$Q_i^h(x,u) = E\left\{ \sum_{k=0}^{\infty} \gamma^k r_{i,k+1} \,\middle|\, x_0 = x, u_0 = u, h \right\} \tag{14-2}$$

事实上,近年来博弈决策问题的里程碑进展,一方面是源自深度学习与强化学习的结合,利用深度学习缓解传统强化学习方法面临的感知难题,利用深度神经网络拟合值函数和策略函数解决状态和动作空间爆炸问题;另一方面是博弈论和深度强化学习的结合,深度强化学习方法提供了智能体策略通过训练优化的框架,博弈论提供了更加有效、符合实际问题的多智能体博弈均衡解的概念。

综上所述,我们认为智能博弈对抗是指在以对抗关系为主的博弈决策中,建立对抗各方相互关系的博弈模型,利用以深度强化学习为代表的智能技术,以均衡解或演化稳定策略引导智能体学习最优策略,训练出具有认知智能的智能实体,能够对环境进行感知与认知,利用规则和学到的经验知识,通过对对手的对抗性博弈,建立作战实体对抗行为模型,充分模拟交战过程和结局,实现对最优行为的选择。为作战方案分析、战法实验分析以及机器学习提供充足的数据支撑,使分析结果具有说服力、学习结果具有较高置信度。

14.2　博弈对抗技术发展

智能博弈决策模型的研究历史可以追述到 20 世纪 60 年代,典型博弈决策方法包括基于博弈论的决策、基于规划理论的决策、基于专家系统的决策和基于机器学习的决策方法。本节对基于博弈论、基于优化理论、专家系统和机器学习方法进行分析。典型方法分类对比汇总如表 14-1 所列。

表 14-1　博弈对抗决策模型生成方法

类别	典型方法	方法特性	方法优点	方法缺点	适用场景
博弈论方法	追捕模型	使用极值化求解双方的博弈策略	模型简单、易于计算	理念朴素、仿真度低	单一追捕逃逸场景
	差分博弈模型	使用差分方程表示决策者的动作以实现最佳策略	理论成果丰富、涉及面较广	难以实例化、计算复杂度高、仿真稳定性差	多种复杂对抗场景
	影响图模型	融合了指挥员的先验知识并贝叶斯网络进行推理	加入人类经验知识、态势评估直观高效、仿真度较高	复杂度较高、难于解析求解、不适用复杂环境	涉及指挥员与环境实时交互的仿真场景
优化理论方法	ADP	使用函数近似的方式表现回报值	仿真精度高、适用场景广泛	不支持多机对抗模拟仿真	实时自主的一对一空战场景
	PSO	每个粒子代表一个问题的一个可能的解,其由单个粒子的相互作用来求解	搜索速度快、效率高、算法简单	难以适用离散优化问题、易陷入局部最优	离线仿真场景
	ACO	采用启发式概率搜索方式逼近最优解	稳健性和泛化性强、支持并行实现	收敛速度慢、较易陷入局部最优解、探索时间长	离线仿真场景

类别	典型方法	方法特性	方法优点	方法缺点	适用场景
专家系统和机器学习方法	专家系统	将不同空战情况的经验提炼成规则库,并通过规则生成飞行控制指令	模型简单实用、规则库可靠性强	规则库复杂、策略固定死板、针对不同机型需要调参编码	多种复杂对抗场景
	MBPN	使用 NN 存储空战规则并在大样本中不间断学习	博弈对抗策略稳健性强,学习效率高	因自身网络的封闭性难以与外部经验知识相融合、精确度低	封闭式模拟对抗场景
	RL	无须标记学习样本,通过与外部环境交互选择最佳动作值,并更新自身策略	可实现在线实时决策和多目标自主学习	传统 RL 只能处理小规模简单问题,单智能体 RL 无法形成良好合作策略	多种复杂对抗场景

14.2.1 基于博弈论的方法

由于作战双方在对抗中产生了固有的博弈特性,因此用博弈论相关概念描述和求解作战博弈问题成为一个主要方向。其中比较有代表性的为追捕模型、差分博弈模型、影响图模型[12-13]。追捕模型是指对抗双方中的一方攻击、另一方逃逸的对抗模型,其本质就是将双方的博弈策略极值化。目前的求解方法包括定性和定量两种。另外,为了提升仿真的真实性,追捕模型也产生了较多扩展版本,如基于追捕逃逸角色互换的双目标模型、基于离散矩阵的追捕模型等。由于追捕模型的设计理念较为朴素简单,所以目前很少有实际应用。差分博弈是一种经典理论,其本质是使用差分方程表示 2 个或多个决策者的控制动作并将其应用到运动系统中以实现最佳策略。一般使用最优控制论方法求解差分博弈。如在博弈机动决策中,差分博弈的表现形式通常表现为求解交战双方的攻防策略的极值。然而尽管理论成果较为丰富,差分博弈在仿真中的表现差强人意,主要原因总结如下:首先,差分博弈的实例化设置较为困难,所以比较难以成为正常的行为理论;其次,计算复杂度较高也制约了其在高维环境中的应用;最后,由于结构性原因,差分博弈模型的稳定性较差。因此,尽管差分博弈理论已经发展了很多年,但是一直没有较为成熟的应用。影响图模型是一种比较直观的博弈建模方法,其融合了人的习惯、偏好、感知等先验知识并利用贝叶斯网络等分析方法进行行为推理。其中比较著名的应用有 Virtanen 等[14]的基于单层和多层影响图的策略推理仿真。总的来说,基于影响图的模型具有人类经验知识灵活辅助系统开发、显式高效评估态势威胁等因素、实际仿真度较高等优点,但也存在难于解析求解、不适用复杂环境等局限性。

14.2.2 基于规划理论的方法

基于优化理论的决策包括遗传算法、动态规划等优化理论。其本质是将博弈对抗问题用数学方法转化为最优化问题,并通过求解优化模型以获得最优策略。其中比较著名的是提出的一种被用于实时自主空战的近似动态规划(Approximate Dynamic Programming, ADP)[15]算法。与经典动态规划不同,该方法主要使用函数近似的方式表现回报值,ADP 在多个空战模拟平台上都有实际应用并有可靠的性能。另外,粒子群优化算法(Particle Swarm Optimization, PSO)[16]、蚁群优化算法(Ant Colony Optimization, ACO)[17]等优化方法也被广泛应用于各类仿真平台。但是基于优化理论方法的可扩展性较差,且仿真的实时性也不够理想,无法实现在线决策,因此它们只能用于离线策略的生成。

14.2.3 专家系统和机器学习方法

基于人工智能的方法主要有专家系统方法、神经网络方法和强化学习方法 3 个子类。专家系统方法在相关研究中起步较早、技术思想也相对较为成熟,其核心思想是将不同情况下经验提炼成规则库,并通过规则生成飞行控制指令,比较有代表性的是美军适应性机动逻辑程序(Adaptive Maneuvering Logic, AML)[18]。专家系统方法的不足表现在:①规则库的建立过程太过复杂;②规则库中的策略通常较为简单且固定;③针对不同机型时往往调参和编码难度大。这就严重限制了专家系统的应用范围和仿真真实性。

神经网络(NN)方法使用 NN 来存储对抗规则。目前在博弈对抗领域应用比较广泛的模型为多层反向回报网络(Multilayer Back-Propagation Network, MB-PN)[19]。因为神经网络具备从大量对抗样本中不断学习的能力,所以其产生的博弈对抗策略稳健性较高。但由于网络自身的封闭性,神经网络方法一般很难与人类经验知识融合,所以其仿真的精确度一直饱受质疑。与前两种方法相比,基于 RL 的方法无须标记学习样本。智能体通过与外部环境的交互过程来选择最佳动作值,进而更新自身策略。该类方法能较好地实现在线实时决策和多目标自主学习和有效地解决无模型序贯决策问题,同样十分契合博弈对抗任务。传统 RL 方法利用 Q 值表格进行建模和求解,但只能处理小规模简单问题。随着深度强化学习及其代表性算法 DQN、DDPG 的诞生而且在多个领域的成功应用,不少研究者尝试将单智能体深度强化学习算法应用到仿真环境中生成优秀的对抗策略,如文献[20]将 DQN 用于 1 对 1 近距空战决策的生成,但其只适用离散动作状态空间,难以满足飞行模拟的实际需求;文献[20]使用 DDPG 模拟交战双方的连续机动策略模型,但其只支持低维空间的学习过程,仿真精度和逼真度都较低。近来较为吸引眼球的空战演进(Air Combat Evolution, ACE)项目同样由美国军方 DARPA 研究局推出,其主要通过多种 RL 算法建模实现在大规模场景中的人机协同"狗斗"战术,确保 AI 与人类驾驶员在高速、高重力加速度情况下获取更大的战斗优势。表 14-1 对博弈对抗决策模型的主流方法进行了总结。

归根结底,传统方法由于在学习过程中缺乏智能体间的交互,在多机博弈对抗的场景下往往难以形成有效的合作竞争策略。因此将深度强化学习方法应用于多智能体博弈对抗场景以强化优质联合策略的生成必然是未来的探索方向。

14.3 智能博弈对抗关键技术

在筹划阶段,指挥员和参谋人员依据上级作战意图和作战任务制定多套作战方案,经作战推演分析、评估比较,确定最终作战方案。作战方案的核心是各作战实体的作战行动序列。从研究的角度,本质上是作战实体(用来模拟指挥员进行决策的智能体)的序贯决策问题。利用人工智能技术模拟指挥员思维过程,生成并优化行动序列,可以直接将作战方案的制定和评估有机结合为一个整体,借助指挥实体智能决策模型进行行动选择,实现行动序列的生成与优化。

在战斗实施阶段,指挥员需要根据战场环境与作战资源的变化进行临机决策,动态调整作战实体的行动。临机决策本质上也是指挥实体的序贯决策问题,借助指挥实体智能决策模型进行行动选择,实现在临机情况下,根据战场环境的变化动态调整作战行动序列,辅助指挥员快速应对不完美战场空间高动态、不确定、复杂的变化。

博弈对抗过程中,智能实体在与战场环境的持续交互中不断学习经验,不断更新深度神经网络来指导其连续的行为选择。训练得到的深度神经网络,可以理解为指挥员经验知识的非线性表达,是指挥决策思维过程的表征[21-22]。然而,在此过程中我们面临诸多难题。如战场态势复杂多变,决策过程面临高维状态-动作空间,在巨量的搜索空间进行有效探索是一个巨大的挑战[23];此外,作战任务目标难以直接转化成智能体能够理解的形式,无法提供即时准确的反馈,导致作战行动面临着反馈稀疏、延迟和不准确的问题,需要进行到一定阶段后,才会得到一个整体的反馈信息。

但"交互试错"的学习机制也导致了强化学习的学习效率较低,甚至在复杂的任务环境中无法学得有效决策策略。具体来说,在作战实体决策时,作战任务目标往往难以直接转化成合理的回报函数,无法提供即时准确的反馈,导致作战行为面临着反馈稀疏、延迟和不准确的问题;此外,战场态势复杂多变,决策过程面临着高维的状态-动作空间,在巨量的决策空间进行有效探索是一个巨大的挑战。因此,在基于博弈对抗的决策模型生成中要解决的问题主要体现在以下几个方面:一是如何构建规则驱动的博弈对抗行为模型,实现规则驱动的行动链的生成;二是如何构建机器学习优化的策略模型生成机制,实现学习型策略的持续优化;三是如何构建博弈对抗策略评价体系和模型,对智能决策模型的作战能力进行全过程、多视角、可追溯的评价体系;四是构建大样本并行仿真推演技术和柔性集成平台接口,保证机机对抗交互产生数据的速度和仿真环境能与智能算法的柔性集成。

14.3.1　博弈对抗规则建模技术

以深度强化学习为代表的人工智能技术在棋类游戏、即时战略游戏和 Alpha Dogfight 视距内空战对抗中的胜利展现了通用人工智能技术在解决高复杂性问题中的能力。然而,总的来看,目前能够解决的问题的主要特点是获取数据容易、决策规则完备、对抗规则清晰、评估调优目标明确等。与之相比,指挥决策问题存在着获取数据难度大、决策规则难以完备、专业知识复杂度高、评估调优难度大、信息不完全且不完美等特点。因此,进行对抗规则建模是缓解这些难题的基础。博弈对抗规则建模需要解决几个方面的难题:一是如何针对作战条令、作战规则等非结构化数据进行建模;二是如何对高水平指挥员大脑中的经验知识进行建模;三是如何对格式化历史对抗数据中隐含的对抗经验知识进行建模。

针对策略规则建模方面的难题,国内外相关的研究包括基于云推理模型的定性知识规则生成方法,依据云推理模型对定性的规则知识进行表达,以真实体现客观世界知识的模糊性与随机性,实现定性知识到定量知识的转化。从而将不确定的、模糊的经验知识转化为计算机能够识别的规则[24]。除此之外,结合模糊数学理论,实现对博弈对抗中关键特征的模糊化表示,最终将文本转化为模糊推理规则也是可行之法[25];在人类经验知识利用方面,既可以通过研讨交流、提取决策过程中的关键节点辅助进行决策活动分析,也可以通过系统与专家在线交互,引导决策模型生成;在历史对抗数据挖掘方面,遗传模糊系统能够在不完全且不完美信息对抗条件下,利用专家知识初始化对抗模型,利用历史对抗数据对系统进行优化,实现策略规则建模。最后结合典型博弈对抗作战样式,利用构建的决策规则驱动智能实体对抗,实现规则驱动的博弈链动态生成。

14.3.2　博弈对抗策略机器学习优化技术

以深度学习和强化学习为代表的机器学习方法在问题求解中存在的数据利用率低、环境反馈稀疏、状态空间探索与利用难题,导致解决方案难以收敛或训练时间过长,而在机器学习框架中引入军事领域大量存在的条令条例、战法战例和专家经验等知识,有经验的作战人员的历史博弈对抗决策轨迹和在线指导等方法可以大幅提升强化学习的探索能力获取数据和知识背后潜藏的规律。在此过程中面临多方面的挑战:一是如何基于强化学习框架构建非完美信息博弈对抗行为模型;二

386

是如何对基于神经网络的博弈对抗策略进行建模;三是基于数据和知识驱动实现博弈对抗策略的持续性高效优化。实现规则与数据驱动方法相结合的博弈策略学习优化的应用模式和方法,并分析不同博弈行为策略产生的对应效果,挖掘隐藏的规律,寻求对博弈策略的优化,从而帮助指挥人员对作战方案进行优化设计,对战法战术进行提炼。

基于以上分析,对人类知识的充分利用,这也正符合人类解决复杂决策问题的一般思维方式。然而指挥决策样本数据量小,直接采用监督学习方法训练的决策模型泛化能力较弱,因此利用小样本数据,结合先验知识,构建不完美信息条件下的高动态博弈对抗模型是解决这些难题和挑战的基础。首先,通过在智能体策略学习过程中引入军事领域中存在的条令条例、战法战例等规则知识,可以提高策略学习过程中探索和利用的效率;其次,也可以利用对手的条令条例、战法战例等构建规则对手,提升对抗学习的针对性;再次,结合多模态深度神经网络的空间态势感知技术,对博弈对抗过程中的雷达、红外、控制等多种不同格式的数据采用不同的预处理方法共享决策神经网络,尽可能覆盖决策因素,实现对战场态势的多维感知建模;然后,为避免过度依赖领域知识,利用逆向强化学习、数据增强、元学习等小样本数据学习方法,获取高水平对抗数据背后的决策考量,加速学习算法收敛也是小样本数据高效利用的有效方法;最后,在强化学习的过程中引入专家在线评价,将蕴含着人类专家对任务目标理解的评价结果应用于学习中,对回报函数进行重构,可以提升反馈的实时性和准确性。

14.3.3　博弈对抗 AI 算法模型验证评价技术

经典作战能力评估主要通过分析影响和制约作战能力的主要因素,对应针对作战实体生存能力、目标探测能力、火力打击能力等构建分层指标体系,并进行对应的分析计算对空战能力进行评估。在对生成的 AI 算法策略进行评估方面,仅仅是基于作战能力的评估并不能反映算法模型的优劣。因此在 AI 算法模型验证评价方面面临诸多挑战:一是如何构建针对 AI 算法模型的评价指标体系,能够全方位反映 AI 算法模型的特点;二是如何利用验证评价的结果引导算法模型改进和优化;三是在现有神经网络模型可解释性弱的情况下,如何构建对 AI 模型的可信度和可用性的评价。

针对挑战,首要解决的是评价指标体系构建的问题,在构建作战实体博弈对抗评价指标体系的基础上,依托智能推演引擎,以评估规则为尺度,以评估方法为手段,以实验评估数据为支撑,开展面向 AI 生成策略的多视角、全过程效能分析,针对不同作战阶段、不同作战时节、不同作战实体,在不同评估指标下的作战实体的行为构建指标,在此基础上,采用模糊数学方法将定性评估转换为定量评估,从而得出针对各项指标的专项统计分析,进而通过模糊数学对受到多种因素制约的事物或对象做出总体评价,重点对完成作战任务综合作战能力评价,从任务完成情况、歼敌效果、兵力损失、资源损耗、综合效益等视角加以评估,最终得出在对博弈对抗条件下 AI 算法模型策略的综合评估。并根据专项统计分析和评估的结果给出对应 AI 算法模型存在的不足和改进方向,实现博弈对抗推演智能化水平持续、稳健地提升。在可信度和可用性方面,通过 AI 算法模型历史对抗情况和实时推演结果以战术推荐置信度评价、行动反馈推演、实时态势优势分析等方式对 AI 算法模型的表现情况以人类指挥员能够理解的方式呈现,提升人类指挥员对于其可信度和可用性的认知。

14.3.4 大样本并行仿真推演技术和柔性集成平台接口设计

虽然以深度强化学习为代表的机器学习对历史数据集的需求量不大,但其特点是对交互产生的数据需求量大。简单的雅达利游戏尚且需要超过 1800 万帧的交互数据才能初步解决问题。在更为复杂的指挥决策应用上需要的交互数据量更大。随之而来的要求就是 AI 算法模型与对抗平台交互的速度足够快,以期在可以接受的时间内产生满足模型训练需要的交互数据量,也是机器学习所需的海量样本支撑智能决策模型训练与生成的基础。博弈对抗的智能决策模型的生成,就是要在高逼真度仿真平台的基础上,通过高速的机机自主博弈对抗,大幅减少"人在环"的比率,通过不间断的机器自我博弈,快速产生海量对抗样本,充分模拟博弈对抗不确定性带来的多种可能的交战过程和结局。在此过程中,需要重点解决两个方面的问题:一是如何提升仿真推演的速度;二是如何通过平台的智能化设计或改造,提升对抗性实验的效率。

针对仿真推演速度的难题,主要从两个方面进行:一是通过对仿真平台引擎的设计,能够实现无渲染情况下百倍、千倍甚至万倍的加速,以支撑在可接受的时间能产生足够多对抗推演样本的需求;二是在平台引擎限制,加速比无法提升的情况下,通过分布式并行训练与优化机制实现大规模并行仿真训练框架,加速对抗数据生成的速度。分布式并行训练需要解决两个方面的问题:一是设计硬件并行架构对仿真环境进行封装,实现与对抗仿真环境的分布式交互和采样;二是在多个对抗仿真环境异步采样的情况下,通过批处理、经验缓存、重要性采样等机制整合采样数据,训练决策模型。此外,机器学习算法需要大量的实验、参数、超参数的对比、不同算法的对比分析等,这些都需要仿真平台与算法具备松耦合的柔性架构,能够在一定范围内满足和适应变化的算法模型和参数。因此,在设计对抗仿真平台时要通过数据规范描述、可配置算法参数、动态映射等技术,在平台归平台、算法归算法的基础上,实现二者之间的柔性集成。为实现超实时对抗实验,解决传统博弈对抗行为建模方法面临的隐性知识表示困难,数据缺乏等难题,为基于博弈对抗的作战方案分析、战法实验分析等提供充足的数据支撑,需要提升分析结果的说服力和学习结果的置信度。

14.4　军事智能博弈对抗案例分析

14.4.1　基于 Unity 的 2 对 2 空战博弈对抗案例

本章主要借助 12.5 节所述的 Unity ML-Agents 设计空战博弈对抗环境,利用 SDK 接入并对比测试改进 MADDPG 算法与多种单智能体 DRL 算法。

1. 基于 Unity 的空战博弈对抗模型基本框架

按照算法——ML-Agents SDK——Unity——智能体(战机)的逻辑线路构建整个训练架构。具体来说,首先将在 ML-Agents SDK 中编写统一化的算法接口函数,再将其与 Unity 中的空战决策环境相连接,这样就形成了一种基于 Unity 框架的闭环训练模式。在此模式下,我们可将整个训练过程分为 2 个阶段:①预训练阶段。该阶段我们将 Unity 中的大脑组件置于外部(External)状态,这样环境中每个智能体(战机)都通过自己的通信体组件将其与空战博弈对抗环境和其他智能体(战机)交互所产生的观测值传输到 Python API,后者通过与其相连接的各类算法处理这些观测值并做出决策(动作),然后再按照相反的轨迹将动作传递到 Unity 空战环境中的智能体(战机)中。按照这种闭环迭代的探索性训练方式我们在预训练阶段学习最佳策略模型;②测试阶段。该阶段我们将大脑组件置于内部(Internal)状态并将训练好的模型植入环境,并对比不同算法的博弈策略和对战效果。值得一提的是,由于方法组织结构上的不同,我们在单智能体 DRL 算法中让每个智能体(战机)对应一个训练网络,即遵循单智能体 DRL 算法应用到多智能体环境的 IQL 原则(IDDPG、IPPO、ISAC),而在改进 MADDPG 算法中保证状态动作的集中输入和输出。基于 Unity 的 2 对 2 空战博弈对抗基本训练框架如图 14-1 所示。

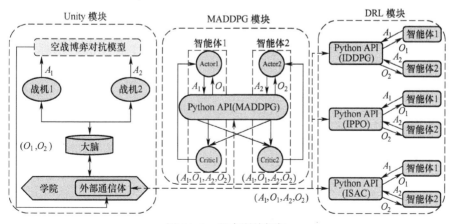

图 14-1　基本训练框架

2. 基本空战想定及规则

模型主要解决 2 对 2 视距内空战场景中的团队合作攻击—规避问题。交战敌对双方分为红蓝两队,其中:我方为 2 架红色战机组成的双机编队(使用上述单智能体 DRL 和改进 MADDPG 算法),敌方为 2 架蓝色战机组成的双机编队(使用随机策略),双方战机各自装备有空对空导弹和机载火控雷达,雷达工作模式包括扫描、跟踪和锁定三种状态。交战空域设置为 800×600 的矩形二维环境。双方战机的出生点设置为随机点并在指定对抗空域内自由空战。蓝方战机在空域内按照规则巡逻机动,一旦感知到红方战机威胁就伺机歼灭之,目标歼灭或丢失后继续巡逻搜索。红方任务为歼灭蓝方所有战机并取得预设空域制空权。每个时刻 t 的环境建模和交战规则表达如下:

(1) x_A^t, y_A^t 表示在 t 时刻 A 战机在二维平面交战空域的横纵坐标点(其余战机同理)。

(2) $D_{(A,B)}^t$ 表示在 t 时刻敌对方 A、B 战机的距离,这里使用二维平面欧式距离表示战机间距,即:$D_{(A,B)}^t = \sqrt{(x_A^t - x_B^t)^2 + (y_A^t - y_B^t)^2}$,另外环境设置当距离过近时,战机会自动转向以避免发生碰撞。

(3) θ_{AB}^t, ϕ 分别表示在 t 时刻 A、B 战机间的相对夹角 $\theta_{AB}^t = \arctan |(x_A^t - x_B^t)/(y_A^t - y_B^t)|$ 和最大可攻击方位角 ϕ(其中 ϕ 为恒定值)。

(4) $\delta_A, \chi_A, \lambda_A$ 分别表示 A 战机机载火控雷达的扫描扇面张角、最大雷达探测距离、锁定时间(该参数为恒定值)。

(5) d_A, ρ_A, ρ_A^h 分别表示 A 战机空对空导弹最大发射攻击距离、发射概率、命中概率(设置为恒定值)。

当满足以下条件时,判定 A 战机摧毁 B 战机:

(1) A 战机与 B 战机在时刻 t 的距离 $D_{A,B}^t$ 小于等于 A 战机的导弹最大发射距离 $d_A (D_{A,B}^t \leq d_A)$,且两者的相对夹角 θ_{AB}^t 小于等于最大可攻击方位角 $\phi (\theta_{AB}^t \leq \phi)$,即处在不可逃逸区内。

(2) A 战机的机载火控雷达的扫描扇面持续覆盖 B 战机并达到锁定时间 λ_A。

(3) A 战机满足空对空导弹发射概率 ρ_A^s,发射导弹满足命中概率 ρ_A^h。

双方战机的回报函数设计如表 14-2 所列。

表 14-2 空战回报值汇总

动作	回报值	目的
超出交战空域	−50	引导战机搜索交战
锁定目标	+10	引导战机搜索并锁定敌机
命中目标	+50	引导战机发射导弹击落敌机
自身被导弹击中	−50	引导战机规避敌机导弹

3. 两种重要训练方法

1）基于课程学习（Curriculum Learning, CL）的训练方法

CL 思想首先是由 Bengio 等提出的。该方法主要采用 CL 来训练语法器神经网络，即从有限的简单数据集开始逐次增加训练样本的难度以加速模型收敛，并提升训练模型的最终性能。目前来看，基于 DRL 的 CL 方法可以分为任务导向型、教师指导型、自博弈型、知识蒸馏型几个类别。本书基于任务导向型 CL 方法，主要借用设置不断增大课程难度的流程引导整个训练过程。具体来说，就是为红方（以 DRL 和 MDRL 算法为控制者）战机先设置较为简单的课程，然后不断加大难度，直至红方战机对蓝方战机能够形成压倒性的优势。对应在 2 对 2 空战仿真场景中就是将整个训练切分为 3 个阶段的课程。

课程 1：将环境中的蓝方 2 架战机设置为固定状态。训练目标为使得红方战机能够基本完成搜寻、锁定、歼灭蓝方战机的一整套动作。

课程 2：将其中 1 架蓝方战机设置为移动状态，而另外 1 架继续保持固定。训练目标为使得红方战机不仅能够歼灭蓝方固定战机，还能互相配合击落蓝方移动战机（规避蓝方战机的导弹）。

课程 3：将 2 架蓝方战机都设置为移动状态。训练目标为使得红方战机能够形成一定的配合战术对抗并击落蓝方战机。

2）基于规则引导（Rules Guided, RG）的训练方法

本章的另一个重要的训练方法就是不断调整仿真模型的规则参数以引导算法快速趋向收敛，并提升整个模型的训练效率，我们称为基于规则引导的训练方法。无论是 DRL 还是 MDRL 算法，其本质就是在与环境的不断交互中探索最优策略，这种宽泛的探索过程显然是十分低效的。特别是在如空战仿真模拟环境中，由于战机和环境的各类参数较为复杂导致运算量较大，策略的学习过程将会非常的缓慢，且最终算法很难达到收敛，学到优秀策略的概率也很低。基于 RG 的训练方法流程，如算法 14-1 所示。

算法 14-1：基于 RG 的训练方法

输入：3 条预设规则 R_1, R_2, R_3

输出：优质训练模型

1　初始化对应算法的训练网络及其参数

2　初始化训练环境中的战机位置参数

3　初始化预设规则 R_1, R_2, R_3

5　**For** 每个 episode = $1, 2, \cdots, M$ **do**

6　　**For** 时间 $T = 1, 2, \cdots, t$ **do**

7	**For** 红方战机 A、B **do**
8	执行结合 R_1,R_2,R_3 的战机动作 A_t 交互环境并得到观测 O_t、回报 r_t
9	**End**
10	将(A_t,O_t)输入对应算法的训练网络并得到下一时刻的动作 A_{t+1}
11	执行动作 A_{t+1} 与环境交并得到观测 O_{t+1}、回报 r_{t+1}
12	**End**
13	得到基于 RG 的优质策略 P_R
14	**End**

在实际训练过程中,我们也发现以下的问题:①双方战机随机转弯角度设置问题。即设置过大或过小的单次转弯角都容易导致难以探测到敌方战机而无法进入交战过程;②火控雷达探测扇面张角问题。张角过大会导致直接锁定目标导致训练不充分,张角过小则会导致很难锁定目标,同样影响策略训练;③双方战机的初始位置设定问题。由于不同相对方位对于最终的对抗策略的影响较大,完全随机化和完全固定化的起始位置设置都不利于训练出具有较强稳健性的策略。

针对实验中遇到的以上问题,我们的想法是优化部分规则并将其整合到学习过程中以减少双方战机在训练中的无效探索,最终提升对抗模型的训练效率和策略适应性。具体做法为在 Unity 环境参数设置中添加 3 条通用规则:

规则 1:设置双方战机每隔固定时间以随机的转弯角度改变飞行方向以提升其遭遇的概率;

规则 2:设置雷达扫描扇面张角以保证充分训练的同时减少不必要的搜寻过程;

规则 3:针对不同相对方位角以不同的概率设置红蓝双方战机的初始位置以加强策略应对不同初始环境的稳健性。

算法 141 简要说明了基于 RG 的训练方法流程。

4. 实验结果与分析

1）试验参数设置

我们将 3 种单智能体 DRL 算法和改进 MADDPG 算法分别与 2 对 2 空战博弈平台对接并各自训练 1000 轮,之后通过分析各类重要指标以比较几种方法在博弈对抗环境中的策略生成能力,空战环境、算法和基本参数设置分别如表 14-3 和表 14-4 所列。

表 14-3　环境参数设置

超参数	改进 MADDPG
雷达扫描扇面张角 $\delta/(°)$	30

超参数	改进 MADDPG
最大雷达探测距离 χ/m	100
锁定时间 λ/s	3
导弹的攻击距离 d/km	50
导弹发射概率 ρ^s	0.5
导弹命中概率 ρ^h	0.8

表 14-4　接入算法和基本参数设置

超参数	MADDPG	COMA	IDDPG	IPPO	ISAC
学习率 l	0.01	0.01	0.01	0.01	0.01
折扣系数 γ	0.95	0.95	0.95	0.95	0.95
软更新参数 η	0.99	—	0.99	—	—
更新率 μ	0.01	0.01	0.01	0.01	0.01
最大训练轮数	1000	1000	1000	1000	1000
经验回放尺寸	64	—	64	—	—

2）实验对比分析

本章主要从 3 个方面对比分析改进 MADDPG 算法相对 DRL 方法在空战博弈对抗环境中的优势：①算法性能。主要映射指标为平均回报、平均胜率、平均动作损失，即平均回报和平均胜率越高、平均动作损失越低，表明算法控制的智能体（战机）交战效果越好、算法性能越强，反之亦然。②训练效率。主要映射指标为训练时间，即在规定训练轮次的前提下，训练时间越短，训练效率越高，反之亦然。③训练稳定性。主要映射指标为平均回报的标准差和熵（Entropy），即标准差和熵越小，策略生成越平稳，训练也越稳定，反之亦然。

（1）性能对比分析。

图 14-2 描绘了 5 种算法在空战博弈对抗环境中红方战机的 MER、平均胜率和平均动作损失 3 个指标的对比曲线。为了更加定量化对各项指标进行对比，我们分别计算了 500 轮后（各算法趋于稳定收敛状态）3 种指标的均值，如表 14-5 所列。我们可以看出，我们的改进 MADDPG 相对于单智能体 DRL 算法 DDPG、PPO、ISAC 在上述 3 个指标上都有本质性的提升。因此我们可以得出结论：相较单智能体 DRL 算法在空战环境中红方战机不足 10% 的胜率，改进 MADDPG 算法可以达到接近 80% 的胜率。这足以证明我们的方法在多智能体联合对抗环境中相对单智能体 DRL 算法在性能方面的优势。

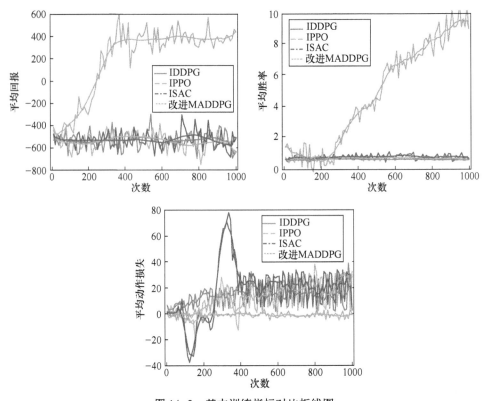

图 14-2　基本训练指标对比折线图

表 14-5　各算法在 500 轮后的平均回报、平均胜率、平均动作损失对比

算法	平均回报	平均胜率	平均动作损失
IDDPG	−526.50	0.62	15.28
IPPO	−550.21	0.70	19.39
ISAC	−530.69	0.81	21.52
MADDPG	384.41	7.73	−1.05

（2）训练效率对比分析。

图 14-3 描绘了 4 种算法训练时间对比。由图可知,改进 MADDPG 算法在训练总时间方面明显低于单智能体 DRL 算法。具体来说,改进 MADDPG 算法相对于 IDDPG、IPPO、ISAC 分别减少了 18.11%、12.97%、10.42%。因此我们可以得出结论:改进 MADDPG 算法在空战博弈环境中的训练效率远高于单智能体 DRL 算法。

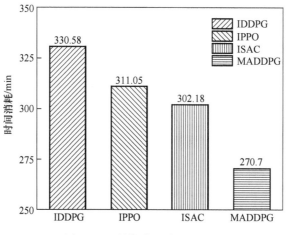

图 14-3　训练时间对比柱状图

（3）训练稳定性对比分析。

图 14-4 和表 14-6 分别表述了 4 种算法的训练平均熵趋势和 500 轮后的平均
回报标准差和平均熵数值。我们可以看出,改进 MADDPG 算法的平均熵值和平均
回报标准差值都明显低于 3 种单智能体 DRL 算法,即相对于 IDDPG、IPPO、ISAC,
改进 MADDPG 算法在平均回报标准差方面分别减少了 9.87%、9.78%、16.08%,
另外在平均熵值指标上,改进 MADDPG 算法相较于单智能体 DRL 算法有 1 个数
量级的差距。由此我们可以得出结论:改进 MADDPG 算法在空战博弈环境中的稳
定性也远强于单智能体 DRL 算法。

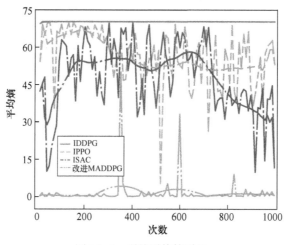

图 14-4　训练平均熵对比

表 14-6　各算法 500 轮后平均回报标准差和平均熵值对比

算法	平均回报标准差	平均熵值
IDDPG	76.71	70.30
IPPO	76.63	56.39
ISAC	82.39	47.97
MADDPG	69.14	1.50

通过对实验结果进行对比分析,我们最终得出结论:改进 MADDPG 算法在 2 对 2 空战博弈对抗环境中训练的智能体(战机)在性能、效率以及稳定性 3 项指标上都强于经典单智能体 DRL 算法所训练的智能体(战机),换句话说改进 MADDPG 算法能够成功在多智能体对抗环境通过训练生成相对优质策略。

3) 空战博弈对抗战法战术提炼于分析

在训练过程中,我们发现使用不同算法的红方智能体(战机)在对抗中产生了不同的空战战术,其复杂程度和效果也大不相同。我们按照不同的算法将产生的空战战术总结如下:

(1) IDDPG、IPPO、ISAC 单智能体 DRL 算法主要生成单机进攻和规避战术。

① 正面强攻战术。其是指红方战机在最大导弹发射距离以外以正面或斜对面方向径直向蓝方战机强攻,并对敌机实施稳定跟踪以保持其在最大可攻击方位角以内,而后在到达雷达扫描范围并锁定蓝方战机后发射空对空导弹对其实施攻击,攻击完成后迅速回转脱离。该战术常出现在红蓝双方正面遭遇的场景中。

② 尾追攻击战术。其是指红方战机紧追蓝方战机,并通过机动和方向变换保持尾追的攻击优势,在满足机载雷达覆盖和锁定的场景中,迅速发射导弹实施攻击。该战术常出现在红方战机处于尾追等主动态势的场景中。

③ 180°水平机动+回转反击战术。其是指红方智能体(战机)向左(向右)机动以摆脱蓝方战机机载雷达跟踪后回转正对蓝方战机发射空对空导弹实施攻击。该战术常出现在红方战机处于被尾追等被动态势的场景中。

④ 180°水平机动+绕后反击战术。其是指红方战机向左(向右)机动以摆脱蓝方战机机载雷达跟踪后回转到敌机后方对敌机发射空对空导弹实施攻击。该战术常出现在红方战机处于被尾追等被动态势的场景中。

⑤ 连续 S 形机动规避战术。其是指红方战机反复向左和向右以 90°机动(S 形机动)来摆脱蓝方战机机载雷达跟踪锁定或者蓝方导弹的发射准备,并在不断的迂回过程中伺机对蓝方战机发起反击。该战术常出现在红方战机处于被尾追等被动态势的场景中。

⑥ 持续搜索战术。其是指红方战机保持直线平飞或盘旋的状态以最大化雷达扇面的连续搜索过程的战术。该战术常出现在双方战机长时间无接触的场

景中。

图 14-5 简要描述了上述单机战术。

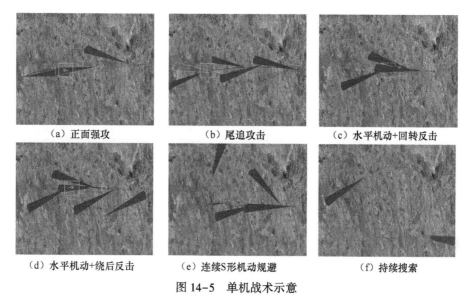

（a）正面强攻　　　　　　　（b）尾追攻击　　　　　　（c）水平机动+回转反击

（d）水平机动+绕后反击　　（e）连续S形机动规避　　　　（f）持续搜索

图 14-5　单机战术示意

（2）改进 MADDPG 在包含上述单机战术的同时也生成了如下团队配合战术。

① 双向正面强攻战术。其是指 2 架红方战机在最大导弹发射距离以外从 2 个斜对面方向径直向蓝方战机强攻，与正面强攻战术不同的是，双向强攻战术不仅能使蓝方战机难以选择优先反击对象，而且攻击实施成功率也更高。该战术常出现在红蓝双方正面遭遇的场景中。

② 双向尾追攻击战术。其是指 2 架红方战机协力从后侧 2 个方向紧追蓝方战机，并通过机动和方向变换保持尾追的攻击优势，在满足机载雷达覆盖和锁定的场景下，迅速发射导弹实施攻击，该战术比单机尾追攻击战术有更高的成功率。其常出现在红方战机处于尾追等主动态势的场景中。

③ 牵制掩护战术。其是指 1 架红方战机为了掩护另 1 架战机快速靠近蓝方战机而对其采取正面佯攻的态势，或当 1 架红方战机处于被动态势时，另 1 架红方战机对蓝方战机进行攻击，迫使其进行机动防御规避以掩护另 1 架红方战机摆脱被动态势。该战术常出现在 1 架红方战机处于被动态势，另 1 架处于正面交战的场景中。

④ 双向迂回绕后战术。其是指红方 2 架战机与蓝方 2 架战机正面遭遇时，围绕蓝方战机 2 个侧面方向分别迂回并进行 180°机动绕后伺机对蓝方战机实施包抄夹击。

⑤ 配合诱敌攻击战术。其是指红方战机在发现蓝方战机后，其中 1 架战机

90°或180°转向引诱蓝方战机追击,另1架红方战机伺机从后方占据有利位置,发射导弹对蓝方战机实施攻击。其常出现在双方战机处于正面遭遇的场景中。

⑥ 趁势突破战术。其是指双方战机在正面遭遇的场景中,其中1架红方战机引诱蓝方战机进行锁定攻击,另1架红方战机在其掩护之下伺机对蓝方战机发动攻击,与双向正面强攻战术不同的是,趁势突破战术的重点在于2架战机的分工配合更加明确,对蓝方战机的突袭成功率也较高,是一种典型的空战配合策略。其常出现在双方战机处于正面遭遇的场景中。

图14-6简要描述了上述双机配合战术。

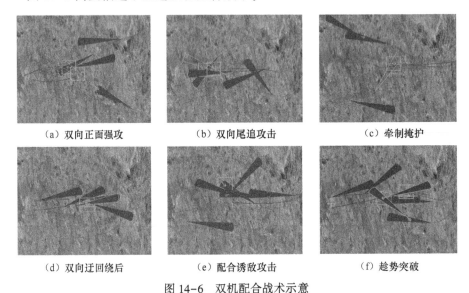

(a) 双向正面强攻　　　　　(b) 双向尾追攻击　　　　　(c) 牵制掩护

(d) 双向迂回绕后　　　　　(e) 配合诱敌攻击　　　　　(f) 趁势突破

图14-6　双机配合战术示意

通过对比我们可以得出结论:相较传统单智能体DRL方法,我们的改进MAD-DPG算法在2对2空战博弈对抗环境中具备生成多种复杂战术的能力,具有很强的仿真借鉴价值。

14.4.2　星际争霸小场景对抗案例分析

本节主要借助12.1.1节所述的SC2LE中的任务验证强化学习算法的效果。

1. 对抗场景描述

SMAC是在星际争霸Ⅱ基础上选取的若干小场景对抗任务的平台。在常规完整的星际争霸Ⅱ任务中,人类玩家相互竞争或与内置对抗AI对抗,玩家们通过收集资源,建造建筑,并建造部队来击败对手。星际争霸Ⅱ任务的对抗过程中有两个关键的要点:宏观管控(Macromanagement)和微观操纵(Micromanagement)。宏观管控是指高层次的战略考虑,如经济和资源管理。微观操纵(Micro)是指对单个单位的细粒度控制。

微观操纵是星际争霸任务中的一个重要方面,在战斗中,适当的单位微操可以最大限度地提高对敌人单位的伤害,同时将受到的伤害降到最低,这需要一系列的技巧和策略。如,一种重要的策略是集中火力,即命令部队联合攻击和杀死某个敌人。当集中火力时,避免过度杀伤也是很重要的(对单位造成的伤害比杀死它们所需的要多),这会造成一种火力资源的浪费。其他常见的微观操纵技术包括:根据装甲类型将部队集结成编队,让敌军单位在保持足够距离的情况下进行追逐,这样就很少或根本不会造成伤害(风筝战术),调整部队的队形,从不同方向进攻或利用地形击败敌人。

在战场环境部分可观测情况下,学习智能体之间的博弈对抗策略是一项具有挑战性的任务,可以用来评估本文提出的元深度强化学习算法的有效性和稳健性。

1) 小场景对抗任务

SMAC 由一组星际争霸 II 的小场景对抗任务组成,旨在评估智能体在解决复杂博弈任务时的对抗策略。这些场景经过精心设计,智能体需要学习一种或多种微操技术,才能击败敌人。每一个场景都是两支部队之间的对抗组成。每支军队的初始位置、数量、类型以及是否存在瓶颈路段或无法通行的地形因情况而异。

一方军队由学习型智能体组成。另一方军队则由内置的对抗 AI 控制,星际争霸 II 包含了一系列基于规则系统的对手 AI,对手 AI 分为 10 个级别的难度(其中三个最强大的是通过获得额外资源或特殊视野作弊)。对于深度强化学习方法来说,基于规则系统的对手 AI 是很好的陪练对手,相比随机性 AI,只需要很少的运算量就能产生高质量的博弈对抗策略,并且为各种深度强化学习算法提供了一致的基线来进行比较。在对抗开始的时候,规则 AI 将会根据规则制定的战术对学习型 AI 发动攻击。当任何一支军队的所有单位都已死亡或回合达到预先规定的时间限制(在这种情况下,任务被视为学习型 AI 战败),该回合结束。每个小场景对抗任务的目标是最大化学习型 AI 的博弈对抗策略的获胜率,即赢得的任务与玩过的任务的预期比。为了加速学习,敌方规则 AI 将会在每回合开始时就向学习型 AI 发动攻击。

最简单的场景是对称(Symmetric)的战斗场景,对称的战斗场景中最直接的是作战单位是同构(Homogeneous)的,也就是说,每支军队只由一个单一的作战单位类型(如 Marines)组成。在这种情况下,一个成功高效的策略就是集中火力,同时保证不要火力过剩。而在异构(Heterogeneous)的非对称(Asymmetric)场景中,每一方都有不止一个作战单位类型(如 Stalkers、Zealots),任务难度也就更大。不同作战单位之间存在克制关系(如,克制方单位攻击被克制的单位会造成的额外伤害)。在这种情况下,学习型 AI 必须学会推断出敌方作战单位的特性,并学习到一种智能策略来保护易受敌人攻击的己方部队。

此外,SMAC 还包括一系列更具挑战性的对抗场景,如,双方作战单位数量不均衡,敌军数量超过学习型 AI 一个或多个单位。在这种不对称的情况下,必须考虑敌军单位的装甲情况,以便有效地损伤目标。

最后,SMAC 还提供了一系列独特的挑战任务,需要更高层的合作以及特定的微观操作技巧来击败敌人。如,在 2m_vs_1z 场景中,其中两个 Marines(人族机枪兵)需要击败一个敌人 Zealot(神族狂热者)。在这种情况下,Marines 必须设计出一种策略来和 Zealot 保持距离,否则他们将会快速被消灭。另一个例子是 so_many_banelings 场景中,7 个学习型 Zealots 面对 32 个敌方 Baneling(虫族爆虫)单位。Baneling 攻击的方式是与目标相撞并在到达目标时爆炸,对目标周围的某个区域造成伤害。因此,如果大量的 Baneling 攻击一小群彼此靠近的 Zealots,Zealots 将立即被击败。因此,最佳对抗策略是在地图上相互协作,彼此远离,这样 Baneling 的伤害就尽可能地分散开来。在 corridor 场景中,6 个学习型 Zealots 面对 24 个敌方 Zerglings(虫族跳虫)单位,需要 Zealots 有效利用地形特征。具体地说,智能体应该集体封锁瓶颈地段(地图的狭窄区域),以阻止敌人从不同方向发动的攻击。SMAC 中一些微技巧挑战任务的灵感来自暴雪发布的星际争霸大师挑战任务。挑战的完整列表如表 14-7 所列。任务的难度设定为非常困难(难度等级 7)。

表 14-7　小场景对抗任务类型

名称	友军单位	敌军单位	备注
3m	3 Marines	3 Marines	种族相同,数量相同
8m	8 Marines	8 Marines	种族相同,数量相同
25m	25 Marines	25 Marines	种族相同,数量相同
2s3z	2 Stalkers+3 Zealots	2 Stalkers+3 Zealots	种族相同,数量相同
3s5z	3 Stalkers+5 Zealots	3 Stalkers+5 Zealots	种族相同,数量相同
MMM	1 Medivac+ 2 Marauders+ 7 Marines	1 Medivac+ 2 Marauders+ 7 Marines	种族相同,数量相同
5m_vs_6m	5 Marines	6 Marines	种族相同,数量相同
8m_vs_9m	8 Marines	9 Marines	种族相同,数量相同

名称	友军单位	敌军单位	备注
10m_vs_11m	10 Marines	11 Marines	种族相同, 数量相同
27m_vs_30m	27 Marines	30 Marines	种族相同, 数量相同
3s_vs_5z	3 Stalkers+5 Zealots	3 Stalkers+6 Zealots	种族相同, 数量相同
MMM2	1 Medivac+ 2 Marauders+ 7 Marines	1 Medivac+ 3 Marauders+ 8 Marines	种族相同, 数量相同
2m_vs_1z	2 Marines	1 Zealot	微操作: 交替开火
2s_vs_1sc	2 Stalkers	1 Spine Crawler	微操作: 交替开火
3s_vs_3z	3 Stalkers	3 Zealots	微操作:放风筝
3s_vs_4z	3 Stalkers	4 Zealots	微操作:放风筝
3s_vs_5z	3 Stalkers	5 Zealots	微操作:放风筝
6h_vs_8z	6 Hydralisks	8 Zealots	微操作: 集中火力
corridor	6 Zealots	24 Zerglings	微操作:围堵
bane_vs_bane	20 Zerglings & 4 Banelings	20 Zerglings & 4 Banelings	微操作:定位
so_many_banelings	7 Zealots	32 Banelings	微操作:定位
2c_vs_64zg	2 Colossi	64 Zerglings	微操作:定位

注:Medivac,人族运输机;Marauders,人族掠夺者,重机甲兵;Spine Crawler,虫族脊针爬虫,地面防御单位;Hydralisks,虫族刺蛇,远程攻击单位。

2）状态和观察

在每个时间步,智能体都会收到在他们的视野内的局部状态信息,状态信息包含了在每个单位周围的一个圆形区域内关于地图的信息,圆形区域的半径等于视距。视距使得每个智能体都能从自身的角度观察到部分环境。学习型 AI 只有在其他智能体都活着且位于视线范围内时才能观察到他们。因此,智能体无法确定他们的队友是距离自己很远还是已经被消灭。

每个智能体所观察到的特征向量包含了在视线范围内的友军和敌军单位的以下属性:距离、相对位置 x、相对位置 y、生命值、护甲和单位类型。护盾作为一种额外的保护源,移除于对单位的生命造成任何损害之前。所有的神族(Protos)单位都有护盾,如果没有新的伤害,它可以再生(其他两个种族的单位没有这个属性)。

除此之外,智能体还可以在视野范围内查看友军部队的最新的行动。最后,智能体可以观察周围的地形特征,特别是在固定半径上的八个点的值,这些值表示高度和可行走性。

"全局状态"只在集中训练期间对智能体可用,它包含地图上所有单位的信息。具体地说,全局状态向量包括所有智能体相对于地图中心的坐标,以及观测中出现的单位的特征。此外,状态信息还储存了 Medivacs 的能量和其他友军单位的冷却时间,这表示了最短攻击的间隔。最后,所有智能体的最新的动作都依赖于集中状态。所有的特征向量,无论是环境状态向量还是单位特征向量,都进行了归一化,所有智能体的视距均设置为 9。

3)动作空间

智能体能够采取的离散行动包含移动、攻击和停止。移动由北、南、东和西 4 个方向组成。死亡的智能体只能做的动作是不行动,而活着的智能体不能采取不行动。作为治疗单位,Medivacs 必须使用治疗动作而不是攻击动作。一个智能体可以执行的动作的数量在 7~70,具体取决于对抗场景。

为了确保任务的去中心化,智能体只能对射程内的敌人使用攻击行动,这也限制了单位对远处敌人使用内置的攻击移动宏动作的能力。我们把射程设为 6。拥有比射程更远的视野使得智能体需要在开火前使用移动指令。

4)奖励

总的目标是在每一个战斗场景中都能有最高的获胜率。除了回合结束时环境提供的结果奖励(赢+1/败-1),为解决奖励稀疏问题,我们也额外提供了一个回报函数,根据智能体所造成和收到的命中点伤害来计算的,在杀死敌方(盟军)单位后获得一些正(负)奖励或赢得(失败)战斗的正(负)加成。回报的确切值和比例可以通过配置文件进行调整。

5)环境设置

SMAC 利用星际争霸 II 学习环境(SC2LE)与星际争霸 II 引擎进行通信。SC2LE 允许发送命令和接收来自任务的观察结果,从而完全控制任务。但是,SMAC 在概念上不同于 SC2LE 的强化学习环境。星际争霸 II 的目标是学习玩星际争霸 II 的完整任务。这是一个竞争性的任务,一个集中式的强化学习智能体接收 RGB 像素作为输入,并执行类似于人类玩家的宏观和微观两个方面的控制。而 SMAC 表示了一组小场景对抗任务下的多智能体微观操作,其中,每个学习型智能体控制一个作战单元,相较于完整对战,SMAC 更侧重分队级博弈对抗策略的生成与优化。

SMAC 使用的是 SC2LE 的原始 API。原始 API 不包含任何图形组件,它只由地图上单位的信息组成,如损坏状况、位置坐标等。原始 API 还允许智能体使用单位 ID 向各个单位直接发送行动命令。此设置与人类参与实际对抗任务的方式不同,但便于多智能体博弈对抗策略生成与优化。

因为 SMAC 上的小场景对抗任务比实际的星际争霸Ⅱ任务要短,所以在每回合结束之后重新启动任务会造成计算瓶颈。为了克服这个问题,我们使用 API 的调试命令。具体地说,当任何一支军队的所有单位都被消灭了,通过发送一个调试动作来杀死所有剩余的单位。在没有单位剩余的情况下,会启动星际争霸Ⅱ地图编辑器,它会以完全的生命值重新生成所有的单位,从而快速有效地重新启动场景。

此外,为了鼓励学习型智能体自己探索更好的策略,我们限制了星际争霸内置AI 默认的部分属性。具体来说,我们禁用了单位自动攻击附近敌人功能。为了做到这一点,我们使用星际争霸Ⅱ编辑器创建了单位,这些单位完全是现有单位的副本,但修改了两个属性(战斗和行为),战斗:默认获取级别设置为被动(默认攻击性)和行为:响应设置为无响应(默认获取)。修改只对学习型智能体操作,规则型敌方单位不变。

某些单位的视野范围和射程的取值可能与传统星际争霸Ⅱ内置视野范围或射程属性不同,但这并不影响我们在星际争霸Ⅱ小场景对抗任务下,测试基于元深度强化学习方法的博弈对抗策略的生成与优化。

2. 敌我对抗智能设计

选取了星际争霸Ⅱ中 SMAC 平台下多种类型的小场景对抗任务,来进行元深度强化学习算法的测试以及生成的智能博弈对抗策略的评估。对抗任务有 3m、8m、2s3z、5m_vs_6m 和 3s_vs_5z。将前序章节提出的元深度强化学习算法及框架集成为一个元深度强化学习算法,简化记为 M-DRL,我们将双方智能对抗仿真主要设计为 3 个部分,来分别地在不同对抗场景下验证提出的方法的有效性和稳健性,星际争霸Ⅱ小场景对抗任务下对手设计如表 14-8 所列。

表 14-8　星际争霸Ⅱ小场景对抗任务对手设计

名称	任务	规则型 AI(敌方)	学习型 AI(我方)
3m/8m	同构对称对抗任务	Scripted_Agents (难度等级 7)	A3C、COMA、QTRAN、 M-DRL
2s3z	异构对称对抗任务	Scripted_Agents (难度等级 7)	A3C、COMA、QTRAN、 M-DRL
5m_vs_6m	同构非对称对抗任务	Scripted_Agents (难度等级 7)	A3C、COMA、QTRAN、 M-DRL
3s_vs_5z	异构非对称对抗任务	Scripted_Agents (难度等级 7)	A3C、COMA、QTRAN、 M-DRL

在 3m、8m、2s3z、5m_vs_6m、3s_vs_5z 五种小场景任务下分别进行算法性能测试和评估,参与对比的学习算法有 A3C 算法、COMA 算法、QTRAN 算法、M-DRL 算法,为了统一对比的基准,针对每个小场景的对抗任务,我们将敌方智能体固定为星际争霸Ⅱ内置的 Scripted_Agents(基于规则系统的 AI,难度等级 7,非常困

难),关于星际争霸Ⅱ内置的 Scripted_Agents 详细信息的描述可查阅官网,即 https://github.com/deepmind/pysc2/blob/master/pysc2/Agents/scripted_Agent.py。

3. 实验算法参数设置

本节主要介绍了 4 种学习算法在解决星际争霸Ⅱ小场景对抗任务时,采用的网络结构以及超参数调整。针对 A3C 算法、COMA 算法、QTRAN 算法,我们采用原文献[43-45]中的既定网络架构,并根据小场景对抗任务环境的具体情况,特别是动作空间,进行了相对应地调整。

为保证对比的严谨性,所有 4 种算法共享相同的环境状态输入,即输入相同维度的状态向量。敌方统一设置为难度等级 7(非常困难)的基于专家系统的规则型AI,所有任务使用 SMAC 默认的回报函数,并且环境的回报函数在训练过程中始终保持不变。为每个算法设置了 12 个随机初始化,折扣系数统一设为 0.99,梯度优化器设置为 RMS 优化器。4 类学习算法共享的超参数如表 14-9 所列。

表 14-9　四类学习算法共享的超参数设置

描　　述	值
对手 AI 难度等级	7
折扣系数	0.99
随机种子数量	12
梯度优化器	RMS

对于 A3C 算法,Critic 网络学习率设置为 0.001,Actor 网络学习率设置为0.0001,算法动作探索方法使用的是 epsilon 贪婪策略,智能体训练开始时以 0.5的概率随机选择动作,概率大小随着回合次数递增而递减,贪婪探索概率最低阈值设为 0.02,为防止梯度爆炸,梯度裁剪阈值设置为 10。SMAC 小场景对抗任务下A3C 算法的超参数设置如表 14-10 所列。

表 14-10　A3C 算法超参数设置

描述	值
Critic 网络学习率	0.001
Actor 网络学习率	0.0001
动作探索方法	Epsilon Greedy
初始探索概率	0.5
每回合概率递减值	0.00064
探索概率阈值	0.02
梯度裁剪阈值	10

对于 COMA 算法,三层 RNN 的中间隐藏层神经元个数设为 64,Critic 网络学

习率设置为 0.001,Actor 网络学习率设置为 0.0001,算法动作探索方法使用的是 epsilon 贪婪策略,智能体训练开始时以 0.5 的概率随机选择动作,概率大小随着回合次数递增而递减,贪婪探索概率最低阈值设为 0.02。TD(λ) 中的 λ 设为 0.8,目标网络每 200 步更新一次。为防止梯度爆炸,梯度裁剪阈值设置为 10。SMAC 小场景对抗任务下 COMA 算法的超参数设置如表 14-11 所列。

表 14-11 COMA 算法超参数设置

描　　述	值
RNN 隐藏层神经元个数	64
Critic 网络学习率	0.001
Actor 网络学习率	0.0001
目标网络更新频率	200
动作探索方法	Epsilon Greedy
初始探索概率	0.5
每回合概率递减值	0.00064
探索概率阈值	0.02
TD(λ) 中的 λ	0.8
梯度裁剪阈值	10

对于 QTRAN 算法,三层 RNN 的中间隐藏层神经元个数设为 64,QTRAN 网络的中间隐藏层神经元个数设为 32,学习率设置为 0.0005,算法动作探索方法使用的是 epsilon 贪婪策略,智能体训练开始时以 1 的概率随机选择动作,概率大小随着回合次数递增而递减,贪婪探索概率最低阈值设为 0.05。TD(λ) 中的 λ 设为 0.8,目标网络每 200 步更新一次。批处理大小为 32,经验池大小设为 5000,为防止梯度爆炸,梯度裁剪阈值设置为 10。SMAC 小场景对抗任务下 QTRAN 算法的超参数设置如表 14-12 所列。

表 14-12 QTRAN 算法超参数设置

描　　述	值
RNN 隐藏层神经元个数	64
QTRAN 网络隐藏层神经元个数	32
学习率	0.0005
目标网络更新频率	200
动作探索方法	Epsilon greedy
初始探索概率	1
每回合概率递减值	0.000019

（续）

描　　述	值
探索概率阈值	0.05
批处理大小	32
经验池大小	5000
梯度裁剪阈值	10

对于 M-DRL 算法,神经网络的架构如下:①基础评价网络是一个三层 MLP 网络,中间隐藏层有 20 个神经元。输入层神经元个数等于状态维数加上动作维数,输出层神经元个数等于 1。②行动网络是一个三层的 MLP 网络,中间隐藏层有 80 个神经元。输入层神经元个数等于 1,输出层神经元个数等于动作维数。③任务指定网络(TSN)是一个单隐藏层 LSTM,共有 30 个神经元,输出层神经元个数为 3。元评价网络是一个四层的 MLP 网络,每个隐藏层有 80 个神经元。输入层神经元个数等于基础评价网络输出维数加上任务指定网络输出维数,输出层神经元个数等于 1。算法其余超参数设置见表 14-13。其中:行动网络的初始化采用了基于历史行动轨迹梯度的策略模型优化方法,而训练过程中智能体动作探索方法选择的是提出的历史回报引导下 Softmax 动作探索策略,同时引入提出基于时序差分误差的在线优化方法,来动态调整学习过程中的学习率和折扣系数。所有设计的实验都是在 pytorch 环境下进行的,它可以在元学习过程中梯度更新时自动微分,实验由一块 NVIDIA GTX 1080Ti GPU 支持。

表 14-13　M-DRL 算法中超参数设置

描　　述	值
基础评价网络学习率	0.0005
任务指定网络学习率	0.0005
初始元评价网络学习率	0.0001
行动网络学习率（元训练阶段）	0.0001
行动网络学习率（元学习阶段）	0.05
初始折扣系数	0.9
动作探索方法	PSE-Softmax 方法
元评价网络学习率和折扣系数调整方法	VDBML 方法
行动网络初始化方法（元学习阶段）	MWL-MAML 方法

4. 实验结果与分析

1）同构对称小场景对抗任务 3m/8m

同构对称对抗任务 3m 是一张有 3 名人族 Marines(人族机枪兵)和另外 3 名

406

人族 Marines 对抗的地图。Marines 通过不断击败敌方 Marines 单位获得奖励,每消灭一名 Marines 获得+1 奖励,每个人族 Marines 死亡获得−1 惩罚。当一方所有 3 个 Marines 都被击败或回合时间耗尽时,回合结束,新的回合开始。每回合开始时,3 名人族 Marines 在地图任意一侧的随机聚集排列,敌方 3 名人族 Marines 在地图另一侧的随机聚集排列。单个回合时间限制是 60s,回合结束时,如果双方作战单位依然剩余,在这种情况下,被视为学习型 AI 在对抗任务中战败,初始作战场景如图 14-7 所示,左侧三个作战单位是学习型 AI,右侧三个作战单位是规则型 AI,双方作战单位类型及数量均相同。

图 14-7　同构对称小场景对抗任务 3m

同构对称对抗任务 8m 是一张有 8 名人族 Marines(人族机枪兵)和另外 8 名人族 Marines 对抗的地图。Marines 通过不断击败敌方 Marines 单位获得奖励,每消灭一名 Marines 获得+1 奖励,每个人族 Marines 死亡获得−1 惩罚。当一方所有 8 个 Marines 都被击败或回合时间耗尽时,回合结束,新的回合开始。每回合开始时,8 名人族 Marines 在地图任意一侧的随机聚集排列,敌方 8 名人族 Marines 在地图另一侧随机聚集排列。单个回合时间限制是 120s,回合结束时,如果双方作战单位依然剩余,在这种情况下,被视为学习型 AI 在对抗任务中战败,初始作战场景如图 14-8 所示,左侧 8 个作战单位是学习型 AI,右侧 8 个作战单位是规则型 AI,双方作战单位类型及数量均相同。

图 14-8　同构对称小场景对抗任务 8m

为了评估 A3C 算法、COMA 算法、QTRAN 算法以及 M-DRL 算法的性能,本文连续随机生成了 20000 个 3m 以及 8m 任务进行训练,为每个算法设立了 12 个随机种子,每过 100 个训练任务(训练回合,每回合训练一个任务)对 4 种学习算法的性能进行测试,同时为了减少奖励的不稳定性,本文对每个学习算法测试 8 次,取奖励的平均值作为算法性能指标。4 种学习算法的学习曲线如图 14-9 和图 14-10 所示,统计结果如表 14-14 所列,其中包含了算法平均得分和标准差。

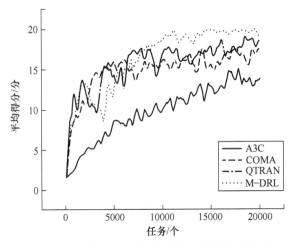

图 14-9 3m 任务上 4 种学习算法的回报曲线比较

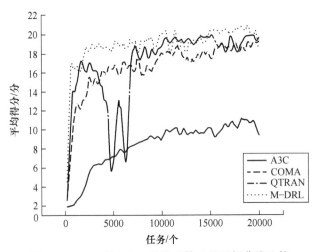

图 14-10 8m 任务上 4 种学习算法的回报曲线比较

表 14-14 3m /8m 任务上 4 种学习算法的平均得分和标准差

任务 AVG (STD)	A3C	COMA	QTRAN	M-DRL
3m	13.43 (0.31)	16.73 (0.79)	18.52 (0.34)	19.69 (0.29)
8m	10.65 (0.48)	18.79 (0.35)	19.50 (0.40)	20.23 (0.33)

本书为 3m/8m 任务上 4 种学习算法绘制了临界差分图(Critical Difference Diagrams),证明了本书提出算法的平均得分确实高于其他比较算法,如图 14-11 和图 14-12 所示。

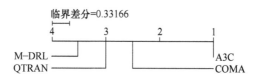

图 14-11   3m 任务下 4 种学习算法平均得分临界差分图

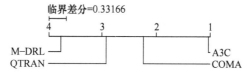

图 14-12   8m 任务下 4 种学习算法平均得分临界差分图

实验结果表明,在 3m 任务下,与 A3C 算法、COMA 算法和 QTRAN 算法相比,M-DRL 方法的平均得分分别提高了 31.8%、15.0% 和 5.9%;算法稳定性上,标准差分别降低了 6.5%、63.3% 和 14.7%。在 8m 任务下,与 A3C 算法、COMA 算法和 QTRAN 算法相比,M-DRL 方法的平均得分分别提高了 47.3%、7.12% 和 3.61%,算法稳定性上,标准差分别降低了 31.25%、5.71% 和 17.5%。

对 3m 对抗任务下生成的博弈对抗策略分析,在算法训练过程中,每隔 100 个训练回合测试 20 次,记录下不同学习算法下 AI 对抗规则型 AI 的胜率,如图 14-13 所示。

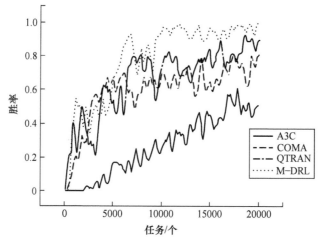

图 14-13   3m 任务上 4 种学习算法的胜率比较

这里对 M-DRL 算法在对抗任务 3m 下生成的智能博弈对抗策略进行记录,以快照(Snapchat)的形式展现基于元深度强化学习算法生成的智能博弈对抗策略,如图 14-14 所示,快照从左至右以时间顺序排列,左侧 3 个作战单位是学习型 AI,右侧 3 个作战单位是规则型 AI,双方作战单位类型及数量均相同。

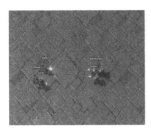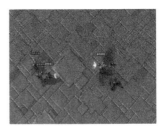

图 14-14　同构对称小场景对抗任务 3m 下智能博弈对抗策略演示

从图 14-14 可以看出,基于学习算法的 AI 在对抗开始时,采取了环形前进的阵型,我们推测 AI 以这种阵型前进有利于遇敌时能够快速采取集中火力的攻击策略。当发现敌方作战单位时,学习型 AI 采取了集中火力的策略攻击敌方作战单位,并且我们发现在对战过程中,学习型 AI 会主动将血量低的单位往己方后方移动来躲避火力,将血量较高的单位向前移动吸引火力。学习型 AI 在同构对称小场景对抗任务 3m 下学到了动态调整作战阵型,交替射击掩护作战单位的策略。这种火力掩护后撤行动,保存作战单位实力的博弈对抗策略在小场景分队对抗任务中值得借鉴和学习。

对 8m 对抗任务下生成的博弈对抗策略分析,在算法训练过程中,每隔 100 个训练回合测试 20 次,记录不同学习算法下 AI 对抗规则型 AI 的胜率,如图 14-15 所示。

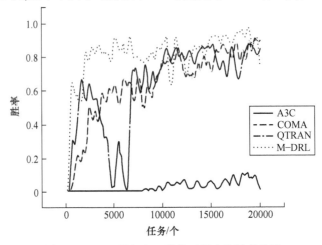

图 14-15　8m 任务上 4 种学习算法的胜率比较

同时,本书也对 M-DRL 算法在对抗任务 8m 下生成的智能博弈对抗策略进行记录,以快照(Snapchat)的形式展现基于元深度强化学习算法生成的智能博弈对抗策略,如图 14-16 所示,快照从左至右以时间顺序排列,左侧 8 个作战单位是学习型 AI,右侧 8 个作战单位是规则型 AI,双方作战单位类型及数量均相同。

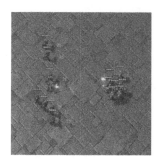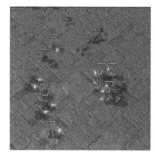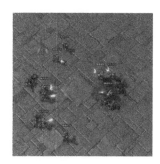

图 14-16　同构对称小场景对抗任务 8m 下智能博弈对抗策略演示

从图 14-16 可以看出,交战未开始时,学习型 AI 能够学习得到采取"一"字阵型推进,我们推测学习型 AI 以这种阵型前进时,能够保证所有单位能够在同一时间遇到敌方单位,并发动攻击。交战过程中,学习型 AI 能够根据己方单位的损坏程度,动态变换阵型,用血量较高的作战单位掩护血量较低的单位后撤,及时保存作战实力。交战后期,学习型 AI 开始展开阵型,逐渐包围敌方单位,采取集中火力的策略逐个消灭敌方单位,快速解决战斗。

2) 异构对称小场景对抗任务 2s3z

异构对称对抗任务 2s3z 是一张双方均有 2 名 Stalkers(神族追踪者,相比 Zealots 移动速度更快,武器火力更强)和 3 名 Zealots(神族战士,类似人族机枪兵)进行对抗的地图。学习型 AI 通过不断击败敌方作战单位获得奖励,每消灭一名 Stalkers 或 Zealots 获得+1 奖励,每个 Stalkers 或 Zealots 死亡获得-1 惩罚。当一方所有作战单位都被击败或回合时间耗尽时,回合结束,新的回合开始。每回合开始时,2 名 Stalkers 和 3 名 Zealots 在地图任意一侧的随机聚集排列,敌方 2 名 Stalkers 和 3 名 Zealots 在地图另一侧的随机聚集排列。单个回合时间限制是 120s,回合结束时,如果双方作战单位依然剩余,在这种情况下,被视为学习型 AI 在对抗任务中战败,初始作战场景如图 14-17 所示,左侧五个作战单位是学习型 AI,其中包含 2 名 Stalkers 和 3 名 Zealots,右侧五个作战单位是规则型 AI,双方作战单位类型及数量均相同。

为了评估 A3C 算法、COMA 算法、QTRAN 算法以及 M-DRL 算法的性能,本书连续随机生成了 20000 个 2s3z 任务进行训练,为每个算法设立了 12 个随机种子,每过 100 个训练任务(训练回合,每回合训练一个任务)对 4 种学习算法的性能进行测试,同时为了减少奖励的不稳定性,对每个学习算法测试 10 次,取奖励的平均

图 14-17　异构对称小场景对抗任务 2s3z

值作为算法性能指标。4 种学习算法的学习曲线如图 14-18 所示,统计结果如表 14-15 所示,其中包含了算法平均得分和标准差。

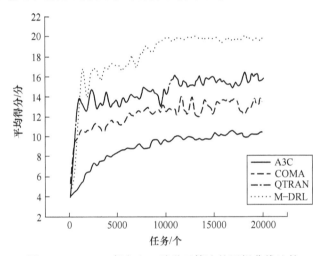

图 14-18　22s3z 任务上 4 种学习算法的回报曲线比较

表 14-15　2s3z 任务上 4 种学习算法的平均得分和标准差

Task AVG (STD)	A3C	COMA	QTRAN	M-DRL
2s3z	10.20 (0.17)	13.03 (0.17)	15.93 (0.34)	19.82 (0.11)

这里为 2s3z 任务上四种学习算法绘制了临界差分图(Critical Difference Diagrams),证明了本书提出算法的平均得分确实高于其他比较算法,如图 14-19 所示。

实验结果表明,与 A3C 算法、COMA 算法和 QTRAN 算法相比,M-DRL 方法的平均得分分别提高了 48.5%、34.2% 和 19.6%,算法稳定性上,标准差分别降低了 35.3%、35.3% 和 67.6%。

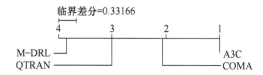

図 14-19 2s3z 任务下 4 种学习算法平均得分临界差分图

对生成的博弈对抗策略分析,在算法训练过程中,我们每隔 100 个训练回合测试 20 次,记录下不同学习算法下 AI 对抗规则型 AI 的胜率,如图 14-20 所示。

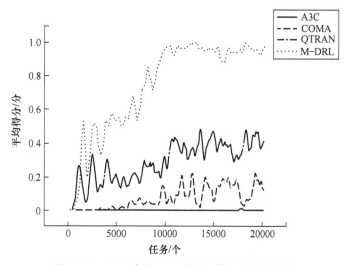

图 14-20 2s3z 任务上 4 种学习算法的胜率比较

这里对 M-DRL 算法在对抗任务 2s3z 下生成的智能博弈对抗策略进行记录,以快照(Snapchat)的形式展现基于元深度强化学习算法生成的智能博弈对抗策略,如图 14-21 所示,快照从左至右以时间顺序排列,左侧 5 个作战单位是学习型 AI,其中包含 2 名 Stalkers 和 3 名 Zealots,右侧 5 个作战单位是规则型 AI,双方作战单位类型及数量均相同。

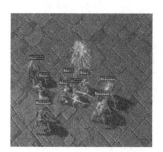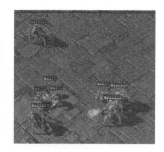

图 14-21 异构对称小场景对抗任务 2s3z 下智能博弈对抗策略演示

根据对抗任务 2s3z 的回放,我们总结出学习型 AI 学习得到了以下几条智能博弈对抗策略:

第一,学习型 AI 能够针对敌方护甲薄弱的作战单位进行优先打击,相比 Stalkers,Zealots 的护甲更低,所以学习型 AI 在交战初期就开始集中火力消灭 Zealots 的数量,从快照中可以看出交战前期学习型 AI 的火力均覆盖在敌方 Zealots 上,敌方 Stalkers 在交战前期没有受到伤害。

第二,由于 Stalkers 的移动速度更快,并且射击范围大,所以学习型 AI 学得一种利用 Stalkers 牵扯敌方单位,边移动边进行攻击的对抗策略,当敌方 AI 来攻击我方 Stalkers 时,为保存我方 Stalkers 战斗实力,从快照中可以看出,上方 Stalkers 有目的地拉开与敌方 Zealots 的距离进行攻击,敌方 Zealots 由于速度和攻击距离限制,在我方上下两个 Stalkers 的牵扯中被消灭。

第三,学习型 AI 在对抗中学习得到了采用包围阵型以多打少,尽快消灭敌方的单位数量的博弈策略,从多场对抗任务回放中,我们发现学习型 AI 均在学习前期采用包围敌方,集中火力打击的策略,力图在尽可能短的时间内减少敌方单位数量,在局部对抗环境下形成以多打少的优势。

3) 同构非对称小场景对抗任务 5m_vs_6m

除了考虑作战实力对称场景下的博弈对抗策略的生成与优化,我们也在作战单位非对称的对抗任务中评估了提出的元深度强化学习算法,来验证算法的有效性和稳健性。非对称小场景对抗任务包括同构非对称对抗任务 5m_vs_6m 和异构非对称对抗任务 3s_vs_5z。

同构非对称对抗任务 5m_vs_6m 是一张有 5 名人族 Marines 和另外 6 名人族 Marines 对抗的地图。学习型 Marines 通过不断击败敌方 Marines 单位获得奖励,每消灭一名 Marines 获得+1 奖励,每个人族 Marines 死亡获得-1 惩罚。当一方所有 Marines 都被击败或回合时间耗尽时,回合结束,新的回合开始。每回合开始时,学习型 5 名人族 Marines 在地图任意一侧的随机聚集排列,敌方 6 名人族 Marines 在地图另一侧的随机聚集排列。单个回合时间限制是 70s,回合结束时,如果双方作战单位依然剩余,在这种情况下,被视为学习型 AI 在对抗任务中战败,初始作战场景如图 14-22 所示。

图 14-22　同构非对称小场景对抗任务 5m_vs_6m

为了评估 A3C 算法、COMA 算法、QTRAN 算法以及 M-DRL 算法的性能,我们连续随机生成了 50000 个 5m_vs_6m 任务进行训练,为每个算法设立了 12 个随机种子,每过 100 个训练任务(训练回合,每回合训练一个任务)对 4 种学习算法的性能进行测试,同时为了减少奖励的不稳定性,对每个学习算法测试 20 次,取奖励的平均值作为算法性能指标。4 种学习算法的学习曲线如图 14-23 所示,统计结果如表 14-16 所列,其中包含了算法平均得分和标准差。

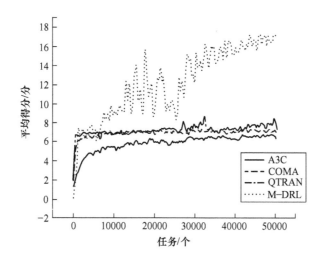

图 14-23　5m_vs_6m 任务上 4 种学习算法的回报曲线比较

表 14-16　5m_vs_6m 任务上 4 种学习算法的平均得分和标准差

任务 AVG (STD)	A3C	COMA	QTRAN	M-DRL
5m_vs_6m	6.68 (0.13)	7.17 (0.13)	7.96 (0.16)	16.73 (0.11)

这里为 5m_vs_6m 任务上 4 种学习算法绘制了临界差分图(Critical Difference Diagrams),证明了本文提出算法的平均得分确实高于其他比较算法,如图 14-24 所示。

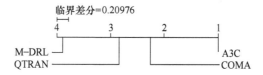

图 14-24　5m_vs_6m 任务下四种学习算法平均得分临界差分图

实验结果表明,与 A3C 算法、COMA 算法和 QTRAN 算法相比,M-DRL 方法的平均得分分别提高了 60.1%、57.1% 和 52.4%,算法稳定性上,标准差分别降低了 15.4%、15.4% 和 31.2%。

对生成的博弈对抗策略分析,在算法训练过程中,我们每隔 100 个训练回合测试 20 次,记录下基于学习算法的 AI 对抗规则型 AI 的胜率,由于 A3C 算法、COMA 算法和 QTRAN 算法在 5m_vs_6m 任务上的胜率几乎为零,这里只描绘了 M-DRL 算法的胜率曲线,如图 14-25 所示。

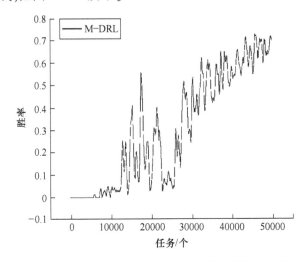

图 14-25　5m_vs_6m 任务上 M-DRL 算法的胜率曲线

下面对 M-DRL 算法在对抗任务 5m_vs_6m 下生成的智能博弈对抗策略进行记录,以快照(Snapchat)的形式展现基于元深度强化学习算法生成的智能博弈对抗策略,如图 14-26 所示,从左至右以时间顺序排列,左侧 5 个作战单位是学习型 AI,右侧 6 个作战单位是规则型 AI,双方作战单位类型相同,但数量不同。

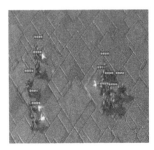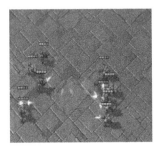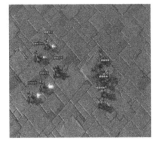

图 14-26　同构非对称小场景对抗任务 5m_vs_6m 下智能博弈对抗策略演示

从图 14-26 中可以明显看出,在作战力量非对称情况下,学习型 AI 的进攻意图更强,更加注重发挥集中火力的优势,交战一开始便排开"一"字阵型,用所有火力打击同一个敌方单位,可以看到,除了被打击的那个作战单位,敌方其他单位没有受到任何伤害,学习型 AI 通过训练学到了集中火力,逐个消灭敌方单位的博弈对抗策略,同时,能够避免火力过剩的情况,为敌方作战单位动态分配火力。进一步分析,学习型 AI 掌握了分摊敌方打击伤害,保存作战实力(单位数量)的策略,在交战中后期,通过作战单位数量的优势,来保证火力的优势,从而赢得对抗任务的胜利。

4)异构非对称小场景对抗任务 3s_vs_5z

异构非对称对抗任务 3s_vs_5z 下,学习型 AI 控制有 3 名 Stalkers,与敌方 AI 控制的 5 名 Zealots 进行对抗。学习型 AI 通过不断击败敌方作战单位获得奖励,每消灭一名 Zealots 获得+1 奖励,每个 Stalkers 死亡获得−1 惩罚。当一方所有作战单位都被击败或回合时间耗尽时,回合结束,新的回合开始。每回合开始时,学习型 AI 控制的 3 名 Stalkers 在地图任意一侧的随机聚集排列,敌方控制的 5 名 Zealots 在地图另一侧的随机聚集排列。单个回合时间限制是 250s,回合结束时,如果双方作战单位依然剩余,在这种情况下,被视为学习型 AI 在对抗任务中战败,初始作战场景如图 14-27 所示。

图 14-27　异构非对称小场景对抗任务 3s_vs_5z

为了评估 A3C 算法、COMA 算法、QTRAN 算法以及 M-DRL 算法的性能,我们连续随机生成了 50000 个 3s_vs_5z 任务进行训练,为每个算法设立了 12 个随机种子,每过 100 个训练任务(训练回合,每回合训练一个任务)对四种学习算法的性能进行测试,同时为了减少奖励的不稳定性,对每个学习算法测试 20 次,取奖励的平均值作为算法性能指标。4 种学习算法的学习曲线如图 14-28 所示,统计结果如表 14-17 所列,其中包含了算法平均得分和标准差。

下面为 3s_vs_5z 任务上四种学习算法绘制了临界差分图(Critical Difference Diagrams),证明了本文提出算法的平均得分确实高于其他比较算法,如图 14-29 所示。

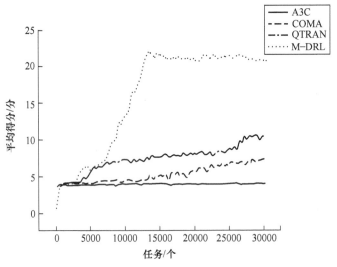

图 14-28 3s_vs_5z 任务上 4 种学习算法的回报曲线比较

表 14-17 3s_vs_5z 任务上 4 种学习算法的平均得分和标准差

任务 AVG (STD)	A3C	COMA	QTRAN	M-DRL
3s_vs_5z	3.98 (0.24)	6.99 (0.21)	10.35 (0.19)	20.89 (0.15)

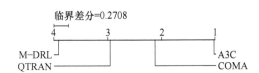

图 14-29 3s_vs_5z 任务下 4 种学习算法平均得分临界差分图

实验结果表明,与 A3C 算法、COMA 算法和 QTRAN 算法相比,M-DRL 方法的平均得分有了较为显著的提升,学习效率也更高,在得分稳定性上,标准差分别降低了 37.5%、28.6% 和 21.0%。

对生成的博弈对抗策略分析,在算法训练过程中,我们每隔 100 个训练回合测试 20 次,记录下不同学习算法下 AI 对抗规则型 AI 的胜率,由于 A3C 算法、COMA 算法和 QTRAN 算法在 5m_vs_6m 任务上的胜率几乎为零,本文只描绘了 M-DRL 算法的胜率曲线,如图 14-30 所示。

我们对 M-DRL 算法在对抗任务 3s_vs_5z 下生成的智能博弈对抗策略进行记录,以快照(Snapchat)的形式展现基于元深度强化学习算法生成的智能博弈对抗策略,如图 14-31 所示,从左至右以时间顺序排列,左侧 3 个作战单位是学习型

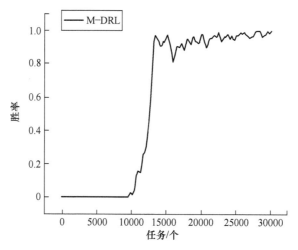

图 14-30　3s_vs_5z 任务上 M-DRL 算法的胜率曲线

AI,右侧 5 个作战单位是规则型 AI,双方作战单位类型不同,且数量不同。

图 14-31　异构非对称小场景对抗任务 3s_vs_5z 下智能博弈对抗策略演示

根据异构非对称小场景对抗任务 3s_vs_5z 下学习型 AI 策略回放,可以看出,学习型 AI 掌握了一种边打边退的博弈对抗策略。学习型 AI 通过学习训练学会了利用 Stalkers 移动速度快、射程远的优势来不断牵动敌方单位移动,同时保持一定距离保证己方单位能攻击敌方单位,而敌方单位无法攻击到自己。

整个对抗过程中,学习型 AI 一直环绕战场移动,利用速度优势带动敌方单位不断追击,在追击过程中,学习型 AI 不断利用射程优势不断攻击敌方单位,从而保证了非对称对抗任务的胜利。

参 考 文 献

[1] SILVER D, HUANG A, MADDISON C J, et al. Mastering the game of Go with deep neural net-

works and tree search. [J]. Nature, 2016, 529(7587):484−489.

[2] MOZER S M C, HASSELMO M. Reinforcement learning: an introduction[J]. IEEE Transactions on Neural Networks, 2005, 16(1):285−286.

[3] NG A Y, RUSSELL S J. Algorithms for inverse reinforcement learning[C]//Seventeenth International Conference on Machine Learning. Morgan Kaufmann Publishers Inc. ,2000:663−670.

[4] NGUYEN, THANH T, NGOC D N et al. Deep reinforcement learning for multi−agent systems: a review of challenges, solutions and applications. [EB/OL]. [2018−12−31]. https://arxiv. org/abs/1812. 11794.

[5] YANG Z , MERRICK K , JIN L , et al. Hierarchical Deep reinforcement learning for continuous action control[J]. IEEE Transactions on Neural Networks and Learning Systems,2018,99(8):1−11.

[6] FINN C, ABBEEL P, LEVINE S. Model-agnostic meta−learning for fast adaptation of deep networks[C]. Proceedings of the 34th International Conference on Machine Learning,2017:1126−1135.

[7] XU Z, VAN HASSELT H P, SILVER D. Meta−gradient reinforcement learning[J]. Advances in Neural Information Processing Systems,2018:2402−2413.

[8] 曹雷. 基于深度强化学习的智能博弈对抗关键技术[J]. 指挥信息系统与技术,2019,10(05):1−7.

[9] 胡晓峰,郭圣明,贺筱媛. 指挥信息系统的智能化挑战——"深绿"计划及 AlphaGo 带来的启示与思考[J]. 指挥信息系统与技术, 2016, 7(3):1−7.

[10] 曹雷,陈希亮,汤伟. 智能化陆军建设[J]. 国防科技, 2019, 40(04):14−19.

[11] YANG Y D,TUTUNOV R,SAKULWONGTANA P,et al. ααpank: practically scaling α−Rank through Stochastic optimisation [EB/OL]. [2019 − 11 − 17]. https://arxiv. org/abs/1909. 11628.

[12] WISHART D. Differential Games. A mathematical theory with applications to warfare and pursuit, control and optimization[J]. Physics Bulletin, 1966, 17(2):60−60.

[13] POROPUDAS J, VIRTANEN K. Game − theoretic validation and analysis of air combat simulation models[J]. IEEE Transactions on Systems, Man, and Cybernetics−Part A: Systems and Humans, 2010, 40(5): 1057−1070.

[14] VIRTANEN K, RAIVIO T, HÄMÄLÄINEN R P. Decision theoretical approach to pilot simulation[J]. Journal of Aircraft, 1999, 36(4): 632−641.

[15] MCGREW J S, HOW J P, WILLIAMS B, et al. Air − combat strategy using approximate dynamic programming[J]. Journal of Guidance, Control, and Dynamics, 2010, 33(5): 1641−1654.

[16] DUAN H, LI P, YU Y. A predator−prey particle swarm optimization approach to multiple UCAV air combat modeled by dynamic game theory[J]. IEEE/CAA Journal of Automatica Sinica, 2015, 2(1): 11−18.

[17] LI Y, KOU Y, LI Z, et al. A modified pareto ant colony optimization approach to solve biobjec-

tive weapon-target assignment problem[J]. International Journal of Aerospace Engineering, 2017, 2017(8):1-14.

[18] BURGIN G H, FOGEL L J, PHELPS J P. An adaptive maneuvering logic computer program for the simulation of one-on-one air-to-air combat. volume 1: General description[J]. 1975.

[19] 陈华,张可,曹建蜀. 基于 PSO-BP 算法的目标威胁评估[J]. 计算机应用研究,2012,29(03):900-901,932.

[20] LIU P, MA Y. A deep reinforcement learning based intelligent decision method for UCAV air-combat[C]//Asian Simulation Conference. Springer, Singapore, 2017: 274-286.

[21] 马文,李辉,王壮,等. 基于深度随机博弈的近距空战机动决策[J]. 系统工程与电子技术, 2021,43(02):443-451.

[22] 张强,杨任农,俞利新,等. 基于 Q-network 强化学习的超视距空战机动决策[J]. 空军工程大学学报(自然科学版),2018,19(06):8-14.

[23] 左家亮,杨任农,张滢,等. 基于启发式强化学习的空战机动智能决策[J]. 航空学报, 2017,38(10):217-230.

[24] 李晨溪,曹雷,陈希亮,等. 基于云推理模型的深度强化学习探索策略研究[J]. 电子与信息学报, 2018, 040(001):244-248.

[25] 张可,郝文宁,余晓晗,等. 基于遗传模糊系统的兵棋推演关键点推理方法[J]. 系统工程与电子技术,2020,42(10):2303-2311.

[26] 胡晓峰,郭圣明,贺筱媛. 指挥信息系统的智能化挑战——"深绿"计划及 AlphaGo 带来的启示与思考[J]. 指挥信息系统与技术, 2016, 7(3):1-7.

[27] OMIDSHAFIEI S,PAPADIMITRIOU C, PILIOURAS G. α-Rank:Multi-agent evaluation by evolution[J].Scientific Reports,2019,9(1):9937-9946.

[28] MNIH V, KAVUKCUOGLU K, SILVER D, et al. Human-level control through deep reinforcement learning[J]. Nature, 2015, 518(7540):29-33.

[29] SILVER D, HUANG A, MADDISON C J, et al. Mastering the game of Go with deep neural networks and tree search.[J]. Nature, 2016, 529(7587):484-489.

[30] CHAPMAN D. Planning for conjunctive goals[J]. Artificial Intelligence, 1987, 32(2): 333-377.

[31] SPALZZI L. A survey on case-based planning[J]. Artificial Intelligence Review, 2001, 16(1):3-36.

[32] JAMES A H, AUSTIN T, AI planning: systems and techniques[J]. AI Magazine, 1990, 11(21): 61-77.

[33] BEEN K, CALEB M C, JULIE A. Learning hierarchical task network domains from partially observed plan traces[J]. Artificial Intelligence, 2014, 212(5):134-157.

[34] NAU D,AU T C,IIGHAMI O, et al. Applications of SHOP and SHOP2[J]. IEEE Intelligent Systems, 2005, 20(2):34-41.

[35] VIKAS S RON A, DAVID W A. Incorporating domain-independent planning heuristics in hierarchical planning [C]. Proceedings of the Thirty-First AAAI Conference on Artificial

Intelligence (AAAI-17), 2017.

[36] ILCHE G, MARCO A. HTN planning: Overview,comparison, and beyond[J]. Artificial Intelligence,2015, 222(17):124-156.

[37] 赵国宏, 罗雪山. 作战任务规划系统研究[J]. 指挥与控制学报, 2015, 1(4):391-394.

[38] 赵冬斌,邵坤,朱圆恒,等. 深度强化学习综述:兼论计算机围棋的发展[J]. 控制理论与应用, 2016, 33(6):701-717.

[39] ABERDEEN D , T, S, ZHANG L . Decision-theoretic military operations planning[J]. Icaps, 2004, 32(11):402-412.

[40] DAVENPORT T H, PRUSAK L. Working knowledge: how organizations manage what they know [M]. Boston: Harvard Business School Press, 1997.

[41] LI D Y, CHEUNG D, SHI X M, et al. Uncertainty reasoning based on cloud models in controllers[J]. Computers & Mathematics with Applications, 1998, 35(3):99-123.

[42] NG A Y, RUSSELL S J. Algorithms for inverse reinforcement learning[C]//Seventeenth International Conference on Machine Learning. Morgan Kaufmann Publishers Inc. ,2000:663-670.

[43] MNIH,BADIA,et al. Asynchronous methods for deep reinforcement learning[C]//International Conference on Machine Learning,2016:1928-1937.

[44] FOERSTER J , FARQUHAR G , AFOURAS T , et al. Counterfactual multi-agent policy gradients[C]//Proceedings of the AAAI Conference on Artificial Intelligence,2018, 32(1).

[45] SON K , KIM D , KANG W J , et al. QTRAN: learning to factorize with transformation for cooperative multi-agent reinforcement learning [C]//International Conference on Machine Learning,2019:5887-5896.

第 15 章　智能作战筹划

智能作战筹划是指在以智能化为特点的信息化战争新形态下,面对以智能化信息系统为支撑、在智能化武器系统装备下的敌人,借助智能化技术辅助指挥员及参谋人员进行态势理解、情况判断、作战设计、方案计划制订与推演等筹划活动,力图实现信息优势向决策优势转化。

从作战筹划的定义可以看出,作战筹划是对战斗过程的"设计",体现出筹划活动的艺术性,而活动的主导是指挥员及参谋人员。近年来,以机器学习为代表的人工智能技术虽然取得了长足的进步,并在很多复杂任务中表现出优异的能力,但依然属于弱人工智能范畴,在人文性、创造性方面还无法令人信服,并且这一状况可能将持续相当长的时间,所以,体现指挥员指挥艺术的作战筹划,其主体依然是指挥员及参谋人员,智能技术作为辅助手段,主要起到辅助相关人员获取信息、处理信息、使用信息的作用。本章从作战筹划各个阶段的主要任务出发,分析典型筹划活动可能面临的主要问题,介绍利用智能化方法解决相关问题的方法和思路、以及在任务规划问题上的初步研究成果。

15.1　作战筹划及其发展趋势

战争是一种解决、处置社会关系的极端方式,武装力量作为战争主体通常处于极为复杂的作业环境中,所以其作战行动通常具有极大的不确定性。作战行动筹划方法的提出,就是为了处理指挥员所面临的复杂环境因素和一系列相互纠缠又缺乏结构化的问题①。

15.1.1　作战筹划基本概念

作战筹划的目的是帮助指挥员正确解读战略指导并有效运用作战艺术,展望和设计武装力量运用的框架和需求。2011 年版《中国人民解放军军语》对作战筹划的定义是:"作战筹划是指指挥员及其指挥机关对作战行动进行的运筹和谋划,是在综合分析判断情况的基础上,对作战目的、作战方针、作战部署、作战时间、战

---

① 美国陆军战役计划手册[M].美国陆军战争学院军事战略、计划和作战部,2013.

法等重大问题进行创造性思维,进而形成作战基本构想的过程"①。由此可见,作战筹划就是对战争进行的运筹谋划,主要运用批评性、创新性思维,基于对战略意图的深刻理解和对敌情、我情及战场环境等情况的综合判断,对作战进行总体设计和具体安排,从而制订出符合实际的行动策略和方法以破解作战问题。作战筹划具有延续性和适应性,在作战行动实施过程中,指挥员及指挥机构需要不断形成对战场态势、作战环境和作战问题的深刻理解,持续进行作战设计,修订行动方案,以不断适应战争形势的发展,确保达成作战目的。

15.1.2 作战筹划发展趋势

作战筹划正由"信息系统辅助作业"向"AI 赋能人机深度融合"演进,智能技术的升级迭代及军事应用,为作战指挥人员提供了新的技术支撑,也给作战筹划的主要任务赋予了新内涵。

1. 筹划速度要快

从 20 世纪 80 年代海湾战争到 2011 年叙利亚战争,战争节奏显著加快,一次战术级 OODA 环时间从最终的几小时缩减到几分钟。早在 20 世纪 60 年代,美国指挥官 William Childs West 就提出了"发现即摧毁"的战术理念,而后又提出了"实时作战"的概念,强调其核心技术是快速打击链,大大缩短了从发现到摧毁的时间,揭示了 OODA 循环周期短者胜的规律。作战筹划作为 OODA 环中的决策环节的核心内容,必须实现快速掌握和研判情况、快速确定作战目标、快速进行力量分配,只有先敌决策、先敌行动,方可踏准战争节拍,把握战争主动权,获取战场优势。

2. 情况判断要准

20 世纪 80 年代开始的几场局部战争,向世人展示了制信息权的重要性。未来战争中,制信息权毫无疑问将成为影响作战胜负的关键因素。未来战争是信息体系支撑下的多兵种联合作战,战场空间从传统的陆海空延伸至外层空间、电磁空间、网络空间及心理空间,战场情况复杂度急剧上升;战场信息处理的问题,由过去的"信息获取渠道少、信息短缺"演变为"战场信息爆炸、信息欺骗增多、难以获得有效信息"。制信息权不仅要求信息获取和处理速度快,更提高了对信息质量的要求,在快速获取信息的同时,还要从海量信息中筛选出有价值的信息,并进行准确地分析处理,才能发挥信息的最大价值,这也意味着制信息权正向着"制智能权"迈进。

3. 作战方法要奇

现代战争的作战手段相比以往有了极大的发展。一方面,信息技术的发展使得武器装备向着精确化、无人化方向发展,高新技术武器将大显身手,在指挥信息

---

① 全军军事术语管理委员会.中国人民解放军军语[M].北京:军事科学出版社,2011.

系统的支撑下,以电子战、信息战、精确打击特别是远程打击作战,以及空间作战为主要作战方式的诸军兵种联合进行的战争将成为常态;另一方面,战场空间的多维化直接导致了参战力量多元化。这就要求指挥员认真审视作战目标,搭载最优作战平台,组成最佳编制力量,在重视火力打击、防空反导等传统行动样式的同时,更要创新设计,着眼网络、电磁、太空以及舆论、外交等新战场,积极运用各类系统对构想行动进行分析验证,大胆论证无人化、高超声速武器和网络战等非对称手段运用的可能性,力求形成最佳作战效能。

4. 作战方案要精

基于信息系统的联合作战涉及多兵种、多作战单元、多武器平台等要素,因此,要素之间的协同尤其重要。作战方案是对作战行动的具体描述,也是作战部队实施行动的依据。制定作战方案时,需要充分考虑作战力量特点和武器装备性能,综合作战时间窗口、体系支援和综合保障等因素,严密规划行动,详尽流程步骤,力求达到最佳作战效果。

15.1.3 作战筹划主要任务

作战筹划的基本任务是在深刻理解战略意图和对战场情况正确判断的基础上,紧扣事关全局的任务重心,通过对作战企图、参战力量、行动步骤和作战方法的总体设计,为作战准备、决策和作战实施提供作战方针和作战决心,并以此为依据有效地进行作战方案指定和推演评估,优选出最能体现上级作战意图、适应战场态势变化、具有实战使用价值的作战方案。作战筹划的主要任务包括情况判断、任务分析、构想设计、方案制定、计划生成和推演评估六项重点内容。

1. 情况判断

受制于敌我对抗因素和侦察感知能力的影响,信息化条件下的现代战争情况充满了变化、迷雾和不确定性,需要尽可能做到主观判断与客观实际相统一。美军将战场情况分为已知、未知和假定三种,注重运用现有信息、历史数据及证据来推导、演绎战场态势和演变趋势,从而能够比较客观地完成对战局发展的预测。在作战任务规划中,情况判断主要通过情报综合与态势分析对敌情、我情和战场环境进行评估,分析战场环境特征及对作战行动的影响,形成作战环境及联合情报准备产品。情况判断既分析当前态势,又预测未来趋势。因此,指挥员对战场情况的判断贯穿作战筹划的全部过程。

2. 任务分析

任务分析的要旨在于搞清上级下达的任务目的、行动方法、实现可能面临的风险,帮助指挥员及其指挥机关在作战筹划中建立起对作战任务的共同认识与理解。美军将作战任务分为上级明确任务和隐含任务,两者共同构成本级的基本任务。无论是对预先计划还是应急计划的制订,任务分析都是展开作战筹划的逻辑起点。

正确的任务分析结论可以为指挥员确定作战方针,展开作战构想、战役设计和战法研究提供最直接、最具体的指引。任务分析的内容既包括对上级决心意图的理解,确定本级的作战任务,又包括对本级任务兵力和资源的需求分析,重点将本级作战任务分解细化为各类子任务,并对作战效果和作战风险进行预测评估。

3. 构想设计

作战构想的灵魂是军事思想和战争艺术,核心是将指挥员的决策思维转化为决心意志。随着作战任务规划流程的展开,指挥员及其参谋团队将逐步深化对作战任务和战场环境的认识和理解,通过判断、预测、推论和假定进行战场情况判断,围绕作战目的、最终态势、作战效果、作战风险、作战重心和决策点等筹划要素,运用思维导图、草图标绘以及辅助计算等工具,形成预先决心、作战决心的思维图景。构想设计的主要内容是依据上级的作战意图,明确作战指导(作战方针、作战原则和作战目的)、确定打击目标、研究战法打法、划分战役阶段、区分作战任务、评估作战效果和形成预先决心等。

4. 方案制定

方案制订就是由作战参谋人员在分布式作业要素、任务规划工具和系统平台的保障下,对指挥员形成的作战构想和预先决心进行细化制订,使之具备完整性和可操作性的过程。在联合任务规划中,主要进行多套作战方案和配套保障方案的制订,重点提供敌情判断、作战任务、参战力量、作战行动、指挥控制、协同关系和综合保障等格式化的描述。以此展开作战资源消耗、作战效果预测、作战风险评估和作战可行性分析,从而形成多个作战方案,为行动计划的制订提供依据。

5. 计划生成

计划制订是指依据上级意图和指挥员的决心,运用专业性计划拟制工具,对优选生成的作战和保障方案按照作战阶段和行动样式,对各项作战行动进行细节化设计,合理分配兵力火力在时域、空域和频域的协同,统筹各项作战保障资源的使用,最终生成作战行动总体计划、各项分支计划等系列计划和任务指令。

6. 推演评估

推演评估的目的是通过建立持续的评估和反馈机制,使各级指挥员和指挥机构能够对即将展开的军事行动达成共识。其主要包括作战方案分析、仿真推演、作战方案优选和审核等功能,即对敌我双方的优势和劣势进行逐一分析,采取仿真推演的方式找出行动方案的风险点和决策点,在方案制订的节点步骤,将其反复提交给上级指挥机构,由其提供指导并进行细节上的审查和修订确定行动方案评估标准,对多个行动方案进行对比分析,提出专家优选推荐的行动方案将经过优选的行动方案提交专门会议讨论并经指挥员审批、最终形成本级指挥员的作战决心。

15.1.4　智能作战筹划技术

近年来,信息技术特别是人工智能技术实用化程度越来越高,在各个领域得到广泛应用,在军事作战领域可能发挥的作用也日益受到重视。作战筹划包含了对作战任务的理解、作战环境及参战多方力量的对比分析、作战样式、流程设计和作战方案验证等环节,是对作战任务的认知和设计活动。虽然作战筹划是指挥员指挥艺术的集中体现,但随着人工智能技术的飞速发展,将智能技术运用到作战筹划的各个环节已成为大势所趋。智能作战筹划,就是运用人工智能技术辅助指挥员开展作战任务理解、战场态势感知、作战方案设计和作战仿真推演等活动,充分发挥人工智能技术,特别是机器学习技术在信息处理、知识发现、决策优化等新兴问题领域的优势,缩短筹划时间,加速筹划进程,实现信息优势向决策优势的转化。现阶段,由于人工智能发展水平所限,特别是人工智能技术在可解释性、可信性、伦理性等方面存在诸多争议,人工智能系统还不能完全取代人类指挥员在作战筹划活动中的主体地位,作战筹划依然由指挥人员主导,但是积极探索人工智能技术在作战筹划过程中的支持作用,有效减轻人力成本、提高工作效率,依然具有很高的实用意义。

如何将智能化技术应用于作战筹划活动,需要对传统的作战筹划方法进行分析,找到切入点。作战筹划的经典方法包括逆向设计法、正向设计法和交叉设计法等[①]。

逆向设计法一般由作战目的和作战效果触发,逆向构思和设计作战行动。逆向设计法一般是根据所要达到的效果将目标表示为具体的任务描述,聚焦于瓦解节点和联系,把潜在敌人或作战环境作为一个系统进行体系分析,建立敌方目标的系统化模型,研究节点、行动、资源需求以及效果四者之间的联系,通过逆向设计、执行、评估和调整作战行动以达到期望的效果。逆向设计法的优势在于从作战目的出发,逆向设计作战行动。基于经验的认知决策有助于指挥员过滤掉无关信息,快速理解战场形势并作出决定,筹划流程简洁明确,比较符合指挥员的思维习惯,便于指挥员理解上级意图,正确把握筹划方向。

正向设计法是以作战目的为追求,从当前态势出发,正向构思和设计作战行动。正向设计法通过采用作战行动向系统中注入能量,因势利导,促使系统根据行动变化而进行调整,最终朝着预期的目标发展。正向作战设计着眼于最终目标,更加注重前瞻性,以当前形势为出发点,通过做出可能的决策和行动计划,明确最有助于达成既定目标的下一步行动方案,并能根据战场态势变化不断调整和重新规划行动方案。正向作战设计方法要求指挥员具有更高的指挥素养和战场全局把握

---

①　谢苏明,张先剑.联合火力打击作战任务规划[M].长沙:国防科技大学出版社,2020:39-42.

能力,给普通指挥员的掌控和使用增加了难度。

交叉设计法是从作挖掘作战核心要素着手设计作战行动,如基于任务重心的作战设计等。基于任务重心的作战设计方法目前被美军广泛采纳,2011年版《JP 5-0联合作战计划条令》将任务重心作为作战设计的基本要素;这种方法以"重心—关键能力—关键需求—关键脆弱点"推理模型为基础,根据设想的敌方终态与战略目标确定双方的作战重心,对形成重心的关键能力、达成关键能力的关键需求、关键需求中存在的关键脆弱点进行逐次推理分析,将依据重心和关键脆弱点得出的作战行动决定点连接成作战线,最后统筹所有作战线并作为设计作战行动框架的基础。

无论采用哪种方法,作战筹划过程中的主要问题均可分为分析和规划两类。智能化技术在民用领域中尤其是针对分析和规划类问题的成功应用,在技术和概念上与作战筹划智能化存在通用之处。

1. 用于分析的人工智能

分析的目的是为作战设计与规划提供信息与决策支持。分析的对象包括作战任务和战场态势。

对于作战任务的分析属于知识理解任务范畴,主要问题是对语音、文本、图像等任务描述进行解析,从中抽取出任务目标、任务要求、任务实施力量等关键要素,这些要素可以看作是作战行动的约束因素,作战行动的规划与实施均需满足这些约束条件。任务理解所涉及的关键技术包括知识表示、自然语言理解和认知智能等。知识表示主要完成非结构化数据向结构化数据转换、专家知识结构化等工作,为自然语言处理提供先验知识;自然语言处理主要解决语义理解等问题;认知智能属于更加宏观研究领域,指的是采用传统人工智能技术与最新机器学习技术相结合的方法,解决复杂信息理解与认知问题,从数据中提炼信息,再从信息中获取知识。

战场态势分析是作战筹划的先决条件。在分析阶段,需要对各类情报侦察信息进行处理和融合,以构建一个可以为各方所理解的通用态势图,因此需要对当前战场形势进行全面细致的分析。态势分析的目的是形成态势产品,包括敌方态势、我方态势及战场环境态势。态势分析分为态势识别、态势综合分析、态势预测三个级别。态势识别,主要解决战场各类要素侦查后的识别问题,如武器装备识别、信号特征识别等,采用的技术主要包括基于统计的方、深度神经网络方法等;态势综合分析是指在识别后,对同一对象、同一类型甚至不同类型的识别结果进行综合全面的分析,通过分析,可以确认对某一对象的识别结果,可以对同一类型对象的进行综合效能评估,如雷达覆盖率等,也可以融合分析多种类型信息,如综合分析地形、电磁等信息对装备运用的影响,采用的技术包括不确定处理、数据融合处理等;态势预测主要是对敌方作战行动进行观测,在此基础上结合当前敌我对立形势等因素,对战场态势发展、敌方作战企图进行预测,为我方设计行动方案提供参考。

2. 用于规划的人工智能

规划是对作战活动的设计,其最终目的是提出合理的作战方案,具体内容包括目标选择、战法样式选择、作战资源分配、行动方案生成等。目标选择本质上是态势分析的延续,重点是在态势分析的基础上对作战目标按价值、威胁程度等指标进行分析排序,确定优先打击对象;在当前体系作战为主的作战样式中,单目标价值分析方法已不能满足规划要求,进而采用贝叶斯网络、推荐系统等方法以个体对体系的贡献度来判定目标价值;战法样式选择是作战艺术的体现,由指挥员根据自身经验进行决断,但是人工智能技术可以帮助指挥员对作战重心等关键要素进行判定,从而辅助指挥员进行战法样式设计;作战资源分配本质上是一个线性规划问题,但是考虑到资源之间存在重用、公用、冲突等约束条件,简单的线性规划方法以不适用于大规模资源分配优化问题,启发式搜索、并发搜索等方法可能更加适用。

行动方案生成后,需要用定性或定量的方法对计划进行分析。基于机器学习的仿真推演是对行动方案进行分析的得力工具。逼真的仿真环境和个体,能够真实的模拟对军事行动产生的不同影响,从而衡量不同规划的预期效果。目前美国等西方主要军事强国都非常重视通过红蓝对抗来辅助指挥员进行规划和决策,通过让蓝方(美军仿真系统中,红方为敌方,蓝方为己方)模仿敌人的动机、意图、行为和预期行动,红方可以测试和评估己方的行动方案,发现敌我双方的弱点,找出作战机会。这种仿真推演系统集成了多智能体技术和人工智能技术,可以帮助指挥员学习了解敌方的行为,快速找到获胜策略。除了机器学习方法,基于大数据的智能分析方法也被采用来进行作战规划。近年来,北约开始了数据耕作决策支持(MSG-124①)项目研究,该项目采用大规模并行模拟、数据可视化分析等技术来进行模拟并对模拟系统的输出进行分析,其背后的支撑是数十万种地面作战计划,通过反复模拟,最终选出最适合当前任务的作战计划。

15.2　基于知识表示的任务分析

任务分析是作战筹划的逻辑起点。信息化战争时代,依托信息系统加速指挥控制活动,明确作战任务的各种要求不仅仅是对指挥员的要求,也是对信息系统的要求,如果指挥员和信息系统能够在对任务的理解上达成一致,就能促进人机深度融合,实现智能化技术赋能作战筹划流程。作战任务千差万别,即使面对同样的任务,不同的指挥员也会从不同的角度进行解读,造成认识上的差异,这也会导致多

①　SCHUBERT J, HORNE G, SEICHTER, et al. Developing actionable data farming decision support for NATO-final report RDP STO-TR-MSG-124[J].2018. doi:10. 14339/STO-TR-MSG-123.

名指挥员在协同完成同一任务是有可能出现误解和偏差。为了在任务理解层面达成统一,可以由军事专家进行分析总结,枚举战役、战术级作战任务,将其作为任务分析的范围限定,以此来约束指挥员进行任务分析的指挥艺术主观能动范围。基于知识表示的任务分析,就是用知识工程的技术和方法,从任务描述方式上对作战任务进行约束和规范,将非结构化的、自然语言描述的作战任务转化为结构化的作战任务描述,从而降低任务分析的难度。基于知识表示的任务分析通常可以分成两个层次进行处理:作战任务表示和作战任务要素分析。

15.2.1 作战任务清单知识表示

美军自 1993 年起,就开始制定作战任务清单,在随后近 30 年的时间里,多次进行修订完善,形成了比较完备的联合与军种通用任务清单体系。制定作战任务清单,本质上是对作战任务规范化描述的一种尝试,首先对各层级的任务进行了构建,然后对各层级任务进行了子任务划分,由此形成一种层次性作战任务体系,如图 15-1 所示。

制定通用任务清单的主要动因是解决诸军兵种在行动认知上的一致性。随着任务清单的不断完善,其应用场景也逐渐扩展到军事信息系统与建模仿真领域。构建军事信息系统对作战任务进行处理的关键在于建立作战任务及其处理过程的模型。建立作战任务模型的基本过程是:首先由建模人员将建立任务模型所需要的成分和现象,从真实世界中提炼出来,并在此基础上建立概念模型;然后由开发者将概念模型实现为仿真模型,并通过运用计算机技术实现系统仿真。在这一过程中,建立概念模型是首要环节,而概念模型的建立需要军事人员与技术人员相互合作共同完成。通用任务清单作为对作战任务体系的系统化和规范化描述,客观上为军事人员、技术人员提供了一种交流军事需求的共用语言,从而直接构成了分析仿真对象行动过程,并建立相关概念模型的标准数据来源。

正是通用任务清单实现了对作战任务的范围、类别限定和规范化描述,使得依据通用任务清单进行任务分析变得可行。在任务清单的支撑下,指挥员、信息系统可以针对每项作战任务的任务类别、子任务划分、任务目标描述、任务完成评价标准等要素达成统一的认识,使得指挥信息系统采用信息技术实现一定程度上的任务分析成为可能。

通用任务清单属于针对特定领域的半结构化文本文档,其部分文档结构有固定的格式规范,这就降低了使用自然语言处理等信息技术对文档进行结构化的难度,所以对其进行结构化处理与描述在技术上是可行的。使用自然语言处理方法对针对特定领域文本的本体构建研究中,已有一些学者利用本体学习工具、自然语言处理技术的知识提取方法从领域文本中提取出领域相关的本体元素,构建相关知识系统的领域本体,如法律本体知识体系。Merlin Florrence Joseph 等针对开发

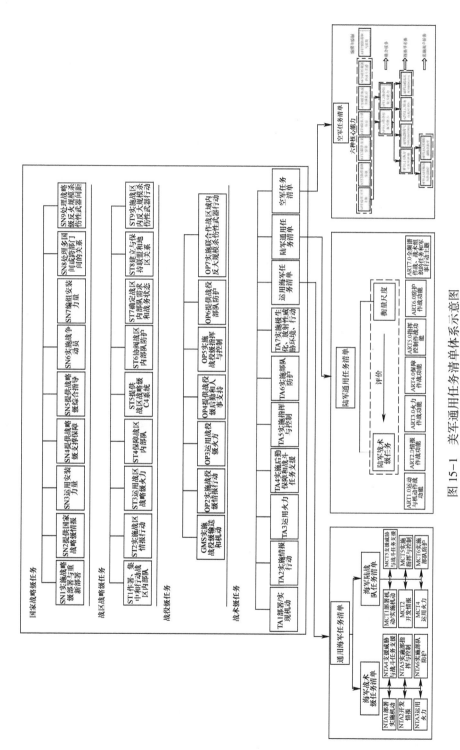

图 15-1 美军通用任务清单体系示意图

431

多语言本体的问题提出了"六步迭代"法进行本体构建,并通过实验表明该方法可开发多语言本体;还有学者实现了对 Excel 表格格式的数据进行本体转换的方法;国防科技大学的邹烨翰等尝试构建军事条令条例的知识图谱。经过结构化知识表示的任务清单局部示例如图 15-2 所示。

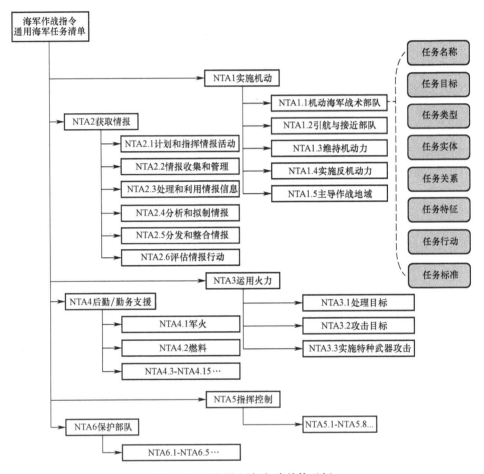

图 15-2　通用海军任务清单体示例

　　通过对任务清单进行任务本体建模和知识图谱的构建,形成了关于作战任务的知识库,在该知识库的支撑下,进行作战任务分析,即可保证指挥员和指挥信息系统在解决"当前作战任务是什么"这一核心问题上达成一致。

15.2.2　基于自然语言理解的任务要素分析

　　图 15-2 中黑色框表示对任务的要素描述,就是为每一项任务给出任务名称、目标、类型、任务实体、与其他任务之间的关系、任务所具备的特征、任务可能包含

的具体行动、任务完成情况评价标准等。任务的本体描述只是定义了任务的概念模型,而任务清单知识图谱也只是对任务清单中任务类别以及不同层级之间任务的关系进行了描述。对于具体的作战任务而言,需要对任务名称、目标、实体等要素进行具体描述,这也是任务分析的核心工作。一般而言,指挥员或指挥信息系统接收的作战任务一般为文本格式的军用文书,所以需要对军用文书进行分析,从中找出任务目标、任务实体等相关信息。

对于上级机构的指示和意图,指挥员和信息系统通常可进行同步处理。指挥员作为作战筹划的主体,需要对上级机构的作战意图与指示进行解读,在理解上级意图的同时,结合指示要求明确本级作战任务;信息系统也需要同步对意图与指示进行智能化分析,通过自然语言处理等技术,对结构化、非结构化文本描述的指示与意图进行理解和形式化表达,最终以结构化知识的形式表达。经过智能化信息系统的分析和处理,最终给出分析结果,这些内容一方面需要和指挥员对上级意图与指示的理解相一致,另一方面也可作为双方理解与认识的印证。

作战任务理解属于自然语言理解问题范畴,所以可以采用自然语言处理的方法和技术,将以自然语言表示的作战任务转换为计算机能够识别和处理的形式化语言表达形式。针对以文本描述为主的作战任务理解,需要从任务实体(包括作战主体、目标和武器装备等)、关系和句子的语义理解这三个维度进行处理。目前人工智能技术离实现通用自然语言理解还有一定差距,当前设计的各种自然语言理解系统,很难适用于不同的自然语言理解场景,特别是语义理解,离通用还有很长的距离。人们之所以能够自如的交流,准确的理解交谈对象的意思,是因为人们在交谈之初,就能确定交谈主题,并且优先使用交谈主题范畴内的词汇来解析语句的含义,这一过程实际上就是基于知识的自然语言理解。对作战筹划过程中的作战任务进行理解,其目的在于将自然语言描述的上级作战意图或任务指示转化为结构化数据形式。对于这一类任务,由于有军事领域的约束,再加上作战任务知识图谱等知识库的支撑,使得使用传统的自然语言理解方法在作战任务理解上能够获得不错的效果。

在具体实现上,作战任务理解可以视为一种基于知识库的自动问答问题,即在作战任务知识库中寻找代表答案的实体合集。图15-3描述了希望通过自然语言理解进行提取的目的、目标、要求等任务信息元素,任务理解就是通过语义匹配的方式找到这些元素的最优取值。针对这一问题,目前采用的主要方法有基于模型匹配的深度学习方法,融合采用双向循环神经网络和卷积神经网络以综合两者的优势。然而,相对于传统的自动问答问题,作战任务理解问题的特点为:一是基于上下文理解找到关键任务信息要素;二是需要将具体作战任务与任务清单中标准任务类型进行匹配;三是现有研究大多基于英文文本展开,中文文本与生俱来的复杂性让的处理更加复杂;四是作战任务理解问题缺乏样本数据,不利于模型训练。针对这些问题,一是可以采用加入先验知识的方式以增加深度网络模型的归纳配置,以适应小样本学习场景;二是从输入数据着手,采用军用标准文书模板来规范化输入文本序列,减小语言理解分歧,加速模型学习;三是调整问题模型,适配 CLIP 等 0 样本学习方法,解决自然语言理解问题;四是对于作战任务的自然语言描述,可以使用战指挥文书模板进行规范,对作战任务、作战目标的要素的描述进行重点提示词、语句顺序的约定,如"作战任务是…""重点目标包括…""任务完成时限为…"等,特定语句词汇指示出特定要素描述,本质上是对待处理的自然语言数据加入了归纳偏置,即经验知识,对于计算机进行要素提取十分有利。所以,从任务描述规范和自然语言处理技术两方面同时着手,可以有效提高任务分析的准确度。

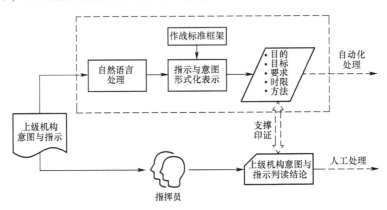

图 15-3　人/机任务理解流程示意图

15.2.3　基于智能认知的态势感知

态势感知是战场情况判断的核心任务。战场态势感知是从物理域、信息域到认知域的进阶过程,是指挥控制的核心。在如今战场空间全域化的趋势下,战场数据量呈爆炸式增长,战场局势瞬息万变,态势要素空前广泛,这给战场态势的感知、理解和预测带来严峻挑战;需要更全面的态势要素信息来理解战场实时态势,通过预测态势走向进行作战筹划;数据量增长超过了人工处理的能力范畴,需要依靠信息技术与工具完成处理和分析等工作。

态势感知可以定义为对环境中实体的认知、对其意义的理解以及对其近期状态的预测。态势感知是指获取在一定空间内敌我双方的当前和未来部署以及威胁的能力。态势感知一般包括 3 个不同的阶段或层次:感知、理解和预测。图 15-4 描绘了态势感知和动态决策模型,感知和决策元素围绕态势感知核心构建。大量传感器感知环境以获取环境状态。将感知信息融合在一起,去除感知数据中的冗余,如不同设备捕获的多个相似视图或近距离不同传感器感知的数量,同时也克服

了从单一来源获取数据的缺点。然后融合后的数据被传递到态势感知的核心过程,包括3个级别:

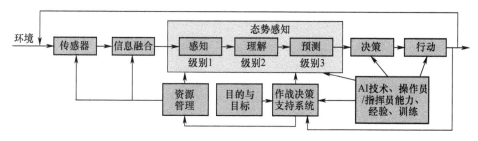

图 15-4　态势感知和动态决策模型示意图

级别1:感知。感知周围实体的状态、属性和动态。如飞行员需要辨别环境中的重要实体,如其他飞机、地形和警示灯以及它们的相关特征;

级别2:理解。基于1级态势感知元素的整合对态势情况的理解。2级态势感知比仅仅了解环境中的元素更进一步,因为它处理的是对这些元素与作战目标相关的重要性的理解;

级别3:预测。态势感知的第3级涉及预测环境中实体未来行动的能力。这种预测是基于对环境中元素的状态和动态的认识以及对情况的理解来实现的。如从感知和理解的信息中,有经验的指挥员或作战人员可以预测可能的未来事件,这为他们提供知识和时间来确定最合适的行动方案以实现其目标。

15.2.4　基于深度网络的战场目标感知

战场目标感知是指通过技术手段快速准确地检测和识别地面、空中、水面等各类目标,获取战场目标信息。各类目标由于其自身特性,尤其是地面目标通常分布在复杂的环境、地形地貌中,为目标识别带来了困难。战场目标感知体系如图 15-5 所示,从图中可知,目标感知数据主要来源包括卫星、无人机、雷达等采集的各种目标信号。

目前,战场目标的高分辨一维距离(HRRP)像、合成孔径雷达(SAR)图像等依然是军事目标识别的重要数据来源。传统雷达目标识别方法主要采用人工设计的特征提取算法提取目标特征,目标识别的性能依赖于提取特征的好坏;而采用深度学习方法则能自动学习目标数据的深层次抽象特征,能够进行更准确、更稳健的识别,从而受到广泛的关注和研究。对于 HRRP 图像识别,F. Bo 等[①]提出了一种新

---

　　①　BO F,BO C,HONGWEI L. Radar HRRP target recognition with deep network[J].Pattern Recognition,2017,61:379-393.

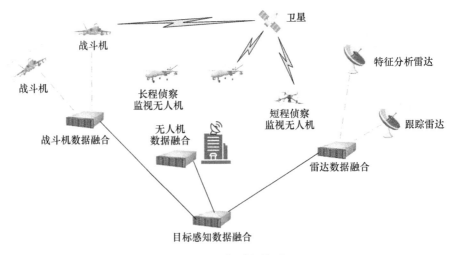

图 15-5　目标感知体系

的矫正自编码器(Corrective AE,CAE)实现了对目标 HRRP 的高效识别。Pan 等采用 t-SNE 方法解决 HRRP 目标识别中训练数据不均衡的问题,利用判别式深层置信网络提取提取训练数据中与类别无关的全局特征来提升小样本条件下的 HRRP 分类性能。徐彬等针对 HRRP 样本距离单元间的时序相关特性,提出了采用双向长短时记忆模型的 HRRP 目标识别方法,提高了目标识别性能。在基于 SAR 图像的信号识别方面,Geng 等采用卷积自编码网络逐层提取 SAR 图像特征,利用标签样本对网络参数进行调优,通过进行尺度变换减少图像斑点噪声的影响,利用形态学平滑操作移除分类图中的孤点,提高了模型的稳健性和泛化性能;Lin 等采用通过集成 2 个具有不同卷积核尺寸的卷积网络获取图像的多尺度特征表示,克服梯度消失问题,提高了图像识别性能。总的来说,深度学习算法在雷达目标识别领域具有较多的应用研究,尤其是在理想状态下提高雷达目标识别的速度,而且精度和自动化效果上有较大的进步。

近年来,无人机成为战场侦察的重要手段,通过无人机拍摄的视频、光学图片成为战场情报的重要来源。基于深度学习的图像识别近年来取得了长足的发展,2012 年 ImageNet 视觉识别挑战赛中,基于深度学习的目标识别分类算法将目标分类错误率由以往的 25% 降到 15.3%,从而引起广泛重视,到 2017 年目标分类任务的准确率已经高达 99%。基于深度学习的图像识别简化了目标图像识别流程,在军事领域也逐步展开应用,成为加快指挥控制节奏、提升指挥控制效能的重要技术,如美国的 RQ-4 全球鹰、MQ-9 死神等无人机平台均使用了图像识别技术进行目标侦测与识别。图像识别是深度神经网络最主要的应用场景之一。对于深度学习技术而言,样本数据集的重要性甚至超过了学习算法本身,所以收集样本数据是一项非常重要的工作,而且也需要付出极大的代价。样本数据一般通过平时情报收集积累获得,包括历史侦察图像、网络资源等,样本图像越多、图像多样性越高,越能够训练出高质量模型。同时,针对样本数据规模有限的问题,学者也提出了很多方法来充分使用有限的样本数据,如采用数据增强的方法。"数据不够,经验来凑",在丰富样本数据的同时,为模型提供先验知识同样重要,所以很多学者开始研究如何优化初始模型,实现小样本数据集条件下的网络训练。

深度神经网络作为目标识别的核心技术,并不能提供端到端的解决方案。就目标识别任务而言,卷积神经网络所做的是分类工作,输入是待识别的目标图像,输出是关于目标的条件概率分布。实际应用系统依然需要综合运用深度学习技术、不确定性推理等传统人工智能技术及其他信息处理技术,才能为用户给出目标识别建议。

基于深度学习的图像识别同时也催生了对抗学习(Adversarial Learning)技术的研究。对抗学习是指在深度学习中引入博弈的思想,加入对抗元素。以图象识别问题为例,深度学习的核心问题是从样本数据中学习目标图像特征,学习的过程是调整模型参数是的损失函数取值最小。深度学习可视为单个参与者的优化过程,其优化目的就是最小化损失函数。而对抗学习引入了博弈过程,包含利益对立的参与双方,其中一方的目的是最小化损失函数,而另一方则是最大化损失函数。对抗双方一方试图提高识别率,另一方试图降低识别率转化为优化问题,即为一方寻找损失函数最小值,另一方寻找最大值。对抗学习基本思想如图 15-6 所示,对于某深度网络,某图像识别为战斗机的可信度为 55%,向该图像加入噪声后,该图像被识别为其他对象的可信度上升为 80%。噪声数据一般是精心设计的,包含的特征经过神经网络时会逐层放大,使得神经网络学习到与原始像本数据大相径庭的特征,严重影响分类准确性。正因为如此,一些机构开始研究如何利用对抗学习来干扰目标识别系统,降低对手目标识别系统效能。

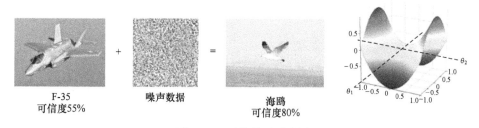

F-35
可信度55%　　　噪声数据　　　海鸥
　　　　　　　　　　　　　可信度80%

图 15-6　对抗学习示意图

15.2.5　基于机器学习的态势理解

态势理解是在战场目标感知的基础上,指挥员对当前敌我双方态势的整体理解。态势理解的内涵较为丰富,指挥员通过态势理解希望能够得出双方兵力部署、作战意图、行动企图、威胁评估、兵力优劣等结论。不同类别的态势理解结论,通常需要采用不同的方法进行分析。

1. 主攻方向判定

以判断敌方主要进攻方向为例,指挥员首选需要结合作战经验和空间布局对敌我双方的战场目标进行聚合,划定可能的作战区域,然后根据敌方可能的集结区域以及我方重要目标所在位置,来判断敌方的主要作战方向。

对于敌方兵力集结区域的判断,可以通过最优化模型的方式来获取,如图15-7 所示的战场态势,对用敌方(菱形图标)兵力实体,敌方集结区域一般是以某中心展开的,该集结中心到各个作战实体的距离应尽可能小,这样更有利于通信和指挥。假设感兴趣区域内敌方有 N 个作战单元,对应坐标分别为 (x_n, y_n), $n=1,2,\cdots,N$,可能作战区域为 U,集结区域 V,半径为 R_0,中心坐标为 (x_0, y_0),可通过求解如下优化问题来获取集结区域中心坐标位置:

$$\min\left(\sum_{n=1}^{N}\sqrt{(x_n-x_0)^2+(y_n-y_0)^2}\right) \tag{15-1}$$

$$\text{s. t. } R_0 \approx \frac{1}{2}R(x_0,y_0) \in V(x_n,y_n) \in U \tag{15-2}$$

对于我方重要目标所在位置的临近区域内实体数量多、密度较大,这样更有利于提高重要目标的有效生存率。假设作战区域 U 内我方有 M 个作战单元,对应坐标分别为 (x_m, y_m), $m=1,2,\cdots,M$,重要目标位置坐标为 (x_0', y_0'),临近区域 V' 半径为 R_0',通过求解如下优化方程即可获得重要目标位置坐标:

$$\max\{(x_m,y_m)\}_0 \tag{15-3}$$

$$\text{s. t. } V' \subset, (x_0',y_0') \in V', (x_m,y_m) \in V' \tag{15-4}$$

计算出敌方目标集结位置与我方重要目标所在位置后,将二者连接成趋势线,即为敌方可能的主攻方向。

2. 作战意图识别

作战意图识别也是态势理解的重要内容之一。意图识别(Intention Recognition,IR)是根据对客观世界和识别对象的已有认识,通过观察智能体的动作序列及动作对自身和环境状态的影响,判断智能体的行为及目的[①]。在激烈的真实战场环境下,我方作为识别者试图设计意图干扰方案以诱使敌军在改变原行动计划的同时暴露意图从而识别敌军意图,而我方作为被识别者采取诸如意图遮蔽、干扰、欺骗等诸多手段致使敌军难以识别我方意图,识别者和被识别者间以竞

---

① 姚庆镨,柳少军,贺筱媛,等.战场目标作战意图识别问题研究与展望[J].指挥与控制学报,2017,3(2):127-131.

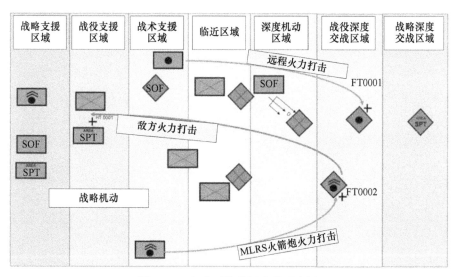

图 15-7　红蓝对抗战场态势示意图

争关系存在,因此意图识别在作战筹划过程中意义重大。美军在 20 世纪 70 年代便开始研究作战意图识别,随后,随着信息技术的不断发展,美军在目标意图估计的基础上逐渐建立起对战场综合指挥控制的全方位研究。

　　作战意图识别可分为战略层次意图识别、战役层次态势识别和战术层次目标意图识别,目前的研究主要集中于战术层次。意图识别作为"计划行动意图识别"的子问题,与计划识别(Plan Recognition)、行动识别(Activity Recognition)和目标识别(Goal Recognition)紧密相关。根据研究问题的层次划分,当前的研究大多把行动识别看作底层识别,把计划识别看作包括连续行动和目标的识别,把目标识别仅看作识别行动目标。其实,当智能体的行动与具体特定目标关联时,意图识别即目标识别。当智能体处于确定性环境时,其选择的行动是依经典规划理论得出与特定目标关联的计划,包含为了达到目标而执行全部行动和行动间的关系,意图识别即计划识别。当智能体处于随机性环境时,其选择的行动是依序贯决策理论或博弈理论得出与特定目标相关联的行动,意图识别即目标识别。

　　当前研究智能体意图的两大模型主要是 BDI 模型(信念 Belief、愿望 Desire、意图 Intention)和 COI 模型(能力 Capability、机会 Opportunity、意图 Intention)。意图识别问题的三大研究要素为环境(或问题域)、识别者(或识别系统)以及被识别者。传统的行为识别方法通常将被识别者和识别者分别设定为行为执行者(Actor)与观察者(Observer)。意图识别的基本过程如图 15-8 所示。

　　一般情况下,对敌方作战意图识别为不可知识别,意图执行者不知道观察者的识别过程;如果意图执行者知道敌方观察者正在进行识别,则被称为对抗识别,执

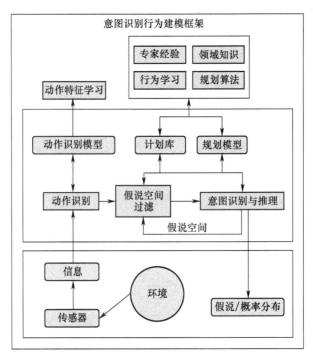

意图识别行为建模框架

专家经验　领域知识

行为学习　规划算法

动作特征学习

动作识别模型　计划库　规划模型

动作识别　假说空间过滤　意图识别与推理

假说空间

信息　环境

传感器　假说/概率分布

图 15-8　意图识别行为建模基本框架

行者可能会采取一系列措施欺骗识别者;还有一种情况是合作方进行识别,执行者要尽可能让观察者正确识别其作战意图,被称为合作识别。

在意图识别过程中,识别者与被识别者呈现出博弈对抗关系,在模型定义基础之上,二者分别观察对方信息,识别者需要根据被识别者信息判断其攻击目标进行意图识别从而实现"知彼"以对该目标进行防御;而被识别者观察识别者信息判断其防御目标来实施意图欺骗,从而隐藏意图更好地对目标实施有效打击行为[①]。

图 15-9 示意了一种以马尔可夫决策过程为基础的意图识别建模,该识别过程是时间离散的随机过程,可以使用强化学习方法对识别者和被识别者进行行为仿真。假设有如下场景:战场环境抽象为网格地图,每个网格用数字 1~25 表示,如图 15-9(a)所示,在地图中选取 s_0 为被判别者行动起点,g_1 和 g_2 为其攻击目标。观察者需要从被判别者的行为判断其作战意图,即对哪个目标发起攻击。该模型假设包括:①被判别者每一状态智能采取上、下、左、右四个动作中的一个;②被判别者总是理性行动;③动作确定的情况下,对应的输出也确定;④系统是完全可观察的。

---

①　白亮,肖延东,等.基于强化学习的对抗意图识别[J].指挥控制学报网络版.

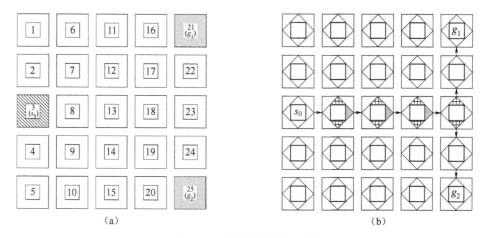

图 15-9　意图识别问题表示

基于该假设场景和模型,可将意图识别过程定义为一个四元组$<S,A,T,R>$,其中:S 为状态集合,即被判别者当前所处战场位置网格;A 为被判别者可采用的动作集合;T 为状态转移函数,确定在某一状态下执行某一动作会转换到何种状态;R 为报酬函数,是每一次行动的回报。如图 15-9(b)所示,对于初始状态 s_0 其相对应动作集合为向前、向左以及向右移动,当其选择向右移动时,由状态 s_0 变为标号 8 方格状态,类似的每个状态下选择可选动作以转移到下一状态。在假设被识别者理性选择最优路线下,如果在某状态下其选择的动作识别者不能识别出其攻击目标,那么该状态下选择该动作对应的报酬 $r=1$,例如在状态 s_0 下向右移动,该路线对于 2 个目标而言都可能是其最短路径,因此识别者不能分辨其攻击目标;相反如果在某状态下其选择的动作识别者能识别出其攻击目标,那么该状态下选择该动作对应的报酬 $r=-10$,例如在状态 s_0 下向左移动,该路线只对应目标 g_1 的最短路径,因此识别者能分辨其攻击目标。在上述模型基础上,结合贪婪策略定义贪婪系数 ε,当随机数小于 ε 时,被识别者随机选择可选动作;而随机数大于 ε 时,被识别者基于 Q 表值函数选择当前状态下对应奖励最大的动作。

基于以上对抗意图识别方法,可以基于强化学习从被识别者和识别者双方进行对抗意图识别设计。从被识别者的角度出发,实施意图欺骗,以便隐藏意图对攻击目标实施有效打击;从识别者角度出发实施意图识别设计,迫使被识别者暴露意图从而对其攻击目标实施有效防御。

对于被识别者隐藏意图,被识别者期望隐藏意图以有效攻击目标。对于如图 15-9(a)所示场景,被识别者策略如图 15-9(b)所示,其中方形代表 25 个状态,三角形表示向上、向下、向左以及向右 4 个动作,三角形图例表示对应方形状态下选择该动作的报酬值,深色动作表示报酬值为正数,方格动作表示报酬值为负数,实线黑色箭头为被识别者最优欺骗路线(识别者最晚辨别出其攻击目标),虚线黑色箭头为识别者可识别其意图路线。通过仿真实验,对于如图 15-10 所示场景,算法依然可以探索到最优策略,致使识别者仅能提前一步进行目标防御。

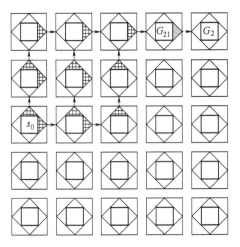

图 15-10　$\varepsilon = 0.1$ 时意图欺骗示意图

对于识别者来说,期望尽快识别被识别者意图并针对性地进行防御保护。从识别者角度出发,针对图 15-9 (a) 所示场景,提出了意图识别设计方法,即在战场环境下设障,从而移除部分被识别者可选择动作,使其尽早暴露攻击目标,结果如图 15-11 所示,其中黑色三角表示被识别者可选动作中被识别者移除的动作。

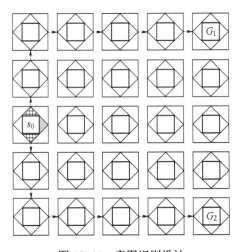

图 15-11　意图识别设计

通过以上分析及实验,可得出一般性结论:对于识别者而言,为尽快识别被识别者攻击目标实施有效防御,其应将己方重要节点放置相对分散,于此同时,识别者采用意图识别设计方法移除被识别者可选动作,以便尽早识别其攻击目标给实施防御充足的准备时间;被识别者根据学习经验选择最优欺骗策略,以便不被识别者识别出意图而再接近攻击目标的位置实施有效打击。

一方面,除了上述基于马尔可夫决策过程,仅依据单一时刻进行推理和分析,而实际战场中的目标战术意图是由一些动作构成和展现的,因此目标具备时序变化特征,马尔可夫模型不能将过往的历史信息纳入决策因素中;另一方面,敌方目标的作战行动具备一定的隐蔽性和欺骗性,根据单一时刻的行动特征来判定敌方意图显然不够科学。循环神经网络恰好适合处理具备时序变化特征的问题,于是有学者将循环神经网络引入了战术意图识别研究中①。基于循环神经网络的战术目标意图识别过程如图 15-12 所示。该过程中使用的循环神经网络加入了双向长短期记忆门控单元(BiLTSM),其中:正方向关注历史时刻的信息对判断的影响,反方向则考量未来时刻信息对当前判断的影响;同时也在模型中加入了注意力机制,用于分析各因素对判别结果的影响力大小,提高意图识别准确率。意图识别是一个认知问题,要通过有限的实时战场信息判断对方意图,一般需要限制在有限的信息空间和问题空间中。针对不同的作战任务,通常要根据任务特点选定一系列特征信息,例如对于空战问题,重要的特性信息包括敌我双发飞机类型、机动类型、飞行状态、空战能力因子、双方相对位置、干扰状态、雷达状态等,对应于识别过程的输入;同时会预设一组作战意图作为判别候选意图,例如对于空战问题,可预设敌方可能的作战意图包括突防、攻击、侦察、撤退、监视、干扰等,输出即为上述意图之一。意图判别需要根据一段时间的时序特征信息进行,理论上时序数据时间跨度越长,判别越准确,但是对应的 RNN 循环层数量越多,不利于网络训练,一般RNN 的循环层数量以数百层为宜。时序特征采集后形成特征向量集合,经过特征编码形成时序特征集合,然后将时序特征集合输入目标意图识别模型,即可得到意图识别结果,结果形式一般为可能意图结果的概率分布。图中灰色背景的过程为模型训练过程,其中:核心部件为带注意力机制的双向门控 RNN,门控单元决定了时序信息中哪些特征信息需要长期记忆,哪些可以被遗忘;而注意力机制则负责处理不同特征信息之间的相关性。训练过程面临的主要问题依然是样本数据问题,现阶段作真实战数据依然匮乏,只能通过仿真系统获取,还需要领域专家通过人工方式为样本数据提供标签信息,这对模型训练有一定影响。

上述两个案例是对态势理解中两个简单活动的方法描述。然而,实际作战任务中,态势理解要复杂得多。新技术的发展推动了作战形态和样式的转变,而战场

① 腾飞.一种空中目标战术意图识别模型[J].航空兵器,2021,28(5):9.DOI:10.12132/ISSN.1673-5048.2020.0245.

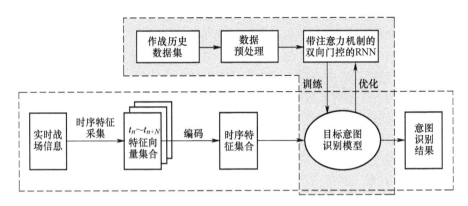

图 15-12   基于 RNN 的战术目标意图识别过程

态势数据的增长也增加了指挥员指挥决策的难度。针对海量复杂的战场态势数据,为了及时提取战场有用信息,需对战争有深刻的认识,并将战场视为一个复杂巨系统来对待。传统的基于人的经验和理解的指挥模式无法适应瞬息万变的战场局势,需依靠计算机来实施辅助决策,但目前依靠数据对比和信息熵等方法的计算机辅助途径无法较好理解战场态势。

3. 作战威胁评估

态势威胁评估实在态势认知的基础上,接收一级、二级和三级态势信息融合的输出结果,对作战目标的态势威胁等级进行预测,实现决策级的融合,其结构示意图如图 15-13 所示。

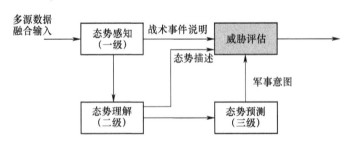

图 15-13   基于态势认知的威胁评估

一级融合为战场态势感知,二级融合为战场态势理解,三级融合为战场态势预测。战场态势感知通过精炼数据、分析威胁目标的行为和机动性,输出对战术事件的说明。战场态势理解做出态势预设并进行验证,输出态势说明。战场态势预测对军事作战单元态势和高层态势变化进行预测,输出态势预测结果。

1) 确定威胁评估影响因素

威胁评估影响因素目前主要由军事领域专家通过专业知识确定,例如海空态势威胁评估的主要因素包括行为意图、任务指向、进攻优势、作战能力、目标重要性以及告警信息等,这些因素部分通过态势认知获得,部分通过其他指挥控制手段获得。未来如果能够获取或积累大量的作战实例数据,可对数据进行分析,找出影响威胁评估的主要要素。

2）确定神经网络模型

势威胁评估问题根据评估对象特性采用对应的网络模型,例如海空态势威胁评估,由于可以提前划分出行为意图、任务指向等评估要素,所以可以采用多层感知机模型,如果无法提前知晓信息特征,则可采用表达能力更强的卷积神经网络,如果威胁评估存在时序特性,则可采用卷积神经网络模型。人工神经网络模型包含三层非线性神经元网络结构,其中:第一层为输入层,输入数据为威胁评估影响因素,输入层的神经元节点数目为威胁评估影响因素的个数,如按前述影响因素,则取值为6;最后一层是威胁等级预测层,该层的输出值为预测的威胁等级,该层的神经元节点数目为空海态势威胁等级的个数,例如分为极高、高、中、低、无威胁分析,则取值为5。因此,网络接收6个威胁评估影响因子作为输入,将预测后的威胁等级作为输出,其神经网络模型如图15-14所示。

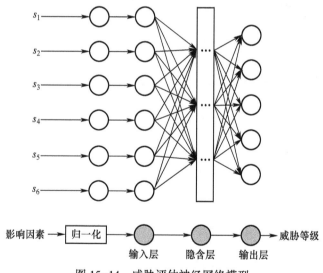

图 15-14　威胁评估神经网络模型

3）神经网络参数训练

态势威胁评估人工神经网络可以使用 BP 等主流算法进行权值和修正值训练。设态势威胁评估影响因素集合为 InF,该集合对应的威胁等级集合为 TL,以 (InF,TL) 为训练样本对态势威胁评估人工神经网络进行训练。在训练过程中,设输出为 TL^2,在正向传播时,设隐含层的神经元激活值为 TL^1,TL^1 可按下式取值:

$$TL^1 = f^1(s^1) = f^1(w^1 \cdot InF + b^1) \tag{15-5}$$

式中：f^1为隐含层神经元节点的激活函数，可选取 Sigmoid 函数；w^1为输入层与隐含层的连接权值；b^1为隐含层节点的偏置值。

输出层神经元激活值为 TL^2 按下式取值：

$$TL^2 = f^2(s^2) = f^2(w^2 \cdot TL^1 + b^2) \tag{15-6}$$

式中：f^2为输出层神经元节点的激活函数，可选取 Sigmoid 函数；w^2为隐含层与输出层的连接权值；b^2为输出层节点的偏置值。

获得 TL^2 后，开始反向传播，其代价函数可设置为

$$E = \frac{1}{2} \sum_{i=1}^{N} (\hat{TL}_i^r - TL_i^r)^2 \tag{15-7}$$

式中：N为样本数目；$\hat{TL}_i^r$为第i个样本的真实威胁等级；TL_i^r为态势威胁评估人工神经网络模型对第i个样本的预测威胁等级。

基于上述公式，即可对神经网络进行训练。军事问题仿真与建模通常存在样本数据不足的问题，可采用诸如贝叶斯网络等方法生成训练数据。

4）威胁等级预测

完成基于深层神经网络的态势威胁评估模型的训练后，即可通过仿真生成的样本数据对网络模型进行测试。

4. 基于深度学习的态势理解典型过程

态势理解是一项具备一定创造性的主观认知活动，通常要结合指挥员的经验进行分析判断。最近提出的认知技术，恰好强调以人为中心，重视人在认知循环中的作用。认知的基础是数据，但又能突破数据局限，结合深度学习、增强学习等方法，借鉴人类的思维和理解能力，实现对已有信息的全新解读或诠释。

从时空关联的战场态势数据集合中抽取战场态势关键数据要素是构建战场态势认知模型，实现战场态势认知和预测的基础。战场态势是多行为个体之间以及与战场环境交互过程的复杂行为表现，对于战场态势的理解不仅要关注表面特征，更要深入挖掘分析其高层特征，即数据信息中无法通过外部和物理等基础特征直接得到的信息。人脑在识别物体活动概念时通常包括场景信息、特征获取、神经感知、活动识别和概念表达等阶段。其中：场景信息指发生在相关时空位置的活动；特征获取是场景活动特征通过相应渠道传播到人的感知器官的过程；神经感知是人的感知神经获取活动特征；活动识别是人的脑部神经融合各渠道获取特征并进行识别的过程；概念表达是对识别出的活动进行输出。深度学习方法借鉴了人脑的认知机理，通过深度学习模型对战场态势信息进行深度挖掘和规律分析，利用认知计算进行事件主题行为模式分析，将挖掘到的客观规律转化为态势认知规律，并进一步转化为可执行的智能认知系统模型，实现目标数据到目标行为、趋势和意图等高层特征的映射。与传统的浅层学习方法相比，深度学习具有更好地非线性表

示能力,可随数据快速变化自动调整。基于深度学习的战场态势理解框架如图 15-15 所示。通过混合神经网络实现时空关联数据向神经感知特征的转变,结合约束信息对战场态势数据进行高层特征识别,将任务、意图和行为等高层特征提取问题转变为预测问题,实现深度学习框架下的高层特征提取和战场态势理解。

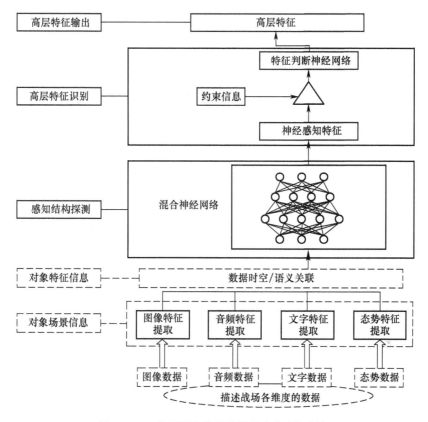

图 15-15　基于深度学习的战场态势理解框架

基于深度学习的战场态势理解实现步骤如下:

(1)基于混合神经网络的关联数据特征转变。对多模态数据的分析处理有助于理解战场态势。目前针对单一模态数据的深度学习模型已在不同数据中得以应用,并表现出各自的优势和特点。针对战场态势数据多源、异构和复杂等问题,基于深度信念网络、深度玻耳兹曼机和卷积神经网络等典型深度学习模型的算法特性和机理,通过构建混合神经网络模型,实现数据之间的相互印证、补全和统一表示;

(2)考虑约束条件的态势数据特征识别。研究表明,对于提取的对象特征,利用判别式模型,通过估计对象特征与高层特征之间映射关系的最大概率,可实现对象特征理解与高层特征识别。以混合神经网络感知输出作为输入,将专家经验和约束条件等作为先验信息,通过判别式模型,预测适合的目标任务、意图和行为等高层特征标签,实现考虑约束条件的态势数据特征识别;

(3)基于高层特征的战场态势理解。以高层特征标签为基础,通过数据挖掘分析和知识图谱构建等技术,实现对战场态势的智能理解和事件的智能发现,辅助危机管理和威胁预警。

15.3 基于智能优化的作战设计与规划

15.3.1 基于优化方法的作战设计

作战设计是对作战活动中若干重大问题进行分析,对作战重心、目标分配、力量运用、作战战法等进行构想和设计。作战设计是指挥员指挥艺术的集中体现,往往需要指挥员和指挥机构在理解作战任务及战场态势的基础上,充分运用判断力,发挥主观性和创造性,对作战活动进行合理设计。

1. 作战重心分析

作战重心(Center of Gravity)是指战役体系中敌我双方的关键环节,克劳塞维茨认为[①]:"重心是一切力量与运动所依赖的中心,在战争中,应该集中所有的力量,打击重心。"一般来说,"重心"即敌人战役体系中的关键环节,但是目前作战重心并没有明确的、统一的定义。以美军为例,美军并没有一个统一的作战重心的概念,各军种有关重心的定义各不相同,而且有些定义内涵相差较大。如美国空军认为重心是敌人的主要弱点,是敌方作战体系内的一些最薄弱环节,对这些薄弱环节的打击将最有可能取得决定性的结果;美国陆军认为,重心是一切力量与运动的中心,是一切事物的依靠,是敌方或己方可以从中获得行动自由、物质力量和作战意愿的一种特点、能力或地方;美国海军则认为重心是敌方的力量源泉,是敌方的强点,在作战过程中,应该间接而不是直接地攻击敌重心。

无论作战重心是应该优先打击还是应该避免直接对抗,首先应该进行的是找出作战重心在哪里。作战重心理论即是正确识别敌军和友军的战略重心,从而合理进行作战规划,充分合理利用己方力量,为赢得战争胜利创造有利条件。早期对作站重心的分析一般是根据人工经验给出目标价值体系,然后以价值体系为参照对作战重心进行人工分析。假定敌方作战目标部署如图15-16所示,指挥所对所有其他目标都有指挥控制智能,雷达站可以为临近目标提供情报支援,导弹阵地为邻近目标提供火力打击支援。

---

① 王宏.解读美军的"打击重心"思想[J]. 现代军事, 2004(2):67-68.

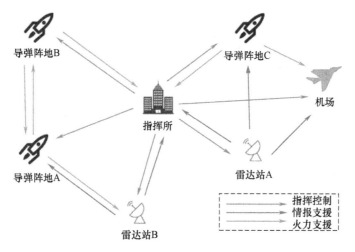

图 15-16　目标体系示意图

假设作战目标是摧毁敌方高价值目标,则作战重心分析应从目标价值角度进行衡量,一般包括四个步骤:

（1）对每个目标的固有价值进行评估。指挥所评估指标包括指挥所规模、指挥层级和人员水平等;雷达站评估指标包括目标引导数量、多目标跟踪数、雷达探测范围、工作频段范围、连续工作时长和平均故障恢复时间等;机场评估指标包括机场跑道数、防护指数、战机容量和机场保障指数等;导弹阵地评估指标包括导弹弹药火力毁伤指数、导弹射程指数、导弹弹药库存指数和导弹打击精度指数等。

（2）对每个目标的体系价值进行评估。以指挥所为例,当前部署中对 1 个机场、2 个雷达站、3 个导弹阵地进行指挥控制,是指挥控制体系、情报侦察体系和火力打击体系的贡献最为突出,是敌方作战的中枢。

（3）依据固有价值和体系价值进行综合评估,如表 15-1 所列。

（4）指挥员根据作战目的和价值排序,调整并确认作战重心。

类似的,如果将敌方薄弱环节视为作战重心,则需要从敌方防御的弱点、短板角度进行分析,寻找作战重心。

上述作战重心分析方法存在明显的缺陷,一是将作战重心分析问题退化为作战单个目标价值评估问题,并未考虑打击效果对作战目标的影响,现实作战中,作战重心可能为某一任务区域,且敌方必然会对作战重心进行重点保护,易对我方火力打击效果造成影响,所以重心分析应当综合考虑火力打击效果,找寻能够使打击效果最大化的作战目标区域;二是分析过程中过多依靠主观经验分析,不适用于大规模作战任务下的作战重心分析。

表 15-1 目标价值评估体系

序号	目标名称	类型	等级	装备	基本价值	体系价值				重要目标
						指挥控制	情报支援	火力支援	价值	
1	指挥所	指挥所	一级	—	73	91	43	30	重要	√
2	机场	机场	一级	F-16	70	74	–	72	重要	√
3	雷达站 A	雷达站	二级	哨兵	47	–	75	–	一般	
4	雷达站 B	雷达站	二级	雷神	45	–	72	–	一般	
5	阵地 A	阵地	二级	标准 2	60	–	–	76	一般	
6	阵地 B	阵地	二级	爱国者	62	–	–	75	一般	
7	阵地 C	阵地	二级	爱国者	62	–	–	75	一般	

随着体系化作战特征日益凸显,作战体系已成为作战重心分析中不可忽略的因素,分析作战重心不得不进行"要素—体系—节点—价值"的逻辑判断,从整体看个体、从结构看功能、从网络看节点,将体系作战能力分析融入作战重心分析中。

近年来,已有研究人员尝试着从作战网络视角着手,在作战重心分析中引入了智能化算法,以提升作战重心分析的质量和效率。融入作战体系的作战重心的分析不在将目标聚焦于某个战场目标,而是若干相互连接的目标组成的作战网络,因此依赖作战网络模型的构建。而作战网络模型根据作战场景和研究领域的不同,将呈现出不同的模型形式。针对图 15-16 所示案例,可将作战规模进行泛化,构建作战网络模型。假设作战网络中包含 m 个作战单元,其全集记为 M,$\|M\| = m$,m 个作战单元中包含 f 个火力单元,i 个情报单元和 c 个指控单元,其全集分别记为 F,I 和 CC。$\{k,l\}$ 是网路图模型中的边,表示作战单元 k 和 l 之间存在活动流,A 为网络图模型中边的全集。令 x_j 为节点的选择变量,即当作战网络中第 j 个节点被摧毁时,其取值为 1,否则为 0。令 y_{kl} 为边选择变量,表示当网络中第 k 个节点和第 l 个节点之间的边被摧毁时,取值为 1,否则为 0。设集合 X 为 x_j 的全集,Y 为 y_{kl} 的全集,则可以根据势场理论定义:

$$Z_1 = \sum_{m \in M} V_m x_m + \sum_{\{k,l\} \in A} V_{kl} y_{kl} \qquad (15-8)$$

$$Z_2 = \sum_{m \in M} [\alpha W_m + \beta(1 - \delta_m)] x_m + \sum_{\{k,l\} \in A} [\alpha W_{kl} + \beta(1 - \delta_{kl})] y_{kl} \quad (15-9)$$

式中:V_m 为节点 x_m(即第 m 个作战单元)的重要度;V_{kl} 为边节点 y_{kl} 的重要度;W_m 和 W_{kl} 为对应节点和边的打击代价;δ_m 和 δ_{kl} 为会上概率;α、β 为权重系数。上述定义的 Z_1 为网络模型的重要度之和,Z_2 为打击代价和摧毁概率之和。对于敌方作战网络模型给出目标函数和约束条件如下:

max Z_1;

min Z_2;

$$\text{s. t. } 0 \leq \delta \leq 1;$$
$$W = f(o, p, q) o \leq D \quad p \leq E \quad q \leq F \qquad (15-10)$$

目标函数表示作战网络的节点和边的重要度最大化为优化目标,同时摧毁作战网络的打击代价和摧毁概率最小化也为优化目标;打击代价为弹药消耗 o、人员使用 p 和经费成本 q 的函数,而弹药消耗、人员使用和经费成本都不得超过设定的上限。上述优化模型的决策参数为 x_m 和 y_{kl},即对点和边的取值进行规划以获得最优结果。

显然,根据式(15-8)和式(15-9)以及问题定义可知,优化模型为整数规划问题,当问题规模较小时,可使用解析方法求解,但当问题规模较大时,采用解析方法求解会大幅增加求解的时间耗费。为了有效求解此问题,有研究人员基于作战网络图的图模型特性,提出了一种基于禁忌搜索[①]的启发式搜索方法来解决多目标优化问题。禁忌搜索是一种从局部最优向全局最优推广的搜索方法。以图 15-17 所示的作战网络模型为例,对于节点 N_1,要计算它对整个作战网络的重要度影响,需要计算整个网络的重要度和打击代价,从而确定单个节点对网络的影响,计算处理量过大。为了提高效率,可以计算节点 n_1 对局部范围的影响,如虚线范围内的子网络,如果 n_1 对子网络的影响很大,那么它对全局网络的影响可能也会很大,即局部最优很可能也是全局最优。

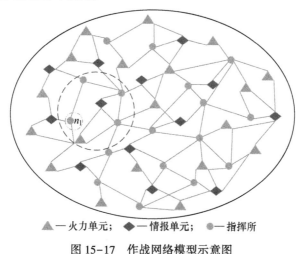

▲—火力单元; ◆—情报单元; ●—指挥所

图 15-17 作战网络模型示意图

考虑到作战重心通常不是一个独立的目标,可以将作战重心视为多个节点和边的集合,即某个子图 $G' = (M', A')$,所以问题由寻找单个节点扩展为寻找一系

---

① 张国辉,等.基于禁忌搜索的作战重心分析与选择方法[J].火力与指挥控制, 2021,46(1):94-102.

列节点,节点个数可以根据作战重心的规则进行设定。因此,可以假设候选的作战重心为 $H = \{h_1, h_2, \cdots, h_n\}$,图 $G' = (M', A')$ 为候选作战重心构成的图,如图 15-17 中虚线范围内所示。对于初始构造的子图,可以通过加入新的节点、交换节点、删除已有节点三种方式来构造新的子图,对不同的子图进行评估其多节点的网络重要程度,从而体现出各候选作战重心的重要程度。所以寻找作战重心的问题变成了初始子图构造及子图优化生成问题。初始子图的构造一般根据已知节点链路的重要程度来构造,即根据式 15-11 得出 ω 较大的链路:

$$\omega = \sum_{m \in M} \sum_{\{k, l\} \in A} V_{kl} \tag{15-11}$$

对于子网的迭代优化过程,可定义作战重心变化时的目标函数变化量 Z^{k+1}:

$$Z^{k+1} = Z^{k+1} - Z^k \tag{15-12}$$

式 (15-12) 中:Z^k 为第 k 次迭代过程中子网的重要程度之和。对于子网的迭代生成,一般先对未入选作战重心候选集的节点进行评价指标排序,将排名最靠前的节点指定为加入候选解的候选节点;然后从候选解集合中挑出评价差的节点;将候选节点和候选解集合中评价差的节点进行交换,从而构造新的子网络并进行评估。构建子网络时,可通过设置任期等约束条件防止形成子网迁移回路。优化过程可以通过设置迭代次数或 ΔZ^{k+1} 收敛程度结束,经过优化后的子网络所包含的节点及路径即为所获得的作战重心。当子网络的大小为 1 时,作战重心即为最具价值的单个目标,子网络规模大于 1 时,所得为多个目标形成的链路,即作战重心子网络,表示该子网络在整个作战网络中发挥重要的作用,可视作作战重心,并在此基础上进行后续筹划。

2. 火力分配

信息化条件下复杂的作战环境和作战行动导致了战场资源规划的复杂性。作战资源规划的目标是要在现代化作战过程中,根据作战任务和需求,针对有限的作战资源完成合理的分配,以多种资源组合构建满足作战任务要求的合理资源服务,提高作战资源利用率。作战资源可以分为物理资源和信息资源。目前针对作战资源规划方法有许多深入的研究,其中包括基于决策偏好的多目标作战资源规划方法[1]、基于遗传算法的作战资源规划方法[2]和基于 Ripple 共识机制的分布式作战资源规划分配方法等。火力是核心作战资源之一,如何合理有效的使用火力是作战筹划要解决的重要问题。

火力资源分配问题是一个约束众多且复杂的组合优化问题,属于 NP 完全问

① 施展,赵宗贵,等.基于模糊偏好的海军多兵种合同作战资源规划技术[J].指挥信息系统与技术,2016,6(05):68-73.

② 陈进,龚时雨.基于遗传算法的作战资源优化分配[J].科学技术与工程,2013,13(29):8647-8650.

题,目前很难求得多项式最优解。随着火力单元和打击目标增加,其解空间呈指数上升趋势。因此,对于较大规模的火力分配问题,在实际允许的时间内求解其最优解是不现实的。相对而言,通过智能算法结合作战假设原则求其次优解或满意解更为可行。

以防空打击火力分配为例[①],假设多火力拦截组成的防空系统共配置有 m 类导弹武器发射平台,每类发射平台只装备同一种导弹;空中来袭目标总数为 n 个;第 i 类武器发射平台所装备的第 i 种导弹数量为 l_i 枚;第 j 个目标的威胁程度为 w_j;p_{ij} 为第 j 种导弹对第 j 个目标的杀伤概率;x_{ij} 是用于拦截第 j 个目标的第 i 种导弹的数量。由上述变量可进行如下描述:

第 i 类平台对第 j 个目标的杀伤概率为

$$P_{ij} = 1 - (1 - p_{ij})^{x_{ij}} \tag{15-13}$$

所有 m 类导弹对第 j 个目标的杀伤概率为

$$P_j = 1 - \prod_{i=1}^{m} (1 - p_{ij})^{x_{ij}} \tag{15-14}$$

一般情况下,作战目的为尽最大可能消灭敌方目标,则可定义火力资源分配模型为

$$\max F = \max \sum_{j=1}^{n} w_j P_j \tag{15-15}$$

而且考虑在获得最大打击效果的同时也要尽可能减少武器消耗,可将火力资源分配模型优化为

$$\max F = \max \sum_{j=1}^{n} w_j \frac{P_j}{\sum_{i=1}^{m} x_{ij}} \tag{15-16}$$

$$\text{s. t. } P_j \geqslant P_{dj} \sum_{j=1}^{n} x_{ij} \leqslant l_i \tag{15-17}$$

式中:P_{dj} 为对第 j 个目标预设的杀伤概率阈值,即杀伤概率超过一定值时,对其进行打击是有价值的。对于上述模型,可以使用遗传算法进行求解,过程如图 15-18 所示。根据火力资源分配模型和遗传算法常用编码方案,可采用二进制编码方案将火力资源分配模型的解作为染色体进行编码。设有 r 个目标,t 个不同的火力单元,则编码后的完整染色体可表示为

$$X = (x_{11}, x_{12}, \cdots, x_{1r}, x_{21}, x_{22}, \cdots, x_{2r}, \cdots, x_{t1}, \cdots, x_{tr}) \tag{15-18}$$

考虑到初始种群是随机生成的,可能不满足式(15-12)的约束条件,所以将超过约束条件的候选解的适应度评估函数设置为某个特殊的极小值,如 0.001,定义

---

① 吴凯,徐利,等.防空作战火力资源优化分配研究[J]. 空天防御, 2019, 2(02):5-8.

满足约束条件的适应度评估函数为

$$\text{fitness}(X) = \sum_{j=1}^{n} w_j \frac{1 - \prod_{i=1}^{m}(1 - p_{ij})^{x_{ij}}}{\sum_{i=1}^{m} x_{ij}} \tag{15-19}$$

最终经过遗传算法得出的优化解形如：

$$X = (x_{11}, x_{12}, \cdots, x_{1r}, x_{21}, x_{22}, \cdots, x_{2r}, \cdots, x_{t1}, \cdots, x_{tr}) \\ = (1, 2, 3, \cdots, 5, 10, \cdots, 20, \cdots, 3, \cdots, 6) \tag{15-20}$$

式中：$x_{ij} = a$ 表示分配第 i 类防空武器平台 a 枚弹药给目标 j。

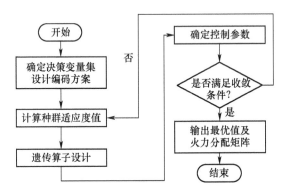

图 15-18　火力分配遗传算法流程示意图

15.3.2　基于强化学习的多智能体任务分配

多军兵种联合作战是现代战争的显著特征之一,现代战争中的任务分配问题是一个典型的多智能体任务分配问题。

1. 任务分配问题

现在战争中的作战任务,特别是需要多军兵种协同完成的任务,考虑到它们的复杂性和所需的先决条件,单智能体系统可能无法处理。而多智能体系统,能够提升整体性能及任务可靠性,因为更多的智能体能够通过合作加速任务的完成,同时多智能体系统相对于单智能体对于误差或故障有更高的稳健性。

为了提升系统整体表现及稳健性而采用多智能体系统来完成协同或合作的任务,如何进行任务分工的问题也随之而来,包括哪项任务分配给哪个智能体、智能体采用哪种交流方式、每个智能体该如何定义等。寻求这些问题答案,就需要任务分配技术。可以证明,一般情况下多智能体系统中的任务分配问题找到最优解或近似最优解,是一个 NP-hard 问题。一些任务分配问题的主要目标,除了追求最佳的系统整体性能,还包括减少任务执行时间、减少某些智能体闲置时间、最大化特定时间内任务完成数量、提升任务分配过程可靠性等。

传统意义上的任务分配大多属于静态问题。但是由于战场环境的动态特性，动态任务分配成为近年来的主要研究领域之一。动态任务分配技术中，系统能够处理任务或环境的实时变化，从而具备更好的稳健性。多智能体系统根据智能体之间的通信架构以及智能体的同构/异构性，采用集中式或者分布式的算法。在现实问题中，智能体往往都是异构的，如机器人系统中存在各式各样的传感器，或者需要不同类型的无人化装备协作完成综合性任务等。即使异构多智能体会带来额外的开销，很多情况下也不得不采用这种架构，所以针对异构多智能体系统研究任务规划算法势在必行。

解决多智能体任务分配问题的主要技术包括拍卖方法、博弈论方法、最优化方法(启发式算法、元启发式算法等)和机器学习方法等。

2. 多智能体任务分配中的通信机制

多智能体任务分配的通信机制一般包括集中式和去中心化两种。

1) 集中式任务分配

集中式算法是过去许多年间的研究重点。这种算法的主要特点是存在一个承担"管理员"角色的中心智能体，它和其他所有的智能体都建有通信信道，对智能体之间的协商进行管理，并决定如何分配任务。

集中式算法中，一般都需要定义某种全局的效用函数。这种方式的优势在于实现较为简单，所使用的系统资源也较少。这种方法一般只适用于小规模系统，因为集中式方法需要消耗大量的算力在维持系统架构上，而且对动态环境变化的适应性也不够好。集中式任务分配的优势在于它避免了任务分派过程中的各种冲突问题，所有的资源均由"管理员"集中管理和分配，所以不需要耗费精力寻求各个智能体之间"达成共识"。相应的，稳健性方面较弱，某些智能体的错误、故障会对系统整体造成影响，尤其是"管理员"，从而使得整体性能恶化。此外，所有智能体都需要与"管理员"进行通信，也限制了系统的整体规模，过多的智能体会给"管理员"带来巨大的管理压力，同样会导致系统整体性能下降。

2) 去中心化任务分配

去中心化方法则克服了集中式方法的一些缺点，所以近年来吸引了不少学者展开研究。这种方法中不存在中心节点，各智能体对外部环境进行局部感知，并能和其他智能体进行交流，而不是仅仅和中心节点进行沟通。这么做，让任务分配决策采用分布式方式在本地进行。每一个智能体，都有自己的效用函数，而整体的效用函数则是综合了各智能体效用函数的某种评估函数。

这种技术具有很好的稳健性，即使某些节点失效，对系统的影响也非常有限，此外，由于通信的层次性和局部性，去中心化方法也具有较好的可扩展性。相比于集中式方法，去中心化方法的计算耗费更低，也就是使智能体间的通信带宽更小，实际表现中也要强于集中式方法。当然这种方法也有短处，由于分布式特性的存在,很难找到最优任务分配方案,绝大部分时候只能找到问题的次优解;各智能体之间的任务分配可能造成资源等方面的冲突,所以需要保证各智能体在关键信息上达成一致。

3. 基于强化学习的多智能体任务分配方法

一般情况下,智能体很难预测将来要面临的问题和挑战,尤其是在无法使用数学模型对动态环境进行建模的情况下。这种情况下,可行方法之一是智能体基于自己或者其他智能体过去的行为去学习面如何对各种困扰或挑战,从而可以表现出更高的性能。使用最多的基于经验的方法就是强化学习。强化学习中,智能体从经验中学习如何在不同的环境状态下采取行动。环境通常被表示成一个马尔可夫决策过程,智能体则通过最优化代价或者奖励的方式从环境中学习。Q学习是一种常用的强化学习算法,它是一种无模型方法,能够帮助智能体在马尔可夫决策过程中找到最优解。强化学习能够处理环境中的不确定性,也能较好满足实时性的要求,对不同类型的任务具有良好的适应性。以下以异构无人机系统为例简要介绍强化学习方法在任务分配问题中的应用。

1) 任务分配问题描述

假设战场区域内有若干敌方静态目标,针对每个目标,需要若干无人机执行特定任务,如侦察、打击等。任务的优先级可以通过对目标的重要性或者紧迫性进行评估得到。为问题描述简单起见,假设任务之间没有相关性,不需要考虑任务之间的顺序关系。战场环境较为复杂,且存在许多不确定性,可能会影响无人机的性能,而且行动结果会应对最终任务完成质量造成影响。考虑到这些特性,设计的算法需要能为一组异构的无人机分配具有不同优先级的任务,而且还需要将环境不确定性、无人机类型以及目标特性的影响纳入分配决策过程中。

问题形式化描述如下:

任务。设 $T = \{T_1, T_2, \cdots, T_N\}$ 为 N 项组成的任务集合。$\{att(T_k), def(T_k), ele(T_k)\}$ 表示完成任务 T_k 所需的攻击能力、防守能力和电磁干扰能力。本案例中,将环境的不确定性定义为 $env_k = \{w_k, r_k\}$,表示任务 T_k 对应的环境影响,w_k 表示风速,r_k 表示降雨量。

无人机。设 $U = \{U_1^j, U_2^j, \cdots, U_M^j\}$ 表示数量为 M 的异构无人机集合,上标 j 表示无人机的类型。假设无人机集合中有 M_T 类无人机($j \in [1, M_T]$),不同类型的无人机具备不同的能力。设 $\{att(U^j), def(U^j), ele(U^j)\}$ 为 j 类型无人机的三种能力。异构的无人机主要是在无人机的能力方面存在差异。环境对个体的影响被定义为在局部环境下的不确定性对特定类别无人机的影响,即 $efi(U^j | w_k, r_k)$。

约束条件。考虑到环境中不确定性因素的影响,主要约束如下:

$$\sum_{i=1}^{m_k} efi(U_i^j | w_k, r_k) att(U_i^j) > att(T_k) \qquad (15-21)$$

456

$$\sum_{i=1}^{m_k} \mathrm{efi}(U_i^j | w_k, r_k) \mathrm{ele}(U_i^j) > \mathrm{ele}(T_k) \tag{15-22}$$

$$\mathrm{efi}(U_i^j | w_k, r_k) \mathrm{def}(U_i^j) > \mathrm{def}(T_k) \tag{15-23}$$

以上公式中的 i 表示被选中的无人机的个数, m_k 表示被选中执行第 k 个任务。式(15-21)表示每项任务选择的无人机攻击能力的总和需要严格满足该任务所需的攻击能力要求,式(15-22)表示无人机的电子干扰能力的总和需严格满足完成该任务所需的电磁干扰能力要求,以上两项限制用来保证任务能够完成;式(15-23)表示对于某任务选定的任意一架无人机都需要满足防御要求,表示任意无人机都不能被毁伤。因此,上述约束是对每项任务的执行无人机的安全性和有效性保证。

评估函数。考虑到无人机资源的约束性,每项任务的资源需求必须控制在允许的范围内,对应的评估函数定义如下:

$$J = ((\sum_{i=1}^{m_k} \mathrm{efi}(U_i^j | w_k, r_k) \mathrm{att}(U_i^j) - \mathrm{att}(T_k))^2 + (\sum_{i=1}^{m_k} \mathrm{efi}(U_i^j | w_k, r_k)$$
$$\mathrm{ele}(U_i^j) - \mathrm{ele}(T_k))^2)^{1/2} < \mathrm{Th} \tag{15-24}$$

式中:Th 是用户定义的阈值。式(15-24)表示完成任务所需的攻击能力和电子干扰能力与无人机所具备能力的差值必须小于某个阈值。有了上述定义的约束与评估函数,求解任务分配问题的目标就是在约束条件和评估函数下针对不同优先级的任务寻找快速任务分配策略。

2)马尔可夫决策过程模型

针对前节所述任务分配问题,其马尔可夫决策过程的各要素定义如下:

状态空间:

$$s = (\mathrm{att}(T_k), \mathrm{def}(T_k), \mathrm{ele}(T_k), w_k, r_k) \in S \tag{15-25}$$

初始状态通过在用户定义范围内随机采样生成战斗能力和局部环境影响值的方式生成。

动作空间:定义不同类型无人机选择方式为动作 a ,即:

$$a = U^j \in A \tag{15-26}$$

因此,动作空间 A 定义为无人机类型的集合,即 $A = \{U^1, U^2, \cdots, U^{M_T}\}$ 。

奖励函数:根据式(15-21)、式(15-22)、式(15-23)、式(15-24)所定义的约束和评估函数,定义奖励函数如下:

$$R_{ss'}^a = \begin{cases} r & \text{满足式}(15-21) \sim (15-24) \\ 0 & \text{满足式}(15-21) \sim (15-23),\text{不满足式}(15-24) \\ -r & \text{不满足式}(15-23) \\ -1 & \text{其他情况} \end{cases}$$

$$\tag{15-27}$$

式(15-27)中第一行表示,对任务 T_k 的任务分配方案是合理和有效的;第二行表示存在无人机资源的浪费的情况;第三行表示所选的无人机不满足防御性要求,分配方案是具有毁灭性的;第四行对应的分配方案倾向于选择尽可能少的无人机来执行该任务。

状态转移概率:对于任务分配问题,局部环境下的战斗效率 $\text{efi}(U^j|\,w_k,r_k)$ 表示了状态转移概率 $P_{ss'}^a$。考虑到环境不确定性的影响,可以假设实际的战斗效率服从带可变方差的经验战斗效率的正态分布。

根据上述定义的马尔可夫决策过程要素,推断可知在任务分配过程中,状态 s 中的元素按照下式进行更新:

$$\begin{cases} \text{att}(T_k) \leftarrow \text{att}(T_k) - \text{att}(U_i^j)\text{efi}(U_i^j|w_k,r_k) \\ \text{ele}(T_k) \leftarrow \text{ele}(T_k) - \text{ele}(U_i^j)\text{efi}(U_i^j|w_k,r_k) \\ \quad\quad \text{def}(T_k),w_k,r_k \leftarrow \text{def}(T_k),w_k,r_k \end{cases} \quad (15-28)$$

按照强化学习的定义,任务分配问题转化为学习最优分配策略 π 使得期望回报最大,如式(15-29)所示,其中:L 表示分配给任务 k 的无人机的总数量,即式(15-21)中的 m_k。

$$\max_{\pi \in \Pi} E \Big[\sum_{l=1}^{L} \gamma^{l-1} R_{ss'}^{a_l} |\pi \Big] \quad (15-29)$$

3) 快速任务分配算法

快速任务分配算法是一种基于 Q 学习的深度强化学习算法,通过深度网络近似表达和优先经验回放的方式解决强化学习问题。通过强化学习相关知识知道,只要给定状态转移概率,式(15-29)就可以通过值迭代或策略迭代的动态规划方法求解。对于上面描述的任务分配问题,由于环境不确定性的影响,状态转移概率通常情况下是未知的。所以,强化学习算法需要对状态转移数据进行采样以代替已知的 $P_{ss'}^a$。Q 学习是强化学习最经典的算法之一,其主要思想是对状态动作对 (s,a) 的 Q 值 $Q(s,a)$ 进行逐步估计。由于 $P_{ss'}^a$ 未知,并且唯一的反馈形式就是奖励函数,所以对于 $Q(s,a)$ 的逐步估计使用式(15-30)进行,其中 α 为学习率。

$$Q(s,a) \leftarrow Q(s,a) + \alpha\big[R_{ss'}^a + \gamma \max_a Q(s',a) - Q(s,a) \big] \quad (15-30)$$

在处理任务分配问题时,可以引入全连接神经网络对 Q 值函数进行近似表示,如图 15-19 所示。

给定一个 Q 网络 $Q(\omega)$,ω 是神经网络中的连接权重集合,即神经网络的参数。前节中描述的任务分配问题,可以通过最大化 Q 值(贪婪策略)反复选择无人机的类型及数量来进行求解,过程如算法 15-19 和图 15-20 所示。

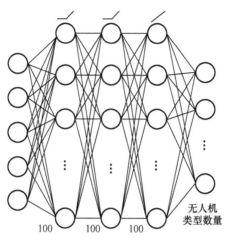

图 15-19　全连接神经网络

算法 15-1　FTA(快速任务规划)

输入 : Q 值网络 , $Q(\boldsymbol{\omega})$

输出 : 对任务 k 选择的的无人机序列 , $U_{1:L}$

1 : **while** 式(4)不满足 **do**

2 :　获取更新后的状态 s ;

3 :　$a \leftarrow \mathrm{argmax}_{a \in A} Q(s, a, \boldsymbol{\omega})$;

4 :　$U \leftarrow a$

5 : **end while**

6 : **return** $U_{1:L}$

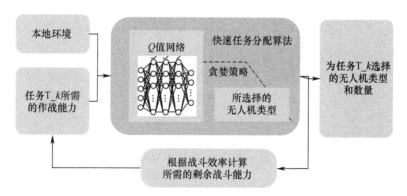

图 15-20　快速任务分配算法流程

Q 网络的训练过程如算法 15-2 所示。最初的几代中,无人机的类型是随机选取的,在这之后,则是通过使用贪婪策略的最大 Q 值来选择的。此时,及时回报 R 就能得到了。新产生的经验用 (s,a,R,s') 标记,并加入到一个大的回放记忆 D 中,而不是立即用于更新 Q 网络,这么做的原因主要是考虑到算法更易于收敛。然而,并不是所有的经验都能够被平等的对待,有些经验会很有用处,而另外有一些则显得有些多余。核心思想就是可能有用的经验应该更多的使用。所以,可以对经验赋予优先级,通常用时间差分误差来衡量,即

$$\delta = R_{ss'}^a + \gamma\, Q_{\text{target}}(s', \text{argmax}_a Q(s',a,\boldsymbol{\omega})) - Q(s,a,\boldsymbol{\omega}) \qquad (15\text{-}31)$$

式中: $y = R_{ss'}^a + \gamma Q_{\text{target}}(s', \text{argmax}_a Q(s',a,\boldsymbol{\omega}))$ 称为 TD 目标。回放记忆 D 中,具有高优先级的经验有更大的概率被采样。为了提高算法的稳定性,算法使用了一个独立的网络来产生 TD 目标 y 。此外,算法训练 C 次数后,再将训练所得的新的 Q 网络更新至目标网络。

算法 15-2 训练 Q 网络

输入:批量大小 E ,训练代数 M ,学习率 α

输出: Q 网络, $Q(\omega)$

1:初始化回放记忆集合 D

2:使用随机参数 $\boldsymbol{\omega}$ 初始化 Q 网络;

3:使用参数 $\boldsymbol{\omega}^- = \boldsymbol{\omega}$ 初始化目标 Q 网络;

4: **for** episode $= 1$ to M **do**

5:　　重置并预处理初始状态 s_0 ;

6:　　**while** 式(4)的条件不满足 **do**

7:　　　　**if** episode $< K$ **then**

8:　　　　　随机选择动作 a

9:　　　　**else**

10:　　　　　使用贪婪策略选择动作 a

11:　　　　**end if**

12:　　　　选择 a 类型,观察奖励值 R 和迁移状态 s'

13:　　　　保存状态状态实例数据 (s,a,s',R) ,根据式(15-30)计算其优先级

14:　　　　根据优先级从回放记忆集合 D 中按照规模 E 批量采样状态转移数据状态迁移实例数据 (s_j,a_j,s_{j+1},R_j)

15:　　　　更新 Q 网络和样本优先级

16:　　　　每 C 步后,更新 $\boldsymbol{\omega}^- = \boldsymbol{\omega}$

17:　　**end while**

18:**end for**

19:**return** $Q(\boldsymbol{\omega})$

上述算法在一定程度上解决了任务分配面临的传统问题。首先,算法通过强化学习方法将部分在线计算任务转化为离线训练过程,有效降低了计算负载,所以算法效率提升明显,因而可以较好的满足实时性要求。其次,快速任务分配算法有很好的适应性,使用的 Q 值函数可以对各种任务分配规则进行隐性编码,从而支持快速任务决策。再次,算法将不确定性影响也考虑在内,因而也能处理环境中的不确定性。

15.3.3 基于存储与推理的多智能体目标管理

按照严格的指挥控制功能划分,目标管理应该属于控制活动,通常不在作战筹划阶段实施。但是目标管理又是任务分配的延申,尤其在联合作战任务分队在任务执行过程中遇见突发情况,进行目标管理是任务单元必须具备的能力。多智能体系统中,智能体间可能是竞争关系,也可能是合作关系。如果将联合作战任务部队视为多智能体系统,智能体之间则可视为合作关系,他们通过协商和各自行动以求达成共同目标。一般而言,大多数多智能体系统的任务通过对问题空间的合作搜索形成多智能体协同计划来完成任务,这就要求综合考虑所有多智能体系统的能力和资源的组合,为共同的目标进行任务规划。然而,不是所有的任务都能进行这种理想的规划。

考虑以下场景:

图 15-21 所示为一篇近岸水域,不同类型的智能体在该水域(以及上方空域)执行各自任务,图中绿色线条中间的区域为水面运输水道,运输船只从运输货物从左至右往来航行;蓝色八边形区域 GA1 和 GA2 为已知可能布设水雷的水域(绿色三角形表示水雷)。为了便于表示,将所示海域划分成 5×5 网格状区域。整个环境中包含 4 种不同的智能体:渔船(Fishing vellels)、货船(Ships)、无人潜航器(Remus)、滑翔机(Grace)。渔船目标是捕鱼;货船目标是从运输水道一端开始向另一端运输货物;无人潜航器的任务是在特定区域(GA1 和 GA2)进行勘测并排除水雷,避免船只触雷;滑翔机的任务是在水域上空探测各区域的鱼群密度。如图 15-21 所示,无人潜航器在 GA1 和 GA2 区域之间会发现预期之外的水雷,于是产生了新的目标:排爆该区域中的水雷。然而,Remus 的资源可能不足以支持新的目标,如燃料、时间等,如果不能在规定时间内排除所有的水雷,船只在该水域航行就会受到威胁。在这种情况下,潜航器需要寻找达成所有目标的解决方案。措施之一是将任务委派给其他智能体,但是要解决的问题包括:①委派给谁? ②如何通过最小沟通代价进行协调? 为了解决以上问题,可以采用图 15-22 所示的技术框架。

资源受限的多智能体环境中,智能体不得不时刻考虑其他智能体的存在,并在必要时与他们进行沟通合作以达成目标。这就要求智能体能够获取并保存其他智能体的相关信息,并使用这些信息进行有效协商。图 15-22 中的存储组织

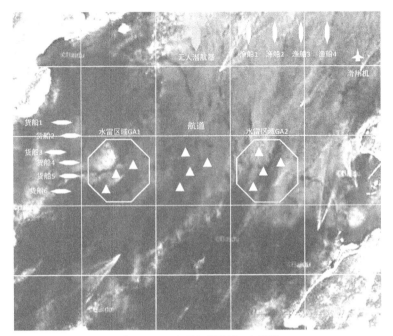

图 15-21 水雷探测任务示意图

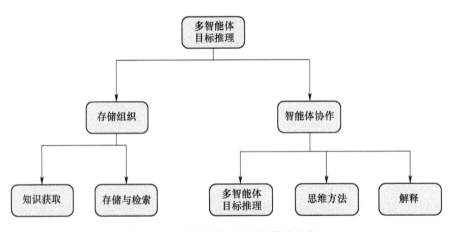

图 15-22 多智能体目标管理技术框架

（Memory Organization）和智能体协作（Agent Coordination）就是完成这两项功能的。
存储组织是指智能体必须对环境中的知识以及其他智能体的能力、偏好、信念、经
验等信息进行表达，可以进一步分解为知识获取、表示、存储、检索等。智能体协调
是指智能体利用其他智能体的有关知识进行有关合作与通信的推理，可进一步分
解为多智能体目标推理、思维方法和解释；多智能体目标推理主要帮助智能体回答

在"什么时候"有"哪些目标"需要同其他智能体协作完成,并且进一步确定协作的方式(共享还是指派);思维方法主要是帮助智能体利用其已经掌握的知识回答与"谁"协调目标管理;解释主要是用来解释协调背后的动机,使得其他智能体理解当前形势的紧迫性,同时也回答了该如何进行协调的问题。

1. 存储组织

为了效率起见,多智能体环境中的智能体必须对自己存储其他智能体的有关知识进行组织。所需的知识一般包括信念、目标、经验、领域知识以及基于用例的解释(智能体决策时用作参考)。

智能体 a 的领域知识(Domain Knowledge)使用状态转移系统 $\Sigma^a = (S^a, A^a, \gamma^a)$ 表示,其中: S^a 是所有可能状态的集合; A^a 是所有可能行动的集合; γ 是状态转移函数 $\gamma^a: S^a \times A^a \to S^a$,返回在给定当前状态 s_c^a 情况下执行动作后的结果状态。 $\hat{s}^a$ 表示智能体的信念(Beliefs),是指智能体在当前世界 $s^a \in S^a$ 状态下认为"真"的状态, $\hat{s}^a = \hat{s}_e^a \cup \hat{s}_c^a$,其中: $\hat{s}_e^a$ 是智能体期望存在的状态; $\hat{s}_c^a$ 是智能体观察到的状态。目标列表(Goal Agenda) $G^a \subset S^a$ 是智能体希望达成的状态。通常情况下,智能体不可能在同一时刻并发工作于所有目标,所以会进行目标选择操作 $g_c^a \leftarrow \delta^{se}(G^a)$,选择目标列表中的某个子集作为当前目标。针对当前目标,智能体需要及进行行动规划以形成计划,计划是指动作序列 $\pi^a = <\alpha_1^a, \alpha_2^a, \cdots, \alpha_n^a> \in \Pi^a$,其中: $\alpha_i^a \in A^a$,执行该动作序列可以达成当前目标 $g_c^a \leftarrow \gamma(\gamma(s_c^a, \pi^a[1]), \pi^a[2\cdots n])$ 。 Π^a 是所有可能计划的集合。为了获得计划 π^a ,智能体需要使用规划函数 $\phi: S^a \times G^a \times \Pi^a \to \Pi^a$ 。当智能体执行动作后,他会获得经验 $\epsilon = <s_0^a, \alpha_1^a, \cdots, s_{c-1}^a, \alpha_c^a>$,其中: α_c^a 是智能体当前采取的动作。

当智能体观察到的状态与预期的状态不一致时,可称智能体遇见了异常。在这种情况下,智能体从基于案例的解释(Case-Base of Explanations) L^a 中取得一个解释,尝试去理解异常背后的原因。作为对异常回应,智能体可能会生成一个新的目标: $g^a \leftarrow \delta^*$ 。

信念通常用一阶谓词逻辑的形式表示,这种表示方法对于对目标 G^a 进行行动规划、目标生成 δ^* 以及目标委派 δ^{de} 都比较友好。在动态多智能体环境中,一个智能体的信念会在以下情况进行更新:

(1)智能体自己的动作导致状态变化;

(2)智能体感知到其他智能体的动作导致状态变化;

(3)智能体通过与其他智能体交流知道了新的状态;

(4)智能体感知到了外在动作或者由外在动作导致的状态变化;

(5)智能体在感知世界或与其他智能体交流时导致的预期外的状态变化。

与信念类似,目标 G^a 也用一阶谓词逻辑表示。为了便于目标管理,智能体需

要保存当前目标 g_c^a、搁置目标和已完成目标 $\{g_1^a, g_2^a, \cdots, g_{c-1}^a\}$。通过分析已完成目标中与当前目标 g_c^a 相似的目标,有助于帮助智能体估算达成当前目标所需的资源,而资源耗费估计对于智能体从目标清单中选择合适的目标作为当前目标是非常有用的。同样的,智能体也应该存储其他智能体已经完成的、当前的以及未来的目标,这也有助于智能体决策如何进行目标委派。

经验 ϵ_c^a 记录了智能体在当前环境中过去一段时间的"状态–动作"史,如果将来遇见类似的情形,智能体能够根据经验预测和调整自己的动作;而其他智能体的经验,同样能够帮助智能体判定其他智能体的能力,从而决定如何进行目标委派。

1)知识获取

目前主要的知识获取手段是从大量样本数据中进行学习。然而现实问题中,有时很难获得大量样本数据,尤其是军事问题中,实际军事行动发生频次非常低。针对本节所示场景,知识获取主要来源于采集智能体与环境交互产生的数据,包括智能体的观察、预测以及与其他智能体的交互。在这些知识的支撑下,智能体能够进行相对理性的决策,也有助于智能体在获取新的知识时进行知识冲突的判别与处理。

2)知识存储与检索

为了便于知识访问,可以为每一个智能体设置短、长期两类存储结构。短期存储也称为工作内存(Working Memory),主要保存智能体当前正在进行的进程相关信息,包括当前的信念、观察、目标、经验等;长期存储则保存着各类知识的历史信息,以及领域知识和案例解释等,智能体在需要的时候可以很方便的对这些信息进行检索访问。

检索操作主要针对长期存储的内容。智能体在以下三种场景中需要进行知识检索:①当智能体遇到异常时,需要从案例解释中进行检索,检索结果可以帮助智能体理解所面临的异常情况,甚至还可以帮助智能体生成新的目标作为对异常情况的应对之策;②智能体需要与其他智能体协作时,需要检索对方能力相关的知识;③智能体需要与其他智能体协作时,需要从经验中检索过去与该智能体的交互历史记录。图 15-23 是知识存储检索示意图。

2. 智能体协调

如果智能体预计到自己无法达成预设的所有目标,则会考虑将自己的部分目标委派给其他智能体。为了成功进行目标委派,智能体需要同委派对象进行协调,出于提高协调效率的目的,智能体必须进行如下操作:

(1)判断何时需要进行目标委派(when);

(2)决定委派什么目标(what);

(3)决定和谁进行委派请求并共享知识(whom);

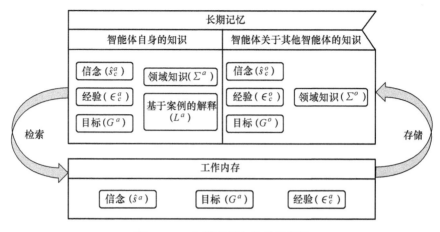

图 15-23　知识存储与检索示意图

（4）决定如何进行目标委派（how）。

上述操作分别通过多智能体目标推理、思维方法和解释三种技术实现。

1）多智能体目标推理

当智能体在在任务执行过程中遇到预期之外的事件时，需要执行一些与目标相关的操作，这些操作帮助智能体进行合理决策，作为对异常事件的回应。在动态环境中，当预期之外的情况出现时，智能体需要对出现的新问题做出应对，通常的做法是生成一个新的目标。然而，因为资源是有限的，所以智能体很难在实现原定目标的同时去追求新的目标。此时，智能体需要将这些目标中的一些委派给其他智能体，所以智能体需要决定什么时候委派哪些任务。目标推理技术就是用来解决这两个问题的。

（1）目标委派。

进行目标委派的第一步是确认进行委派的必要性。此处认为智能体结合目标的优先级和资源耗费估算选择当前首要目标是合理的，剩下的目标中根据目标优先级顺序继续进行委派。算法 15-3 是目标委派流程的伪代码。算法有两个输入 $\hat{G}_c = \{g_1, g_2, \cdots, g_m\}$ 和 s_{cc}，其中：$\hat{G}_c$ 表示智能体 agent$_c$ 当前的目标清单；s_{cc} 是该智能体当前观察到的状态。智能体首先估算当前的资源可用性，然后使用目标优先评估函数 $\hat{P}(g, s_{cc})$ 和资源耗费函数 $\hat{R}(g, s_{cc})$ 对可达成目标进行排序。经过计算，智能体会选择一组优先级最好且资源耗费最少的目标作为当前的任务目标。当发现资源不能满足目标清单中的所有目标时，就需要进行目标委派。此时智能体会将目标清单中的剩余目标按照优先级进行排序，并由算法输出为待委派目标。

算法 15-3　委派目标检查

输入：$\widehat{G}_c$ ——智能体 agent_c 当前目标清单；s_{cc} ——智能体当前观察到的状态

输出：g_d ——要委派的任务

1：$g_{\text{achievable}} \leftarrow \phi$

2：$\widehat{r} \leftarrow \widehat{R}(\widehat{G}_c, s_{cc})$

3：while $\widehat{r} > 0$ do

4：　　$g_s \leftarrow \text{argmax}_{g \in (\widehat{G}_c - g_{\text{achievable}})} \widehat{P}(g, s_{cc})$

5：　　$g_s \leftarrow \text{argmin}_{g \in g_s} \widehat{R}(g, s_{cc})$

6：　　$\widehat{r} \leftarrow \widehat{r} - \widehat{R}(g, s_{cc})$

7：　　$g_{\text{achievable}} = g_{\text{achievable}} \cup g_s$

8：　　if$(\widehat{G}_c - g_{\text{achievable}})$ is ϕ then

9：　　　　break

10：$g_d = \widehat{G}_c - g_{\text{achievable}}$

11：return g_d

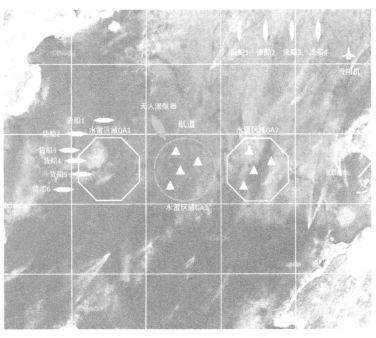

图 15-24　水雷排爆任务委派示意图

图 15-24 为水雷排爆任务委派示意图。智能体 Remus 在完成 GA1 区域的水雷排爆任务后，将根据目标清单向区域 GA2 机动，然而在机动过程中意外发现 GA3 区域也存在水雷威胁，于是立刻生成了新的目标：在 GA3 区域进行排爆。此时，对于智能体来说，目标 GA2 和 GA3 有相同的优先级（对安全航行的威胁相同），但是 GA3 距离更近，所以资源耗费可能更少（时间、燃料），于是智能体决定执行目标 GA3 的任务，而目标 GA2 需要委派给其他智能体。

（2）目标接纳/拒绝。

多智能体环境中，由于受到能力和资源的限制，智能体并不总是能够完成所有的目标，所以在接受委派的目标时，需要进行推理。智能体应该从委派目标中找出那些不能达成的目标，剩下的才予以接纳。算法 15-4 是目标接纳-拒绝算法伪代码。智能体首先通过 Detect Delegation 算法找出不能完成的目标，然后判定不能被委派的目标是否属于不能完成的类别，最后更新自己的目标清单。通过这种方式，智能体将可以达成的加入了目标清单，而不能达成的目标则被拒绝了。

算法 15-4　目标接纳-拒绝

输入：$\widehat{G}_i$ ——智能体 i 当前目标清单；s_{ci} ——智能体 i 当前观察到的状态；

　　　g_d ——智能体 c 委派给智能体 i 的目标；

输出：$\widehat{G}_i$ ——智能体 i 更新后的目标清单；

1：$g_{\text{unachievable}} \leftarrow \text{DetectDelegation}(\widehat{G}_i \cup g_d, s_{ci})$

2：if $g_d \notin g_{\text{unachievable}}$

3：　　$\widehat{G}_i \leftarrow \widehat{G}_i \cup g_d$

4：return $\widehat{G}_i$

对于水雷排爆案例，如果智能体 Remus 将区域 GA2 的排雷任务委派给滑翔机类智能体 Grace，而 Grace 不具备排除水雷的能力，所以会拒绝该目标。

（3）目标共享。

如前所述，如果智能体不能将其目标委派给其他智能体，至少应该在其他智能体之间共享该目标。目标共享的根本目的是试图通过改变目标类型的方法对目标任务进行分解，使得其他智能体能够达成改变后的目标。继续考虑上述示例，如果 Remus 将排除 GA2 区域的水雷委派给智能体 Grace，Grace 由于不具备相应能力而拒绝该目标。因此，按照图 15-25 所示 HTN 对目标进行分解，此时目标不再是排爆，而是识别和标记，让其他船只可以避开，而且 Grace 可以接纳该任务。

2）思维方法

心理学理论中，思维方法包含理论方法和实践方法两大类，其中，实践方法的核心思想是通过过去的行事方式来决策未来行为。考虑到智能体在长期存储中保

467

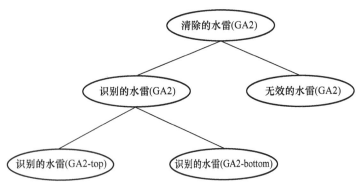

图 15-25 水雷排爆目标 HTN 示意图

存在过去行为记录,采取实践方法进行目标推理是比较合理的。在多智能体环境中,智能体一般只根据自己的知识和能力背景行事,因为正常情况下智能体很难准确掌握其他智能体的信息及所处的状态。所以,在进行目标委派时,智能体只能依靠自身以及其他智能体有限的知识进行决策,这就是思维方法要完成的工作。

(1)智能体选择。

要进行目标委派的智能体必须从多智能体环境中选择能够实现目标的智能体。在选择智能体时,需要用到其他智能体的能力、目标、领域知识等信息来判断是否能够达成目标。本节所采用的方法中,使用了委派目标的地标(Landmarks)信息,并且试图使受委派的智能体花费尽可能小的代价达成目标;其中,地标是指那些在所有可能能够达成目标的计划中都存在的状态。算法 15-5 是智能体选择算法伪代码,描述了当前智能体 agent$_c$ 尝试选择智能体 agent$_i$ 作为目标 g_d 的委派对象。agent$_c$ 首先计算目标 g_d 的地标信息,然后将能够满足第一个地标的资源消耗最小的智能体选定为选中的智能体。

算法 15-5　智能体选择

输入:CA——候选智能体;

$(\Sigma_1,\Sigma_2,\cdots,\Sigma_k)$——当前智能体所知的其他智能体领域知识;

Σ_c——当前智能体领域知识;

s_{cc}——当前智能体观察到的状态;

g_d——当前智能体需要委派的目标;

输出:agent$_i$——被选中的智能体;

1:$L[1,2,\cdots,m]\leftarrow \mathrm{Landmarks}(\Sigma_c,s_{cc},g_d)$

2:$\mathrm{agent\_index}\leftarrow \mathrm{argmin}_{j\in CA}\mathrm{cost}(\widehat{\Pi}(\Sigma_j,s_{cj},L[1]))$

3:$\mathrm{agent}_i\leftarrow CA[\mathrm{agent\_index}]$

4:return agent$_i$

在示例场景中,Remus 决定将清除 GA2 区域的水雷这一目标进行委派,为了简单期间,假设 Grace 装备了水雷清楚设备。为了委派目标,Remus 首先使用 AgentSelection 算法获得目标的地标信息,包括典型状态:某智能体在区域 GA2 并识别到水雷;然后,Remus 会根据所掌握的各智能体的相关信息对资源消耗进行估算,最终选定由 Grace 作为受委派智能体。可能有多个智能体都能达成该目标,但是 Grace 相对于其他智能体,到达指定区域的耗时更少,所以是第一选择。

（2）知识共享。

完成智能体选择后,进行目标委派的智能体共享部分知识,使得目标能够顺利达成。然而,考虑到多智能体之间关于知识的非对称性和动态环境下的部分可观察特性,当前智能体并不知道受委派的智能体需要哪些信息,由于通信带宽的限制,将所有信息发送给其他智能体也不现实,所以必须认真思考应该共享哪些知识。此时,智能体可以根据自身信息进行行动规划来获取地标信息,将地标信息相关的知识作为知识共享目标智能体对目标知识的期望,可以认为,这些期望知识很有可能就是受委派的智能体在采取行动趋向目标时可能会到达的状态。算法 15-6 是知识共享算法的伪代码。

算法 15-6　知识共享

输入:Σ_i —— 当前智能体领域知识;

　　　s_{cc} —— 当前智能体观察到的状态;

　　　s_{ci} —— 目标智能体观察到的状态;

　　　$L[1]$ —— 新一个地标;

输出:$agent_i$ —— 被选中的智能体;

1: $<\alpha_1,\alpha_2,\cdots,\alpha_n> \leftarrow \hat{\Pi}(\Sigma_j,s_{ci},L[1])$

2: $s_{share} \leftarrow \phi$

3: $s_{ei} \leftarrow \phi$

4: for α in $<\alpha_1,\alpha_2,\cdots,\alpha_n>$

5: 　　$s_{ei} \leftarrow s_{ei} \cup pre(\alpha) \cup \alpha^+ - \alpha^-$

6: 　　$s_r \leftarrow AbstractRelatedStates(s_{ei},s_{cc})$

7: 　　$s_{share} \leftarrow s_{share} \cup (s_r - s_{ci})$

8: $s_{ci} \leftarrow s_{ci} \cup s_{share}$

9: return s_{share}

3）解释

解释是与受委派智能体的协调过程,目的是让智能体理解目标委派的合理性。解释定义为表示多个状态以及对应动作之间的松散关系的数据结构,用解释模式

(Explanation Pattern)的形式表示,如图 15-26 所示。其中:解释节点(Explains node)表示预期外的状态或动作,同时也是解释的对象;预解释节点(Pre-XP node)表示已经观察过的状态或动作;有效解释节点(XP-asserted node)表示确定对解释有用的节点;内部节点(Internalnode)表示前提和结论之间关系的节点。

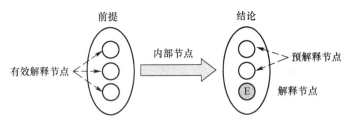

图 15-26 解释模式数据结构

在示例场景中,Remus 决定将清除区域 GA2 中的水雷的目标委派给 Grace,并且将航道内已知的水雷相关知识分享给对方。此时,Remus 使用解释模式来表示目标动机和问题相关的约定或惯例。在当前目标下,对于货船类型的智能体来说,约定就是智能体在航道内行驶时未来可能处于的状态,其最终目的就是安全通过航道。这一信息会帮助 Grace 理解排除水雷这一任务的优先级,并会驱使其及时进行规划以尽快达成目标。

使用上述目标管理方法,可以有效解决多智能体环境中意外情况出现时多智能体之间的协同和任务分派问题,有助于及时进行目标任务调整,使得多智能体系统的整体目标依然能够得到满足。本节中讨论的示例可参考文献①进一步了解实验设计和结果。

15.3.4　基于深度强化学习的行动序列规划方法

如何科学制订、评估并选择行动方案一直是制约智能决策系统进入实战化应用的一个关键性难题。制定并优选作战行动方案的实质,是生成并评估多个作战行动序列(Course of Action,COA)的过程,也是作战筹划的核心内容。

1. 作战行动序列规划问题

传统 COA 生成与优化方法,如基于层次任务网络的方法、基于解析模型的方法、基于案例的规划方法、基于动态贝叶斯网络的规划方法和基于概率网络的方法等是在构建任务空间实体、动作和关系模型基础上,通过仿真实验技术动态反映力量调整、资源损耗、任务完成程度等要素的演化过程,并依据该动态过程和综合评

---

①　VENKATSAMPATH R G. Goal management in multi-agent systems [D]. Wright State University, 2021, https://corescholar.libraries.wright.edu/etd_all/2513.

判指标做出合理化决策。这一传统方法需要人为地对环境和规则进行合理建模,因此,这些方法在建模诸多环节中不可避免地过多引入了人的主观因素,从而使得最终的决策方案准确性和合理性大打折扣。其根本原因在于,无论指挥参谋人员还是工程技术人员都还无法运用合理的规则和解析模型来准确地描述战争系统复杂的演进过程。这就需要我们突破传统基于模型化知识的行动方案推理方法,探寻契合指挥人员决策思维的经验判断与直觉推理相结合的技术解决办法,辅助指挥决策人员对战场态势的准确理解、理性思考与快速决策。

强化学习作为解决序贯决策(Sequential Decision Making)的重要方法,近年来在人工智能领域与深度学习紧密结合,取得了显著的效果,成为当前突破认知智能的代表性机器学习方法。2015 年,机器学习领域著名专家 Hinton、Bengio 和 Lecun 在 Nature 上发表的深度学习综述一文将深度强化学习作为深度学习的重要发展方向[5]。此后,深度强化学习方法在解决雅达利游戏、棋类博弈对抗、不完全信息的即时战略游戏等序贯决策问题上取得了众多超越人类水平的成果。深度强化学习的机制与方法契合了指挥人员面向复杂作战问题的决策思维方式,因而可以作为方案仿真推演与评估的关键性技术加以运用。

作战行动序列是完成上级赋予的使命任务的可能的路径或者方法,是交战主体改变其控制环境状态以达到目标状态的序列行动方案[6]。生成作战行动序列是拟制作战计划的关键步骤,需要根据上级赋予的使命任务确定作战目的、分析战场态势及其转换,根据态势和作战资源确定可执行的作战行动,在此基础上规划作战行动序列形成作战行动方案。在 JP 5-0 中对 COA 的定义为:①实体或组织执行的序贯的行动序列;②为完成任务而制定的计划或方案;③作战任务规划过程中所制定的行动序列也被称为 COA[6]。图 15-27 为陆军部队作战任务规划中 COA 生成与优化的地位和作用。

由图 15-27 可知:传统上,在战前筹划阶段,指挥员和参谋人员根据上级作战意图和作战任务,在了解任务、判断情况、现地勘察和态势分析的基础上,根据可选行动情况,制定多套作战方案,经作战方案效果评估、推演分析和方案优选等,确定最终作战方案。形成的最终作战方案的核心是各作战实体的 COA。从研究的角度,实质上是指挥实体(用来模拟指挥员进行决策的智能体)的序贯决策问题。借助智能化技术模拟指挥员思维过程,生成并优化 COA,可以直接将作战方案的制定和评估有机结合为一个整体,借助指挥实体智能决策模型进行行动选择,实现 COA 的生成与优化。在战斗实施阶段,指挥员需要根据战场环境与作战资源的变化进行临机决策,动态调整作战实体的行动。指挥员的临机决策本质上也是指挥实体的序贯决策问题,借助指挥实体智能决策模型进行行动选择,实现在临机情况下,根据战场环境的变化动态调整作战行动序列,辅助指挥员快速应对战场空间高动态、不确定、复杂的变化。

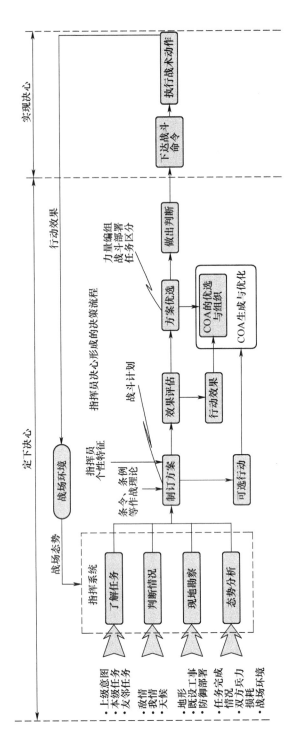

图 15-27 陆军部队作战任务规划中 COA 生成与优化的地位和作用

COA 的生成与优化面临着内部和外部双重挑战[7]。一方面,计算机技术的兴起和广泛应用极大减轻了作战指挥人员的负担,但同时也增加了系统的复杂性。此外,人员行为的复杂性、指挥过程的主观性等致使作战计划系统的动态性、不可控性和突变性剧增;另一方面,由于作战进程往往涉及多个相互协作、竞争的作战实体和环境,指挥决策面临着复杂、动态、竞争性的决策环境。由于受到内部和外部多种影响因素的复杂作用,指挥决策呈现出显著的快速性、开放性、交互性、突变性和数据海量化等特点,这都对行动序列的生成与优化带来了前所未有的困难。

基于深度强化学习的行动序列生成与优化,就是要将以深度学习和强化学习为代表的机器学习技术引入指挥决策过程中。利用数据、知识和规则等,结合机器学习的方法,建立和优化各类行动实体的决策模型,通过机器与机器之间的自主博弈对抗,大幅减少"人在环"的比率,指数级地提高实验效率,从而快速产生海量对抗样本,充分模拟博弈对抗不确定性带来的多种可能的交战过程和结局,为作战方案分析、战法实验分析以及机器学习提供充足的数据支撑,使得分析结果具有说服力、学习结果具有较高的置信度。而在模拟对抗训练中,具备智能的自主作战实体既可以充当智能蓝方,也可以充当智能下级,动态生成博弈对抗行动序列,辅助指挥人员高效开展博弈对抗的作战推演,与红方指挥人员共同训练、相互学习提升指挥水平。

作战任务智能规划是指挥员及其参谋机构在作战任务智能规划系统支持下,依据上级意图,在对敌情、我情、战场环境等客观情况研判的基础上,对总体作战任务的自动分解,对各群队作战任务的智能区分和具体安排,并在作战实施中对作战任务进行实时监控、动态预测和临机规划。其实质就是根据军事资源、初始态势以及期望态势,通过智能规划作战行动序列实现从初始态势到期望态势的转化,具体包括战场态势分析、作战构想生成、作战方案生成、定下作战决心、作战计划生成等一系列的指挥活动。信息化战争中,力量多元、空间多维、以快制慢的作战特点,需要基于作战任务智能规划系统,实现作战计划的交互式编制、作战资源的优化调度、规划流程的自动化管控,以及规划结果的可视化呈现与智能化评估,从而为指挥决策人员精确、高效地完成作战任务规划活动提供技术支持。

战术分队一般在上级任务编成内遂行作战行动,其过程包括组织战斗与战斗实施两个阶段。组织战斗阶段,分队指挥员在受领任务后,一般按照了解任务、判断情况、定下决心、下达战斗命令、组织战斗协同的步骤实施;战斗实施阶段,分队指挥员根据上级意图、敌我态势和情况变化,灵活运用战术,对作战力量实施不间断指挥与控制,最终确保任务完成。无论是行动前的指挥运筹,还是战斗过程的行动控制,战术指挥决策过程都可以理解为判断情况、定下决心、行动控制与效果评估这一个基本过程,这一过程可概括为定下战斗决心与实现战斗决心两个环节。战术行动方案推演评估,从本质上看,可以描述为形成行动序列、评估行动序列、调整行动序列与选择行动序列这一基本过程。

2. 作战行动序列规划问题建模

1) 作战行动序列规划问题模型

在美军联合作战任务规划中,制定敌我双方行动方案中的从初始态势到终态的转换路径与实际的对抗过程的中间态势肯定是不一致的。而期望中间态势是其后续行动执行的前提条件,从而导致制定的行动方案在作战过程中会与实际的战场情况脱节,并难以执行。红方期望在执行行动后战场态势转换为其期望的态势 S_1^R,蓝方则期望在执行行动后战场态势转换为期望的态势 S_1^B,但在实际的作战行动过程中,战场态势在红方和蓝方的共同作用下从初始态势 S_0 转换为 S_1,并且在红方的后续行动和蓝方的后续行动的执行分别需要以中间态势 S_1^R 和 S_1^B 为其前提条件。在实际的中间态势为 S_1 的情况下,红蓝双方的行动可能都无法执行。从上面的分析可以看出该方法在实际的对抗推演建模中会存在一定的问题。

战争是具有强烈对抗性的活动,在作战计划过程中应该考虑到计划的对抗性质,即敌方会针对我方可能的作战计划方案拟制作战计划,而我方也应该针对敌方可能的作战计划方案制订我方的计划。因此在制定行动方案的过程中需要考虑双方行动效果之间的相互影响。博弈论可以分析双方或者多方的行动之间具有交互影响的情景,基于这种考虑,研究者采用博弈论的方法考虑作战行动序列的生成,采用影响网络描述行动和效果之间的关系,建立了基于序贯博弈的作战行动序列生成模型。博弈论的方法采用实际战场态势 S_1 作为中间态势,虽然消除了决策的态势不一致性,但是 S_1 通常无法获取。因此,基于博弈论的方法适用于完全信息条件下行动序列的规划。

基于博弈论的行动序列分析与推演模型在对作战行动序列的对抗性上进行了较好的建模和求解。但其模型求解的难度与问题规模呈现出指数级的增长,无法在大规模的军事决策问题中应用。其在实际应用中存在如下不足:

(1) 红方通常无法准确获知蓝方行动,当蓝方的状态空间规模小、行动空间较小且不连续的时候,可以采用博弈树的方法进行建模,但是在状态空间爆炸、行动空间大或行动空间连续的情况下,基于博弈论的方法失效。

(2) 事实上,红方对于战场态势的理解一方面是基于侦察直接获知的战场态势信息,这些信息对于状态的影响是直接的;但是大量的信息是通过反馈的形式获取,如何将反馈信息反映到战场态势的转变上需要指挥员或参谋人员的介入,将直接影响军事决策的速度。而采用强化学习的方法对战场反馈信息进行建模,可以采用将反馈信息建模为回报函数的形式实现对红方认知态势和实际态势的差异进行建模。

2) 对抗条件下行动序列规划序贯决策模型

基于马尔可夫决策决策过程(Markov Decision Process,MDP)对行动序列规划问题进行建模,是将行动序列的生成与优化看作是在连续状态空间、离散动作空间上的多步强化学习过程。马尔可夫决策决策过程是基于马尔可夫假设的随机动态系统,可用 5 元组 (S, A, π, R, γ) 表达。其中:γ 为折扣因子,表示在每个时间步长之后,环境反馈回 Agent 相应的折扣回报。$0 < \gamma < 1$ 起到避免无穷大回报值的作用,并引入了未来回报的不确定性。MDP 的学习任务目标就是找到一个最优策略实现最大化累计回报。定义 r_t 为 t 时刻的即时回报,$r_t(s, a)$ 表示 t 时刻,在状态 s 下采取动作 a 获得的即时回报。当给定策略 π 时,那么行动序列定义为

$$s_1, a_1, r_1, s_2, a_2, r_2, s_3, a_3, r_3, \cdots, s_n, a_n, r_n \tag{15-32}$$

作战方案推演中,行动实体 Agent 与战场环境的交互过程,在每个时间步长,Agent 通过观察环境得到状态 s_t,而后执行某一动作 a_t,环境根据 a_t 生成下一步长的 s_{t+1} 和 r_t,如图 15-28 所示。

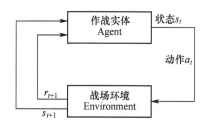

图 15-28　基于 MDP 的序列分析与推演模型

传统的行动序列规划方法,在行动序列形成阶段己方认知态势 S_1^R 和实际战场态势 S_1 存在差异;而博弈论的方法采用实际战场态势 S_1 作为中间态势,虽然消除了决策的态势不一致性,但是 S_1 通常无法获取。因此,基于博弈论的方法适用于完全信息条件下行动序列的规划。

采用马尔可夫决策过程对行动序列规划问题进行建模,一方面考虑了红蓝双方的认知态势和实际战场态势的差异;另一方面红方能通过己方认知的态势 s_1^R 和时刻 t 的战场反馈 r_t 来获得逼近真实战场态势 s_t 的认知,通过回报函数对作战环境的反馈进行建模,使得决策模型更加逼近真实的作战过程。

作战双方在作战行动的作用下,可能从一种状态变化到另外一种状态,并且能够从战场环境中获取反馈。决策的最终目标是使得 Agent 的累计奖励最大。而策略函数则是规划的结果,依据策略函数可以在某个初始状态下,依据策略函数生成行动序列。

3. 基于深度强化学习的行动序列规划问题求解算法

1)基本思路

当给定策略 π 时,假设从状态 s_1 出发,作战实体的状态序列可能为

$$[34] \quad s_1 \rightarrow s_2 \rightarrow s_3 \rightarrow s_4 \rightarrow s_5 \cdots$$

$$[35] \quad s_1 \rightarrow s_2 \rightarrow s_3 \rightarrow s_5 \cdots$$

此时,在策略 π 下,利用奖赏函数计算公式可以计算累积回报,此时有多个可能值。由于策略 π 是随机的,因此累积回报也是随机的。为了评价状态 s_1 的价值,需要定义一个确定量来描述状态 s_1 的价值,很自然的想法是利用累积回报来衡量状态 s_1 的价值。然而,累积回报是个随机变量,不是一个确定值,因此无法进行描述。但其期望是个确定值,可以作为状态值函数的定义。当 Agent 采用策略 π 时,累计回报服从一个分布,其在 s 处的期望值定义为

$$V^{\pi}(s) = E\left[\sum_{k=0}^{\infty} \gamma^k r_{t+1+k} \mid_{s_t = s}\right] \tag{15-33}$$

那么最优动作值函数为

$$Q^*(s,a) = \max_{\pi} Q^{\pi}(s,a) = \max_{\pi} E_{\pi}\left\{\sum_{t=1}^{\infty} \gamma^t r_t \mid_{s_t = s, a_t = a}\right\} \tag{15-34}$$

从 Q 值就可以得出最优策略:

$$\pi^*(s) = \operatorname{argmax}_{a \in A} Q^*(s,a) \tag{15-35}$$

奖赏函数是 Agent 达成作战目的的重要驱动,因此,在实际建模时,通常将作战目的以奖赏函数的方式进行建模,如果一个作战行动导致 Agent 的状态离作战目的更近,那么将获取正向的奖励,否则将获取负向奖励。因此,深度强化学习的方案形成速度和质量严重依赖于奖赏函数的设置,在对作战行动序列进行深度强化学习建模和求解的过程中,一般假设奖赏函数是人为给定的。奖赏函数的给定带有很强的主观性和经验性。不同的奖赏函数会导致最优策略的不同。但是对于作战行动规划这样的复杂任务,往往难以人为给出奖赏函数。然而,在实际的多步强化学习中,设计奖赏函数是相当困难的,但从人类专家提供的范例数据中训练反推出奖赏函数有助于解决该问题。

在逆向强化学习中,状态空间 S 和动作空间 A 是已知的,当行动 Agent 在决策空间按照策略行动时,将产生一个决策轨迹 $(s_1, a_1, r_1, s_2, a_2, r_2, \cdots, s_n, a_n, r_n)$。欲使智能算法产生与优秀指挥员范例决策轨迹一致的行为,等价于在某个奖赏函数的环境中求解最优策略,该最优策略的决策轨迹与范例轨迹一致。

逆向强化学习要学习的是回报函数,以便避免人为设定回报函数。但是,在进行学习回报函数的时候又引入了需要人为指定的特征函数,即假设了回报函数的形式为

$$R_{\theta}(s) = \boldsymbol{\theta}^{\mathrm{T}} \phi(s) \tag{15-36}$$

式中: $\phi(s)$ 是人为指定的特征函数。对于大规模问题,人为指定的特征函数表示能力不足,只能覆盖到部分回报函数形式,也难以泛化到其他状态空间。其中一种解决方法是利用神经网络表示回报函数的基底。这时,回报函数可表示为: $r(s) =$

$\boldsymbol{\theta}^{\mathrm{T}}f(s)r(s) = \boldsymbol{\theta}^{\mathrm{T}}f(s)$，其中，$f(s)$ 为特征函数。

则策略 $\boldsymbol{\pi}$ 的累积回报的期望为

$$V^{\pi} = E\Big[\sum_{t=0}^{\infty}\gamma^{t}r(s_{t})\,|\,\boldsymbol{\pi}\Big] = E\Big[\sum_{t=0}^{\infty}\gamma^{t}\boldsymbol{\theta}^{\mathrm{T}}f(s)\,|\,\boldsymbol{\pi}\Big] \tag{15-37}$$

2）示例轨迹辅助的行动序列生成与优化框架

考虑到战场环境的特点,行动序列的生成与优化应具备以下特征:一是基于深度强化学习的行动序列分析与推演,使智能体能够根据当前决策模型与仿真环境交互,不断产生博弈对抗行动序列,支持在线推演与优化;二是由于大多数战场事件与时间相关,并且难以提前预测,因此行动序列的生成与优化框架应该足够灵活,能够具有较强的泛化性能,应对更多的由于战场事件的发生所生成的态势;三是在已经生成的行动序列不能适应新的战场态势变化时,尽可能避免从头开始重新生成,从而促进行动策略的稳定,降低算法的迭代复杂度。因此,行动序列生成与优化策略的设计显得非常必要。行动序列生成与优化策略包括基于深度强化学习的行动序列分析与推演过程、基于模拟对抗的策略优化模型、基于深度逆向强化学习的回报函数生成模型和基于博弈对抗数据采样更新的行动序列生成模型的优化机制。

示例轨迹辅助行动序列的生成与优化是在基于深度强化学习构建的生成与优化策略的基础上,利用已有的示例轨迹数据和训练过程中产生的示例轨迹数据加速学习过程的方法。首先是利用已有的示例轨迹数据根据逆向强化学习方法生成回报函数,将高质量数据背后的高水平指挥员对战场环境的认知以回报函数的方式作为加速强化学习收敛和学习效果的基础;其次,将逆向强化学习生成的回报函数和环境固有的回报函数进行奖赏塑型,在新的回报函数的驱动下在仿真环境中进行博弈对抗生成策略网络模型和值网络模型。在行动序列生成时,从初始态势开始,根据当前态势和策略模型进行行动的选择和寻优,从而生成行动,执行行动后驱动环境形成下一个状态,如此迭代形成了期望态势转换和行动序列。

3）基于策略迭代的行动序列生成模型

通过深度强化学习训练生成的决策模型在战前筹划阶段,可以执行战术行动规划,生成各作战实体的作战行动序列,辅助指挥员制定作战计划。在战斗实施阶段,可以根据战场实时态势与作战资源的变化进行决策调整,辅助指挥员进行临机决策,对作战单元的行动进行动态调整。其核心功能是构建作战实体的智能决策模型,实现在复杂多变的战场态势下进行行动选择,在战前筹划阶段对作战行动序列的生成与优化提供支撑,在战斗实施阶段对临机决策提供支持。通过建立作战行为过程的状态、动作、状态转移概率、策略函数和回报函数模型实现对指挥决策过程模型的构建,采用深度强化学习方法在与环境的交互中学习,生成基于深度神经网络的决策模型知识。决策模型知识包括深度逆向强化学习生成的回报函数、深度强化学习训练形成的策略网络和价值网络。其中深度逆向强化学习生成的回报函数,通过奖赏塑型与原始环境的反馈相结合,使得智能体能够更加精准地认知环境;策略网络实现从状态到行动的映射,价值网络实现对智能体状态和行动映射的评价。

学习过程主要包括离线训练和在线使用两部分。离线训练包括利用历史数据和自主对抗训练决策推理网络。首先,利用专家示例轨迹,通过深度逆向强化学习算法生成回报网络(回报函数),形成专家对作战环境的认知,该回报函数与环境的反馈进行奖赏塑型,产生应用于强化学习的新的回报函数;然后,利用强化学习对决策网络进行学习,得到强化学习的决策网络,然后进行"自主对抗",优化决策网络;最后使用"自主对抗"产生的数据训练态势评估网络,训练好的态势评估网络能够对战场态势进行评估,对决策方案的作战效能进行预测。

如图 15-29 所示,在离线训练阶段,由智能决策模型同时为对抗智能体分别提供动作选择。红蓝双方进行对抗,将其产生的交战数据转换成第一视角后(将状态向量中的当前作战实体的元素切换为第一位),存储于记忆单元 D 中。在每个交战回合结束后,从 D 中采样数据对策略价值网络进行训练,更新神经网络的参数。这样,在下一回合的交战中,新的策略价值网络即可形成更完善的智能,进一步提高对抗水平,产生出更高质量的交战数据用于策略价值网络的训练。在整个策略迭代的学习过程中,交替进行策略评估和策略改进,最终可同时学得红蓝双方的决策策略。学得的策略价值网络即作为当前作战仿真环境下的博弈对抗行为模型,进行在线部署。

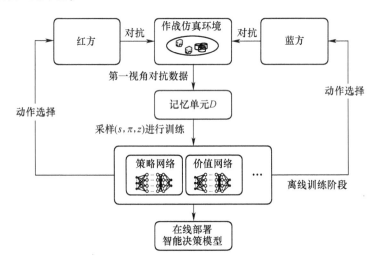

图 15-29　红蓝博弈对抗和模型更新

行动序列生成问题可以建模为,在起始状态 s_0 时,如何选择下一个行动。因此,行动序列生成的目标就是要寻找一个态势到行动的映射,不断的根据期望态势生成行动,从而形成行动序列,使得累计回报最大。根据决策任务的不同,当决策任务为确定性策略时:定义 $a = \pi(s)$,即当状态为 s 时,应该采取哪个动作。当决策任务是随机性策略时,定义:$\pi(a|s) = P(a_t = a|s_t = s)$,当求解出策略 π 时,即可根据策略 π 在战场环境中迭代优化生成行动序列。因此,在强化学习框架下,战术级行动序列的生成过程事实上是不断的利用决策模型与仿真环境交互,生成行动序列的过程。

作战过程中,行动序列的执行可能会受到阻碍,因此需要及时对作战任务进行优化调整,使作战行动序列能够适应动态变化的战场环境,保持预期执行效果的稳定性。故本部分内容的实现方法是:从初始状态开始,顺序执行已生成的作战行动序列,在每执行一个基本作战行动之前,判断当前状态是否满足行动的前提条件,若不满足则调用策略模型,产生修复行动方案集合。根据价值网络对作战行动序列的预期效果进行动态评估,并据此选择最佳的行动序列。若修复之后的状态满足行动的前提条件,则继续执行该行动,并判断后续状态是否满足下一个基本作战行动的前提条件,以此类推,直到所有行动执行完成。该方法的目标是在对原行动序列进行最小程度修改的基础上,最大程度保持行动序列的预期执行效果,其执行、评估、优化为一体的迭代过程如图 15-30 所示。

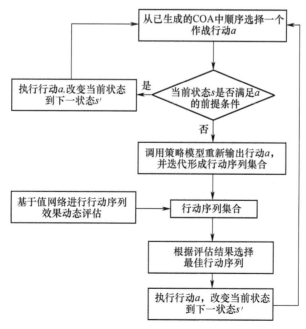

图 15-30　动态环境下作战行动序列优化流程图

15.4 作战方案智能推演方法

作战方案指在预判敌方兵力部署及可能采取行动的基础上,根据首长决心拟制的对作战进程和战法的设想,内容通常包括情况判断结论、上级企图、本部队任务、友邻任务、作战分界线、各部队的编成、配置和任务、作战阶段划分、各阶段情况预想及处置方案、保障措施和指挥的组织等。传统的作战方案推演主要依靠指挥员和参谋人员根据对作战方案的理解,通过沙盘、手工兵棋或作战仿真等手段按照作战方案规定的作战意图、顺序和进程对作战方案中的兵力部署、作战行动达成的态势、目标和结果进行演练分析的过程[1],其核心在于通过指挥员和参谋人员实现态势到行动的映射。在作战仿真环境中(后面统称"仿真环境"),行动效果的反馈、态势的转换都是由仿真环境根据预先建模给出的。

在实际推演过程中,每一次的态势到行动的转换都需要指挥员或参谋人员的参与,加上交战过程的不确定性、指挥员和参谋人员的主观性、人机交互的滞后性导致了传统作战方案推演难以在有限的时间内难以充分模拟交战过程和结局,对不同行动可能出现的后果进行预判和分析。智能博弈对抗利用以深度强化学习为代表的智能技术,训练出具有认知智能的智能实体,能够对环境进行感知与认知,利用规则和学到的经验知识,通过对对手的对抗性博弈,实现对最优行为的选择,其形成的作战实体对抗行为模型主要解决的就是态势到行动的映射关系建模问题。

在作战方案智能推演过程中,智能作战行为模型既可以辅助指挥员或参谋人员认识战场态势,推荐行动;也可以直接替代指挥员和参谋人员进行决策,快速推进推演过程。鉴于此,我们按照人机交互的方式和智能作战行为模型发挥的作用,将基于智能博弈的作战方案推演分为三种方式:一是人机共环的作战方案智能推演;二是人在环上的作战方案智能推演;三是机器自主作战方案推演。

15.4.1 人机共环的作战方案智能推演

军事对抗的复杂性决定了目前计算机仿真技术与机器学习方法还无法对战场态势进行合理认知与自动决策,虽然现有基于深度学习的态势理解与基于深度强化学习/纳什均衡 CFR 算法的决策优化,在棋牌类游戏、即时战略游戏中取得了突破性进展。然而,面对非完全信息条件下不确定性军事博弈问题,机器还是难以实现精准高效的认知,特别是更强调指挥艺术的战役以上决策问题。虽然如此,机器

---

① 胡红云,郑世明.联合作战方案仿真推演控制研究[J].军事运筹与系统工程,2016,30(01):76-80.

仍然可以在推演过程中为人类指挥员提供辅助决策支持,与人类指挥员共同完成方案推演的过程。

在人机共环的作战方案智能推演中,智能作战行为模型与指挥员和参谋人员紧密耦合,参与作战方案推演的过程。传统"人在回路"的作战推演模式主要采用指挥员和参谋人员决策,仿真系统裁决的方式推进推演的过程可以抽象为由决策点和行动过程多分支并行交互形成的树形结构。在推演推进的过程中,每一个决策点需要明确态势到行动是如何映射的。这种映射关系可以是指挥员通过态势理解形成的行动方案;也可以是利用博弈训练生成的智能作战行为模型在接收态势信息后输出的行动集合,指挥员决策思维过程抽象如图 15-31 所示。

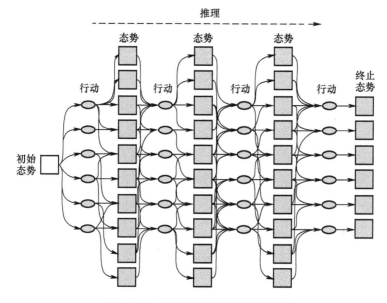

图 15-31 指挥员决策思维过程抽象

在这种推演方式下,仿真环境在完成每一步推演后都需要等待人类指挥员的输入,人类指挥员既可以完全依据自身理解进行行动方案的选择,也可以利用智能作战行为模型生成行动方案,对其进行修改后提交给仿真环境执行,以完成态势的转换。以这种方式整合人类的知识和经验,用最小的代价对作战方案效果进行评估,实现对作战方案的优化[8]。

15.4.2　人在环上的作战方案智能推演

人机共环的作战方案推演方式能够充分利用人类指挥员的经验知识认知战场态势,较好的验证作战方案的可行性和效果。然而,其缺点也比较明显,由于人类指挥员的大量干预,其推演速度无法保证,虽然智能作战行为模型的介入已经提高了指挥员态势行动转换的效率,但仍然难以满足高速推演以尽可能模拟军事对抗可能性的需求。通常在战前进行推演时,需要较长时间,推演难以对诸多行动方案的效果进行大量的验证,只能通过人类指挥员依靠经验选择行动方案。为加速推演过程,可以考虑增加机器在推演过程中的作用。即采用人在环上的推演方式。

如图 15-32 所示,在人在环上的推演方式中,态势行动映射关系主要由对抗性博弈产生的作战行为模型生成,其基本考量是:由人类指挥员对机器产生的行动方案进行评价的速度远大于由人类指挥员根据自己对态势理解产生的一个行动方案的速度。在此过程中,人类指挥员的主要作用有两个:一是在推演过程中监督机器指挥员的决策过程,在发现不正常时进行干预调整;二是在机器指挥员无法在多个行动中进行选择的时候,将选择权提交给人类指挥员,以提高行动选择的准确性。

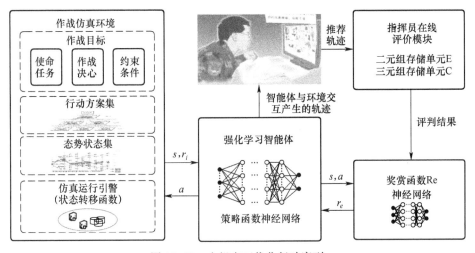

图 15-32　人机交互优化行动序列

在这种推演模式下,系统需要评估智能作战行为模型是否能够完成当前推演步的态势行动映射任务,如果能够完成,则由智能作战行为模型直接推进,并反馈给仿真系统;如果智能作战行为模型能够对行动集合进行初步筛选,但无法确定优劣,则提交给人类指挥员,由其进行菜单式选择;如果智能作战行为模型完全无法认知当前态势,则将行动选择权交给指挥员由指挥员选择行动方案,推进仿真过程[8]。

15.4.3　机器自主作战方案推演

人在环上的作战方案智能推演方法能够以一种人机协同的方式对作战方案进行推演,既能够有效利用人类指挥员的经验知识,也能够利用智能算法模型加速推演过程,以提升推演效率。其适用场景是对抗场景复杂,机器只能辅助指挥员认知。在这种模式下,由于仍然需要人类指挥员干预推演过程,其推演速度仍然无法满足多分支大样本需求,对作战方案效果的可能性验证仍然无法保证覆盖分布情况。在一些战术级作战方案制定中,通过博弈训练得到的智能作战行为模型已经能够媲美甚至超过人类指挥员水平的情况下,可以考虑通过机器自主方案推演的方式,利用智能作战行为模型,在不需要人类指挥员干预的情况下,推进方案推演的过程,通过高速大样本推演充分模拟可能的交战过程和结局。

在这种推演模式下,可以将作战部署图、任务区分表、初始态势等作为输入,调用智能作战行为模型,从初始态势开始,利用智能博弈得到的态势-行动映射模型生成行动集合,在每执行一个基本作战行动之前,判断当前状态是否满足行动的前提条件,若不满足则调用训练生成的决策模型,产生修复行动方案集合。若修复之后的状态满足行动的前提条件,则继续执行该行动,并判断后续状态是否满足下一个基本作战行动的前提条件,以此类推,直到达到终止态势,则完成作战计划的生成。

该方法采用自治系统模式,推演过程中不受人类指挥员监督完全自主,一旦激活,机器自己完成其任务,人类既不用监督,在系统出现错误时也不干预,以机器指挥员为主的推演形式,主要是基于机器系统设计,其实质是基于智能作战行为模型的自主推演,能充分模拟方案执行过程中面临的不确定性。推演完成后,可以对效果好的方案和效果不好的方案均可以复盘分析,效果好的原因是什么,不好的原因是什么,为作战方案优化提供依据。进一步用于人机协同方案的优选。

需要指出的是,在作战方案推演过程中,人类指挥员是作战方案推演的主导者,机器自主方案推演的目的不是为了替代指挥员进行方案推演,其目的是通过高速自主推演来检验指挥员的作战构想,为指挥员优选并优化作战方案提供大数据辅助决策支持。事实上,受限于目前人工智能技术的限制,算法难以完成整个作战方案的自主推演,机器自主作战方案推演在一些场景固定、复杂度不高的应用中可以使用。人在环上的方式在未来一段时间内,仍然是作战方案推演的主要样式,需要不断增大人工智能算法的支撑力度,在作战方案推演的局部环节,如敌方战术意图识别、行动预测,已方行动推荐等方面,辅助人类指挥员更好、更快地完成推演,实现方案的优化优选。

15.4.4 智能推演数据的深度挖掘——人机协同新战法发现与识别

人机共环、人在环上和机器自主三种方式一方面实现了对作战方案的智能推演,能够全面、准确、客观地反映及发现作战方案在行动推演中存在的主要问题,便于关联解析问题原因及查找解决问题的办法与对策,为方案优选和优化提供数据支撑。另外,由于智能算法的介入大幅增加了推演效率,在推演的过程中产生了大量的推演数据,推演过程实质上是对抗双方的博弈过程。推演数据蕴含着决定作战胜负的关键因素和内在联系,简单的数据分析能够发现直接的、强关联的影响胜负的因素。而深度数据挖掘能够利用对抗产生的数据,分析不同博弈行为策略产生的对应效果,挖掘隐藏的规律,找出表面弱相关、甚至不相关的影响因素,挖掘数据背后的战法战术。

作战方案智能推演既能够对已有的战法战术进行检验,同时,利用对抗数据挖掘新战术,构建战法战术实验体系,通过复盘分析、数据挖掘等多种手段对智能实体对抗过程中的兵力运用、装备效能和典型战法等进行分析和总结提炼,形成典型战法库,具体过程如图15-33所示。

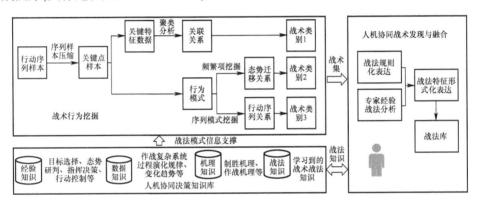

图 15-33　人机协同新战法发现与识别

主要内容包括:

(1) 对行动序列样本的预处理。针对智能博弈对抗产生的海量样本进行预处理,如关键点提取、数据压缩等,减少智能化分析与挖掘的复杂度;

(2) 关联分析与行为模式挖掘。针对经过预处理的行动序列样本数据进行无监督关联分析,形成战法战术初始分类;利用人机协同决策知识库的知识对经过预处理的行动序列样本进行行为模式分析和识别、根据态势迁移关系、行动序列关系等进行分类,形成战法战术初始分类;

(3) 人机协同战法战术发现与融合。利用战法的规则化表达形式或专家经验对战法战术初始分类进行识别,形成战法战术特征的形式化表达,并形成战法库,即该作战概念下的典型战法战术,并存储进人机协同决策知识库;

(4) 人机协同决策知识库构建。主要包括典型作战人员决策的经验知识、数据知识、作战复杂系统固有的机理知识和经过行动序列挖掘形成的战法战术知识等进行建模,支撑战法战术行为挖掘。

484

参 考 文 献

[1] 赵国宏,罗雪山.作战任务规划系统研究[J].指挥与控制学报,2015,1(4):391-394.

[2] 孔德锋,陈超,杜正军.序贯博弈中作战行动执行时间的优化建模与求解[J].火力与指挥控制,2013,38(10):42-45.

[3] 张迎新,陈超,刘忠,等.资源不确定军事任务计划预测调度模型与算法[J].国防科技大学学报,2013,35(3):30-36.

[4] 杜正军,陈超,姜鑫.基于影响网络与序贯博弈的作战行动序列模型与求解[J].系统工程理论与实践,2013,34(6):136-139.

[5] 殷阶,王本胜,朱旭.信息作战行动序列规划随机博弈模型及求解方法[J].指挥信息系统与技术,2016,7(2):7-12.

[6] 赵冬斌,邵坤,朱圆恒,等.深度强化学习综述:兼论计算机围棋的发展[J].控制理论与应用,2016,33(6):701-717.

[7] 刘全,傅启明,钟珊,等.大规模强化学习[M].北京:科学出版社,2016.

[8] 温睿.作战方案计划推演评估[M].北京,兵器工业出版社,2019.

[9] U. S, Joint Chiefs of staff. Joint Publication 5. 0, Joint operation plan [R]. Washington, DC: U. S,2006.

[10] NG A Y,RUSSELL S J.Algorithms for inverse reinforcement learning[C]//Seventeenth International Conference on Machine Learning,Morgan Kaufmann Publishers Inc,2000:663-670.

[11] ABBEEL P,NG A Y.Apprenticeship learning via inverse reinforcement learning[C]//International Conference on Machine Learning,ACM,2004:1-8.

[12] FINN C,LEVINE S,ABBEEL P.Guided cost learning: deep inverse optimal control via policy optimization[J].2016,24(21):49-58.

[13] 朱丰,胡晓峰,等. 从态势认知走向智能态势认知[J]. 系统仿真学报, 2018,3(3): 761-771.

[14] 腾飞.一种空中目标战术意图识别模型[J]. 航空兵器,2021,28(5):24-32.

[15] ZHAO X,ZONG Q,TIAN B,et al. Fast task allocation for heterogeneous unmaned aerial vehicles through reinforcement learning[J]. Aerospace Science and Technology,2019,92:588-594.

[16] GEORGE M S, Hyo-Sang S, ANTONIOS T. A Survey of task allocation techniques in MAS [C]//Proceedings of the 2021 International conference on Unmaned Aircraft Systems,2022: 488-497.

[17] VENKATSAMPARH R G. Goal management in multi-agent systems[D]. Wright State University, 2021.

第16章 挑战与应对策略

近几年,人工智能技术呈爆发式发展,人工智能在各行业的应用也层出不穷,形成了所谓"人工智能+"的行业发展趋势。尤其在棋牌和游戏中,人工智能玩家缕缕打败人类顶级专业玩家,预示着人工智最终能从映射人类博弈的游戏中走向真实的世界。军事系统是个复杂系统,指挥控制是这个复杂军事系统的核心。与其他领域相比,人工智能在指挥控制中的应用存在着更加巨大的挑战。对此,我们必须有着清醒的认识,并找准前行的方向。

16.1 智能化指挥控制面对的挑战

指挥控制系统是复杂军事系统的核心。人工智能技术在对抗性策略游戏中取得了巨大进步,一方面表明在游戏这种军事复杂系统缩微场景中的成功,必然会对真实军事系统的预测、分析、仿真产生一定的作用;另一方面,军事系统远比游戏复杂得多,游戏中的人工智能无法简单地照搬到军事系统中,当然也无法简单地照搬到指挥控制系统中,且人工智能技术所固有的诸如奖赏稀疏、奖励函数难以设计等问题,会在复杂的军事环境下更加困难。指挥控制的智能化面对着理论、技术等诸多方面的巨大挑战。

16.1.1 状态与动作空间剧增

指挥控制面对的是多种任务,不仅仅涉及目标识别等相对容易的 AI 任务,更涉及到态势理解与预测、作战分析、COA 生成或推演、兵力临机调配、资源动态分配等 AI 任务。这些 AI 任务的一个共同的特征就是需要建立的训练环境极其复杂、实体类型及数量庞大、状态空间及动作空间极其庞大,对 AI 算法效率及计算资源是一个极大的挑战。

我们知道强化学习是智能体获得认知智能的重要方法,而训练环境则是强化学习训练智能体的基础。构建的训练环境与真实环境越接近,则智能体对真实环境的适应性就越强,就越能对真实环境的变化产生正确的决策行为。游戏运行的环境通常要比真实的作战环境简单得多,尤其是陆战环境。即便是与陆战环境相对比较接近的星际争霸游戏,其仿真环境与真实陆战环境的复杂度相比也是相去甚远。而地形环境对指挥决策和作战效果的影响非常大。如何在复杂的地形环境中训练出超级虚拟指挥员和作战单元是一个极大的挑战。

在实际作战和指挥控制中,作战实体和作战要素类型繁杂、数量庞大,尤其是陆军,兵种多、作战实体多、指挥层级多、交互关系复杂,现有多智能体等机器学习方法面临多方面巨大的挑战。

上述两个方面叠加起来使得决策空间巨大,因此,采用现有强化学习的方法很难有效解决连续决策问题。

16.1.2　不完美信息下更加复杂的博弈

真实作战场景下,指挥员所面对的对抗环境是不完美和不完全的信息环境,即对敌方的部署、意图、已经实施的作战行动不完全了解,且战场情况更加多变、复杂,AI 对环境的认知更加复杂。若遇到具有高超指挥艺术的对手,将使得问题加倍复杂,使得本来就存在脆弱性的 AI,在更多不确定因素、更多未知状态的作用下,将变得更加脆弱。

当前比较流行且有效的强化学习算法基本都是基于马尔可夫决策模型,该模型的假设就是完美信息条件。针对部分可观察马尔可夫决策模型等方法来解决不完美和不完全信息的研究还未见突破性的进展。

另外,在实时对抗决策的场景下,能否及时获取战场各类信息,保持对战场态势准确、及时的平行映射,也是实时博弈对抗的必要条件。

16.1.3　训练数据难以获取

深度强化学习在解决连续决策问题上成效显著,但在复杂军事博弈背景下,由于高维的问题空间,试图以端到端的训练解决智能体的有效决策问题,几乎是不可完成的任务。AlphaStar 的解决方法,仍然需要巨量人类玩家的标签数据来训练出智能体的初始策略,然后才用强化学习方法训练其稳健性。而在指挥控制问题上,获取这么庞大的标签样本数据则非常困难。

16.1.4　不断增长的智能化指控需求

未来智能化战争,用人工智能技术加快主要存在于认知域的指挥控制过程是致胜的关键所在,因此,其核心支撑就是智能化的指挥控制。近年来,新的作战概念层出不穷,这些作战概念几乎离不开智能化指挥控制的支持。例如,联合全域作战必须需要智能化的联合全域指挥控制系统(JADC2)的支持,马赛克战必须依赖人的指挥与机器控制的有机结合。可以想象,未来新的作战概念大概率会在不断增长的 AI 技术与指挥控制的碰撞中产生。反过来,又会产生更多的智能化指控需求。这些需求往往都是在未来智能化战争条件下,在更快的作战节奏、更快的态势变化、更多的作战资源、更复杂的决策环境下,在靠人力已无法及时、有效反应的情况下,对指挥控制更加复杂的需求。

16.1.5　对可解释性更高的要求

指挥控制包含大量的决策过程,由于军事决策具有极高的风险性,对于机器决策背后的依据不得不考察。虽然可解释人工智能的发展近几年发展很快,但离实用程度还差距较大。而机器学习技术的飞速发展,越来越多的机器学习算法参与到决策过程,可解释性与 AI 需求的矛盾愈发突出。与可解释性相关的另一个有关智能决策风险的问题就是 AI 算法的稳健性。虽然强化学习可以增强智能算法的稳健性,但面对复杂的军事决策问题,智能算法的稳健性仍然是一个严峻的挑战。

16.2　应 对 策 略

上述挑战归根结底就是指挥控制的复杂性与当前人工智能技术的局限性所致。应对的策略应该从智能化指挥控制的整体体系入手,在智能化指挥控制理论的指导下,科学设计未来智能化指挥控制系统的体系结构,合理切割、划分智能化指挥控制任务子集,明确指挥控制智能化需求的问题特征,突出指挥经验知识的提取,聚焦典型指挥控制任务的实现,跟踪人工智能前沿技术,渐进推进智能化指挥控制系统的落地实现。具体应对策略包括并不局限于下述的几个方面内容。

16.2.1　深入研究智能化指挥控制理论

根据我们在第一篇中的论述,指挥控制理论是有层次性的。对于智能化指挥控制理论,重点是要对智能化指挥控制的基本理论以及在基本理论支撑下的作战理论进行深入的研究。智能化指挥控制的基本理论有其自身的特点,其指挥控制模型和方法的作用域已从信息域转向认知域,更多的应具有解决复杂性问题的特性和能力。因此原有的信息域的指挥控制模型和方法已不能表达智能化指挥控制的本质属性。那么,智能化指挥控制的模型和方法空间该如何刻画,这是未来值得研究的基本理论问题。而在智能化指挥控制基本理论支撑下的作战理论则是刻画了智能化战争时代的作战概念。例如,美军提出的联合全域作战、马赛克战的作战概念。当我们能深刻阐述智能化指挥控制基本理论的时候,相信更多能反应或利用智能化战争规律的作战概念将会相继问世。同时,智能化指挥控制理论也是支撑智能化指挥控制系统建设的基本依据与指导。

16.2.2　科学设计智能化指挥控制系统的体系架构

近年来人工智能技术的突破本质上就是知识瓶颈的突破,是隐形知识表示的突破。人类决策的一个重要的方面就是直觉判断。例如,一个优秀指挥员面对同样的战场态势总会比别人更敏锐、更深刻地做出某种直觉预判,这和其具有的指挥经验或指挥艺术密切相关,而这些指挥经验或指挥艺术就是经验知识。因此,知识的获取、表示、存储、共享与运用是智能化指挥控制的核心基础,就像信息是信息化指挥控制的核心基础一样。因此,我们在数年前的一个研究项目中就提出"以知识为中心"的未来智能化指挥控制的体系架构。所谓"以知识为中心"是相对于信息化时代"以信息为中心"的信息系统体系架构,也即围绕信息的的获取、表示、存储、共享与运用一种信息系统体系架构。在"以知识为中心"的体系架构中,除了信息流,还有知识流。本质上说,信息是知识的一种简化形式,因此,我们可以用"以知识为中心"来描述未来智能化指挥控制系统体系架构的特征。

图 16-1 为"以知识为中心"的智能化指挥控制体系架构设想,第一层为知识服务基础设施层,第二层为共用智能应用系统层,第三层为智能化指挥控制应用层。

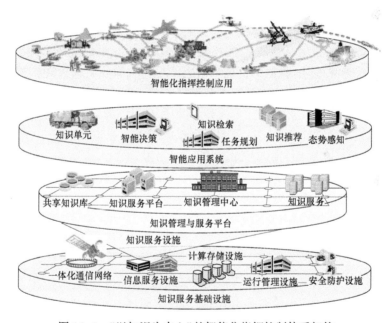

图 16-1 "以知识为中心"的智能化指挥控制体系架构

16.2.3 合理切割、划分智能化指挥控制子任务

智能化指挥控制涉及态势理解与预测、作战分析、作战方案生成和推演、作战计划生成、实时行动控制推演等连续决策任务。这些决策任务决策空间巨大,不可能通过类似端到端的训练即可完成最优策略的生成。

可行的方法是将这些决策任务分为两大类：

一类是固定流程的决策任务，例如，一些参谋业务，其特征是按一定的流程进行业务处理，流程中会包含多个决策点，根据决策点的决策结果决定流程的方向。这种决策任务通常被称为知识自动化（Knowledge Automation），一般使用业务流程管理系统（Bussiness Process Management Systems，BPMS）技术实现，该技术使用已成为国际标准的业务流程管理符号系统（Business Process Modeling Notations，BPMN）来描述、管理和自动生成业务流程，用产生式规则或神经网络在决策点嵌入知识。这种方法可以极大地提高参谋作业的效率，并具有自学习机制，其智能水平会随着使用次数的增加而不断提高。

另一类则是复杂的决策任务，在对决策任务分析的基础上，可将决策任务划分为以下三种子任务：

第一种是可以完全由智能算法完成的子任务，主要包括目标识别、关键信息推荐、战术级作战行动序列生成与推演、动向预测与预警等。

第二种是需要由人机协作完成的子任务，主要包括态势理解、作战方案生成、作战计划生成和行动控制等，这些子任务通常任务复杂性较高、任务规模较大，具有指挥艺术性与技术性双重属性，需要发挥人的艺术性，同时充分利用机器信息处理与计算的快速高效性（机器的智能本质上就是算法引导下的计算），两者的相互结合在相当长的时间内是智能化指挥控制的主要运作方式。

第三种是主要由人来完成的子任务，主要包括战略筹划、作战构想等需要人类高超的指挥艺术和复杂的思维过程才能完成的任务。在这类任务中，人工智能属于从属地位，只能在局部发挥辅助的功能。

这些子任务在智能系统框架的协调下，高效、有序、快速地完成决策任务。随着人工智能技术的发展，第二种、第三种子任务中人工智能占据的比例会不断增加。

16.2.4　突出指挥经验知识的提取

经验知识的获取是智能化指挥控制的核心基础，我们当然可以用知识图谱来构建指挥控制领域的知识体系，表达的是该领域实体及实体之间关系的知识。但经验知识的获取是另一种更为重要的知识，直接涉及针对某一特定场景下的直觉判断问题，通常以深度神经网络来表示。

指挥经验知识的提取可以分为两类：一类是特定任务的经验知识提取；另一类是指挥经验知识的提取。

第一类经验知识主要指特定场景任务下经验知识，例如，侦察、机动突击等经验知识。这类经验知识学习的关键在于能建立特定场景的逼真仿真环境。优秀指挥员在此特定仿真环境下，在尽可能覆盖各种情况的想定条件下，进行指挥操作,留下优质的小样本数据,再经过逆向强化学习,反推出奖赏函数。经过强化学习、自博弈对抗等学习过程,最终得到具有稳健性的特定场景下的指挥经验知识模型。

结合指挥控制任务的分解,利用特定场景下的指挥经验知识模型,有可能避免星际争霸那种端到端的训练方式,特定场景下经验知识模型经过组合、变换、融合,在一定算法的支撑下完成连续决策任务,从而避免实际复杂战场环境下高维状态空间、动作空间下决策空间的爆炸。

第二类经验知识主要指指挥经验知识,例如,合成营指挥员、合成旅指挥员指挥经验知识,实际上就是指挥员指挥艺术。很显然,这类经验知识比第一类经验知识更加复杂、更加综合。采用第一类经验知识的训练方法很难覆盖到所有状态空间,用类似 AlphaStar 的训练方法,在当前人工智能技术发展水平下可能是比较可行的方法。然而,与游戏不一样的是,军事领域缺少像游戏领域那样经过成千上万人鏖战留下的巨量数据。因为,正如前面章节所述,如此巨量的决策空间,完全靠端到端的强化学习,其低下的学习效率是不太可能覆盖到大部分决策路径的。用深度学习的方法训练出基本的知识体系,然后再用强化学习的方法"查漏补缺",增强其稳健性、提高其决策稳健性,这是获得第二类经验知识可行的方法手段。这就首先需要大量的训练数据,而获得大量训练数据的关键在于:一是建立仿真环境;二是通过大量的模拟对抗,产生训练数据。这和下面兰德公司报告中通过建模和仿真系统产生数据是一致的。

这里蕴含了一个基本的规律,即越是底层的作战实体和作战行动,越容易采用还原论的方法进行建模与仿真,即用军事运筹学方法建模,用计算机仿真方法进行仿真。例如,坦克、飞机、火炮、单兵、射击、机动、侦察等实体或行动,通常比较容易精确建模与仿真,而再往上层的实体与行动,由于涉及大量实体之间的复杂交互,已呈现出复杂系统的复杂性,用还原论方法必定会导致与实际系统的偏差。例如,对合成营指挥员的仿真,由于涉及合成营指挥员的指挥经验与知识,即指挥员的指挥艺术,用传统建模与仿真方法很难进行建模与仿真。这和我们在第四章介绍的建模仿真与兵棋推演相对于战争层级的倒三角关系是一致的,这里,用机器学习代替手工兵棋推演,如图 16-2 所示。此时,可以对合成营的基本作战实体和作战行动进行建模与仿真,然后将合成营指挥员作为智能体,用深度学习与强化学习方法,在上述仿真环境中进行训练,训练出能有效利用基本作战实体完成作战任务的合成营指挥员智能体。实际上这就是 AlphaStar 的基本思路,其中:虚拟玩家对应于合成营指挥员智能体,虫族等作战实体对应于合成营基本作战实体;虚拟玩家就是 AlphaStar 要训练的智能体,而虫族等作战实体与基本作战行动已由游戏公司完成建模与仿真。

目前,DARPA 发布了"针对敌方战术的建设性机器学习作战(COMBAT)"的

图 16-2　战争层次、建模仿真与机器学习之间的倒三角关系

招标文件,寻求利用人工智能算法开发敌军旅级部队的行为模型,在仿真环境中与美军部队开展模拟对抗,帮助美军快速推演行动方案并开展行动计划。该项目的核心就是采用强化学习与博弈论相结合的方法,开发出自适应的敌军 AI 模型,探索敌方如何根据美军行动和响应来不断发展其战术。项目可帮助美军快速开发多个可用的作战行动序列(COA),确定最优解决方案,并为辅助决策提供依据。在未来的作战推演中,COMBAT 可提供人工智能敌军对手,并能够以人无法替代的形式进行反应,挑战美军部队并促进美军战术的不断更新。

16.2.5　跟踪研究人工智能前沿技术

人工智能技术正在以摩尔定律式的速度飞速发展。机器学习前沿技术的每一次突破都意味着向落地应用迈进了一步。可解释性人工智能技术为军事应用的可信性奠定了基础,终身学习机器则解决了智能体在应用中不断成长的问题,最近出现的机器学习与推理相结合的技术则向更高级的人工智能技术进发。这些人工智能技术的发展为我们解决智能化指挥控制问题提供了更多的选项、更好的解决方案。

下面选取近年来出现的三个极具方向性意义的机器学习前沿技术加以简要介绍,对人工智能技术在指挥控制领域的落地生效具有极强的启迪意义。

(1)高效的知识学习。强化学习是解决序贯决策问题的核心方法,而奖励稀疏、奖励欺骗的所谓困难探索(Hard-Exploration)问题一直是困扰强化学习有效性、高效性的难题。OpenAI2021 年在《自然》杂志发表论文"Go-Explore:解决困难探索问题的新方法"[4],该方法改善了对复杂环境的探索方式,有效解决了强化学习的困难探索问题,对于决策问题的智能解决方案具有非常重要的启示意义。Go-Explore 算法主要针对强化学习探索时经常会遇到的两个问题:一是分离(Detachment)问题,即当有多个区域需要探索时,智能体在未探索完一个区域的情况下,可能会因为算法的随机性探索机制切换到第二个区域,但忘记如何返回第一个区域继续未完的探索;二是脱轨(Derailment)问题,这与上述问题相关,当分离发生时,由于第一区域已探索过的区域会被算法内在奖励(IM)机制清除奖励得分,因

492

此,算法有可能很难回到未探索区域,即算法的探索机制阻止了智能体返回到以前访问过的状态,从而中断了深入的探索。Go-Explore 算法主要通过建立智能体在环境中访问过的不同状态的档案,确保状态不会被遗忘,从而来解决分离问题;通过在探索之前先返回,并在返回时最小化探索来避免发生脱轨,即来解决脱轨问题。

(2)可积累的知识学习。人类在学习过程中,是不断积累已经学习过的知识,在遇到新的任务时,总是可以利用以往的经验和知识去完成新的任务,而无须从头学起。而当前绝大多数针对某个任务的深度强化学习算法都是从头学起,哪怕这个任务中包含已经学习过的某些知识。这是深度学习自身有着"灾难性遗忘(Catastrophic Forgetting)"的问题。深度强化学习通常使用深度神经网络来表示策略,而利用神经网络学习一个新任务的时候,需要更新网络中的参数,但是上一个任务学到的知识也是储存在这些参数上的,于是每当学习新的任务时,智能体就会把学习旧任务得到的知识给遗忘掉,而不能像人类那样在学习中可以利用先前学习过的经验和知识,快速地进行相似技能的学习。上述分离问题本质上也是由于神经网络不断更新参数造成的"遗忘"。DeepMind 于 2020 年在美国国家科学院院刊(PNAS)上发表论文《利用广义策略更新的快速强化学习》[3],论文采用了一种名为"后继特征(Successor Features)"的学习框架,在此框架下,智能体可以将一个问题分解为更小的子任务,赋予智能体利用以前积累知识的能力。论文的思路是:假设智能体已经学到一组策略,那么通过使用"广义策略评估"的方法,可以根据智能体的"偏好"来评估这些已有策略组合的效果。而将这些策略"组装"起来形成更优策略的过程被称为"广义策略改进(GPI)"。这种 GPE-GPI 智能体利用以前学到的策略就可以很快适应新的任务,而无须从头学起。例如,一个四足机器人学会沿三个方向行走,就会沿任何方向行走。显然,这种知识组合方法无须大量的训练过程和训练数据,更符合人的知识积累过程,在完成新的任务过程中不断使用已有的经验和知识。这种方法也被称为组合强化学习。

(3)知识学习与推理的结合。人类在决策时,通常需要结合规则知识与经验知识。逻辑推理一般利用规则知识生成延伸的判断,机器学习通常利用事实数据产生经验知识。那么,如果能像人类一样综合运用经验知识与逻辑推理来进行判断决策,那人工智能就离人类智能更进了一步。目前流行的逻辑推理技术通常基于一阶逻辑表示,而流行的机器学习一般基于特征表示。这两者几乎是基于完全不同的表示方式,难以相互转化,使得两者的结合极为困难[5]。2021 年 10 月,首届国际学习与推理联合大会(International Joint Conference on Learning &Reasoning,IJCLR)在线举行,南京大学著名学者周志华教授作了大会的开场主旨报告,分享了题为《利用无标签数据:从"纯学习"到"学习 + 推理"》的主旨演讲,重点介绍了他最近提出的"反绎学习(Abductive Learning)"。反绎学习是一种将机器学习和逻辑推理联系起来的新框架。人们在分析和抽象问题是通常采用演绎和归纳两种方法:演绎就是从普遍规则得到特定结论的过程;归纳就是从特定的观察得到普遍结论的过程。而所谓反绎指先从一个不完备的观察出发,然后希望得到一个关于某一个我们特别关心的集合的最可能的解释。与监督学习相反,反绎学习不依赖于真实标签。总体思路如下:有一组示例(事实)、初始分类器和由一阶谓词构成的知识库,由初始分类器根据示例产生伪标签,把这个伪标签转换为一阶谓词,然后应用逻辑推理过程来验证这些伪事实是否与知识库一致,如果不一致则进行修改,这就是反绎。用反绎结果修改伪标签,再用修改过的标签训练分类器,直到分类器不再发生变化,此时分类器将与知识库保持一致,也即分类器学到了知识库的内容。很显然,分类器的训练过程属于机器学习,而伪标签与知识库的比较则属于逻辑推理,两者相互依赖,既在知识库的指导下完成机器学习,同时又可在事实数据的作用下完善和补充知识库。

16.3 美军应对策略的两个案例

美军近几年非常重视智能化指挥控制对智能化战争的关键支撑作用,尤其是对联合全域作战和马赛克战的核心支撑。美军认为没有联合全域指挥控制系统(JADC2)就没有联合全域作战,而马赛克战的核心机理就是人的指挥与机器控制的有机结合。因此,美军尤其重视智能化指挥控制的落地。近年来美军发布了多项研究报告,旨在通过建立系统的分析方法和框架,来识别智能化指挥控制的问题特征及对人工智能技术的需求。本节选取两个较为典型的报告进行解读,一个是针对 AI 技术对指挥控制的支撑作用,另一个则是 AI 技术对联合全域作战指挥控制过程的支撑,具有非常典型的意义。通过这两个报告的解读,试图对我军智能化指挥控制的研究提供一些有价值的思路与方法。

16.3.1 探索机器辅助指挥控制的可行性与效用

对于美国空军而言,利用人工智能技术来加强军事指挥控制成为了一个特别关键的头等大事。但是,在学界或商用的人工智能技术与空军所需又差之甚远。空军也缺少一种分析框架,以理解不同人工智能技术针对不同指挥控制问题的适应性,并识别出普遍存在的技术缺口。同时,空军也缺少充分的评价指标来评估用人工智能技术解决指挥控制问题的性能、有效性与适应性。

为解决上述问题,兰德公司于 2021 年发布题为《探索机器辅助指挥控制的可行性与效用》的研究报告[1]。该研究报告采用的方法如下:①建立指挥控制问题特征(Problem Characteristics)分类及人工智能解决能力分类;②建立在线专家小组来决定解决各个问题特征所需的本质解决能力;③通过 3 个案例论证了评估不同人工智能系统解决指挥控制问题适应性的框架。

报告提出了一个结构化的方法来确定对于给定的任一指挥控制过程人工智能系统的适应性,如图 16-3 所示。

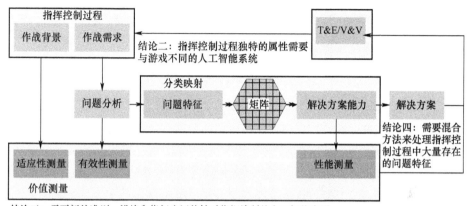

图 16-3　AI 系统能力匹配与指挥控制过程评估

这个方法包括:
(1) 评估指挥控制问题特征;
(2) 评估人工智能系统能力;
(3) 比较指挥控制问题特征与人工智能系统能力之间的对应关系;
(4) 选择价值评估方法;
(5) 实现、测试、评估潜在的人工智能系统。
最后,研究报告得出 4 点结论,给出 8 条建议。
下面,对报告主要内容作进一步的介绍。

1. 问题特征分类
问题特征分类的目的是为了以技术或数学形式标准化指挥控制过程的特征。报告提出了 4 类 10 个指挥控制问题特征,如表 16-1 所列。

表 16-1　指挥控制问题特征

分类	问题特征	指挥控制实例
时效性	作战节奏	可用于追踪动态目标的时间周期
	环境变化率	交战规则和特殊作战指令的变化频度
复杂性	问题复杂性	一个指挥官所能获得的传感器的类型和数量
	还原性	主空战计划团队所要处理的任务与任务之间的关系

495

分类	问题特征	指挥控制实例
信息质量	数据可得性	可得的适合训练系统的战役级模拟器，该系统用以完成空战规划
	环境噪声	在情报评估时所受到的环境噪声和伪装、隐蔽的影响
	行动结果随机性	运动或非运动杀伤率
	目标清晰度	评估数据的可得性，以及其与战术任务、战役任务和战役目标的关联性
	信息不完全性	指挥官缺少关于战场空间和敌方部署的信息完全性的程度
重要性	作战风险收益	在达成使命目标时成功或失败的后果

为了进一步说明问题特征，报告还量化了问题特征出现的程度，并对比了 10 个游戏（AI 测试环境）和 10 个指挥控制过程的问题特征值。量化值共分 5 个等级，0 代表某个问题特征未出现，4 为在很大程度上出现，中间值则是在一定程度上出现，图 16-4 为 10 个游戏和 10 个指挥控制过程问题特征值的对比情况。

游戏	作战节奏	环境变化率	问题复杂性	还原性	数据可得性	环境噪声	行动结果随机性	目标清晰度	信息不完全性	作战风险收益
井字游戏	3	0	0	0	0	0	0	0	0	0
俄罗斯方块	4	0	0	0	0	0	0	0	0	0
跳棋	3	0	2	0	0	0	0	0	0	0
国际象棋	3	0	2	3	0	0	0	0	0	0
围棋	3	0	3	3	0	0	0	0	0	0
德州扑克	3	0	2	0	0	0	2	0	3	1
倒立摆-v1	4	0	3	0	0	0	0	0	0	0
半猎豹-v2	4	0	3	0	0	0	0	0	0	0
桥牌	3	0	2	2	2	0	2	0	4	0
星际争霸Ⅱ	4	0	2	3	0	1	0	0	2	0

指挥控制过程										
陆军战场情报准备	1	3	2	3	3	3	0	3	3	3
主空战计划	2	2	2	2	3	1	0	1	2	3
核重瞄准	3	4	2	2	3	3	0	2	3	4
作战评估	2	1	2	3	2	1	0	1	4	2
人员恢复：寻找与鉴别	3	1	2	1	4	2	0	0	3	3
重分配ISR资源	3	2	2	3	2	1	1	3	3	3
传感器管理	3	3	2	2	3	2	1	1	3	3
陆军军事决策过程	1	3	2	3	3	3	1	2	3	3
战斧对地攻击导弹规划	2	1	1	1	3	1	0	2	2	3
部队领导流程	2	3	1	1	4	3	1	0	2	3

图 16-4　问题特征评分

报告还分析了游戏与指挥控制过程为何在 10 个问题特征上有明显差异的原因。

2. 解决能力分类

解决能力分类的目的是标准化计算架构的标准,通过这些解决能力能够判断一个 AI 系统是否适合某个指挥控制过程,并能够最终实现。

报告给出了 4 类 8 种解决能力,如表 16-2 所列。

表 16-2　解决能力分类

分类	解决能力	指挥控制实例
复杂性	计算效率	机器空战规划员完成一个完全的主空战计划所需要的时间
性能	数据有效性	训练一能分类敌方装备的深度神经网络所需标签样本数量
	合理性	在给定特殊作战指令或其他限制情形下,机器空战规划员能否仍然可以返回一个可执行的主空战计划
	最优性	机器空战规划员能否返回一个能使所有已完成任务的总收益最大化的主空战计划
灵活性	稳健性	当环境影像条件发生变化时,训练好的分类器的性能会怎样变化
	学习能力	机器空战管理员能否在仿真中提高性能
实用性	可解释性	人类分析员能否解释机器空战规划员生成的计划
	保证性	机器空战管理员能否在测试和评估中被校核和验证,并在部署后仍能保持

为进一步说明这些解决能力及其分类,报告分析了 10 种 AI 算法。这 10 种 AI 算法既有传统 AI 算法,又有现代 AI 算法;既有依赖知识工程的,也有依赖学习的;这些算法适用于行动反应、规划和分类等任务。和问题特征一样,解决能力的量化值也分 5 个等级,0 代表某个解决能力不存在,4 为在很大程度上存在。图 16-5 为 10 种 AI 算法对应 8 种解决能力的量化值。

从图 16-5 可看出,系统平均的量化等级为 2.4,没有一个系统拥有所有能力。

3. 匹配问题特征和解决能力

就像钥匙要匹配锁一样,AI 系统的能力必须要匹配指挥控制问题特征。这种匹配没有现成的方法可用。研究小组采取的方法是,通过专家组研讨的方式来决定哪个解决能力对于指挥控制问题特征而言是最重要的。

共选取了 50 名专家,这些专家全部具有人工智能研究的经历,其中 2/3 的专家具备指挥控制过程的相关知识。

专家组工作的重点就是确定解决能力对于特定问题特征重要性的量化分值。定量数据用于确定量化值,而定性数据用于理解影响这些分值的原因。经过评估、反馈与讨论以及再评估等三轮评估工作,得出了解决方案对于问题特征的重要性

AI系统	计算效率	合理性	最优性	数据有效性	稳健性	学习能力	可解释性	保证性
深度Q学习	4	1	3	0	0	3	0	0
AlphaZero	3	4	3	0	0	3	0	0
基于实例学习	2	1	1	2	2	3	2	0
循环神经网络	4	1	3	1	1	3	0	0
宽度迭代规划	1	4	3	4	3	0	3	3
Alpha-beta剪枝	3	4	2	4	2	0	4	4
混合整数规划	0	4	4	4	2	0	3	4
启发式贪心算法	4	4	1	4	2	0	4	4
影响网络	1	4	4	3	2	0	3	4
遗传算法	2	3	2	3	1	0	0	1

图 16-5　解决能力评分

量化值,如图 16-6 所示。

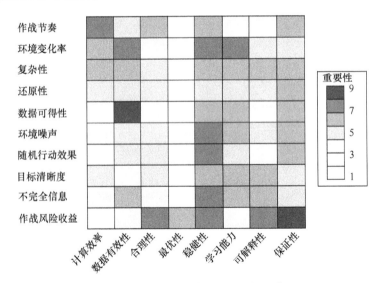

图 16-6　问题–解决对的重要性评分

量化值用从浅到深的灰度来表示,浅为 1,深为 9。图中用黑框标出的 36 个单元对应那些对特定问题特征特别重要的解决能力。复杂性和作战风险/收益则是两个需要解决能力最多的两个问题特征,分别需要 6 个和 5 个。而稳健性和保证性是问题特征最普遍需要的两个解决能力,分别是 9 个和 7 个。

上述结果有两层含义:一是具有复杂性和高风险/收益的问题特征对 AI 系统的挑战性最大;二是对 AI 系统稳健性和保证性的投入收益面最广。

最终需要的是评估哪种 AI 系统更适应哪个指挥控制过程。可以通过对 AI 系统和指挥控制过程的对应关系进行评分来确定哪种 AI 系统更适应哪个指挥控制过程。我们以"启发式贪婪搜索"算法对指挥控制过程"主攻击计划"的适应程度打分为例,如图 16-7 所示,说明评分过程。

(1)建立二维表格,列为问题特征,行为解决能力。

(2)将图中"主攻击计划"问题特征值复制至量化值一栏的列中。

(3)将图中"启发式贪婪搜索"的解决能力值复制至量化值一栏的行中。

(4)将量化值的行与列中的值相乘,乘值填入对应单元中。

(5)将各列单元的值相加,得到"启发式贪婪搜索"算法在解决指挥控制过程"主攻击计划"时各解决能力的值,将这些值相加即得到"启发式贪婪搜索"算法解决指挥控制过程"主攻击计划"的总分值,图 16-7 中为 199 分。

问题特征	解决能力	计算效率	数据有效性	合理性	优化性	稳健性	学习能力	可解释性	保证性	
问题特征	量化值	0,4	4,4	4,4	4,1	2,2	0,0	3,4	4,4	
作战节奏	2	0,8		8,8		4,4			8,8	
环境变化率	2	8,8	8,8			4,4	0,0			
问题复杂性	2	0,8	8,8			4,4	0,0	6,8	8,8	
还原性	2								8,8	
数据可得性	3		12,12			6,6	0,0		12,12	
环境噪声	1					2,2	0,0		4,4	
行动结果随机性	0					0,0			0,0	
目标清晰度	1					2,2	0,0	3,4		
信息不完全性	2		8,8			4,4	0,0	6,8		
作战风险收益	3			12,12	12,3	6,6		9,12	12,12	
混合数字规划 总计	0	36	20	12	32	0	24	52	176	
启发式贪心算法 总计	24	36	20	3	32	0	32	52	199	

图 16-7　确定用于主空战攻击计划的两个算法的适用性

类似的,可用上述方法来计算其他算法来实现"主攻击计划"的评分,比较不同算法之间的评分,即可得到最合适的 AI 算法。

4. 人工智能解决方案的评估指标

前面部分介绍的是如何针对特定的指挥控制问题特征,选择合适的 AI 系统。研究报告进一步提出了对 AI 系统更深入的三类评估测量指标,即有效性测量(Measures of Effectiveness, MoE)、性能测量(Measures of Performance, MoP)和适应性测量(Measures of Suitability, MoS)。这三类评估指标对于评估 AI 系统的进展、发现缺陷都非常重要,有助于完成对 AI 解决方案的选择。

有效性测量:用来测量军事效果(任务完成情况)的数据,这些数据来源于在期望环境中系统的使用。环境包括被测系统以及相关系统。

性能测量:特定系统的性能参数,如速度、载荷、范围、装载时间、频率或者其他可以区分的量化性能特征。

适应性测量:一个项目在其预期的作战环境中支撑能力的测量,通常指可靠性、可维护性及其支撑结构。

5. 研究结论与建议

该研究报告通过分析给定指挥控制过程的特性、分析 AI 系统的能力,以及在一个给定的指挥控制过程的情况下分析哪个 AI 系统更合适,得出以下几个结论与建议:

结论一:指挥控制过程与那些用来开发和论证人工智能系统的游戏或环境是非常不一样的。

下棋甚至星际争霸这样的游戏与真实世界中的任务是有着本质的不同。这些游戏都具有定义好的规则,而且这些规则不会随着时间而变化。游戏算法只要能探索出这些规则就能成为超级玩家。可惜,在军事任务中,战场环境和敌人会打破这种简单的假设。

建议一:使用本报告描述的结构化方法系统地分析游戏、问题和指挥控制过程特征,以确定现有的 AI 测试床,哪些是指挥控制的代表性任务,哪些是指挥控制的非代表性任务。

建议二:开发新的 AI 测试床,在广度和深度上都具备指挥控制任务的代表性问题特征。

结论二:指挥控制过程独特的属性需要与游戏不同的人工智能系统。

像 $\alpha-\beta$ 裁剪、AlphaZero 等专门为游戏而优化的算法,不太容易适应大部分的指挥控制任务。

建议三:用该报告描述的结构化方法识别那些大多数指挥控制过程需要且目前还不具备(如稳健性和保证性)的高优先级能力并加以解决。

建议四:用该报告描述的结构化方法评估有潜力的 AI 系统特征与特定指挥控

制过程特征之间的对应关系,决定哪个系统优先开发。

结论三:需要新的准则、设施和指标来评估针对指挥控制的人工智能应用。

现在评估 AI 系统的指标远远不够,且在大型指挥控制架构下,需要更多的指标来评估 AI 系统。

建议五:人工智能解决方案开发能够评估的不仅仅是合理性和优化性的能力指标(如稳健性和可解释性)。

建议六:用该报告描述的结构化方法识别给定指挥控制过程的性能、效能和适应性的关键度量方法。

建议七:基于识别出的价值度量标准,对一个给定的指挥控制方法完成一次全面的 AI 系统评估。

结论四:需要混合方法来处理指挥控制过程中大量存在的问题特性。

建议八:识别、重用和组合算法解决方案,赋予 AI 系统关键能力。

虽然该报告聚焦于空军指挥控制过程的研究,但所提的分析框架、结论和建议适合所有指挥控制过程,包括联合全域指挥控制系统(JADC2)。

16.3.2　识别和开发人工智能应用的分析框架

美国空军非常关注的一个问题就是空军指挥官将空域之外的领域能力集成到多域作战的能力。空军指挥官和空战中心(Air Operations Center,AOC)参谋人员集成多域作战的能力受限于过程、系统、培训以及规划和执行经验。由于多域作战规划日益增长的复杂性和更大的数据需求,空军将需要新的工具,包括基于人工智能的工具,使得联合全域作战指挥控制成为可能。这就需要解决,对于一个已识别的跨作战力量作战概念(Concept of Operations,CONOPS),人工智能应用如何最大幅度地提升作战效果。引入人工智能工具需要相应的技术生态支撑。

为解决上述问题,兰德公司于 2020 年发布了《现代战争的联合全域指挥控制-识别和开发人工智能应用的分析框架》的研究报告[2]。该报告研究内容包括相关文献研究、与战区空战中心操作人员的访谈、空战中心技术文件的分析、从近来仿真推演中得到的多域战作战概念的利用、对指挥控制过程如何支撑多域战的研讨、所需的人工智能方法以及必要的数据来源。

最后,研究报告得到 4 条结论,给出 4 条建议。

下面,对报告主要内容作进一步的介绍。

1. 实现联合全域作战的挑战

美国空军空战中心(AOC)是战役级指控中心节点,拥有大规模的参谋人员完成空战的规划、执行和评估任务,在世界各地分布有 7 个地区 AOC 和 6 个功能性 AOC。AOC 的技术架构由多个能支持空战任务周期(Air-Tasking Cycle,ATC)的指控系统组成,其结构和所支撑的集中式规划、分布式执行的指挥控制模式在沙漠风暴及以后的多场冲突中被证明是高效的。

但近几年出现的多域战或联合全域作战新概念要求 AOC 能够更多地集成太空和赛博域的能力,对 AOC 结构提出了更高的功能和技术上的要求,特别是给人工智能技术的突破带来更多的能力与挑战。

研究报告分别分析了现行战役级指挥控制在规划速度及预先规划方面的挑战、跨 AOC 之间差异性的挑战、在日益显现的势均力敌对手威胁环境下 AOC 设施和人员的生存性及赛博和通信攻击的稳健性方面的挑战、对于 AOC 的中心多域战的挑战。

2. 指挥控制的现代化

AOC 指挥控制现代化主要有三个趋势,即从单域到多域,从人工到机器,从本地到基于云。

就多域化而言,美国空军最近启动了一个"影子网(ShadowNet)"项目,该项目包含了一个用于开发的多节点网络和用于验证多实体指挥控制挑战的相互连接的作战环境。同时在"影子网"项目中也启动了一系列实验来发展多域概念,识别并开发支撑多域战的技术。

自从 2000 以来,AOC 的现代化就加速向多域化发展。就美国空军多域战指挥控制的研究、开发、测试和评估策略而言,强调以下三方面的工作:①一个通用的平台,来加速指挥控制应用的开发和交付;②一个多实体数据池(Data Lake)来给指挥控制应用提供数据,以及为未来人工智能技术的使用提供可能性;③一个实验活动来识别由多域指挥控制产生的新的技术需求。

另外,AOC 也正在从集中控制向分布控制演进,而且,使用分布式指挥控制结构也是指挥控制现代化的一个方面。报告认为人工智能技术有助于这种转化,如通过提供预测工具,在下级节点动态产生 COA,而为前沿作战节点指挥官提供决策工具。

3. 未来多域战中人工智能的机会

研究报告提供了一种场景驱动的方法来识别人工智能技术在联合全域作战中提供的能力。报告选择了 3 个多域场景,即对敌防空压制(Suppression of Enemy Air Defenses,SEAD)、人道主义救援与减灾、蜂群多跳 ISR(proliferated mesh ISR)。这 3 个场景均为新设计的多域作战概念场景。这里我们只介绍对敌防空压制(SEAD)场景下的人工智能应用。

SEAD 是传统空军作战任务,实际上是个联合任务。而报告所提供的场景是基于训练和条令司令部仿真推演所得出的新的作战概念设计的,这个作战概念强调的是集成其他域能力的多域作战能力。

图 16-8 显示的是多域 SEAD 的现代化指挥控制流程。第一行是目标侦测和 COA 选择,第二行是为完成 COA 而进行的选择资源的过程,第三行是详细的任务

执行过程。虚线框和斜体文字表示涉及的过程比较适合人工智能技术的应用,其他过程还需要人的介入。

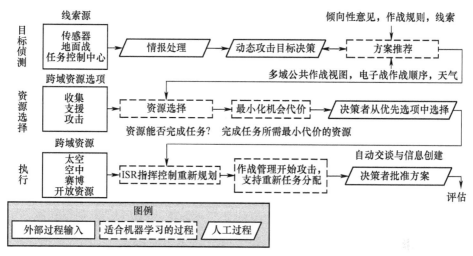

图 16-8　多域对敌防空压制现代化指挥控制

我们来看一下这 7 个虚线框或斜体文字表示的可能的自动化过程中,人工智能应用的方法。

(1)自动产生方案。可能的方法包括专家系统、对各种作战场景的建模仿真,或者利用产生的对手网络。

(2)从蓝军通用作战视图(COP)中自动选择资源。利用如自然语言处理一类的技术提取那些不能直接获取的信息和没有标记的数据。

(3)自动最小化耗费。为一个任务选择一个最佳资源非常具有挑战性。一些研究者尝试通过建立虚拟交易员和能力市场,来比较各种资源的耗费,从而得出哪种资源相对比较"好"。市场就是消费者和供货者之间交易的场所,其中,消费者就是需要完成任务的人员,而供货者就是传感器或武器的提供者,通过虚拟交易员以一定的报价来提供服务。

(4)机器学习。建模仿真和真实世界的演习,如红旗演习,可以为算法产生训练数据,这些算法就像训练玩星际争霸的算法一样,可以在复杂的环境下进行自主决策。

(5)自动交谈和消息生成。由现行军事聊天室数据训练出的自然语言处理系统应该能容易的产生自动任务分配信息,甚至能回答简单的说明性问询。

(6)通过 ISR 指挥控制或战场管理自动重新规划 ISR 和重新分配打击任务。路径规划可以使得暴露在敌威胁中的可能性最小化,也可以使得各种耗费,如油耗最小化。这是一个发展得相对比较成熟的领域,可以跨平台联合操作,达成相互支撑。

（7）评估。这可能是最成熟的一个 AI 技术应用领域,包括图像识别算法、自然语言处理、专家系统或无监督学习。

算法、权威数据(Curated Data)①和计算基础设施是 3 个支撑引入 AI 技术所需的关键能力。

报告还提出了联合全域作战指挥控制人工智能生态建设,包括单一云基础设施、多层级安全、用建模与仿真来产生训练数据、人员的教育与培训等。

4. 研究结论与建议

结论一:空军 AOC 72 小时空战任务周期(ATC)与现代数字世界不相匹配。未来将从精细预先规划转向动态规划,JADC2 的工具和过程需要支持这种变化。

结论二:将 AOC 结构迁移至现代数字环境面临许多挑战。依赖以人为中心的专家研讨会、物理隔绝系统中多分类层次数据、高度依赖微软办公软件产品。

结论三:限制多域战速度与范围的另外一些因素,即权力和指挥之间的关系、跨域同步作战节奏、不同域有不同的程序、不同的战区和区域有不同的指挥控制结构、稳健和弹性的通信和程序。

结论四:已识别出的技术类型需要对标支持多域战,即确定一个 JADC2 的指挥控制结构,确保多域战数据源和计算基础设施的可获得性,开发的算法支持决策者可以根据需要随时决定中断机器到机器的自动过程。

结论五:现有多个未来多域战作战概念计划,且需求会随时发生变化。未来指挥控制结构应该足够灵活来适应这些变化。

从建议的角度,最根本的就是指挥控制现代化的努力应该要瞄准一个定义清晰的策略。这种努力的基础应该是有效完成同步的多域战军事能力。其目标就是在作战中能够利用各域的能力来满足军事需求。多域战的作战概念正在形成,并与现行的完成作战任务的方法进行比对、评估,从这个过程中孕育出的一些思想形成了未来战役战术级训练与演习的愿景,同时也定义了技术基础设施和应用的需求。

赋能多域战的最基本的三类要素是指挥控制结构、数据和算法,如图 16-9 所示。

指挥控制结构包括力量是如何组织的、如何训练完成多域战指挥控制任务以及如何装备才能完成这些任务。

数据也是上述空军多域战人工智能生态的重要组成部分。美军正在实施国防部范围的云建设,只有到云部署完毕之后,空军才可以确认能否采取以下步骤来利用云资源,即开发数据标准和存储、共享数据的过程,开发必要的基础设施(云计

---

① 又称精选数据,特指为特定分析目的而通过人工筛选和校验的数据。

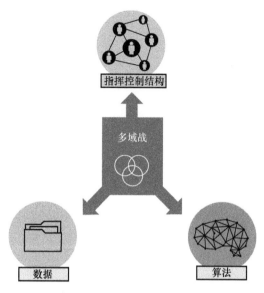

图 16-9　多域作战驱动三要素

算和数据池),更新培训需求。

　　算法包括一些工具和应用,可以利用数据和 IT 基础设施加速指挥控制过程。

　　多域战及其支撑能力的发展是一个不断迭代的过程,如图 16-10 所示。该过程从认识到当前指挥控制过程的缺陷、识别出所需的 JADC2 能力和作战概念开始,到作战概念推演演习得到的结果作为三类要素开发的输入,这之间也是不断迭代的一个过程(更详细的迭代过程,如图 16-11 所示),直到形成新的多域战指挥控制过程。

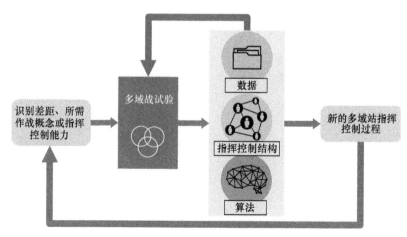

图 16-10　多域战能力流程图

具体的建议包括下面四个方面：

建议一：空军战斗集成中心（Air Force Warfighting Integration Center，AFWIC）应与太平洋空军、美国驻欧洲空军及非洲空军一道，义不容辞地继续通过推演和桌面作业来探索多域战概念，以支持国防战略，并在更广泛的范围内告知多域战所达成的共识。

建议二：空军总数据办公室应建立一个跨各作战中心的数据管理策略，来确保数据的存储和正确的标记，而且要有足够的存储空间。

建议三：AFWIC 应该连同空军作战司令部（Air Combat Command，ACC）一起评估备选的多域战指挥控制结构。有必要通过另外的推演与研讨来比较和对比备选方案。

建议四：JADC2 的发展应该以一种紧密结合、不断前进、相互交互的方式进行。指挥控制结构、数据管理以及工具、应用、算法的整体发展应该遵循如图 16-11 所示的发展策略。

图 16-11　JADC2 发展的交互属性

参 考 文 献

[1] MATTHEW W, et al. Exploring the feasibility and utilityof machine learning-assisted command

and control［J］. RAND Corporation,2021.

［2］ LINGEL S,AAGEN J,HASTING E,et al. Joint ALL-domain command and control for modern war-fare-an analytic framework foe identifying and developing artifical intelligence applications ［J］. 2020.

［3］ BARRETO A,HOU S B,BORSA D,et al. Fast reinforcement learning with generalized policy up-dates［J］. PNAS,2020,117(48):30079-30087.

［4］ ADRIEN E,et al. Go-explore:a new approach for hard-exploration problems［J］. Nature, 2021.

［5］ 周志华. 利用无标签数据:从"纯学习"到"学习+推理"［R］. 首届国际学习与推理联合大会,2021.

主要缩略语

缩略语	英文	中文
A2/AD	Anti-Access/Area Denial	反介入/区域拒止
ABMS	Advanced Battle Manage System	先进战斗管理系统
ACC	Air Combat Command	空军作战司令部
ACE	Air Combat Evolution	空战演进
ACO	Ant Colony Optimization	蚁群优化算法
ADP	Approximate Dynamic Programming	近似动态规划
AFWIC	Air Force Warfighting Integration Center	空军战斗集成中心
AL	Apprenticeship Learning	学徒学习
ALSP	Aggregate Level Simulation Protocol	聚合级仿真
AML	Adaptive Maneuvering Logic	适应性机动逻辑程序
AOC	Air Operations Center	空战中心
API	Application Programming Interface	应用程序编程接口
APID	Approximate Policy Iteration with Demonstration	近似策略迭代算法
ART	Adaptive Resonance Theory	自适应谐振理论
ATC	Air-Tasking Cycle	空战任务周期
BiCNet	Bidirectionally-Coordinated Nets	双向协同网络
Bi-RNN	Bidirectional Recurrent Neural Network	双向循环神经网络
BP	Back Propogation	反向传播算法
BPM	Business Process Management	业务流程管理
BPMN	Business Process Modeling Notations	业务流程管理符号系统
BPMS	Bussiness Process Management Systems	业务流程管理系统
BPTT	Back Propagation Through Time	基于时间的反向传播算法

BRNN	Bidirectional RNN	双向循环神经网络
BRP	Best-Response Pruning	最佳响应剪枝算法
C4ISR	Command, Control, Communication, Computer, Intelligence, Surveillance, Seconnaissance	指挥控制系统
CAE	Corrective AE	矫正自编码器
CAS	Complex Adaptive System	复杂适应性系统
CCRP	Command and Control Research Program	指挥与控制研究计划
CEC	Cooperative Engagement Capability	协同作战能力
CEP	Cooperative Engagement Processor	协同作战处理器
CFR	Counter Factual Regret Minimization Algorithm	反事实遗憾值最小化算法
CL	Curriculum Learning	课程学习
CLDE	Centralized Learning and Decentralized Execution	集中训练和分散执行
CMDP	Curriculum MDP	课程马尔可夫决策过程
CNN	Convolutional Neural Network	卷积神经网络
COA	Course of Action	作战行动序列
COG	Center of Gravity	重心
COMA	Counterfactual Multi-Agent Policy Gradients	反事实多智能体策略梯度
CONOPS	Concept of Operations	作战概念
CSBA	Center for Strategic and Budgetary Assessments	战略预算评估中心
CSPL	Curriculum Self-Play Learning	课程自对弈学习
CTIA	Common Training Instrumentation Architecture	公共训练仪器体系结构
CU	Cooperative Unit	协同单元
CVS	Commander's Virtual Staff	指挥官虚拟参谋
DAQN	Deep Auto-encoder and Q-Network	深度学徒 Q 网络
DARN	Deep Auto-encoder and Reward Network	深度学徒回报网络
DARPA	Defense Advanced Research Projects Agency	国防高级计划研究局
DDPGfD	Deep Deterministic Policy Gradient from Demonations	深度确定性策略梯度算法
DDR	Decoupling Dynamics and Reward	动态模型奖励解耦

DDRQN	Distributed Deep Recurrent Opponent Network	深度分布式循环 Q 网络
DDS	Data Distribute System	数据分发系统
DEHRL	Diversity-driven Extensible Hierarchical Reinforcement Learning	多样性驱动的分层强化学习算法
DIAL	Differentiable Inter-Agent Learning	差分互学习
DIS	Distributed Interactive Simulation	分布交互式仿真
DL	Deep Learning	深度学习
DNCRM	Double Neural Counterfactual Regret Minimization	双神经网络表示方法
DNN	Deep Neural Network	深度神经网络
DP	Dynamic Programming	动态规划
DPBRS	Dynamic Potential Based Reward Shaping	基于动态势能的奖励塑形方法
DPID	Direct Policy Iteration with Demonstrations	直接策略迭代算法
DPG	Deterministic Policy Gradient	确定性策略梯度
DPIQN	Deep Policy Inference Q-Network	深度循环对手 Q 网络
DQfD	Deep Q-Learning from Demonstrations	演示深度 Q 学习
DQN	Deep Q-Networks	深度 Q 网络
DRL	Deep Reinforcement Learning	深度强化学习
DRON	Deep Recurrent Opponent Network	深度循环对手网络
EFP	Extensive Fictitious Play	扩展虚拟对弈
EINSTein	Enhanced ISAAC Neural Simulation Toolkit	增强的 ISSAC 神经仿真工具
FFN	Feed Forward Network	前馈神经网路
FSP	Fictitious Self-Play	虚拟自我对弈
FTA	Fast Task Allocation	快速任务分配
GANs	Generative Adversarial Networks	生成对抗网络
GCCS	Global Command and Control System	全球指挥控制系统
GDA	Gradient-Descent-Ascent	梯度–下降–上升
GIG	Global Information Grid	全球信息栅格
GPE	Generalized Policy Evaluation	广义策略评估

GPI	Generalized Policy Improvement	广义策略改进
GPs	Gaussian Processes	高斯过程
GPU	Generalized Policy Update	广义策略更新
GVG-AI	General Video Game AI	通用视频游戏 AI
HAC	Hierarchical Actor-Critic	层次角色评论家
HLA	High Level Architecture	高层体系架构
HSP	hierarchical self-play	分层自我博弈
ICCRTS	International Command and Control Research and Technology Symposium	国际指挥控制研究与技术论坛
ICM	Intrinsic Curiosity Module	内在好奇心模块
IJCLR	International Joint Conference on Learning & Reasoning	国际学习与推理联合大会
IM	Intrinsic Motivation	内在奖励
IR	Intention Recognition	意图识别
IRL	Inverse Reinforcement Learning	逆向强化学习
IRLF	Inverse Reinforcement Learning from Failure	失败逆向强化学习
ISAAC	Irreducible Semi-Autonomous Adaptive Combat	最简半自治适应性作战
JADC2	Joint All-Domain Command and Control	联合全域作战指挥控制系统
JOPP	Joint Operation Planning Process	联合作战规划流程
JPEC	Joint Planning and Execution Community	联合计划和执行体
JPS	Joint Policy Search	联合策略搜索
JTLS	Joint Theatre Level Simulation	联合战区级仿真系统
LfD	Learning from Demonstration	示例学习
LL	Lazy Learning	懒惰学习
LOOs	Lines of Operation	作战线
LOLA	Learning with Opponent-Learning Awareness	基于对手学习意图的学习
LSPI	Least-Squares Policy Iteration	最小二乘策略迭代
LTSM	LongShort-Term Memory	长短期记忆
M&S	Modeling and Simulation	建模与仿真

MaCA	Multi-Agent Combat Arena	多智能体战场
MADDPG	Multi-Agent Deep Deterministic Policy Gradient	多智能体深度确定性策略梯度
MAESN	Meta-RL of Structured Exploration Strategies	基于结构化噪声的无模型探索策略
MAML	Model-Agnostic Meta-Learning	无模型元学习方法
MANN	Memory-Augmented Neural Network	记忆增强神经网络
MARL	Multi-Agent Reinforcement Learning	多智能体强化学习
MAS	Multi-Agent System	多智能体系统
MBPN	Multilayer Back-Propagation Network	多层反向回报网络
MC	Monte Carlo Methods	蒙特卡罗方法
MC-NFSP	Monte Carlo Neural Fictitious Self Play	蒙特卡罗神经虚拟自我博弈
MCTS	Monte Carlo Tree Search	蒙特卡罗搜索树
MDP	Markov Decision Process	马尔可夫决策过程
MDRL	Muti-Agent Deep Reinforcement Learning	多智能体深度强化学习
MFT	Mean Field Theory	平均场论
MLP	Multi-Layer Perceptron	多层感知机
MLSH	Meta Learning Shared Hierarchies	共享分层元学习
MMP	Max Margin Plan	最大边际规划算法
MoE	Measures of Effectiveness	效性测量
MoP	Measures of Performance	性能测量
MoS	Measures of Suitability	适应性测量
N2C2M2	NATO Network Enabled Capability C2 Maturity Model	北约网络赋能的指挥控制成熟度模型
NFQ	Neural Fitted Q Iteration	神经拟合 Q 值迭代
NFSP	Neural Fictitious Self-Play	神经虚拟自学习
NFSP	Virtual Self-Playing Algorithm	虚拟自我对弈算法
NSR	N-Step Return	N 步返回
OA	Office Automation	办公自动化

OAL	Optimal Adaptive Learning	最优自适应学习算法
OODA	Observe-Orient-Decide-Act	观察-判断-决策-行动
P2P	Peer to Peer	完全对等
PBRS	Potential based Reward Shaping	基于势能的奖励塑形
PER	Prioritized Experience Replay	优先经验回放
PFSP	Prioritized Fictitious Self-Play	优先虚构自我博弈
PG	Policy Gradient	策略梯度
PLASTIC-Policy	Planning and Learning to Adapt Quickly to Teams to Improve Cooperation - Policy	快速适应队友提高合作策略的规划与学习
PNN	Progressive Neural Networks	渐进式神经网络结构
POfD	Policy Optimization from Demonstrations	策略优化算法
POMDP	Partially Observable Markov Decison Process	部分可观测马尔可夫决策过程
POSG	Partially Observable SG	部分可观察的随机博弈
PPO	Proximal Policy Optimization	近端策略优化
PS	Parameter Sharing	参数共享
PSE-Softmax	Past-Success Exploration Policy Combined with Softmax Action Selection	过去–成功探索策略
PSO	Particle Swarm Optimization	粒子群优化算法
RBF	Radial Basis Function	径向基函数
RBM	Restricted Boltzmann Machine	限制玻耳兹曼机
ReLU	Rectified Linear Unit	线性修正单元
RG	Rules-Guided	规则引导
RIAL	Reinforced Inter-Agent Learning	强化互学习
RL	Reinforcement Learning	强化学习
RND	Random Network Distillation	随机网络蒸馏
RNN	Recurrent Neural Network	循环神经网络
RPD	Recognition Primed Decision	识别启动决策方法
RS	Reward Shaping	奖励塑形
RTS	Real-Time Strategy	实时策略游戏

SAC	Soft Actor-Critic	软行为-评论家
SC	Structured Classification	结构化分类
SDM	Sequential Decision Making	序贯决策
SEAD	Suppression of Enemy Air Defenses	对敌防空压制
SeqSNR	Sequential Subnetwork Routing	顺序子网络路由
SFP	Stochastic Fictitious Play	随机虚拟对弈
SG	Stochastic Game	随机博弈
SGD	Stochastic Gradient Descent	随机梯度下降法
SNAIL	Simple Neural AttentIve Learner	单神经注意力学习器
SNN	Stochastic Neural Networks	随机神经网络
SNN4HRL	Stochastic Neural Networks for Hierarchical Reinforcement Learning	基于 Skill-based 的随机神经网络
SOM	Self-Organizing Map	自组织映射
SOM	Self Other Modeling	自预测建模
SPG	Stochastic Potential Game	随机势博弈
SVM	Support Vector Machine	支持向量机
TD	Temporal Difference	时序差分法
TENA	Test and Training Enabling Architecture	试验训练使能体系结构
TRPO	Trust Region Policy Optimization	信赖域策略优化
UCB	Upper Confidence Bound	置信区间上界
USFA	Universal Successor Features Approximators	通用后继特征近似器
UVFA	Universal Value Function Approximators	通用价值函数近似器
VDN	Value Decomposition Networks	值函数分解网
VIME	Variational Information Maximizing Exploration	变分信息最大化探索
VR-MCCFR	Variance Reduction MCCFR	减小方差 MCCFR 算法
WDDQN	Weighted Double Deep Q-Network	加权双深度 Q 网络